HISTOIRE DE
LA LÉGION ÉTRANGÈRE
1831-1981

GEORGES BLOND

HISTOIRE DE
LA LÉGION ÉTRANGÈRE

1831-1981

FRANCE LOISIRS
123, boulevard de Grenelle
75015 Paris

Éditions du Club France Loisirs, Paris
avec l'autorisation de la Librairie Plon.

ISBN 2-7242-1142-1

TABLE DES CHAPITRES

1. Pour faire connaissance 9
2. Le baptême africain 23
3. Les beaux voyages 43
4. Camerone 53
5. L'Année Terrible 87
6. Face aux Pavillons Noirs 101
7. Amazones et sorciers 135
8. La Grande Guerre 157
9. Les Caïds de Lyautey 191
10. De Narvik au Danube 223
11. Cruel adieu 267
12. Vaincre et partir 323
13. Aux quatre coins du monde 359

1

POUR FAIRE CONNAISSANCE

Le train parti d'Oran traversait un paysage de petites montagnes et de collines couvertes de cultures. Beaucoup de vignes. On était à la fin de septembre, les vendanges auraient dû être faites. Mais, cette année-là, le raisin pourrissait sur pied, et non seulement le raisin. On avait l'impression que tout plus ou moins pourrissait, se décomposait dans une stupeur sommeillante malsaine.

Des quartiers entiers de grandes villes paraissaient vides. Avançant au milieu du silence, vous déceliez des odeurs suspectes ; les rares passants ne s'arrêtaient pas et ne regardaient rien. Dans les campagnes, des machines agricoles gisaient comme mortes. Personne autour des fermes, partout un air d'abandon. Au passage du train, parfois, des rapaces s'élevaient dans le ciel bleu foncé. On les voyait tourner un moment, puis redescendre. Les petites gares semblables à des gares de la province française étaient vides et désertes, quelques wagons noirs immobiles cuisant sur les voies de garage. On était en septembre 1962.

Le train débouchait sur une plaine entourée de hauteurs et soudain on était arrivé, on lisait l'inscription : SIDI BEL ABBÈS. Les légionnaires disent simplement Bel Abbès.

Voilà presque vingt ans que la Légion étrangère a quitté cet endroit ; elle n'est plus tout à fait la même, mais peu importe. Prononcez le nom de Bel Abbès devant un légionnaire et vous comprendrez. Bel Abbès a été la matrice, le berceau ; le conservatoire où se sont élaborés, maintenus, perfectionnés des règlements, des coutumes, des habitudes, des manies, bref ce qu'on appelle une tradition. Là s'est formé le caractère de cette troupe singulière. Nous allons faire connaissance avec elle au moment peut-être le plus révélateur : alors que, l'indépendance de l'Algérie proclamée, la Légion invaincue va devoir quitter son haut lieu.

Vous descendiez du train, vous regardiez sur le quai à droite et à gauche : personne, pas un arrivant. Mais sur le banc juste à côté de la sortie, à dix pas de vous, cinq statues aux visages sombres : la patrouille de l'A.L.N. Cinq hommes basanés, en tenue léopard, casquette à la Castro, mitraillette entre les jambes. Ils regardaient droit devant eux, avec l'expression de gens qui ne veulent rien voir ni entendre. Figés comme des statues, ils refusaient de toutes leurs forces d'entendre ce qu'il était absolument impossible de ne pas entendre. Ils feignaient de ne rien percevoir de ce boucan qui vous crevait les oreilles, qui vous laissait médusé, là, sur ce quai : venant de l'extérieur de la gare, un air fracassant de musique militaire, une musique assourdissante, orchestre d'au moins trente musiciens jouant à toute force *Tiens, voilà du boudin,* la marche de la Légion étrangère.

Le spectacle s'offrait à vous dès que vous aviez traversé le hall vitré. Les musiciens n'étaient pas trente, mais quarante. En grande tenue d'été, képi blanc, pantalon kaki, chemise kaki, repassée comme aucune chemise au monde, ceinturon de cuir fauve sur la large ceinture de laine bleue, baudrier blanc, guêtres blanches, gants blancs à crispin immense. Jouant à toute force le *Boudin* sous la conduite d'un chef de musique.

Face à cette musique, quatre légionnaires au garde-à-vous. Quatre. Tout autour, la place vide. Personne, pas un civil.

Les quatre légionnaires quittaient Bel Abbès pour leur nouvelle garnison, Djibouti. Les tambours, les clairons, les cors, les trompettes et les fifres les avaient accompagnés à la gare, jouaient pour eux seuls. Ils auraient été là même pour un seul partant, ou pour un seul arrivant. Où que ce soit, la clique entière du régiment accueille et accompagne tout légionnaire.

Au temps où les nouveaux engagés arrivaient de la métropole, fripés, minables, risiblement fringués dans les tenues provisoires distribuées à Marseille au fort Saint-Jean, un bon nombre d'entre eux déjà écœurés par l'initiation, par la pelle et la pioche, par les gueulements des sous-officiers, par les corvées de latrines, se demandant dans quel coup de folie ils avaient signé, quelques-uns déjà carrément révoltés, déjà obsédés de projets de désertion, ce troupeau fatigué, aigri, irrité, recevait en pleine face le soufflet sonore suffocant à nul autre pareil, il faut avoir entendu cela de ses oreilles. Dans l'instant, on ne pouvait plus se dérober, on avait beau se répéter : « Non, je ne veux pas, je ne veux plus », rien à faire, la protestation intime la plus véhémente s'étouffait. Plus que l'engagement signé, plus que l'impossibilité physique de ficher le camp, cette musique était un coup de masse sur la volonté. Et elle était en même temps une prise à bras-le-corps, un coup de judo imparable. Au moins pour un temps, il n'y avait plus qu'à marcher.

Maintenant on était en septembre 1962. Le morcellement et l'évacuation de la Légion avaient commencé, vers la métropole, vers la Corse, vers Djibouti, il n'y avait plus à Bel Abbès que sept cents légionnaires au lieu de dix mille. Aux termes des accords d'Évian, les troupes françaises n'avaient pas le droit, avant leur rapatriement, de sortir de leurs casernes en unités constituées. La Légion ne voulait pas le savoir. A Bel Abbès, des compagnies de la Légion continuaient à défiler en chantant le fameux *Anne-Marie.* La clique accompagnait tout légionnaire quittant la garnison.

Vous vous avanciez par les rues à la recherche des rares hôtels encore ouverts. La ville a été fondée par la Légion, en 1843, sur un lieu marécageux où un marabout perpétuait le souvenir d'un pieux ermite, Sidi Bel Abbès. Ni le quartier arabe, ni le « village nègre », beuglants et maisons closes, n'ont jamais offert le moindre intérêt. Ailleurs, certaines rues gardent du premier peuplement de commerçants une allure vaguement espagnole, mais l'ensemble, maisons de ciment et de briques à deux ou trois étages, rues se coupant à angle droit, est sans caractère et sans attrait. Encore en 1962, partout les boutiques se touchaient, commodité pour le militaire, avec cette particularité, d'abord surprenante pour une ville de garnison : nombreuses pâtisseries. C'est que la Légion comptait alors beaucoup d'Allemands et d'Autrichiens, amateurs de ces douceurs. La proportion de germanophones était officiellement de 28 %, elle a baissé depuis. Savoir exactement la proportion des nationalités qu'on trouve dans ce corps militaire n'est pas du tout facile, à cause de la discrétion observée sur les origines et les identités. Cinquante-deux nations y ont été représentées. Les chiffres officiels actuels sont les suivants (pour 1978) : Anglo-Saxons, 3 % ; Germanophones : 11,5 % ; Francophones : 59 % ; Afro-Asiatiques : 2 % ; Latins : 10,5 % ; Nordiques, 1 % ; Slaves : 5 % ; Divers : 8 %. Cette énumération n'est guère transparente et personnellement j'incline à penser que l'élément « germanophone » est plus important. L'élément francophone comprenait officiellement en 1978 49 % des effectifs, il a nettement diminué depuis. Le commandement de la Légion tient à ce qu'aucune nationalité ne dépasse 50 % pour que l'amalgame puisse se faire. Les Français doivent s'engager sous une nationalité étrangère.

Revenons à Bel Abbès en septembre 1962, dix semaines après l'indépendance. Il ne restait là que quelques centaines de civils français, sur trente mille. Les Musulmans ne se montraient pas dans les quartiers du centre. Les trois quarts des magasins étaient fermés, rideaux baissés ; d'autres cachaient mal leurs façades trouées (plastic) derrière des planches clouées. Partout des affiches et des graffiti. Affiches tricolores : *Je suis français. Une parole de trop, un patriote de moins. Vive Salan ! O.A.S. vaincra.* A côté, ou sur ces affiches mêmes, l'inscription adverse, *Vive le F.L.N.,* et les slogans F.L.N. pour le référendum : *Votez Oui. Oui, oui, oui.* On pouvait même lire sur un mur, au minium en très grandes lettres : *Votez Voui.*

Les rares passants dérivaient lentement dans les rues, l'air absent. « Tiens, vous venez de Paris ? » vous disait le patron du petit hôtel, mais sa curiosité n'allait pas plus loin. Questionné, il haussait les épaules :

— Qu'est-ce que vous voulez qu'on dise ? On a l'impression que tout ça s'est passé il y a cent ans.

C'était l'époque où tous les Français encore présents en Algérie haussaient les épaules. L'O.A.S. ? On ne pouvait pas tellement lui reprocher d'avoir raté son affaire, la partie n'avait pas été facile. Mais l'O.A.S. avait complètement séparé les Français des Musulmans. « Des Arabes », disait l'hôtelier.

— Jusqu'en janvier de cette année, on pouvait aller comme on voulait dans les quartiers arabes. Puis l'O.A.S. a tué, et le F.L.N. a tué, maintenant, c'est fini. Il y a une situation irréversible.

Il répétait ce mot, irréversible, avec une sorte de sombre délectation. Il devait l'avoir lu quelque part, ou entendu à la radio.

— Alors, ces rues vides, ces magasins fermés, c'est pour toujours ?

Nouveau haussement d'épaules :

— Dans ceux qui restent ouverts, on ne trouve presque rien. Ce qu'on ne trouve pas, on s'en passe. Vous voulez voir votre chambre ?

Au bureau de poste, le bourdonnement des mouches se détachait sur un fond de silence accablant. La cabine téléphonique sentait la poussière et le suri. Vous demandiez la Légion, l'officier pour lequel vous aviez une introduction. Et là soudain, vous sortiez de l'atmosphère de somnambulisme de ces rues presque vides, de cet hôtel moribond résigné, vous receviez un nouveau choc, analogue à celui de l'arrivée. La voix de l'officier claquait dans le téléphone, on aurait dit un coup de feu, puis plusieurs salves séparées :

— Oui. Oui, parfaitement, je suis averti de votre arrivée. Quand vous pouvez venir me voir ? Tout de suite. Je vous attends.

La caserne de la Légion de Bel Abbès s'appelait Quartier Viénot, du nom d'un colonel tué au premier rang de la Légion devant Sébastopol, par un merveilleux clair de lune dans la nuit du 1er au 2 mai 1855. Les brochures et fascicules officiels représentaient le Quartier Viénot de Bel Abbès comme un paradis militaire, d'anciens légionnaires l'ont décrit comme un bagne. Imaginez que nous y arrivons. Vous voyez au-delà du portail trois corps de bâtiment formant un rectangle ouvert, édifice dans le style caserne-école-hôpital-prison du XIXe siècle, bien connu.

La sentinelle en grande tenue se met au garde-à-vous au passage d'un gradé, présente les armes aux officiers. Comme elle tourne le dos à la grille, elle ne voit pas ce qui vient de l'intérieur. Aussi, à quelques pas, se tient un caporal, l'air de rien, qui siffle doucement, presque imperceptiblement, du plus loin qu'apparaissent des galons. Le présentez-armes est exécuté avec la rigidité claquante d'automate qu'on n'observe que dans les armées de métier.

La sentinelle vous désigne un petit bureau attenant à la grille, où un adjudant-chef archidécoré, quinze ans de service au bas mot, vous dévisage d'un air glacial en téléphonant pour vérifier que vous avez bien rendez-vous.

— Un légionnaire va vous accompagner.

Où que ce soit, aujourd'hui encore, vous ne pouvez pas parcourir seul deux mètres à l'intérieur d'un quartier de la Légion. Un légionnaire ou un gradé, selon votre qualité et selon les circonstances, marche auprès de vous. Il marche au pas de la Légion, vous devez vous mettre à ce pas — et vous commencez à cet instant à comprendre que vous pénétrez dans un monde à part.

Les autres corps de l'armée française défilent à la vitesse de 110 à 115 pas à la minute. Pour la Légion, le *tempo* est de 80 à 85 pas.

La Légion étrangère est reconnue pour l'une des troupes les plus efficaces du monde. Au cours des opérations aéroportées ou héliportées en Afrique, ses *sticks* ont opéré à une vitesse exceptionnelle. Mais, hors des opérations ou des exercices, on revient au pas légionnaire.

Fondée en 1831, la Légion attira une foule disparate hautement colorée, survivants des armées napoléoniennes, hommes des corps polonais, allemands, suédois, hongrois, ex-« Soldats Libres du Nord » levés par le Directoire, et ces hommes-là avaient dans les jambes, outre des milliers de kilomètres parcourus sur toutes les routes d'Europe, le rythme des pas militaires de l'Ancien Régime ; or en ce temps-là les troupes défilaient lentement, sur des musiques solennelles.

La Légion garde ce pas à la fois par un culte fanatique de la tradition et comme une discipline, on dirait presque comme une attitude philosophique. Le légionnaire qui marche à votre côté ne traîne pas du tout les pieds, il marche vraiment, et cette lenteur calculée à laquelle vous devez vous accorder vous déconcerte, vous transporte dans un monde où le temps n'est plus votre tyran, mais vous appartient. Bien entendu, toutes ces pensées ne vous viennent à l'esprit qu'après coup.

Moins de deux cents mètres séparent la grille du bureau où vous attend l'officier, et cependant, dans l'enceinte de ce Quartier Viénot, il s'agit d'un voyage, non seulement à cause du pas légionnaire. L'homme qui vous accompagne, ou plutôt auprès de qui vous allez très docilement, de temps en temps vous entraîne dans un léger détour. La cour est vaste et vide, mais vous constatez que des traits sont tracés à la peinture sur le sol, délimitant des espaces. Même à vous arrivant ici pour la première fois, ignorant tout de la Légion, l'idée ne viendrait pas de marcher sur la « voie sacrée », bordée de fleurs, reconnaissable au premier abord, qui conduit du portail au monument aux morts. Le jour anniversaire de Camerone — 30 avril — le colonel s'y avance sur le front de son régiment pétrifié, au milieu d'un silence impossible, et alors est lu le récit du combat fameux. Et d'autres espaces de la cour sont interdits et d'autres permis. En septembre 1962, il était convenu que seuls les officiers pouvaient emprunter deux couloirs tracés de part et d'autre de la « voie sacrée ». Aucun règlement écrit n'en avait décidé, et aucun des officiers que j'ai interrogés plus tard ne connaissait l'origine de cette tradition, pas tellement ancienne, m'ont-ils dit. Peut-être avait-il suffi d'un ordre d'un adjudant de semaine, fanatique de la hiérarchie ; et ensuite on avait continué. Cette inégalité était religieusement maintenue dans le corps où les officiers, colonels compris, combattent le plus souvent en ligne au milieu des hommes, où le pourcentage d'officiers tués a été de tout temps le plus élevé.

On était en septembre 1962. L'indépendance avait été accordée aux Algériens non victorieux, les Français partaient, la Légion morcelée préparait son évacuation définitive, il allait falloir transporter ailleurs armes et bagages, déménager le musée plein de glorieux souvenirs, le temple des héros, saint des saints où des milliers et des milliers de nouveaux engagés avaient été introduits d'autorité, obligés au respect, invités à l'admiration, à la vénération des reliques sacrées, main de bois du capitaine Danjou, armes des régiments étrangers de l'ancien régime, boutons d'uniforme, drapeaux alourdis, écrasés de médailles, portraits de tous les colonels du 1er Étranger, noms gravés dans le marbre de tous les officiers tués au feu, sabre du président mexicain Juarez, trophées de Tuyen-Quang et de Mousseifré, galons d'officiers, culasses des fusils des héros d'Alouana. Il allait falloir infliger à tous ces objets de vénération et de culte l'humiliation de l'emballage et du déménagement, et dans quelques semaines, les fellaghas non victorieux, non estimés parce que toujours battus partout où se battaient des unités de la Légion, les ratons méprisés pénétreraient dans le Quartier Viénot. Voilà du moins ce qu'on croyait alors, ce à quoi on pensait avec dégoût. De leurs pieds mal chaussés incapables de défiler correctement, les fellouzes fouleraient le sol sacré, ce serait la fin d'un règne, la fin d'une époque, la fin d'une épopée, peut-être ? La Légion ne voulait pas le savoir. Pas encore. Devant la grille, le caporal, dès qu'il apercevait un galon, sifflait doucement pour avertir la sentinelle en grande tenue. La cour du Quartier Viénot demeurait ce qu'elle avait toujours été, un enfer des marques extérieures du respect, officiers et sous-officiers salués quatre cents fois par jour, talons claqués, garde à vous à dix pas, tout officier ou gradé rendant le salut.

Dans quelques semaines, on démonterait et on emporterait tout ce qu'il était possible de démonter et de transporter, y compris le fameux monument aux morts, globe terrestre orné d'or, socle en onyx, quatre figures monumentales aux angles, ensemble de neuf mètres sur sept, six mètres de haut, poids énorme encore non calculé, édifice qu'on descellerait, transporterait et reconstruirait ailleurs, c'était décidé.

Ce qu'on ne pourrait démonter ni transporter, c'était le « carré des légionnaires », quelques centaines de tombes dans le cimetière de Bel Abbès. On savait que serait exhumé et transporté en France le corps du général Rollet, le « père de la Légion », mais plusieurs centaines d'exhumations, c'était impossible, il faudrait laisser là les morts. A ce sombre et proche avenir, la Légion s'efforçait de penser le moins possible.

Chaque fin d'après-midi, les permissionnaires du 1er Étranger se présentaient devant le sergent d'inspection selon le cérémonial immuable. Sur un mur du corps de garde était fixé un miroir de deux mètres de haut ; à côté de ce miroir, le sergent. Le légionnaire se mettait au garde-à-vous à dix pas devant le miroir. Il examinait sa tenue. Puis il s'avançait vers le sergent, rectifiait la position, tirait de sa poche la permission. Il la tendait d'un geste d'automate, le bras brusquement allongé en oblique.

Le sergent examinait l'homme de bas en haut, vérifiant notamment que les plis réglementaires de la chemise étaient exactement marqués : deux plis verticaux des poches de la chemise jusqu'à la taille, plis en V sur les poches. La vie à Bel Abbès était un cauchemar de repassage. Un bâtiment entier, toujours plein, était consacré à ce travail, chaque légionnaire possédant un fer électrique (acheté de ses deniers). Les chemises devaient être impeccables non seulement pour les sorties, mais aussi pour les revues, à peu près une revue par jour ; or en Afrique, toute chemise portée une fois est bonne à laver.

Le sergent commandait demi-tour et s'assurait que les plis de la chemise dans le dos étaient réglementaires : trois plis verticaux. Puis il faisait signe à l'homme qu'il pouvait sortir, signe enregistré par l'adjudant de la grille. Nouveau garde-à-vous devant l'adjudant, salut. Le permissionnaire rejoignait les copains qui l'attendaient.

Où qu'il soit et quelles que soient les circonstances, le légionnaire en danger qui pousse l'appel fameux : « A moi, la Légion ! » voit dans l'instant surgir tous les copains ayant entendu son cri ou alertés par d'autres, et celui qui instantanément ne laisserait pas tout pour accourir et n'engagerait pas sa vie pour secourir le copain serait à jamais déshonoré, écrasé de mépris, la vie lui deviendrait atroce.

Cent fois et plus on a vu dans des rixes des voyous civils ou militaires écrasés par des légionnaires plusieurs fois moins nombreux, mais fanatisés par l'esprit de corps.

Cependant les permissionnaires de la Légion ne déambulent pas en troupeau. De petits groupes de quatre ou cinq hommes, voilà ce qu'on a toujours vu à Bel Abbès. Les civils de Bel Abbès, qui, dans une proportion importante, vivaient de la Légion, n'ont jamais frayé avec les légionnaires, et ceux-ci ne semblaient pas les voir. « Le légionnaire, a écrit Pierre Mac Orlan, se reconnaît à la correction de sa tenue et à son allure distante des contingences. » Les permissionnaires du Quartier Viénot gardaient cette allure distante jusqu'à l'instant où, délaissant charcuteries et pâtisseries, ils s'élançaient à l'assaut des bistrots. Beaucoup demeuraient même impavides un bon moment après qu'ils avaient commencé à boire.

De puissants navires pourraient naviguer sur la quantité de vin rouge ingurgitée par les légionnaires dans les débits de Bel Abbès depuis 1842. Jadis les taverniers espagnols remplissaient d'un brutal d'assommoir les verres épais. Certains offraient à boire, non au litre, mais à l'heure, assurés de prendre finalement un fort bénéfice sur le troupier endormi. La qualité s'est par la suite grandement améliorée, et la bière est apparue comme une concurrente redoutable.

En septembre 1962, le rituel de la rentrée des permissionnaires au Quartier Viénot demeurait aussi inchangé que celui de la sortie. L'adjudant se tenait, non plus à la grille, mais à dix mètres à l'intérieur de la cour, dans la position du repos, les mains derrière le dos, le regard glacial fixé sur l'entrée. Des légionnaires franchissaient la porte, s'avançaient vers l'adjudant, saluaient, marchaient vers le quartier, rien à raconter sur leur retour sans pittoresque, mais d'autres retenaient l'attention. Le pourcentage de ceux-ci variait selon les jours, atteignant un maximum le jour du prêt.

On voyait le légionnaire titubant s'approcher du quartier de dix à vingt minutes avant l'heure réglementaire et s'appuyer à la grille, à une quinzaine de pas de la porte, pour reprendre des forces. Les dernières minutes étaient les minutes de vérité.

Rassemblant son énergie, titubant encore, l'homme s'avançait jusqu'au milieu de la porte, mais sans entrer. On le voyait alors se raidir, muscles des mâchoires contractés. Il franchissait la porte et marchait vers l'adjudant, en ligne droite, anormalement droit, anormalement rigide ; se mettait au garde-à-vous, saluait ; faisait encore deux pas, s'écroulait sur le sol derrière l'adjudant. Il y avait toujours là deux ou trois copains secourables pour l'emporter.

L'adjudant ne se retournait *jamais*. Pour lui, le légionnaire était rentré à l'heure et en tenue, le reste il ne voulait pas le savoir. « Le légionnaire boit où et quand il veut. Il n'est puni que si le service en souffre. » Si l'homme tombait sur le parcours de dix mètres entre la porte et l'adjudant, en taule ! Le buveur savait ce qu'il risquait.

Il est impossible de ne pas parler de la boisson au début d'un livre sur la Légion parce que le monde entier sait qu'il s'agit d'un corps où l'on a toujours bu ferme. La contrepartie est qu'il s'agit du corps comptant le plus grand nombre de morts de soif. Depuis les temps de la pénétration jusqu'à l'époque du quadrillage, sur les sables et sur les cailloux des djebels et des plateaux, des légionnaires sont tombés après avoir rêvé pendant plusieurs jours d'une gorgée d'eau, certains après avoir léché le sang de leurs blessures, ou bu leur urine. Au Maroc, au cours de la « pacification » finale, en 1933, les points d'eau étaient l'objet de combats farouches avec les tribus insoumises. Les Berbères, hommes, femmes et enfants, jonchaient de leurs cadavres les abords des sources battues par les rafales de mitrailleuses. Et des colonnes de légionnaires arrivaient soir après soir devant des puits vides ou comblés de cailloux et de sable par les rebelles. Dans les petits postes assiégés, les légionnaires à la langue épaisse et sèche comme du buvard voyaient arriver avec désespoir ces colonnes d'assoiffés. Regardez sur le globe terrestre du monument aux morts les taches représentant les théâtres d'opérations de la Légion, vous verrez une majorité de pays de la soif. Camerone a été un martyre par la soif autant qu'un combat désespéré. La soif fait partie intégrante de la geste de la Légion. La boisson aussi.

Cela dit, il y a maintenant des corps militaires où l'on boit autant et plus qu'à la Légion, et il y a des professions civiles où l'on boit beaucoup plus. Ce n'est pas grâce à la Légion que notre pays est encore en tête du championnat mondial d'alcoolisme et, si j'en crois ce que j'ai vu de mes yeux, sa participation devient de moins en moins importante. Malgré son culte fanatique de la tradition, la Légion d'aujourd'hui à cet égard, n'est plus la Légion d'avant-hier.

Les deux constantes de la Légion sont le recrutement international anonyme et l'efficacité militaire. On peut s'y engager sous une identité d'emprunt. Cette facilité a nourri ce chapitre de la légende qui fait de la Légion un rassemblement de déserteurs, de grands seigneurs fous d'aventure, de cœurs brisés, d'anciens évêques, de fils de famille perdus de dettes de jeu, de crève-la-faim au bout de leur rouleau et de criminels traqués. Toutes ces catégories ont été plus ou moins représentées à la Légion, hormis les criminels, de tout temps vite démasqués par les officiers du filtrage à l'arrivée, vieux renards à qui on ne la fait pas et qui ont maintenant à leur disposition l'anthropométrie et le fichier de l'Interpol. Tout individu recherché par la police est aujourd'hui identifiable en quelques heures. Le candidat à la Légion a donc intérêt à vider son sac loyalement. Accepté, il peut opter pour une identité d'emprunt et alors son secret devient inviolable. Sont acceptés, selon le règlement, « de petits délinquants qui ne paraissent pas incorrigibles. La Légion leur offre la possibilité du rachat par le service des armes, les dangers du combat, le sang versé ».

L'actuel contrat d'engagement à la Légion étrangère n'est pas unilatéral. Le premier engagement est toujours de cinq ans, mais avec des modalités. Par exemple, le jeune engagé peut demander l'annulation de son contrat au cours des trois premières semaines, cela s'appelle la *renonce.* De son côté, la Légion peut résilier le contrat à la fin des six premiers mois, et elle use de ce droit largement. Aucun corps n'a intérêt à garder des hommes qui, pour une raison ou une autre, ne conviennent pas, ou que l'on comprend décidés à déserter à la première occasion. Le nombre des tentatives de désertion des jeunes recrues est de deux par mois en moyenne. D'autres légionnaires désertent plus tard. Ceux-ci, s'ils sont repris, leur cas est examiné par le conseil d'enquête. Celui-ci s'est informé récemment sur le cas de vingt-neuf déserteurs. Quatorze d'entre eux ont demandé la résiliation de leur contrat. Accordé. Quinze ont dit qu'ils voulaient revenir à la Légion. La Légion n'en a repris que neuf. On commence à comprendre qu'entrer dans la Légion étrangère est plutôt plus difficile qu'en sortir, et voici quelques chiffres. En 1978, 5 432 candidatures ont été retenues par les postes de recrutement ; 4 810 jeunes ont été envoyés à Aubagne où ils ont d'abord subi un sévère examen de santé, puis un examen psychologique comportant notamment un entretien de deux heures avec un sous-officier parlant leur langue. Sur les 4 810 jeunes examinés, la Légion étrangère en a sélectionné 1 784. Finalement, presque les trois quarts d'éliminés.

L'efficacité militaire de la Légion est mondialement reconnue. « Aucun corps de combat ne surpasse la Légion étrangère en exploits guerriers, en savoir-faire professionnel et en courage. » Cette phrase a été publiée par l'*U.S. Marine Corps Gazette.* Le corps américain des *Marines,* monstre d'orgueil militaire, n'admet comme égaux que la Légion et les Fusiliers-Marins, tenant le reste pour néant et poussière. On a vu jusqu'à soixante officiers de *Marines* en visite à Bel Abbès et certains avouaient qu'ils enviaient les officiers légionnaires.

La raison première de cette efficacité est qu'il s'agit d'une petite armée de métier. En cinq ans, avec au départ une sévère sélection physique, vous formez un autre combattant qu'en un an ou dix-huit mois ou deux ans avec une recrue acceptable. Il y a aussi d'autres raisons, une formation physique, technique et morale dont je donnerai une idée le moment venu. Le recrutement compte aussi, qui oblige les officiers à se maintenir à un certain niveau, sinon tant pis pour eux.

Un général, passant en revue un régiment de la Légion, s'arrêta devant un barbu au visage superbe :

— Qu'étiez-vous, avant d'entrer dans la Légion ?

— Général, mon général.

Il s'agissait d'un Russe, un cas extrême, mais il est vrai que le jeune officier, brillant produit de Saint-Cyr, affecté à la Légion sent peser sur lui le regard d'hommes ayant parfois commandé ou dont l'expérience humaine est bien supérieure à la sienne. En quelques semaines il est par eux admis ou non. Le refus muet (sans la moindre désobéissance ni incorrection) est si insupportable que le refusé de lui-même renonce, demande un autre corps. Admis, l'officier sent dans sa main ce fer de lance vanté par les *Marines,* qui lui vaudra tant de gloire et quelques soucis. J'ai causé avec un moine bénédictin qui avait été aumônier militaire en 1944-45 :

— Quand nous sommes arrivés en Alsace, une des préoccupations des officiers était de limiter le pillage et le viol. Un jour j'ai adressé des reproches à deux légionnaires en train de piller une maison. Je n'ai dû mon salut qu'à la fuite.

— Les légionnaires pillaient-ils et violaient-ils plus que les autres ?

— Hélas, non !

Tous les troupiers ne pillent pas et ne violent pas, mais il y en a qui le font, dans tous les corps de toutes les armées du monde. Et en temps de guerre, des civils pillent la maison du voisin absent. Ensuite, chacun redevient très correct, respectueux des lois dans la mesure du possible. Peut-être avez-vous remarqué qu'on lit souvent dans les journaux que tel ou tel délit ou crime a été commis par le nommé Untel, « ancien légionnaire ». On ne lit jamais que le coupable est un ancien fantassin, un ancien artilleur, un ancien chasseur, un ancien marin ou aviateur. Ici encore il faut donner des chiffres. Pour la période 1974-1978, le pourcentage moyen de délinquance donnant lieu à une comparution devant les tribunaux des Forces armées s'est élevé à 0,08 % d'un effectif moyen de légionnaires de l'ordre de 7 000. Il a été de 0,61 % pour un effectif moyen de 320 000 hommes en ce qui concerne l'armée de terre dans son ensemble. Le taux moyen de délinquance a donc été huit fois plus faible à la Légion étrangère. Il ne doit pas être tellement élevé chez les *anciens* légionnaires. La stigmatisation systématique des « anciens légionnaires » dans les annales du crime s'explique à la fois par une vieille xénophobie française indéracinable et par le mythe millénaire du bouc émissaire. On n'est jamais mécontent de pouvoir désigner un individu ou un groupe « capable de tout ».

Les légionnaires ont toujours protesté avec véhémence lorsqu'on fourrait dans le même sac la Légion et les soldats des bataillons d'Afrique, dits « Bat'd'Af » ou « Joyeux ». Ceux-ci étaient de jeunes Français ayant subi un certain nombre de condamnations avant l'âge du service. Jugés indignes de servir en compagnie de jeunes gens honnêtes dans les unités de l'armée, ils étaient dirigés sur un corps de discipline spécial dont le dépôt se trouvait en Tunisie. Leur palmarès guerrier n'était nullement comparable à celui de la Légion. Bagarreurs, mais à condition d'avoir l'avantage du nombre. Un jour, un de ces voyous glissa une grenade dégoupillée dans la poche d'un légionnaire. L'homme fut réduit en bouillie. Mais une demi-heure plus tard, tous les bat'd'Af du voisinage gisaient, battus jusqu'au sang, et six d'entre eux rendaient l'âme.

Après l'octroi de l'indépendance à l'Algérie, une cinquantaine de légionnaires arrivés au terme de leur engagement ne l'ont pas renouvelé. Groupés sous la conduite d'un ancien adjudant de la Légion, ils ont été embauchés tous ensemble dans une usine de radiateurs à Aulnay dans la banlieue de Paris. L'ancien adjudant était un licencié en droit, fils d'un industriel allemand et petit-fils du chef du Protocole de l'empereur François-Joseph.

Quand l'arrivée des ex-légionnaires a été annoncée à Aulnay, une délégation de femmes a demandé à être reçue par le directeur de l'usine :

— Nous n'osons déjà plus sortir le soir à cause des Arabes. Avec les légionnaires, ce sera complet !

Dès leur arrivée, les ogres de Bel Abbès ont commencé à édifier de leurs mains, dans la cour de l'usine, des baraquements rigoureusement alignés, chambres à quatre lits, planches à paquetage, buanderie, salle de repassage, terrains de jeux et de gymnastique, bref la caserne, il ne manquait que les couloirs sur le sol et saluer quatre cents fois par jour. Quelques semaines plus tard, bien des femmes d'Aulnay trouvaient que c'étaient les ex-légionnaires qui ne sortaient pas assez. « Ils sont très propres, très polis. » Jeunes aussi et bien balancés.

Quand la Légion, après avoir quitté Bel Abbès, s'est installée à Aubagne, à 20 km de Marseille, des habitants ont eu peur. Il y a eu quelques bagarres, puis plus rien. Au contraire. Les rapports avec la population sont vite devenus excellents. « Je trouve que c'est une clientèle formidable, dit une disquaire. Ils savent ce qu'ils veulent. Ils dépensent facilement. Ils sont galants. Alors que les jeunes ici sont mal polis. Quand vous les voyez commencer à tourner dans le magasin, vous savez qu'ils sont à l'affût pour voler. Les légionnaires, jamais. » Les légionnaires touchent une jolie prime à chaque départ outre-mer, ce sont de bons clients, non seulement pour les disquaires, les pâtisseries, les restaurants, les bars, les grandes surfaces. Ils achètent des voitures. Certains se marient dans la région, veulent s'y installer, le temps de leur engagement fini. S'ils veulent acheter une maison, ils trouvent du crédit. Incroyable ? Allez voir sur place. Dans *le Monde Dimanche* du 7 décembre 1980 est paru un reportage sur la Légion à Aubagne, lisez-le. La mairie d'Aubagne est communiste (72 % des voix aux dernières élections municipales). « En tant que communistes, nous sommes pour la dissolution de la Légion étrangère, dit un adjoint, et en tant qu'élus de la population, nous l'acceptons et ne faisons rien pour la faire partir. »

Toujours la dialectique. Chaque année, le 1er janvier et le 14 juillet, la Légion défile et vient donner l'aubade au conseil municipal. « Les Aubagnais adorent ça. » *Le Monde* n'est pas un journal spécialement militariste. La conclusion de son article était que la Légion s'embourgeoise. Impression d'un instant. L'encre n'est pas sèche que les clairons de l'Histoire rappellent la Légion étrangère aux postes de combat.

En juillet 62, après l'octroi de l'indépendance, il y a eu le « défilé de la victoire F.L.N. » Ce jour-là, on avait fermé les grilles du Quartier Viénot, la sentinelle se tenait à l'intérieur, tout le monde au travail ou au maniement d'armes. Pendant des heures étaient passées et repassées devant les grilles toutes les troupes que le F.L.N. avait pu rameuter dans les environs d'Oran, chaque bataillon revenant plusieurs fois comme la figuration des opéras-comiques, chaque unité alourdie de tout le matériel disponible, hétéroclite et ostentatoire. Le F.L.N. espérait que les légionnaires se presseraient aux grilles pour assister à cette « démonstration de force ». Devant la Légion, troupe d'élite, il voulait montrer une armée à la hauteur, effacer enfin ce mot de « rebelles », enfin faire reconnaître son armée comme une armée de soldats. Pas un légionnaire n'avait jeté un regard au-delà de la grille.

Ensuite avaient été conclus les protocoles, les conventions de détail. Le F.L.N. et la Légion avaient l'un et l'autre le droit de patrouiller. Quand deux patrouilles adverses s'apercevaient, elles manœuvraient pour passer à côté l'une de l'autre, parfois se frôlant presque, sans se regarder. Transgressant délibérément un paragraphe des accords d'Évian, la Légion continuait à défiler par compagnies, la clique accompagnant tout légionnaire quittant Bel Abbès.

Les sept cents derniers légionnaires du 1er Étranger ont fait leurs adieux au Quartier Viénot le 24 octobre 1962. Des troupes françaises allaient occuper la caserne, au moins pour un temps. Dieu merci on ne cédait pas la place à l'A.L.N. La cérémonie eut lieu ce soir-là, à la nuit.

Au musée du Souvenir pendait un grand drapeau de soie pris aux Pavillons Noirs à Tuyen-Quang en 1885. « Ce trophée ne devra jamais quitter Bel Abbès, avait spécifié le donateur, capitaine de Borelli. Si la Légion en part définitivement, il faudra le brûler. »

On était arrivé à cette extrémité inimaginable. La Légion n'avait jamais été vaincue en Algérie, même en rase campagne à l'arme blanche, devant les barrages de Tunisie, là où ne jouait pas la supériorité en matériel. La Légion quittait pourtant Bel Abbès.

— La Légion garde pour elle ses sentiments, elle se met un bœuf sur la langue, elle s'interdit de juger, d'apprécier les nécessités politiques.

Bœuf sur la langue et gros sur la patate. Mais à ce corps à nul autre pareil, à cet instant nostalgique, le destin offrait encore une cérémonie, une liturgie étrange : l'incinération d'un drapeau chinois. Sept cents hommes immobiles regardaient brûler ce petit tas de soie, dans un silence absolu. Quand la dernière lueur s'éteignit, sept cents torches s'allumèrent, et les légionnaires chantèrent leurs chansons.

Écrire sur la Légion n'est pas facile. Je n'ai pas écrit ce livre « pour faire plaisir à la Légion », bien qu'elle m'ait procuré de grandes facilités d'information, dont je lui suis reconnaissant. Je me suis même volontairement défendu contre le « virus légionnaire », qui souvent ôte toute objectivité à ceux qui s'intéressent à la Légion, qui deviennent ses amis, qui finissent par trouver merveilleux tout ce qui est légionnaire. J'ai été piqué de curiosité par ce rassemblement humain à nul autre pareil et j'ai tenté, après d'autres, de le montrer objectivement dans l'espace et dans le temps.

Je pense qu'un livre réellement exhaustif sur la Légion, comportant tous les détails de toutes les opérations, devrait avoir au moins quatre mille pages. Je n'ai pas désiré écrire un tel livre, mon éditeur n'en aurait pas voulu. J'ai donc choisi, j'ai développé les épisodes qui m'ont paru typiquement Légion ou qui à mon avis ont eu une influence sur le caractère de la Légion. Je crois cependant n'avoir laissé dans l'ombre rien d'important de cette longue histoire qui suit, en fait, le déroulement de toute l'histoire militaire française depuis 1831. Les légionnaires ont été partout, aux places de choix.

J'ai cité des noms de légionnaires et non d'autres, non cette fois parce que je choisissais, ce livre n'est pas un palmarès, mais comme cela venait, au fil du récit. Je pense d'ailleurs que dans l'histoire militaire, si beaucoup de noms glorieux méritent leur gloire, le nombre des héros anonymes est encore plus grand. Le Destin distributeur de palmarès ne voit pas tout, loin de là.

Le récit qui suit est, non par mon mérite, mais parce que les choses se sont ainsi passées, bourré de faits extraordinaires et dramatiques. Et cependant je me demande si tous les amateurs de drame et de sombres légendes seront entièrement satisfaits. « Il n'y a plus de *desperados* à la Légion », m'a dit l'un d'eux en secouant tristement la tête.

Quant aux légionnaires ou anciens légionnaires qui liront ce livre, je m'attends aussi à ce que tous ne soient pas d'accord sur tout. Les tenants de la « Légion-bagne » (il y en a eu, il y en a de moins en moins) me reprocheront de n'avoir pas accumulé assez de détails affreux, et d'autres au cœur pur trouveront peut-être que j'aurais dû voiler ou omettre certains détails. J'ai écrit ce livre avec bonne volonté, sans jamais me départir de la liberté de l'écrivain. Je comprends d'ailleurs très bien que la Légion soit encore très susceptible. Elle a ses raisons, qui ne sont pas à elle seule.

Et pourtant le complexe de frustration n'est-il pas maintenant extirpé ? J'ai vu la Légion étrangère défiler victorieusement, musique en tête, sous un ciel bleu ensoleillé, éblouissant, au milieu des applaudissements, des bravos, des hourras, entre deux haies de corps pressés, de mains agitées, d'yeux humides, de corsages palpitants, fenêtres acclamantes, spectateurs jusque sur les toits, « Vive la Légion ! ». Un enthousiasme méditerranéen enflammé. C'était à Marseille, le 30 avril 1963, pour le centenaire de Camerone. J'ai vu depuis des détachements de la Légion étrangère défiler à Paris et ailleurs. Le silence qui s'établissait parmi les spectateurs lorsque apparaissait son premier carré lent et compact ne ressemblait à aucun autre ; et ensuite les bravos.

C'est à Aubagne que la Légion a réédifié l'énorme monument aux morts transporté par morceaux depuis le Quartier Viénot de Bel Abbès ; c'est là qu'elle a construit elle-même, des mains de ses légionnaires, comme elle a toujours fait, mais avec un matériel énorme et moderne, le matériel qu'on voit sur les chantiers d'aujourd'hui, un nouveau quartier infiniment plus esthétique et gai que la caserne de Bel Abbès. Sa tradition y a repris racine puisqu'il s'appelle aussi Quartier Viénot. C'est là que j'ai vu le colonel commandant le 1er Étranger s'avancer seul, grand prêtre hiératique au milieu de ses troupes pétrifiées au « présentez-armes », et entendre lire le récit officiel du combat de Camerone — ce récit usé jusqu'à la corde auquel l'apparat militaire rend chaque année comme une force incantatoire. Le défilé a eu lieu deux heures plus tard sur la Canebière.

L'infanterie de ligne défile au son des tambours et des clairons, souvent soutenus par des trompettes et des cors ; les chasseurs à pied n'ont pas de tambours, l'infanterie de marine a eu une clique de clairons suivie d'une musique, les tirailleurs marocains et algériens avaient une clique de clairons, trompettes, cors, suivie d'une nouba composée de geïtas, petites clarinettes aiguës et nasillardes, et de tambours arabes. La musique de chaque corps exprime sa personnalité.

La musique de la Légion compte des virtuoses ayant joué dans les meilleurs orchestres d'Europe. Sa clique est composée de tambours, de cors, de clairons, de trompettes et de fifres. Dans l'armée française, la Légion seule utilise les fifres. L'objet qu'emporte le plus volontiers l'exilé, c'est son instrument de musique. Le fifre, si peu encombrant, a maintes fois voyagé d'un bourg d'Europe centrale jusqu'au dépôt de la Légion. Mais écoutez un air de l'un quelconque des régiments étrangers de l'ancienne monarchie française : vous comprendrez que cet apport ne date pas d'hier.

Les fifres introduisent dans les accents de la clique de la Légion cette note mélancolique qui atteint le cœur. La musique militaire est une drogue qui empêche de réfléchir. Elle ne coûte rien, on en verse aux hommes de grandes rasades. J'aime entendre, au sein de la fanfare destinée à submerger toute raison, cette acuité du fifre, dramatique et humaine. Je me demande si ce n'est pas à cause d'elle que je me suis décidé à écrire l'histoire qui suit.

2

LE BAPTÊME AFRICAIN

Ksar est un mot berbère qui signifie lieu fortifié ; pluriel : des ksour. A quatre cents mètres de distance, nul ne pouvait savoir si le ksar de Zaatcha (30 km au sud de Biskra) n'était pas tout simplement une ville blanche sertie dans l'oasis. Un fouillis de végétation le couvrait, ses tours et ses murs crénelés n'étaient même pas visibles. On était à la fin de novembre, cinq heures du soir, une lumière encore dorée.

Les officiers du 2e Étranger qui devaient participer à l'assaut du lendemain savaient que la masse des palmiers et arbres fruitiers cachait des défenses qui faisaient de la ville blanche l'un des camps retranchés les plus coriaces de l'Afrique. Un fossé plein d'eau, large de dix pas, par endroits profond d'autant, entourait l'enceinte défendue par trois étages de feux ; et même avant d'atteindre ce fossé, il fallait franchir sous les balles une zone d'obstacles et de pièges propre à briser tout élan : abatis de palmiers, canaux d'irrigation, petits murs, fossés couverts de branches. Connaissaient ces perspectives enchanteresses non seulement les officiers, mais aussi des gradés et des légionnaires qui avaient participé à deux des précédentes attaques contre Zaatcha. Il y en avait eu trois, trois échecs, et la quatrième était prévue pour le lendemain matin, 26 novembre 1849. Le campement de l'armée de siège, quatre mille hommes commandés par le général Herbillon, ceinturait complètement Zaatcha. Des sortes de villages de tentes alternaient avec des retranchements. On entendait de temps en temps une brève sonnerie de clairon. Des troupiers allaient et venaient ; d'autres, assis, nettoyaient et fourbissaient leurs armes, peut-être un peu plus silencieux que d'habitude.

Chasser les Français de l'Afrique en les tournant par le sud, telle était la grande idée des Turcs depuis la soumission d'Abd el Kader. Leur homme était le marabout Bou Ziane, ancien porteur d'eau, orateur à la langue de flamme et, qualité plus rare chez les Musulmans, chef organisateur. Bou Ziane avait rassemblé plusieurs milliers d'Aurésiens à

Zaatcha, d'où devait jaillir la nouvelle insurrection. Le commandement français voulait écraser ce nid de serpents.

Les légionnaires en train de nettoyer et de fourbir leurs armes n'entraient dans aucune espèce de considération politique ou stratégique. Tuer les rebelles ou être tués par eux, telle était l'alternative, et il y avait plusieurs manières d'être tué. Entre autres cadavres, celui d'un jeune sergent des chasseurs d'Afrique retrouvé lié à un arbre sous les murs de Zaatcha, précisément, donnait à réfléchir sur cette question. Impossible de savoir s'il avait tout à fait cessé de respirer lorsque les chiens avaient commencé à le dévorer. Par contre les cris hystériques des femmes dans la nuit avaient permis de comprendre qu'elles s'étaient, une fois de plus, chargées de la torture. Moralité, garder toujours une cartouche pour soi, mais parfois on n'avait pas le temps de s'en servir. Les Français ne torturaient pas, à quoi bon, mais, parmi les quatre mille troupiers rassemblés devant Zaatcha, il n'y en avait probablement pas un seul qui, pensant aux combats du lendemain, envisageât de faire un seul prisonnier. Après dix-huit années de pénétration en Afrique, on en était là.

Les légionnaires trouvaient ces conditions toutes naturelles. Bien

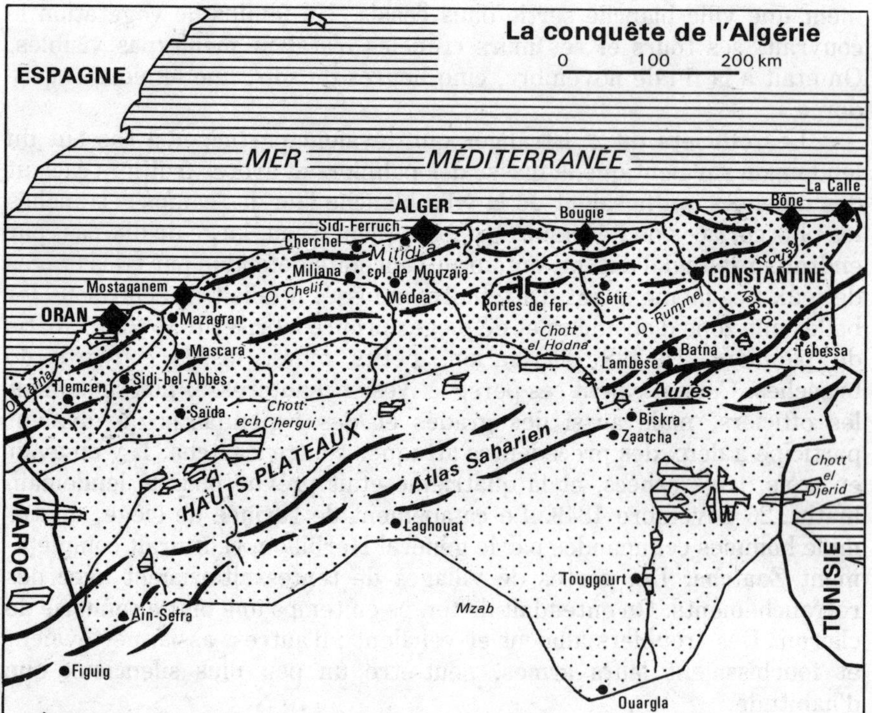

qu'ils eussent planté en Afrique des dizaines de milliers d'arbres, ils savaient qu'ils n'avaient pas contracté un engagement pour faire de l'horticulture. Ils avaient planté des arbres, construit des routes, des barrages, des fontaines, ils avaient irrigué des milliers d'hectares et asséché de grandes étendues de marais, mais ils avaient aussi fait éclater des milliers de boîtes crâniennes et transpercé des milliers de ventres et de poitrines. Le bon et l'atroce étaient inextricablement mêlés dans l'aventure africaine.

Cette aventure avait commencé sans la Légion, et point trop brillamment. L'armada française ayant traversé la mer, les trente mille soldats de Bourmont avaient foulé le sable fin de la plage de Sidi Ferruch (nuit du 13 au 14 juin 1830, les hommes criaient : « Alger ! Alger ! »), Alger était tombée le 5 juillet, mais ensuite la conquête avait piétiné. L'expédition entreprise par Charles X était impopulaire, l'opinion s'insurgeait contre les demandes de renfort. « Envoyons des mercenaires » avait décidé Louis-Philippe ; et il avait signé l'ordonnance du 10 mars 1831 : « Nous avons ordonné et ordonnons ce qui suit. Article Ier, il sera formé une légion composée d'étrangers... »

Les soldats mercenaires ont été employés depuis la plus haute antiquité. En Europe, les villes du Moyen Age versaient au souverain de l'argent destiné au recrutement de mercenaires étrangers ; ainsi les bourgeois pouvaient-ils rester tranquilles chez eux, et le roi disposait de guerriers professionnels. Sous François Ier des étrangers constituaient la plus grande partie de l'infanterie française. En 1789, sur les 146 000 hommes dont disposait le Gouvernement révolutionnaire, il y avait 42 000 étrangers. La Convention, le Directoire, avaient recruté des légions étrangères. La Grande Armée de Napoléon était cosmopolite. En Espagne, la proportion d'étrangers atteignit le sixième de l'effectif total ; la Russie plus de la moitié. Elle était encore le cinquième en 1814. Ni Louis-Philippe ni personne ne voyait donc rien d'original dans ce texte du 10 mars 1831. Et nul alors n'attachait d'importance à cette coïncidence qui nous donne tant à réfléchir : début de la conquête en Afrique du Nord, création de la Légion.

D'ailleurs, tout à fait à son origine, ce rassemblement de mercenaires était l'un des moins prestigieux qu'on eût connus. L'ordonnance de Louis-Philippe avait retenti comme une trompette de fol espoir dans tous les taudis, bouges et pires mauvais lieux de l'Europe occidentale, et on sut tout de suite que cette légion qui ne vous demandait même pas votre nom allait être employée en Afrique. D'anciens récits de galériens émergèrent dans les pénombres de vermine et d'alcool : l'Afrique était un continent de cocagne parsemé de harems et de trésors cachés.

A la même époque, les victimes de la répression des mouvements insurrectionnels de 1830 en Europe battaient le pavé, mêlés aux premiers et nombreux chômeurs de la grande industrie naissante. On ne pouvait espérer voir surgir une troupe d'élite du ramassis qui se rua sur les bureaux de recrutement de Bar-le-Duc, d'Auxerre, d'Agen et de Chaumont. Heureusement, il y avait aussi les mercenaires ; les professionnels, les seuls, les vrais soldats depuis toujours. Des vétérans du régiment de Hohenloe, des anciens des régiments allemands et suisses, héritiers des lansquenets qui avaient manié la grande épée à deux mains, constituèrent à la Légion une armature, comme un corset de fer où les voyous et les amateurs n'en menaient pas large. Et le premier colonel, le Suisse Stoffel, ex-officier de l'Empire, rescapé de la guerre d'Espagne, donna aux gradés de telles consignes (on sabrait les traînards) que la tourbe la plus molle fut vite éliminée. Le premier régiment de la Légion comprenait sept bataillons : vétérans de Hohenloe, Suisses et Allemands, Polonais, Hollandais, Belges et Français engagés sous une identité belge, Espagnols. Les Espagnols, champions de la guérilla, devaient briller en Afrique, mais la répartition par nationalité était une erreur : des bataillons s'entre-détestaient, en venaient aux mains, et aussi l'esprit de révolte et de complot se trouvait favorisé.

Obligez n'importe quel dur de dur à remuer de la terre dix heures par jour sous un ciel de feu, sa superbe tombe. Stoffel connaissait ce principe. Le premier exploit de la Légion n'avait pas été une victoire militaire, mais l'édification, entre Douala et Boufarik, à travers un espace de marais impraticables, d'une chaussée surélevée de deux mètres, bordée tout au long de peupliers et de fontaines. « La Chaussée de la Légion » dit-on encore aujourd'hui.

Lors de son baptême du feu, reçu aux avant-postes de Maison Carrée, la Légion, représentée surtout par ses bataillons allemands et suisses, avait fait bonne figure. On voyait encore des survivants de ce combat parmi les légionnaires qui mangeaient la soupe devant Zaatcha à la veille du quatrième assaut. Ils portaient toujours l'uniforme hérité de l'infanterie de ligne, habit bleu, pantalon garance, haut képi galonné de rouge, tenue extravagante en toutes saisons sur ce continent. Cette tenue devait être modifiée au cours des âges, mais toujours resurgirait et se maintiendrait, comme dans l'infanterie, contre vents et marées, jusqu'en 1915, ce pantalon rouge qui faisait des combattants français les plus belles cibles du monde, mais que les grands états-majors et la majorité de la population française tenaient pour un fétiche, pour le symbole intouchable de la *furia* française et du cran.

Le premier assaut contre Zaatcha avait été livré le 16 juillet. Deux heures de mousqueterie, les hommes des premières lignes tombant sans progresser, trois bataillons avaient dû se retirer. Le moindre échec en Afrique était désastreux à cause de l'effet moral : les indigènes croyaient aussitôt dur comme fer les agitateurs : « Allah est avec nous ! » Quatre mille fanatiques avaient commencé à descendre de l'Aurès et du Zab Chergui. Le deuxième assaut (4 octobre) avait permis d'enlever la mosquée et le petit village qui bordaient l'oasis au nord, rien de plus. La guerre de siège avait commencé. Non un siège, mais une guerre de siège, avec creusement de tranchées, travaux énormes, couloirs blindés, bombardements au canon sur le ksar apparemment invulnérable : du 4 au 20 octobre, les invisibles tireurs indigènes avaient tué seize officiers et plus de cent hommes occupés à l'investissement. Le bombardement préalable à l'assaut du 20 octobre avait permis d'ouvrir une brèche dans le mur de l'enceinte, mais impossible d'y pénétrer. Devant le réseau mortel des balles, incroyablement serré, les cadavres des légionnaires du 2e Étranger et ceux des fantassins du 43e de ligne s'étaient amoncelés sans résultat. Une place indigène, étroitement investie et attaquée avec des moyens puissants pour l'époque, résistait victorieusement depuis six semaines. Herbillon avait prononcé la phrase rituelle : « Il faut en finir. »

— Nous attaquerons avec trois colonnes, la Légion à droite et en tête.

Depuis son baptême du feu, la Légion n'avait cessé d'augmenter sa réputation militaire, brillant à Arzew, à Mostaganem (premier drapeau remis au nom du roi, épaulettes à franges rouges pour les compagnies d'élite), à la Macta, où le bataillon polonais avait tenu contre dix mille cavaliers berbères, à Constantine. Au colonel Stoffel avaient succédé Combe, puis Bernelle. Il convient de s'arrêter un instant au commandement de Bernelle, car ce fut cet officier qui reçut de Paris, au printemps de 1835, la lettre officielle l'informant que son régiment était cédé à l'Espagne en toute propriété, corps et bien.

« Décision presque incroyable », ont écrit certains historiens. A l'époque elle témoignait simplement, de la part du gouvernement de Louis-Philippe, d'un attachement excessif aux anciennes conceptions militaires.

Au XIIIe et au XIVe siècle, on avait vu en Europe de grandes compagnies de Flamands, de Hollandais, d'Écossais, de Castillans, de Suisses, de Gallois, de Savoyards, recrutées, appointées et commandées par des gentilshommes de ces provinces ou de ces pays, qui louaient pour un temps ou pour une campagne leurs services au plus offrant. Ces compagnies appartenaient à leur chef. Plus tard, sous l'ancien régime, chaque régiment avait, outre son colonel commandant, un colonel propriétaire, dont il portait le nom. C'était habituellement un prince ou un officier général. Ces propriétaires possédaient parfois deux régiments. Ce fut le cas, notamment, du prince Albert de Saxe-Teschen, époux de la célèbre archiduchesse Christine d'Autriche, gouvernante des Pays-Bas. Ayant le titre de prince dans les deux États, il possédait un régiment de housards en Saxe et un de cuirassiers en Autriche. Or il advint qu'à la bataille de Wagram, la Saxe et l'Autriche se trouvant dans des camps opposés, on vit charger l'un contre l'autre, sans la moindre hésitation et avec une parfaite conscience professionnelle, les deux régiments d'Albert de Saxe-Teschen. Fait remarquable, les cuirassiers furent enfoncés par les housards.

Le gouvernement de Louis-Philippe considérait que c'était lui le propriétaire de la Légion étrangère et qu'il pouvait en disposer à son gré. Il n'imaginait pas que, sur ce théâtre où il l'abandonnait, elle allait se montrer inoubliable.

On constituerait une armée immense en rassemblant tous les pauvres bougres tombés sur le sol de l'Europe au cours des « guerres de succession » — souvent en ignorant de quelle succession il s'agissait. Les Espagnols qui faisaient le coup de feu en 1835 avaient du moins le privilège de savoir pour qui ils mouraient ; les soldats de l'armée régulière s'appelaient Christinos et leurs adversaires Carlistes. Ils s'entre-détruisaient avec cette minutie féroce qu'on n'observe que dans les guerres civiles.

La reine Marie-Christine, vingt-sept ans, veuve de Ferdinand VII, voulait garder la couronne non pour elle-même, mais pour sa fille Isabelle II, trois ans. Don Carlos, frère du défunt, avait soulevé les provinces du Nord. La France cédait la Légion à l'Espagne parce que les puissances avaient pris parti pour la reine-enfant.

Les officiers de la Légion protestèrent : « On ne nous a même pas consultés. » La réponse du ministre de la Guerre aurait pu être lue avec profit par n'importe quel domestique mécontent de son sort. « Dans le cas où quelques officiers montreraient de l'hésitation ou se refuseraient à suivre la nouvelle destination qui leur est offerte, vous les préviendrez qu'ils perdraient leur emploi et n'auraient droit à aucune espèce d'indemnité. » Quant aux sous-officiers et légionnaires qui quitteraient le service avant la fin de leur engagement, ils seraient tout simplement déserteurs et traités comme tels. Peu importait aux mercenaires du rang de servir ici ou là. Ils furent un peu plus de quatre mille à s'embarquer à bord de quelques voiliers à peu près aussi confortables que des transports d'esclaves et les seuls manquants à l'arrivée à l'escale des Baléares furent une cinquantaine de victimes du choléra, dont les cadavres avaient été immergés selon le cérémonial : sac de toile, gueuse aux pieds, brève prière et planche savonnée.

La réforme décrétée par Bernelle lors de cette escale devait conférer pour toujours à la Légion son caractère essentiel et son efficacité. Elle nous paraît aujourd'hui tellement dans la ligne de ce corps que nous ne comprenons même pas que les créateurs n'aient pas vu cette nécessité évidente : plus de bataillons nationaux, mais au contraire mélange complet des origines. Il est vrai que les créateurs étaient partis de l'exemple des régiments étrangers.

La Légion ainsi brassée débarqua à Tarragone le 18 août 1835 et défila musique en tête dans les petites rues de la ville écrasée de chaleur, où beaucoup de contrevents ne s'ouvraient pas : le souvenir du siège de 1811 n'était pas effacé. Le soir même, Bernelle apprit qu'il était nommé maréchal de camp des armées royales de S.M. Isabelle II, joli titre pour un colonel. Les armées royales manquaient de chaussures, de pain, de munitions, de vêtements, d'avoine pour les chevaux et même de paille pour les hommes. Ceux-ci ignoraient la marche au pas et le salut aux gradés mais, conformément à la tradition nationale, se battaient bien. Les dix-huit mille Carlistes étaient encore plus déguenillés que les

Christinos ; mais sans besoins, vivant sur le pays : ils étaient un « maquis » soutenu par la population, le pire adversaire pour une armée.

Adversaire était d'ailleurs un mot trop faible. Les légionnaires eurent vite observé que la différence avec leurs combats d'Afrique consistait en ceci : les Carlistes ne torturaient pas les prisonniers ; ils les fusillaient tout simplement, debout, assis ou couchés selon qu'ils étaient valides ou blessés. Les Christinos faisaient de même. Goya, s'il n'était pas mort sept ans plus tôt, aurait trouvé dans ce déchirement très espagnol, avec la note exotique fournie par la Légion, un intéressant *post-scriptum* à ses « Horreurs de la guerre ». Les légionnaires, répartis par bataillons dans différentes unités de l'armée, s'y distinguaient.

L'hiver espagnol s'égalerait, par instants, à l'hiver russe. En février et mars 1836, les tempêtes de neige, les trombes d'eau glacée, le vent dévastateur et les rivières en crue avaient raison de la férocité. Bernelle profita de ce répit pour organiser son corps comme une petite armée autonome, créant trois escadrons de lanciers polonais, une batterie d'obusiers et une compagnie de brancardiers et d'infirmiers chargés de soustraire, dans la mesure du possible, les blessés à la fusillade systématique.

Cordova, le généralissime espagnol de l'armée royale, avait lancé une proclamation à ses troupes : « Soldats, vous allez combattre devant la Légion étrangère française et montrer comment vainquent ou meurent les Espagnols. » Les officiers de la Légion avaient encore dans les oreilles ces nobles paroles lorsque, à Tirapegui (26 avril 1836), ils assistèrent au mouvement de retraite de l'armée royale qui laissait mille légionnaires sans aucun soutien devant six mille Carlistes. Bonne fille, la Légion devait inscrire dans ses annales : « L'affaire de Tirapegui fut une des plus brillantes de cette campagne » ; en effet, les légionnaires l'emportèrent. Trois cents de leurs cadavres parsemaient le champ de bataille. Les légionnaires l'emportèrent aussi à Zubiri (1er août 1836), un peu dans les mêmes conditions. L'idée de Cordova, qui n'avait aucune raison de mettre en doute la bravoure de ses troupes, était de les ménager autant que possible, en usant des mercenaires. Doctrine qui eût été défendable d'un certain point de vue si les mercenaires avaient reçu la solde convenue. Or ils l'avaient reçue de moins en moins complète et de plus en plus tard et, finalement, depuis des mois, pas un douro. Le gouvernement brouillon déjà incapable d'entretenir l'armée de la reine ne pouvait que rester sourd aux réclamations de Bernelle.

A défaut de solde, le héros se contente de hochets. Bernelle demandait pour les siens de l'avancement, des décorations. Rien, pas un mot. Bernelle écrivait à Paris, et Paris répondait : « Le peu de fondement de vos plaintes tient à l'oubli du fait qui domine toutes les questions que vous avez soulevées : la cession de la Légion étrangère à l'Espagne. Cette cession a été pleine et entière, etc... Dans cet état de choses, il est évident que le gouvernement français ne peut prendre l'initiative, soit pour accorder des récompenses ou de l'avancement aux militaires de la Légion, soit pour assurer la solde et l'entretien de ce corps. La même raison l'a empêché d'intervenir pour faire régler d'après les lois de la guerre le sort des prisonniers qui pourraient tomber entre les mains du prétendant. » *Pourraient tomber* entre les mains, c'était trop. Bernelle entendait les cris de ses blessés achevés par les Carlistes, il voyait la peau de ses légionnaires à travers leurs vêtements en loques. L'homme qui avait su donner à la Légion, quatre ans seulement après sa création, sa structure pour ainsi dire définitive, ne put supporter de la voir abandonnée à ce point, pratiquement condamnée à mort. Plutôt que d'assister à l'agonie, il rentra en France.

Le chef qui assista à l'agonie, ou plutôt qui la conduisit, qui en fit, jusqu'à sa propre mort, une surprenante épopée en haillons, fut un Allemand, le colonel Conrad, dit « le vieux Fritz », chéri de ses troupiers en partie à cause de la verdeur de son langage. Sa popularité avait toutefois d'autres racines, plus profondes, car elle tint et même grandit au milieu des pires conditions dans lesquelles peut survivre une armée.

La Légion avait pour mission de « tenir la ligne fortifiée de Pampelune aux Pyrénées ». Un hiver pire que le précédent fondit sur la montagne. Vivre sur le pays, razzier les villages favorables aux Carlistes n'était même plus possible, car il n'y avait pas de villages. Les quelques hameaux ou fermes servant de points d'appui étaient vides, abandonnés. Entre ces points d'appui, les hommes vivaient dans des huttes, tentant vainement d'allumer du feu avec des branches détrempées, grattant la neige pour chercher n'importe quelle racine. De temps en temps, un coup de feu à l'improviste. De temps en temps aussi, un émissaire des Carlistes, parfois une femme ou un enfant : « De l'autre côté, il y a de quoi manger et de quoi se chauffer, et vous recevrez aussi de l'argent. Tant par mois, un mois payé d'avance. Nous aussi, nous avons une Légion étrangère, des Allemands et des Suisses. Vous serez très bien avec eux. »

Ici se place un fait inexplicable selon les lois du matérialisme historique : aucun légionnaire ne passa à l'ennemi. Ces mercenaires qui, par définition, se battaient moyennant le versement d'une solde, et qui ne recevaient pas leur dû, refusèrent de changer de camp, d'aller avec ceux qui leur tendaient de l'argent. Enrôlés sans qu'on leur ait demandé leur avis au service d'un gouvernement qui ne les payait pas, combattant sous un commandement supérieur qui toujours les jetait en avant sans les couvrir ni les soutenir, ils refusèrent de changer de camp. Ils considéraient qu'ils avaient donné leur parole ; que le partenaire n'eût point tenu la sienne ne les dégageait pas, voilà ce qu'ils pensaient. Voilà du moins ce qu'on peut imaginer qu'ils pensaient, ce qu'on peut inférer de leur conduite, car il n'y avait personne pour aller interviewer ces gueux aux faces de spectres dans les sierras enneigées.

La Légion était réduite à deux bataillons et un escadron lorsque, à la fin de mars, Don Carlos lança une offensive sur Huesca par le sud de Pampelune. La Légion attaqua avec l'armée régulière de Navarre. Le « Vieux Fritz », toujours en tête sur son cheval blanc, entraîna victorieusement ses hommes, mais la droite de l'armée régulière céda, il fallut battre en retraite, et qui voyait-on à l'arrière-garde, protégeant la retraite, prenant position à intervalles, méthodiquement, pour contenir l'ennemi ? Les légionnaires au masque de famine, en haillons, aux pieds leurs espadrilles de peau de chèvre et de ficelle. Les « actions de retardement » sont rarement de tout repos : trente pour cent de pertes cette fois-là. Effectif restant de la Légion après l'action : un bataillon. Le 1er juin 1837, ce bataillon quitta la « ligne fortifiée » pour aller livrer son dernier combat.

L'armée de la reine serpentait au milieu de l'aridité aragonaise, partout accidentée, lorsque, aux environs de Barbastro, plusieurs colonnes de Carlistes se jetèrent sur son flanc droit. On vit la tête de ces colonnes déboucher soudain d'un bois d'oliviers, on vit deux escadrons de réguliers galoper au-devant de l'ennemi, soulevant la poussière, et presque aussitôt ils se disloquèrent, se défirent sous le feu. Les fantassins, qui derrière s'étaient déployés, ne soutinrent pas le premier choc des Carlistes. Ceux-ci se trouvèrent alors en face d'une formation placée sous les ordres du colonel Conrad et comprenant le bataillon de la

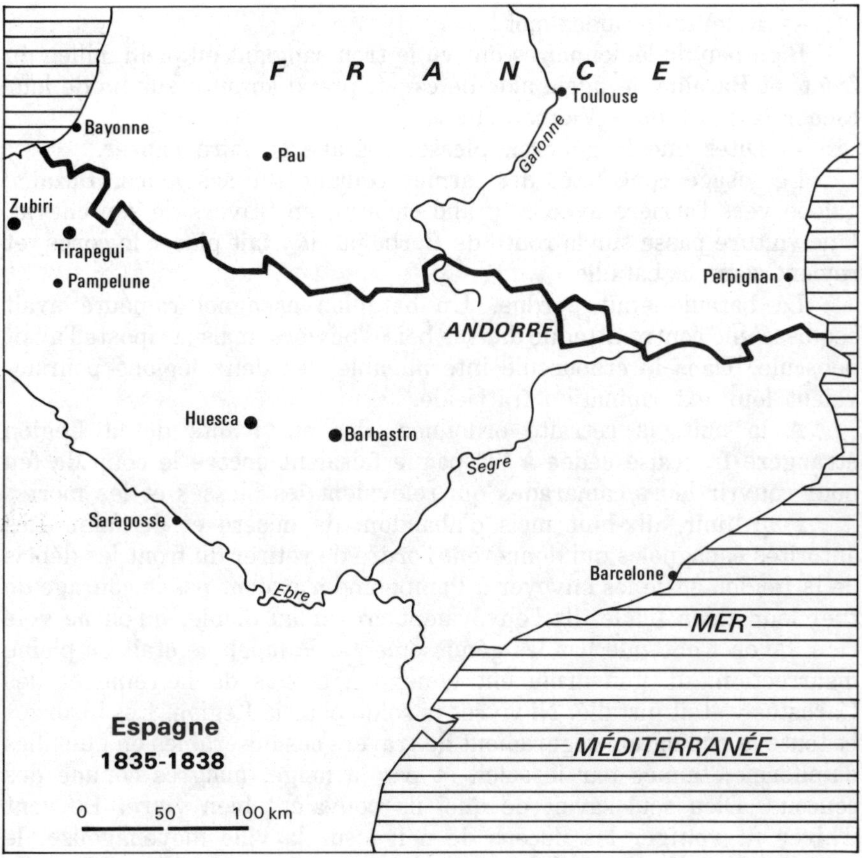

Légion, plus le 2e Régiment de la Garde. En quelques minutes, le reste de l'armée s'étant replié à droite et à gauche, ce petit contingent fut isolé.

Comme toutes les troupes d'insurgés, les Carlistes donnaient le meilleur d'eux-mêmes dans des attaques par surprise. En outre, l'assaut était livré par leur bataillon de mercenaires allemands et suisses.

L'épisode est resté célèbre. Les deux Légions face à face, engagées dans un combat si serré que les hommes se reconnaissent d'un camp à l'autre, s'interpellent par leur nom. Naguère ils ont partagé leur pain ou couché côte à côte, mais ce souvenir n'ôte rien à leur fureur, il semble au contraire la décupler. Ces hommes haletants échangent de furieuses injures en se prenant à la gorge, en se crevant mutuellement les entrailles à coups de baïonnette.

Des Carlistes débouchent sans cesse du petit bois. Le régiment de la Garde a lâché pied, la Légion perd du terrain. On voit soudain la tache mouvante d'un cheval blanc au galop, elle traverse les rangs, elle dépasse la première ligne de tirailleurs. C'est « le Vieux Fritz », il a piqué sa casquette à la pointe de son sabre : « En avant ! » En avant pour l'éternité, colonel Conrad ! Le bras levé s'abaisse, le corps glisse du cheval.

— Relevez-le, aidez-moi !

Bien peu de légionnaires ont vu le trou sanglant en plein milieu du front, et Bazaine, le fidèle aide de camp, prend aussitôt sur lui de leur cacher la mort du « Vieux Fritz ».

— Dites que le général, blessé, est allé se faire panser.

Le visage contracté, des larmes coulant sur ses joues, Bazaine galope vers l'arrière avec ce grand cadavre en travers de son cheval. Une voiture passe sur la route de Berbegal, il y fait placer le corps, et revient vers la bataille.

La bataille était perdue. Un bataillon espagnol rameuté avait esquissé une contre-attaque dans le bois d'oliviers, mais la riposte l'avait bousculé. Dans le crépuscule interminable, les deux légions poursuivaient leur extermination fratricide.

A la nuit, la retraite ordonnée, des survivants de la Légion étrangère française cédée à l'Espagne faisaient encore le coup de feu pour couvrir leurs camarades qui relevaient les blessés et les morts.

Pour finir, dix-huit mois d'abandon, de misère et de faim. Les autorités espagnoles qui donnèrent l'ordre de retirer du front les débris de la Légion et de les envoyer à Pampelune n'avaient pas le courage de tuer leur chien fidèle, ils l'envoyaient crever au diable, qu'on ne voie rien, qu'on n'entende pas les gémissements. Pampelune était en pleine insurrection, un gouvernement ennemi à la fois de la reine et des Carlistes y était installé. Ni vivres ni solde pour la Légion. Les insurgés et toute la population regardaient de travers ces misérables en guenilles d'uniforme, tannés par le soleil et par la neige, maigres comme des coucous. Dieu seul savait de quoi ils pouvaient bien vivre. Le vent d'hiver fit voltiger les flocons de neige sur la ville moyenâgeuse, le printemps revint, la chaleur, puis un autre hiver. La faim et le froid fauchaient les survivants des balles carlistes, mais on voyait encore de ces spectres farouches errer dans Pampelune.

La Légion fantôme demeurait propriété de la reine, qui seule pouvait lui rendre sa liberté. Un fonctionnaire de Madrid dut retrouver dans un carton quelque papier faisant mention de la Légion car l'ordre de licenciement arriva, le 8 décembre 1838, avec permission de passer en France. Par petits groupes, besace au côté, bâton à la main, les derniers survivants en loques décolorées prirent la direction des cols. Ils étaient moins de cinq cents sur les quatre mille cent légionnaires débarqués à Tarragone trois ans et demi plus tôt.

On en vit errer dans Perpignan, mendiant du travail, mais le travail alors manquait plus que le pain. Ils tenaient des conciliabules sous des porches, ou dans des tavernes minables. Enfin un jour on n'en vit plus. Beaucoup avaient vraiment disparu, s'étaient fondus dans le corps immense des vagabonds, des va-nu-pieds promis à la mort dans le fossé. Mais cent cinquante-neuf marchaient d'un bon pas, spectacle à peine croyable, sur la route en direction de Pau. Ayant appris qu'un bureau de recrutement de la Légion existait dans cette ville, ils allaient se rengager.

La Légion avait été cédée à l'Espagne en juillet 1835 et, le 16 décembre de la même année, une ordonnance royale avait prescrit le recrutement d'une nouvelle Légion. Le principe salvateur découvert par le colonel Bernelle était respecté : plus de bataillons nationaux, mélange complet.

Parmi les troupiers qui dormaient devant Zaatcha dans les tentes alignées sous la lune, et parmi ceux qui veillaient au-dehors, ne quittant pas des yeux la ligne des buissons, il y avait plusieurs sortes de survivants de l'aventure espagnole : 1, d'ex-Carlistes ayant franchi les Pyrénées après la défaite de leur parti ; 2, d'anciens mercenaires ayant combattu avec les Carlistes ; 3, les derniers vestiges de la Légion cédée à l'Espagne. De sorte que des hommes ayant été camarades de chambrée dans des régiments allemands ou suisses vers 1825, après s'être férocement entretués à Barbastro, de nouveau se retrouvaient copains devant ce ksar assiégé, en attendant de se retrouver copains dans l'au-delà. Telle était la vie des vrais soldats, que rien n'étonnait. On voyait encore devant Zaatcha, arrivé mystérieusement avec les Carlistes, « un ancien amant de la reine d'Espagne, un nommé Martinez, homme superbe ». Martinez devait servir vingt et un ans à la Légion et devenir colonel du 1er Étranger en 1859.

L'assaut aurait lieu au jour. Pas question de s'avancer de nuit vers le fouillis végétal. Les tentes bien alignées sous la lune formaient d'étranges villages. La sécurité de chaque régiment était alors assurée selon le système devenu classique en Afrique : une compagnie en grand'garde, deux ou trois escouades, placées en avant comme petits postes, sentinelles deux par deux. Dans les postes, un homme sur deux veillait, l'arme à la main.

Les hommes qui n'étaient pas de garde et qui ne dormaient pas causaient entre eux à voix basse, interminablement. Beaucoup ne parlaient que des réalités les plus vulgaires de la vie du troupier, vacherie des gradés, cuites mémorables, fatmas. Le chic consistait à faire croire qu'on ne se contentait pas des faveurs des prostituées du B.M.C., et d'ailleurs des légionnaires avaient ici ou là de vraies maîtresses arabes. Les aptitudes de ces femmes, ce qu'ils apprenaient d'elles et ce qu'ils leur enseignaient, voilà qui fournissait d'inépuisables sujets de conversation.

Mais la Légion, déjà à cette époque, rassemblait aussi des hommes de qui l'horizon était autrement étendu. Quand le capitaine Carbuccia, du 2e Étranger, avait fait entreprendre des fouilles archéologiques dans les ruines de Lambese (l'antique Lambaesis), les concours qu'il rencontrait l'avaient stupéfié : « J'aurais pu construire une ville. Il y avait dans ma compagnie des architectes, des ingénieurs, des artistes. J'aurais pu former un Institut avec toutes ses sections. Si j'avais besoin d'un savant, d'un écrivain, d'un peintre, je le demandais par la voie de l'ordre. Le lendemain, les sergents-majors m'apportaient dix noms au lieu d'un. » Ces légionnaires-là ne parlaient pas seulement de fatmas et de vin rouge. Les figures féminines qu'ils évoquaient faisaient partie d'un passé avec lequel ils avaient délibérément rompu et vers lequel cependant ils se tournaient sans cesse ; elles étaient les déesses de leur ancienne vie, parée d'un halo nostalgique.

Comme dans tous les régiments, des anciens racontaient aux bleus, jusqu'à les assommer, telles actions mémorables. La marche vers Constantine, sous un déluge peut-être jamais vu en Europe, les hommes pleurant de découragement sous les injures des sous-officiers, alors qu'ils se tuaient, arc-boutés, pour dégager l'artillerie embourbée jusqu'aux essieux ; au terme de ce calvaire boueux, la citadelle fantastique, assise sur un rocher taillé à pic, bourrée de canons et de poudre, Gibraltar des Arabes ; l'assaut en avait eu raison. La prise de la smalah d'Abd-el-Kader, que mille illustrations de manuels scolaires et de calendriers devaient évoquer pendant soixante ans, toutes évocations minuscules, ridicules à cause de leur exiguïté, il fallait avoir vu de ses yeux sur l'étendue ocre cette ville de tentes de trente mille âmes, capitale comparable à celle de Salomon, mais mouvante, un jour là et le lendemain disparue, et finalement cernée par les cavaliers au galop, par les canons et les fusils. L'affaire du défilé de Mehab-Gharboussa, combat d'arrière-garde auprès duquel celui de Roland à Roncevaux n'était rien. L'assaut de M'Chounech, nid d'aigle de rochers rouges au-dessus d'un canyon ; là, le duc d'Aumale, descendant de cheval devant Mac Mahon, avait enlevé ses houseaux : « Je me mets moi-même à la tête de vos légionnaires ! »

D'autres récits procuraient une excitation toute particulière : les histoires de déserteurs. Au premier rang, celle de Glockner.

Glockner avait été victime de vieilles rumeurs et de rêves de fruit défendu, déserteurs accueillis par l'ennemi comme des princes, comblés d'honneurs et de femmes. En fait, à peine arrivé chez Abd-el-Kader, les Arabes en avaient fait un misérable esclave. Évadé, il avait pris du service chez le marabout Tedjini, un rival d'Abd-el-Kader, puis, follement, il était revenu chez celui-ci qui, incroyablement, lui avait pardonné. Glockner, servant dans les rangs des rebelles pendant les campagnes de 1839-1840, avait été capturé par les soldats du général Cavaignac, son compte était bon. Mais qui a beaucoup vu chez l'ennemi peut avoir beaucoup retenu, et monnayer ses renseignements. Cavaignac avait autorisé le déserteur à servir de nouveau à la Légion, sous une autre identité : Joussef. Le transfuge chevronné avait alors vingt et un ans ; timide, il rougissait comme une jeune fille, allez comprendre. En garnison à Mascara, il avait encore déserté et gagné le Maroc. Le Consul de France l'avait fait arrêter à Tanger, et un autre général, Bedlau, l'avait sauvé du peloton (pourquoi, contre quels renseignements, le secret a été bien gardé) et fait engager comme spahi au titre étranger. Mais une ombre patiente de loin suivait Glockner, l'homme qui en avait trop vu et trop dit. Le cavalier rouge d'Abd-el-Kader chargé de l'exécution n'avait pas manqué son coup.

A travers tous ces chuchotements nocturnes s'élaboraient l'histoire légendaire de la Légion, les images destinées à devenir impérissables.

La lune était maintenant à son coucher. Le terrain avait été inspecté et fouillé jusqu'aux limites de l'oasis avant la chute du jour, mais les sentinelles scrutaient la surface encore faiblement éclairée. N'importe quel buisson minuscule pouvait dissimuler un Arabe, et il s'agissait de voir si aucun buisson ne se déplaçait, ou si soudain il n'y en avait pas un nouveau. L'ingéniosité des indigènes était démoniaque. Quelques secondes d'inattention, le poignard courbe vous tranchait la gorge.

En France, depuis 1830, cent journalistes et davantage, des écrivains, des hommes politiques, des philosophes, des poètes, avaient pris la plume ou la parole pour définir la politique à suivre à l'égard des indigènes. « Il ne s'agit que de s'entendre avec eux », écrivait Volland. Et Duvivier : « Malgré la guerre sauvage que nous leur faisons, tous les indigènes seront avec nous dans trente ans. Pratiquons donc une politique, non de compression, mais de confiance. » Bodichon invitait les philanthropes véritables à reconnaître que « certains peuples sont chargés de détruire un état social qui outrage la nature et l'humanité », et tel devait être le rôle de la France en Afrique. On était pour la fusion entre Français et Arabes, pour la coexistence, pour la ségrégation, pour l'asservissement total. Résultat : dix années d'indécision et demi-mesures, une colonisation anarchique, une guerre pourrie. En particulier, dans l'ordre militaire, trop de petits postes trop faibles contre lesquels les indigènes osaient tout. Tout avait changé avec la nomination de Bugeaud comme gouverneur général en 1849 :

— Je veux des postes moins nombreux et plus forts, d'où partiront sans cesse des colonnes qui sillonneront le pays.

— Sous ce climat, la colonne est un martyre pour le troupier.

— Parce que vous la conduisez comme au Moyen Age. Il est insensé qu'un homme porte sur son dos l'équipement complet plus dix jours de vivres, alors que des mulets peuvent le faire. Les hommes en colonne pourront manger du pain frais si les mulets transportent aussi de ces petits moulins à blé qu'emploient les Arabes, un moulin par compagnie. Les hommes cesseront d'attraper des ophtalmies et des fluxions de poitrine si tous couchent sous la tente-abri, et non dans le sac de campement.

Ancien officier de l'Empire, ancien député, Bugeaud possédait des propriétés en Dordogne. Il parlait aux soldats comme à ses paysans :

— Avez-vous déjà vu cet objet ? C'est un fléau à dépiquer. Il peut vous être utile, regardez bien comme on s'en sert.

Les hommes aimaient Bugeaud, mais bien des officiers le trouvaient sans manières. Sa façon d'envisager la guerre n'avait cependant rien de débonnaire.

— Puisqu'on est en Afrique et qu'on veut y rester, il faut faire le nécessaire. En Europe, on s'efforce d'anéantir l'ennemi en livrant de grandes batailles ou en s'emparant des centres vitaux du pays. Ici ils n'existent guère, et l'ennemi ne livre que des escarmouches. Nous ne le réduirons qu'en ruinant son agriculture. Il faut empêcher les Arabes de semer, de récolter et de pâturer. La razzia doit être systématisée, dans un but d'utilité.

Razzia, mot typiquement arabe, signifiant en principe le rapt des récoltes et des troupeaux. En fait, on se ruait en tuant tout ce qui résistait et en détruisant tout ce qu'on ne pouvait emporter. Bugeaud s'était efforcé d'« humaniser » la razzia, comme certains voudraient rendre « propre » la bombe atomique. Par exemple, les femmes et les enfants qui n'avaient pu s'enfuir recevaient des vivres et des vêtements. Mais rien de plus difficile qu'introduire une once de bien dans une tonne de mal. Les soldats qui atteignaient un village à razzier n'arrivaient pas là reposés, de sang-froid et disposés à respecter des nuances. Ils étaient au contraire neuf fois sur dix harassés, assoiffés, exaspérés par de continuelles escarmouches et par la vue de cadavres des leurs décapités ou mutilés ; alors ils voyaient rouge. Le principe qui devait conduire à Hiroshima était déjà exposé très explicitement par le haut commandement :

— La guerre doit être menée avec une extrême rigueur, faute de quoi elle se prolonge et multiplie les victimes.

Il y eut quelques remous dans l'opinion en France lorsque Cavaignac, Pélissier et Saint-Arnaud enfumèrent les Ouled Riah et les Sbéahs dans les grottes d'où ils répondaient aux sommations à coups de fusil. Le surprenant est qu'alors même que se poursuivait la guerre inexpiable, de grands travaux pacifiques et réellement civilisateurs aient pu être entrepris et menés à terme, la plupart par la Légion. « Étendez vos regards au-delà d'Alger, s'écriait Bugeaud. Voyez les routes, les ponts, les édifices de toutes natures, les villages qui ont surgi. » Il disait vrai. Des douzaines de villages avaient été razziés et incendiés, des douzaines avaient été construits pour les indigènes, et mieux que par eux. Des milliers de femmes et d'enfants étaient morts de faim, de froid ou de soif à la suite de razzias systématiques et des milliers de femmes et d'enfants étaient maintenant sauvés de la faim, du froid et de la soif. Les impôts payés par les douars n'étaient pas plus élevés, parfois moins, que ceux qu'avaient exigés Abd-el-Kader ou d'autres potentats. Déjà, en de nombreux endroits les officiers des « Bureaux arabes » contrôlaient l'administration des chefs de tribus, rendaient la justice, assumaient la police, à la satisfaction, semblait-il, de leurs administrés. L'actif de la colonisation était probablement supérieur à son passif. Et cependant la flamme de haine n'était pas éteinte. Les Turcs, qui n'avaient apporté à ces populations de l'Afrique que coercition, misère et saleté, y trouvaient toujours des fidèles, un seul Bou Ziane suffisait à maintenir et à ranimer le fanatisme. Combien de temps faudrait-il poursuivre la « pacification » ?

L'ultime lueur lunaire ne pénétrait pas à l'intérieur de Zaatcha, fouillis de pierres et de végétation. Les lueurs qu'on apercevait ici et là en circulant dans les ruelles d'un mètre de large provenaient de chandelles allumées à l'intérieur de certaines maisons afin d'éclairer les travailleurs occupés à transformer ces maisons en blockhaus.

En fait, il s'agissait de travailleuses. Bou Ziane avait donné l'ordre de murer toutes les portes faisant communiquer les maisons entre elles ou ouvrant sur les rues, et de renforcer les murs. Les hommes étant occupés à la guerre, les femmes, bêtes de somme aux capacités illimitées, devaient se charger de la maçonnerie. Elles avaient fabriqué des briques avec de la paille et de la terre, elles remuaient du mortier, elles bâtissaient. On en voyait qui, épuisées, s'adossaient une heure ou deux à un mur, pieds et genoux écartés sous leur vêtement, ou dormaient sur la terre nue, couchées sur le côté ; jamais sur le dos, seules les Juives dormaient sur le dos.

On peut imaginer sans romancer le moins du monde la vie à l'intérieur de Zaatcha pendant ces semaines du siège. La visite des maisons éventrées devait apprendre beaucoup aux légionnaires vainqueurs, et un certain nombre d'Européens de qui les Arabes espéraient tirer rançon ont vécu des semaines ou des mois la vie des tribus, dans des villes interdites. En outre, le Bureau arabe de Biskra avait glissé quelques espions parmi les défenseurs de l'oasis. C'étaient même ses rapports qui avaient décidé le commandement à en finir coûte que coûte.

Les murailles de Zaatcha reposaient sur d'anciennes murailles romaines, très épaisses. La ville enfouie sous les palmiers avait tout pour soutenir un siège de plusieurs mois : les réserves de vivres (et Bou Ziane avait institué un rationnement), les munitions (accumulées clandestinement depuis des mois), l'eau fraîche coulant des sources. Le ksar était un bagne pour les femmes parce que la population masculine s'était accrue de tous les hommes descendus de l'Aurès et du Zab Chergui, guerriers qui n'entendaient se livrer à aucune besogne servile, et cependant il avait bien fallu exécuter ces travaux prescrits par Bou Ziane.

Bou Ziane était respecté et aimé à la fois comme une sorte de Vercingétorix et en tant que chef religieux. Il occupait une grande maison fortifiée avec son fils et sa famille. Zaatcha n'était plus en fait qu'une juxtaposition serrée de petits fortins.

Le sentiment qui galvanisait les défenseurs du ksar était la foi religieuse. Ils étaient prêts à tout souffrir et à mourir non pour défendre une indépendance nationale dont ils n'avaient même pas idée, mais pour repousser et détruire les Infidèles. Avant de se décider à livrer à Zaatcha l'assaut sans merci, le général Herbillon avait fait envoyer à Bou Ziane une sorte d'ultimatum, assorti de propositions acceptables en cas de reddition. Réponse, des injures. Vouloir faire entendre à ces croyants d'élite qu'ils ne seraient pas plus malheureux et même qu'ils seraient plus heureux sous une administration française était dérisoire, seul comptait pour eux le paradis d'Allah promis aux vainqueurs des Infidèles. Même les femmes-bêtes de somme participaient à ce fanatisme.

Les tireurs postés aux créneaux des tours et du chemin de ronde, ou tapis comme des tigres dans les fossés, derrière les murs des jardins et les abatis de palmiers, n'étaient pas des novices. Certains d'entre eux avaient, deux ans plus tôt, harcelé pendant plusieurs jours la colonne Cavaignac dans le Djebel Amrag, égorgeant chaque nuit plusieurs légionnaires perdus dans la neige, égorgeant leurs coreligionnaires qui menaient le bétail de la colonne, égorgeant ce bétail pour affamer les soldats, qui n'avaient plus la force de rien porter. Ces guérilleros avaient sans la moindre hésitation coupé le cou aux parlementaires qui venaient exiger la soumission du ksar de Thiout. Asla, village voisin, ayant accepté la soumission, ils en avaient exterminé la population aussitôt après le départ de la colonne. Ces croyants d'élite semblaient prendre autant de plaisir à massacrer les Musulmans qui se soumettaient que les Infidèles eux-mêmes.

Maintenant Zaatcha en était à sa sixième semaine d'investissement. Les travaux de fortification étaient pratiquement terminés, l'assaut était désiré. Les Infidèles échoueraient, et les derniers seraient poursuivis et tués jusqu'au milieu de leur camp. Un coup de canon tonna dès qu'il fit vraiment jour ; puis un autre.

Les premiers obus éclatèrent hors des murailles dans le fouillis végétal, on vit voltiger des branchages au milieu des geysers de terre. Mais très vite l'ennemi régla son tir. Des projectiles trouèrent des terrasses et des murs. Des écuries qui n'avaient point été consolidées furent soufflées et des ânes et des moutons coururent dans les ruelles, poursuivis par des femmes et des enfants que des hommes repoussaient rudement. Femmes et enfants devaient se tenir dans les maisons, les hommes armés sur les terrasses, hormis les tireurs d'élite postés aux murailles et aux défenses extérieures.

Le bombardement, plus violent que les précédents, causait de graves dommages et faisait des victimes. Des cris et des gémissements provenaient des maisons trouées, des hommes tués tombaient des terrasses dans les ruelles. On commençait à voir aussi un peu partout des femmes et des enfants allant comme des égarés dans leurs loques tachées de sang.

La fusillade éclata aux remparts. Les colonnes ennemies s'étaient mises en mouvement. On voyait leurs drapeaux déployés, on entendait par instants leurs tambours et leurs clairons.

Les tireurs indigènes reconnaissaient parfaitement les uniformes. La colonne de gauche était celle des légionnaires. La canonnade avait cessé. La colonne des légionnaires, parvenue aux limites de l'oasis, continuait d'avancer, tandis que les deux autres ralentissaient et appuyaient de son côté.

Tout allait plutôt plus vite qu'on n'aurait pensé car peu après des fusillades éclatèrent au milieu des défenses extérieures. Les défenseurs des tours et du chemin de ronde continuaient à tirer, prenant le risque de tuer des leurs. Soudain une excitation réchauffa leurs entrailles. Des femmes gravissaient le talus du rempart en criant. Elles tenaient à bout de bras des têtes coupées, qu'elles agitaient.

La colonne de droite (en regardant Zaatcha) était bien celle des légionnaires ; au milieu la colonne de Lourmel, à gauche celle de Barral. Maintenant elles s'étaient rejointes, la colonne Canrobert en tête, fer de lance une fois de plus. L'assaut avait commencé à sept heures et demie.

Le fer de lance pénétrait lentement mais avec continuité dans le fouillis des défenses extérieures. Le danger provenait à la fois des indigènes tapis et de la fusillade incessante venue de l'enceinte. A mesure qu'on s'avançait, on s'exposait aussi au feu des tireurs des terrasses. Les premières scènes atroces se passèrent dans les jardins, ce fut là que des femmes, surgies on ne savait d'où, décapitèrent des soldats morts ou blessés. Il va sans dire que tout indigène découvert ou rattrapé était transpercé.

Des légionnaires encore engagés dans cette lutte sans merci entendirent soudain une clameur venue d'au-delà de l'enceinte, et ils aperçurent un drapeau français qui flottait sur la terrasse la plus élevée de la ville. Un groupe d'officiers et de légionnaires entraînés par Canrobert avaient réussi à planter ce drapeau. Il était alors environ huit heures.

Les défenseurs du chemin de ronde, pris à revers, continuaient à tirer, mais à découvert. Les grenadiers de la Légion les descendaient comme à un jeu de massacre. Réduire les défenseurs des terrasses était plus difficile, il fallait progresser d'une terrasse à l'autre, enjamber des petits murs. Les indigènes ajustaient les épaulettes rouges.

A huit heure et demie, la plupart des terrasses et des rues étaient occupées. Cela ne signifiait nullement que tous les défenseurs étaient morts ou avaient fui ; les survivants s'étaient retranchés à l'intérieur des maisons. Sous les pieds des vainqueurs de Zaatcha se trouvait toute une population résolue à se défendre jusqu'à la mort.

Dans chaque maison, il fallait livrer un combat acharné pour descendre, par un escalier, de la terrasse au premier étage. De là les indigènes se jetaient au rez-de-chaussée par le trou ouvert dans le plancher, et ils tiraient dans les rues par les meurtrières des murs.

En 14-18 et en 39-45, l'infanterie « nettoyait » à la grenade les réduits ou cavités d'où l'adversaire ne pouvait s'enfuir. En 1839, le terme de grenadier désignait les hommes des unités d'élite de l'infanterie. Ces grenadiers n'avaient pas de grenades.

Les premiers légionnaires qui témérairement se jetèrent par le trou étroit dans ces rez-de-chaussée pleins de fanatiques subirent une mort affreuse, on devait retrouver leurs corps déchiquetés. L'ordre fut alors donné de recourir à la « mine » : des charges de poudre qu'on faisait exploser.

Les maisons-redoutes s'écrasaient sur leurs défenseurs. Des demi-morts tiraient encore de sous les décombres, on tiraillait sur eux au jugé, on mettait le feu à ces ruines. Le bruit des explosions couvrait les gémissements et les râles, les ruelles étaient encombrées de cadavres d'êtres humains et d'animaux.

Un Arabe marchait devant un groupe de zouaves conduit par un officier, montrait, au milieu des ruines fumantes, une grande maison d'où partaient encore des coups de feu :

— C'est là.

Le traître désignait la demeure fortifiée de Bou Ziane. Une pièce d'artillerie, amenée avec difficulté, tira trois obus de plein fouet. Un mur se fendit, mais deux servants de la pièce tombèrent, atteints par les balles.

— A la mine ! commanda l'officier.

Au troisième sac de poudre, un vaste pan de mur s'écroula, découvrant comme une scène de théâtre. Une petite foule était là rassemblée, plus de cent personnes, hommes, femmes et enfants, immobiles, pétrifiés face à la lumière. Il y eut ces quelques secondes d'immobilité, puis quelques-uns des indigènes firent mine de lever leur fusil. Les zouaves se jetèrent dans le tas à la baïonnette.

Un Arabe majestueux parut. Blessé à la jambe, il s'appuyait sur un enfant. Les baïonnettes une seconde se levèrent. L'homme tendit son fusil à l'officier :

— Je suis Bou Ziane.

— Sergent, allez demander au général si nous devons le fusiller.

Un Arabe plus jeune vint se ranger au côté du prisonnier, c'était son fils. Tous deux assistèrent impassibles à l'extermination de leurs fidèles. On entendait encore des explosions, des fracas d'écroulement. Des fumées noires montaient vers le ciel bleu ensoleillé. Une odeur de chairs grillées se répandait. Bou Ziane égrenait un chapelet. Dès qu'il vit revenir le sous-officier, il comprit. Il alla se placer de lui-même devant les fusils.

Aussitôt après la salve, son fils s'avança. Comme un soldat le bousculait, il protesta :

— On tue le fils de Bou Ziane, on ne le frappe pas !

L'écrasement de Zaatcha fut terminé un peu après le milieu du jour. On n'entendait plus aucun bruit de combat. Des humains et des animaux blessés agonisaient sous les décombres.

Malgré la crainte ou poussés par elle, les indigènes des oasis voisines, le lendemain, ne purent s'empêcher d'accourir. Ils demeuraient là muets, fascinés. Ils regardaient la ville détruite maintenant tout à fait silencieuse, vraiment morte, les mosquées renversées, les cadavres laissés gisants pour l'exemple.

Les soldats leur faisaient signe qu'ils pouvaient s'avancer jusqu'au camp et ils y allaient, attirés comme par un aimant. Ils avaient déjà entendu dire que la tête de Bou Ziane et celle de son fils étaient exposées à la pointe de deux lances plantées au milieu du camp.

3

LES BEAUX VOYAGES

Bien peu de villes sont laides, vues de la mer. Gallipoli, dans son amphithéâtre, paraissait charmante. Les transports s'approchaient très lentement de la côte. Les légionnaires, pressés sur l'avant, questionnaient les gradés.

— Alors, on est en Turquie ? Et les Russes, où sont-ils ?

Beaucoup s'exprimaient en allemand. Les sous-officiers répondaient rudement. Les officiers causaient entre eux sur le pont supérieur. Allait-on avoir affaire à des officiers turcs, comment seraient-ils ? On était en juillet 1854. L'Angleterre et la France prétendaient défendre la Turquie contre une agression imminente des Russes, qui venaient d'anéantir la flotte ottomane à Sinope, côte sud de la mer Noire. Massacre assez sauvage, on avait vu les marins turcs mitraillés dans les embarcations de sauvetage. Bref, pour une fois, les Turcs étaient victimes, et cependant, à entendre les conversations des officiers de la Légion, ils ne paraissaient pas tellement populaires. Des sauvages, et eux-mêmes, combien de fois avaient-ils massacré ? D'ailleurs l'Angleterre se souciait bien peu des Turcs ; ce qu'elle voulait c'était, une fois de plus, empêcher la Russie de s'emparer des détroits.

— Messieurs, pas de politique ! Nous serons corrects avec les officiers turcs. Et la Légion se battra en Europe aussi bien qu'en Afrique.

A première vue, la Légion devait être un des corps les mieux préparés. Les Anglais, immobiles, ensommeillés sur leurs lauriers depuis 1815, avaient cinquante ans de retard militaire. En France métropolitaine, le maréchal de Saint-Arnaud avait « déclaré avec douleur » à Napoléon III que rien n'était prêt. Malade, souffrant atrocement d'une angine de poitrine, il avait pourtant accepté le commandement du corps expéditionnaire français, trente mille hommes pour commencer, on devait finalement engager cent vingt mille hommes.

Où frapper pour atteindre la Russie ? Comme les Russes assiégeaient la ville, alors turque, de Silistrie, sur le Danube, le haut commandement allié (Saint-Arnaud partageant le pouvoir avec Lord Raglan, glorieux blessé de Waterloo) avait décidé de prendre pour base d'opérations Gallipoli. A quatre cents kilomètres de Silistrie. De là, un contingent de cinquante mille Franco-Anglais s'était rembarqué pour Varna, côté ouest de la mer Noire, dans l'intention de marcher sur la ville assiégée. Or depuis Napoléon, les Russes s'en tenaient à un principe stratégique absolu : d'abord reculer. Les Franco-Anglais, après avoir sinistrement et vainement pataugé à leur poursuite dans les marécages de la Dobroudja, avaient dû reprendre la direction de Gallipoli. Ils y rentraient juste comme la Légion arrivait.

Vue de près, Gallipoli comblait tous les espoirs. A peine débarqués, les légionnaires y découvrirent une misère et une saleté égales à celles des pires bourgades d'Afrique. La population de Turcs, de Grecs, d'Arméniens et de Juifs grouillait dans les ruelles puantes bordées de maisons de bois. Les soldats alliés flânaient sombrement autour de leurs campements, hésitant à répondre aux propositions de prostitués de douze ans, garçons et filles, chapardant un peu ici et là, observant les soldats turcs qui, eux, chapardaient beaucoup. Le corps expéditionnaire attendait les ordres supérieurs.

— Attente fâcheuse, disaient les officiers. La troupe va s'ennuyer.

Les premiers qui furent pris d'une violente diarrhée accompagnée de vomissements comprirent qu'ils ne s'ennuieraient pas longtemps.

Le combattant qui, jusqu'à la Seconde Guerre mondiale, a causé les plus lourdes pertes à toutes les armées belligérantes sans distinction de nationalité, ne porte pas d'uniforme et n'emploie aucune arme visible à l'œil nu : c'est la maladie. Quatre millions de morts de maladie en 14-18, soit 51 % du chiffre total des tués.

En Crimée, en 1854, l'ennemi le plus redoutable du Corps expéditionnaire n'allait pas être le canonnier russe, mais un microscopique bacille en forme de virgule, issu des grands deltas de l'Inde et de la Chine : 78,8 % des décès dus au choléra.

Le vibrion cholérique semblait avoir décidé de frapper à la tête. Le général Ney, duc d'Echingen, qui avait repris du service pour cette campagne d'Orient, périt en moins de vingt-quatre heures. Trois jours plus tard, le général Carbuccia, commandant la brigade des Régiments Étrangers, gisait sur son lit de camp, les yeux enfoncés, les lèvres et les extrémités cyanosées, la peau flétrie et plissée comme celle d'un fruit gâté ; et déjà un lieutenant-colonel et quatre autres officiers présentaient les premiers symptômes.

Le contingent venu de France était cependant encore plus éprouvé que la Légion, de sorte que celle-ci se voyait octroyer toutes les corvées du corps expéditionnaire. La section de discipline du 1er Étranger transportait et ensevelissait les morts, besogne infecte. De grandes fosses, une couche de chaux, une couche de cadavres et ainsi de suite. Ces opérations se faisaient de nuit, pour ne pas porter atteinte au moral. De jour, les disciplinaires fossoyeurs, présumés contagieux, demeuraient consignés comme des lépreux. Furieux, ils en vinrent à insulter des officiers.

— Dorénavant, vous travaillerez aussi le jour, ordonna leur capitaine.

Il leur fit creuser des fossés non loin de la mer, autrement dit ces hommes piochaient et pelletaient avec de l'eau jusqu'à la ceinture. Ils se trouvaient apparemment dans les conditions *optimae* pour attraper le choléra. A la surprise générale, pas un ne tomba malade. Leur immunité est à joindre au dossier des faits paradoxaux contenus dans l'épopée de ce fléau : individus miraculeusement indemnes au milieu d'hécatombes, ville où nul n'était atteint malgré une invasion de fugitifs cholériques qui partout ailleurs avaient semé la mort. Les expériences de Metchnikov devaient prouver plus tard que la bactérie du choléra doit, pour devenir virulente, s'associer à d'autres ; et d'autres microbes, par contre, la neutralisent. Le régime auquel avaient été soumis les disciplinaires de Gallipoli devait les avoir comblés de bactéries salvatrices.

La question était toujours : « Où atteindre les Russes ? » puisqu'ils avaient refusé le combat dans les Balkans. Le haut commandement allié, ayant longuement étudié la situation, décida, non sans raison, qu'un objectif de choix serait Sébastopol, entassement d'arsenaux et de chantiers navals, Toulon de la Russie. Les forces s'embarquèrent au début de septembre à bord de trois cents navires, cap sur la Crimée.

Un seul coup d'œil sur la carte suffit à faire comprendre que le moyen infaillible d'asphyxier cette presqu'île, donc de réduire Sébastopol, est de couper le mince cordon ombilical qu'est l'isthme de Perekop. Lord Raglan persuada Saint-Arnaud qu'il valait mieux débarquer sur la côte ouest de la péninsule, près d'Eupatoria, au fond d'une baie nommée Kalamita. Au-delà de la plage s'étendait une steppe sans un arbre, sans végétation ni eau douce. La mince rivière la plus proche se trouvait à sept kilomètres.

On quitta cet Éden cinq jours plus tard pour marcher sur Sébastopol et les Russes furent aperçus le 20 septembre sur une ligne de hauteurs, au-delà d'une rivière dont le nom allait devenir inoubliable.

A travers les nombreux récits de la bataille de l'Alma, on comprend qu'il dut s'agir d'un manège assez surprenant. Les quarante mille Russes de Menchikov restaient figés derrière leurs canons ; les Anglais paradaient au loin, en rangs rectilignes, comme au XVIIIe siècle ; les Français se jetaient en avant dans un désordre héroïque. Le général Canrobert vit que le bataillon de marche de la Légion, qui faisait partie de sa division, combattait calmement et avec efficacité : il ordonna qu'on le suivît. En même temps, des zouaves franchissaient la rivière à son embouchure et tournaient la ligne ennemie. Menchikov se replia sur Sébastopol.

La victoire de l'Alma eut en Europe un retentissement immense et même hors de proportion avec son importance, parce que remportée par les Français sur les Russes : 1812 était effacé, le nouvel Empire allait venger Napoléon Ier. La presse chanta les louanges du maréchal vainqueur. Cet encens hélas ne pouvait rien contre les miasmes qui avaient navigué avec le corps expéditionnaire depuis Gallipoli. Le choléra et l'angine de poitrine, c'était trop pour un seul homme et Saint-Arnaud dut s'aliter au lendemain de son triomphe. Une semaine plus tard, il expirait. Canrobert le remplaça.

« Siège de Sébastopol » est une expression répandue dans tous les manuels. Elle est fausse. Le haut commandement allié, qui venait déjà de tellement briller en stratégie, mit en œuvre devant Sébastopol une innovation tactique dont le promoteur ne peut pas être désigné à coup sûr. L'innovation consista à investir *incomplètement* la place forte ; à ne rien tenter contre le Fort du Nord, par où Sébastopol allait, pendant onze mois, recevoir à volonté des effectifs, des munitions et des vivres. La garnison russe fut ainsi portée progressivement de vingt mille à cinquante mille fantassins, sans compter les artilleurs ; sans compter la force mobile dite « armée de secours » qui venait attaquer les Alliés de flanc ou à revers. Il n'y a donc jamais eu de véritable siège de Sébastopol. Devant Sébastopol, les Alliés ont soutenu, d'octobre 1854 à septembre 1855, une pénible et stupide guerre de tranchées (80 kilomètres de tranchées et la place n'était pas investie) qui préfigure remarquablement les périodes les plus affligeantes de 14-18.

Le « légionnaire pendant l'hiver 1854-1855 » d'Édouard Detaille — képi, longue capote, long fusil, pantalons rouges, molletières, godillots, visage mangé de barbe, regard farouche fixé sur les bastions, croix de guerre — ressemble comme un frère au premier « poilu » typé par Georges Scott dans *L'Illustration.* Détail différent : une grosse cartouchière, portée par-devant, et qui valut aux légionnaires de Crimée le surnom de « Ventres de Cuir ».

Il pleut et il neige comme en Artois, comme en Champagne, les projectiles font jaillir la boue du sinistre plateau de Chersonèse, aussi épaisse, aussi gluante que celle de la Somme. Les soldats montent la garde aux créneaux dans les tranchées derrière des sacs de terre.

Bien ravitaillés, bien abrités, relevant chaque jour les défenseurs de leurs ouvrages (ils vont se réconforter et se reposer dans les forts), les Russes envoient l'« armée de secours » attaquer les Alliés à revers. Le 25 octobre, les Chasseurs d'Afrique sauvent de justesse les vestiges des brigades de Lord Cardigan ; le 5 novembre, à Inkermann, sur la partie est du plateau, les Russes surgissant du brouillard surprennent les forces commandées directement par Lord Raglan et c'est cette fois la Légion qui sauve les meubles.

— Pas assez de combats, disent les légionnaires.

La vie des tranchées leur pèse, et surtout, chaque combat rapporte. Les vétérans de la Légion ont déjà mis au point une technique très sûre pour aller, de nuit, détrousser les macchabées russes dans le *no man's land.* Des bottes sont plus utiles à un vivant qu'à un mort, même à un vivant déjà bien chaussé : tout au long des kilomètres de tranchées, le cours officiel de la botte ne cesse de monter avec le mauvais temps.

Joignez à cela que les soldats russes ont l'habitude d'attacher leur porte-monnaie à leur jarret, inutile de retourner les poches.

L'hiver dure interminablement, on voudrait plaisanter en l'appelant « le général Hiver », on voudrait oublier le choléra, la dysenterie et le typhus, en organisant des spectacles récréatifs : le « Théâtre des Zouaves » donne *Les Saltimbanques,* mais la pluie inonde le théâtre. La pluie torrentielle et le gel alterné détruisent tout, sans cesse il faut recreuser, rebâtir, les corvées de munitions et de vivres s'embourbent. Plus la moindre petite branche sur le plateau maudit, les corvées vont au diable chercher du bois, tous les hommes qui ne sont pas de garde sans cesse cheminent courbés, lugubres portefaix. L'hiver vraiment dure trop. Les régiments alliés s'enlisent dans la boue froide, dans cette immobilité peuplée de corvées qui pourrit les armées. Canrobert, écœuré, laisse le commandement en chef au général Pélissier, ex-commandant de la province d'Oran. Lord Raglan meurt du choléra.

La série d'assauts qui devait désembourber la guerre commença dans la nuit du 1er au 2 mai par la fameuse attaque au clair de lune au cours de laquelle le colonel Viénot trouva la mort. Les Russes semblaient avoir assez de l'inaction, eux aussi, car ils contre-attaquaient avec rage ; on voyait les officiers s'entre-déchirer à l'arme blanche ; les sabres fendaient les crânes. Les Français, la Légion en tête, avaient pris pied jusque sous les redoutes et ils gardaient le terrain.

Au sommet d'un mamelon s'élevait une sorte de citadelle de terre, longue de plus de trois cents mètres : l'ouvrage Malakoff.

— La clef de la défense est là, disait Pélissier.

Malakoff était couvert par un autre ouvrage, le Mamelon Vert, qu'il fallait, de toute évidence, enlever d'abord. Cette opération fut entreprise et réussie le 7 juin.

L'assaut général fut fixé au 18 juin. Cette date, anniversaire de Waterloo, avait été choisie à dessein par les Alliés. Peut-être s'agissait-il de rendre une sorte d'hommage posthume à Lord Raglan, peut-être voulait-on sceller une réconciliation. Quoi qu'il en soit, le 18 juin devait être décidément une date néfaste pour les Français — et conséquemment, cette fois, pour les Anglais. Six mille soldats français et anglais tombèrent, mais non Malakoff. Il fallut reprendre de lents travaux d'approche. Partis du Mamelon Vert, les Français mirent trois mois à arriver jusqu'à vingt-cinq mètres de Malakoff.

L'assaut général eut lieu le samedi 8 septembre à midi, après la préparation d'artillerie la plus colossale de l'époque, huit cents canons, soixante-dix mille projectiles. Il échoua partout, sauf à Malakoff, enlevé en vingt-cinq minutes. Le successeur de Lord Raglan vit avec surprise que Mac-Mahon, commandant la division victorieuse, faisait planter son fanion sur l'ouvrage alors que les Russes résistaient furieusement à l'entour. « Dois-je comprendre, fit-il demander par une estafette, que vous comptez vous maintenir sur cette position très inconfortable ? » Mac-Mahon fit alors la réponse fameuse : « Dites à votre général que j'y suis et que j'y reste », entendirent les témoins. Version des *Mémoires* de

Mac-Mahon : « Allez dire à votre général que ce drapeau vient d'être planté ici et qu'il y restera. » Version populaire : « J'y suis, j'y reste. »

Malakoff perdu, Sébastopol devenait difficilement défendable, et les Russes professaient à l'époque, à cause de l'échec infligé à Napoléon Ier, une sorte de fétichisme de la retraite. La nuit même, ils évacuèrent la place forte, après y avoir mis le feu, ainsi qu'à leur flotte. Celle-ci brûla complètement, mais non la ville.

Durand-Brager, élève d'Isabey, peintre de marines et de scènes militaires, avait suivi l'expédition de Crimée, d'où il rapporta un excellent reportage en vingt et un petits tableaux. On regrette qu'il n'ait pas consacré l'une de ces toiles à l'occupation de Sébastopol par la Légion, désignée pour cette mission. La ville était déserte et détruite seulement en partie. Les hommes qui pendant près d'un an avaient couché dans la boue ou sur la dure, qui si souvent avaient attendu en vain la corvée de soupe, entraient dans des maisons pleines de lits, de draps, de linge, de provisions...

Le pillage peut avoir aussi un côté gratuit. A Sébastopol, on voyait des légionnaires se donner un mal fou pour déménager des objets pour eux parfaitement inutiles, ainsi une cloche énorme qu'on descendait dans la rue, et ensuite qu'en faire ? D'autres se montraient habillés en femmes, coiffés de chapeaux roses, ouvrant des ombrelles et exécutant des danses grotesques. Mais le plus grand nombre avaient entrepris sans attendre l'opération la plus urgente : l'exploration des caves.

Les caves de Sébastopol. Les femmes de Milan. Deux sommets, deux souvenirs de légende dans la mémoire du légionnaire des années mil huit cent soixante. Les anciens en assommaient les bleus dans les bouchons espagnols de Bel Abbès. La beuverie de Sébastopol croissait en progression géométrique à chaque verre qu'ils vidaient en la racontant. Dans ces caves de la Russie, ils avaient bu des dizaines d'hectolitres d'un nectar divin.

— Du vin comme t'en boiras jamais.

Quant aux Milanaises... Mais entre-temps, la Légion était revenue en Afrique, elle avait vaincu à Icheridène, et le bleu devait avaler Icheridène avant d'avoir droit aux Milanaises. Icheridène était un autre sommet, un vrai, mille mètres d'altitude et plus, une dent de cette mâchoire ouverte du Djurdjura, forteresse concave de la Kabylie ; et, partant du pied, il avait fallu donner l'assaut aux quatre mille démons retranchés sur le sommet, c'était la quinzième expédition contre le Djurdjura. Mac-Mahon, le héros de Malakoff, commandait. 54e de ligne, 2e Zouaves, deux bataillons du 2e Étranger. L'opération avait eu lieu le 24 juin 1857.

— Le bombardement a commencé à six heures du matin, le soleil tapait déjà. On voyait éclater les maisons kabyles à tuiles rouges, mais pas une chéchia ne se montrait. L'infanterie et les zouaves ont attaqué d'abord. Les officiers à cheval devant leurs compagnies, mais ils ont dû presque tout de suite mettre pied à terre parce que la pente était très abrupte, et la fumée des fusils kabyles a commencé à flotter sur toute la montagne. Les lignards et les zouaves tombaient comme des mouches et ceux qui ne tombaient pas ne pouvaient plus bouger, ils restaient collés derrière les cailloux, le feu kabyle était très nourri. Clair comme le jour, l'attaque avait échoué. C'est à ce moment-là que Mac-Mahon a fait donner la Légion, les clairons ont sonné la charge. Drôle de charge. Moi j'étais du 2e Bataillon, nous attaquions tout à fait sur la gauche. Nous escaladions la montagne à demi courbés, en silence et sans tirer. Devant nous, le commandant Mangin s'avançait sur son cheval, il ne descendait pas, c'était à peine croyable, on se demandait comment un cheval pouvait gravir une telle pente, des fois il semblait sur le point de se cabrer, de retomber en arrière, mais non, il continuait. Les Kabyles tiraient sur lui, de temps en temps une balle soulevait la terre près du cheval, ou faisait voler des pierres, ou cassait une branche, mais le commandant continuait toujours sur son cheval, et nous derrière lui, et c'est comme ça qu'on est arrivés en haut sur la droite des retranchements des Kabyles, et qu'on les a nettoyés.

Les zouaves, les fantassins et un autre bataillon de la Légion avaient repris l'attaque de front tandis que le 2e Bataillon attaquait ainsi la droite des Kabyles. Ceux-ci, finalement pris entre deux feux, furent défaits. La chevauchée intrépide et quasi acrobatique de l'officier commandant le 2e Bataillon est demeurée célèbre et son apparente invulnérabilité avait impressionné grandement les Kabyles. « Quel était ce diable enchanté qui chevauchait devant les Grandes Capotes ? » demanda le caïd d'Icheridène après la reddition.

L'action de la Légion fut déterminante lors de la prise d'Icheridène, très importante dans l'histoire de la pacification. Certains récits en ont rendu compte d'une manière tout à fait romantique ou, si l'on veut, « déroulédienne ». Ils représentent le 2e Bataillon s'avançant à découvert sous la grêle de balles, « marchant sans tirer comme à l'exercice », etc. En réalité, ces légionnaires ne tiraient pas parce qu'épauler et faire feu eût ralenti leur progression sans causer grand dommage aux Kabyles à cause de la raideur et de l'escarpement de la pente qu'ils gravissaient, et cette pente raide et escarpée les couvrait du feu kabyle. Excellente manœuvre. La *Revue d'Infanterie* a donné le chiffre exact des pertes légionnaires à Icheridène : un officier tué, trois blessés, 8 hommes tués, 87 blessés. Ces pertes eussent été bien plus lourdes si le 2e Bataillon s'était offert stupidement aux balles ennemies.

Encore un mot sur Icheridène. Un des légionnaires qui s'y était le plus distingué était le caporal Moriubaldini. Comme il portait déjà la médaille militaire, gagnée à Sébastopol, ses chefs le proposèrent pour la Légion d'honneur. Or à l'époque il fallait pour l'obtenir faire connaître sa véritable identité. Ce caporal hésita un moment entre l'incognito et le ruban ; puis, se décidant, il tira de son sac des papiers indiscutablement authentiques, ceux du prince Ubaldini, vieille noblesse romaine. On vit même qu'il avait été évêque. Il possédait toujours dans son pays un château et une immense fortune. Il resta cependant à la Légion et ne rentra en Italie qu'atteint par la limite d'âge, avec le grade de capitaine. Selon une tradition invérifiable, le Pape aurait alors « annulé ses lettres de prêtrise ».

C'était encore sous Mac-Mahon que la Légion, 1er et 2e Étranger, avait combattu en Italie en 1859. Campagne de deux mois seulement, mais quels souvenirs ! S'y mêlaient des images de jardins, de tueries et de femmes. Napoléon III, champion de l'indépendance italienne contre l'Autriche (il rêvait d'égaler en Italie la gloire de l'Autre), d'un geste de la main avait balayé la carte :

— Nous déferlerons dans la plaine lombarde.

Or, l'examen d'une carte à grande échelle de n'importe quelle partie de la plaine lombarde permettait de prévoir qu'en fait de déferlement, on assisterait plutôt, étant donné le caractère de la région, à une géante épreuve de *steeple chase,* ce qui était arrivé.

— Nous avancions dans un pays de cultures morcelées, avec des haies à franchir tous les cinquante mètres. Aux vignes succédaient des vergers et il fallait aussi sauter de vrais murs clôturant les propriétés. Pas de vue, pas de cavalerie pour nous éclairer. Nous regardions au-dessus de chaque mur dans l'espoir d'apercevoir les jolis uniformes blancs des Autrichiens tout blancs, à ce qu'on disait. Nous les avons vus juste avant d'arriver à Magenta, au-delà de champs plantés de mûriers que reliaient des guirlandes de vignes. Nous voyions les tuniques blanches et les jambes blanches des Autrichiens, ils avançaient en trois colonnes serrées, en exécutant des feux de salve, une vraie armée de l'ancien temps. Le colonel de Chabrière a commandé de charger à la baïonnette. « Sac à terre, en avant la Légion ! »

Napoléon III avait mal manœuvré au début de cette bataille, engageant prématurément et presque sans artillerie de trop faibles forces. Heureusement, Mac-Mahon, descendant de Turbigo avec le gros de l'armée, vint tomber sur le flanc droit des Autrichiens, « mouvement prescrit par l'Empereur ». En fait, Mac-Mahon arriva au secours aussitôt que possible, comme il put. Le colonel de Chabrière, commandant le 1er Étranger, fut tué vingt secondes après avoir crié « En avant ! ». Le lieutenant-colonel Martinez commandait le 2e Étranger. C'était cet ancien amant de la reine Isabelle d'Espagne, passé aux Carlistes, redoutable tueur de légionnaires en Espagne, puis légionnaire lui-même ; venu à la Légion en Afrique avec d'autres Carlistes après la défaite du parti. Les récits des combattants de Magenta nous le montrent chef remarquable, faisant progresser sa troupe énergiquement (« la terrible poigne de fer du lieutenant-colonel Martinez ») et avec une habileté de guérillero rompu au combat en terrain dangereux. Compétence point inutile dans la sauvage bataille de rues de Magenta. Les chasseurs tyroliens se défendaient comme des démons, chaque maison était une redoute. Martinez allait d'un groupe à l'autre, donnant ses ordres, très calme, le visage en sang car une balle lui avait emporté le sourcil gauche, rajustant de temps en temps son lorgnon, car ce lion portait lorgnon. Le général Espinasse fut tué à un mètre de lui d'un coup de feu tiré à travers un contrevent.

A neuf heures du soir, une estafette apprit à Mac-Mahon que les légionnaires formaient leurs faisceaux dans les jardins de Magenta, redevenus silencieux. Une autre phrase historique jaillit aussitôt des lèvres du maréchal :

— La Légion est à Magenta, l'affaire est dans le sac.

L'affaire était dans le sac, Mac-Mahon était fait duc de Magenta et le lendemain les morts étaient mis en terre. Trois cent huit morts et blessés à la Légion, dont quatorze officiers.

— C'est le 8 juin que nous avons défilé à Milan...

Ici commençait le récit épique de l'ancien au bleu, et le ton était justifié dans une certaine mesure. La Légion venait de se produire pour la seconde fois sur le théâtre Europe et, au contraire de l'équipée espagnole, celle-ci se terminait en triomphe. Les exilés mercenaires, les asociaux, les bannis, les desperados, les hommes sans feu ni lieu autre que le régiment, s'avançaient dans un enthousiasme de délire, sous une acclamation sans fin, sous une pluie de roses. Les Milanaises se jetaient entre leurs rangs pour les couronner de fleurs, pour les embrasser, et la fin du défilé n'avait nullement épuisé cette ardeur. La nuit, les jardins embaumaient...

— Elles étaient folles, mon gars. Et nous aussi, on était comme fous.

Les officiers ayant eu leur part de ces transports, on se demande par quel aveuglement le commandement s'imagina qu'on pouvait profiter de l'occasion pour recruter sur place pour la Légion. Les Milanais du sexe mâle n'avaient qu'un désir, voir s'éloigner les libérateurs. Pas un ne s'engagea.

Ce triomphe de Milan eût pu être fâcheusement prématuré, car François-Joseph d'Autriche n'avait pas capitulé, il venait même de prendre le commandement direct de son armée. L'armée française se porta à sa rencontre sous un ciel bas d'où tombaient continuellement de lourdes pluies d'été. « On se croirait à Sébastopol ! » disaient les légionnaires en pataugeant dans les campements de boue. Puis vint une chaleur torride. Les deux armées marchaient chaque jour à partir de deux heures du matin, sans éclaireurs. La bataille de Solferino (24 juin 1859) fut la plus colossale des rencontres de hasard : deux cent quatre-vingt mille hommes engagés, un front de vingt kilomètres, plus long que la distance de Paris à Versailles. La bataille consistait, sous un soleil de plomb, en une suite de chocs frontaux comparables à ceux du Moyen Age, sans nulle tentative de manœuvre. Le 2e Étranger combattait sur la hauteur de Cavriano, à quatre kilomètres du village de Solferino. La position fut enlevée, perdue et reprise, ainsi plusieurs fois. La décision de l'énorme bataille fut enlevée au centre vers deux heures de l'après-midi, par les voltigeurs de la Garde. Aussitôt après éclata un orage formidable qui fit presque la nuit en plein jour, aveuglant les hommes dans des tourbillons de poussière, de grêle et de pluie.

Le 2e Etranger revint en France pour participer à ce défilé du 14 juillet 1859 qui fut l'une des parades les plus sensationnelles du Second Empire. Napoléon III avait voulu un retour inoubliable de l'Armée d'Italie, la sienne.

— La veille du défilé, on a reçu des uniformes neufs. Il était temps parce qu'on était en loques. Le 14 juillet, on s'est levé en pleine nuit, à deux heures, pour défiler à neuf heures. Les grandes revues, c'est toujours comme ça.

Les images du temps (pas de photos du défilé, l'instantané n'existait pas) montrent les soldats portant tous une couronne au canon de leur fusil, les cavaliers une couronne au bras ou au cou du cheval. Cela fait beaucoup de couronnes, mais il est certain que l'enthousiasme fut grand et l'époque était au panache.

— Et alors, les Parisiennes ?

— Pas de Parisiennes. Après le défilé, on a été consignés, et en route pour Toulon. On est revenu ici. Chez nous. On s'est embarqués à Toulon à bord du *Panama*.

Plus d'une fois je suis arrivé par mer en vue de Mers-el-Kébir. Le dépouillement de cette partie de la côte africaine était alors tempéré par les taches colorées des villas, des établissements de bains, des petits cafés sur les plages. Point de ces douceurs en 1859. La ville musulmane serrée comme une grenade s'accrochait au promontoire au-dessus d'un rivage intact, exotiquement sauvage. Et cependant, en feuilletant les journaux de marche des régiments, les mémoires et les récits de l'époque, je crois volontiers que les légionnaires de retour de France n'arrivaient pas en vue de l'Afrique avec regret, ni avec appréhension. Pour ces apatrides volontaires, l'Afrique était devenue une patrie. Sur son sol fauve, ils avaient trimé et versé leur sang, un lien très fort déjà s'était formé. Après chaque expédition, les légionnaires retrouvaient là leurs habitudes, les ouvrages faits de leurs mains et c'était là qu'ils caressaient sans fin le trésor de leurs rêves et de leurs nostalgies.

4

CAMERONE

Le 24 mars 1863, les deux vaisseaux à trois ponts, *Saint-Louis* et *Wagram,* appareillés le 21 de Fort-de-France, faisaient route de conserve à destination du port de la Vera Cruz, Mexique, par beau temps, mer belle, calme presque plat. Leurs voiles étaient carguées et rabantées, une fumée noire s'élevait de leur mince cheminée. Chacun de ces deux navires possédait sa machine depuis quelques années seulement. Le *Saint-Louis* avait été lancé en 1848 ; le *Wagram,* ex-*Bucentaure,* datait de 1833.

Vus à un demi-mille de distance, l'un et l'autre faisaient bonne figure sur la mer plate, sous le ciel bleu foncé éblouissant. Et même d'un peu plus près, on constatait que leur gréement et leur peinture étaient en bon état, on voyait seulement que les canons avaient été ôtés. Il fallait s'approcher encore, pour tout dire embarquer à bord, pour découvrir l'entassement et la très relative hygiène qui sont de règle à bord de n'importe quel vaisseau de guerre transformé en transport, comme c'était le cas. Le *Saint-Louis* et le *Wagram* allaient débarquer le 26 mars à la Vera Cruz les deux bataillons de la Légion embarqués quarante-huit jours plus tôt à Mers-el-Kébir. Le colonel Jeanningros commandait ce contingent.

Pendant la traversée, le colonel avait disposé d'une chambre, comme tous les officiers supérieurs des troupes transportées au Mexique. Le confort commençait à diminuer à partir du grade de capitaine, chaque chambre de maître, trois mètres carrés ayant été attribuée à au moins deux officiers subalternes, et ce confort tombait ensuite rapidement au-dessous de zéro. Des officiers et sous-officiers couchaient en dortoirs dans les batteries hautes, et les légionnaires du rang se répartissaient entre les batteries basses et les faux ponts, où il leur était recommandé de ne pas respirer par le nez. Dégager les batteries et les faux ponts pour y entasser du monde est possible à bord de n'importe quel navire, mais le commandement doit déployer beaucoup d'ingéniosité et instaurer une discipline de fer pour que le bâtiment ne soit pas en quelques jours transformé en un cloaque.

L'inconfort supporté par les hommes, gradés ou non, n'était rien auprès du martyre enduré par les quadrupèdes du corps expéditionnaire. Les mulets de bât de la Légion et les chevaux des officiers n'étaient pas très nombreux, une cinquantaine en tout, mais les locaux aménagés pour eux dans les fonds et baptisés écuries ressemblaient plutôt à des antichambres d'abattoirs. Les animaux, privés de lumière, attachés à des anneaux, coincés entre des barres de bois pour n'être pas jetés bas au roulis, étaient si serrés que leur donner à boire et à manger constituait un tour de force pour les palefreniers, qui, chaque fois, remontaient sur le pont à demi asphyxiés. Et même les mulets avaient dû être hissés à tour de rôle à l'air libre au cours de la traversée.

Les matelots racontaient aux légionnaires que les chevaux du 3e bataillon de Chasseurs d'Afrique avaient vu bien pire à bord du transport *Aube.* Un cyclone ayant assailli ce bâtiment à cent milles à l'ouest de la Martinique, les chevaux, leurs attaches rompues et les barres de bois brisées, avaient été jetés les uns sur les autres, se fracturant les jambes et se tuant en une affreuse boucherie. Il avait fallu trente-six heures pour hisser des cales quatre-vingts grands cadavres, que les chasseurs poussaient à la mer en blasphémant.

Les instructions supérieures prescrivaient au *Saint-Louis* et au *Wagram* de naviguer le plus souvent possible à la voile afin d'économiser le charbon. Les alizés quittés, les deux navires s'étaient traînés sur la mer ; on ne ranimait les foyers que lorsque les voiles pendaient inertes. La vitesse fournie par les machines n'était pas alors suffisante, loin de là, pour procurer aux passagers en uniforme l'illusion d'un souffle d'air.

Les légionnaires avaient reçu l'autorisation d'aller et venir nu-pieds comme les matelots. Ils tuaient le temps principalement en s'adonnant aux jeux de hasard, cartes ou loto. L'eau de boisson était férocement rationnée, pas de cantine à bord et il aurait fallu dix fois la ration de vin réglementaire pour rafraîchir les gosiers desséchés. Malgré cela, un ex-acteur professionnel organisait des représentations théâtrales.

La condition des officiers n'était guère plus enviable que celle des hommes. Occupés à tenir leur troupe en main dans ces conditions difficiles, ils ne rencontraient auprès des officiers du bord qu'une courtoisie glacée. Tout commandant de navire de guerre est furieux de voir son bord envahi par une foule à transporter, et tous ses officiers partagent sa rogne. Au surplus, pour les officiers de marine de l'époque, dont l'esprit de caste était sans limite, la Légion représentait le rebut de la société. « Que faites-vous au milieu de ces bandits ? » demandait au lieutenant Zédé le capitaine de frégate de Pina, commandant de la *Dryade.* Comme si les équipages de la flotte avaient été de tout temps recrutés au sein des patronages.

La Légion n'avait pas chômé en Afrique au retour d'Italie, après le glorieux défilé de Paris : dare-dare à marches forcées vers la frontière marocaine. Là vivaient dans les plis d'une chaîne montagneuse de quatre-vingts kilomètres sur vingt, entre l'oued Kiss et la Moulouya, une tribu berbère qui devait donner un interminable fil à retordre aux Français : les Beni Snassen, à la fois agriculteurs et pillards, spécialistes de la razzia éclair.

Ils venaient justement de liquider avec maestria plusieurs postes frontières de la région de Lalla-Maghnia. La colonne envoyée contre eux avait essuyé pas mal de coups de feu de la part de gaillards basanés qui se fondaient dans le paysage comme des caméléons, mais ces guerriers avaient dû ensuite assister du haut des rochers environnants aux représailles économiques : villages brûlés, récoltes coupées, silos à grains déménagés. De petits groupes exaspérés parfois se ruaient follement, mais plus souvent les Beni Snassen se vengeaient en coups de main nocturnes. Tout isolé pouvait se tenir pour mort et bien des légionnaires enterrèrent ces semaines-là des cadavres de copains très peu agréables à regarder, tête coupée, ventre ouvert, sexe arraché. Enfin un envoyé du sultan du Maroc était venu conclure une espèce de trêve.

Après cette brève campagne sans merci, les légionnaires avaient retrouvé avec plaisir à Bel-Abbès l'ordinaire copieux et savoureux (solide tradition légionnaire et condition première d'un bon moral), le vin rouge, les fatmas, les chansons nostalgiques. Chaque compagnie passait deux ou trois semaines par mois dans le bled, maniant la pelle et la pioche. Une vie pépère. Trop pépère après quelques mois. Je crois comprendre que ce fut à cette époque que prit son sens immortel, au milieu des fumées et des relents du gros vin rouge espagnol, ce mot jusque-là confiné dans une pénombre assez sordide : *le cafard.*

Or à la même époque, au printemps de 1862, un nom de pays revenait souvent dans les conversations des officiers qui, savamment, faisaient fondre leur sucre sur la cuillère ajourée au-dessus de leur absinthe dans les cafés de Bel Abbès. Ce nom était Mexique.

Pour Napoléon III, le Mexique était « la grande pensée du règne » : Construire sous les tropiques un grand empire catholique, filleul de l'empire français et qui ferait pièce à l'influence protestante des États-Unis. La guerre de Sécession avait fourni l'occasion ; le président mexicain Juarez avait fourni le prétexte en suspendant le paiement des dettes aux puissances étrangères. M. de Saligny, chargé d'affaires au Mexique, avait fourni l'enthousiasme : « Les populations nous attendent, la marche sur Mexico sera un triomphe. » A la suite de quoi, la réalisation de la grande pensée du règne avait débuté par un échec sanglant devant Puebla, 5 mai 1862. Et il avait fallu envoyer des renforts. « Pourquoi pas la Légion ? » demandaient les officiers de Bel Abbès. Il y avait de la gloire et des galons à gagner là-bas.

Mexique, ce mot tintait aussi aux oreilles des légionnaires cultivant leur cafard. Nous nous représentons mal, aujourd'hui, le renouveau de fascination qu'a exercé le continent américain en Europe au début de la seconde moitié du XIXe siècle. A cause de la Ruée vers l'or. De nombreux navires chargés d'aventuriers de tout poil ont appareillé du Havre vers l'isthme de Panama ou vers le cap Horn de 1848 à 1855, des affréteurs d'occasion ont édifié des fortunes sur ce mouvement immense dont parlent si peu les manuels d'Histoire de France. L'un d'eux, directeur de la *Société du Lingot d'Or,* avait exposé passage des Panoramas à Paris, à titre de publicité, une pépite de cent seize kilos devant laquelle la foule électrisée défilait dix heures par jour. En 1862, le sommet de cette excitation était dépassé, et le Mexique n'était pas la Californie ; mais il bénéficiait de la puissance attractive dont s'était rechargé le mot Amérique. Les légionnaires entrevoyaient la conquête d'une espèce de Golconde.

Cette exaltation aux motifs divers avait abouti à un geste un peu inconsidéré du corps des officiers subalternes de la Légion, savoir une pétition directement adressée à l'empereur, en substance : « Sire, nous vous demandons d'envoyer la Légion au Mexique. » Réponse : arrêts de rigueur pour l'officier le plus ancien de chaque grade. L'oubli de la voie hiérarchique était une faute grave. Le colonel Jeanningros, approbateur explicite de la pétition, avait cependant dû appliquer la sanction, la mort dans l'âme.

Jeanningros, passé à la Légion depuis peu (mars 1862 ; il venait de commander le 43e de ligne), était cependant devenu aussitôt un caïd aimé des légionnaires à cause de sa stature de tambour-major et de sa carrière à la force du poignet. D'origine modeste, il avait été enfant de troupe, soldat, sous-officier ; nombreuses blessures, décorations. Cette popularité ne signifie pas que les légionnaires n'aimaient pas aussi les officiers de haute noblesse, dont la grande allure les flattait. Le cœur humain n'est pas simple.

Ses officiers subalternes punis, la Légion avait attendu encore un bon moment avant que le colonel Jeanningros ne reçût de Paris, en janvier 1863, l'ordre de préparer, en vue de l'expédition mexicaine, deux bataillons à sept compagnies plus la compagnie hors rang et la musique, deux mille hommes au total. J'allais oublier les cinq cantinières, dont la présence dans l'expédition devait constituer un piment intéressant, et sur lesquelles on trouve trop peu d'informations dans les archives de la Légion. On y apprend seulement qu'un logement « autant que possible discret » leur avait été réservé à bord des transports. Elles étaient, autant que j'ai pu comprendre, mariées à des sous-officiers.

Gibraltar franchi, une première escale avait eu lieu à Madère, rien à dire. Par contre, l'escale à Fort-de-France avait laissé à la plupart des légionnaires des souvenirs inoubliables, trop inoubliables pour certains. Leur ancre à peine mouillée, le *Saint-Louis* et le *Wagram* avaient été pris d'assaut par une foule de sémillantes beautés pain d'épice ou café au lait, plus vêtues (elles portaient trois jupons) que les Tahitiennes devant lesquelles les marins de Cook et de Bougainville avaient succombé, mais à peu près aussi hardies. Elles se disaient blanchisseuses. Les naïfs qui leur confièrent du linge eurent vite compris que ces mignonnes (« il y en a d'aussi blanches que les Européennes ») n'auraient guère le temps de savonner et de repasser pendant cette ardente escale. « Les rues présentaient une animation tenant du vertige. » Les officiers avaient pris pension chez des logeuses de charme dont une tradition reconnaissante a retenu quelques noms : Mlle Amélia, Mlle Francilia, Mlle Louisia, Mlle Émilie...

Les mulets eux-mêmes eurent leur part de bonheur à la Martinique, car on les fit descendre à terre pour les mettre au vert quelques jours. Dans les chaloupes qui les menaient au rivage, ces pauvres bêtes, folles de joie à la vue de la végétation, voulaient se jeter à la mer.

Le *Saint-Louis* et le *Wagram* approchaient maintenant du terme de la traversée. L'équinoxe de printemps à peine dépassé, la mer des Antilles était cependant brûlante comme l'enfer. Le 25 mars apparut droit à l'Ouest, émergeant lentement de l'horizon, émergeant de la brume de chaleur, la cime couronnée de neige du roi des volcans mexicains, l'Orizaba, 5 704 mètres.

Le lendemain, à la fin de la matinée, les deux navires défilèrent devant le vieux fort San Juan de Ulua, élevé par Cortez à l'entrée de la rade de la Vera Cruz. A quelques milles au nord s'apercevait la isla de los Sacrificios sur laquelle, pendant quelques siècles, les Indiens Totonaques avaient méticuleusement immolé leurs prisonniers après leur avoir arraché la peau et les ongles. Les ancres des deux navires trouèrent l'eau bleue.

Les légionnaires apercevaient, sur une côte basse de sable jaune, entre des fortifications assez massives, une jolie ville aux maisons blanches, roses et bleues, piquetée de plusieurs clochers à bulbe, colorés eux aussi. Le débarquement commença le jour même.

Bien peu de ports, à l'époque, possédaient des quais où de grands navires pussent accoster. Les légionnaires entassés dans les chaloupes devenaient de plus en plus silencieux à mesure que ces embarcations s'approchaient du rivage. Sur les plages, de part et d'autre de la ville, gisaient des carcasses de navires naufragés. Pas de port, on ne voyait qu'un petit môle à demi écroulé sur lequel se tenaient quelques Indiens en chemise sale et déchirée, fumant le cigare. « C'est pour se défendre des moustiques » expliquaient les pilotes indigènes.

Au-delà, la ville paraissait déserte. Les murs des maisons étaient craquelés, les couleurs si jolies vues de loin se détachaient en croûtes, on ne voyait rien qui ressemblât à un magasin ou à un café. Les seuls promeneurs dans les rues de boue desséchée étaient des chiens faméliques et des vautours zopilotes au bec crochu et au cou déplumé. Grâce à ces affreux oiseaux mangeurs d'immondices, protégés par la municipalité, une partie de la population de la Vera Cruz survivait chaque année au choléra endémique, l'autre partie succombant dans la proportion de 40 % à la fièvre jaune, dite *vomito negro,* répandue par les nuées de moustiques qui s'élevaient jour et nuit des lagunes pestilentielles de la rivière Tenaya.

Seuls les indigènes nés sur place pouvaient se dire immunisés contre la fièvre jaune. Les Mexicains venus des plateaux intérieurs savaient qu'ils avaient peu de chances de faire de vieux os à la Vera Cruz, aussi y restaient-ils le moins possible. Quant aux chances des Européens, le colonel Jeanningros fut tout de suite édifié en apprenant le chiffre des pertes par maladie du 20e bataillon de Chasseurs à pied, débarqué là avec le général Forey au début des hostilités : treize jours à la Vera Cruz, trois cents malades ou morts ou mourants sur huit cent vingt hommes ; et trois cents autres étaient tombés malades ou avaient succombé pendant le voyage vers l'intérieur à travers les *Tierras Calientes.*

Le colonel Jeanningros se promit de tout faire pour que la Légion ne séjourne que le minimum de temps dans cette ville pourrie :

— Nous serons partis dans quatre jours.

Il pensait, et tous ses officiers avec lui, que la Légion avait été envoyée pour participer à l'assaut de Puebla, sur le grand plateau d'Anahuac, à plus de deux mille mètres d'altitude. Les deux bataillons furent prêts à quitter la Vera Cruz le 31 mars au soir. La veille, Jeanningros avait appris que la Légion n'allait nullement se diriger vers les hauts plateaux. Elle avait pour mission de patrouiller sur les Terres chaudes et d'y escorter les convois de vivres, de munitions et d'argent acheminés de la Vera Cruz vers Puebla. Ces convois étaient constamment attaqués ou menacés par les guérilleros.

Du haut de l'avion transatlantique vous découvrez parfaitement, si le temps est clair, la structure géographique du Mexique oriental : une côte basse à peine inclinée (les Terres Chaudes) jusqu'à 60 kilomètres de la mer, puis des degrés de plus en plus majestueux jusqu'à l'altiplano. La première ville située hors des Terres Chaudes, Chiquihuite, se trouve à 90 kilomètres de la mer et à 670 mètres d'altitude. Le colonel Jeanningros décida d'y installer son P.C.

Le Régiment Étranger quitta la Vera Cruz le 31 mars 1863. Jeanningros avait reçu l'ordre d'y laisser un petit dépôt, quelques hommes et un lieutenant, qui furent pourvus de recommandations pressantes : fumer le cigare sans arrêt, faire exécuter toutes les corvées par des indigènes, ne pas boire d'eau, brûler du soufre dans les locaux, envoyer les malades à l'hôpital dès les premiers frissons. L'hôpital de la Vera Cruz contenait malheureusement déjà une bonne douzaine de légionnaires assez mal en point.

La première partie du trajet vers Chiquihuite fut parcourue en chemin de fer : huit kilomètres, la voie n'allant pas plus loin. Heureusement, aurait-on pu dire, car il ne semblait pas que les locomotives et les wagons, matériel de rebut acheté aux Américains, eussent été capables de rouler davantage. Cependant les travaux continuaient au-delà de ce terminus provisoire de la Tejeria. Une compagnie de légionnaires fut laissée là, sous les ordres du chef de bataillon Munier. Jeanningros allait répartir l'effectif de son régiment en plusieurs postes, le long de la ligne de communication dont la surveillance lui était confiée, de la Vera Cruz à Chiquihuite.

La ville d'étape au-delà de la Tejeria, à 25 kilomètres, s'appelait la

Soledad. La route ressemblait plutôt à une piste. Les légionnaires marchaient de leur pas lent de soldats professionnels de l'Afrique à travers la savane basse plantée d'arbres clairsemés, de hautes herbes et de cactus géants. Ils portaient encore l'uniforme avec lequel ils s'étaient embarqués, veste de drap bleu foncé, pantalon de drap garance jusqu'au-dessous du genou, jambières de cuir, guêtres de toile écrue ; képi à visière carré couvert de l'étui de toile blanche à couvre-nuque. Dès la prise de leur service dans les Terres Chaudes, ils devaient remplacer le pantalon de drap et les jambières par un pantalon de toile écrue et le képi par un sombrero indigène.

Les officiers étaient en tunique noire, galons dorés à la hongroise montant bien au-dessus du coude. Les amateurs de détails concernant les uniformes et l'armement, ainsi que bien d'autres particularités de la Légion, consulteront avec fruit les ouvrages remarquablement documentés *(Livre d'Or de la Légion Étrangère, Camerone)* de Raoul et de Jean Brunon, possesseurs d'un fonds d'archives unique sur l'histoire des armées françaises. Ajoutons que nos légionnaires en colonne vers l'Ouest ne portaient pas leur sac, ni aucun matériel : des mulets et des Indiens loués en étaient chargés.

La végétation devint plus dense à partir d'un lieu dit Matto Indios ; l'ordre fut donné aux éclaireurs d'approvisionner leurs armes et à tous d'ouvrir l'œil. Le spectacle qui s'offrit un instant plus tard aux yeux des légionnaires suffisait à faire comprendre qu'aucune précaution n'était dorénavant superflue. De chaque côté de la piste gisaient des morceaux de charrettes, des éclats de caisses éventrées, des carcasses de chevaux nettoyées par les vautours, le tout parsemé d'éclats de projectiles. Un convoi de munitions avait été attaqué et détruit par les guérilleros à cet endroit même dix mois plus tôt, en juin 1862. Sur la gauche de la piste, deux tombes côte à côte étaient surmontées de croix de branchages, maintenant desséchés, portant le nom de deux femmes, toutes les deux cantinières au 2e Zouaves. Pas de tombe pour les autres morts, nul ne savait ce qu'ils étaient devenus.

Les légionnaires avaient hâte d'arriver à la Soledad bien que ce nom (la Solitude) ne parût guère prometteur. La Soledad avait été cependant un des bourgs les moins rébarbatifs des Terres Chaudes, avec des maisons et des cases ombragées de grands bananiers, une église colorée comme celle de la Vera Cruz. N'en subsistaient que des murs écroulés et des ruines noircies. Cette destruction, œuvre de l'armée française, avait été ordonnée en représailles de la destruction du convoi de juin 1862, à laquelle les habitants de la Soledad avaient activement participé.

A la Soledad fut laissé le lieutenant-colonel Giraud avec un troisième contingent, qui relevait là quatre compagnies d'infanterie de Marine et un maigre détachement du 12e Chasseurs à cheval. Les chasseurs avaient leurs chevaux harnachés, les marsouins leur havresac bouclé. La vélocité avec laquelle, aussitôt les consignes passées, ces militaires s'éloignèrent vers l'Ouest en disait long sur l'agrément du séjour dans la bourgade détruite par les représailles.

Soixante kilomètres séparent la Soledad de Chiquihuite. Trois jours de marche. Les rations de nourriture et de vin avaient été réduites, afin de ne pas alourdir la colonne, et même l'eau potable était rationnée, car on ne trouvait en route que des mares peu engageantes. Jeanningros chevauchait au milieu de ses hommes, l'air soucieux. Les éclaireurs n'apercevaient aucun ennemi, mais l'ennemi invisible, le *vomito negro,* cheminait avec le régiment. On voyait maintenant en queue de colonne deux bonnes douzaines de mulets porteurs de fiévreux au faciès vultueux, aux yeux injectés, que les infirmiers bourraient d'huile d'olive, sans grand espoir, et dont la présence était un danger pour les autres, mais où laisser ces malheureux, à qui les confier ? Le village où l'on coucha le premier soir, Camerone, n'était qu'un hameau désert. La halte du second jour Paso Ancho fit l'effet d'un paradis à cause d'un ruisseau aux eaux claires coulant au pied des arbres. Pureté, fraîcheur divine, oubliée depuis si longtemps, depuis l'Afrique, était-ce possible ? Des buveurs invétérés promis à la cirrhose avaient les larmes aux yeux en remplissant leurs bidons de cette eau fraîche.

Le troisième jour, un quatrième et dernier contingent de légionnaires fut laissé à Paso del Macho, Passage du Mulet. Ce bourg-là n'était pas détruit, mais là non plus, personne. A l'entour, des animaux domestiques paissaient sans gardiens. Les officiers de la compagnie de tirailleurs algériens que relevait la Légion expliquèrent que les habitants s'étaient tout simplement enfuis. Les Mexicains restés chez eux, s'ils ne refusaient pas tout aux Français, se voyaient traités de traîtres par les libéraux et les guérilleros qui alors les massacraient à la première occasion.

A cent pas du bourg, au-delà d'une rivière encaissée aux berges abruptes, une cinquantaine de cavaliers paraissaient occupés à harnacher leurs chevaux. Les légionnaires demandèrent qui ils étaient.

— Des *lanceros.* Cavalerie régulière du général Marquez, parti conservateur. Adversaires de Juarez. Nos alliés.

Un instant plus tard, en effet, le commandant de cet escadron aligna ses cavaliers et fit rendre les honneurs à la Légion. Les lances des *lanceros* portaient une flamme aux couleurs nationales, vert-blanc-rouge. Leur uniforme consistait en chemises déchirées, en pantalons de couleur indéfinissable et en sombreros graisseux. Les chevaux étaient des haridelles. L'ensemble donnait à réfléchir sur la popularité du parti conservateur.

Le seul spectacle encourageant à Paso del Macho était offert par la nature. A l'Ouest, s'élevait la masse majestueuse des montagnes couvertes de forêts, dominées par le pic neigeux d'Orizaba. Une brise fraîche par instants soufflait de ces hauteurs. Les légionnaires destinés au dépôt de Chiquihuite se remirent en marche, gravissant allégrement une route en lacets taillée dans le roc, œuvre des Espagnols, ouvrage digne de la Légion. De part et d'autre, au-delà d'arbres gigantesques s'étendaient des espaces verdoyants. Le colonel Jeanningros changeait de visage. En arrivant, il dit au colonel du 81e de ligne, qu'il venait relever, combien il se félicitait d'avoir choisi Chiquihuite comme base principale. Les légionnaires postés dans les Terres Chaudes pourraient venir à tour de rôle reprendre des forces sur cette hauteur salubre.

— Insalubre, dit cet officier. Bien que nous soyons à plus de six cents mètres d'altitude, les nuées de moustiques des Terres Chaudes montent jusqu'ici de mai à novembre. Il y a aussi les fourmis et les scorpions, et je vous conseille de rationner l'eau potable.

D'un geste, Jeanningros montrait la rivière Atoyac roulant des eaux abondantes au pied de la hauteur :

— Et ça ?

— Imbuvable. Chargée de sulfate de cuivre.

Au-delà de Chiquihuite, la route continuait à s'élever. Cordoba, Orizaba, Pueblo, Mexico. La route de la Terre Promise. Même à Cordoba, à vingt kilomètres de Chiquihuite, tout était déjà différent. Mais la mission de la Légion s'arrêtait à Chiquihuite.

A 8 000 kilomètres plus à l'est, à Paris, le ministre de la Guerre allait lire quelques jours plus tard le rapport du général Forey : « J'ai dû laisser des étrangers, de préférence à des Français, dans une position où il y avait plus de maladie que de gloire à conquérir. »

Le 29 avril 1863, le colonel Jeanningros fut informé qu'un important convoi, parti de la Vera Cruz et destiné aux troupes qui assiégeaient Puebla, se trouvait maintenant à la Soledad. La Légion devait en assurer la protection jusqu'à Chiquihuite.

Le convoi en question avait quitté la Vera Cruz le 14 avril. C'est-à-dire qu'à cette date avait commencé le chargement, à bord du chemin de fer Vera Cruz-la Tejeria, du matériel que les charrettes et les mulets du convoi devaient ensuite transporter de la Tejeria vers Puebla.

Le Q.G. des troupes régulières mexicaines fut, lui, informé de cette opération le 16 avril. Ce Q.G. se trouvait à Jalapa, à 50 kilomètres au Nord-Ouest de la Vera Cruz. Les Mexicains apprirent en même temps que le convoi transporterait des pièces d'artillerie, des fusils, des munitions, des vivres, des médicaments, plus une somme de quatre millions en or.

L'armée française et l'armée mexicaine employaient l'une et l'autre, comme messagers, des coureurs indiens d'une vélocité et d'une résistance incroyables. Ceux qui se mettaient au service des Français risquaient leur vie. Ils portaient des messages inscrits sur du papier très fin qu'ils plaçaient dans un étui minuscule, caché ensuite là où vous pensez.

Les coureurs et les espions travaillant pour les Mexicains n'avaient pas à prendre tant de précautions, puisque 99 % au moins de la population étaient pour eux.

Le Mexique comptait à l'époque environ 9 000 000 d'habitants dont 800 000 Blancs ou presque Blancs, 3 000 000 de métis blancs-indiens,

5 000 000 d'Indiens et environ 100 000 Noirs. Les Indiens et les Noirs n'avaient guère eu voix au chapitre au cours des soubresauts politiques ayant constitué l'histoire du Mexique depuis l'indépendance, et cependant le pouvoir était maintenant aux mains d'un Indien zapotèque pur sang, Benito Juarez. Juarez, élu par les libéraux contre Zuloaga, conservateur, avait dû se frayer un chemin pour entrer dans Mexico, et l'équipée de Napoléon III était arrivée juste à point pour asseoir son autorité. En face des chefs conservateurs qui demandaient l'appui français, il faisait figure d'incarnation nationale, de père de la patrie.

Le rappel de ces quelques faits suffit à faire comprendre pourquoi les Français se trouvaient au Mexique dans une atmosphère d'hostilité déclarée. « Tout le monde s'ennuie à mourir, écrivait aux siens le lieutenant-colonel Loizillon. Pas un chat qui vous fasse l'honneur de vous parler, sauf les intrigants qui veulent des places, les espions et les marchands qui vendent tout au décuple de sa valeur. » Le 18 avril 1863, alors que le lourd et précieux convoi se formait au terminus ferroviaire de la Tejeria, un officier des troupes assiégeant Puebla résumait ainsi la situation générale : « Nous sommes partis de France croyant avoir affaire à une poignée de gens et à quelques misérables Indiens fascinés par la terreur du nom français. On s'aperçoit aujourd'hui qu'on s'était singulièrement trompé ; nous avons devant nous des gens décidés qui ne veulent pas de nous et qui lutteront jusqu'à la dernière extrémité. »

L'influence et les effectifs dont disposait le parti conservateur rallié aux Français étaient absolument négligeables.

Aucun général de l'armée régulière mexicaine n'aurait su dire combien elle comptait d'hommes, et l'on se demande comment les officiers pouvaient reconnaître leurs soldats, qui portaient les tenues les plus diverses : uniformes achetés aux États-Unis ou pillés dans les casernes des conservateurs, pièces disparates d'uniformes français volés, et même tenues de l'ancien régime, importées d'Europe, Dieu savait quand. Des soldats de cette armée régulière n'avaient qu'un pantalon d'uniforme ou un shako, ou pas d'uniforme du tout, le sombrero et la couverture indienne percée d'un trou. Les armes n'étaient pas moins hétéroclites que les tenues, ce qui créait des difficultés pour l'approvisionnement en munitions.

La discipline formelle et les marques extérieures de respect étaient de l'hébreu pour ces combattants disparates, mais au combat ils obéissaient et se montraient courageux. Les cavaliers s'estimaient à cent coudées au-dessus des fantassins et d'ailleurs ils étaient mieux équipés. Cette armée était issue d'une sorte de conscription. Le gouvernement mexicain disposait en outre des « escadrons irréguliers », volontaires possesseurs de leurs chevaux, et des guérilleros. Les guérilleros, cavaliers ou fantassins, étaient d'authentiques bandits de droit commun pour qui les Français progressant dans ce pays hostile constituaient un gibier idéal. Parfois ils agissaient de concert avec l'armée régulière, parfois non, parfois même les réguliers devaient ouvrir le feu sur eux à la suite de quelque razzia sur des biens mexicains.

L'armée régulière et les guérilleros comptaient aussi un certain nombre de déserteurs de différents pays.

L'état-major mexicain de Jalapa était tenu au courant jour après jour de la progression du convoi parti de la Tejeria. Normalement, l'attaque était l'affaire des guérilleros. Temps de guerre ou temps de paix, ces bandits avaient toujours attaqué les convois, c'était leur industrie. Les commerçants mexicains n'obtenaient de faire circuler leurs marchandises qu'en se soumettant à un *racket* assez lourd, qui d'ailleurs ne les garantissait même pas absolument, car plusieurs bandes rivales opéraient. Au début de la guerre, un ministre français, informé de ces pratiques, avait émis l'opinion que le passage des convois militaires pourrait être obtenu de la même manière, par une indemnité payée aux guérilleros. La Trésorerie ayant refusé de faire figurer sur ses livres les sommes destinées au *racket,* l'idée fut abandonnée.

Des instructions supérieures concernant le convoi qui nous occupe étaient arrivées à Jalapa. Le colonel Francesco de Paula Milan, chef des troupes mexicaines des Terres Chaudes, devait s'emparer à tout prix des 4 millions de francs en or ainsi que des pièces d'artillerie qu'attendait impatiemment le général Forey devant Puebla. L'affaire ne pouvait être laissée aux guérilleros.

— Les Français défendront leur bien, dit le colonel. Il me faut un effectif plus important que d'habitude.

Voici la composition de la force qui fut mise à sa disposition : 800 cavaliers, dont 500 réguliers et 300 hommes des escadrons irréguliers ; et plus de 1 000 fantassins.

Le colonel posa le doigt sur la carte à l'endroit où il comptait concentrer son effectif : sur le ruisseau de la Joya, à 5 kilomètres environ au nord de Camerone.

Le convoi long de cinq kilomètres (60 voitures, 150 mulets) progressait à une vitesse moyenne comparable à celle des grandes caravanes américaines de la Marche vers l'Ouest, soit douze kilomètres par jour. La piste existait à peine, parfois elle se fondait dans l'étendue boueuse ou craquelée. Chaque véhicule, sept à dix mètres de long, quatre roues, aussi massif que les chariots mérovingiens, s'avançait entouré d'un essaim de muletiers et de goujats indiens chargés d'intervenir aussi souvent qu'il s'agissait de freiner dans une descente ou de désembourber le chariot. Quand le convoi arrivait devant un cours d'eau, coulant ou à sec, chaque véhicule, pourvu au besoin d'un attelage de renfort, s'élançait dans une grande clameur mêlée de hennissements et il s'agissait que l'élan de la descente permît la remontée. Il n'y avait plus ensuite qu'à réparer les traits ou les timons cassés. Les chariots versaient rarement, à cause de leur poids énorme.

Les mulets, sans bride ni licol, leur charge contenue dans un bât en cuir, suivaient d'eux-mêmes une jument portant au cou une clochette et appelée *caponera.* Il eût fallu les tuer pour les empêcher de suivre cette jument-guide.

Des haltes étaient nécessaires pour faire reposer les quadrupèdes, pour faire manger bêtes et gens, pour puiser de l'eau si on trouvait un arroyo ou une mare point trop infects. Le chef d'escorte arrêtait aussi le convoi à l'orée des bois, afin d'envoyer des éclaireurs. Ou encore la nouvelle circulait qu'un homme venait d'être piqué par un serpent-minute, et le convoi s'arrêtait. Quelques Indiens creusaient en vitesse une tombe au bord de la piste.

Le chef du personnel militaire du convoi et les chefs de l'escorte comptaient leurs hommes matin et soir et ce n'était pas encore assez car il y avait de quatre à dix pour cent de déserteurs à chaque voyage. Un fort contingent d'aventuriers s'était présenté lorsque le gouvernement français avait offert des engagements de deux ans pour l'expédition mexicaine. Excités par le mirage californien, ils n'avaient qu'une idée, gagner ce Pactole. Une rumeur stupide leur avait fait croire que, des Terres Chaudes, on pouvait, à pied, atteindre en deux jours la frontière des Etats-Unis. Il y fallait deux mois au bas mot, et une chance inouïe.

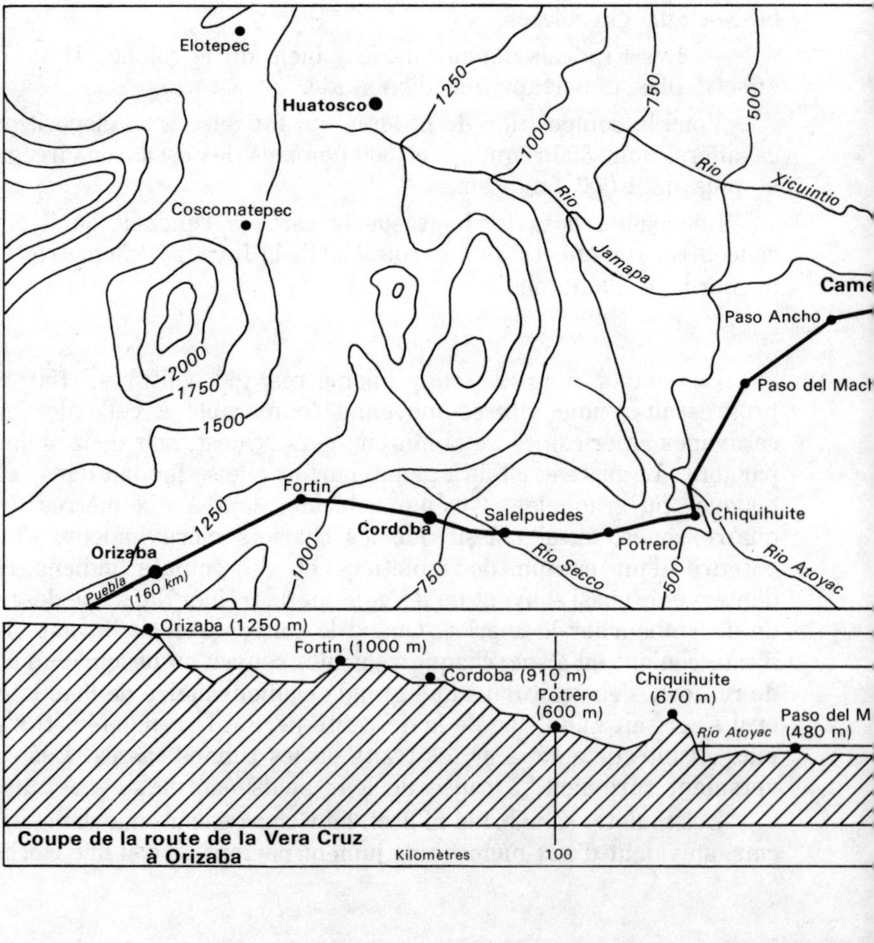

Coupe de la route de la Vera Cruz à Orizaba

Les squelettes des déserteurs, nettoyés par les vautours ou par les fourmis, parsemaient l'étendue mexicaine. Ces hommes mouraient de faim ou de soif, ou du venin des serpents, ou égorgés par des tribus indiennes.

L'embarquement du matériel à la Vera Cruz avait eu lieu dans une atmosphère plutôt lourde, à cause d'une nouvelle qui venait de se répandre. Le 6 avril, des guérilleros avaient attaqué le camp de la Loma, sur la piste même, à dix kilomètres de la Tejeria. Là s'élevaient les ateliers de l'entreprise (mexicaine) de prolongation du chemin de fer. Le directeur des travaux payait ponctuellement à Honorato Dominguez, l'un des chefs guérillero, le tribut qui devait mettre son camp à l'abri de toute attaque. Dominguez était venu en personne percevoir son dû le 5 avril et le directeur l'avait même invité à dîner. Or le 6 au matin, une bande de forcenés avait envahi le camp, massacrant hommes et femmes, sans merci, pillant, engloutissant tout l'alcool qui leur tombait sous la main, et leur ivresse avait ajouté à l'horreur du carnage. Les bandits, surprenant le boulanger devant son pétrin, l'avaient égorgé, puis ils avaient continué à pétrir la farine avec son sang. D'autres détails aussi

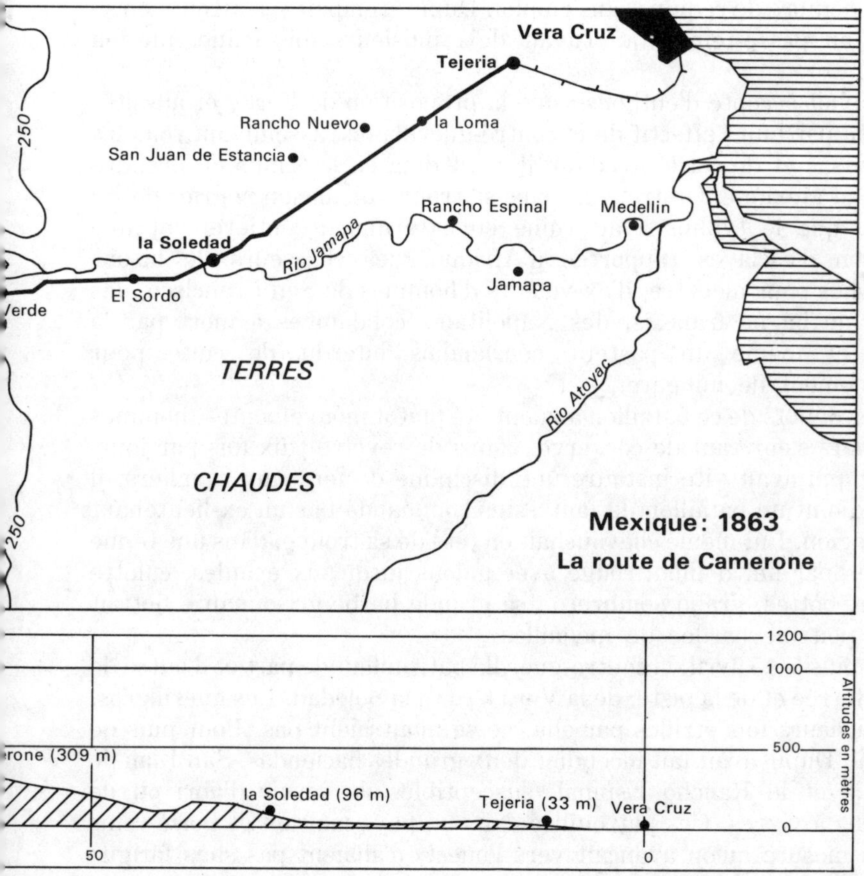

Mexique: 1863

La route de Camerone

atroces circulaient, fournis par quelques blessés que les ivrognes avaient oublié d'achever.

Après l'interminable transbordement à la Tejeria, le convoi était passé à la Loma sur le lieu même du massacre. Les cadavres étaient enlevés, des ouvriers commençaient à réparer les bâtiments. Le moral de l'escorte était à ce moment moins mauvais parce qu'on savait que la contre-guérilla française du colonel Dupin patrouillait dans le secteur.

Cette contre-guérilla au service des Français, cinquante cavaliers au début, avait été constituée de Mexicains et d'aventuriers de tous pays qui battaient le pavé de la Vera Cruz en se demandant s'ils allaient ou non périr de la fièvre jaune. Peu après, le général Forey avait offert le commandement de cette troupe au colonel Dupin, exactement l'homme qu'il fallait.

Dupin, héros de la Crimée, de l'Italie et de la Chine, couvert de décorations, avait été plus ou moins exclu de l'armée pour avoir bazardé avec trop d'éclat quelques quintaux d'objets d'art rapportés du pillage du Palais d'Été à Pékin. Forey l'avait retrouvé à Orizaba, dans l'entourage de M. de Saligny, chargé d'affaires français au Mexique, irréaliste (« La marche sur Mexico sera un triomphe ») autour duquel évoluaient un certain nombre de requins sans emploi. Dupin trompait son attente en se livrant au passe-temps qui l'avait déjà plusieurs fois ruiné, un jeu d'enfer.

Il avait accepté d'enthousiasme la proposition de Forey et aussitôt multiplié par huit l'effectif de la contre-guérilla en rassemblant tous les gens de sac et de corde avec qui il avait déjà eu le temps de prendre langue au Mexique. On trouvait dans sa troupe un ancien négrier de La Havane que le typhus avait ruiné en exterminant entièrement une cargaison d'esclaves rapportée d'Afrique, des chasseurs de bisons recherchés pour meurtre, d'ex-voleurs d'hommes de San Francisco, des évadés de bagne français, des Napolitains condamnés à mort par la Maffia et même un pasteur néerlandais interdit de culte pour détournement de mineure.

Les débuts de ce bataillon avaient été plutôt mouvementés, hommes et officiers s'enivrant de conserve, coups de revolver dix fois par jour, mais Dupin avait vite instauré une discipline de fer. Aux cavaliers, il avait adjoint un bataillon de fantassins commandé par un ex-lieutenant de la Légion. Lui-même chevauchait en tête de sa troupe, dans une tenue inventée par lui, dolman rouge avec galons jusqu'aux épaules, culotte blanche, bottes, grand sombrero ; sa grande barbe grisonnante flottait sur sa poitrine bardée de médailles.

Depuis le 15 avril, la contre-guérilla patrouillait de part et d'autre de la voie ferrée et de la piste, de la Vera Cruz à la Soledad. Les guérilleros, déjà plusieurs fois étrillés par elle, ne se montraient pas. Pour plus de sécurité, Dupin avait fait incendier deux grandes haciendas, San Juan de Estancia et le Rancho Espinal, susceptibles de servir d'abri ou de magasins à vivres. Ces patrouilles dans un pays malsain et boisé (plus boisé à mesure qu'on avançait vers l'ouest) n'allaient pas sans fatigue pour les fantassins de la contre-guérilla, ni pour les chevaux, qui devaient faire chaque jour plus de vingt kilomètres pour aller à l'abreuvoir. A la fin d'avril, comme le convoi allait arriver à la Soledad sans avoir été le moins du monde inquiété, Dupin décida de reposer quelques jours ses hommes et ses chevaux dans cette ville.

Le convoi atteignit donc la Soledad, où il fut pris en charge par deux compagnies de la Légion chargées de l'escorter jusqu'à Chiquihuite. La lourde caravane se remit en route le 29 avril au matin. Le prochain bourg où il serait peut-être possible de prendre un nouveau repos était Camerone, à 20 kilomètres plus à l'ouest. Sauf imprévu, le convoi devait y arriver le 30 à la fin de la journée.

La troupe du lieutenant-colonel Francesco de Paula Milan, 800 cavaliers, 1 000 fantassins, se trouvait maintenant à son point de rassemblement, à cinq kilomètres environ au Nord de Camerone, près du confluent des rios Jamada et Xicuintio. Aucun mouvement des Français n'échappait aux cavaliers mexicains, parfaitement habiles à se dissimuler sous bois ou même dans les hautes herbes.

Jeanningros reçut à la fin de la journée du 29, peu avant le dîner, semble-t-il, le message l'informant que le précieux convoi avait quitté Soledad. Le même jour, à l'heure de la sieste, il avait appris que Milan avait l'intention d'attaquer le convoi. Il en parla le soir avec le capitaine Danjou, adjudant-major du 1er Bataillon :

— On ne saurait prendre trop de précautions. Je vais envoyer du monde au-devant de ce convoi. C'est au tour de quelle compagnie à marcher ?

Le capitaine tira son carnet et dit : « 3e Compagnie. »

La 3e Compagnie ne pouvait mettre sur les rangs que soixante-deux hommes sur une centaine, les autres se trouvant à l'hôpital. Deux officiers y manquaient : le capitaine Cazes, blessé lors de l'embarquement à Mers el-Kébir, tout juste remis et laissé au commandement de la place de Medellin (à quelques kilomètres de la Vera Cruz), et son adjoint, le lieutenant Gans, atteint de paludisme. Le seul officier titulaire restant était le sous-lieutenant Vilain, à qui on ne pouvait confier le commandement d'une compagnie.

— Si vous m'y autorisez, mon Colonel, dit Danjou, je prendrai le commandement.

Accordé. Et Jeanningros avait autorisé Danjou à prendre avec lui, outre le sous-lieutenant Vilain, le sous-lieutenant Maudet, porte-drapeau du régiment. Il consulta une carte et fixa très précisément la mission de la 3e Compagnie. Gagner Palo Verde, à 25 kilomètres de Chiquihuite ; là explorer les alentours dans un rayon de trois kilomètres ; revenir vers Chiquihuite en battant le terrain de chaque côté de la route. Jeanningros ne donnait pas l'ordre à la 3e Compagnie d'attendre le convoi, l'escorte devant suffire pour une défense rapprochée ; mieux valait déceler les embuscades éventuelles des Mexicains.

La compagnie quitta Chiquihuite le 30 avril à une heure du matin. Les hommes n'étaient pas mécontents de faire de nuit une partie du trajet. Il y avait parmi eux des Prussiens, des Bavarois, des Wurtembourgeois, des Polonais, des Suisses, des Belges, des Danois, des Italiens, des Espagnols et quelques Français. Avant de venir à la Légion, ces hommes avaient exercé les professions suivantes : employé, étudiant, tisserand, relieur, forgeron, sellier, marin, doreur sur bois, garçon d'hôtel, tuilier, drapier, militaire.

Les trois officiers étaient français. Ils allaient à pied comme les hommes. Mieux eût valu une troupe tout entière à cheval pour cette mission d'exploration, mais la cavalerie était ce qui manquait le plus à cette armée française au Mexique. On en avait envoyé peu parce que le transport par mer des chevaux n'était pas commode. Personne n'avait pensé qu'une solution simple — celle employée par le général américain Scott en 1847 — eût consisté à envoyer les cavaliers avec leurs harnachements et à se procurer des chevaux au Mexique. La 3e Compagnie en marche nocturne vers les Terres Chaudes n'emmenait comme quadrupèdes que deux mulets chargés du nécessaire de l'expédition : matériel de campement, munitions, vivres, plusieurs grands bidons d'escouade remplis d'eau. Les légionnaires portaient leur fusil et leur cartouchière, pas de havresac.

Le silence nocturne n'existe pas sous les tropiques. Les légionnaires commençaient à s'habituer à la rumeur faite de coassements, de miaulements d'oiseaux nocturnes, de feulements, et traversée de temps à autre par les hurlements lugubres des coyotes. Le terrain bordant la route était couvert tantôt de bois, tantôt de hautes broussailles. A deux heures du matin, la compagnie, ayant parcouru une douzaine de kilomètres, atteignit Paso del Macho, où stationnait une compagnie de la Légion, capitaine Saussier.

Sur la place entourée de maisons désertes, quelques grenadiers montaient la garde autour d'un feu bas, fumant le cigare anti-moustiques. Tout paraissait calme. Saussier proposa au capitaine Danjou de lui prêter en renfort une section de grenadiers.

— Merci, c'est inutile, dit Danjou. Envoyez-les seulement si vous entendez des coups de feu.

La 3e Compagnie s'était remise en marche à 2 h 30. Elle était maintenant escortée à son insu, sur la gauche de la route, par quelques ombres chevauchant très lentement, cavaliers aux yeux de lynx, montures dressées au silence. Ces Mexicains se tenaient juste à distance suffisante pour ne pas perdre le contact. De son campement, le colonel Francesco de Paula Milan suivait à la fois la progression du convoi parti de la Soledad et celle de la compagnie du capitaine Danjou.

— C'est cette troupe qu'il faut d'abord anéantir, décida-t-il. Sinon elle nous tombera sur le dos quand nous attaquerons le convoi.

Il donna ses ordres. Les rivières coulaient de part et d'autre du camp, entre des berges escarpées et profondes, on était là comme dans une forteresse naturelle. Un grand mouvement silencieux commença dans la nuit. Six cents cavaliers harnachaient leurs chevaux ; ils les enfourchèrent et se dirigèrent au pas vers le gué.

5 heures, voici l'aube. La 3e Compagnie arrive au village de Camerone. Si ce mot de village évoque pour vous une image gaie ou simplement vivante, chassez-la. Il s'agit ici d'un espace de poussière parsemé de cailloux. Les masures qui se silhouettent sur le ciel blanc sont misérables, murs de briques crues à demi écroulées, toits de paille mangés par les rats, on comprend tout de suite que l'endroit est abandonné. A droite de la route, après qu'on a longé une haie de cactus, l'hacienda. L'hacienda, c'est le *fondouk* africain, le caravansérail des temps bibliques. Le toit de celle-ci n'est pas de paille mais de tuiles rouges. 20 mètres de façade sur la route, murs crépis, blanchis à la chaux. Derrière le bâtiment, le *corral,* cour pour les chevaux, les mulets et les charrettes. A retenir dès maintenant que cette cour n'est pas petite du tout, 50 mètres de côté. Les murs, en torchis, mais très épais, ont trois mètres de haut. Deux portes cochères, dont les vantaux manquent. On aperçoit dans la cour deux hangars ouverts adossés à la muraille, écuries de fortune.

Le capitaine Danjou voit tout cela d'un coup d'œil, tout en marchant il note les détails dans sa tête. Il tient à la main une carte qu'il consulte assez souvent. Le capitaine Danjou est un officier sérieux, rien de la tête brûlée. Pour dérouler sa carte, il étend le bras droit en tenant sa main gauche immobile, et cette main gantée paraît un peu raide : elle est en bois. Il fait maintenant plus clair, voyons un peu mieux ce capitaine.

Trente-cinq ans, un mètre soixante et onze. Front découvert, cheveux châtains plutôt rares, moustache mince, barbiche à l'impériale. « Je le reverrai toujours, avec sa belle tête intelligente où l'énergie se tempérait si bien par la douceur » écrira un survivant de Camerone. La photographie donne, en effet, bonne impression.

Le père de Danjou, bonnetier-fabricant à Chalabre, Aude, avait décidé de tout temps que son fils lui succéderait. A quinze ans, Jean Danjou travaillait docilement dans la bonneterie de papa. Par malheur, on invite un soir à dîner un ancien ouvrier de la fabrique, de retour du régiment. Ce gaillard-là a même rengagé, il revient avec les épaulettes de sous-lieutenant. Chasseur d'Afrique, et il raconte ses campagnes bourrées d'exotisme. Le lendemain matin, Jean Danjou aborde son père :

— Je serai soldat.

— Tu seras bonnetier !

Rien ne résiste à une vraie vocation. Jean Danjou étudie à Carcassonne, quatre ans plus tard il entre à Saint-Cyr. Sous-lieutenant au 51e de ligne, puis, sur sa demande, Légion étrangère. Kabylie, Crimée (Légion d'honneur), Magenta (un cheval tué sous lui). C'est en 1853, au cours d'une mission de topographie en Kabylie, service sans danger et sans gloire, qu'il est victime d'un « stupide accident » : en tirant un coup de feu à blanc, signal convenu pour prendre une mesure, Jean Danjou perd sa main gauche ; la culasse du fusil a éclaté. Selon tous les témoignages, Danjou se sert habilement de la main de bois qu'il s'est fait fabriquer.

Tel est l'homme dont les décisions vont déclencher la suite d'événements qui vont rendre inoubliable le nom de Camerone.

Pour l'instant, Camerone, on ne fait qu'y passer. Comme, aussitôt après, le paysage devient plus boisé, Danjou adopte une formation de sécurité : section déployée en tirailleurs de chaque côté de la route ; sur la route, le capitaine lui-même avec une escouade et les deux mulets-magasins. Derrière la petite troupe, l'aurore rosit le ciel ; le concert des oiseaux diurnes prend son intensité. Ce n'est pas du tout un concert joyeux comme chez nous. On éprouve au contraire une impression infiniment triste et même dramatique à entendre ce continuel entrecroisement de cris plutôt prolongés, ponctué de claquements de bec sur les écorces et de sortes d'éclats de rire sardoniques produits aussi par un oiseau, je l'ai entendu, cet oiseau, j'ai oublié son nom. Je me représente en tout cas parfaitement cette progression matinale dans la basse jungle mexicaine, inquiétante encore aujourd'hui dès qu'on s'éloigne de 200 mètres d'un endroit habité, et je comprends parfaitement que les légionnaires aient trouvé agréable de quitter le sous-bois en arrivant à Palo Verde, terminus de l'itinéraire prescrit par Jeanningros.

Palo Verde, c'est une sorte de clairière, verdoyante, le nom l'indique, tout près de laquelle coule, rare aubaine en ce pays maudit, un ruisseau aux eaux limpides.

— On fera ici grand-halte, décide Danjou. Ensuite, nous explorerons.

— Peut-on faire le café, mon capitaine ?

— Oui.

On se demande comment des armées ont pu tenir avant l'importation du café. Voilà les marmites remplies d'eau, les feux allumés, toutes les précautions réglementaires étant prises : sentinelles postées assez loin dans toutes les directions, et une escouade reste sous les armes. Seule précaution omise, on ne remplit pas d'eau les bidons individuels, sans doute pense-t-on qu'on aura le temps après le café. Il est sept heures dix minutes, déjà il fait meilleur à l'ombre. Tout est calme. Tout le monde, Danjou compris, commence à penser que la mission d'exploration se déroulera sans un coup de feu. Les patrouilles et les incendies préventifs du colonel Dupin ont dû décourager pour un temps les guérilleros. Il est sept heures et demie, dans les marmites l'eau commence à bouillir.

Une des sentinelles postées dans la direction de Camerone pousse un appel, Danjou porte sa longue-vue à son œil. Les objets qui bougent dans le petit cercle pas très clair, sur un minuscule morceau de route, sont faciles à identifier : cavaliers mexicains.

— Aux armes !

Un des signes certains de la valeur militaire d'une troupe réside dans la rapidité avec laquelle elle passe du repos à la formation de combat. Tous les récits et rapports sur Camerone laissent comprendre que la 3ᵉ Compagnie se trouva presque instantanément sur pied et en armes, baïonnette au canon. Les marmites avaient été « renversées d'un coup de pied », tant pis pour le café. Aurait-on eu le temps de remplir d'eau au moins les bidons individuels, n'y pensait-on plus ? Ce détail devait rendre la journée terrible.

Nous devons maintenant suivre un peu dans le détail les allées et venues qui ont précédé le drame et qui ont abouti à placer les acteurs là où ils furent.

Les cavaliers aperçus un instant sur la route ont disparu sous bois vers le Nord. Sans hésiter, Danjou met sa troupe en route dans cette direction. Sans hésiter parce qu'en cas de rencontre il doit engager l'ennemi afin de prévenir un guet-apens contre le convoi. Danjou ne peut évidemment pas savoir que, marchant de Palo Verde vers le Nord, il dirige sa compagnie droit sur le camp du colonel de Milan.

Milan suit depuis avant l'aube, minute par minute, les mouvements de sa proie. Il se doute bien que cette proie ne sera pas tellement facile à

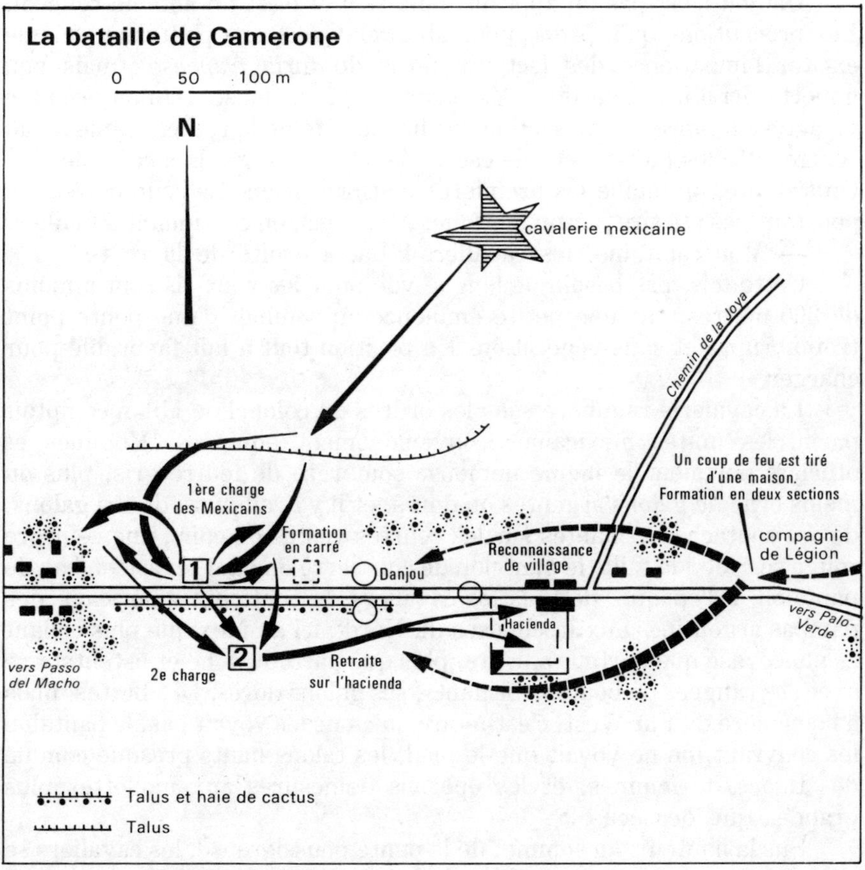

La bataille de Camerone

déchirer, mais n'apprend pas sans satisfaction que maintenant elle marche droit sur lui. Il donne l'ordre à ses cavaliers de se montrer de temps en temps pour attirer les Français jusqu'aux abords du confluent, où le gros de sa troupe les recevra.

Mais un instant plus tard, un autre messager annonce que la compagnie française a changé de direction. Elle a presque fait demi-tour et revient vers le Sud-Ouest.

Danjou a été tué dans la cour de la hacienda de Camerone, sans avoir eu le temps de dire à personne : « Voici pourquoi j'ai agi comme ceci et comme cela. » Selon toute vraisemblance, il avait envisagé les pires éventualités. Mais nous ne pouvons maintenant que l'observer. Danjou renonce à poursuivre vers le Nord très vraisemblablement pour ne pas s'enfoncer davantage dans le fouillis de végétation, sans vue, exposé aux pires surprises. Revenir sur la route est tout à fait raisonnable. Et, revenant sur la route, on retrouve Camerone. Ce lieu sinistre attire la petite troupe avec une sorte de fatalité.

Juste à l'instant où elle débouche sur la route, quelques minutes avant huit heures, une détonation, un homme tombe. Aucun doute possible, le coup de feu est parti du village.

Danjou n'est pas un apprenti fantassin et c'est un homme réfléchi. Les précautions qu'il prend pour aborder Camerone pourraient même exciter l'impatience des lecteurs férus de *furia francese ;* mais peu importe, ici il faut tout dire. Marchant d'Est en Ouest, Danjou prend le village « en pince », une section de chaque côté de la route, lui-même au centre avec les mulets, et une escouade à l'arrière-garde à cent mètres. On s'arrête, on fouille les premières maisons. Rien. Le coup de feu n'a pourtant pas été tiré par un fantôme. Avançons, en continuant à fouiller.

— Mon capitaine, les cavaliers ! Là, à droite de la route !

Cette fois, pas besoin de longue-vue pour les voir. Ils sont à moins de 300 mètres, sur une petite éminence au sommet d'une pente point trop abrupte et sans végétation. En position tout à fait favorable pour charger.

La cavalerie régulière sous les ordres du colonel de Milan comptait parmi les unités mexicaines convenablement équipées. Hommes et officiers portaient le même immense sombrero de feutre gris, plus ou moins orné de galons argentés ou dorés, et il y avait aussi de ces galons, de ces soutaches brillantes sur les courtes vestes de cuir ; une ceinture rouge serrait à la taille le pantalon de cuir serré en haut, évasé en bas, le pantalon, à l'époque, de tous les cavaliers du continent américain, des pampas argentines aux Rocheuses du Nord ; ici au Mexique plus collant et plus évasé que partout ailleurs, plus que partout riche et ostentatoire avec ses rangées de boutons brillants, ses galons dorés. Des bottes, mais à la manière du Far West, c'est-à-dire qu'on ne les voyait pas, le pantalon les couvrant, on ne voyait que le pied, les talons hauts presque comme des talons de femmes, et les éperons démesurés aux mollettes plus grandes que des écus.

Sur la hauteur, au sommet de la pente poussiéreuse, les cavaliers se rangeaient pour la charge. Les légionnaires voyaient bouger leurs lances et leurs sabres.

De leur côté, les Mexicains ne cessaient d'observer les mouvements des Français. Ceux-ci étaient en train de se former en carré. Les Mexicains apercevaient distinctement leurs baïonnettes luisantes et ils voyaient se tourner de côté et d'autre les têtes coiffées du képi blanc à couvre-nuque, ils distinguaient même les taches claires des visages. Les officiers mexicains s'impatientaient et donnaient des ordres en criant. Les Français étaient complètement formés en carré lorsque la cavalerie s'élança.

Il y avait trois cents mètres à parcourir et les Mexicains ne partirent pas tout de suite au galop. Ils commencèrent par descendre la pente au petit trot en se séparant en deux colonnes dans l'intention de prendre en tenaille le carré des Français immobiles. Ce carré d'une soixantaine d'hommes ne paraissait pas grand du tout. Les Français ne bougeaient absolument pas, on aurait dit des mannequins.

Parvenus à une centaine de mètres, les Mexicains chargèrent ; soudain au galop, lances et sabres brandis, vociférant, hurlant d'une manière primitive. Les Français ne bougeaient toujours pas. Leur feu de salve éclata alors que les premiers chevaux étaient à trente ou quarante mètres d'eux.

C'était une salve terriblement bien ajustée, des coups de feu d'hommes peu impressionnables qui visaient soigneusement. La charge mexicaine se brisa comme contre un mur. Les premiers rangs des hommes et des chevaux atteints formèrent un obstacle pour ce qui suivait. Des chevaux blessés se débattaient furieusement en projetant leur sang de tous les côtés, leurs sabots brisaient des crânes et défonçaient des poitrines, des cavaliers arrivant au galop étaient projetés dans ce chaos meurtrier, cependant que les légionnaires tiraient toujours aussi calmement, ajustant leurs victimes. On vit le reste de la cavalerie tourbillonner, s'écarter de l'axe d'attaque et prendre du champ, poursuivi encore par les coups de feu.

Deux faces seulement du carré des légionnaires avaient tiré. L'échec de la charge était total, car les Français n'avaient subi aucune perte. Hormis celle de leurs deux mulets, mais cette perte-là était pour eux catastrophique.

Affolés par le bruit et les coups de feu, ruant et se débattant, les deux mulets avaient échappé aux hommes chargés de les contenir, ils avaient jailli par une face du carré, courant comme des fous à la suite des chevaux mexicains qui s'éloignaient. C'étaient peut-être d'ex-mulets de convois habitués à suivre les juments. Les Mexicains qui les capturèrent se réjouirent en constatant qu'ils étaient chargés de munitions et de vivres. Ils se seraient réjouis bien davantage s'ils avaient su que chaque légionnaire n'avait plus maintenant que les cartouches qu'il portait sur lui, soixante-deux en tout, rien à manger ni à boire.

Les cavaliers mexicains se reformaient sur la hauteur, d'où ils pouvaient toujours observer les mouvements des Français. Ils les voyaient qui maintenant se portaient de l'autre côté de la route. De ce côté s'élevait le talus broussailleux doublé d'une haie de cactus. Les Français reformaient leur carré à l'abri de cette défense naturelle.

Un officier mexicain envoyé par Milan aux nouvelles venait de donner l'ordre de charger de nouveau sans plus attendre, mais l'escadron était lent à se reformer, il y avait des hommes et des chevaux blessés et les cavaliers malgré eux appréhendaient d'essuyer une nouvelle fois le feu des Français dans des conditions bien pire que les précédentes puisqu'il fallait maintenant escalader un talus et sauter une haie de cactus.

L'officier venu du P.C. de Milan renvoya une estafette pour rendre compte et demander des renforts et il prit sur lui de donner l'ordre à un détachement d'aller occuper l'hacienda, en même temps qu'on chargerait le carré français.

La cavalerie, un peu moins nombreuse que précédemment, s'élança de nouveau sur la pente ; mais la seule vue des obstacles à franchir rendait la charge plus molle. De nombreux chevaux se dérobèrent devant la haie de cactus, les autres Mexicains tombèrent comme au jeu de massacre sous le feu des Français. Des officiers mexicains commençaient à trouver que l'opération tournait mal : « S'ils continuent à retraiter en se défendant aussi bien, combien de fois faudra-t-il charger ? » Ce fut avec une espèce de soulagement qu'ils virent que les Français se jetaient, baïonnette au canon, vers l'hacienda de Camerone.

Danjou devait-il, pouvait-il, faire autre chose qu'aller s'enfermer dans ce caravansérail ? Voici un résumé des réponses des experts militaires :

— Les deux échecs infligés par Danjou aux Mexicains prouvaient qu'en se tenant sur le côté de la route, en terrain boisé défavorable aux charges de cavalerie, il aurait pu continuer à retraiter en direction de Paso del Macho. Le capitaine Saussier aurait entendu les coups de feu et serait venu à son secours.

— Solution incertaine. Danjou ne se sentait pas tellement à l'aise en terrain boisé. En outre, Milan n'allait pas le laisser retraiter jusqu'à Paso del Macho sans envoyer contre lui de l'infanterie.

— En tout cas, même s'il avait réussi dans son entreprise, Danjou n'aurait pas alors rempli sa mission. Plus aucun obstacle n'aurait existé entre le convoi et Milan, qui aurait eu toute liberté d'aller attaquer le convoi là où il aurait voulu.

— C'est pourquoi Danjou s'est jeté délibérément dans cette espèce de souricière de l'hacienda. Camerone était un point très favorable pour tendre le guet-apens au convoi. Danjou a voulu supprimer ce danger, ou tout au moins attirer sur lui le principal effort de l'ennemi.

Cette conclusion est vraisemblable. Bon militaire, Danjou n'avait certainement pas marché au milieu de sa troupe en rêvassant. Il avait dû faire travailler son imagination et prévoir des réactions aux événements possibles. Son comportement, si intelligent jusque-là, ne permet guère de penser qu'il s'est jeté dans cette hacienda tout simplement comme une bête traquée.

Bien que Camerone soit le combat exemplaire de l'histoire de la Légion, son déroulement n'a été connu assez précisément qu'à une date assez récente et quelques obscurités subsistent. Le rapport officiel établi par le commandant Regnault, après le retour des quelques survivants tombés (blessés) aux mains des Mexicains, est resté enfoui pendant près de soixante-deux ans, aux archives historiques du ministère de la Guerre, dans des cartons contenant la « Correspondance relative aux drapeaux et étendards sous le Second Empire ». Il a été publié pour la première fois en 1936 par Jean Brunon, historien déjà cité.

On peut jeter un coup d'œil sur le plan, très simple, de l'hacienda, ou se refuser à cet effort. J'ai déjà donné une idée de l'ensemble : bâtiment rectangulaire le long de la route, corral derrière. Le corral, 50 mètres de côté, murs de trois mètres de haut, contient à l'angle sud-ouest deux hangars ou appentis ruineux, adossés au mur ; dans le mur de l'ouest, deux ouvertures, portes dont les vantaux ont disparu ; dans le mur en face, une brèche « assez large pour laisser passer un homme à cheval ». Il n'est pas encore neuf heures du matin ; au-dessus du décor ocre et poussière, le ciel est bleu foncé.

L'argument du drame est posé dès l'instant où les légionnaires se jettent dans le corral, car les Mexicains à la fois entourent la hacienda et l'occupent en partie : ils tiennent deux (ou davantage, nous verrons cela) des chambres du bâtiment situé le long de la route. Les légionnaires ont tout juste le temps d'occuper la seule chambre laissée libre, la plus à l'ouest. Toutes les pièces du bâtiment ont des fenêtres donnant sur la cour, de sorte que les hommes de Danjou vont être exposés : *a*) au feu des Mexicains cernant l'hacienda ; *b*) à celui des occupants des chambres.

Ils vont être exposés à ces feux mais ils n'y sont pas encore, car les Mexicains ne se pressent pas ; pourquoi se presseraient-ils, la souris est dans la souricière. En outre, ces cavaliers sont à peu près aussi commodément équipés pour le combat à pied que nos chevaliers du Moyen Age. Les voilà maintenant en train d'ôter les éperons démesurés qui les empêchent de marcher, ils les attachent à leur selle, ils conduisent leurs chevaux sous le couvert, à l'abri du soleil.

Danjou profite du répit. Si précaire que soit une situation, un fantassin peut l'améliorer si on lui laisse un instant. Les légionnaires barricadent les deux portes cochères avec tout ce qui leur tombe sous la main, vieilles planches, pierres, branches, etc., et Danjou répartit ses légionnaires : deux escouades (14 hommes) dans la chambre, une escouade à chacune des portes (barricadées) de la cour, une à la brèche en face ; une réserve est placée dans la cour entre les deux portes, avec mission de tout surveiller et de se porter à tout endroit trop menacé. Dernière disposition : le capitaine Danjou fait partager la seule provision de liquide possédée par la compagnie : en tout et pour tout un litre de vin, que transportait son ordonnance. Un litre divisé par soixante, calculez. Quelques gouttes dans le creux de chaque main tendue, le geste est plutôt symbolique. Il l'est même d'une manière frappante.

Toujours rien, la trêve se prolonge. Danjou regarde le bâtiment blanchi à la chaux et pense peut-être que reprendre aux Mexicains les pièces qu'ils occupent procurerait plus de sécurité. Mais, pour les assaillir, il faudrait affaiblir la garnison de la cour, et les assiégeants sont là tout autour, à moins de cent mètres, peut-être à cinquante mètres. Impossible de cesser un instant de les tenir en respect. Les Mexicains n'ont pas encore tiré.

Et voici le premier détail resté inexplicable du combat fameux. Un légionnaire, le sergent Morzicki, se trouve sur le toit du bâtiment (dont les Mexicains occupent toutes les chambres, sauf une) et, de là, il surveille les environs. Rien ne subsiste aujourd'hui à Camerone de la hacienda, rien qu'une trace de mur sur le sol, et aucun témoignage ne permet de savoir à coup sûr si le bâtiment était un rez-de-chaussée ou s'il possédait un étage. En tout cas, Morzicki est monté sur le toit, rien là d'impossible à un dégourdi aidé de ses copains, même si le bâtiment a un étage, occupé par les Mexicains. Ce qui paraît inexplicable, c'est que,

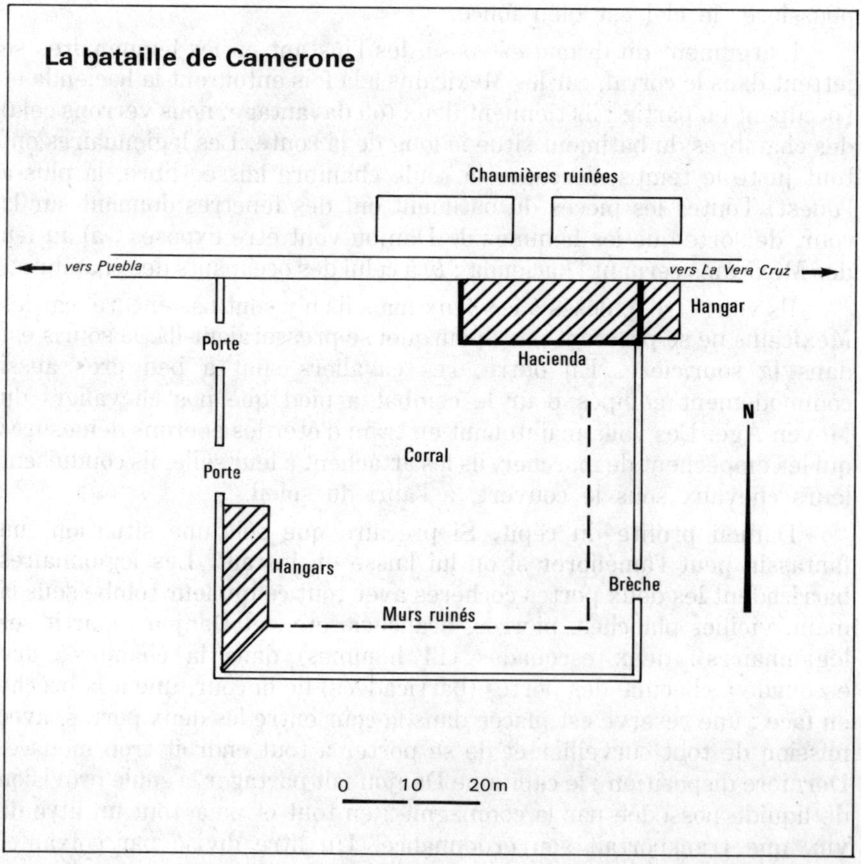

bien visible sur ce toit, il n'ait pas été descendu à coups de feu dans les cinq minutes. Nous le verrons au contraire à plusieurs reprises sur ce perchoir, d'où il surveille tout, d'où probablement il tire. L'explication, qui existe certainement, n'a pas encore été trouvée. On peut dire : « Il s'agit d'un détail », mais l'Histoire est faite de détails.

La preuve que Morzicki est bien visible, c'est que, vers 9 h 30, un officier mexicain s'avance en parlementaire, agitant un grand mouchoir blanc, et à qui s'adresse-t-il ? A Morzicki sur son perchoir. En quelle langue ? En français :

— Vous allez vous faire tuer pour rien, nous sommes trop nombreux. Rendez-vous, le colonel Milan vous promet la vie sauve.

Cet officier, lieutenant Laisné, sorti de l'École militaire de Chapultepec, est le fils d'un Français fixé depuis longtemps (immunisé sans doute contre la fièvre jaune ?) à la Vera Cruz. Il combat pour l'indépendance du Mexique. Son interlocuteur, Morzicki, Polonais, combat pour la France.

Morzicki est descendu du toit pour rendre compte à Danjou de l'offre mexicaine. Danjou a dit non, le sergent a regagné son observatoire et transmis la réponse, le lieutenant Laisné retourne vers la ligne mexicaine. A peine y est-il parvenu, des deux côtés, le feu éclate.

— Nous savions tirer, déclarera l'un des rares survivants.

Ce fait domine toute la physionomie du combat. Les légionnaires étaient armés de fusils rayés à piston modèle 1857 tirant des balles ogivo-cylindriques. On vient de voir comment ils s'en étaient servis contre les cavaliers mexicains. Je donnerai plus loin le pourcentage exprimant l'efficacité de leur tir. Que voyons-nous, au début du siège, en face de ces champions ? Les cavaliers embarrassés dans leurs pantalons à pattes, armés de carabines Shard ou Spencer, bonnes armes, mais dont ils ont moins l'usage que de leurs sabres ou de leurs lances. Braves, mais inexpérimentés dans le combat à pied, venant s'exposer au feu isolément ou par petits groupes, sans méthode. On serait tenté de dire que la partie n'est pas égale, s'il n'y avait, d'un côté ces soixante Français, de l'autre un millier de Mexicains.

Les légionnaires les moins favorisés sont ceux qui occupent la seule chambre qui ne soit point au pouvoir de l'ennemi. Les Mexicains ont percé dans la cloison des trous par lesquels ils tirent et il faut aussi se défendre contre les assiégeants qui tirent de la route. En outre il fait là une chaleur d'enfer.

Danjou va d'un poste à l'autre dans le corral en longeant les murs, donnant des ordres, veillant à l'économie des munitions, encourageant. La situation des légionnaires est grave, dramatique, elle serait insupportable pour des hommes sans courage, mais elle n'est pas plus désespérée que celle de n'importe quelle troupe assiégée et qui tient. Camerone n'est pas à mille kilomètres de tout secours, on a vu dix mille fois dans l'Histoire de pareilles situations se retourner. Le capitaine Saussier, même s'il n'entend aucun coup de feu, peut décider d'envoyer son renfort. Dupin, présentement à la Soledad, à moins de 30 kilomètres, peut soudain mettre en branle sa contre-guérilla pour un raid ravageur, c'est tout à fait sa manière. Danjou pense-t-il à ces éventualités, à ces possibilités, lorsqu'il demande à ses hommes de jurer de « combattre jusqu'à la dernière extrémité » ?

C'est le fameux serment de Camerone souvent interprété comme une sorte de détermination suicidaire. Nul ne peut savoir ce qui se passait dans la tête de Danjou lorsqu'il demandait à ses légionnaires de jurer. J'ai peine à penser qu'il n'eût plus alors la moindre lueur d'espoir, mais je puis me tromper. Un fait est certain, c'est que le serment ne revêtit point une forme emphatique ni même solennelle. Les hommes étaient bien trop occupés à guetter et à tirer, nulle distraction n'était permise. D'ailleurs le témoignage du capitaine Maine laisse entrevoir cette simplicité : « Quelque temps avant de tomber, le capitaine Danjou nous avait fait promettre que nous nous battrions jusqu'à la dernière extrémité : nous l'avions juré. »

Quelque temps avant de tomber. Il est un peu moins de onze heures, Danjou vient de se rendre auprès des combattants de la chambre (peut-être leur a-t-il alors fait prêter le serment), il a reconnu que la situation y était tout à fait pénible et même « qu'on ne pouvait plus tenir là longtemps ». Il se dirige maintenant vers la réserve située entre les deux portes, il va l'atteindre et voilà que soudain il s'arrête, portant la main à sa poitrine, et il tombe, dans les bras du sous-lieutenant Maudet.

Une balle dans la poitrine, le sang coule à flots. Le sous-lieutenant Vilain place une pierre, c'est tout ce qu'on trouve comme oreiller, sous la tête du capitaine déjà agonisant. Danjou roule des yeux pendant quelques minutes sans pouvoir parler, déjà sans connaissance, semble-t-il. Trois soubresauts, c'est fini. Au suivant.

Voici l'officier à qui revient maintenant le commandement : sous-lieutenant Vilain, engagé volontaire en 1852, sorti du rang, ancien élève du Prytanée militaire. Énergique, malgré un physique extraordinairement juvénile pour la Légion. Petit, fluet, cheveux blonds frisés ; vingt-sept ans, il en paraît dix-huit. Dans trois heures il sera mort. Et ces trois heures vont être terribles, non seulement à cause des conditions du combat, mais parce qu'au cours de ses trois heures, un immense espoir va naître et s'effondrer.

Il n'est pas midi et le supplice de la soif a commencé. Dans la chambre où la chaleur de four s'élève d'instant en instant, cinq hommes gisent sur le sol de terre battue, blessés, morts ou mourants. Leurs camarades plaqués au bas des murs pour éviter les balles venant de l'intérieur et de l'extérieur ne peuvent rien pour eux. Dans le corral les rayons de feu du soleil tombent verticalement, les murs ne font pas d'ombre. Les hommes postés aux portes et à la brèche vont de temps à autre s'abriter un instant sous le toit de chaume du petit hangar le moins écroulé — risquant la mort pour s'y rendre, car les tireurs mexicains occupant le bâtiment prennent de plus en plus d'assurance.

Midi. Est-ce une illusion, quelqu'un a cru entendre au loin le son du clairon.

On tend l'oreille entre les coups de feu, ce sont bien des cuivres qui sonnent, ils se rapprochent. « Nous n'avions pas perdu tout espoir et nous pûmes croire un moment que des Français venaient à notre secours. » Pourquoi ne serait-ce pas le renfort proposé par le capitaine Saussier ? Même si, de Paso del Macho, Saussier n'a pas entendu le bruit de la mousqueterie, des Indiens ont pu l'informer, le fait s'est déjà produit. Des clairons n'annoncent pas la contre-guérilla de Dupin, mais plutôt les grenadiers de Saussier, sûrement ce sont eux ! Une voile, une fumée à l'horizon, et le cœur du naufragé perdu sur la mer se met à gonfler, à éclater. Un moment, les assiégés de Camerone connaissent cette bouffée d'espoir presque suffocante. Combien de minutes, on ne sait pas exactement. Ce qu'on sait, c'est qu'après ces quelques minutes une étreinte mortelle resserre les poitrines : aux cuivres s'est mêlé le roulement des tambours. Non pas, hélas, le son plein des caisses de l'armée française. Les légionnaires reconnaissent avec horreur le bruit des tambours bas des Mexicains, roulement rauque et assourdi qui invinciblement fait penser aux musiques sinistres des Aztèques sacrificateurs.

C'est tout simplement l'infanterie du colonel Milan qui arrive à pied d'œuvre. Douze cents adversaires de plus. « Nous nous regardâmes sans mot dire ; dès ce moment, nous avions compris que tout était perdu et qu'il ne nous restait plus qu'à bien mourir. »

Les fantassins mexicains portaient des uniformes en treillis à passepoil de couleur, sombrero ou képi, selon les bataillons ; fusils américains. Milan avait fait avancer cette infanterie en fanfare, se disant qu'à sa vue les assiégés comprendraient.

Une nouvelle fois, un officier mexicain agita un mouchoir blanc. La sommation comportait toujours la promesse de vie sauve. Le Polonais Morzicki, toujours sur son toit (comment y tenait-il ?), répondit merde. Le combat l'avait échauffé. Il descendit toutefois pour rendre compte au blondinet Vilain, qui approuva. Assiégeants et assiégés rouvrirent le feu.

Dans l'esprit des légionnaires, « il ne nous restait plus qu'à bien mourir » ne signifiait nullement qu'il fallait se faire tuer sans plus attendre et d'une manière spectaculaire. Ces hommes avaient une fois pour toutes une mentalité de combattants professionnels. Bien mourir était pour eux mourir le plus tard possible en infligeant le plus de pertes possible à l'ennemi. Autour de l'hacienda, les sombreros jonchaient le sol de plus en plus nombreux, on aurait dit de grandes fleurs grises jetées entre les cadavres. Le sous-lieutenant Vilain fut abattu peu après deux heures de l'après-midi, foudroyé d'une balle en plein front.

Le commandement revenait au troisième officier, sous-lieutenant Maudet. Sorti du rang, lui aussi, âgé de 34 ans, moins ancien en grade que Vilain. « Un de ces vieux braves comme on en choisissait alors comme porte-drapeau », a écrit Zédé. Maudet comprit tout de suite qu'il n'aurait pas à se creuser la tête pour donner des ordres. L'étreinte des assiégeants se resserrait, les Mexicains occupaient entièrement le bâtiment, car il avait fallu enfin évacuer la chambre infernale. Chaque légionnaire était littéralement bloqué à son poste. Le nouveau chef ramassa le fusil et les munitions d'un mort pour faire le coup de feu avec ses hommes.

J'ai sous les yeux une grande photo du colonel Francesco de Paula Milan, en civil. Distingué. Moustache et cheveux noirs, mais teint très clair, aucun soupçon de métissage, et l'œil est intelligent.

Distingué, le colonel de Milan devait même se montrer un peu plus tard chevaleresque, mais il voulait voir au plus vite la fin de cette résistance insensée. Il pensait au convoi qu'il avait mission et envie d'aller attaquer. Les cadavres de Mexicains qui jonchaient le sol caillouteux autour de la hacienda étaient déjà bien trop nombreux. Lorsqu'un de ses officiers lui parla d'un moyen possible de réduire les forcenés, Milan dit oui.

Les légionnaires comprirent de quoi il retournait lorsque la fumée épaisse commença à s'élever du côté nord de la cour. Les Mexicains avaient évacué le bâtiment. La paille et les tiges de maïs séché étaient entassées à l'extérieur contre le mur nord et aussi dans un petit hangar extérieur accoté au bâtiment. Le vent faible soufflant du nord était exactement ce qu'il fallait pour pousser sur toute l'étendue de la cour le nuage de fumée et il portait aussi des flammèches qui pouvaient incendier le chaume des hangars.

Il m'est arrivé, au Yucatan, à la fin d'avril, justement, de passer en voiture à toute vitesse sur une route bordée de chaumes de maïs auxquels les Indiens avaient mis le feu pour fertiliser le sol. Ainsi que mes voisins, je pensai suffoquer, les dames se couvraient le visage. Les combattants de Camerone, prisonniers dans une fournaise bien pire, n'avaient rien mangé depuis la veille, rien bu depuis sept heures du matin, et dites-moi si vous connaissez une occupation qui donne soif autant que combattre. Il n'en est pas.

C'est maintenant qu'on voit mourir, sur le sol jaune du corral de Camerone, les blessés déjà déshydratés presque à mort par la perte de sang et la fièvre. Leur agonie sera terrible, et paraissent ici les détails épouvantables. Des légionnaires *essaient* d'uriner pour humecter, peu importe le liquide, leur langue d'étoupe intolérable. « Certains se traînent pour lécher les flaques de sang près des cadavres de leurs compagnons. »

Autre détail noté dans le rapport officiel, ces moribonds demeurent silencieux, alors qu'on ne cesse d'entendre, au-delà des murs, mêlés aux ordres et aux exhortations des officiers, les cris et les blasphèmes des blessés mexicains. « Ils eussent craint, les pauvres garçons, d'accuser ainsi nos pertes et de donner confiance à l'ennemi. » Sans doute. Mais aussi les blessés mexicains criaient pour qu'on vienne les relever tandis que les légionnaires gisant dans le corral savaient que nul ne pouvait rien pour eux.

Les balles mexicaines de plus en plus nombreuses faisaient voler des éclats de bois sur les poutres des petits hangars, ricochaient contre les cailloux, s'enfonçaient sans bruit, mollement, dans le torchis d'un mur ou dans un corps humain. Collés aux barricades, aux angles des murs, des légionnaires continuaient à tirer. Sans cesse ils choisissaient leur cible, visaient soigneusement et appuyaient progressivement sur la détente. « Parfois l'un de nous tombait. Alors le voisin se baissait pour fouiller ses poches et prendre les cartouches qu'il avait laissées. »

A une dizaine de kilomètres plus à l'est le convoi cheminait en direction de Camerone. Les hommes et les animaux souffraient de la chaleur et de la soif, l'eau était rationnée ; en queue de convoi, des malades gisaient dans un chariot-lazaret, de temps en temps il fallait regarder si l'un d'eux n'était pas mort.

Depuis qu'on avait quitté la Soledad, le capitaine Cabossel, le plus ancien des deux chefs des compagnies d'escorte, envoyait constamment des patrouilleurs vers l'avant et sur les côtés de la route, surtout vers le Nord en direction du rio Jamapa, dont la vallée boisée avait maintes fois servi de repaire aux guérilleros. Une question bourdonnait comme une grosse mouche dans son crâne : « Savent-ils que je transporte quatre millions en or ? » *S'ils* le savaient, ils attaqueraient n'importe quelle escorte.

Le capitaine ignorait qu'une compagnie était partie de Chiquihuite pour lui ouvrir la route, on ne lui avait parlé de rien de semblable à la Soledad, mais il se disait que le colonel devrait bien envoyer un renfort à la rencontre. Il avait hâte d'atteindre au moins Paso del Macho où se trouvait le détachement du capitaine Saussier. Or le convoi en était encore à 25 kilomètres, deux bonnes journées de route, et l'étape prévue pour le soir était le village de Camerone. Le capitaine Cabossel connaissait la hacienda peu engageante. Tout le convoi ne tiendrait certes pas dans le corral, mais on y mettrait le plus précieux. Autour, un camp avec des postes de garde, comme d'habitude.

Un peu avant cinq heures, les fusiliers qui patrouillaient sur l'avant du convoi firent savoir que des Indiens se montraient dans les hautes herbes.

— S'ils se laissent voir, il y a de l'espoir, dit Cabossel à l'autre capitaine de compagnie.

Avant une attaque, on n'apercevait jamais personne. Il convenait cependant de se méfier. Cabossel fit arrêter le convoi et prendre des dispositions de défense.

Quelques instants plus tard, le contact fut pris avec les Indiens. Ils baragouinaient l'espagnol. Tendant le bras vers l'Ouest, ils disaient qu'un combat se déroulait de ce côté. Ils ne savaient pas dire à quelle distance, mais ils répétaient un nom : Camerone (en réalité ils disaient *Camaron*. C'est le nom vulgaire d'un bel arbre très abondant dans le secteur : jusqu'à six mètres de haut, fleurs rouges quelquefois jaspées de jaune ; frère ou cousin du *flamboyant*. Un village avait emprunté son nom à cet arbre. Le secrétaire du colonel Jeanningros, dans son rapport du 2 mai 1863, francisa involontairement camaron en Camerone). Les

Indiens faisaient comprendre qu'on tirait beaucoup dans la direction qu'ils indiquaient. Ils faisaient comprendre non moins clairement qu'ils attendaient le prix de leur renseignement.

Après quelques minutes de réflexion, Cabossel décida de dépêcher un cavalier à la Soledad pour rendre compte et demander des instructions. Cet homme s'éloigna vers l'Est à une vitesse qui paraissait vertigineuse tant on était habitué à la lenteur du convoi.

Le vent venait à peu près exactement du Nord, de sorte qu'on n'avait guère de chance d'entendre le bruit d'un combat se déroulant à l'Ouest. Les capitaines Cabossel et Balue cependant faisaient faire silence autour d'eux et tendaient l'oreille. Les Indiens, interrogés à plusieurs reprises, maintenaient leurs affirmations.

Le messager fut de retour moins de deux heures après son départ. Le lieutenant-colonel Giraud, commandant le dépôt de la Soledad, donnait l'ordre de revenir vers cette localité. Un détachement allait être envoyé au-devant du convoi.

Les Indiens reçurent leur récompense. Un grand remue-ménage d'animaux et de véhicules commença. La manœuvre de demi-tour du convoi long de cinq kilomètres allait demander plus de deux heures.

Camerone : 5 h 30 de l'après-midi. Effectif légionnaire survivant, douze hommes, voici leurs noms : sous-lieutenant Maudet ; sergent Morzicki ; caporaux Berg, Magnin, Maine ; légionnaires Bertolotto, Leonard, Catteau, Wenzel, Constantin, Kunassek, Gorski.

Ces hommes, yeux injectés, bouche entrouverte, sont toujours collés à leur poste de combat. La fumée a diminué car les Mexicains ont cessé d'entretenir l'incendie. Mais ils ont réussi à ouvrir dans le mur de l'Est une brèche de deux mètres d'où ils prennent directement à revers les légionnaires qui défendent les portes de l'Ouest. Ceux-ci ont des ennemis devant eux et derrière eux.

Cependant, à cet instant même, 5 h 30, règne un étrange silence. Les armes à feu se sont tues. On entend seulement à l'extérieur une voix espagnole véhémente. C'est celle du colonel Milan qui s'est avancé en personne pour haranguer ses troupes. Le légionnaire Bertolotto, né français de parents italiens, comprend l'espagnol et traduit à mesure. Milan dit à ses soldats que l'hacienda n'est plus défendue que par une poignée d'hommes épuisés ; qu'il serait honteux pour les Mexicains de ne pas en finir sans plus tarder. Le signal de l'assaut va être donné. Une dernière chance, vraiment la dernière, est offerte aux Français s'ils veulent capituler. Le veulent-ils ?

Le rapport ne donne aucun détail sur cette troisième et dernière sommation. On comprend seulement que Morzicki ne se trouve plus sur le toit, mais dans le hangar Sud-Ouest avec quelques copains. Les légionnaires entendent bien la sommation, puisqu'il en est fait mention, mais cette fois nulle réponse n'est donnée.

Le silence se prolonge, cinq minutes, dix minutes. Quel nouveau piège, quel stratagème se prépare encore ? Aucun piège. La sonnerie des clairons éclate, aussitôt soutenue par le roulement des tambours bas. C'est l'assaut.

Les Mexicains ont enfin franchi les portes, on se bat à l'intérieur du corral. La fantastique disproportion des forces va rendre étrange cette partie du combat. On voit disparaître, sombrer, quatre ou cinq légionnaires, engloutis par le nombre. Et, tandis que la foule des Mexicains tourne et se bouscule entre les murs, l'ultime scène se joue devant le hangar Sud-Ouest, où se défendent encore sept légionnaires, les sept derniers.

Ce hangar est représenté sur la toile *Camerone* du peintre Jean-Adolphe Baucé, qui accompagna l'armée française au Mexique. (Il n'assista pas au combat, mais vit ensuite les lieux.) Il s'agit d'une ruine, coiffée d'une sorte de lattis. Les sept hommes s'y sont retranchés en entassant devant eux des morceaux du toit, des morceaux de bois, des branches, des poutres et des cadavres. Derrière cette macabre barricade, ils continuent à tirer. Ils tirent sur les Mexicains qui ont envahi le corral, qui le remplissent, qui sont même grimpés sur le toit du hangar, qui n'ont plus aucun autre adversaire que ces sept hommes. La résistance de ces sept hommes va durer encore un quart d'heure.

On dirait une espèce de ballet. Devant le hangar est tendu comme un arc de cercle invisible qui contient les Mexicains. Les Mexicains ne cessent de tirer en criant de fureur, mais ils avancent et reculent, hésitant encore devant les fusils terribles. Voici le pourcentage, annoncé plus haut, exprimant l'efficacité du tir des légionnaires. Chacun d'eux possédait au début du combat 60 cartouches, soit en tout 3 720, qui toutes seront tirées. Or, au moins 300 Mexicains seront mis hors de combat, tués ou blessés, soit un ennemi atteint pour 12 cartouches tirées. Même avec les fusils modernes (ne parlons pas des armes à répétition) aucun corps de troupe n'a approché ce résultat au cours de la Deuxième Guerre mondiale.

Six heures moins cinq. Notre ami Morzicki reçoit une balle dans la tempe. Les combattants sont si serrés les uns contre les autres, que le Polonais ne s'abat pas. Son corps s'incline et sa tête inerte vient s'appuyer sur l'épaule du caporal Maine.

— Mon lieutenant, Morzicki est mort !

Maudet ne se retourne même pas :

— Un de plus. Ce sera bientôt notre tour.

« Et il continua à tirer. Je saisis à bras-le-corps le cadavre de Morzicki, je l'adossai à la muraille et retournai vivement ses poches pour voir s'il lui restait encore des cartouches. Il y en avait deux, je les pris. »

Six heures du soir. Cinq légionnaires sont encore vivants, debout, acculés au fond du hangar. Chacun d'eux possède une cartouche. Voici l'ordre que donne le vieux sous-lieutenant Maudet :

— Armez vos fusils. Vous ferez feu au commandement. Nous chargerons ensuite à la baïonnette. Vous me suivrez.

Leur première ligne en demi-cercle à quelques pas, les Mexicains ne tirent plus. Ils regardent les silhouettes collées au fond du hangar, presque cachées par la fumée de la fusillade. On voit bouger un peu ces silhouettes. L'officier français fait un pas, deux pas, tous les fusils mexicains se pointent sur lui. Encore un pas, il arrive devant le hangar. Il n'a pas de mouchoir blanc, il n'a pas du tout l'air de vouloir se rendre. Les Mexicains regardent ses vêtements tachés, déchirés. On regarde ainsi la robe noire saignante du toro lorsqu'il va s'élancer pour recevoir l'estocade. Cet homme sera-t-il assez fou ?

— En joue, feu !

Tous les Français ont tiré ensemble, puis ils s'élancent. Tout va se passer en quelques secondes. Le légionnaire Catteru, un Belge, se jette devant son chef, les Mexicains tirent, Catteru tombe mort (atteint de dix-neuf balles, dira-t-on) et Maudet tombe aussi, mortellement blessé.

Les trois autres sont encore debout, immobiles, silencieux devant cinquante Mexicains vociférant qui se précipitent sur eux à la baïonnette. Un officier (colonel Combas, ex-Combes, origine française) les sauve en s'interposant juste à temps.

— Messieurs, rendez-vous !

C'est le caporal Maine qui répond en espagnol : les trois survivants se rendront si on leur laisse leurs armes et si l'officier s'engage à faire relever et soigner le sous-lieutenant Maudet.

— On ne refuse rien à des hommes comme vous. Mais parlez-moi en français. Mes hommes pourraient croire que vous êtes des Espagnols du parti des conservateurs et ils vous massacreraient.

Le colonel de Milan, entouré de son état-major, se tient à quelque distance de l'hacienda, dans un petit pli de terrain. Il regarde venir vers lui les trois légionnaires au visage noirci, aux yeux injectés et bordés de rouge. Ces hommes titubants, des officiers mexicains les aident à marcher.

— Comment, c'est là tout ce qu'il en reste ?

— Oui, mon colonel.

— *Pero, no son hombres, son demonios !*

« Pour dire vrai, a écrit Maine, je m'attendais à être fusillé, mais cela m'était indifférent. » Or, Milan s'adresse en français au caporal et aux deux légionnaires :

— Messieurs, on va vous désaltérer. Du reste, ne craignez rien. Nous avons déjà plusieurs de vos camarades que vous allez bientôt revoir. Et nous savons les égards qui sont dus à des prisonniers tels que vous.

Le combat de Camerone est fini. La légende va commencer. « Il faudra plus d'un siècle, a écrit Pierre Sergent, pour découvrir des détails qui conservent leur émotion, malgré le temps écoulé. » C'est sa minutieuse enquête qui a permis de les connaître [1].

Jeanningros apprit le drame par les Indiens le lendemain dans la journée. Il se mit aussitôt en route, prit au passage la compagnie de Paso

(1) *Camerone*, aux Éditions Fayard.

del Macho, marcha toute la nuit. Au point du jour, juste avant Camerone, un spectre sortit des broussailles au bord de la route. Il était vêtu d'une chemise tachée de sang et son visage aussi était tout rouge. Du doigt il montrait sa bouche ouverte d'où sortait une plainte inarticulée.

— Il a faim, non il a soif ! Donnez-lui du café ! Qu'est-ce que c'est que ce type-là ? Qu'est-ce qui t'est arrivé, où sont les autres ? Mais c'est Laï ! C'est le tambour de la troisième !

— Je suis le seul de la troisième, dit Laï.

Il croyait sincèrement être le seul survivant. Percé de sept coups de lance et de deux balles, il avait repris connaissance dans la nuit, au milieu des cadavres. Il s'était traîné le plus loin possible, en direction de Chiquihuite.

Pendant ce temps, l'un des trois survivants, le caporal Berg était autorisé par un officier de l'état-major du colonel Milan à écrire au colonel Jeanningros le récit de la bataille. Il ne semble pas que cette lettre soit parvenue à destination, mais elle a été publiée quelques jours après l'action par plusieurs journaux de Mexico. Berg terminait ainsi : « La troisième du 1er est morte, mon colonel, mais elle a assez fait pour qu'en parlant d'elle, on puisse dire : elle n'avait que de braves soldats. » Bel exemple de litote militaire.

Quand la petite colonne du colonel Jeanningros arriva à Camerone, elle ne trouva aucune trace du combat furieux qui s'y était livré. « Pas une arme, pas un équipement, pas même un papier de cartouche, rien. » Les cadavres des légionnaires furent découverts dans le fossé qui bordait l'hacienda du côté opposé à la route. Ils étaient nus parce que les guérilleros mexicains récupéraient sur les morts tout ce qui pouvait leur servir.

Les hommes de Jeanningros avaient vainement recherché sur le champ de bataille la main artificielle du capitaine Danjou. Elle devait être retrouvée deux ans plus tard par un officier du corps autrichien venu au Mexique à la demande de Maximilien pour remplacer la Légion dans cette partie méridionale du pays — non pas à Camerone, mais Tesuitlan, à 120 km de là, chez un Français d'origine qui se nommait, Dieu sait pourquoi, « l'Anglais ». Ce personnage consentit à s'en dessaisir contre cinquante piastres. « Selon toute vraisemblance, a écrit Pierre Sergent, c'est un guérillero ayant participé au combat de Camerone qui a dû s'en emparer comme d'un trophée. Puis, voulant se faire un peu d'argent, il a dû la vendre à ce monsieur l'Anglais. » Rapportée à Bel Abbès, puis à Aubagne, la main de bois est la plus précieuse relique du Musée de la Légion.

Les légionnaires avaient mis hors de combat environ trois cents Mexicains, tués ou blessés. Les jours qui suivirent, le colonel Dupin, qui ne pouvait supporter l'idée que la compagnie Danjou avait été anéantie sur le territoire que sa contre-guérilla devait contrôler, commença à traquer les assaillants mexicains de l'hacienda. Ils se méfiaient, ils glissaient comme des anguilles dans les mailles de son quadrillage. Il les surprit enfin, fondit sur eux comme la foudre et les hacha. Un colonel mexicain, capturé vivant, fut ensuite échangé contre les douze légionnaires faits prisonniers à Camerone.

Selon Jean Brunon, le décompte le plus exact et le plus précis des pertes de la Légion à Camerone serait celui établi par le général Zédé : 3 officiers tués (Maudet devait mourir des suites de ses blessures à Huatusco, où Milan l'avait laissé), 49 caporaux et légionnaires, soit tués au combat, soit morts des suites de leurs blessures, prisonniers rendus, 12 ; plus le tambour Laï, retrouvé blessé à Camerone. Au total 3 officiers, 62 hommes de troupe, le compte y est.

Parmi les rescapés se trouvait, je l'ai dit, le caporal Berg. Avant de s'engager à la Légion, Berg avait été lieutenant au 1er Zouaves. Démissionnaire, on n'avait jamais su pour quel motif, la Légion ne voulait pas le savoir. Mais après Camerone Berg retrouva ses épaulettes : promu sous-lieutenant. Or la vie d'officier était pleine d'aléas au Mexique. Non seulement les combats, mais on jouait un jeu d'enfer, on avait des aventures féminines, des affaires d'honneur. Le sous-lieutenant de la Légion Berg, ex-lieutenant au 1er Zouaves, fut tué en duel par un camarade.

D'autres rescapés de Camerone ne devaient jamais revoir Bel Abbès, leur patrie d'adoption, car l'aventure insensée ne faisait en somme que commencer. Pendant quatre années encore, les soldats de métier au pas lent devaient arpenter les Terres Chaudes, la pente immense et l'*altiplano ;* au premier rang de tous les genres de campagnes et de combats : poursuite des guérilleros, guerre de siège (Monterey), colonnes de « pacification » (dans un pays où le moindre soupçon de francophilie était un arrêt de mort) et même une affaire un peu dans le genre de Camerone, hacienda de Santa Isabel, février 1866. Mais Camerone demeure la tragédie exemplaire, et je pense que voilà le moment de reproduire ici l'inscription fameuse, gravée sur la dalle d'une fosse commune. Je mettrai le latin avant la traduction, un thème latin assez bien forgé, me semble-t-il :

QVOS HIC NON PLVS LX
ADVERSI TOTIVS AGMINIS
MOLES CONSTRAVIT
VITA PRIAM QVAM VIRTVS
MILITES DESERVIT GALLICOS
DIE XXX MENSI APR. ANNI MDCCCLXIII

Ils furent ici moins de soixante
opposés à toute une armée
Sa masse les écrasa
La vie plutôt que le courage
abandonna ces soldats français
Le 30 avril 1863

5

L'ANNÉE TERRIBLE

L'empereur au buste long fumait sans arrêt en écoutant le troisième secrétaire lire d'une voix distincte les rapports du matin.

« Il se présente chaque jour à nos frontières un nombre considérable d'étrangers demandant à servir sous le drapeau de la France pendant la guerre actuelle. »

On était le 26 juillet 1870. La guerre avait été déclarée à la Prusse une semaine plus tôt, « d'un cœur léger », au milieu des acclamations du Corps législatif. Les hostilités n'avaient pas encore commencé. Le maréchal Le Bœuf, ministre de la Guerre, étirait soigneusement tout au long de la frontière de l'Est les deux cent quarante mille hommes des troupes de campagne disponibles, la mobilisation-pagaille s'achevant lentement dans les dépôts. Paris continuait à flamber d'enthousiasme, le peuple croyait encore dur comme fer à l'alliance de l'Italie, de l'Autriche. La Prusse était un pays de rien, rien de comparable avec l'Empire français dont les régiments colorés, brillants, aussi souvent qu'ils défilaient, faisaient s'agiter même les casquettes des terrassiers à quarante sous par jour. Une semaine après la déclaration de guerre, des enthousiastes éméchés criaient encore « A Berlin ! » devant l'ambassade de Prusse aux vitres brisées.

A Berlin, le maréchal comte Helmuth von Moltke examinait d'un œil glacé des diagrammes représentant l'impeccable concentration en masses profondes de ses trois armées, cinq cent dix-huit mille hommes, trois béliers en face de la ligne française étirée.

La fumée de l'éternelle cigarette voilait le regard bleu lointain de Napoléon III. Cet empereur usait maintenant les trois quarts de son énergie à masquer la douleur qui montait de sa vessie. Rêvait-il, réfléchissait-il en entendant parler de ces étrangers qui demandaient à servir sous le drapeau de la France ? La Grande Armée avait compté *moitié* d'étrangers. Le nouvel empire possédait son régiment étranger, rentré du Mexique en Algérie, et auquel on n'aurait sans doute même pas le temps de faire appel, la guerre serait trop tôt terminée. Victorieusement, qui en doutait ?

22 août. L'empereur est aux armées, c'est l'impératrice-régente qui, dans le grand bureau des Tuileries, entend les rapports et signe les décrets. Le dernier qu'on lui présente ce matin-là ordonne « la création, dans le régiment étranger, d'un 5e Bataillon, composé de six ou huit compagnies, où les emplois d'officiers seront donnés soit à des officiers français pris avec leur grade dans d'autres corps, soit à des officiers étrangers admis à servir comme officiers au titre étranger. »

L'impératrice porte une robe sombre. Elle est toujours belle, mais ses yeux sont rougis parce qu'elle pleure une partie de la nuit, ainsi que le matin en entendant la messe et parfois même au dîner officiel quotidien de trente couverts. La guerre est perdue. Dès son arrivée à Metz, le 5 août, Napoléon III a envoyé un billet : « Rien n'est prêt... Nous sommes perdus. » Le 6 août, l'impératrice a reçu la nouvelle de Froeschwiller et de Forbach : « Immense désastre. Défaite complète ! » La cascade d'immenses désastres a continué quasiment sans interruption. Les soldats de l'armée impériale se sont montrés les égaux de leurs adversaires en courage, en discipline et même en instruction, mais, à tous les échelons du commandement, l'enseignement de la *Kriegsakademie* l'a emporté de loin sur celui des campagnes d'Afrique (« On se débrouillera ! »).

Pour ainsi dire partout les Français ont été surpris, et presque partout surpris par des forces plus nombreuses et mieux commandées. Les cuirassiers de Reischoffen et de Morsbronn, les fantassins de Saint-Privat, les dragons de Gravelotte et des dizaines de milliers d'autres braves follement massacrés n'ont pu compenser l'impréparation géante et l'incapacité.

Nous voilà au 22 août et Moltke pousse deux armées sur Paris. Dans l'intention d'aller dégager l'armée française du Rhin (Bazaine) bloquée dans Metz, Mac-Mahon vient de mettre en route l'armée de Châlons, qui traîne dans ses bagages la berline où l'empereur épuisé, fardé pour cacher aux troupes sa lividité, souffre le martyre à chaque cahot. Au milieu d'un Paris grondant de rumeurs sinistres, le gouvernement fait flèche de tout bois, d'où cette idée du 5e Bataillon étranger, quelqu'un a dû remettre la main sur le rapport du 26 juillet. Ce 5e Bataillon doit évidemment être formé en France, car aura-t-on le temps de faire venir d'Algérie le régiment étranger ?

Et d'ailleurs, faut-il faire venir ce corps qui compte au moins moitié d'Allemands ?

La question est peut-être débattue, peut-être non. Palikao (général Cousin-Montauban, comte de Palikao ; il a succédé à Émile Ollivier, renversé le 9 août) et ses ministres, ainsi que l'impératrice, sont maintenant tout simplement en train de se demander si un miracle est possible. Or il n'y a jamais de miracle aux instants de l'Histoire où la conséquence tombe de son arbre comme un fruit mûr. Le 31 août, Mac-Mahon arrive avec son armée et sa berline impériale dans la dépression de Sedan et il signe son Ordre général pour le 1er septembre : « Aujourd'hui, repos. » Le 3 septembre au matin, le ministre de l'Intérieur, Henri Chevreau, décomposé, tend à l'impératrice le télégramme historique : « L'armée est défaite. N'ayant pu me faire tuer au milieu de mes soldats, j'ai dû me constituer prisonnier pour sauver l'armée. Napoléon. » La première équipée de la Légion sur le sol français commencera trente-huit jours plus tard.

Le 11 octobre 1870, le Commissaire de la Défense nationale à Toulon reçut un message du sémaphore du cap Sicié. Un transport de troupes allait pénétrer sur la rade dans moins d'une demi-heure. Interrogé au passage, le capitaine avait fait répondre par signaux à bras que son bâtiment, en provenance de Mers-el-Kébir, contenait le premier contingent du régiment étranger. D'autres transports, amenant le reste du régiment, allaient suivre.

— Des Allemands ! gémit le commissaire.

Depuis avant la grande Révolution, chaque secousse de la France, bonne ou mauvaise, avait été pour Toulon l'occasion d'une sorte de floraison. On voyait les quais, les rues, l'arsenal submergés par le ressac multicolore des uniformes de l'ancien temps, les cafés pleins, les apostrophes en toutes langues, les filles saisies par la taille, les filles qui, dans les rues chaudes, attrapaient le képi du soldat, le bonnet du marin : « Viens le chercher chez moi, mon mignon ! » On avait vu la dernière de ces fêtes au début de la guerre, avec les zouaves, les turcos, les spahis, quel enthousiasme alors, Toulon (trois fois visitée par Napoléon III) respirait à pleins poumons l'air de gloire. Les revers avaient jeté leur ombre, mais la proclamation du nouveau régime avait suscité un nouvel espoir, exprimé dans une adresse du conseil municipal au Gouvernement : « Toulon sera le boulevard invincible de la République. » Maintenant, c'était la patrie en danger, un gouvernement impuissant dans Paris assiégé, à Tours une délégation sans autorité (Gambetta, il est vrai, venait de s'échapper en ballon de la capitale) et, pour comble, ces Allemands de la Légion qui allaient débarquer ! Le commissaire de la défense nationale se demandait comment la population réagirait en entendant ces troupiers parler la langue de Bismarck.

— Courez au port, je vous suis, dit-il à son secrétaire. Que nul ne débarque avant que j'aie tout réglé.

Le secrétaire revint avant même que le commissaire, un peu retardé, n'eût quitté son bureau. Il n'y avait pas un Allemand à bord des navires transportant le Régiment étranger. La lettre du ministre de la Guerre (18 septembre) au gouverneur général d'Algérie avait prescrit qu'on les écartât. Le jeune secrétaire souriait en apportant la bonne nouvelle. Je n'aurais même pas mentionné ce sous-fifre s'il ne s'agissait d'un personnage de qui j'ai dû, enfant, ingurgiter les regrettables poésies : Jean Aicard, plus tard de l'Académie française. Le monde est petit.

Ce même 11 octobre, tandis que le Régiment Étranger venu de Bel

Abbès (deux bataillons, sous le colonel Deplanque) débarquait à Toulon, le 5e Bataillon créé en France en exécution du décret signé par l'impératrice le 22 août était en train de faire le coup de feu dans les faubourgs d'Orléans, et faire le coup de feu est peu dire.

Parmi ces légionnaires de fraîche date, il y avait comme dans la Légion venue d'Afrique des Autrichiens (pas d'Allemands), des Suisses, des Belges, des Valaques, des Italiens, des Espagnols, des Polonais (cinq officiers polonais), des Serbes. A quelles frontières ces individus s'étaient présentés, pourquoi ils avaient persisté à vouloir combattre sous le drapeau de la France une fois apparu le visage blême de la défaite, rien de tout cela n'a été dit et c'est dommage car on n'imagine guère que beaucoup de ces fanatiques du pantalon garance aient mené avant de signer leur engagement une vie de petits bureaucrates. Le plus recommandable de ces étrangers était probablement un ex-Saint-Cyrien nommé Kara Georges, engagé dans le bataillon comme sergent, promu sous-lieutenant le 15 septembre, Karageorgevitch de son vrai nom, futur roi Pierre Ier de Serbie.

Le chef de bataillon, Victor Joseph Arago, trente-sept ans, descendant de l'illustre physicien, muté du 86e de ligne sur sa demande, commandait l'unité. Ses notes portaient : « Agréable, précis et clair. Intelligent. Très aimé de ses subordonnés et de la troupe. » Il était difficile de douter de ces qualités en voyant comment se comportait au feu, après un mois de formation, la mixture dont il avait pris le commandement.

Le 5e Bataillon étranger faisait partie du 15e Corps, formé le 15 septembre par la délégation de Tours et placé sous le commandement du général de La Motteraye, du cadre de réserve. A peine cette grande unité constituée, le commandement prussien, pour aller l'assaillir, avait distrait du blocus de Paris un détachement de vingt mille hommes, commandé par le général von der Thann. Von der Thann attaqua le 10 octobre à Arthenay, à 30 kilomètres au Nord d'Orléans.

Nous traversons la Beauce en quarante minutes. En 70, la Beauce était comme un océan, les fermes et les hameaux des îles, on n'allait pas d'une île à l'autre deux fois par semaine. Et cependant les vieilles les plus sourdes savaient que les Prussiens arrivaient. Des fermiers jetaient leur casquette à terre en disant : « Misère ! » et les femmes répondaient : « Et si ç'avait arrivé avant la moisson ? » L'arrivée des Prussiens, en 70, à Paris et ailleurs, Dieu sait si, enfant, j'en ai entendu parler ! Certains vieux ne parlaient que de ça, possédaient un répertoire terrible. Ils me racontaient que des anciens de cette époque-là, survivants du Premier Empire, confondant les guerres, appelaient les Prussiens des Kaiserlicks. Partout on offrait du vin aux soldats, on entonnait de l'eau-de-vie aux blessés, on fourrait dans leurs plaies de la « charpie » contenant un milliard de microbes au kilo.

Les légionnaires du 5e Étranger étaient postés aux lisières du village d'Arthenay, en position du tireur couché dans les labours, position du tireur à genoux derrière le moindre abri. Le scénario était toujours le même. Les uhlans venaient d'abord pousser une pointe en reconnaissance. « Les uhlans ! Les uhlans ! », c'était le premier cri des populations. Si la mousqueterie accueillait les uhlans, ils repartaient aussitôt en décrivant une grande courbe, on voyait leurs jolies lances se détacher sur le ciel. Des paysans sortaient devant leur porte, « Ils sont partis ! » mais peu après tombaient les premiers obus.

Les toits de chaume d'Arthenay flambaient maintenant comme des allumettes, la chaleur de ces foyers obligeait les habitants en larmes à s'égailler dans les labours derrière le village, à se tapir en pelotes apeurées contre les solides murs des fermes, et de là ils assistaient au combat d'infanterie. Après le bombardement, l'ennemi s'était avancé. Les paysans à la fois s'efforçaient d'apercevoir et redoutaient de voir les fameux casques à pointe, en fait ils ne voyaient presque rien à cause de l'épaisse fumée de la poudre noire.

Les tireurs du 5e Bataillon étranger, formés par le commandant Arago, ne gaspillaient pas leurs cartouches. Les uns avaient le Chassepot, d'autres l'ancien fusil à piston. Le verdâtre uniforme prussien était bien moins visible que le leur. Des morts et des blessés des deux camps parsemaient les labours, et les Prussiens, plus nombreux, avaient commencé la classique manœuvre de débordement par les ailes. De proche en proche les unités du 15e Corps décrochaient. Les pauvres paysans d'Arthenay levaient les bras au ciel et gémissaient en voyant les Français se replier longuement derrière leur village.

Les Prussiens progressaient le long et de chaque côté de la route nationale, les uhlans poussaient leur pointe jusqu'à Cercottes ; le même scénario recommençait. A Sarran, deux kilomètres plus au Sud, le maire, en blouse, tête nue, cheveux blancs, discutait sur la place avec les chefs de famille qui posaient l'éternelle question : « Partir, ne pas partir ? » On racontait — déjà — qu'à Arthenay, les Prussiens avaient seulement obligé les habitants à éteindre les incendies. Dépassé par la bataille, quand on n'était pas mort, ma foi, on pouvait espérer. La nuit maintenant montait de la terre avec les fumées, les lueurs des incendies parsemaient la plaine.

D'Orléans, le général de La Motteraye télégraphiait à la délégation de Tours qu'il estimait très difficile de défendre la ville et il proposait un repli du 15e Corps derrière la Loire. Réponse de Tours : « Pas de repli. » L'arrivée de Gambetta avait galvanisé la délégation. Mais la municipalité d'Orléans envisageait sombrement l'éventualité d'un bombardement de la ville, et La Motteraye recevait avis que des patrouilles de uhlans étaient signalés du côté de Vennecy, à l'Est de la ligne de bataille. Si von der Thann imaginait d'aller passer la Loire encore plus à l'Est, le 15e Corps pouvait être tourné. Au matin, l'arc de cercle prussien ayant dépassé Sarran, La Motteraye opta pour le repli. Le mouvement de retraite serait masqué par une quinzaine de bataillons d'infanterie chargés de défendre les routes qui rayonnent d'Orléans vers la Beauce. Le 5e Bataillon étranger faisait partie de ces unités.

Les premiers éléments du 15e Corps en retraite franchirent la Loire vers le Sud le 11 octobre vers 11 heures. Les Prussiens attaquaient déjà Bel Air, faubourg d'Orléans.

Les faubourgs d'Orléans se transforment à toute vitesse. D'une année à l'autre, vous voyez des immeubles de douze étages surgir au milieu de grands espaces déblayés. Voilà vingt ans ou même moins, ces lieux n'avaient pas tellement changé depuis 70 : petites rues, petites maisons, jardins clos de murs. L'idéal comme position défensive.

Lisez cinquante récits de combats sur ce genre de terrain, ils se ressemblent. L'artillerie, ou même aujourd'hui l'aviation ne peuvent guère balancer leurs projectiles lorsque les antagonistes se fusillent à quelques mètres. Les lignards et les légionnaires du 5e Étranger défendaient âprement le faubourg de Bel Air. Il y avait encore parmi les fantassins des combattants de Magenta qui s'étaient empoignés avec les Autrichiens sur des terrains coupés de vignes, de vergers, de murs, aussi traîtres que celui-ci. Il était plus de midi, les hommes avaient faim et soif. Certains trouvèrent à boire dans les puits des jardins ou dans les maisons ; entre deux fusillades, pas question de casser la croûte.

Les Prussiens pressaient toujours très fort, tournant et débordant tout point de résistance. Les Français reculaient lentement, atteignant le faubourg des Aydes, plus proche d'Orléans. Vers deux heures de l'après-midi, von der Thann, au risque d'atteindre ses fantassins, fit donner ses canons et les incendies s'allumèrent.

Les artilleurs prussiens pointaient bien et les fantassins, très courageusement, progressaient juste derrière les obus. Les Français leur tiraient dessus dès qu'ils sortaient de la fumée. Le commandant Arago, à pied, canne à la main, fumant la cigarette, allait d'un groupe à l'autre, rassurant ses hommes, les postant du mieux possible. A trois heures, un éclat ou une balle (je n'ai pu savoir) le tua net. Les Français durent reculer encore, toujours à cause de ce débordement par les ailes. Ce mécanisme obstiné et efficace avait quelque chose d'exaspérant.

En deçà du faubourg des Aydes, on arrivait au faubourg Bannier, moins de jardins, maisons plus serrées. Ce quartier n'a pas de chance, je l'ai vu aplati par l'aviation alliée en juin 40. Le 11 octobre 1870, le combat de rues y atteignit un paroxysme. Les étrangers du 5e Bataillon, privés de leur chef, s'y défendaient avec acharnement, comme des rebelles qui savent qu'il n'y aura pas de quartier. On tirait des portes et des fenêtres, des hommes crevaient des toits pour tirailler de là-haut, on en voyait retranchés à trois ou quatre dans des couloirs, derrière des barricades de meubles et de contrevents. Les Prussiens détruisaient furieusement tout dans toute maison qu'ils atteignaient, les glaces, la vaisselle voltigeaient, éclataient sur le pavé. Des habitants étaient encore là, terrés dans les caves, dans des coins de jardin. Beaucoup ravitaillèrent les soldats, secoururent de leur mieux les blessés. Le faubourg se fondait dans le crépuscule, mais les coups de feu continuaient.

A sept heures et demie, nuit noire, les défenseurs du faubourg Bannier reçurent un choc en entendant une fusillade dans leur dos, du côté d'Orléans. Les Prussiens venant du Nord poussèrent à ce moment des cris de joie sauvages. Ils savaient que les Bavarois du détachement prenaient les Français à revers.

La situation des Français était désespérée, il y eut vite une grande confusion. Des groupes sommés de se rendre se rendaient, d'autres non. La plupart des légionnaires, semble-t-il, refusèrent, et beaucoup furent alors tués à bout portant. D'autres furent capturés de force ; d'autres, cachés pendant plusieurs jours par les habitants, réussirent ensuite à s'enfuir. D'autres encore réussirent la nuit même à franchir les lignes bavaroises et ils rejoignirent l'armée. Six officiers y parvinrent ; parmi eux, le futur roi de Serbie, qui s'était déguisé en meunier.

Le 5e Bataillon du régiment étranger avait perdu les deux tiers de son effectif au cours de ces combats du 11 octobre. Parmi les tués, cinq officiers, outre le commandant Arago : capitaine Charnaux, sous-lieutenants Kaczkowski, Fay, Yung de Cristofeu et Kurnevitch.

« Si les Français s'étaient battus à Sedan comme ici, nous ne serions pas à Orléans » a déclaré von der Thann au lendemain des combats évoqués ci-dessus. Déclaration qui rendait justice aux courageux adversaires (qui n'a intérêt à le faire ?) mais inepte par ailleurs. A Sedan, 124 000 Français avaient été encerclés dans une cuvette par 240 000 Allemands qui, des hauteurs, les canonnaient avec 800 pièces : l'écrasement était fatal.

A Paris comme à Tours, on ne parlait maintenant que de sortie en masse, de levée en masse, de nation en armes. Les deux premiers de la délégation de Tours, Crémieux et Glais-Biroin, soixante-dix ans chacun, la cervelle encombrée des légendes de 1793, n'avaient su que discourir emphatiquement, résultat zéro. Gambetta, discoureur lui aussi, se montrait moins inefficace. A côté de l'ingénieur Freycinet et du colonel Thomas, il lançait des ordres de recrutement, mobilisait les gardes nationaux, faisait rassembler la première « armée de la Loire » au camp de Salbris. Le 9 novembre, à Coulmiers (15 km à l'ouest d'Orléans), par un froid glacial, 60 000 hommes de cette armée, sous le commandement du général d'Aurelle de Paladines, tombèrent sur les 20 000 hommes de von der Thann. La supériorité numérique avait changé de camp.

Parmi les troupes de Paladines se trouvait le régiment de marche de la Légion fait de deux bataillons venus de Bel Abbès et des survivants du 5e Bataillon formé en France. La fusion avait eu lieu à Pierrefitte le 19 octobre.

Je n'ai trouvé que peu de détails sur l'action de la Légion à Coulmiers, il semble qu'elle ait été d'abord tenue en réserve. Engagée à la fin à la Croix Briquet, elle se comporta brillamment sous le feu des canons qui couvrait le recul allemand. Parmi les officiers de l'état-major ennemi se trouvait le chef d'escadron Milson von Bolt (né du mariage morganatique d'un prince de Prusse), qui, lieutenant, avait combattu au Mexique dans les rangs de la Légion. Lui aussi s'écriait : « Ah, les braves gens ! » et il s'enorgueillissait ouvertement de la bravoure de son ancien corps. Selon Jean des Vallières, von Bolt aurait même obtenu de son chef, le prince Frédéric Charles, l'arrêt du feu qui allait anéantir les légionnaires « exténués de froid, de faim et de fatigue ».

Orléans fut réoccupé par les Français à la suite de la victoire de Coulmiers. La grande idée du gouvernement de la Défense nationale était de faire converger sur Paris les armées levées en province, en même temps que les défenseurs de la capitale tenteraient des sorties. Stratégie point stupide, mais qui allait être vouée à l'échec par le désordre, par la lenteur des transmissions et l'inexpérience des cadres et aussi parce que les membres de la délégation de Tours intervenaient sans cesse dans la conduite des opérations, dictant leurs ordres même à des généraux très capables comme Chanzy (armée de la Loire) et Faidherbe (armée du Nord).

Aucun expert militaire n'a jamais compris pourquoi Gambetta imagina, après Coulmiers, d'étirer l'Armée de la Loire sur un front de 70 kilomètres. Le résultat presque immédiat fut, après un succès de Chanzy à Villepion, la défaite de Loigny (2 décembre) et la dislocation de la précieuse armée. Les unités commandées par d'Aurelle de Paladines se virent rejetées vers Orléans. Parmi elles, notre régiment de marche.

Le 3 décembre, en compagnie des légionnaires venus d'Afrique, les survivants du 5e Bataillon se retrouvèrent au nord d'Arthenay, dans un paysage de retraite de Russie. Les ruines noircies de fumée se détachaient sur la neige couvrant la plaine immense. Le malheur et la misère marquaient le visage des habitants réfugiés dans quelques maisons non détruites. Comme trois semaines plus tôt, les Français retraitaient en combattant. Le tonnerre des canons Krupp et le volume de la mousqueterie ennemie faisaient comprendre que les Prussiens et les Bavarois étaient revenus en force. D'un côté comme de l'autre, les combattants trouvaient que leur ennemi le plus impitoyable était le froid. On ne savait où faire boire les chevaux, la neige bloquait le ravitaillement, tout blessé incapable de marcher n'avait que bien peu de chances de survivre. La nuit noire descendait comme une fin du monde, bâillonnant canons et fusils.

Le 4 décembre, à Cercottes (8 km au nord d'Orléans), l'ennemi devenant très pressant, le régiment de marche, tout à fait en arrière-garde, reçut l'ordre de charger à la baïonnette. Une fois de plus, il fallait donner aux troupes en retraite le temps de franchir la Loire.

De part et d'autre de la route, la forêt était un monde pétrifié. Les branches atteintes par les projectiles éclataient comme du silex. Tout objet de métal brûlait la main nue, mettre baïonnette au canon était déjà une souffrance. Les légionnaires apercevaient à travers les arbres et encore plus distinctement sur la route les Bavarois verdâtres coiffés de leur calot rond comme une tarte et les Bavarois voyaient tout aussi bien, sinon mieux, leurs adversaires.

Je pense que voilà le moment de jeter un coup d'œil sur ces étrangers au service de la France embarqués dans la guerre insensée et dont le tiers au moins (pertes de Cercottes indiquées nulle part, mais nous verrons bientôt le nombre des survivants) dans un instant seront gisants sur la neige durcie, où les corbeaux de l'« Année Terrible » viendront les picorer affreusement. Nous n'aurons plus le loisir alors d'examiner leurs uniformes et, quant aux survivants, leur tenue va être de moins en moins réglementaire, tous les haillons seront bons pour se défendre du froid.

La capote longue est bleu foncé, boutons dorés, et observez que nombre de ces boutons ne sont pas encore tout à fait ternis, des hommes au bivouac les essuient plus ou moins en même temps que leur fusil, réflexe de la vieille Légion disciplinée. Sur le képi rouge, un foulard vert noué devant retombe sur la nuque. L'autre défense contre le froid consiste en une sorte de capuchon qui, par-dessus la capote, couvre les épaules. Pantalon garance, est-il besoin de le dire, guêtres et godillots. Regardez le clairon, il porte son instrument sur la poitrine, attaché au cou par un cordon tricolore qui entoure le cuivre et retombe en deux glands. Mais voilà que le clairon regarde le capitaine, il saisit son instrument, déjà le porte à ses lèvres et, l'ordre à peine donné, le clairon sonne. Ça y est, les hommes se sont élancés.

Le tambour bat, le clairon sonne.
Qui reste en arrière ? Personne.

Les armes à feu sont inventées depuis plusieurs siècles, mais le mode de combat le plus primitif et le plus coûteux en vies humaines demeure le dernier recours (ou le premier, selon les chefs) et que les amateurs de furia se rassurent, il le demeurera encore près d'un siècle, l'arme blanche coexistera avec l'arme nucléaire.

Les légionnaires chargés de leur barda trottent lourdement au-devant de la mousqueterie bavaroise, soufflant comme des chevaux leur haleine dans l'air glacé et pour beaucoup, c'est leur dernier souffle, ils tombent en avant, en arrière ou sur le côté, examinez les œuvres des peintres de bataille, toutes les attitudes sont représentées. Cependant il y en a qui ne tombent pas et qui arrivent jusqu'à la ligne bavaroise, c'est un fait, et c'est un fait que la charge à la baïonnette qui atteint une ligne, neuf fois sur dix elle l'enfonce. Ceux des Bavarois qui désirent le moins se faire trouer le ventre font demi-tour et se replient, certains tirant encore et tuant des assaillants, mais la charge avance encore et les Bavarois se replient encore, vont se replier jusque derrière leurs canons. Du temps est gagné pour couvrir la retraite, le général d'Aurelle de Paladines évacue Orléans en ordre.

80 000 soldats, 14 000 marins et 115 000 gardes mobiles défendaient Paris investi. On dénombrait en outre 300 000 gardes nationaux tout juste bons à monter la faction lorsqu'ils n'avaient pas bu. (Les vivres manquaient, non l'alcool.) Le 30 novembre 1870, 70 000 hommes des meilleures troupes de Paris, appuyés par 400 canons de campagne, tentèrent de briser le cercle à Champigny-sur-Marne. Une division

wurtembourgeoise et une division saxonne les arrêtèrent ; puis, le 2 décembre, l'intervention d'un corps d'armée prussien les refoula sur Paris. 10 000 Français et 7 000 Allemands avaient été mis hors de combat. Il faisait moins douze, les Français n'avaient ni tentes ni couvertures.

Tandis que les troupes d'Aurelle de Paladines passaient au sud de la Loire, l'aile gauche de l'armée, sous Chanzy, réussissait à se maintenir sur la rive droite. Chanzy allait attaquer les Allemands à Marchenoir et à Beaugency avant d'être obligé de retraiter jusqu'au Mans, tombeau de son armée. « Retraite infernale » peut-on lire dans l'*Histoire officielle de la guerre de 1870* publiée par le grand état-major allemand. Dans l'hiver impitoyable, les poursuivants souffraient autant que les poursuivis.

Le journal de marche du Bataillon étranger et les souvenirs des combattants montrent que le sort des débris refoulés au sud de la Loire ne fut pas plus enviable. Il faisait toujours aussi froid, il neigeait un jour sur deux. Aux étapes, les hommes couchaient sous leurs petites tentes, les officiers chez l'habitant. J'ai trouvé un état de l'effectif de la Légion à la date du 17 décembre. Le 5e Bataillon, formé en France, avait compté 1 600 hommes. Deux bataillons venus d'Afrique, 2 000 hommes. Total : 3 600. Effectif restant au 17 décembre, 1 000 hommes. Pertes : 2 600. Ces 2 600 (environ) étaient des morts tués au combat ou des suites de leurs blessures, ou des blessés et malades soignés dans les hôpitaux ou recueillis par les habitants, ou des prisonniers, ou des déserteurs. Les déserteurs étaient plutôt moins nombreux au Régiment étranger qu'ailleurs, simplement parce que les facilités étaient moins grandes : où aller, comment mentir aux gens, incroyablement méfiants, pour qui tout étranger était un Prussien ou un Bavarois ?

Le 18 ou le 19 décembre, à la Chapelle Saint-Ursin, le régiment incorpora « 2 000 jeunes recrues, venues des dépôts de neuf régiments de ligne, presque rien que des Bretons ». Proportion d'étrangers dans le Régiment étranger à partir de ce moment : un tiers. Le 20 décembre, un soldat du régiment (nationalité non indiquée) passa en Cour Martiale pour avoir volé 60 francs. Fusillé. C'était le cinquième fusillé depuis le début de la campagne. Trois l'avaient été pour voie de fait envers un supérieur, un pour désertion (repris, pas de chance).

Le 7 janvier 1871, la province apprit que les Allemands avaient commencé à bombarder Paris. Ordre au Régiment étranger de prendre le train en gare de Vierzon. Destination : Montbéliard.

Contraindre les Allemands à lever le siège de Paris en jetant une armée française (armée de l'Est, Bourbaki) sur leurs lignes de ravitaillement, telle était l'idée que la résistance opiniâtre de Belfort venait d'inspirer à Gambetta. Stratégie une fois de plus point stupide, puisqu'elle reproduisait le plan de Napoléon Ier à la fin de la campagne de 1814. Mais point de Napoléon pour l'appliquer et, d'ailleurs, c'était trop tard.

La gare de Vierzon offrait un spectacle surprenant. Toutes les voies, jusqu'à plusieurs centaines de mètres des bâtiments, étaient couvertes de wagons pleins de troupes, d'armes, de munitions, de vivres. Tout ce qui pouvait rouler avait été mis en route. On voyait des wagons-salons chargés de projectiles et de gargousses ; les artilleurs qui convoyaient ce matériel s'étendaient sur les sofas. Mais la fée Froidure semblait avoir touché d'un doigt mortel tous ces convois, rien ne bougeait. Des fantassins gelés dans leur wagon descendaient et allumaient des feux entre deux voies. Des femmes couvertes de fichus circulaient, vendant des nourritures et des boissons infectes.

Le convoi du Régiment étranger, enfin démarré, roulait avec une lenteur désespérante. Les arrêts dans les gares étaient interminables à cause de la confusion qui régnait partout. Des chefs d'unité ayant reçu l'ordre d'embarquer leur troupe et voyant arriver un train bondé s'exclamaient, protestaient auprès du chef de gare, auprès des officiers du Régiment étranger, réclamaient du ravitaillement contenu dans les wagons de queue (« Mes hommes attendent ici depuis vingt-quatre heures, je n'ai rien à leur donner à manger ! »), les colporteurs de vinasse circulaient, les hommes chantaient ou s'injuriaient, le train repartait sous les malédictions.

Tous les trains roulaient avec la même lenteur sur les voies uniques. Des convois de troupes restèrent bloqués cinq jours à Besançon, par moins dix-huit. Cette stratégie d'escargot permettait aux Allemands de prévenir la manœuvre française en organisant des lignes de défense à l'ouest de Belfort et même de commencer un mouvement enveloppant l'armée de Bourbaki.

Le convoi du Régiment étranger stoppa en pleine nuit, les sous-officiers coururent le long des wagons :

— On descend ici !

— Où qu'on est ?

— A Montbéliard !

Enfin, aux environs de Montbéliard. Les gradés gueulaient dans la nuit, les hommes juraient. « Direction Clerval », c'est-à-dire vers l'ouest. Pourquoi ? personne ne savait. Des animaux se seraient couchés plutôt que de marcher ainsi de nuit sous le vent coupant comme mille rasoirs, telle était la nouveauté qui s'ajoutait au froid. Lettre d'un officier légionnaire à sa mère : « A Clerval, en Franche-Comté. Dix-sept sous zéro. Nous couchons sur la neige. Pour tout ravitaillement, du pain, on se casse les dents dessus, et du mauvais lard. » Le 13, demi-tour, direction Montbéliard.

On croisait des charrettes, des chars à bancs, des voitures de ville réquisitionnées transportant des malades, des hommes aux membres gelés. Passaient aussi des groupes d'« isolés » : « Nous cherchons notre régiment, mon lieutenant », et ils filaient. Des paysans arrêtaient les officiers au bord de la route pour dire qu'ils avaient été dépouillés par les déserteurs. Ceux-ci mendiaient et pillaient, et même des non-déserteurs, des soldats d'unités en marche vers la bataille, aimaient mieux mendier ou voler que porter les vivres de la distribution. Les légionnaires ramassaient sur la route des sacs de pain, des quartiers de viande.

La ligne établie par les Allemands consistait en une série de coteaux fortifiés s'étendant de Montbéliard à Chenebière en passant par Héricourt, front de 20 kilomètres défendu par 132 canons de campagne, 34 pièces de siège et 45 000 hommes commandés par le général Werder, le vainqueur de Strasbourg.

Les légionnaires attaquèrent le 14 avec le 39e de ligne, objectif les hauteurs de Sainte-Suzanne juste à l'ouest de Montbéliard. La pente était verglacée, le vent soulevait des tourbillons de neige qui bouchaient la vue à vingt mètres, le clairon sonnant la charge semblait venir d'un autre monde. Ces conditions effroyables handicapaient les défenseurs presque autant que les assaillants, l'assaut et les combats se déroulaient comme dans un film au ralenti. Et cependant, des obus éclataient, les balles bourdonnaient dans l'air glacé, des hommes tombaient. Les légionnaires s'arrêtèrent hébétés derrière les canons qu'ils venaient de conquérir.

Montbéliard tombait du même coup, autrement dit ravitaillement assuré pour quelques jours. Les vainqueurs reçurent aussi les compliments du général Peytavin : « La Légion vient de faire à elle seule la besogne d'une division entière. »

Hélas, les Prussiens se maintenaient sur Héricourt, résistant à tous les assauts, et Bourbaki recevait cent messages semblables de ses chefs d'unité : « Plus de munitions. » Il dut commencer à reculer sur Besançon. Son armée se désagrégea.

La Légion existait toujours. Du moins ce qu'on appelait encore la Légion et que personne à partir de ce moment n'a tenté, semble-t-il, de dénombrer. Ce vestige se mêlait sur les routes de la retraite aux épaves de toutes unités. Le froid de l'année terrible ne cessait pas. On voyait des bivouacs en pleine air, près des villages, devant de grands feux. Les hommes aimaient mieux s'étendre auprès de ces feux que sous les petites tentes. Ils brûlaient du bois volé, les échalas des vignes, sciaient des arbres fruitiers. Une rumeur soudain circulait : « On distribue des vivres à tel endroit » et des groupes se remettaient en marche. Ces distributions avaient lieu de nuit, dans les gares. Toute gare était un refuge de traînards, de fricoteurs et de mercantis des deux sexes. Les jeunes Bretons incorporés dans la Légion ne désertaient pas, mais ils se battaient comme des chiffonniers dès qu'on trouvait des vivres.

Paris avait tenté une fois de plus la « sortie en masse » (90 000 hommes) entre Buzenval et Montretout, et une fois de plus, ce flot avait été arrêté devant les ouvrages de campagne élevés par les Allemands. Une tentative d'insurrection avait eu lieu le 22 janvier. Les pauvres gens souffraient horriblement du froid, et aussi de la faim (eux seuls, car l'argent procurait tout ; l'investissement n'étant pas étanche, des vivres passaient). Le pain était rationné depuis le 15 janvier, mais toujours pas l'alcool. Les patrouilles ramassaient chaque matin des douzaines d'ivrognes sous-alimentés. Le 28 janvier, il fallut accepter les dures conditions d'armistice de Bismarck.

La Légion et le 39e de ligne avaient enfin atteint Besançon. La preuve que la Légion existait toujours, c'est qu'elle recrutait. L'armistice n'était pas la paix. Au début de février, s'engagea un Turc, sous-lieutenant au titre étranger. Admirez l'administration de l'unité : ce Turc toucha incontinent son mois de solde d'avance, plus l'indemnité d'entrée en campagne. Hélas ! il ne songea pas un instant à s'acheter un sabre, ni même un uniforme, on le vit seulement boire comme un trou et se battre chaque jour avec les Bretons. Il fallut le révoquer avant la fin de son mois. Officiellement, la Légion et le 39e de ligne étaient en train de « mettre Besançon en état de défense » quand on sut que les préliminaires de paix avaient été signés à Paris et à Bordeaux. Légionnaires et lignards s'efforçaient surtout de se débarrasser de leurs poux (le froid ne les tue jamais tous), et, s'adonnant aux grossiers plaisirs permis aux troupiers, d'oublier le cauchemar des semaines précédentes.

Le 27 mars 1871, le général commandant le territoire de Besançon reçut l'ordre de diriger sans délai sur Saint-Cloud le 39e de ligne et le Régiment étranger ; effectif du régiment à cette date : 66 officiers, 1 003 gradés et légionnaires. Les légionnaires et les lignards étaient incorporés à l'armée dite « de Paris », en réalité armée de Versailles formée par Thiers pour combattre la Commune.

« Ce n'est pas là besogne de légionnaires, et nous passerons sous silence ce triste épisode », lit-on dans le *Livre d'or de la Légion.* Admirable honnêteté historique qui avoue qu'elle passe quelque chose sous silence ! Tant le font sans rien dire. Allons, quelle troupe a les mains immaculées ? Quel chef militaire ou civil, qui d'entre nous ? Il est vrai que cette partie de l'histoire de la Légion n'a rien d'épique. Une fois de plus les Français se battaient entre eux. Les vrais légionnaires, les étrangers, avaient la relative satisfaction de ne pas tirer sur leurs compatriotes. Tournant les barricades des Fédérés, faisant le coup de feu dans Neuilly, puis dans Paris, ils exécutaient consciencieusement les ordres, au milieu du déchaînement passionnel et pétroleur. Les correspondants des journaux anglais et américains câblaient à leurs feuilles que « la Seine coulait entre deux murs de feu ». Des légionnaires ont noté que par instants régnait en plein jour une étrange pénombre d'éclipse, tant les fumées obscurcissaient le ciel, et de ce plafond sombre tombait continuellement, continuellement, une pluie de papiers noircis. Les marchands de « goutte », qui avaient intoxiqué la Commune, ne perdaient pas le nord, on les voyait maintenant suivre les colonnes versaillaises, offrant leur tord-boyaux ; mais, au régiment étranger, défense absolue de rien leur acheter, un caporal avait été empoisonné. Dans les rues « libérées », les habitants faisaient pleuvoir par les fenêtres tous les effets de gardes nationaux, les fusils, les cartouches, tout ce qui pouvait les compromettre, il n'était que temps, la répression la plus impitoyable de l'Histoire de France (on avait eu très peur) allait commencer. L'ultime furieux combat dans Paris se déroula (27 mai) au milieu des tombes du Père-Lachaise, il ne semble pas que le régiment étranger ait pris part à cet hallali.

L'épilogue de cette marche dans le Paris de la Commune est typique, on le retrouve, si on cherche bien, après chaque déchaînement, au-delà des triomphes et des proclamations. Nous apercevons les troupiers du régiment étranger armés non plus de fusils, mais de balais, et nettoyant la caserne de la Pépinière. Sous le prétexte que la Garde impériale (française, celle de Napoléon III) a logé là, les Fédérés ont tout dévasté. Les aigles décapitées gisent à terre au milieu des bouteilles cassées, la vaisselle du mess des officiers a été piétinée, les papiers des murs arrachés, des ordures souillent tous les locaux. Quatre jours de nettoyage.

Les véritables légionnaires de ce régiment à toutes les sauces, les survivants du moins, regagnèrent l'Afrique en juin 1871. Beaucoup portaient des médailles gagnées dans les combats contre les Allemands. La clique qui s'époumonait pour glorieusement les accueillir à la gare de Bel Abbès comptait soixante-dix pour cent d'Allemands, et il y en avait aussi une forte proportion dans le bataillon qui leur présenta les armes à leur entrée dans la cour du Quartier Viénot. Les seuls légionnaires allemands absents lors de cette cérémonie étaient ceux qui avaient péri sous les balles ou sous le poignard courbe lors des deux opérations en Kabylie pendant l'hiver 1870-1871. Bref, la Légion avait continué.

6

FACE AUX PAVILLONS NOIRS

Décembre, il fait froid et il bruine. Nous sommes dans un poste militaire du moyen Tonkin. Poste qualifié forteresse par les autorités militaires. L'ouvrage, bien carré, construit à la chinoise, mesure près de trois cents mètres de côté. C'est maintenant la Légion qui l'occupe, 1re et 2e compagnies du 1er Étranger.

Le mur d'enceinte a trois mètres de haut et près d'un mètre d'épaisseur. Il est fait de limonite ou « pierre de Bien-Hoa », argilo-ferrugineuse, le même matériau qui a été utilisé pour la construction du temple d'Angkor. L'ouvrage a été trouvé dans un remarquable état de saleté et de désordre et, d'un point de vue militaire, pour ainsi dire à l'abandon. Un bourbier infect et puant, voilà ce que c'était, avec les fossés aux trois quarts comblés. Pourquoi cette incurie, quand les Jaunes sont-ils partis exactement, n'essayons pas de savoir. La seule question intéressante est celle-ci : dans quelle cervelle incurablement abrutie a pu germer l'idée de construire un fort au fond de cette cuvette, au milieu des forêts ?

Juste à l'Est, à cinquante pas du rempart, coule la Rivière Claire. Juste au-delà de ce cours d'eau, les hauteurs boisées. Et les hauteurs boisées s'élèvent aussi à l'Ouest, au Nord et au Sud, elles entourent l'ouvrage de tous côtés. Elles projettent même un éperon juste à l'Ouest, à deux cents pas des murailles. « Position stratégique de premier ordre », a estimé le commandement du corps expéditionnaire.

Au centre de l'ouvrage s'élève un mamelon haut de soixante mètres où l'on jouit, par beau temps, d'une vue superbe. Le moutonnement des arbres s'étend à l'infini, coupé par la ligne de brume qui monte de la rivière. Ici et là, les taches claires de plusieurs pagodes. C'est aussi du mamelon qu'on voit le mieux que l'ouvrage, dominé de tous côtés, a été construit dans un site impossible.

Et nous sommes là, deux compagnies de légionnaires, plus une compagnie de tirailleurs tonkinois, mettons six cents hommes en tout. Plus l'équipage de la petite canonnière embossée sur la rivière juste à côté du fort, un enseigne de vaisseau et douze marins. Et nous sommes encerclés. L'armée jaune nous cerne de toutes parts. D'assez loin encore il est vrai ; le ravitaillement passe. Mais il est tout à fait évident que l'investissement chaque jour se resserre, et *quid* lorsque l'ennemi aura installé des canons sur toutes ces hauteurs à l'entour ?

Nous ne nous sommes pas réfugiés dans ce poste pressés par la nécessité, pressés par un ennemi supérieur en nombre, comme par exemple les légionnaires de Camerone. C'est sur ordre et au prix de grandes difficultés que nous sommes venus nous enfermer dans cette cuvette. Pour le cas où vous seriez tentés de penser à une situation et à des circonstances analogues, sachez que l'époque est différente. Nous sommes en décembre 1884. Le poste du Tonkin dont il va être question dans ce chapitre s'appelle Tuyen-Quang. Mais nous devons nous en éloigner un instant.

L'épopée coloniale de la République battait son plein. Le 1er bataillon de la Légion avait quitté l'Afrique le 27 septembre 1883. Cinq déserteurs à Singapour, dont deux anciens officiers russes. Le transport avait mouillé son ancre sur la rade d'Haïphong où le bataillon s'était embarqué à bord de navires plus petits pour remonter le Fleuve Rouge jusqu'à Hanoï, 232 kilomètres. Temps humide et froid, mais, heureusement, nourriture de premier ordre. Les légionnaires regardaient de tous leurs yeux le paysage étendu à perte de vue et qui, pour des raisons entièrement étrangères au tourisme, allait devenir l'un des plus célèbres du monde.

Le delta tonkinois — le Delta — est un immense terrain d'alluvions arrosé par de grands fleuves qui se divisent en de nombreux bras. Le sol est coupé de digues dont quelques-unes sont des chemins ou de petites routes. Les voies de communication importantes sont les cours d'eau. Les digues encadrent les rizières. Vue de haut, toute la plaine apparaît très joliment comme une immense tapisserie de verdure en deux tons : vert des arbres, vert des rizières.

A Hanoï (18 novembre) les légionnaires avaient découvert un pays de Cocagne. Vingt centimes par jour en plus de la nourriture réglementaire fournie par la Marine, et tout était pour rien : les poulets, les cochons, les œufs, le riz. Les chevaux eux-mêmes s'empiffraient — de paddy (riz non décortiqué) et d'herbe tendre des marais. Les villages étaient amusants au possible, chacun d'eux entouré d'une double haie de bambous plantés sur une digue, maisons de bambou coiffées de paille de riz. Dans chaque habitation, on voyait trois mares bien propres : l'une pour abreuver les bœufs, l'autre servant de vivier à poisson, la troisième, réservoir d'eau potable. Les habitants ne buvaient que du thé préparé avec de l'eau bouillie, afin d'éviter fièvres et dysenterie. Ils étaient très propres, discrets, souriants. Les légionnaires entreprenaient les congaïs. Mais doucement, on n'était pas là pour s'amuser. Il s'agissait de filer au plus vite sur Son Tay, à une cinquantaine de kilomètres au nord d'Hanoï, pour en chasser les Pavillons Noirs. Pourquoi Son Tay, pourquoi les Pavillons Noirs, deux mots d'explication, en tâchant de ne pas remonter au Déluge.

Le Tonkin faisait partie (septentrionale) de l'empire d'Annam, capitale Hué. La Cochinchine, province méridionale du même empire, delta du Mékong, avait été conquise en 1867. On était à l'époque où l'Homme Blanc, encore tout à fait dépourvu de complexes, cherchait partout des « voies de pénétration ». La France pratiquait la politique dite « des canonnières ». Cette politique n'était pas toujours du goût des autorités indigènes. C'est ainsi que, pour recouvrer une indépendance antérieure, d'ailleurs toute relative, l'empereur d'Annam avait fait appel à la Chine et aux Pavillons Noirs.

Je dois toujours prendre sur moi, lorsque j'arrive aux Pavillons Noirs, pour me défendre d'écrire leur histoire, une histoire fleuve, aussi longue que le Yang Tsé. Anciens rebelles chinois, constitués en grandes compagnies, disent les manuels. Certes, mais à leur origine, les Pavillons Noirs avaient été les héritiers directs des Tai-Ping, association de thaumaturges sorciers, plus ou moins annonciateurs d'un nouveau *millenium* et persuadés qu'ils pouvaient se rendre invulnérables à l'aide de certaines drogues et de certains exercices. Comme les Tai-Ping, les Pavillons Noirs avaient été affiliés à la secte des « Grands Couteaux » et à celle du « Nénuphar blanc ». Par la suite, le caractère ésotérique et mystique de l'association s'était quelque peu dégradé, comme on va voir.

De temps en temps, le gouvernement de Pékin envoyait contre les Pavillons Noirs des troupes dites régulières. Les Pavillons Noirs alors reculaient, en creusant à des endroits convenus des trous, dans lesquels ils laissaient des sapèques. Les réguliers arrivaient, prenaient l'argent et le remplaçaient par des cartouches, puis ils reculaient à leur tour. Ainsi tout le monde était content, les Pavillons Noirs pourvus de munitions pour continuer leur brigandage et les réguliers réargentés. Seules gémissaient les populations paysannes également pillées par les brigands et par les soldats.

Cette vénalité n'impliquait nullement que les combattants chinois fussent incapables de courage et même de férocité. La faiblesse de ces armées résidait surtout dans la corruption des chefs, obsédés par l'opium et la lubricité. A l'époque où nous voilà arrivés, les Pavillons Noirs étaient cependant commandés par un homme énergique et intelligent, Leou-Vinh-Phuoc, né en 1837 dans le Kouang-si. Illettré, il devait se montrer souvent bon stratège et bon tacticien, parce que tirant sans cesse la leçon des événements. Déjà l'autocritique. Leou avait répondu avec jubilation à l'appel de la cour de Hué : ses grandes compagnies seraient en Annam comme au pacage et, accessoirement, elles combattraient les diables étrangers.

Le commandant Rivière, bloqué dans Hanoï, s'était fait tuer au cours d'une sortie (19 mai 1883). Trois mois plus tard, l'amiral Courbet (les Asiatiques ne pouvaient pas prononcer son nom, ils disaient : Kou-pa, le grand Kou-pa) forçait l'entrée de la rivière de Hué et dictait à l'empereur d'Annam une paix carrément colonialiste : l'Annam cédait le Tonkin et passait sous le protectorat français. Restait à chasser Pavillons Noirs et réguliers chinois qui, maintenant alliés, s'étaient assuré deux places fortes, Son Tay et Bac Ninh. Courbet avait décidé de marcher d'abord sur Son Tay. Il disposait d'environ cinq mille hommes, dont le 2e Bataillon de la Légion.

On va de Hanoï à Son Tay soit en empruntant le Fleuve Rouge, soit en suivant la Route Mandarine. Courbet utilisa les deux voies. Un convoi pittoresque formé de sept canonnières et de trois ou quatre douzaines de jonques remontait lentement le fleuve, tandis que le reste des forces allait à pied. La Légion, pour ne rien vous cacher. Par la suite, on ne marchanderait pas trop les ordres du jour élogieux à la Légion, mais en attendant, les grands chefs pensaient qu'il n'y avait pas lieu de chouchouter ce ramassis d'étrangers, d'ailleurs rompus aux longues marches sous le soleil d'Afrique.

Justement, le temps s'était mis au beau. La tenue des légionnaires devait être progressivement adaptée au climat indochinois, mais pour l'instant ils portaient encore sur la veste la longue capote de drap bleu de l'infanterie, képi à couvre-nuque, pantalon de treillis, large ceinture de laine bleue, guêtres, godillots ; sur la poitrine la vaste cartouchière dite de Négrier, sur le dos le barda d'au moins vingt-cinq kilos contenant l'inévitable pantalon garance. Tout cela représentait une suée numéro un sur la Route Mandarine qui s'élevait de la plaine vers les hauteurs.

Les Chinois sont des insectes. Leur aptitude militaire la plus naturelle est de fouir, et d'élever des remparts de terre. La citadelle de Son Tay était encore hors de vue lorsque, le 25 décembre, les soldats de Courbet se heurtèrent aux défenses avancées d'où partaient des fusillades, plus ou moins bien ajustées, mais nourries. Il fallait commencer à comprendre que les Jaunes ne manqueraient en aucun cas de munitions. D'honorables commerçants anglais, allemands, américains, étaient trop heureux de leur en fournir, ainsi que des armes, bien entendu. Les Allemands envoyaient d'excellents canons Krupp.

Les légionnaires comprirent également au cours de ces combats d'avant-garde que les Chinois ne le cédaient en rien aux Kabyles dans l'art de couper la tête aux blessés et de mutiler les cadavres. Aussi arrivèrent-ils suffisamment gonflés de fureur devant la citadelle de briques rouges sur le rempart de laquelle flottaient trois superbes étendards carrés de soie noire, d'une dimension inusitée en Occident. On devait savoir plus tard que la place contenait en tout vingt-cinq mille Pavillons Noirs et réguliers chinois.

Voici les obstacles que devait franchir l'assaillant pour atteindre ces adversaires : un fossé d'eau large de 5 mètres ; une haie de bambous hauts de 3 ou 4 mètres et si serrés que les obus y explosaient sans la détruire ; un parapet de terre de 5 mètres de haut. On arrivait alors devant la citadelle proprement dite, ceinte d'un rempart de briques de

5 mètres de haut, baigné par un autre fossé d'eau, 5 mètres de large. On a vu peu de châteaux forts occidentaux si bien retranchés. Comme il fallait tout de même que les soldats de la garnison pussent entrer et sortir, des portes existaient, points faibles, si fortifiées qu'elles fussent. Courbet décida d'entrer par la porte principale.

L'assaut fut donné le 15 décembre à cinq heures du matin, de nuit par conséquent. Du moins, il dut commencer dans la nuit. Les clairons des fusiliers marins et ceux de la Légion sonnèrent la charge. Je n'ai point trouvé dans les historiques suffisamment de détails pour me représenter très exactement comment les choses se passèrent. Je ne sais même pas si, avant la charge, on tira le canon. Probablement. Une patrouille de légionnaires, « au prix d'efforts inouïs », réussit à pratiquer une brèche dans la porte. Les pertes furent nombreuses au cours de l'assaut qui suivit. On vit ensuite un légionnaire bondir sur la muraille, et y planter un drapeau français à la place d'un des grands étendards noirs, geste qui galvanisa les assaillants. Par conséquent, il faisait alors jour. L'attaque contre cette porte n'a pas dû durer loin de deux heures.

Le légionnaire planteur du drapeau français, cité dans le rapport officiel de l'amiral Courbet sur la prise de Son Tay, était un Belge d'un mètre quatre-vingt-cinq nommé Minnaërt, engagé depuis moins d'un an, et qui n'avait pas fini de faire parler de lui à la Légion.

Les soldats et les fusiliers marins de Courbet s'étaient jetés avec fureur dans la citadelle, mais celle-ci était aussi une ville, faite de rues et de multiples recoins inconnus des assaillants, familiers aux défenseurs. Ceux-ci combattaient avec un grand courage et dépensaient leur poudre sans compter. Les légionnaires, officiers, gradés et hommes de troupe, découvrirent ce jour-là une caractéristique de ceux qui allaient être longtemps leurs adversaires : ces Jaunes, inventeurs de supplices, pouvaient se montrer intrépides sous le feu, mais l'arme blanche les affolait. Ils résistaient bien rarement à une charge à la baïonnette. Cette particularité avait son bon et son mauvais côté. Au Tonkin naquit une tradition selon laquelle la baïonnette était, pour certains chefs, la seule arme d'emploi décisif.

Le combat dans Son Tay se poursuivit une partie de la nuit. Au matin, les assaillants s'aperçurent que presque tous les Chinois avaient profité des dernières heures d'obscurité pour évacuer. Ceux qui restaient, blessés ou non, passèrent de très mauvais quarts d'heure, à cause des têtes coupées et autres mutilations. La détente eut lieu sous forme d'un pillage destructeur. Des soldats et des marins dansèrent revêtus de robes de mandarins. La population annamite acclama l'amiral Courbet, c'était ce qu'elle avait de mieux à faire et d'ailleurs il y avait une part de sincérité dans ces cris, car l'occupation chinoise n'avait pas été légère.

Le 2e bataillon de la Légion arriva au Tonkin en février 1884 et se joignit au premier pour marcher sur Bac Ninh, la seconde place forte, avec la colonne commandée par le général de Négrier. Ici se place la

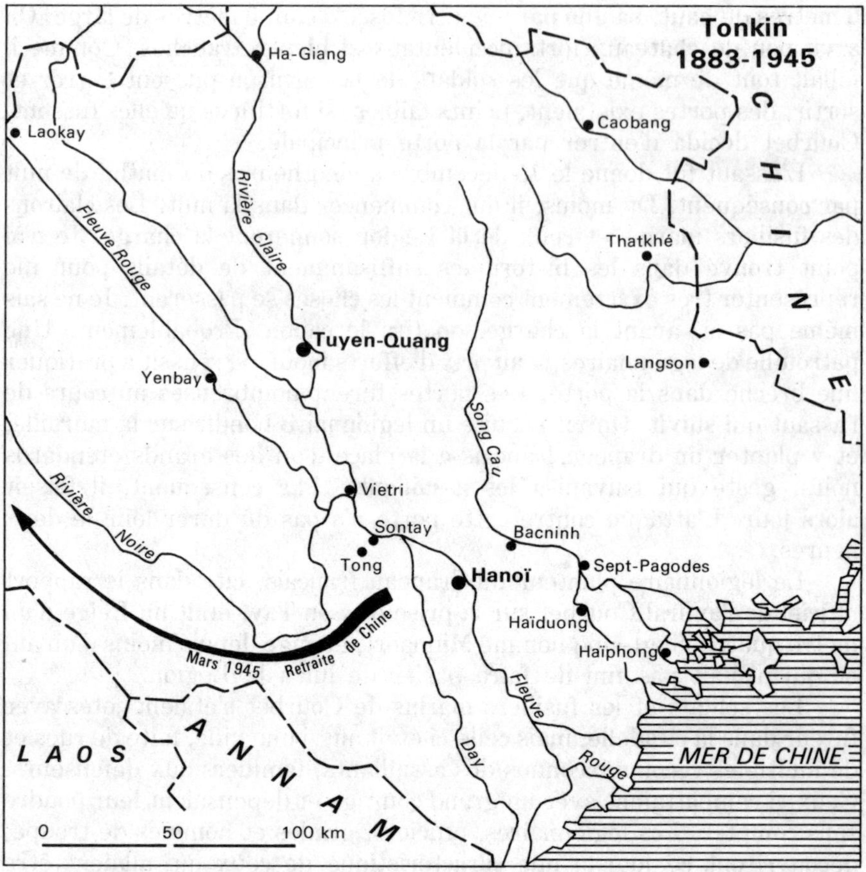

phrase fameuse de ce général : « Vous, légionnaires, vous êtes soldats pour mourir. Je vous envoie où l'on meurt. »

Négrier avait été colonel de la Légion de juillet 1877 à septembre 1883. On se demande quel démon lui souffla ces paroles stupides, militairement dépourvues de toute signification, car les troupes qui marchaient sur Bac Ninh (5 500 soldats, suivis de 6 000 coolies portant tout) n'étaient nullement sacrifiées d'avance. L'eussent-elles été, le leur dire en ces termes n'était pas fort. Les paroles de Négrier ont cependant été pieusement recueillies. Il est entendu que tout général parlant sur le front des troupes ne peut rien proférer que d'inoubliable.

Bac Ninh se trouve sur la rivière Song Cau, à 60 kilomètres à l'est de Son Tay, à 30 kilomètres au nord-est d'Hanoï. Les espions annamites avaient assez bien renseigné le commandement français, moitié par vénalité, moitié parce que la population du secteur trouvait lourde, elle aussi, l'occupation chinoise. Les espions avaient marqué l'emplacement exact des vingt-quatre forts détachés protégeant la citadelle ainsi que ceux des redoutes défendant la route. Une exploitation intelligente de ces renseignements permit d'économiser des vies et du temps au cours de l'assaut, rude, mais décisif, contre les défenses extérieures. La porte principale de la citadelle, très belle, surmontée d'un toit de tuiles relevé aux angles comme celui d'une pagode, s'élevait juste devant la rivière, au-delà d'un joli vieux pont courbe. Il n'était pas 6 heures du soir, tout avait marché rondement. « Il faut prendre Bac Ninh ce soir, dit alors Négrier, mieux inspiré qu'avant Son Tay. A la Légion l'honneur... » Et il fit avancer les canons. Les énormes vantaux de la porte commencèrent à se briser. Les légionnaires achevèrent de les défoncer à coups de crosse à six heures et demie. Un instant plus tard, Minnaërt, encore lui, plantait un drapeau tricolore sur le rempart, imité par un sergent nommé Christophel.

Quinze mille Chinois de l'armée régulière défendaient Bac Ninh, moins âprement, semble-t-il, que les Pavillons Noirs n'avaient défendu Son Tay. Leur bravoure ne devait guère être excitée par le comportement de leurs généraux, à ce moment abrutis d'opium dans leur harem peuplé de femmes annamites. Ces fantoches réussirent pourtant à s'enfuir, mais un peu plus tard, à la suite d'une enquête ordonnée par le gouvernement de Pékin, on les vit agenouillés devant le front des troupes et le bourreau, saisissant leur natte dans sa main gauche, du sabre tenu dans sa droite leur coupa le cou.

Un considérable butin de guerre fut saisi à Bac Ninh. Des armes de toutes espèces et de tous modèles, anciens et récents, de nombreuses caisses de munitions portant des estampilles anglaises, allemandes, américaines. Un détail montrait le souci des industriels allemands de satisfaire la clientèle en tous points : les canons Krupp fondus pour le compte du gouvernement de Pékin portaient des inscriptions chinoises sur la volée et sur la culasse.

Les généraux fuyards avaient abandonné plusieurs enseignes d'une rare beauté : un grand pavillon de soie jaune orné de longs caractères bleus, emblème des troupes impériales chinoises ; un autre en soie verte décoré de grenat, insigne du général commandant en chef au Tonkin ; d'autres encore dont un très magnifique, rouge, orné de caractères bleu foncé. Les troupiers, noirs de poudre, tachés de sang, agitaient en riant ces grandes soies de contes de fées.

La cour de Pékin était à l'époque une bouilloire de passions et d'intrigues d'une complication folle sur laquelle était vissé le couvercle de l'autorité despotique, mais inquiète, de l'impératrice Tseu-Hi, la Mère Sacrée. Au milieu des jardins du palais, dans un petit kiosque impropre à toute promenade était enfermé à vie un nommé Kouang Siu, le propre neveu de l'impératrice, coupable d'un délit d'opinion : « Les étrangers ont raison. Nous devons nous entendre avec eux et moderniser la Chine. » Dans le même temps où croupissait ce prisonnier de sang royal, le conseiller le plus écouté de l'impératrice était le mandarin Li-Hung-Tchang, plein de haine pour les étrangers, mais bon appréciateur de leur puissance et désireux de ruiner leurs ambitions conquérantes en finassant ; partisan de moderniser la Chine, mais en catimini. Pour toutes ces raisons, chef du parti de la paix. Naturellement, il avait contre lui le parti de la guerre, conservateur, pour qui les étrangers étaient des diables à chasser par tous les moyens, y compris l'emploi de vieux canons et de généraux incapables.

Les deux défaites cuisantes de Son Tay et de Bac Ninh ayant fait monter en flèche les actions de Li-Hung-Tchang, ce génie de la diplomatie fut envoyé en vitesse à Tien Tsin pour signer avec le commandant Fournier, délégué de Jules Ferry, une convention selon laquelle l'empire chinois s'engageait à retirer immédiatement ses troupes (y compris les Pavillons Noirs) du Tonkin. Sans que le mot fût écrit, Pékin reconnaissait le protectorat français sur l'Annam. En contrepartie, la France s'engageait à respecter la frontière chinoise en toutes circonstances. En somme, la paix. Ce fut alors que le commandement militaire français, pour assurer le protectorat, mit en marche des troupes sur quelques places fortes : Lang Son, Cao Bang, Khat Ké, Tuyen Quang. Le premier détachement français destiné à Tuyen Quang, 3e et 4e compagnies de la Légion, atteignit ce poste le 1er juin et le trouva dans l'état qui a été dit. A ce moment, le calme régnait, il n'était nullement question d'encerclement. Or trois semaines plus tard, tout se gâtait : le 23 juin, les six cents soldats français en route pour occuper Lang Son étaient attaqués à Bac Lé et en partie massacrées par dix mille Chinois de l'armée régulière.

Je revois la phrase en italique de mon manuel d'Histoire : « L'inqualifiable agression de Bac Lé », qui reproduisait exactement les gros titres des journaux français au lendemain du drame. La traîtrise était flagrante et le massacre abominable. Mon manuel d'écolier ne donnait aucune lueur sur les arrière-plans de cette histoire (et bien peu d'ouvrages en ont donné), pourtant bien intéressants d'un point de vue psychologique.

La convention de Tien Tsin avait été signée le 11 mai. La signature solennelle du traité eut lieu le 6 juin, à Hué, capitale de l'empire d'Annam. Et c'est au cours de cette cérémonie même que la guerre fut de nouveau enfantée.

« Le gouvernement français s'engage à n'employer aucune expression de nature à porter atteinte au prestige du Céleste Empire dans la rédaction du traité définitif. » Cette phrase de la convention du 11 mai 1884 avait pour la Chine une signification bien précise : on tenait par-dessus tout à ce que ne fût point supprimée la formalité séculaire témoignant de la vassalité de l'empire d'Annam à l'égard du Céleste Empire et qui consistait en un tribut triennal en argent. La Chine (les copies des dépêches existaient encore en 1938 dans les archives des Affaires étrangères) avait « adjuré » Jules Ferry de consentir à ce que la formalité du tribut annamite fût conservée, offrant en échange « les avantages les plus précieux pour le commerce français, ainsi que son influence et son amitié ». Accord donné en principe à Tien Tsin le 11 mai. Or que vit-on à Hué le 6 juin ? Une cérémonie très pittoresque, « très orientale », selon les journaux de l'époque. A la Résidence de France, en présence de toute la cour annamite et de nombreux officiers français en grande tenue, le Premier ministre de l'Annam remit à M. Patenôtre, ambassadeur de France, le sceau impérial chinois, plaque d'argent doré pesant près de six kilos et dont la poignée représentait un chameau couché, signe de soumission. L'objet fut ensuite placé sur un brasier. Cette incinération signifiait la fin du tribut triennal et de toute espèce de vassalité de l'Annam à l'égard de la Chine. Les correspondants de presse, français et étrangers, prenaient des notes et des photos.

Quinze jours plus tard, Bac Lé. Les instigateurs de la cérémonie de Hué apprenaient, aux dépens de quelques centaines de pauvres bougres, que la seule offense impardonnable en Orient est l'offense publique qui fait perdre la face. Les furieux du parti de la guerre à la cour de Pékin avaient saisi avec ivresse cette occasion d'exiger la reprise des hostilités.

La France adressa au gouvernement de Pékin un ultimatum exigeant l'évacuation effective du Tonkin, et une indemnité de 250 000 000 de francs. Ni réponse ni argent. Le 23 août, une escadre française qui avait remonté la rivière Min envoya par le fond en trente minutes la force navale céleste mouillée à Fou Tchéou, rasa l'arsenal et démantela les forts voisins à coups de canon.

Ce coup de massue ne résolvait rien. La Chine, immense éponge, se souciait peu d'un coup de massue. Nous commençons ici à voir apparaître dans les documents d'état-major un mot que nous n'avons pas fini d'entendre à propos de l'Asie du Sud-Est : infiltration. La petite garnison de Tuyen Quang voit surgir à l'orée de la jungle de petits groupes de Chinois qui viennent tirer quelques coups de feu puis s'évanouissent ; des tirailleurs annamites envoyés en corvée sont trouvés égorgés. Tous les postes français du haut et du moyen Tonkin sentent autour d'eux la forêt se peupler, avec une continuité angoissante.

Au début de novembre, la recollation et le recoupement des informations fournies par les espions indigènes, par les reconnaissances des postes, ainsi que par les canonnières qui contrôlent les cours d'eau navigables (en même temps elles capturent les jonques, s'emparent des cargaisons de riz et de sel à destination de la Chine) permettent de tracer au fusain sur la carte une représentation de la situation. Ce schéma est nettement inquiétant.

Au nord-est du Tonkin, l'armée chinoise du Kouang-Toung a franchi la frontière et atteint Lang Son. Au nord-ouest, celle du Yunnan descend la vallée du Fleuve Rouge. Les informateurs ne savent pas encore, mais on l'apprendra plus tard, que cette manœuvre en tenaille a été imaginée par le général von Waldersee qui fournit des instructeurs à la Chine. Pour plus de sécurité, il a même fait descendre une troisième armée chinoise, celle du Kouang Si (au nord, entre les deux autres) jusqu'à Cao Bang.

Le commandant en chef du corps expéditionnaire est le général Brière de l'Isle. Son prédécesseur, Millot, lui a cédé spontanément le commandement parce qu'il trouvait que des renforts tardaient trop.

(Jules Ferry, dit par dérision « le Tonkinois », rencontre à Paris une forte opposition.) Brière de l'Isle, penché sur la carte, déclare que cette armée du Yunnam qui descend le Fleuve Rouge constitue la menace numéro un. Et il pose son doigt sur la carte. Sur Tuyen Quang :

— Voici un point d'arrêt. Un point où, en tout cas, l'avance chinoise peut être retardée, tandis que nous attaquerons ailleurs, que nous marcherons sur Lang Son.

— Mon général, la garnison de Tuyen Quang ne comprend guère que deux compagnies de la Légion, qui se trouvent là depuis le 1er juin. Aux dernières nouvelles, l'état n'est pas brillant. Dysenterie, manque de sommeil dû au harcèlement. Le commandant Frauger rend compte qu'il tient, mais ses hommes sont épuisés. Le poste ne résisterait pas à une attaque en nombre.

— Il faut relever la garnison et la renforcer.

— La renforcer avec quoi, mon général ?

Le point noir est toujours là, manque d'effectif. L'état-major décide finalement qu'une colonne partira le plus tôt possible et laissera à Tuyen Quang deux compagnies fraîches de la Légion, plus une compagnie du 1er Tirailleurs tonkinois. Et Brière de l'Isle désigne lui-même l'officier chargé de défendre contre l'assaut de l'armée chinoise du Yunnan le fort cerné de toutes parts de hauteurs boisées : chef de bataillon Dominé.

Les vocations militaires ont toujours poussé comme des champignons dans les provinces de l'Est de la France, imbibées de souvenirs historiques. Au siècle dernier, les gosses, auprès du poêle ronflant pendant les hivers interminables, entendaient les anciens raconter les histoires des guerres, la campagne de France, Champaubert, Montmirail, la chasse aux Cosaques en 1814, c'était leur *Tarzan,* leur *Tintin.* Edmond Dominé était né le 22 juillet 1848. Modeste famille d'artisans, mais, du côté maternel, un chef de bataillon, un capitaine d'infanterie, deux chefs d'escadron de cuirassiers. Les grands-oncles avaient combattu sous le Premier Empire :

— Huit frères, tous les huit sergents à Waterloo, disait avec fierté Edmond Dominé.

Ce descendant de grognards et de cuirassiers avait une tête de bon élève. Extérieurement et intérieurement. Collectionnant les prix au collège municipal, bachelier ès sciences, Saint-Cyr à dix-huit ans. « D'un caractère solidement trempé et sérieux, le jeune Dominé n'abuse pas des plaisirs de la capitale les jours de sortie », et c'est ainsi qu'on sort dans un bon rang, et qu'on peut demander les troupes d'Afrique.

Je n'ai qu'une photo de Dominé en colonel alors qu'il commandait le 152e de ligne, en 1889. Galons presque jusqu'aux épaules, brandebourgs, mais une seule décoration, la Croix ; moustache, barbiche courte, le regard militaire de rigueur à l'époque, fixé au loin sur la ligne bleue des Vosges. Voilà l'homme qui va commander à des zouaves, à des Joyeux, à des Légionnaires. Nous avons aperçu quelques chefs pleins de pittoresque au palmarès de la Légion, nous en verrons bien d'autres, monoclés, buveurs, fracassants, entrant à cheval dans les cafés. Dans cette galerie, Dominé représente le sérieux un peu triste. « A la fin du siège, nous aurions léché ses bottes, écrira un des défenseurs de Tuyen Quang, mais au début nous ne l'aimions pas du tout. » La défense de Tuyen Quang sera un modèle de sérieux dans tous les domaines. Il y a plusieurs manières de devenir un héros légendaire.

Dominé avait été blessé à l'épaule au milieu de ses zouaves à Aïn-Chaïr sur les hauts plateaux de l'Atlas. En 70, devant Cercottes, une seconde balle lui fracassa le coude, on allait l'opérer :

— Ma carrière serait brisée, j'aime mieux mourir là !

Dominé devait garder de cette blessure une semi-ankylose du bras droit qu'il tenait un peu plié, ce qui ajoutait à son air grave. Quand il évoquait ses souvenirs de l'armée de la Loire, il se montrait peu tendre pour les stratèges de la délégation de Tours, qui avaient ligoté d'ordres néfastes le malheureux d'Aurelle de Paladines. On pouvait à la rigueur faire entendre raison à Gambetta, disait Dominé, mais son adjoint l'ingénieur de Freycinet était intraitable. Il « faisait les plans » sur la carte, ignorant tout du temps qu'il faisait sur le théâtre d'opérations, de l'état des troupes, du ravitaillement, etc., et ne voulait démordre de rien. Cette catastrophique subordination des militaires à un civil n'avait fait qu'accroître l'aversion de Dominé, homme de droite par tempérament, pour le régime républicain, et ses convictions politiques devaient à la fin le pousser à ruiner volontairement sa carrière. Ce fut une stupeur dans l'armée lorsqu'on sut que le héros de Tuyen Quang donnait sa démission en septembre 1891 : il avait quarante-trois ans.

— Colonel, voulez-vous accepter auprès de moi le poste de chef de cabinet ? lui avait demandé Freycinet, ministre de la Guerre en 1889.

— Non, monsieur.

Le colonel en retraite Dominé se maria à quarante-cinq ans, eut un fils, mena dans sa ville une existence de bourgeois respecté, royaliste, antidreyfusard. En 1905, il refusa d'être promu commandeur de la Légion d'honneur par le ministre André. C'était le temps du « système des fiches », Millerand parlait de « régime abject ».

— Il n'a pas de chance, notre ministre, écrivit Henri Rochefort dans *La Lanterne.* Pour une fois qu'il veut décorer un honnête homme, celui-ci n'en veut pas.

Le colonel Dominé mourut en 1921.

La colonne à destination de Tuyen Quang s'était formée le 16 novembre à Vie-Tri, au confluent du Fleuve Rouge et de la Rivière Claire, et maintenant elle remontait cette rivière, à bord de canonnières et de jonques. Il faisait froid, une brume blanche épaisse couvrait la rivière, dont les eaux étaient basses. Navigation difficile, au milieu des rochers et des bas-fonds. Elle deviendrait impossible si, faute de pluie, les eaux baissaient encore.

— Vitesse maxima, avait commandé le lieutenant-colonel Duchesne, chef de la colonne.

Dominé commandait le contingent qui devait être laissé à Tuyen Quang. La vitesse maxima du convoi de canonnières et de jonques sur la rivière embrumée parsemée d'obstacles était infiniment modeste. Le convoi était prolongé sur son arrière par une quantité d'embarcations annamites à qui Duchesne interdisait d'aller devant : inutile que des espions répandent dans le voisinage que la relève de Tuyen Quang arrivait.

La garnison qu'on allait relever était encerclée, mais on n'avait jamais cessé d'avoir de ses nouvelles, ni de pouvoir la ravitailler. Le dernier sampan de vivres conduit par le caporal Beulin et quatre hommes, tous légionnaires, avait atteint Tuyen Quang dans les conditions suivantes. L'esquif naviguait seulement de nuit, poussé à la perche le long des berges. Les cinq hommes entendaient le feulement des tigres qui venaient jusqu'au bord de l'eau flairer la proie flottante, ils entendaient les fauves briser les branches à quatre pas d'eux. Le jour, immobilité, silence — et un homme de garde contre les serpents tandis que les autres se reposaient.

Le convoi de troupes remontait lentement dans le brouillard. De temps en temps, les passagers des jonques voyaient dériver au fil de l'eau un tronc d'arbre. Ou un cadavre d'animal. Ou un cadavre humain, il glissait en tournant dans l'eau blanche. Plus haut, on se battait.

Le 17, le convoi mouilla à Phu Doan, à vingt kilomètres à vol d'oiseau de Tuyen Quang, le double par la rivière. Le 18, les rives se resserrèrent, la rivière devint un rapide. Les canonnières pouvaient encore remonter, non les jonques. Le colonel Duchesne donna l'ordre de débarquer les troupes sur la rive droite. Plus de brouillard, il faisait beau. Fantassins, légionnaires et coolies cheminaient en une interminable file indienne le long de la rivière, dans un paysage de gorges, de ravins et de torrents d'une prodigieuse beauté. Les officiers de la colonne maudissaient le beau temps, pensant à l'épouvantable éventualité d'une attaque chinoise sur cette procession de fourmis. Heureusement, rien. Le soir, à un coude de la rivière apparurent les pagodes et le village de Yuoc, à seulement une dizaine de kilomètres en aval de Tuyen Quang. Au sommet d'une colline, les premières fortifications chinoises.

Le combat de Yuoc se déroula le lendemain de sept à dix heures du matin et il fut caractérisé par un vacarme sans pareil. Le feu des canonnières tirant sur les ouvrages chinois se répercutait en tonnerre dans les gorges, multiplié par les échos. La mousqueterie faisait rage. Les Chinois, en même temps qu'ils tiraient, faisaient mugir d'étranges trompes à coulisses, ainsi que des conques à la plainte sinistre. Les légionnaires, enivrés par cette orgie sonore, poussaient des hurlements effrayants tandis qu'ils progressaient par bonds dans la jungle.

Les Chinois étaient douze cents, les assaillants mis en ligne quatre fois moins. Par chance, un groupe de légionnaires, arrêté par la muraille végétale, exécuta un mouvement qui lui fit prendre à revers la droite des retranchements chinois. Cet involontaire succès tactique décida de tout, car les Chinois s'enfuirent. Nulle part il n'y avait eu corps-à-corps. Un tué à la Légion, huit chez les Marsouins, soixante cadavres chinois. Les tranchées chinoises contenaient de grands chapeaux et quelques drapeaux, toujours les drapeaux immenses de la Chine, les uns noirs, d'autres colorés, ornés de dragons et d'idéogrammes. Légionnaires et Marsouins n'étaient point encore blasés sur la beauté de ces trophées.

Déjà les coolies creusaient des tombes pour les morts. Un tout petit combat, minuscule dans l'Histoire, et tout de même plusieurs vies tranchées, pour quelques hommes le passage qui depuis les origines obsède l'humanité. Les clairons rendirent les honneurs funèbres, et en avant marche ! On s'éloignait de la rivière, on allait suivre la corde sous-tendant l'arc qu'elle formait vers l'Est avant d'atteindre Tuyen Quang. Un raccourci, en somme, obligatoire à cause des berges impraticables. Un défilé de quatre kilomètres. Trois heures de l'après-midi, le ciel bleu au-dessus des parois de la gorge. La longue colonne des vainqueurs de Yuoc s'avançait en silence, scrutant du regard les flancs boisés. Enfin, ces parois s'écartèrent, on vit s'ouvrir une espèce de vallée assez creuse, toujours boisée. Les clairons de tête lancèrent une sonnerie de reconnaissance, un clairon répondit. Le commandant Dominé regardait avec curiosité, sans un mot de commentaire, la vétuste forteresse chinoise aplatie au fond de sa cuvette.

Quatre jours plus tard, du haut du mamelon central de Tuyen Quang, Dominé regardait la colonne d'accompagnement qui s'éloignait vers le Sud. La garnison relevée et la colonne d'accompagnement s'éloignaient, le laissant seul avec ses hommes. A l'extrémité de l'étroite vallée, les légionnaires et les marsouins de la colonne adressaient un dernier signe aux copains. Ils faisaient ce signe, puis ils disparaissaient dans la jungle, on ne les voyait plus.

Un chef de garnison est d'abord un comptable. Il fallait maintenant tout compter, premièrement le nouvel effectif. Deux compagnies de la Légion, capitaines de Borelli et Moulinay, plus le capitaine Cattelin, deux lieutenants, deux sous-lieutenants, soit 390 hommes et 8 officiers. Artillerie : lieutenant Derappe, 2 maréchaux des logis et 29 artilleurs de marine. Génie : sergent Bobillot, caporal Cacheux, 6 sapeurs. Plus les auxiliaires indigènes : 8e compagnie du 1er tirailleurs tonkinois, 160 hommes commandés par deux officiers français (capitaine Diat, lieutenant Goullet), encadrés par deux sous-officiers français. Service de santé : docteur Vincens, trois infirmiers. Intendance : un civil, vieillard barbu, fourni par la marine, nommé Gauthier de Rougemont, chargé des services administratifs, plus trois boulangers. Je ne vois pas d'aumônier catholique, mais un pasteur, M. Boisset, qui s'est porté volontaire pour Tuyen Quang, peut-être parce que la garnison blanche compte (comme presque toujours à la Légion) une majorité de protestants. J'aperçois encore un Annamite qui va et vient plus librement que les autres : c'est Pierre, un indigène catholique, interprète au commandant du poste. Disons au total 610 personnes. Les 160 tirailleurs tonkinois constituent, en somme, le seul supplément par rapport à l'ancienne garnison.

La canonnière *La Mitrailleuse,* embossée sur la rivière juste à côté du poste, douze marins à son bord, est commandée par l'enseigne Sénès. Première question, tous ces gens-là auront-ils de quoi manger ?

— Oui, mon commandant, répond M. de Rougement. Nous avons quatre mois de vivres. Nous en aurons pour six mois avec les trois ravitaillements qui doivent nous arriver dans la quinzaine.

Donc, pas d'inquiétude de ce côté. Dominé entend avec moins d'optimisme les rapports de ses subordonnés sur l'armement : deux canons de 4 rayés de montagne, deux canons de 80 mm et deux « Hotchkiss ». Les pièces sont usées, les Hotchkiss n'ont pour tout approvisionnement que 2 500 obus à balles et à mitraille, « de conservation douteuse ». Légionnaires et tirailleurs sont armés de fusils et de carabines 1874, pas une arme à répétition. Munitions : 320 000 cartouches en tout. Cela peut paraître beaucoup au premier coup d'œil. C'est peu si Tuyen Quang doit soutenir un véritable siège. Et pourquoi est-on venu ici, sinon pour cela ? Occuper l'armée du Yunnan à ce siège, tandis que le général de Négrier prendra — si possible — Lang Son. Qui dit siège dit travaux de terrassement.

— Qu'avons-nous comme outils ? demande Dominé.

— Vingt-sept pioches et quarante pelles, mon commandant.

— Quelle sorte de pelles ?

— Pelles de parc. Grandes.

— Pas d'outils de compagnie ?

— Non, mon commandant.

Questions mesquines, semble-t-il. Mais Dominé, officier qui prévoit tout, se représente parfaitement ses hommes en train de creuser courbés en deux à cause du tir ennemi, ou de déblayer des sapes souterraines : essayez donc avec une grande pelle !

Dominé visite sa forteresse, on en a déjà donné une idée. Enceinte carrée de 268 mètres de côté, une demi-lune au centre de chaque face, mur d'enceinte de pierre sèche de 3 mètres de haut ; les fossés sont aux trois quarts comblés, les flanquements insuffisants. Dominé gravit une fois de plus le mamelon central, qui deviendra le Mamelon, avec une majuscule. Soixante-dix mètres de relief, c'est joli. Au sommet se trouve un groupe de petites pagodes où logent les officiers. On accède à cette plate-forme par une pente douce et un escalier droit de 193 marches. Une fois là-haut, le commandant Dominé lève la tête et la tourne en tous sens, et il se pose une fois de plus la question qui viendrait ici à la brute la plus obtuse : comment défendre l'ouvrage si les Chinois ont seulement dix canons sur les hauteurs environnantes ?

« Vous pensez bien que si Tuyen Quang n'était pas un trou infect, on n'y aurait pas mis la Légion. »

Voilà ce que pensent, voilà ce que disent, avec plus ou moins de nuances, les subordonnés de Dominé. Le haut commandement, Brière de l'Isle lui-même, croit-il réellement que ce vieux fort surplombé, défendu par six cents hommes, va stopper plus d'une journée l'armée du Yunnan ? Qui peut dire ce que croit réellement un général.

Quoi qu'il en soit, un soldat est un soldat, où qu'on l'ait placé il exécute les ordres, voilà du moins la doctrine de l'époque. Les choses étant ce qu'elles sont, Dominé s'efforce d'en tirer le meilleur parti.

Dégager les abords. Des détachements, des corvées de coolies ouvrent de larges tranchées dans la jungle pour ménager des vues et des champs de tir. Un village annamite tout à fait typique existe au bord de la rivière, à 200 mètres au sud du fort. Ou plutôt existait, les Chinois l'ont à demi détruit. On le reconstruira (les habitants n'ont pas tous fui, ne sont pas tous morts), à la condition que les indigènes travaillent à la destruction et au comblement des ouvrages d'investissements que les Chinois avaient déjà établis autour de la forteresse. Cependant que des reconnaissances atteignent un peu plus loin, dans des clairières au milieu de la jungle, d'autres villages, qu'elles incendient : ils pourraient servir d'abris ou de points d'appui aux Chinois. Soyez villageois, mais pas n'importe où.

Pas un Chinois en vue. On croirait que les forces qui ont combattu à Yuoc à l'arrivée de la colonne de relève se sont ensuite évanouies. Non, elles se sont éloignées. On aperçoit des Chinois sur des mamelons à six kilomètres de Tuyen Quang, et, dès qu'une reconnaissance s'approche, ils s'éloignent davantage. Quelle prudence ! Au 3 décembre, Dominé évalue, en recoupant ses informations, à cinq ou six milles hommes l'avant-garde de l'armée du Yunnan, déjà infiltrée dans la jungle à moins de 20 kilomètres de Tuyen Quang. Cinq ou six mille hommes bien armés, possédant des canons. Qu'attendent ces gens-là pour se jeter sur la forteresse, dont ils connaissent sans aucun doute (il n'y a pas que des francophiles dans le village annamite au bord de la rivière) l'effectif et l'armement ?

— Vous ne les connaissez pas ! Ils attendent de pouvoir attaquer à vingt contre un !

Sous-estimons l'adversaire, nous verrons bien où cela nous conduira. En fait, attaquer à vingt contre un n'est pas nécessairement idiot, et peut être nécessaire. Leou-Vinh-Phuoc, chef Pavillon Noir promu général de division de l'armée chinoise, ne se fait aucune illusion : ses soldats, brigands ou réguliers, sont le rebut de la société (pas d'état plus méprisé, dans l'ancienne Chine, que celui de soldat) et un rebut hétérogène. Les réguliers, plusieurs fois étrillés par les Blancs lors des batailles dans le Delta, ne sont guère courageux *a priori*, il s'agit de les prendre en main, de les encadrer. Il s'agit aussi, bien que le mot *logistique* ne soit pas encore inventé, d'organiser à travers les montagnes de la jungle le ravitaillement de cette armée du Yunnan en vivres et en munitions, de faire franchir à ce ravitaillement des montagnes, puis traverser la jungle ; la jungle où les seules voies de gros transport sont les parties navigables des rivières, parcourues par les canonnières des Blancs. Leou ne serait pas devenu un chef, même de Pavillons Noirs, s'il n'avait jamais considéré et souvent résolu tous ces problèmes. Même de nos jours, il faut du temps pour les résoudre.

Pendant quelques jours encore, la jungle semble dormir autour de la vieille forteresse. Puis, le 7 décembre, apparaît le signe de la guerre. L'indice montrant que l'ennemi s'installe et ne se soucie plus de se cacher ; vers le Nord-Ouest, dans l'après-midi, au-delà d'un ravin, une ligne de fumées. Les rapports d'espions et une reconnaissance vont confirmer que le premier campement de l'armée du Yunnan vient de s'établir là.

On était maintenant au 17 décembre, le dernier convoi d'approvisionnement par la rivière venait d'arriver, et de repartir. On savait que c'était le dernier, que rien ne passerait plus. Lentement, mais dans une progression inexorable de marée entourant un îlot, l'investissement s'était refermé. Dans toutes les directions, les reconnaissances rencontraient l'ennemi. Un ennemi qui toujours rompait, s'enfonçait dans la jungle. L'y poursuivre eût été folie. L'épaisseur végétale était pleine de froissements, de glissements, de bruits indéfinissables. Et chaque jour, de nouvelles lignes de fumées indiquaient que de nouveaux éléments de l'armée du Yunnan arrivaient à pied d'œuvre.

La place investie n'était pas encore assiégée de près. Je crois avoir dit qu'un éperon des hauteurs voisines s'avançait juste à l'ouest de la forteresse, à deux cents pas des murailles.

— Construisons un blockhaus sur l'éperon, décida Dominé. De là, vingt bons tireurs pourront interdire à l'ennemi de s'établir sur les hauteurs voisines.

Dominé prévoyait en même temps le cas où cet ouvrage extérieur tomberait. La garnison serait alors cernée de près au fond de sa cuvette, et bombardée des hauteurs. Ce serait le moment de se terrer. Non comme une autruche, mais intelligemment, dans des tranchées et autres abris d'où la garnison interdisait par son tir l'assaut des murailles — aussi longtemps que cela serait possible. Dominé donna l'ordre de creuser et de bâtir à l'intérieur de la citadelle, sans plus attendre. Les travaux étaient dirigés non par un officier mais par le plus gradé des hommes du génie présents dans la place, le sergent Bobillot. Bobillot Jules né à Paris, romancier et journaliste dans le civil selon les indications de son livret matricule, était un garçon de vingt-cinq ans très gai et très spirituel, populaire comme pas un à Tuyen Quang ; au surplus, c'était tout de même là le plus important, excellent sapeur. Il remplissait ses fonctions de chef du Génie avec une parfaite compétence et sans craindre d'exposer sa vie ; la preuve, la balle qui devait l'atteindre.

Le 23 décembre, les espions indigènes informèrent Dominé que Leou-Vinh-Phuoc se trouvait maintenant en personne dans les parages. Dominé apprit en même temps qu'un lot de congaïs venait d'arriver au village annamite au bord de la rivière. C'étaient les épouses des tirailleurs tonkinois amenés du Delta. Repoussées lorsqu'elles avaient prétendu suivre la colonne, elles avaient fait demi-tour et feint de renoncer. Mais elles savaient qu'elles manqueraient de toutes les manières à leurs hommes, y compris pour leur cuisine et leur ménage.

Empruntant la rive gauche de la rivière, la plus difficile, traversant de nuit, comme des chats, les lignes chinoises, elles avaient au surplus réussi à échapper aux fauves. Je me demande si ne voilà pas le moment de saluer au passage la petite congaï annamite (« Ma Tonkinoise »), phénomène de gentillesse féminine, de fidélité, d'ingéniosité, de courage, qui a adouci tant d'heures de vie et parfois la mort du soldat blanc en Asie. Bien peu de légionnaires ayant combattu là-bas, de Tuyen Quang à Dien Bien Phu, qui n'aient gardé dans leur mémoire, parfois dans leur cœur, une image discrète et ineffaçable ; parfois dans leur portefeuille une photo, j'ai vu de ces charmants visages.

Le chef Pavillon Noir Leou-Vinh-Phuoc avait rejoint l'avant-garde de l'armée du Yunnan parce qu'il s'agissait maintenant de prendre en main les troupes destinées à l'assaut de Tuyen Quang. Le 31 décembre, un parti d'environ cinq cents Chinois, marchant en bon ordre, précédé de tirailleurs, s'avança jusqu'à 1 500 mètres du blockhaus. Arrivés là, les Chinois s'arrêtèrent, firent demi-tour et s'éloignèrent. Les légionnaires éclatèrent de rire. Ils ne comprenaient pas que Leou désirait

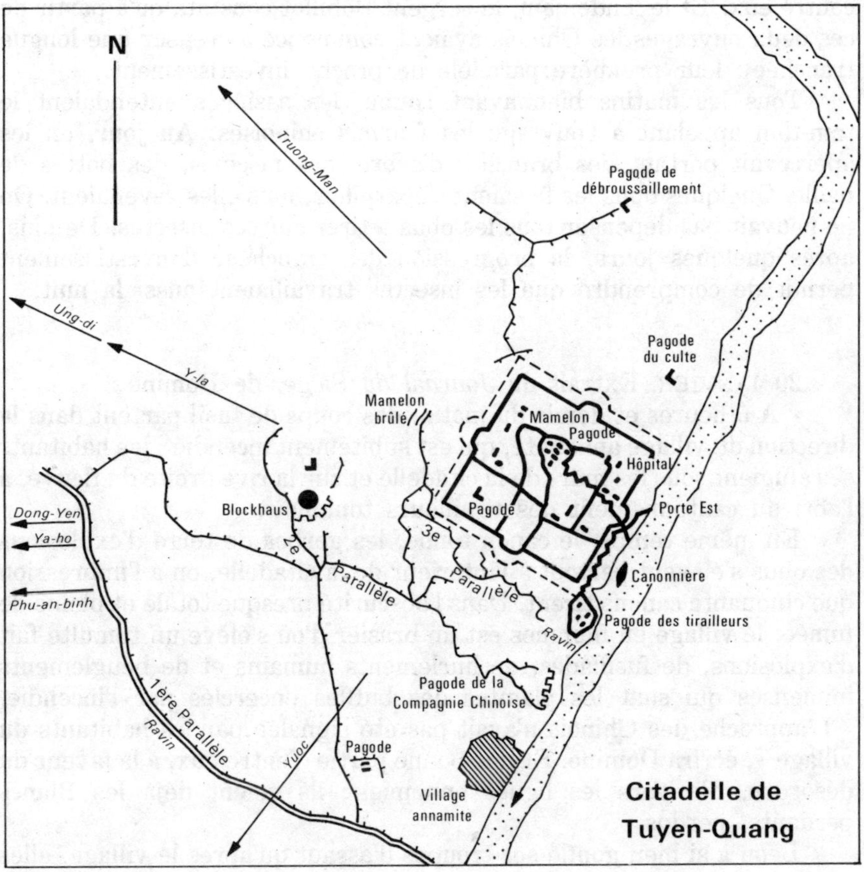

premièrement entraîner ses hommes, leur faire exécuter des répétitions, comme au théâtre.

Le lendemain, les Chinois attaquèrent réellement et furent repoussés. Et ainsi plusieurs fois. Les attaques avaient lieu toujours de nuit, ce qui prouvait que Leou avait réussi, exploit remarquable à l'époque, à extirper de la cervelle de ses hommes la terreur ancestrale à l'égard des génies malfaisants qui circulent après le coucher du soleil.

Le Tonkin n'est pas la Côte d'Azur. Sous le ciel blanc de l'hiver, la brume noyait le paysage du matin au soir, souvent elle devenait crachin, et il faisait froid. « Beaucoup de malades chez les Chinois », rapportaient les espions. Cependant les fumées s'élevaient toujours plus nombreuses de l'étendue boisée, chaque matin on en découvrait de nouvelles, indices de renforts ennemis. Ces fumées s'élevant silencieuses dans la brume et dans la bruine, chaque jour plus nombreuses, avaient quelque chose de funèbre.

Le 20 janvier au matin, en se retirant après une attaque assez molle, deux cents Chinois parurent disparaître littéralement sous terre : ils venaient de rentrer dans deux fortins subrepticement construits les jours précédents, si bien enterrés que les projectiles ne pouvaient rien contre eux. Et le lendemain, le sergent Bobillot constata qu'à partir de ces deux ouvrages les Chinois avaïent commencé à creuser une longue tranchée : leur première parallèle de proche investissement.

Tous les matins bien avant l'aube, les assiégés entendaient le tam-tam appelant à l'ouvrage les fourmis chinoises. Au jour, on les apercevait portant des branches d'arbre, des fascines, des bottes de paille. Quelques obus les faisaient s'éparpiller, puis elles revenaient. On ne pouvait pas dépenser tous les obus à tirer sur ces insectes. De plus, après quelques jours, la progression des tranchées d'investissement permit de comprendre que les insectes travaillaient aussi la nuit.

20 JANVIER. Extrait du *Journal du Siège,* de Dominé :

« A 5 heures et demie du matin, des coups de fusil partent dans la direction du village annamite, qui est subitement incendié ; les habitants se réfugient sous les murs de la citadelle et sur la rive droite du fleuve, à l'abri du cantonnement des tirailleurs tonkinois. »

En même temps, le canon tonne, les gerbes de terre d'explosions des obus s'élèvent partout à l'intérieur de la citadelle, on a l'impression que cinquante canons tirent. Dans l'obscurité presque totale et pleine de fumée, le village en flammes est un brasier d'où s'élève un tumulte fait d'explosions, de fusillades, de hurlements humains et de beuglements immenses qui sont les plaintes des buffles encerclés par l'incendie. « L'approche des Chinois n'avait pas été signalée par les habitants du village », écrira Dominé. Et une bonne partie d'entre eux, à la faveur du désordre, file vers les lignes ennemies ; ils voient déjà les Blancs perdants, perdus.

Leou a si bien gonflé ses troupes d'assaut qu'après le village, elles s'attaquent à une ex-pagode qui sert de cantonnement aux tirailleurs, au blockhaus, et même, du côté du Nord, à la haie de bambous qui double la muraille du fort. Mais maintenant le jour est levé, les tireurs d'élite de la Légion sont à leur poste et les canons de *La Mitrailleuse* prennent en enfilade les lignes d'assaillants. Avant dix heures, les Chinois ont battu en retraite, tout est terminé.

Constatation désagréable : la vague chinoise, après ce déferlement, ne s'est pas retirée tout à fait jusqu'à son point de départ. Au Sud, les Jaunes tiennent maintenant une sorte de digue qui relie une pagode à la rivière. Ils entretiennent de là une fusillade nourrie tandis que, derrière eux, les fourmis infatigables travaillent au prolongement et au renforcement de la parallèle de proche investissement. Et de cette parallèle commence à s'avancer une tranchée. Dans quelle direction ? Vers le blockhaus.

27, 28, 29 JANVIER. Le bombardement du fort continue ainsi que, dans chaque camp, les travaux de creusement et de fortification. Les vingt-cinq tireurs sélectionnés de la Légion descendent des Chinois comme au tir de foire. Le premier jour, chaque fois qu'un Chinois tombe, sonnerie de clairon : *Le Rigodon.* Mais ce genre sportif est bientôt abandonné, un légionnaire (Taube, premier tué du siège) ayant à son tour reçu une balle en pleine poitrine. Et le sergent Bobillot vient rendre compte :

— Mon commandant, le cheminement des Chinois vers le blockhaus n'a cessé de progresser. Il contourne l'ouvrage et se rapproche pour l'isoler.

— Le blockhaus sera évacué demain matin à dix heures.

Que faire d'autre ? Il est bien évident que le blockhaus sera attaqué de nuit, lui aussi. Ni les canons, ni les fusils de la citadelle, ni ceux de la canonnière, ne pourront rien pour le défendre. Les vingt occupants de l'ouvrage seront submergés.

Ils ont la chance que, de jour, leur retraite peut être couverte du fort, de sorte que l'évacuation se passe au mieux, pas une perte. Mais ensuite rien n'empêche plus les Chinois de s'installer sur les hauteurs tout autour du fort. Ils ont d'ailleurs déjà commencé à hisser des canons sur la rive gauche. Vingt-quatre heures encore, et la petite garnison se trouve au centre d'un cercle de feux. Ses canons ainsi que ceux de *La Mitrailleuse* répondent vaillamment.

Le bombardement est maintenant continu et l'intérieur du fort, creusé, traversé de retranchements, de boyaux, bosselé d'abris de toutes sortes, commence à ressembler à un étrange royaume de taupes, tandis qu'en face les taupes jaunes s'activent pareillement. Le 31 janvier, l'œil exercé de Bobillot constate du haut du Mamelon que les Chinois ont creusé, à partir de la Grande Pagode, une nouvelle tranchée, dont le point le plus rapproché se trouve à 160 mètres de la muraille sud-ouest. Le 1er février, une autre tranchée est découverte, cette fois à 200 mètres du saillant Nord ; de son centre, une galerie chemine droit sur le saillant.

3 FÉVRIER. A partir de la seconde parallèle, les Chinois en ont commencé une troisième, qui obliquement progresse, qui commence à envelopper le saillant Sud-Ouest. Spectacle d'une certaine manière fascinant. On croit voir des serpents qui lentement s'avancent vers leur proie. Et la proie ne peut pas grand-chose contre cette étreinte.

De nuit, les Chinois creusent sans risque. Et de jour, essayez de tirer au fusil sur un type de petite taille qui s'avance en creusant devant lui une tranchée nettement plus haute que lui. Vous ne voyez jamais sa tête, mais seulement la terre qu'il jette au dehors. Les canons démolissent bien un peu ces cheminements, mais il faudrait tirer sans cesse, se ruiner en obus.

Tenter une sortie ? C'est trop tard. « L'ennemi a construit des abris de tireurs disposés de telle façon que toute sortie est interdite aux assiégés ; en effet, pour les aborder, ils seraient obligés de défiler sous le feu des tireurs. »

Le 7 février, les Chinois démasquent une batterie qu'ils viennent d'installer sur le blockhaus. Sur ce blockhaus qu'il a fallu abandonner parce qu'une sape à ciel ouvert allait le cerner. Et maintenant, ils balancent de là leurs projectiles sur la forteresse aussi aisément que d'un premier étage sur le trottoir en face. Ils tirent avec une régularité de travailleurs à la chaîne. Cette régularité paraîtrait bizarre, de la part de Chinois, si depuis quelques jours les guetteurs n'avaient aperçu « à plusieurs reprises, des silhouettes européennes se dresser au-dessus des retranchements chinois ». Un peu plus tard, quand la guerre de taupes aura abouti au terrible combat de près, on constatera que les outils utilisés par les sapeurs chinois sont du modèle réglementaire chez les pionniers allemands.

La vie en surface entre les vieux murs est à la fois héroïque et sinistre. Les blessés ont été déménagés dans un local moins exposé (mais tout à fait inconfortable ; ils coucheront là sur la paille). On a vu ces pauvres diables sur des brancards, transportés en vitesse sous la pluie, au milieu des gerbes d'obus.

Celui qui meurt, on le dépose d'abord dans une cagna (on écrit à l'époque caïn-ha, transcription du mot annamite) de bambous, on le roule dans une natte (avec quoi faire un cercueil, dans quel temps ?) et un tout petit cortège (tout attroupement est dangereux) le conduit au cimetière, où le pasteur Boisset lit une prière. S'il s'agit d'un catholique, le capitaine de Borelli, agenouillé au bord de la fosse, dit un *Pater* et un *Ave*. Le capitaine Diaz, commandant des tirailleurs tonkinois, tué d'une balle au front, a droit à un cercueil confectionné avec une caisse à biscuits, aux honneurs des clairons et des armes, à quelques phrases d'adieu du commandant Dominé « prononcées d'une voix vibrante tandis que le canon tonne, que les balles sifflent ».

Les sapeurs qui creusent des abris souterrains à l'intérieur de la citadelle, lorsqu'ils s'interrompent un instant, écoutent. Ils entendent des coups frappés sous la terre.

— Ça vient de par là.

Les taupes de l'extérieur ont commencé leur progression *souterraine* en direction des murailles.

Le sergent Bobillot s'en doutait depuis quelques jours, ayant aperçu, à côté d'un trou creusé par les Chinois, la taupinière : le monticule formé par les déblais.

Le sapeur Bobillot sait très bien que les Chinois n'ont pas l'intention d'utiliser ces galeries pour pénétrer un par un à l'intérieur de la citadelle. Tout simplement, lorsque leur sape sera arrivée sous le rempart, ils y placeront une mine qu'ils feront exploser. Par la brèche ainsi produite se précipiteront les Chinois arrivés jusqu'à proximité par les galeries à ciel ouvert.

Règle numéro un de la guerre de taupes : vous creusez une contre-galerie en direction de la galerie ennemie. Si vous arrivez suffisamment près, votre contre-galerie servira d'évent à la mine ennemie, et elle réduira beaucoup l'effet de son explosion. Bobillot et ses sapeurs creusent donc des contre-galeries qui déjà passent sous la muraille du fort. Mais n'importe qui ne sait pas creuser bien et vite. Bobillot dispose de six sapeurs. A en juger par le travail des Chinois (leurs sapes progressent de plusieurs directions) Leou dispose d'un personnel dix fois plus nombreux et compétent. On saura plus tard qu'il a fait venir des mineurs.

Tout n'est pas toujours rose pour ces spécialistes. Comme ils se sont enhardis jusqu'à creuser (de nuit) un départ de galerie au pied même du rempart, la compagnie du lieutenant Naërt déverse dans l'ouverture, du haut du mur, le contenu des tinettes de la citadelle. On préfère n'imaginer rien. Cependant, après vingt-quatre heures d'interruption, on entend de nouveau des coups de pioche. Le travail a *repris* dans cette galerie.

13 FÉVRIER, 3 h 15 du matin. Une explosion sourde ébranle la citadelle, les sentinelles crient : « Aux armes ! » Le saillant sud-ouest vient de sauter, plus de parapet, le mur d'escarpe est renversé sur une longueur de 15 mètres. Exactement comme prévu, les Chinois se ruent par la brèche.

Nuit noire. On entend les cris de fureur des Chinois, les coups de feu, la sonnerie hachée de la charge, l'habituel et terrible bruit du combat corps à corps, cliquetis, halètements, jurons, hans de bûcherons, avec les soudains hurlements des types qui sentent leurs entrailles dégouliner.

Heureusement pour les assiégés, la brèche présente vers son centre un entonnoir où trébuchent, où tombent des Chinois, l'élan de l'attaque est brisé. Les Chinois reculent, non sans tirer furieusement en direction de la brèche. Leur feu ne cessera qu'à 6 heures et demie. Les assiégés aussitôt s'affairent pour élever un retranchement et une palissade à la place de la brèche.

Le coolie trottait sur la rive gauche de la Rivière Claire, la plus escarpée. Il avait choisi cette rive parce que c'était là qu'il avait le moins de chances de rencontrer des Chinois. Tantôt il trottait, tantôt il marchait, souvent il ne pouvait aller que très lentement à cause des broussailles ou de la déclivité. Plutôt petit, maigre, la poitrine creuse, en gravissant les pentes il ouvrait la bouche avec un air douloureux, vous auriez cru qu'il allait défaillir, mais non il continuait. Avec les Jaunes, vous ne pouvez jamais savoir : vous les croyez à l'agonie, ils n'ont presque rien ; et d'autres fois ils trépassent comme on éternue. Cet Annamite-là portait cousue dans son vêtement une lettre du commandant Dominé, datée du jour même, 21 février, et adressée à l'état-major du corps expéditionnaire.

L'homme avait quitté Tuyen Quang de nuit et il avait franchi les lignes chinoises. Il n'était pas le premier. Malgré l'investissement, Dominé n'avait pas cessé de correspondre avec le commandement supérieur à l'aide de messagers indigènes qu'on appelait des *coolies-trams.* Plutôt que des trams, c'étaient des sortes d'anguilles. C'est par un message transmis par coolie-tram que, dans la première quinzaine de janvier, le commandant avait appris, entre autres nouvelles, que les troupes du général Brière de l'Isle s'approchaient de Lang-Son.

Cet Annamite qui, vers le milieu de la pluvieuse journée du 21 février 1885, longeait, au prix de grandes difficultés, la rive gauche de la Rivière Claire en direction du Delta, n'était pas un coolie ordinaire, et il n'est pas né non plus de mon imagination. Il n'est pas nommé dans le document que je possède, mais il y est dit qu'il s'agissait d'un caporal de tirailleurs indigènes, volontaire pour la mission. Nombre de coolies-trams avaient disparu, liquidés par les Chinois, dévorés par les fauves, tués par les serpents ou noyés dans la rivière.

Le caporal avait maintenant atteint un endroit où la rive devenait impraticable. Il fallait revenir vers l'intérieur en faisant un grand détour, dans un secteur encore infesté de Chinois. L'autre solution consistait à descendre la rivière.

Le caporal s'arrêta non loin de l'eau et se mit à cueillir des bambous, en les cassant doucement, sans faire aucun bruit. Quand il en eut fait un petit fagot, il le lia avec des tiges, mais en lui donnant un aspect tout à fait négligé, comme si ces branches avaient été rassemblées par hasard, et en ménageant un vide à l'intérieur du fagot. Puis il ôta ses sandales, qu'il lia autour de son cou, ôta son kéo (légère tunique noire très échancrée), le roula soigneusement ; torse nu, il gardait seulement son léger pantalon flottant. Il plaça le kéo roulé à l'intérieur du fagot, puis se coiffant de ces bambous comme d'un grand chapeau, il entra dans l'eau. Quelques secondes plus tard, on ne vit plus de la rive que ce petit amas de bambous qui glissait au fil de l'eau. L'eau était nettement moins froide qu'on eût pu imaginer, nettement moins froide en tout cas que l'air ambiant. Mais le caporal volontaire pour la mission avait soixante kilomètres de rivière à descendre. C'était la troisième fois qu'il descendait ainsi de Tuyen Quang à Vietri.

Pourquoi le caporal exécutait-il cette mission exceptionnellement pénible, dangereuse et qui l'exposait, s'il était pris, à une mort lente et horrible ? Autant interroger un sphinx. La loyauté des Annamites combattant ou collaborant avec les Français était, au début de la conquête, un phénomène surprenant. L'intérêt bien sûr : la solde et la gamelle pour les tirailleurs, l'argent pour les espions, une indiscutable protection contre les exactions des bandits ou des soldats jaunes. Mais que de risques en contrepartie ! Rien ne permettait de croire que les Français dussent être vainqueurs.

A Tuyen Quang, les tirailleurs annamites de la garnison assiégée entendaient chaque nuit les appels de la propagande chinoise : « Que faites-vous avec les diables étrangers ? Désertez, venez nous rejoindre, vous serez bien accueillis, bien payés, etc. » Ces appels, lancés d'abord à plus de cinquante mètres, devenaient de plus en plus proches, montant presque du pied des murailles, et de plus en plus pressants, et contenaient maintenant des exordes impressionnants concernant les supplices que subiraient les défenseurs, Blancs ou Jaunes, capturés vivants. Il ne semble pas que des tirailleurs aient déserté, d'ailleurs ce n'était guère facile. Mais les coolies-trams ? Plusieurs de ceux portés disparus avaient sans aucun doute passé à l'ennemi. Quel risque eût pris ce caporal en les imitant, en livrant le message contenu dans son kéo ?

Des « cas de conscience » se produisaient. La femme de Pierre, l'interprète chinois du commandant Dominé, avait été capturée par les Chinois alors qu'elle tentait de rejoindre son mari, et Pierre avait été contacté peu après :

— Nous voulons bien te rendre ta congaï, mais il faut nous aider.

Dominé avait appris la démarche, observé l'hésitation du malheureux Pierre. « L'interprète n'aurait pas échappé au poteau si le destin ne s'était chargé de l'exécution. » Un éclat d'obus devait lui décalotter littéralement le haut de la tête, mort instantanée.

Le caporal quasiment nu descendait la rivière sans trop de fatigue, il descendait même assez vite, il eût pu ne pas nager, mais il s'obligeait à remuer dans l'eau pour éviter la paralysie par le froid. Même au milieu de la rivière, il fallait prendre garde de n'être pas vu. La rivière était comme une route, les Chinois la surveillaient. Lorsque les rives étaient plates et accessibles, le caporal cessait tout mouvement et même parfois il tenait sa tête sous l'eau, respirant par un bambou.

C'était le 11 février qu'il avait porté pour la première fois un message de Dominé : « Je m'attends, écrivait le capitaine, à voir l'adversaire cheminer jusqu'au mur de la citadelle. Vous pouvez compter sur l'énergie de la garnison dont le moral est toujours excellent. Notre état sanitaire est bon. Le bombardement n'a pas cessé depuis le 26 janvier. Malgré le tir incessant des Chinois, nous n'avons que de faibles pertes... Je vous signalerai encore une fois l'importance des travaux exécutés par les Chinois entre Phu-Duan et Tuyen Quang. S'il m'est permis d'exprimer un avis à ce sujet, je crois qu'il serait bon de n'attaquer qu'avec des forces importantes. »

Quelques jours plus tard, le caporal avait porté une autre lettre :

« Actuellement, les Chinois cheminent par quatre galeries souterraines et je m'attends à voir sauter à la fois 150 mètres de muraille. Je fais travailler très activement au retranchement intérieur dans lequel je serai probablement forcé de me retirer, car les parados sont bouleversés et les défenseurs pris de derrière et d'écharpe, la citadelle étant, comme vous savez, dans un entonnoir. En ce moment, nos pertes s'élèvent à un chiffre de treize tués. Les troupes de Tuyen Quang sont remarquables d'énergie, etc. » Dominé ne demandait l'envoi d'aucun secours. Il pensait sans doute que le commandement lui en enverrait un lorsqu'il jugerait que le vieux fort avait suffisamment joué son rôle de retardateur devant l'armée du Yunnan mais il ne le demandait pas.

La situation s'était nettement aggravée les jours suivants. Le sergent Bobillot, blessé d'une balle au cou le 18 février (« Ce n'est rien, je vais me faire soigner à l'ambulance »), gisait sur la paille de l'hôpital plus que sommaire, n'ayant plus que trente jours à vivre. Le caporal du Génie Cacheux le remplaçait. L'étreinte ennemie se resserrait pour ainsi dire d'heure en heure. Les Chinois élevaient des palissades à l'abri desquelles ils poursuivaient de plus en plus activement leur travail de taupes. Bombardant toujours, ils faisaient de plus pétarader les fusils et sonner leurs trompes et leurs lugubres conques dans un vacarme infernal et continuel afin d'empêcher les défenseurs d'écouter le bruit des pioches de leurs mineurs.

Pour ces raisons, la lettre de Dominé du 21 février, celle contenue dans le kéo du caporal à demi nu glissant dans la rivière, contenait, cette fois, un appel au secours : « Une dépêche m'annonce que la colonne de Lang-Son est, le 11, à deux jours de marche de cette place. Il n'est pas douteux que cette place ne soit aujourd'hui entre nos mains. Tant que ce glorieux succès n'a pas été obtenu, je n'ai pas voulu vous adresser de demande qui pouvait avoir pour résultat de distraire une partie des forces employées à l'avant. Mais aujourd'hui, je crois devoir vous dire que, si les bonnes volontés sont toujours les mêmes, bientôt les forces et la santé pourraient bien trouver leur terme, et je pense qu'il serait d'un grand intérêt qu'une colonne aussi forte que possible vînt faire lever le siège de Tuyen Quang. »

Je pense, moi, qu'il n'est pas sans intérêt d'admirer ici au moins une seconde le bon style et la discrétion de cette épître qu'on dirait écrite d'une plume d'oie dans un confortable cabinet de notaire, et non sur un plateau boueux bouleversé de projectiles, au fond du trou maçonné, tel était maintenant le P.C. du commandant.

Lang-Son était aux mains des Français depuis le 13 février. L'arrivée d'une colonne de secours à Tuyen Quang pressait encore plus qu'à l'instant où Dominé avait signé la lettre remise au caporal annamite. A quatre heures de l'après-midi de ce même jour 21 février, le caporal Cacheux était venu rendre compte qu'il fallait s'attendre pour le lendemain à l'explosion d'une mine sous le saillant ouest.

La mine est une arme atroce et déprimante. Je n'ai aucune expérience personnelle des mines terrestres, mais j'ai vu, à moins de cinquante mètres du navire où je me trouvais, un remorqueur sauter sur une mine magnétique. Sauter est bien le mot, tout voltige et se déchiquette et vous savez qu'à chaque fraction de seconde, instantanément, ce peut être votre tour. Je me représente parfaitement l'état d'esprit des sentinelles de garde au saillant ouest de la citadelle pourrie et bombardée de Tuyen Quang. On ne leur avait nullement caché qu'une sape chinoise aboutissait juste *sous leurs pieds.*

A 6 h 15 du matin, le dimanche 22 février, les Chinois postés juste en face de ce saillant ouest se mirent à crier. Méfiant, le capitaine Cattelin fit aussitôt replier les factionnaires. A peine s'étaient-ils éloignés de quelques mètres, la mine sauta.

Quelques Chinois coururent vers la brèche ouverte, pas très vite, l'un d'eux portant un drapeau. Le capitaine Moulinay se précipita, entraînant la demi-section de service :

— En avant !

Les Chinois faisaient déjà demi-tour. Les légionnaires étaient juste arrivés sur la brèche qu'une seconde mine sautait.

Le volcan de flammes, de pierres et de terre projeta en même temps, dans une déflagration énorme, les corps humains, entiers ou en morceaux. On entendit retomber cette pluie écrasante. Il y eut ensuite peut-être deux secondes de silence, d'immobilité pétrifiée. Puis jaillirent les cris de douleur, et l'odeur de chair grillée se répandit.

Quelques survivants, atrocement brûlés, réussissaient à gravir les pentes du cratère, on les apercevait à travers la fumée, titubants, hagards, ombres échappées de l'enfer.

Le capitaine Dominé arrivait avec une autre section. Les légionnaires n'avaient pas peur. Le désir de vengeance balayait en eux toute appréhension, l'odeur de chair brûlée les rendait fous, ils voulaient se jeter au-dehors sur les Chinois, il fallait les contenir. Une troisième mine sauta. A dix mètres des légionnaires, détruisant un autre pan de muraille. Les Chinois alors s'élancèrent de nouveau, cette fois pour de bon, leur coupe-coupe à la main et hurlant. Ils essayaient d'achever les malheureux échappés à l'explosion, ils allaient franchir la brèche. La section Cremps fonça sur eux à la baïonnette.

Les Chinois cédèrent sous l'arme blanche. Les uns après les autres, on les vit faire demi-tour et fuir en courant, boulant comme des lapins sous les balles, ou sautant juste à temps dans une tranchée. Quand le dernier eut disparu, le commandant Dominé regarda sa montre. Il était sept heures. Le déchaînement d'explosions et de violence avait duré trois quarts d'heure.

« La seconde mine avait lancé les corps un peu partout, à l'extérieur aussi bien qu'à l'intérieur. » Un volontaire se présenta pour aller chercher les copains, Hinderschmitt.

— Accordé, dit le commandant.

Hinderschmitt rapporta un blessé, deux, trois, quatre blessés, les Chinois tirant sur lui. Les deux premiers transportés furent tués sur son dos. Au cinquième voyage, Hinderschmitt reçut une balle dans la nuque. Vingt légionnaires se précipitèrent alors sans demander aucune autorisation. Les rapports mentionnent qu'ils criaient : « Vive la France ! » et que les Chinois cette fois ne tirèrent plus. En cinq minutes, tous les gisants furent rapportés.

La seconde explosion avait tué le capitaine Moulinay, douze légionnaires et en avait sérieusement blessé plus de trente.

Il n'y eut pas d'autre explosion ce jour-là, ni la nuit suivante, ni au cours de la journée du lendemain 23 février. Les morts furent ensevelis avec les honneurs réglementaires réduits au minimum.

La canonnière *La Mitrailleuse* était toujours à son poste sur la rivière. Son solide blindage l'avait jusque-là préservée. Ses canons appuyaient toute la journée ceux du fort et ses fusiliers canardaient habilement les Chinois de la rive gauche. Chaque soir, l'enseigne Sénès quittait son bord et venait prendre les ordres de Dominé. Moins de cent cinquante mètres à parcourir, mais un exploit : « Allons, encore une fois ! » disait le commandant.

Les assiégés comprirent le 23 dans la soirée que le pire se préparait pour eux. Le bombardement s'intensifia, les Chinois se mirent à tirer follement de toutes les directions, un énorme brasier s'alluma au nord-ouest de l'enceinte — signal, diversion ? — en même temps que soufflaient presque sans interruption les conques et les trompes, que résonnaient des douzaines de gongs, des centaines peut-être, et ce délire dans la nuit froide ne s'arrêtait pas, il fallait des nerfs solides pour ne pas se mettre à hurler.

Les Chinois attaquèrent à 4 h 45 du matin. Les factionnaires ne virent pas la troupe jaune qui se glissa jusqu'aux brèches hâtivement obturées. Les Chinois, cette fois, Pavillons Noirs et réguliers, pénétrèrent à l'intérieur de la citadelle. Dopés, fanatisés, ils étaient un flot furieux sans cesse augmenté, ils s'avançaient sans souci des balles, sans souci des obus chinois qui continuaient à tomber.

Une fois de plus, la sonnerie hachée de la charge retentit, dans le crépuscule glacé du matin. Les deux sections de réserve générale s'avancèrent, en trottinant sur le terrain boueux, bouleversé, parsemé d'obstacles, de tranchées et de cadavres. Et une fois de plus, l'arme blanche fit céder les Jaunes. Parmi les cadavres troués, ensanglantés qu'au jour les défenseurs rejetèrent au-dehors, nombreux étaient ceux de solides gaillards du Yunnan, somptueusement vêtus de velours noir, avec une lune rouge sur la poitrine. D'autres étaient en gris fer bordé de noir, d'autres en bleu clair. Les Pavillons Noirs portaient une blouse bleu très foncé. De sa troupe hétérogène, Leou avait fait un corps de vrais combattants.

L'ennemi était repoussé, mais le caporal Cacheux rendait compte que les Chinois travaillaient à cinq galeries de mines, qui toutes atteignaient déjà le rempart. La tanière servant d'infirmerie était surpeuplée et les hommes valides avaient à se battre contre un ennemi qu'ils trouvaient plus redoutable que les Chinois : le sommeil. On entendait mille fois par jour cette phrase, en français ou dans une autre langue : « Nous y passerons tous. » Ou des phrases plus énergiques et plus grossières.

Les explosions, suivies chaque fois de l'assaut chinois, du combat à l'arme blanche et de la fusillade, devenaient une routine, avec cette différence que chaque fois l'effectif des défenseurs diminuait. Le 25 à 8 heures du matin, sous la pluie et dans la fumée, alors que les fusils tiraillaient encore (cette mine-là avait explosé à 4 h 45 du matin), un coolie-tram, non pas ruisselant, mais trempé comme sortant de l'eau — et en effet il en sortait, il avait traversé la rivière — se présenta sur le terre-plein au commandant Dominé et il lui remit un paquet que le commandant ouvrit sans plus attendre, et une minute plus tard, il dit à ceux qui l'entouraient :

— Messieurs, la colonne de secours est en route.

Un quart d'heure plus tard l'ordre de la place était affiché dans les minables locaux de la citadelle bombardée. « Le drapeau national a été hissé le 13 février à midi sur la citadelle de Lang-Son. Le commandant du poste porte également à la connaissance de la garnison qu'une colonne composée de la 1re brigade tout entière remonte la Rivière Claire pour venir à Tuyen Quang. Cette nouvelle lui est annoncée à la date du 23 février par le commandant du poste de Phu Doan. Commandant Dominé. »

Les assiégés de Camerone avaient eu, les malheureux, une illusion de quelques secondes en entendant les tambours qu'ils croyaient être ceux de la Légion, qui étaient en réalité ceux de l'infanterie mexicaine, mais à Tuyen Quang, il ne s'agissait pas d'une illusion, il n'y avait pas d'erreur possible, la nouvelle était officielle, noir sur blanc. Les manifestations de joie de l'homme adulte peuvent alors paraître enfantines parce qu'il s'agit d'une joie véritablement biologique, la victoire de la vie sur la mort. Les plus délirants étaient peut-être encore les malheureux blessés qui avaient eu tout le temps de se représenter mille fois l'irruption chinoise, et eux incapables de se défendre ou de fuir, promis aux affreux raffinements. Ce cauchemar s'abolissait.

25 FÉVRIER, 26, 27, rien en vue.

Les premières heures ont été divines, même après la folie de joie du début :

— Maintenant on tiendra le coup, les gars, ce n'est qu'une question de jours, deux ou trois jours peut-être, mettons trois jours, pour n'avoir pas de déception.

N'empêche qu'en même temps, toutes les dix minutes, un légionnaire allait questionner les guetteurs du Mamelon :

— Alors, vous ne voyez rien ?

Non. Rien que cette dégoûtante cuvette verte, toujours la même, maintenant toujours enfumée, fumée des camps chinois, fumée des canons, et on ne sait pas du tout où est cette sacrée colonne, on ne sait même pas d'où elle est partie, ni quand ; pourquoi ne pas l'avoir dit, bon Dieu ? Annoncée à la date du 23 par Phu Doan, donc elle était alors déjà en train de remonter la Rivière Claire, Phu Doan n'a pu recevoir des nouvelles que par là. Mettons qu'elle était alors à Vietri, mettons quatre jours pour remonter de Vietri, mettons cinq jours...

— Vous devenez dingues, vous devenez complètement cons avec vos mettons. Vous croyez que les Chinetoques vont regarder passer la colonne comme au 14 Juillet ? En lui lançant des fleurs, peut-être ? Les gars, on l'a dans l'os.

Les Chinetoques, d'accord. Les Chinetoques ne vont tout de même pas clouer au sol une brigade entière, nommément la 1re Brigade, légionnaires, marsouins et turcos ? Ça ne se serait jamais vu. Ce qu'aurait pu faire le commandant de cette brigade, ç'aurait été d'envoyer d'autres coolies-trams, au moins un par jour, au moins un une fois, bon Dieu, qu'on sache quelque chose, qu'on se remonte le moral, parce qu'ici, si vous voulez le savoir, la situation devient critique, oui, critique, voilà le mot.

Des mines ont explosé le 25 et le 26, deux heures de combat le 26, deux heures pleines, les Chinois plus nombreux, plus furieux que jamais, ils semblent savoir que la colonne de secours est en route et ils veulent nous liquider avant, maintenant, c'est très clair. Six brèches à défendre, qu'on ne peut obstruer que d'une manière précaire, minable, illusoire, pour ainsi dire, six brèches soit 120 mètres, plus 1 200 mètres de muraille non démolie, tout ça à défendre avec cent quatre-vingts fusils en bon état et les Chinois tirent par jour trois cents obus, plus de mille cartouches à coup sûr, deux mille peut-être, on croirait qu'ils en ont trop, des cartouches ; le caporal Cacheux et ses sapeurs entendent toujours leurs coups de pioche, sous la terre, quatre galeries, cinq galeries, six galeries, c'est plus des taupes, c'est des termites, un jour ils vont tout faire sauter à la fois, toute la baraque voltigera et nous avec, la saloperie de colonne ne trouvera plus ici que des macchabées.

28 FÉVRIER.

Un coolie-tram se présente à la nuit : « La colonne arrive ! » Brigade Giovanninelli. Elle espère arriver à Yuoc ce soir. Espère arriver. A Yuoc. Yuoc ce n'est pas Tuyen Quang, et les Chinois y sont, en force, sûrement beaucoup plus en force que lorsque nous y sommes arrivés, nous, le 19 novembre, et rappelez-vous que nous avons dû combattre. Il y a la vallée, la vallée maintenant truffée de fortins chinois, traversée de centaines de tranchées et ensuite il y a ce défilé étranglé, Roncevaux annamite, sûrement bourré de canons à l'heure qu'il est. Colonne de secours, c'est vite dit.

Huit heures du soir, une fusée dans le ciel noir ! Deux, trois fusées, nous leur répondons de la citadelle, des fusées aussi, des hourras vers le ciel noir, et des fusées montent aussi dans nos cœurs ! Ces types de la brigade ne lanceraient tout de même pas des fusées s'ils n'étaient pas sûrs d'arriver bientôt, ou alors ce serait trop vache, un supplice de Tantale ! Non, d'ailleurs, ils ne perdraient pas leur temps à ce feu d'artifice s'ils étaient durement engagés, voilà le bon sens. Allons, cette fois, ça y est, ou du moins c'est du peu, débine-toi, cafard, la délivrance est proche.

Nuit calme, pas d'attaque chinoise. Journée du 1er mars calme. Les Chinois envoient deux fois moins d'obus, trois fois moins. Pas besoin d'être généralissime pour comprendre qu'ils ont déplacé une grande partie de leurs canons, en direction de Yuoc, pour s'opposer à l'arrivée de la colonne. Il ne semble pas qu'ils aient déplacé de la troupe, car les Chinois sont encore salement nombreux dans le secteur. Ils continuent à tirer sur les brèches, sur tout ce qui se montre. Ils tirent mille fois plus mal que les légionnaires, mais on dirait qu'ils ont mille fois plus de cartouches.

Il y a des moments de quasi-silence, pendant lesquels on entend les corbeaux. Ce sont des corbeaux immenses, à collier blanc, deux fois plus grands que ceux d'Europe, corbeaux-colosses gorgés des millions de cadavres de l'Asie, et il y a aussi des busards et des éperviers. Tous ces charognards tournent depuis des jours dans le ciel blanc, et maintenant que le secteur est plus calme, ils prennent de l'audace, ils descendent, ils se posent sur les cadavres en groupes abominables.

Tel est le tableau que nous avons toute la journée sous les yeux tandis que la colonne de secours combat pour forcer le barrage chinois, espérons du moins qu'elle combat, qu'elle n'a pas renoncé. A 9 heures du soir, encore des fusées, auxquelles nous répondons. Mais nous ne serons pas délivrés à coups de fusées. Dans l'après-midi, le bruit s'est répandu dans le fort du suicide d'un sergent. Le soir, ça se confirme, le type s'est bien fait sauter le caisson, d'une balle de revolver. Un sergent.

Encore une nuit, nous voilà maintenant au 2 mars, le jour se lève sur le spectacle des rapaces en train de picorer le visage des macchabées. Le canon tonne du côté de Yuoc, un peu plus loin, même, vers Hoa Moc. Les corbeaux s'envolent car les Chinois se mettent à tirailler. Ils sont toujours là tout autour de nous dans leurs tranchées profondes. Ils attendent leur proie, eux aussi. Il y a encore eu des morts cette nuit-là à l'infirmerie. Toujours le canon, et plus nous écoutons, plus nous comprenons que la canonnade ne se rapproche pas, par instants on a même l'impression qu'elle s'éloigne.

Le Conseil de défense (créé par Dominé au début du siège, il se réunit sur son ordre, tous les deux ou trois jours) a décidé à l'unanimité que la garnison s'ensevelira sous les ruines de la citadelle plutôt que de se rendre.

— Les gars, on l'a dans l'os.

Le général Brière de l'Isle écoutait d'un air sombre les rapports de la journée. On était le 2 mars au soir.

La colonne de secours pour Tuyen Quang avait quitté Lang-Son le 16 février, trois jours après la prise. Trois mille hommes, tirailleurs algériens, infanterie de marine, légionnaires, tirailleurs annamites, sous le commandement du colonel Giovanninelli. Mais Brière de l'Isle et son état-major faisaient partie de l'expédition.

La brigade avait parcouru 300 kilomètres en quinze jours, par mauvais temps, chemins détestables ou pas de chemin du tout. Aucune opposition des Chinois, pas une embuscade. L'opposition chinoise était apparue lorsqu'on avait débouché dans cet étroit vallon boisé d'Hoa Moc, un peu en amont de Phu Doan. A une quinzaine de kilomètres de rivière de Tuyen Quang. C'était dans ce vallon semé d'embûches, garni de couverts et encerclé de mamelons fortifiés, — les Chinois avaient construit vingt-cinq ouvrages, — que venaient d'avoir lieu les furieux combats de la journée du 2 mars. Giovanninelli rendait compte des pertes : 27 officiers et 600 hommes tués ou grièvement blessés.

— Et ce n'est pas fini. Derrière la ligne d'ouvrages qui a été percée il en existe d'autres, et au-delà de Hoa Moc il y a le défilé de Yuoc. Nous pouvons voir d'ici que la position est formidable, hérissée de défenses. La brigade s'usera avant d'atteindre Tuyen Quang.

Ce n'était plus Giovanninelli qui parlait, mais le chef d'état-major. Comme plusieurs officiers partageaient son pessimisme, une solution fut proposée. S'établir sur place, différer l'attaque. Attendre une crue qui permette aux canonnières de remonter la rivière jusqu'à Hoa Moc (les eaux étaient encore trop basses) et de prendre à revers la défense chinoise.

— Je crains que la garnison de Tuyen Quang ne puisse plus attendre, dit Giovanninelli.

— Nous déciderons demain, dit le général.

La bataille avait commencé (vers 1 heure de l'après-midi, le soleil se montrait) par un très sale coup ; une compagnie de tirailleurs tonkinois fauchée à trente pas, par le feu soudain d'une tranchée pleine de Pavillons Noirs. Tranchée sans déblai apparent, absolument invisible. Les Pavillons Noirs s'étaient ensuite rués, couteau en main, et ils avaient commencé à couper les têtes des hommes tombés. Un renfort de tirailleurs algériens les avait chassés, mais les têtes sanglantes aux longs cheveux noirs regardaient toujours fixement devant elles, fichées sur des bambous, au sommet d'une petite crête derrière laquelle les bandits étaient retranchés. Les Annamites aimaient mieux regarder ailleurs.

Les tirailleurs algériens avaient eu droit, eux, à une autre surprise. Ils marchaient péniblement vers les fortifications chinoises, à travers les roseaux et les bambous hauts de trois mètres lorsque des mines avaient explosé sous leurs pieds. Les pauvres turcos, veste bleue soutachée de jaune, pantalon rouge, avaient voltigé en l'air, plus ou moins déchiquetés.

A 4 heures de l'après-midi, l'infanterie de marine avait reçu l'ordre d'attaquer le fort central de la première ligne. Attaquer de front, percer. Toute tactique autre que primitive était impossible dans cette vallée de jungle où on ne voyait pas à dix mètres. Les marsouins s'étaient avancés, précédés de sapeurs porteurs de haches et de cartouches de dynamite. A mesure les sapeurs faisaient sauter et démolissaient les palanques, murailles faites de gros pieux de bois enfoncés côte à côte, plusieurs épaisseurs, vous obtenez ainsi un obstacle plus résistant qu'un mur de pierre. Plus loin en avant, l'artillerie bombardait le fort chinois, sans grand résultat à cause des multiples palissades de bois et de bambou, qui étouffaient les explosions. Les marsouins étaient arrivés sur un ouvrage pratiquement intact, les Chinois tirant par des meurtrières.

L'affaire était très dure, les rangs s'éclaircissaient, presque plus d'officiers. Alors le sous-lieutenant Freystater, « géant d'une force herculéenne », avait réussi à arracher des poteaux de la palissade et à ouvrir une brèche. Les marsouins avaient enlevé l'ouvrage, mais après une vraie boucherie.

A l'aile droite, échec. Tirailleurs algériens et légionnaires n'avaient pu emporter les tranchées défendant l'accès du défilé de Yuoc. A l'aile gauche, pas de succès non plus. Et d'autres défenses chinoises étaient intactes derrière cette première ligne percée en son centre.

A 6 heures du soir, le temps s'était assombri. Maintenant on n'entendait plus dans la nuit que des détonations espacées. Les rapports continuaient d'arriver au P.C. de Giovanninelli :

— On vient de trouver un sergent de marsouins décapité. Il s'était égaré dans le brouillard.

— Encore plusieurs tirailleurs annamites trouvés sans tête. Ils ont aussi les doigts coupés parce que instinctivement ils ont essayé de se protéger le cou.

— Il faut se méfier des Chinois étendus. Ils tirent leur coup de fusil, puis ils se jettent à terre sur le dos, comme s'ils étaient morts.

Giovanninelli avait déjà donné l'ordre de faire escorter les brancardiers et de ne montrer aucune lumière : les Chinois postés sur les hauteurs voisines tiraient sur la moindre lueur. On marchait à tâtons vers les blessés qui appelaient. Mais beaucoup préféraient se taire, pensant aux coupe-coupe.

Nuit étrange. On entendait par instants les Chinois qui jouaient de la musique dans leurs forts : une espèce de guitare à une corde. Ils tapaient aussi sur des bambous, ce devait être des signaux. Au P.C. de Giovanninelli, on prenait des dispositions pour reprendre l'attaque dès l'aube, mais Brière de l'Isle n'avait pas encore fait savoir si l'attaque devait être reprise ou non.

L'événement décisif et absolument surprenant se produisit le 3 mars au petit jour. Le capitaine d'une compagnie de légionnaires qui avait campé sous la pluie non loin d'un ouvrage chinois, intrigué par le silence absolu, envoya quelques hommes en éclaireurs : l'ouvrage était vide.

Le colonel alerté, le général alerté, partout des reconnaissances : plus de Chinois nulle part, c'était à peine croyable. Tous ces forts si solidement construits, toutes ces défenses ingénieuses et si traîtresses. Tout était vide, abandonné. Nul ne saurait jamais pourquoi, après une bataille point du tout décisive, l'armée du Yunnan s'était évanouie dans l'obscurité comme un grand fantôme.

Nul ne devait non plus jamais savoir pourquoi un des forts, un seul, n'avait pas été évacué. Mission retardatrice, volontaires de la mort ? Voici ce qu'entendirent les légionnaires en s'approchant à pas de loup : des chants, et les Chinois grattaient de leurs violons étranges. Ce mystère de l'Asie quelques secondes les arrêta. Mais, arrivés un peu plus près, ils reçurent des coups de fusil, et les racleurs de violon se battirent comme des forcenés, le dernier expira transpercé de plusieurs baïonnettes.

Pour les assiégés, le silence avait remplacé les coups de feu à 4 heures du matin ce même jour 3 mars. Le silence avait entouré d'un mur de velours la vieille citadelle depuis tant de jours assourdie. Au jour, seulement les cris des rapaces. Les reconnaissances alors envoyées par Dominé avaient fait s'envoler leurs nappes répugnantes.

Les blockhaus enterrés, les innombrables petits fortins, les 8 500 mètres de tranchées creusées autour de Tuyen Quang, tout était vide. Sauf un fortin, comme en face à Hoa Moc ; un seul, comme s'il s'était agi d'un rite, et là aussi les Chinois se firent massacrer avec ivresse. Ce fut ce jour-là que le légionnaire Streibler refit — sans le savoir, car le détail de Camerone n'était alors guère connu, même à la Légion, et on agit sans réfléchir dans ces moments-là — refit exactement le geste du légionnaire Catteau à Camerone : il se jeta devant l'officier qui allait pénétrer le premier dans l'ouvrage d'où partaient des volées de plomb, et reçut le plomb à sa place. L'officier, capitaine vicomte de Borelli, lui a dédié une ode : « A mes légionnaires qui sont morts. » A deux heures de l'après-midi le 3 mars 1885, les assiégés de Tuyen Quang distinguèrent à l'orée de la jungle les vestes bleues des turcos qui marchaient en tête de la colonne de secours.

Le soir même, après des scènes d'émotion et d'effusions tout à fait justifiées, Dominé rendait compte au général Brière de l'Isle des pertes de la garnison. Pratiquement tous les assiégés avaient été à un moment quelconque touchés, éraflés, brûlés, commotionnés. On comptait finalement 48 tués dont deux capitaines, 28 blessés graves (8 succomberaient) et 188 blessés légers. Bilan modeste eu égard au déluge de projectiles, aux mines, aux assauts. Le commandant au coude cassé avait géré comme un chef le siège qu'on lui avait imposé.

Vingt-quatre heures après la délivrance, sur le terre-plein boueux, bouleversé, devant les légionnaires au garde-à-vous dans leurs uniformes en loques et roussis par les explosions, Brière de l'Isle lisait l'ordre du jour où il n'avait pu se défendre du jeu de mots obsédant : « Sous le commandement d'un chef héroïque, le chef de bataillon Dominé, vous avez tenu tête pendant trente-six jours, au nombre de six cents, à une armée, dans une bicoque, dominée de toutes parts... »

La cérémonie se déroulait dans une puanteur appréciable parce que les coolies du village annamite, armés de cordes et de grappins, s'affairaient à tirer vers de grandes fosses les cadavres laissés par les Chinois. Dans le ciel blanc, les rapaces s'étaient remis à tourner. Il y en eut de moins en moins, puis les derniers s'éloignèrent.

7

AMAZONES ET SORCIERS

En 1892, Ouidah, sur la côte du Dahomey, à une cinquantaine de kilomètres à l'ouest de Cotonou, était, comme la plupart des ports africains, un lieu sans attrait. D'ailleurs, il n'y avait pas sur cette côte de vrais ports. Un rivage bas, planté de cocotiers, et l'Atlantique, peuplé de requins dans ces parages, déferlait ses énormes rouleaux.

Du côté opposé à l'Océan, au-delà de la lagune, l'aspect d'Ouidah était plus riant. Des rideaux de palmiers ombrageaient les habitations, une végétation luxuriante entourait l'agglomération. Mais ces maisons n'étaient que de pauvres demeures de nègres, argile et toit de chaume, sans le moindre confort.

Sauf les deux factoreries qui représentaient la civilisation. La factorerie française Regis était un superbe magasin à deux étages couvert en tuiles rouges de Marseille. Non loin s'élevait la factorerie allemande Wolber et Brohm, concurrente, mais c'était le temps béni où il y avait encore de la place pour tous en ce bas monde.

Sur la droite de l'agglomération en venant de la mer, on remarquait une construction beaucoup plus importante et beaucoup mieux tenue que les cagnas : solides murailles de bambous, toit de paille en parfait état. Les Européens de l'endroit appelaient ce bâtiment : la douane. On aurait aussi bien pu dire l'entrepôt, puisque de la marchandise, arrivée de l'intérieur, y attendait d'être embarquée à bord des cargos qui, de temps en temps, venaient mouiller au-delà des « barres ». La douane et ce qu'elle contenait appartenaient au roi du Dahomey, Béhanzin, qui était en même temps le seul gros négociant du pays. La marchandise entreposée à Ouidah consistait en nègres des deux sexes, choisis pour leur bonne constitution et qu'une chaîne rivée à leur cou attachait à de très solides barres de fer. Bien entendu, ces nègres n'étaient pas embarqués sous l'étiquette infamante d'esclaves. « Engagés volontaires » ou « travailleurs volontaires », voilà ce qu'ils étaient, avec des papiers tout à fait en règle. Ils étaient d'abord dirigés vers le Congo belge ou vers la colonie portugaise de San Thomé, et ensuite Dieu savait où.

En ce mois d'août 1892, les choses n'allaient pas tellement bien entre la France et le roi Béhanzin. Non pas tant à cause de son petit commerce d'Ouidah, nul ne pouvait prétendre bouleverser d'un coup toutes les coutumes ancestrales de l'Afrique ; mais des conseillers européens de Béhanzin, anglais et allemands, lui avaient persuadé que la France avait cessé d'exister depuis 1870, de sorte qu'il s'irritait de voir encore des commerçants français sur son territoire, et notamment ceux de notre comptoir de Porto Novo. Déjà il leur avait adressé des menaces. Les Européens les mieux informés de ses intentions étaient les agents de la firme allemande Wolber et Brohm, qui recevaient à Ouidah des canons, des fusils et des munitions à acheminer, toujours dans les délais les plus rapides, vers Abomey, capitale de Béhanzin. Avaient débarqué aussi à Ouidah plusieurs instructeurs allemands destinés à l'armée dahoméenne.

La France avait finalement décidé d'envoyer un corps expéditionnaire : 4 000 hommes, sous le colonel Dodds. Parmi ces 4 000 hommes, un bataillon de 800 légionnaires, commandé par le commandant Faurax.

Le *Petit Journal illustré* de l'époque a représenté en première page le débarquement de la Légion à Cotonou le 26 août 1892. On voit un wharf superbe sur lequel le bataillon en tenue impeccable défile musique en tête. En réalité, les hommes arrivaient sur la jetée ruisselants comme des éponges et le visage plutôt pâle, car le trajet, du transport *Mytho* à la terre, comportait le franchissement acrobatique et périlleux de deux barres, plus une acrobatie supplémentaire à l'arrivée au wharf pour saisir l'extrémité de l'échelle de corde au-dessous de laquelle l'embarcation montait et descendait comme un ascenseur. Les Noirs franchissaient les barres à bord de leurs pirogues en hurlant, encouragés par le fétichiste-barreur qui tenait d'une main l'aviron-gouvernail et de l'autre agitait un éventail de plumes conjureur du naufrage et de la mort sous la dent des requins.

De Cotonou, les légionnaires furent transportés à bord de chaloupes à vapeur jusqu'à Porto-Novo, capitale du roi Tofa, souverain d'un territoire aux limites mal définies, mais ami de la France. Tofa se présenta devant le commandant Faurax dans sa tenue la plus solennelle, jambes et pieds nus, pagne serré à la ceinture, redingote à l'européenne, mais couverte de broderies ; sur la tête, une casquette d'officier de marine portant son nom, Tofa, brodé en lettres d'or. Dans une intention diplomatique, le gouvernement français avait, en 1890, envoyé à Béhanzin une redingote toute pareille et la même casquette, nom brodé en lettres d'or, mais le roi du Dahomey, déjà circonvenu, avait méprisé et foulé aux pieds ces présents.

Tofa, par certains côtés, paraissait un peu plus évolué que Béhanzin ; ainsi, il avait renoncé aux sacrifices humains depuis deux ou trois ans. Simplement, il continuait à conserver derrière son palais, sur de longues étagères, les crânes de ses ennemis tués en combat. Ce palais n'était qu'une maison blanche assez modeste, un étage, trois fenêtres de façade, mais avec de vastes dépendances, notamment le harem contenant cent cinquante épouses, ainsi que de grandes cours peuplées de fétiches, reproductions d'hommes et de femmes dont la hideur stupéfiait les légionnaires. Tofa allait partout accompagné d'un esclave porteur d'une sorte de grand sucrier en argent, destiné en réalité à recevoir chacun de ses crachats. Personnage d'essence divine, il ne pouvait manger ni satisfaire aucun besoin naturel devant ses sujets, ce qui l'obligeait à limiter à six heures au maximum toute sortie de son palais. Tel était l'allié de la France, de qui le colonel Dodds obtint, pour toute la campagne, les moyens de transport sans lesquels la marche sur Abomey eût été impossible. Car l'objectif de l'expédition était évidemment d'aller réduire Béhanzin dans sa capitale.

Une partie des troupes de Dodds, débarquée un peu plus tôt, avait déjà soumis le Décamé, région située au nord de Porto-Novo. La Légion se mit en marche le 1er septembre pour aller rejoindre ce contingent à Faucié, sur la rive gauche de la rivière Oueme. Huit jours de marche à raison de six à sept kilomètres par jour. Des tirailleurs sénégalais ouvraient le chemin au coupe-coupe à travers les taillis et les herbes hautes de deux mètres. Le commandant Faurax veillait au bien-être de ses légionnaires, qui, en plus des rations réglementaires, recevaient au réveil un quart de quinquina. Et pour une fois, ils étaient vêtus d'un costume adapté au climat, flanelle blanche, casque à large visière. Ils ne portaient que leurs armes, les bardas et tout le bagage étant confiés à des indigènes. Pendant ce parcours à travers la brousse, des canonnières remontaient la rivière Ouemé, un peu plus à l'Ouest. A partir de Fauvié, l'expédition au complet suivit la rive gauche de l'Ouemé, en vue des canonnières qui surveillaient la rive droite, réputée suspecte. Le 11 septembre, on arriva à Dogba, toujours sur la rivière. Aucun camp n'aurait pu être mieux installé, mieux protégé que celui de Dogba. A l'Ouest, sur la rivière, les canonnières. Sur la rive gauche, les tentes en carré, entourées des grand-gardes et des petits postes. Pas de surprise possible.

Il n'y eut en effet pas de surprise, mais une attaque brusquée. Cinq heures, les dernières notes de la « Diane » venaient de s'éteindre dans la nuit encore noire : pas d'aube dans les tropiques, le globe solaire surgit brusquement. Un petit poste d'infanterie de marine posté en grand-garde distingua des ombres dans l'obscurité, des ombres noires, bien entendu. « Mes marsouins ont des yeux de lynx », disait finement leur capitaine. Ces hommes donnèrent l'alerte, les Noirs se ruèrent. Mais la troupe fut en deux minutes sous les armes, quelques assaillants seulement pénétrèrent dans le camp, les autres furent fauchés. Ces Noirs avaient des lances, des coupe-coupe, des fusils. Nombre d'entre eux avaient grimpé dans des arbres, d'où ils tiraient. Un tir plongeant est toujours dangereux. On comptait déjà des morts et des blessés chez les Français. Le ciel maintenant blanchissait vers l'Est.

Le commandant Faurax n'avait même pas eu le temps de se vêtir entièrement. A 5 h 10, il fit sonner la charge : « En avant, la Légion ! »

A 5 h 12, il s'affaissa, une balle dans le côté. Le capitaine Drude, commandant une des compagnies de la Légion, courut à lui.

— Laissez, mon petit, je suis perdu, ça me connaît.

On le porta vers l'ambulance. Le jour se levait, les canons avaient ouvert le feu, ils tiraient à mitraille, faisant un massacre des Noirs qui tentaient encore de déboucher de la forêt. Ces hommes étaient courageux, ils revinrent à quatre reprises. Ils n'épaulaient pas pour tirer, on les voyait qui simplement appuyaient la crosse de leur fusil sur leur cuisse ; la plupart de leurs balles passaient au-dessus des têtes. Mais les tireurs perchés dans les arbres étaient beaucoup plus dangereux. Les derniers n'abandonnèrent la partie que vers 9 heures. Ils disparurent alors dans la forêt. On comptait 45 tués (5 légionnaires) et 60 blessés (10 légionnaires) du côté français. Plus de mille cadavres de Noirs jonchaient les hautes herbes entre le camp et la forêt, et ici se place la première grande surprise des Français en Afrique. Une vingtaine de ces cadavres étaient des cadavres de femmes. Au moment même où on les découvrait, un lieutenant vint rendre compte au colonel Dodds qu'il y avait aussi deux femmes parmi les prisonniers.

Faute d'imaginer un autre nom, on a appelé Amazones les guerrières de la garde personnelle de Béhanzin. Leur présence indiquait toujours que le souverain commandait en personne la bataille. Elles portaient un large pagne plissé en cotonnade bleue descendant à peine au genou, à la taille une ceinture de cuir portant les cartouchières, les seins nus. Pour coiffure, une sorte de tarbouche rouge, rigide, dans le genre de ceux des tirailleurs algériens. Ces femmes étaient armées du coupe-coupe indigène à double tranchant et de carabines Winchester. Elles étaient de loin les meilleurs tireurs et les assaillants les plus courageux de l'armée de Béhanzin. Tous les trois ans, toutes les filles adultes du royaume comparaissaient devant un conseil de révision. Les mal fichues éliminées, le roi choisissait les plus belles pour son harem, en distribuait quelques autres aux meilleurs officiers de son armée, et le reste, voué au célibat, entrait dans la Garde, officiers ou soldats, selon la condition sociale de leurs parents. La plupart acceptaient sans amertume leur sort, après tout préférable à la condition de bête de somme de la plupart des épouses africaines. On notait cependant quelques désertions.

Les légionnaires regardaient avec curiosité les deux guerrières capturées, qui jetaient autour d'elles des regards farouches et méprisants. Elles ne devaient guère se faire d'illusions sur le sort qui les attendait, car les Marsouins venaient de découvrir à l'orée de la forêt le cadavre de l'un des leurs horriblement mutilé. Après un bref interrogatoire, prisonniers et prisonnières furent fusillés. La fumée des grands bûchers sur lesquels on brûlait les cadavres des Noirs, mesure d'hygiène, commençait déjà à empester le camp.

Le commandant Faurax fut embarqué à bord d'une canonnière qui devait le transporter à l'hôpital de Porto-Novo. Les légionnaires pleuraient en présentant les armes au passage de son brancard. Ce chef intelligent, attentif à tous leurs besoins, avait partagé leur vie et leurs dangers, il était pour ces déracinés un père et une mère. Le colonel Dodds vint l'embrasser sur l'embarcadère.

— Avez-vous été content de mes hommes ? demanda Faurax.

— Ils ont été admirables.

Faurax sourit pour le remercier et il ajouta : « Je ne souffre pas. » Il commença à souffrir terriblement à l'hôpital de Porto-Novo, à onze heures du soir, quand la péritonite se fut déclarée. Il mourut à quatre heures du matin, nuit noire. En France, en cette saison, c'était l'aube, l'heure des mourants.

La colonne quittait le camp de Dogba, elle continuait vers le Nord, le long du fleuve. Quatre kilomètres par jour : il ne s'agissait pas seulement d'ouvrir, à travers la végétation vierge, un passage pour une file indienne, il fallait aussi faire passer les canons. Abomey se trouvant plus à l'Ouest, la colonne dut franchir la rivière. Ce passage eut lieu à bord de pirogues et de chalands, à un endroit où l'Ouemé était encore navigable. Les canonnières empruntèrent ensuite un affluent de droite pour continuer à accompagner la colonne.

Le 4 octobre, la nuit était encore noire quand on se mit en marche. Pas de lune. Le sol était humide, l'air comme imprégné d'une étrange odeur de marais, les hommes disaient entre eux : « Ce doit être plein de serpents ! » On entendait les cris aigus de la jungle, cris d'oiseaux nocturnes, cris de singes. D'autres cris plus articulés pouvaient bien être des appels, des signaux. Selon les porteurs, les troupes de Béhanzin ne devaient plus être loin. La tension diminua au jour lorsque le soleil monta dans le ciel bleu, verticalement, comme un gros ballon.

Ce furent les tirailleurs sénégalais de l'avant-garde qui reçurent le choc, sur le coup de 9 heures. Un bataillon d'Amazones leur tomba dessus. Les premières étaient comme enragées, les baïonnettes ne les arrêtaient pas, elles mordaient, elles ne lâchaient prise que mortes. Les tirailleurs reconnaissaient derrière leurs rangs les féticheurs, affublés de masques horribles, empanachés de coiffures démesurées de plumes noires et blanches ; ils hurlaient et agitaient des gris-gris et des sonnettes pour exciter les guerrières de choc. Lesdites guerrières d'ailleurs puaient l'alcool et, après le combat — trois heures de combat — furent retrouvées dans les environs, non seulement des calebasses de tafia, mais aussi des bouteilles de gin. Les conseillers britanniques de Béhanzin lui avaient promis de lui venir en aide si les Français l'attaquaient. Les troupes dahoméennes laissaient sur le terrain 250 morts, dont 30 guerrières.

La colonne poursuivit, toujours vers Abomey. On avançait presque sans cesse, au prix d'escarmouches qui parfois ressemblaient pourtant à de vrais combats. Béhanzin défendait la forêt qu'il fallait franchir avant d'atteindre la capitale, ainsi que Kana, la ville sainte toute voisine. Ses conseillers et les féticheurs lui avaient affirmé que la forêt était sa sauvegarde.

Elle l'était dans une certaine mesure, car y progresser, même sans combat, représentait un exploit. Plus d'eau, on s'était éloigné de la rivière. Hommes et animaux devaient se contenter du liquide bourbeux des mares. Les matins où il fallait se mettre en route sans le café, ce viatique sacré, le moral était bas. Le 14 octobre, la forêt s'épaissit encore. On avançait au milieu de nuées de moustiques, dans une chaleur à tomber. Les porteurs affirmaient que l'eau n'était pas loin, on allait atteindre des sources fraîches. Béhanzin et les siens devaient avoir compté sur cet appât, car lorsque l'avant-garde s'approcha des sources tant désirées, une fusillade éclata. Les hommes se seraient fait tuer pour boire. Ils buvaient, aplatis à plat ventre, tandis que les copains faisaient le coup de feu, et ceux-ci, relevés, venaient boire à leur tour.

Béhanzin continuait à se replier vers sa ville sainte. On devait savoir plus tard que des membres de sa famille ainsi que plusieurs chefs de tribus lui avaient conseillé de s'entendre avec les Français, comme avait fait Tofa. Mais les féticheurs l'adjuraient de n'en rien faire, ainsi que les instructeurs allemands qui avaient dirigé les travaux de fortifications de Kana.

Béhanzin — Bec-en-Zinc pour les troupiers — était alors un homme ayant de peu dépassé la cinquantaine, taille moyenne, chevelure laineuse et grisonnante, nez et lèvres écrasés, barbe peu fournie, voix grave. Ni le colonel Dodds ni aucun des membres du corps expéditionnaire ne devaient jamais le voir en personne. Souverain absolu d'un royaume où les trois quarts des habitants étaient des esclaves, il pouvait disposer sans contrôle des biens de tous ses sujets. Habituellement vêtu de son costume de guerrier, c'est-à-dire d'une espèce de caleçon de bain, chemisette, et pagne, coiffé d'un large chapeau couvrant un serre-tête de couleur, on le voyait en outre constamment abrité — même la nuit — d'un parasol tenu par un esclave. Ses sujets le trouvaient peu coquet parce qu'il ne portait ni bijoux ni anneau dans le nez. Son drapeau personnel portait un œuf, un requin et deux cocotiers ; son nom signifiait, en effet, *l'œuf du monde* ou *le fils du requin*. L'occupation préférée de Béhanzin, hormis la guerre et les hommages aux dames de son harem, était de fumer la pipe, une longue pipe dorée sur laquelle il tirait lentement et en silence, entouré d'un calme respectueux.

Malgré les conseils des féticheurs — et en ne les écoutant pas, il prenait un risque — Béhanzin s'était décidé à entrer en rapport avec les Blancs du corps expéditionnaire, qu'il désignait au moyen d'une locution signifiant : *Ceux qui marchent dans la brousse en mangeant des bœufs.* Il y a lieu de dire en passant un mot sur ces bœufs, que les soldats chargés de ravitaillement raflaient à l'entour des villages. Un jour, la colonne au bivouac vit arriver la corvée de vivre portant... des hamacs. Dans chacun de ces hamacs il y avait un bœuf. Les bovins de cette partie de l'Afrique, petits et rachitiques, allaient si lentement sur leurs pattes courtes et frêles, que les ravitailleurs, craignant de les voir crever en route, avaient mieux aimé les porter en hamac.

Les Dahoméens définissaient encore ainsi les Blancs du corps expéditionnaire : « Ils sont comme un grand et méchant oiseau qui se défend par devant en donnant des coups de bec, de chaque côté avec ses ailes et, par derrière, avec ses pattes. » C'était la formation en carré qui avait suggéré cette définition animiste.

Béhanzin ne se montrait point en personne aux Blancs. Il envoyait des émissaires, avec qui le colonel Dodds, point ignorant des coutumes de l'Afrique, palabrait. Le premier résultat des palabres fut que, après trois jours de combats acharnés dans les faubourgs de Kana, la ville sainte, Béhanzin se retira, laissant la ville elle-même aux mains des Français. Il entendait ainsi marquer son désir de poursuivre la négociation.

L'entrée dans Kana eut lieu le 6 novembre. Bien peu d'Européens, à l'époque, avaient pénétré dans les cités noires de l'intérieur, elles étaient des lieux de mystère. Les légionnaires et autres troupiers découvraient avec surprise les sanctuaires fétichistes d'une tristese indicible, poussiéreux, pleins de statues et statuettes de cauchemar, de crânes, d'ossements et d'objets magiques d'aspect inquiétant, que les porteurs de l'expédition refusaient même de regarder.

Ce séjour quasi touristique à Kana dura un peu plus d'une semaine, puis le 15 novembre, les troupes en grand-garde sur la route de Kana à Abomey virent le ciel s'obscurcir du côté de la capitale : Béhanzin rompait les pourparlers, il venait de mettre le feu à son palais et à plusieurs autres constructions.

Le corps expéditionnaire pénétra dans Abomey le 16 novembre, sans coup férir. Le 18, Dodds proclama la déchéance de Béhanzin et il envoya partout des émissaires indigènes pour inviter les populations à reconnaître le protectorat de la France. Les Noirs qui avaient quitté la capitale commençaient à y rentrer. Abomey, assez étendue, était faite de nombreuses constructions de terre couvertes de chaume. Au sommet de la ville, dominant des terrasses entourées de murailles s'élevait le palais, ceint lui-même d'une autre grande muraille, couronnée de crânes humains. Crânes humains également de part et d'autre des deux grandes portes. L'édifice avait beaucoup souffert de l'incendie.

Au centre de la ville s'élevait un autre palais, presque aussi vaste, pourvu d'ouvertures à sa partie supérieure seulement. Les indigènes expliquèrent que c'était par ces trous qu'on jetait les victimes destinées aux sacrifices, soigneusement ficelées sur des paniers d'osier. Les féticheurs, guerriers et amazones les recevaient sur des lances et ensuite prenaient soin de ces malheureux selon les vieilles coutumes locales. C'étaient leurs crânes qui ornaient les murs.

Les couleurs vives du drapeau français mettaient comme une note gaie sur le palais à demi carbonisé. Les troupiers du corps expéditionnaire découvraient en outre que Béhanzin, maintenant en fuite (les Français devaient le prendre en 1894), était, d'une certaine manière, plus évolué qu'on n'avait cru : ses caves contenaient de nombreuses et excellentes bouteilles de vermouth, de vin de Bordeaux et de champagne. Après les privations de la brousse, ces douceurs étaient appréciées.

Les soldats fouillaient les ruines du palais, faisant chaque jour de nouvelles trouvailles : instruments de musique d'Afrique et d'Europe, machines à coudre made in Germany, miroirs déformants, armes de chasse, un fauteuil de style Louis XIV, un kaléidoscope. Le dernier objet apporté triomphalement par un tirailleur à la table des officiers laissa les convives quelques secondes silencieux. C'était un immense parasol blanc, orné sur son pourtour de cinquante mâchoires inférieures humaines.

Le bilan le plus surprenant de toutes les expéditions guerrières est sans doute celui de la conquête de Madagascar, à laquelle prit part la Légion en 1895. Corps expéditionnaire : 21 600 hommes. Tués au combat : 7. Morts des suites de leurs blessures : 13. Morts autrement : 5 736. Toute l'histoire est celle de ces morts autrement.

La Marine avait organisé avec succès l'expédition du Dahomey, ainsi que celle du Soudan contre Samory. Les troupes coloniales et les troupes dites « de marine » dépendaient d'elle. Le ministère de la rue Royale s'attendait donc à organiser l'expédition de Madagascar lorsqu'il fut question d'aller mettre au pas la reine Ranavalo III, jugée trop désinvolte à l'égard du traité de protectorat signé en 1865.

— Non, dit le ministre de la Guerre, c'est notre tour. J'insiste sur le caractère national de la campagne projetée, à laquelle il sera profitable de faire participer un grand nombre de cadres et d'unités de l'armée de terre.

La Marine insistant, Hanotaux, ministre des Affaires étrangères, arbitra :

— Adoptons une solution moyenne. L'armée de terre et les troupes de la Marine fourniront chacune une brigade.

En fait, l'Armée fut avantagée, surtout en ce qui concernait le commandement : sur 97 places des états-majors et services, 93 lui furent attribuées. Le commandant en chef était le général Duchesne, préféré à Borgnis-Desborde, candidat de la Marine.

Un lieutenant de l'infanterie de marine, nommé Henri Aubé, fut cependant chargé de la mission préalable : le renseignement. Camouflé en chercheur d'or, il réussit à visiter le fort malgache de Majunga, leva des croquis et des cartes, se renseigna sur tout et, à bord du petit vapeur d'une exploitation aurifère, il remonta la rivière Betsiboka, explorant une bonne partie du trajet que devait emprunter la colonne punitive qui marcherait sur Tananarive.

Le service militaire avait été institué par le gouvernement malgache en 1879, mais nul n'était capable de dire combien d'appelés rejoindraient en cas de mobilisation. On connaissait par contre le nombre des fusils entreposés dans l'armurerie royale de Tananarive, 19 000, dont 16 000 Snider ou Remington, assez modernes, mais sur lesquels 4 000 étaient inutilisables à cause de la rouille qui les rongeait. 216 canons de divers modèles, c'était beaucoup en face des 56 pièces que devait emporter le corps expéditionnaire, mais les rapports sur l'instruction des troupes malgaches offraient au moins un point rassurant : le tir était exclu de cette instruction, en vue d'économiser les cartouches. L'instructeur en chef de l'armée malgache, un Anglais nommé Shervington, ancien agent de police au Cap, n'avait pu obtenir la levée de cette interdiction. Les soldats malgaches devaient se vêtir à leurs frais, c'est-à-dire que, comme tous les indigènes, ils portaient le *lamba* blanc, à l'exception de la garde de la reine et de celle du Premier ministre. Les simples soldats de ces corps avaient droit à un galon doré, les lieutenants à cinq, les généraux de division à onze, et le commandant en chef à dix-sept. Ces galons, cousus sur de brillants uniformes inspirés à la fois des tenues française, britannique et autrichienne, ressemblaient d'ailleurs plutôt à des fleurs. Leur nombre compensait en partie la misérable solde. Bref, on pouvait raisonnablement penser qu'un corps expéditionnaire de vrais soldats devait balayer sans trop de peine ce carnaval.

Les Malgaches anti-français (le gouvernement britannique veillait à entretenir leur flamme) voyaient l'avenir autrement : « Pour vaincre les Français, nous avons trois grands généraux : hazou, fazou, tazou. » La forêt, le feu, la fièvre. Les Malgaches souffraient eux-mêmes assez habituellement du paludisme, de la lèpre, de la peste, de la tuberculose et des maladies vénériennes.

Le corps expéditionnaire prévu devait commencer par traverser la région marécageuse du Boueni, infestée de moustiques. Le Dr Le Roy de Méricourt venait de présenter au ministre de la Guerre un rapport rédigé au nom de l'Académie des Sciences : « Le nombre d'hommes valides qu'on amènera devant Tananarive sera inversement proportionnel au temps qu'on aura mis à traverser la zone malsaine du Boueni. » Les cerveaux du ministère se mirent aussitôt à réfléchir sur ce thème : rapidité, première condition du succès. La conclusion fut rapide.

— Un mulet porte au plus cent kilos. Mais vous pouvez atteler un mulet à une voiture légère pouvant porter deux cent cinquante kilos. L'Armée possède de ces véhicules, ce sont les voitures Lefèvre. L'expédition en sera munie.

Une caisse en tôle d'aluminium, pas d'amortisseurs, brancards en tubes d'acier ; couvercle formant coffre ou ridelles métalliques. Telle était la voiture Lefèvre, camionnette de l'époque. Le lieutenant Aubé, à qui on en parla incidemment, crut devoir avancer une objection :

— Mais, dans l'intérieur de Madagascar, il n'y a pas de routes. Entre Majunga et Tananarive, c'est la brousse...

Détail jugé futile et qui se perdit dans l'enthousiasme général. La campagne du Tonkin et celle du Dahomey avaient revigoré le patriotisme et l'esprit de conquête ; l'humiliation de 70 s'estompait. Associer la France entière à l'expédition de Madagascar, tel était le grand dessein du gouvernement. L'un des régiments, le 200e de ligne, fut composé de détachements empruntés à toutes les régions militaires, soit aux 9e, 29e, 31e, 34e, 48e, 65e, 74e, 124e, 125e, 138e, 139e et 143e régiments de ligne, mosaïque sans précédent dans les annales militaires. Dans chaque ville, une foule accompagnait les détachements à la gare, les femmes jetaient des fleurs, aux partants déjà fleuris, fleurant le vin rouge. Au camp de Sathonay, près de Lyon, Félix Faure prononçait un discours vibrant en remettant leurs drapeaux à ceux que la voix populaire appelait affectueusement les « Malgaches ». Le général Borgnis-Desbordes, peut-être un peu dépité d'avoir été écarté, hochait la tête :

— Le général Duchesne a bien du courage de s'embarquer pour les tropiques avec des soldats de France.

Heureusement, l'Afrique fournissait aussi son contingent : le « Régiment d'Algérie », composé d'un bataillon de la Légion (22 officiers, 812 légionnaires, commandant Barre) et de deux bataillons de Tirailleurs algériens. Ayant quitté Bel Abbès le 4 avril 1895, le bataillon Barre prit passage à bord du *Liban* à Oran et arriva à Majunga le 23 avril.

La baie de Bombetoka, à l'embouchure de la Betziboka, offre un plan d'eau magnifique. Son aspect n'était pas moins majestueux en 1895, mais l'ensablement par les alluvions obligeait les transports à mouiller loin de terre. On apercevait un quai à demi construit, ou à demi démoli, on ne savait trop. Une pointe de sable servait de débarcadère. Pas de chalands, leur navire transporteur s'était fait aborder dans le détroit de Messine. Les vapeurs qui arrivaient se disputaient un vieux ponton charbonnier et même les baleinières devaient s'échouer loin du rivage. Les hommes en débarquaient et marchaient dans l'eau. Lorsqu'ils en sortaient, ils demeuraient suffoqués par l'entassement indescriptible sur la langue de terre. Des montagnes de caisses, de sacs, d'éléments de canons, de caissons, de voitures Lefèvre, de cantines, en même temps s'érigeaient et se démolissaient sous les efforts contraires des troupiers apportant du matériel et de ceux qui s'efforçaient de reconnaître leur bien — ou de s'approprier celui d'autrui. Des officiers furieux cherchaient vainement leur bagage.

Les campements s'étaient formés autour de Majunga, pittoresques rassemblements sous les manguiers, soldats de toutes armes et de plusieurs couleurs, plus les porteurs indigènes, les curieux, les rôdeurs, plus les chevaux, les mulets, les zébus. Tout ce qui arrivait d'Europe passait là des nuits blanches, sous la piqûre ininterrompue des moustiques.

Le général en chef débarqua le 6 mai de l'*Irraouaddy,* vêtu de la tenue de toile cachou qu'on voyait pour la première fois aux colonies. Saint-Cyrien, blessé de Solferino, Duchesne avait été chef de bataillon aux zouaves, puis lieutenant-colonel à la Légion. Il avait combattu sous Négrier dans le Delta tonkinois, commandé le débarquement à Formose. Madagascar (il était alors âgé de cinquante-huit ans) devait lui valoir autant de louanges que de critiques, ou inversement.

Quand il arriva à Majunga, la pagaille du déchargement était déblayée. Les vivres, les munitions, les effets d'habillement étaient à l'abri dans des bâtiments construits en hâte. On pouvait admirer aussi un parc de mille voitures Lefèvre entièrement montées, astiquées, prêtes à rouler. Si des routes avaient existé.

Les hostilités avaient déjà commencé. Deux bataillons de tirailleurs algériens et une compagnie d'infanterie de marine s'étaient emparé d'un bourg nommé Marovoay, au fond de la grande baie à l'embouchure de la rivière. Les Hovas (prononcer Houve, il s'agit de la race dirigeante) avaient fui comme des lapins, y compris le chef Ramastombazaha (« Ramasse-ton-bazar » pour les troupiers). A Londres, le *Daily Telegraph* publiait le pronostic de son critique militaire : « Le colonel Shervington, un Anglais, occupe la fonction de commandant en chef. Cinq mille fusils Martini ont été importés ces jours derniers ainsi qu'une importante provision de munitions. Si, comme on le prévoit, les Français cherchent à pénétrer dans la capitale par la baie de Bombetoka, ils ne trouveront pas que la rivière Betsiboka est agréable et facile. » La Betsiboka n'était déjà ni agréable ni facile mais non pour les raisons prévues par les Anglais. Deux étapes après ce Marovoay, conquis presque sans coup férir, un bataillon entier du 200e de ligne se couchait sur le sol refusant de participer aux corvées et même de monter les tentes. Le climat se manifestait déjà comme le meilleur allié des Malgaches. Secoués, encouragés (les légionnaires leur montaient leurs tentes), les lignards du 200e se remirent en marche avec les copains, suant sous leur barda, sans un regard pour les oiseaux multicolores qui voltigeaient entre les palétuviers. Par contre, ils jetaient des coups d'œil inquiets vers les caïmans énormes qui regardaient passer la colonne, ne se dérangeant pas à dix mètres. De temps en temps, à l'étape, un de ces caïmans attrapait par le museau un mulet en train de boire et l'attirait dans l'eau. Les premières évacuations de malades vers l'arrière avaient déjà commencé.

Les légionnaires marchaient avec l'avant-garde. Ils portaient la tenue fournie par la marine, paletot de toile cachou, pantalon de treillis, casque en liège profond couvrant les yeux, couvre-casque jaunâtre. Fusil Lebel modèle 1886-93. Pas d'ennemi en vue. Les Hovas retraitaient sans interruption, maintenant toujours une trentaine de kilomètres entre leur arrière-garde et l'avant-garde française. A mesure de la progression, les légionnaires découvraient leurs traces : camps abandonnés, ouvrages de défense à peine ébauchés, armes, couffins de riz et ustensiles de cuisine jetés sur la piste — et une dizaine de tombes toutes fraîches au bout de chaque camp. Les fièvres et la dysenterie n'avaient pas de patrie.

Le paysage changea après le confluent de la Betsiboka et de la rivière Kamoro. Le 1er juin, la Légion bivouaqua au camp dit « des Hauteurs Dénudées ». Cent kilomètres avaient été franchis depuis Majunga. Les casques ramollis pendaient sur les crânes comme des peaux de bananes ; les hommes étaient rouges de la tête aux pieds, visage, barbe, uniforme, ainsi que leur paquetage, ainsi que les mulets, le corps expéditionnaire était rouge d'un bout à l'autre, entièrement teint par la poussière des sentiers de l'Ile Rouge : on comprenait maintenant cette dénomination.

Le 6 juin, l'avant-garde traversa par sections, à bord de la canonnière l'*Invincible,* la Betsiboka, large à cet endroit de 450 mètres, fort courant. Les Hovas, interrompant leur retraite, s'étaient retranchés sur le plateau en face, dans un grand village nommé Maevatana. La Légion, les tirailleurs et les chasseurs à pied marchèrent à pied sur ce village le 9 juin. La pente était rude, un ou deux canons tiraient d'un fortin perché sur une crête d'argile rouge. Les obus, mal dirigés, n'explosaient pas. Metzinger, le général commandant l'avant-garde, donna l'ordre d'expérimenter quelques obus à la mélinite, invention alors nouvelle. Le premier de ces projectiles explosa juste au-dessus du fortin. Une clameur s'éleva, on aperçut une palpitation de lambas blancs, et les survivants disparurent au-delà de la crête rouge. Un légionnaire planta le premier le drapeau sur l'ouvrage.

Les Hovas avaient abandonné à Maevatana sept cents fusils et cinq canons dont trois Hotchkiss à tir rapide. L'examen de ces armes et l'interrogatoire de quelques blessés prisonniers firent comprendre pourquoi les obus lancés du fort n'avaient pas explosé : les artilleurs de Ranavalo n'avaient aucune idée de l'usage des fusées d'éclatement, ils se servaient de leurs projectiles comme de boulets. L'imprécision de la mousqueterie hova fut expliquée aussi : les tireurs ne savaient pas comment employer la hausse des fusils ; les uns la laissaient toujours abattue sur le canon, les autres la dressaient toujours complètement.

Huit kilomètres au-delà de Maevatana s'étendait Suberbieville, grand village très peu indigène, fait de hangars, d'ateliers et de maisons en durs couvertes de tôle ondulée, et baptisé du nom de son fondateur Suberbie, patron de l'exploitation aurifère la plus prospère de l'île, celle-là même qui avait servi de couverture au lieutenant Aubé lors de sa mission de renseignement. Les troupiers trouvaient ce cantonnement d'autant plus merveilleux que beaucoup étaient à bout de forces.

Selon les états officiels, dix pour cent des hommes du corps expéditionnaire étaient maintenant hors de service, les uns déjà évacués sur l'arrière, les autres gisant sur l'herbe en attendant le montage des tentes de l'hôpital de campagne qu'on installait en hâte à Suberbieville, avec un cimetière juste à côté. Il y avait en réalité bien plus de dix pour cent de malades. Certaines unités avaient perdu plus du tiers de leur effectif. Le fameux 200e de ligne, dont le chef, colonel Gillon, avait succombé, comptait 1 500 malades hospitalisés.

Le ravitaillement arrivait à Majunga par eau, des canonnières remorquant des chalands, et les denrées étaient ensuite transbordées à bord de pirogues. Le général Duchesne commençait à trouver que ce cordon ombilical de la rivière était bien long, bien mince et bien exposé :

— Nous devons organiser de nombreux convois qui se croiseront continuellement entre Majunga et Suberbieville. Nous emploierons pour cela nos voitures Lefèvre. Il y en a maintenant cinq mille à Majunga, c'est plus qu'il n'en faut.

Tout le monde avait maintenant constaté *de visu* qu'il n'existait pas la moindre route dans cette partie de l'île.

— Le corps expéditionnaire en construira une, décida le général. Nous nous maintiendrons ici à Suberbieville tandis que le Génie, la

Légion et d'autres contingents prélevés sur les deux brigades entreprendront cet ouvrage.

Cent soixante kilomètres séparaient Majunga de Suberbieville. Les constructeurs de la route n'avaient donc plus qu'à faire demi-tour pour aller se mettre au travail, sur la partie la plus malsaine du trajet qu'on venait de parcourir.

Le 12 juin, la Légion commença sa portion de route entre Beratsnana et la rivière Mandroya. « Chaque coup de pioche donné par un Européen dans tout pays tropical représente un accès de fièvre », écrivait le capitaine Roulet. Les hommes du Génie et les légionnaires obtenaient de loin le meilleur rendement et les légionnaires résistaient le mieux au climat mais les terrassiers des autres corps faisaient pitié. Chaque jour, les gradés comptaient les manquants, souvent des hommes qui, épuisés, avaient seulement fait quelques pas hors de la route pour aller s'écrouler sous les arbres. De jeunes soldats du 200e de ligne se donnèrent la mort.

Les Malgaches, pendant ce temps, s'interrogeaient sur l'immobilité des envahisseurs. Ranavalo III, solennelle dans la cour de son palais, brandissant d'une main une épée, de l'autre un drapeau rouge, avait proclamé la guerre sainte, et ensuite elle n'avait fait qu'apprendre une succession de défaites de ses guerriers, sans pour cela ôter sa confiance au général en chef Ramastombazaha, champion d'éloquence, qui, chaque fois, lui expliquait que tout devait bientôt aller mieux ; et maintenant tout allait mieux, en effet, puisque les Français n'avançaient plus.

L'hôpital de campagne de Suberbieville devenait chaque jour plus insuffisant, et on agrandissait le cimetière. Quelques jours avant le 14 juillet, le bruit se répandit, à la consternation générale, que le général Duchesne ordonnait une prise d'armes et une revue pour célébrer la fête nationale. Devaient y prendre part les troupes de toutes armes, y compris les convoyeurs kabyles de l'expédition. Ces hommes n'avaient de leur vie marché au pas et l'idée même d'alignement leur était étrangère, mais un ordre est un ordre et l'ingéniosité des sous-officiers dans quelques domaines particuliers est sans limite. Les convoyeurs kabyles, instruits en quelques heures et rendus attentifs par les pires menaces, défilèrent devant le général maintenus entre des cordes ; ainsi ils donnaient presque l'illusion d'une formation régulière. Derrière eux vinrent les vrais militaires, en dernier lieu la Légion, dont le défilé toujours faisait tout oublier.

La route, ou du moins une piste carrossable, était maintenant construite de Majunga à Suberbieville et même un peu au-delà. Il fallait continuer vers Tananarive, encore deux cents kilomètres ! Le 16 juillet, le corps expéditionnaire-bulldozer reprit sa marche en avant, deux kilomètres par jour, exploit fantastique lorsqu'on y réfléchit. Maintenant qu'on employait les voitures Lefèvre, on pouvait constater que chacune d'elles ne portait pas plus qu'un bon mulet, et souvent il fallait deux mulets pour la traîner. Cependant l'idée de renoncer à elles et d'employer des mulets de bât ne venait à personne, en tout cas ne semblait effleurer aucun cerveau de l'état-major. Le 20 août, soit après trente-sept jours de progression insensée, la colonne atteignit la région d'Andriba, où l'on savait les Hovas retranchés.

La position était magnifique. Le mont d'Andriba, neuf cents mètres d'altitude, s'érigeait au-dessus de la plaine comme un fort colossal, défendu à son pied par des batteries à tir rapide, à mi-hauteur par de l'infanterie dissimulée dans une brousse propice ; au sommet, deux pièces Hotchkiss commandant tout l'alentour. La reine avait donné l'ordre aux défenseurs de tenir jusqu'à la mort. Les troupes qui devaient attaquer arrivèrent si fatiguées que Duchesne, après avoir ordonné un repos de quelques heures, hésita encore et remit l'assaut au lendemain. Seule l'artillerie tonna et elle réduisit au silence l'artillerie hova. Le lendemain, aux premières lueurs du jour, la colonne se remit en marche vers les retranchements du mont Andriba. Lorsque l'avant-garde les atteignit, elle les trouva vides. Tous les ouvrages de la position si favorable à la défense, si bien armés avaient été abandonnés.

Le 26 août, la piste carrossable atteignit Andriba. Il devenait de

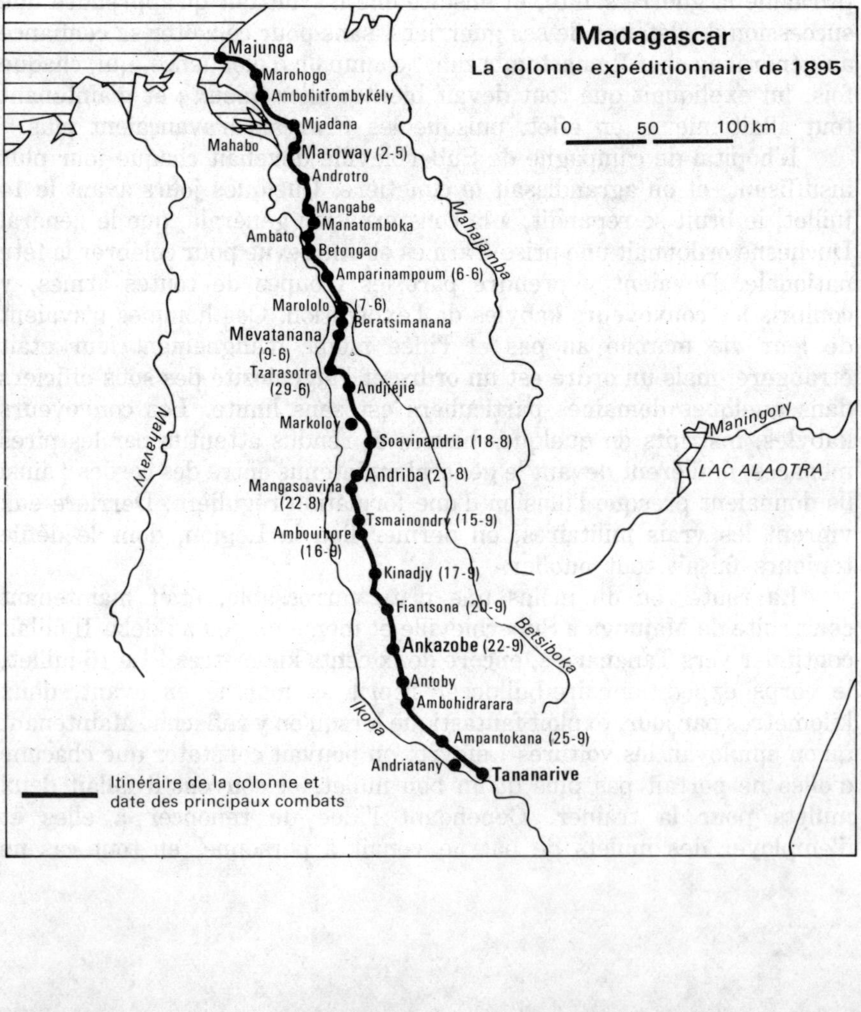

plus en plus clair que l'ennemi véritable n'était pas l'armée malgache, insaisissable, mais la route. Le taux croissant de mortalité permettait même de calculer que le corps expéditionnaire entier aurait fondu avant d'avoir construit cette route jusqu'à Tananarive. Duchesne enfin éclairé tint un conseil de guerre, au cours duquel la route de la mort fut condamnée à mort. Cette décision fut prise à Mangasoavina le 23 août 1895.

Constituer une « colonne légère » qui emporterait ses vivres et ses munitions, atteindre au plus vite Tananarive, telle était l'opération maintenant envisagée. Elle eût été possible beaucoup plus tôt, mais mieux valait tard que jamais.

Duchesne notifia la décision aux troupes dans un ordre du jour duquel les soldats retinrent qu'ils auraient d'abord à franchir cent kilomètres de zone montagneuse déserte et infertile, au surplus vidée de ses habitants et de toutes denrées, et ravagée à dessein par des incendies. La colonne devrait donc atteindre son objectif avant d'avoir épuisé les provisions qu'elle transportait, les seules sur quoi elle pût compter. Les légionnaires, qui possédaient la plus grande expérience de la progression en pays désolé, baptisèrent aussitôt l'opération : « Colonne Marche ou Crève ».

Cette colonne, dite légère, comportait 237 officiers, 4 013 soldats et gradés, 1 515 convoyeurs auxiliaires, 266 chevaux, 2 809 mulets, 12 pièces de montagne avec 1 116 projectiles, 140 cartouches par homme et 22 jours de vivres. Le bataillon de la Légion fournissait 19 officiers et 330 hommes. Le 10 septembre, ce bataillon reçut d'Algérie un renfort de 3 officiers et 147 hommes. La route ayant dévoré *plus des deux tiers* de l'effectif initial du corps expéditionnaire, la plus grande partie des renforts avait été fournie par les formations et les services de l'arrière.

La colonne se mit en marche le 14 septembre, suivant la piste malgache qui serpentait au flanc de hauteurs rocheuses bordées de précipices. Le 18, elle arriva devant les monts Ambohimemas, quinze cents mètres d'altitude, dernier obstacle naturel barrant la route de Tananarive. Les Hovas avaient construit là, vraisemblablement sous les ordres de leurs instructeurs étrangers, quatorze ouvrages. Ceux-ci furent tournés par l'une des brigades de la colonne tandis que l'autre attaquait de front. Les Hovas évacuèrent dès qu'ils virent qu'ils risquaient d'être pris à revers. Une fois de plus, abandonnant leurs canons, et les forts pleins de munitions. Au col de Kianga, que la colonne atteignit aussitôt, était planté un grand pieu portant une pancarte :

Blancs, n'allez pas plus loin !
La Garde du Ministre
Celle qui a des ailes
Est arrivée.
Si vous avancez, vous êtes morts !

Les troupiers, à qui les auxiliaires malgaches traduisaient l'inscription, ne riaient pas ; ils demeuraient muets, devant tant de jactance alliée à une telle incapacité à combattre.

La nouvelle du franchissement des Ambohimemas par les Français avait provoqué un commencement de panique à Tananarive ; des habitants fuyaient vers la campagne. La reine, tentée de les imiter, décida pourtant finalement de rester. Le Premier ministre leva en hâte une nouvelle armée, qu'il présenta à la reine devant le palais royal :

— N'ayez nulle crainte, ô notre reine ! Vous voyez devant vous cette foule, tous nous sommes soldats, tous nous avons des armes, nous sommes plus de cent contre un, etc.

Son armée de salut public comptait deux mille hommes, y compris les élèves les plus âgés des écoles. Le *Madagascar News* publiait des articles incitant la population à brûler la capitale plutôt que d'y laisser pénétrer les Français.

La colonne progressait toujours, mais il y avait une part de vérité dans l'outrecuidante menace inscrite sur la pancarte malgache : « Si vous avancez, vous êtes morts ! » Point besoin d'ennemi à face humaine. La route de la mort enfin abandonnée poursuivait de sa malédiction, bien au-delà de son terminus, ces hommes qui avaient ruiné leur santé pour la construire. Chaque jour un contingent de malades prenait le chemin de l'arrière.

Ceux qui pouvaient supporter un parcours d'une centaine de kilomètres à dos de mulet atteignaient l'ambulance de Mangasoavina, où le médecin-chef, faute de quinine, administrait alternativement du thé et de l'eau de riz. Ils couchaient à même le sol, sur la toile imperméable, dite « toile chinée » qu'ils avaient reçue à leur arrivée dans l'île. Avec un peu de chance, ils n'attendaient pas là plus de quelques jours avant de voir arriver les voitures Lefèvre du convoi de vivres, qui allaient les transporter jusqu'à Majunga comme frêt de retour. Quatre malades par voiture, pas de ressorts, pas d'infirmiers, des convoyeurs kabyles brutaux et rançonneurs : « Si ti veux quelque chose, ti donne de l'argent. » On cahotait d'un poste à l'autre. Certains postes acceptaient d'enterrer les malades morts en route, d'autres non, les survivants continuaient alors en compagnie d'un ou deux cadavres jusqu'à l'hôpital de Marulolo, à cent vingt kilomètres de rivière de Majunga. Cinq cents lits pour treize cents moribonds, ceux qui ne trouvaient pas place à l'intérieur couchaient dehors, dévorés de moustiques. Des Kabyles eux-mêmes paludéens enterraient de mauvaise grâce les morts, deux par fosse pour aller plus vite, une moyenne de trente-deux morts par vingt-quatre heures. Plus tard, lors d'exhumations voulues par les familles, on constata que quelques malheureux avaient dû être enterrés vivants ; leurs attitudes, leurs ongles remplis de terre en témoignaient. Les infirmiers surmenés traitaient rudement les malades, la diète était la principale médication.

Des chalands plats emportaient vers Majunga les survivants de Marulolo. Les plus malades attendaient le navire de rapatriement à l'hôpital, les autres près de la plage, dans des baraquements de bagne où ils souffraient de la faim. On voyait de ces malheureux vendre aux Malgaches des pièces de vêtement, de pauvres objets personnels, pour obtenir une galette de froment, quelques fruits, quelques œufs. A bord de chacun des vapeurs qui enfin emportaient ces épaves, l'infirmerie était pleine et chaque jour glissaient vers la mer des morts cousus dans la grosse toile, la gueuse aux pieds. Ceux qui trouveraient ce tableau trop sombre peuvent se référer au livre qu'un officier de l'expédition, plus tard général Reibell, a intitulé *Le calvaire de Madagascar.*

Cependant le général Duchesne, maintenant presque en vue de Tananarive, se demandait comment sa colonne de fantômes allait supporter la dernière marche sur les digues des rizières, moins de cinquante centimètres de large. Afin d'éviter ce terrain difficile, il se décida pour un vaste mouvement tournant et, le 28 septembre au matin, il fit attaquer la ville par le Sud et par l'Est. Les comptes rendus militaires désignent sous le nom d'« actions éparses » les velléités de résistance rencontrées ici et là lors de la prise de possession des défenses que les Hovas abandonnaient comme d'habitude. Au début de l'après-midi, Duchesne fit envoyer quelques obus en direction du palais de la reine. Le résultat tardant un peu, il donna l'ordre d'employer les projectiles à la mélinite. Deux suffirent. On vit descendre le grand pavillon hova au sommet d'une des tourelles du palais et un drapeau blanc monta à sa place. Le cauchemar était terminé.

Vingt officiers et trois cent cinquante-huit légionnaires du bataillon d'Afrique regagnèrent l'Algérie à la fin de l'année. Le général Duchesne serra la main aux officiers :

— C'est bien à vous, Messieurs, que nous devons d'être ici et si jamais j'ai l'honneur de commander une expédition nouvelle, je ferai en sorte d'amener avec moi au moins un bataillon de la Légion.

— Je demande l'autorisation d'emmener avec moi à Madagascar six cents hommes de la Légion étrangère afin de pouvoir, le cas échéant, mourir convenablement.

Gallieni, s'adressant au ministre des Colonies André Lebon, prononçait textuellement ces paroles en juillet 1896, sept mois après l'embarquement de la Légion à Majunga. Elles font comprendre que la situation ne s'était pas améliorée. Le signal d'alarme venait même de retentir, sous la forme d'un incident assez pittoresque.

Un soir du début de ce mois de juillet 1896, un cortège de Malgaches s'avançait lentement dans une rue de Tananarive. En tête, un pasteur anglais récitait des prières. Derrière lui, ficelé à une longue perche tenue par deux hommes, un cadavre emmailloté selon le rituel de l'île ; les bandes de tissu dégageaient une odeur d'aromates. Des cortèges semblables circulaient constamment sur tous les chemins de l'île, chaque mort devant être transporté jusqu'au tombeau de famille, si éloigné fût-il. Celui-ci fut rencontré par le lieutenant de marsouins qui remplissait les fonctions de chef de la Sûreté, grand gaillard à barbe noire, observateur et méfiant.

— Comment se fait-il qu'il n'y ait pas de pleureuses ? demanda-t-il au pasteur. Posez ce mort à terre, qu'on l'examine un peu.

— Sacrilège et profanation !

Le pasteur se démenait tant qu'il fallut le faire contenir par deux Sénégalais, tandis que d'autres démaillotaient l'objet long qui, à mesure que se déroulaient les pièces de soie, ressemblait de moins en moins à un cadavre. Pour finir, il s'agissait d'une mitrailleuse Maxim flanquée de plusieurs chargeurs.

De nombreuses armes de guerre étaient demeurées cachées à Tananarive après la capitulation. Les chefs de la Résistance malgache venaient de trouver le moyen de les faire parvenir à leurs troupes, avec la bénédiction britannique. D'autres mitrailleuses camouflées en cadavres furent découvertes les jours suivants.

Le calme régnait dans la capitale et aux alentours immédiats. Les militaires de la garnison avaient noué des relations très intimes avec les jeunes beautés indigènes, rieuses, agréables, nullement fanatiques de virginité. Même aux réceptions offertes par Ranavalo III, les mignonnes princesses invitaient elles-mêmes à danser, d'un signe du doigt, les jeunes officiers qui leur plaisaient, et elles se montraient provocantes. Bref, l'idylle.

Une ombre était venue lorsqu'on avait dû constater que les exactions se multipliaient dans l'intérieur de l'île, convois et petits postes attaqués, plusieurs Français assassinés. Par les Favahalos, assurément, répétaient la reine, ses ministres et tous les galonnés malgaches. Ces bandits existaient bien réellement mais ils servaient de boucs émissaires. En fait, toutes les tribus maintenant bougeaient, y compris celles qui avaient d'abord vu les Français comme des alliés possibles dans leur lutte contre la domination hova, c'était le cas des Sakalaves. On ne croyait plus aux Français, trop peu nombreux, on les voyait perdus.

Gallieni, de retour des confins sino-tonkinois où il avait passé trois ans et demi, était arrivé à Paris fatigué, « très dégoûté de toutes les difficultés parmi les plus ingrates qu'il eût rencontrées, en ayant réellement assez », a écrit Lyautey ; désireux de repos et même de retraite. « Rester au milieu des miens et m'occuper de mes vignes ». Il n'avait cependant pas su dire non lorsque André Lebon, ministre des Colonies, lui avait ouvert l'inquiétant dossier de Madagascar.

— Il faut que vous y alliez.

C'est alors que Gallieni avait demandé un bataillon de la Légion. Embarqué à bord du *Yang Tsé,* le 10 août 1896, le premier spectacle qui s'était offert à ses yeux à l'arrivée à Majunga avait été celui de milliers de voitures Lefèvre couvertes de rouille, sinistrement entassées sur le rivage.

— Je suis coupé de toutes communications avec l'intérieur, avait dit le résident Mazon en guise de compliment de bienvenue. Les bandes du chef sakalave, Rabezavana, sèment la terreur dans toute la région.

— Je veux d'abord saluer les morts.

Le cimetière était envahi d'herbe, les croix tombaient. A l'hôpital, les malades étaient entassés sans hygiène. Partout, les approvisionnements venus de France pourrissaient faute d'abri. Une fée malfaisante semblait avoir jeté un sort sur l'île après la conquête.

Faute de pouvoir utiliser la route qui avait tant coûté, Gallieni faisait le tour de l'île en bateau. A Tamatave, les rues ignoblement sales serpentaient au milieu de paillotes en ruines et de maisons faites de caisses à farines ; pas d'eau potable, les habitants puisaient dans des puits profonds de deux mètres, grouillants de bactéries. Pendant le trajet de Tamatave à Tananarive — une semaine, en *filanzane,* brancard porté par quatre hommes — l'escorte de Gallieni fut attaquée, deux blessés.

La capitale était plus accueillante que Majunga, mais les nouvelles point meilleures. Les chefs de la Résistance venaient de lancer un mot d'ordre : « Ne cultivez plus ! », le prix du blé avait doublé. Les attentats se multipliaient, la reine et les ministres encourageaient les rebelles presque ouvertement.

Gallieni, qui parlait volontiers de sa formule personnelle de pacification, la « tache d'huile » (ne pas vouloir aller trop vite), jugea que les circonstances exigeaient un correctif en ce qui concernait les hautes autorités malgaches :

— Et maintenant, dit-il, des solutions franches !

Le lendemain, le ministre de l'Intérieur, plus un oncle et une tante de la reine, notoirement anti-français, étaient arrêtés, traduits devant un conseil de guerre, condamnés à mort. La princesse fut graciée et exilée, les deux hommes exécutés malgré les protestations du consul général d'Angleterre.

Ces mesures produisirent un effet foudroyant. En fait, elles coupèrent les rebelles du reste de la population. Restait à réduire les rebelles.

On a appelé « pacification » au temps des conquêtes coloniales, un ensemble d'opérations, dirigé par des chefs militaires et qui comportait à la fois des mesures tout à fait humanitaires et des actes de violence. Le bataillon de marche formé par les 1er et 2e Régiments étrangers avait débarqué à Tamatave en septembre 1896. D'autres contingents de la Légion arrivèrent en 1897, en 1899, en 1901. Pendant plusieurs années, sur toute l'étendue d'un pays grand comme la France et la Belgique réunies, en grande partie insalubre, accidenté, terrain idéal pour les « maquis », les élèves de Bel Abbès ont liquidé sans pitié les bandes hovas et sakalaves. Ils ont en outre construit des routes et des maisons, défriché pour créer des rizières, asséché des marécages. La construction de la route de la forêt d'Ambre, auparavant vierge, est l'un des exploits de la Légion.

« Quand vous enlevez un village, pensez à l'école et à l'infirmerie que vous devrez y créer le lendemain. » Gallieni avait fait sienne cette recommandation du général Pennequin et Lyautey, venu d'Indochine pour servir sous Gallieni, était aussi de cette école. Mais Gallieni et Lyautey ont eu parfois sous leurs ordres, à Madagascar, des partisans de la méthode tout à fait forte, point du tout obsédés par la pensée des écoles et des infirmeries. En 1897, le capitaine commandant en second le territoire militaire de l'Est de l'Emyrne, un « vieux Soudanais » (il ne s'agissait pas d'un légionnaire), demandait qu'on lui apportât l'oreille droite de chaque rebelle tué, au cours d'une opération ; ses subordonnés refusaient. Un jeune chef sakalave venant faire sa soumission, on exigeait qu'il livrât cinq cents fusils dans les trois jours ; comme il n'en avait pu réunir qu'une cinquantaine, il fut fusillé, son corps brûlé. D'autres roitelets avaient un sort un peu moins triste, comme celui de Tambouarane, qui se vit supplanter dans le cœur et dans le lit de sa jeune épouse par le sous-lieutenant laissé sur place comme chef de poste avec trente tirailleurs sénégalais. Une paix parfaite régna dans ce secteur, tout le monde était content, surtout la jolie Malgache follement amoureuse de son sous-lieutenant, à qui elle donna un fils. Son mari la récupéra trois ans plus tard, lorsque le sous-lieutenant fut déplacé.

L'unité la plus efficace au cours des combats de la pacification a peut-être été la compagnie Flayelle, de la Légion.

Fils d'un industriel et sénateur vosgien, le capitaine Flayelle, homme grand et superbe, fortuné, consacrait sa solde à améliorer l'ordinaire de ses hommes. Son énergie et son intelligence n'étaient point inférieures à son faste. Il fallait alors les deux qualités aux officiers de troupe, car les légionnaires trouvaient devant eux les adversaires les plus divers, depuis les hommes du centre des forêts, n'ayant jamais vu un Blanc, farouches, mais qu'avec diplomatie on pouvait apprivoiser, jusqu'aux guerriers professionnels sakalaves, capables de tactique, champions de la sagaie et sachant aussi tirer au fusil. Ils étaient 100 000 (sur une population de 600 000) disséminés dans un pays couvert d'un taillis de cinq à dix mètres de haut.

Le caractère pénible et dangereux de la contre-guérilla irritait les légionnaires beaucoup moins que la privation de vin rouge : on ne pouvait évidemment pas transporter des barriques pendant les opérations de ratissage ; on transportait seulement des bonbonnes et la ration de rhum, quatre centilitres, avait été portée à dix. Mais « ça ne remplaçait pas ». En opérations l'ingéniosité des cuisiniers de la Légion devenait prodigieuse. Remplaçant la farine et le riz par les végétaux locaux, ils variaient les menus, allaient jusqu'à fabriquer des imitations de marrons glacés à base de manioc parfumés à la vanille ; ils confectionnaient des entremets avec du coprah râpé et des bananes confites au soleil. Très peu de provisions dans les villages, dont les habitants, avertis par le télégraphe de brousse, fuyaient presque toujours, en emportant tout, un tout qui était peu de chose, laissant sur place deux ou trois vieillards, de préférence lépreux, chargés de tout remarquer et auxquels on n'osait pas toucher.

Les Sakalaves ne se contentaient pas de harceler par petits groupes. L'attaque par surprise, le 10 octobre 1897, une heure avant le lever du soleil, par 5 000 guerriers, du poste d'Andembe, tenu par cent hommes, faillit tourner en un affreux massacre, les boîtes à mitraille de l'unique canon ayant sauvé la situation au dernier instant. Des centaines de tombes de légionnaires s'ajoutèrent, pendant cette campagne, à celles des victimes de la route de la mort. Peu après l'assaut du poste d'Andembe, la compagnie Flayelle fut attaquée en forêt. Pendant plusieurs heures, 1 000 Sakalaves s'élancèrent vainement contre les quatre faces du carré immobile d'où partait un feu ajusté, meurtrier. Les légionnaires s'étaient finalement dégagés à la baïonnette.

L'inquiétude régnait à Mahabé, où la compagnie était attendue. On la vit enfin arriver en pleine nuit, marchant à la lueur de torches. En tête, le capitaine Flayelle, véritable chef gaulois à la grande moustache. Derrière lui, des hommes portaient des brancards. La compagnie rentrait au complet, ramenant ses blessés et ses morts, toutes ses armes et tous ses bagages. Certains légionnaires portaient trois sacs et trois fusils, d'autres des caisses de cartouches sur leurs têtes. La compagnie Flayelle avait marché vingt-quatre heures de suite, avec seulement de courtes haltes d'un quart d'heure. Le médecin-capitaine Morin, malade, épuisé, fermait la marche, soutenu par deux hommes. On le coucha aussitôt. Le lendemain, il demanda au lieutenant Charbonnel d'ausculter les battements de son cœur et de les lui décrire.

— Bien. J'ai compris, je suis foutu.

Morin fit venir le sergent infirmier et lui donna pour chaque malade des instructions détaillées, que l'infirmier notait. Ensuite il se tourna vers la paroi de la case.

— Maintenant, qu'on me laisse mourir en paix.

Et il mourut en effet dans la soirée. Le capitaine Flayelle fut tué en forêt quelques semaines plus tard. On trouva sur lui une lettre lui apprenant la mort de plusieurs parentes et amies, femmes du gratin parisien, victimes de l'incendie du Bazar de la Charité.

8

LA GRANDE GUERRE

Au début de mai 1915, Joffre avait sous ses ordres la plus grande masse de combattants dont ait jamais disposé un chef militaire depuis le commencement des temps : deux millions cent trente-deux mille hommes. En face s'étirait tout au long du front une multitude presque égale, et ces deux alignements d'armées étaient l'un devant l'autre enterrés dans leurs tranchées, englués, frappés d'une paralysie qui ressemblait à une malédiction.

Si quelqu'un avait dit alors à Joffre ou à Ludendorff, ou à leurs subordonnés de haut grade, que cette guerre anti-stratégique durerait encore trois années, ces militaires auraient haussé les épaules. Du côté français, en particulier, on pensait tout au contraire que les choses allaient changer. L'Autriche venait de passer un très mauvais quart d'heure en Galicie ; les Allemands, obligés de soutenir leur alliée, perdaient l'initiative sur le front occidental, au moins pour quelques semaines. Il fallait saisir aux cheveux cette occasion favorable. Au G.Q.G. de Chantilly, les officiers du 3e Bureau relisaient avec excitation la dernière note manuscrite de Foch, adjoint au commandant en chef : « La guerre ne peut atteindre à ses résultats que par l'offensive. Dans notre situation actuelle, le seul mode d'offensive à envisager est une bataille générale de position avec attaque centrale. » L'objectif de l'attaque centrale était clair : « réaliser la percée ». Ainsi pourrait-on substituer une guerre de mouvement à la guerre pétrifiée. Le plan d'offensive prévoyait la mise en branle d'énormes quantités de troupes, y compris les Britanniques. Le lieu de l'action décisive avait été choisi précisément : la crête de Vimy, au nord d'Arras. Plus précisément encore, la percée devait être réalisée par la prise de la crête 140, 132, éperon sud de Farbus, devant Givenchy et le Petit Vimy. L'attaque centrale fut confiée à la 1re Brigade de la 3e Division marocaine, du 33e Corps. Devait attaquer en première ligne le 2e régiment de marche du 1er Étranger.

Si par malchance vous vous trouvez dans une capitale étrangère un jour de déclaration de guerre, empoignez un drapeau, n'importe lequel (sauf celui de la principale puissance ennemie) et, aussi longtemps que vous pourrez, marchez dans les rues en chantant quelque chose qui ressemble à l'hymne national. C'est le meilleur moyen que vous ayez d'échapper à la suspicion, aux brimades, aux sévices et au camp de concentration. Ainsi ont fait dans les premiers jours d'août 14 des Tchèques — leur drapeau, l'ancien étendard de Bohême, était beau et étrange, un lion d'or sur fond noir, personne ne le connaissait —, des Polonais, des Grecs et des étrangers de plusieurs autres nationalités. De jeunes Américains habitant Paris ou débarquant du dernier paquebot couraient aux ministères, aux casernes...

Le sentiment francophile de ces volontaires était sincère au point que les carcasses de nombre d'entre eux se sont finalement fondues, face aux lignes allemandes, dans la craie de l'Artois, dans la boue de la Somme, de la Champagne ou de l'Argonne. Mais dans le même temps où ces hommes obtenaient la faveur de recevoir un livret militaire et un uniforme, d'autres étrangers, souvent tout aussi francophiles, se voyaient conduire brutalement vers des convois d'expulsés ou vers des camps de concentration, simplement parce qu'ils avaient frappé à une mauvaise porte dans un commissariat, parce qu'ils n'avaient pas su s'expliquer ou parce qu'un accent d'Europe centrale les avait fait présumer espions. Des Hongrois qui, comme les Tchèques, auraient voulu s'engager, passèrent quatre années dans des baraquements entourés de barbelés, sur un plateau sinistre du Massif Central ; parce que le Hongrois était une langue très peu parlée chez nous, ces malheureux n'avaient rencontré personne qui pût les comprendre là où ils s'étaient adressés pendant les jours de fièvre patriotique.

Tout ce qui précède explique la bonne volonté et même l'ardeur avec lesquelles, pendant la seconde quinzaine d'août, les recrues du 3ᵉ régiment de marche du 1ᵉʳ Étranger se livraient aux plaisirs du maniement d'armes dans la cour de la caserne Reuilly. La plupart d'entre eux, commerçants, artisans, artistes, universitaires, vivaient en France depuis des années, aimaient la France et désiraient la servir, et cependant, du jour au lendemain, ils s'étaient vus regardés avec méfiance, parfois menacés. L'annonce de la formation d'un régiment étranger les avait comblés, l'uniforme leur était une sauvegarde.

Un colonel de gendarmerie commandait ce régiment, les cadres provenaient des sapeurs-pompiers. Tous ces gradés avaient vu arriver avec effarement ces engagés dont l'âge variait de dix-huit à cinquante-cinq ans et dont la plupart n'avaient jamais tenu un fusil ni marché au pas. Et cependant, lorsque Gallieni, le 9 septembre 1914, était venu en inspection à la caserne Reuilly, il avait été frappé par la bonne tenue des volontaires. « J'exprimai le désir que ce nouveau régiment pût être conduit au feu le plus tôt possible. Je savais, par les services que la

Légion étrangère avait rendus dans nos expéditions coloniales, tout le fond que l'on pouvait faire sur ces troupes, animées généralement de traditions très vives. » Tel était le prestige d'un nom, seul lien de ce régiment de hasard avec la vraie Légion.

En fait, ce 3e régiment de marche du 1er Étranger fut envoyé d'abord non au feu, mais à la boue, sur le front de la Somme, en hiver, exactement ce qui pouvait le moins convenir aux volontaires âgés qui eurent droit à la croix de bois souvent avant d'avoir entendu siffler une seule balle allemande. Puis les Italiens, les Belges et les Russes ayant regagné leurs patries respectives, le régiment fut dissous et ses derniers éléments incorporés au 2e de marche du 1er Étranger.

— Les Garibaldiens !

Ceux-là, je me rappelle très bien les avoir vus défiler sur un boulevard qui me paraissait immense, j'avais huit ans. Les uns étaient en civil, d'autres déjà en uniforme, si l'on peut dire : vêtus de la sombre défroque de l'infanterie de ligne, capotes déteintes, pantalon de velours au lieu du pantalon rouge, ce détail me frappait. Devant eux marchaient de front trois officiers.

— Regarde, ce sont les petits-fils de Garibaldi.

Je sus ainsi que Garibaldi était un homme, non un pays, comme j'avais cru jusqu'alors. Tous ces volontaires avaient des yeux noirs et un air farouche et ils chantaient *La Marseillaise,* terriblement faux, même alors je m'en apercevais. La foule les acclamait. Tel était à son origine le 4e de marche du 1er Étranger, autre unité baptisée légionnaire. Celle-ci fut envoyée au feu et même elle fut la première éprouvée, 429 tués, blessés ou disparus au cours de trois mois de campagne en Argonne. En mars 1915, après entente avec le gouvernement italien, les survivants rejoignirent leur patrie.

La vraie Légion de 14-18 naquit en août-septembre au camp de Mailly où des éléments du 1er et du 2e Étranger (en principe pas d'Allemands, ni d'Autrichiens, ni de Bulgares ; en fait il y en avait quelques-uns) venus d'Afrique incorporèrent, encadrèrent et instruisirent les volontaires arrivés de plusieurs centres de recrutement en province. Rude besogne, qui faillit mettre sur les dents les sous-offs de Bel Abbès et de Saïda, pourtant spécialistes du dressage et de la poigne de fer.

On se serait cru revenu à l'aurore de la Légion. Toute une truanderie, étrangère ou se prétendant telle, s'était ruée vers ces bureaux où l'on ne vous demandait pas de papiers, et les officiers recruteurs submergés avaient laissé s'engouffrer le torrent. D'authentiques gibiers de prison, sinon de potence, furent repérés les jours suivants et dirigés où il convenait, mais le tri entre les individus louches et les « bons éléments », il y en avait tout de même, demanda des semaines et, en fait, il n'avait pas été complètement terminé lorsque à la fin d'avril 15, le régiment fut incorporé à la 1re brigade de la Division marocaine chargée de l'assaut dont il a été parlé, en Artois. Sur les contrôles de l'unité figuraient les noms d'artistes comme Kissling et

Sauter (en littérature Blaise Cendrars) et des pseudonymes de personnages au passé brumeux dont l'érudition littéraire et artistique se bornait aux jurons et à la science du tatouage. L'élément vieille Légion venu d'Afrique liait cette mixture qui ne manquait pas de saveur.

Surprenant retour aux origines, le 3e Bataillon du régiment était formé d'une compagnie de Tchèques, d'une de Polonais et d'une de Grecs, chaque nationalité arborant son drapeau. Ce groupement qui jadis s'était révélé désastreux ne devait pas être conservé, mais il existait encore le 9 mai 1915 au petit jour, lorsque sur tout le front d'attaque les hommes lourdement chargés s'alignèrent dans les parallèles de départ.

« Le moral du 33e Corps était très brillant, a écrit le général Serrigny. De nombreuses mesures avaient été prises au cours de l'hiver pour le maintenir en haut état ; chaque semaine, des représentations dramatiques étaient données dans les cantonnements de l'arrière... On avait également institué des permissions de détente à Amiens. Ces contacts avec l'arrière et surtout avec ses éléments féminins contribuèrent puissamment à *chasser le cafard.* » Le haut commandement avait aussi pris d'autres mesures d'ordre plus précisément militaire. Outre les six corps d'armée attaquants, un corps supplémentaire avait été amené à proximité, paré à exploiter la percée, deux corps de cavalerie se tenaient non loin, l'artillerie alignait 780 pièces de campagne (300 coups par pièce), 293 pièces lourdes, 124 mortiers de 58. Chaque corps d'armée disposait d'une escadrille d'observation. Les tirs de réglage avaient commencé le 3 mai. Les tirs de démolition de l'artillerie lourde sur les ouvrages allemands durèrent moins longtemps que prévu, à cause du mauvais temps, qui gênait les avions d'observation. Ils se terminèrent le 8 mai au soir.

On était maintenant le 9 mai, quelques minutes avant 10 heures. Les hommes étaient debout dans les parallèles de départ depuis 5 heures du matin. A 6 heures, par temps redevenu clair, la préparation d'artillerie sur les tranchées en face avait commencé. Quatre cents canons tonnaient. Les hommes, le dos appuyé à la paroi pour se soulager du poids du sac, regardaient les geysers de terre qui jaillissaient furieusement, ils ressentaient jusque dans leur corps les ébranlements du sol. Presque tous pensaient que les Allemands d'en face, aussi loin qu'on pût voir, devaient maintenant être liquidés par la pluie d'obus, avec peut-être vingt pour cent de survivants assommés, abrutis, assourdis, tout juste capables de lever les bras en l'air. Ce qu'on pouvait craindre le plus était le barrage d'obus que les Allemands déclencheraient à leur tour quand ils verraient démarrer l'attaque.

Le tonnerre des canons cessa deux minutes avant 10 heures. Beaucoup d'hommes avaient le visage tendu, mais la plupart n'étaient pas mécontents d'attaquer. On leur avait parlé de la percée. Crever le front et finir la guerre, voilà ce qu'ils voulaient. Le silence était impressionnant. Les officiers regardaient leur montre.

— En avant !

D'une extrémité à l'autre des vingt kilomètres de la ligne d'attaque, les clairons sonnèrent la charge. Les bataillons escaladaient successivement les gradins de franchissement. Une sonnerie de clairon cessait, une autre continuait, d'autres commençaient. Les successions et interférences produisaient un effet curieux, assez gai. Les légionnaires placés exactement au centre de la ligne d'attaque et chargés de réaliser la percée quittaient les tranchées bataillon par bataillon, bien en ordre. De loin, leurs lignes donnaient l'impression de surgir du sol, de bondir, mais si vous interrogez des survivants de cette bataille, ils vous disent qu'ils ne bondissaient pas, ils étaient trop chargés. Le fusil à la main, ils trottaient sur le *no man's land,* droit sur les barbelés en face, en se demandant quand allaient tomber les premiers parpaings.

A mesure qu'ils avançaient, ces hommes éprouvaient un sentiment de surprise en voyant que les barbelés n'étaient pas complètement aplatis, loin de là. Voir combien ces barbelés avaient peu souffert était même inquiétant. On apercevait cependant des passages, vers lesquels les officiers entraînaient les hommes, et toujours pas de barrage allemand, c'était le principal. L'étendue crayeuse paraissait déserte.

Les premiers assaillants atteignaient la première ligne des piquets de barbelés lorsque les mitrailleuses firent entendre leur bruit plutôt lent de moulin à café.

On ne voyait toujours personne. Au-delà des barbelés, les tranchées aux parapets bouleversés donnaient une impression d'abandon. Cependant, au-dessus du sol où des flaques d'eau reflétaient le ciel bleu pâle, un réseau mortel était tissé. Les hommes tombaient comme s'ils butaient contre un obstacle invisible. Le claquement des fusils se mêlait au moulin des mitrailleuses. Les tranchées allemandes n'étaient pas plus démolies que les barbelés, et même beaucoup moins, les fantassins et les mitrailleurs allemands n'étaient pas tous morts, loin de là.

C'est à des instants pareils qu'une troupe aguerrie et bien commandée a plus de chances qu'une autre de ne pas se voir étendue tout entière en quelques minutes, à condition d'agir sans hésitation. La progression des deux régiments de la Légion vers la cote 140 n'est nulle part décrite mètre par mètre mais on comprend à travers les différents récits que les légionnaires formés en Algérie, avec un instinct quasi animal, adaptèrent à ce terrain d'Artois, balayé par les mitrailleuses, leur comportement de combattants entraînés à l'attaque des douars, et les copains les suivirent.

La ligne des postes allemands de mitrailleuse n'était pas continue, l'artillerie en avait démoli quelques-uns ; la progression par bonds restait possible même sous les feux croisés, il s'agissait de foncer, de passer entre les nids de résistance, de la dépasser, de ne pas hésiter à les laisser derrière soi, et un gradé restait là avec un groupe pour les attaquer à revers, le reste continuant en avant, toujours en avant. Il est à peine besoin de dire que la casse résultant de cette tactique, peut-être la seule possible en pareille circonstance (ou alors renoncer, faire demi-tour), dépassait de loin le coût moyen de la conquête d'un sommet kabyle. Près de deux mille légionnaires devaient, le soir, manquer à l'appel, un colonel tué, cinquante officiers blessés. Mais l'attaque, comme disaient les généraux, « débouchait ». Entraînés par les légionnaires d'Afrique, les Grecs, les Polonais, les Tchèques trottaient derrière leurs drapeaux claquant au vent, chaque porte-drapeau, cible idéale, plusieurs fois remplacé au cours de ce cross-country sous les balles. Les Allemands de seconde position, cueillis à froid, en grande proportion fichaient le camp ou levaient les bras et c'était ce qu'ils avaient de mieux à faire car attendre la seconde vague, celle des nettoyeurs de tranchées, n'était pas recommandé du tout.

Nombre de courageux mitrailleurs allemands gisaient, la gorge ouverte ; des fantassins qui eussent voulu se rendre n'avaient pas eu le temps de se montrer à la porte de leur abri : déchiquetés à la grenade. Le mot de carnage apparaît dans plusieurs récits. On lit aussi qu'un des aumôniers de la Légion, l'abbé Gas, participait à l'attaque, non en combattant, mais la main levée pour bénir, pour absoudre blessés et mourants, français et allemands, ainsi que les Allemands vivants qui se défendaient encore ; car l'abbé Gas courageusement suivait la première ligne et derrière lui marchaient les nettoyeurs. Quelques minutes, quelques secondes, et morts et mourants se retrouvaient fraternellement dans l'immense patrie sans frontières ni uniformes.

L'attaque avait commencé sur une pente légèrement descendante et maintenant on remontait ; la crête à conquérir était juste là devant, elle attirait les hommes comme un aimant malgré les balles et malgré la fatigue, malgré la transpiration qui ruisselait sur leurs visages, leur coulait jusque dans les yeux à travers les sourcils. A mesure qu'on avançait, la fatigue était plus terrible que le danger, car les Allemands progressivement lâchaient pied. Dans Neuville, légèrement à droite l'axe d'attaque de la Légion, ils se défendaient opiniâtrement, et à gauche il semblait bien que la 70e division n'avait pas pu les déloger de Carency, pourtant écrasé sous les obus. Mais juste dans son axe l'attaque de la Légion avait débouché.

De la parallèle de départ à la crête, il y avait à peu près quatre kilomètres, quatre kilomètres de cross-country de la mort parcourus en une heure et demie ; et maintenant il était 11 heures et demie, la cote 140 était atteinte et même dépassée, de petits groupes poursuivaient jusque dans Givenchy et dans Vimy les Allemands en fuite. Au-delà ce n'était plus le front, mais les arrières ennemis. La percée était réalisée. Ce coup de vilebrequin avait coûté terriblement cher, mais le rêve tant caressé au sein des états-majors devenait réalité, il ne s'agissait plus que de précipiter dans la brèche les troupes fraîches prévues pour exploiter la percée.

Bien avant l'attaque, le général Pétain, commandant le 33e Corps, avait chargé son chef d'état-major de s'enquérir des numéros et des emplacements de ces divisions fraîches. Réponse du Q.G. d'Armée : « Dites bien au général Pétain qu'il n'ait aucune préoccupation à ce sujet.

Les troupes nécessaires à la poursuite seront à pied d'œuvre et entreront en action à temps pour exploiter le succès. »

Les légionnaires et les autres troupes de la Division marocaine qui avaient atteint à 11 h 40 la colline 140 et les hauteurs à droite et à gauche étaient morts de fatigue. Maintenant qu'ils avaient réussi, l'épuisement les terrassait, ainsi que la faim et la soif. Ils étaient éveillés depuis quatre heures du matin, ils s'étaient tenus debout dans la parallèle de départ de cinq heures et demie à dix heures et ensuite ils avaient marché ou couru en combattant pendant quatre kilomètres. Certains maintenant se couchaient sur la terre et s'endormaient tandis que les officiers et les sentinelles regardaient vers l'avant, c'est-à-dire vers ces arrières ennemis où rien ne semblait se passer. On continuait à tirer ici et là mais rien droit devant, c'était le silence.

Juste derrière aussi, c'était le silence. Les légionnaires et leurs officiers regardaient aussi dans cette direction, vers ce terrain qu'ils avaient conquis. Ils comprenaient bien que les troupes fraîches chargées de les relever et de continuer ne pouvaient pas être là dans les cinq minutes ni même dans la demi-heure, tout mouvement de troupe demande un peu de temps.

Le général Blondlat, commandant la Division marocaine, avait téléphoné au 33e Corps, qui avait téléphoné au Q.G. d'Armée, général d'Urbal. Réponse :

— Une brigade va être mise sans tarder à votre disposition.

— Une brigade seulement ? Et qu'entend-on par « sans tarder » ?

— Disons vers 13 h 30.

Et l'on avait raccroché. Le 33e Corps avait mieux aimé ne pas informer le général Blondlat de cette réponse.

Le temps passait et les hommes qui avaient réalisé la percée regardaient toujours devant eux et derrière eux, du moins ceux qui ne dormaient pas, terrassés par la fatigue, la faim et la soif. Rien ne venait, ni devant, ni derrière.

« Nous sûmes bientôt, à écrit Joffre, que le plus grand désordre avait régné à ce moment dans les arrières de l'ennemi, et la plus vive angoisse dans ses hautes sphères. » Ce désordre et cette angoisse qui certainement existèrent furent hélas moins durables que ce qui existait au même moment sur les arrières français, car vers trois heures de l'après-midi, les conquérants de la cote 140, désespérés, purent comprendre que ce n'était pas derrière eux, mais devant eux que des troupes fraîches allaient arriver. Les premiers obus des canons de campagne allemands annonçaient la contre-attaque.

On devait savoir un peu plus tard que la première brigade mise à la disposition de Pétain pour exploiter la percée ne pourrait arriver qu'à 17 h 30 à Mont-Saint-Eloy, à deux kilomètres en arrière de la ligne de départ de la Division marocaine.

Les hommes de la Division marocaine, jurant et pleurant de colère, s'efforçaient de décrocher en ordre. Derrière le barrage d'obus allemands, la vague allemande s'avançait par bonds, mordante, six fois supérieure en nombre. Redescendre la pente était peut-être encore plus terrible que l'assaut du matin. Il fallait, en reculant, passer devant tous ces cadavres de pauvres types qui s'étaient fait crever la peau exactement pour rien.

Joffre a donné la conclusion vue de plus haut : « Le retard dans l'entrée en ligne de nos réserves ne permit pas à notre victoire foudroyante du premier jour d'avoir d'éclatants lendemains. »

Mais le vin était tiré, il fallait le boire. Autrement dit, les Allemands, piqués, continuaient, eux, la bataille. La Légion, relevée au soir du 9 mai, revint sur le même théâtre le 16 juin. On se battait pour Souchez, pour Carency, pour Givenchy, pour le Cabaret Rouge, toutes positions en deçà de la ligne qu'avaient atteinte les légionnaires au terme de leur cross du 9 mai. Au cours de ces combats, 21 officiers et 624 légionnaires du 2e de marche du 1er Étranger furent tués, blessés ou disparurent. La bataille d'Artois coûtait en tout à la Légion 71 officiers et 2 513 légionnaires tués. Elle s'assoupit le 18 juin, dans une sorte de consentement mutuel et tacite. Le commandement considérait qu'elle se terminait sur une victoire française parce que, sur dix kilomètres de front, l'armée d'Urbal avait progressé par endroits de deux kilomètres. Ces deux kilomètres de pentes, de crêtes, de ravins, de tranchées bouleversées et d'abris effondrés coûtaient cent mille morts, soit cinquante morts par mètre.

Mettre à profit l'expérience acquise le 9 mai en Artois et soulager le front russe, que les Allemands pressaient vigoureusement, tel était le but de la bataille qui devait se déclencher en Champagne le 25 septembre 1915. Il s'agissait une fois de plus de « réaliser une percée ». Mais une percée aussitôt et vigoureusement exploitée.

Dès le 18 juin, une note du G.Q.G. avait annoncé une révision de la doctrine de combat : « Rapprocher des lignes les unités de cavalerie, étudier et préparer avec soin leur intervention rapide et ne pas hésiter à les jeter dans une brèche, si petite soit-elle. »

Quelques généraux de corps d'armée ayant exprimé un certain scepticisme sur l'emploi de la cavalerie en première ligne, deux autres notes avaient suivi, datées du 10 juillet : « De grandes unités doivent être engagées sur un front étroit et articulées en profondeur ; les échelons d'attaque se suivant à courte distance, prêts à donner, dans un temps très court, une succession d'efforts d'une extrême violence ; la ligne d'attaque doit atteindre du premier élan les batteries ennemies. Le plus large emploi de l'artillerie lourde est recommandé pour obtenir sûrement la rupture de la ligne ennemie. » L'offensive projetée comporterait une action principale en Champagne, combinée avec une action secondaire à l'est d'Arras. L'action principale serait menée par deux armées (IIe armée, général Pétain ; IVe armée, général de Langle de Cary) sous la direction du général de Castelnau, commandant le Groupe d'armées du centre. Joffre avait indiqué le dernier délai pour l'attaque : 8 septembre. A la demande de Pétain, toujours soucieux de préparation méticuleuse, la date avait été plusieurs fois retardée ; finalement : 25 septembre.

La Champagne en 1915. Des mamelons écrasés, une laide succession de guérets. L'eau filtre et disparaît à travers l'immense couche de craie. Elle affleure à nouveau quand s'abaisse le niveau de la plaine et là naissent les cours d'eau qui se jettent en éventail dans la grande courbe de l'Aisne. Entre les vallées où se groupent les agglomérations, s'étendent de grandes plaines ondulées de cailloutis blanchâtres.

Terrés dans leurs multiples lignes de tranchées, les Allemands sentaient venir l'orage. « Renforcer toutes les organisations sans désemparer. » Les sapeurs creusaient, les cimentiers cimentaient, les wagonnets à voie étroite apportaient des milliers de rondins pour les abris, des centaines de mètres de barbelés, travail aux barbelés toutes les nuits. De nombreuses tranchées couraient à contre-pente, utilisant les couverts, invisibles aux observateurs.

La préparation d'artillerie française avait commencé le 22, par temps clair. La pluie commença à tomber dans la nuit du 24 au 25. Une pluie serrée, par instants torrentielle, et qui n'allait pas cesser jusqu'au 28.

Les deux régiments de marche du 1er et du 2e Étranger devaient participer à l'attaque avec la 1re brigade de la Division marocaine. Mais sans faire partie de la première vague d'assaut. Peut-être réservait-on des unités de choix pour l'exploitation de la percée. Les officiers de la Légion discutaient de cette éventualité en observant à la jumelle le début de la bataille du moulin de Perthes-les-Hurlus. Il pleuvait à verse. L'armée française portait maintenant l'uniforme bleu horizon, casque Adrian peint en bleu. Le bombardement avait cessé, l'immense ligne de la première vague d'assaut s'avançait. Malgré la pluie, on voyait briller les baïonnettes. Chaque fantassin de cette première vague portait cousu au dos de sa capote un grand carré blanc destiné à être vu des observateurs d'artillerie. Malheureusement, pas un avion, pas un ballon en l'air à cause de la pluie.

Du moulin de Perthes, on voyait cette longue traînée formée par les carrés blancs s'avancer en ondulant. Puis, après moins d'une heure, on ne la vit plus. La première vague s'était brisée, elle ne s'avançait plus parallèlement à la ligne de départ et en certains points les hommes devaient se coucher ou se défiler derrière le moindre monticule, la moindre butte de terre, derrière un fossé, un vestige de parapet ou simplement derrière le cadavre d'un copain.

La préparation d'artillerie, soixante-douze heures, une fois de plus avait paru formidable. Et une fois de plus, et plus encore qu'en Artois, les hommes de la première vague, dégoulinants de pluie, arrivaient devant des barbelés presque partout intacts et le feu mortel des mitrailleuses jaillissait d'ouvrages au ras du sol, que le pilonnement d'artillerie n'avait pas détruits ou pas assez. Tous les plans des grands états-majors, les notes sur la doctrine de combat, les majestueux projets de percée et d'exploitation de la percée aboutissaient à cette terre à terre et accablante réalité : les barbelés n'étaient pas ou presque pas détruits et les hommes crevaient devant les barbelés sous le feu des mitrailleuses.

Cette sommaire et essentielle réalité de la bataille ne fut pas connue des états-majors dès les premières heures ni même dès le premier matin, ni même le premier jour ni même le second jour. « La bataille s'était engagée avec des alternatives diverses. » Naturellement. Le front d'attaque mesurait vingt-cinq kilomètres, le terrain n'était pas le même partout, il y eut, surtout vers l'aile gauche, des points sur lesquels d'abord on avança et aussi il y eut des points où l'on disait avoir avancé et ce n'était pas vrai. La confusion et l'inexactitude des messages au cours des deux premières journées de cette bataille sont surprenantes. Dix fois les états-majors furent informés que la percée était réalisée ici, qu'elle l'était là, des unités étaient envoyées « pour l'exploitation de cette percée » et lorsqu'elles atteignaient le secteur désigné elles butaient, toujours sous la pluie diluvienne, dans une boue de dix centimètres, contre un vestige d'unité cloué sur place ou en train de se replier. On vit ainsi la division Marchand qui progressait vigoureusement vers la ferme de Navarin (Marchand grièvement blessé pendant cette attaque) obligée, à 10 h 30, de faire demi-tour parce qu'un déluge d'artillerie lourde *française* lui tombait dessus. On vit, à droite de la ligne de front, deux escadrons à cheval envoyés pour exploiter « la percée de la Dormoise » réussie par la 39e Division du 20e Corps (en réalité seule la première position était franchie, la deuxième tenait), on vit ces deux escadrons fondre en quatre minutes sous le feu des mitrailleuses et des canons allemands, la 39e Division étant, elle aussi, obligée de se replier.

Là où l'attaque avait progressé au-delà des crêtes, les fantassins arrivaient devant les tranchées allemandes creusées à contre-pente, invisibles à l'artillerie, intactes, et le barrage des mitrailleuses était alors rigoureusement infranchissable. En fait, l'attaque fut partout stoppée sur ces deuxièmes positions.

Le 27 à 19 heures, Castelnau demanda un nouvel effort aux chefs d'unités : « L'ennemi est déconcerté, il faut y aller, sans s'attendre entre voisins, quand on sentira qu'on le peut et à l'heure la plus matinale possible, après préparation par l'artillerie. » Il ajoutait que l'on avait fait 16 000 prisonniers et que l'enlèvement de la deuxième position allemande « tenait à un fil ». Joffre téléphonait : « J'envoie de nouvelles divisions. » L'assaut fut donné le troisième jour à 16 heures, sur tout le front du groupe d'armées, et cette fois la Légion y participait. L'objectif qu'on lui avait désigné était la ferme de Navarin, à gauche de la butte de Souain.

La position de départ se trouvait au sommet d'une espèce de saillant, inutile de tenter d'attaquer par la gauche ou par la droite, il fallait y aller de face. La ferme en ruine se détachait sur un fond de ciel gris foncé, au-delà du lourd rideau de pluie. On la savait flanquée de casemates encore intactes, on savait que la division Marchand avait trouvé là les barbelés intacts. Bref, l'objectif idéal.

— En avant la Légion !

Le tacata des mitrailleuses éclata alors que la première ligne lourdement trottinante dans la boue arrivait à vingt mètres des barbelés. Des sapeurs tenaient des cisailles, on en vit trois qui, continuant à trotter, arrivaient jusqu'au réseau. Ils tombèrent sur les premiers fils, mous comme des poupées de son, et leurs cadavres restèrent là accrochés dans une curieuse attitude, presque debout, secoués par les balles des mitrailleuses qui continuaient à leur tirer dessus pendant plusieurs secondes. Il n'y avait plus qu'à décrocher. A s'aplatir et si possible à rentrer dans son trou.

— En avant la Légion !

Deux fois, trois fois, quatre fois. Davantage dans certains récits, mais je crois à quatre assauts, cinq au maximum, obstination déjà affolante dans ces conditions. Les hommes, le dos appuyé à la terre détrempée, assurant leur barda d'un coup de rein, posent le pied sur le gradin de franchissement, en tendant la main gauche en avant, en l'enfonçant dans la terre détrempée pour prendre prise, pour tenter de ne pas glisser au départ et hop, et on commence à trottiner vers les barbelés — et moins d'une minute plus tard, les mitrailleuses.

Chaque séquence du film absurde est la répétition de la précédente, avec quelques détails différents. Un clairon, le caporal Bouilloux, debout sur le *no man's land,* sonne interminablement *le Boudin* tandis que les copains tombent autour de lui. On aperçoit quelques types qui franchissent en rampant un réseau de barbelés, puis ils s'immobilisent. Le légionnaire suisse Blaise Cendrars tombe, un bras arraché ; dix, quinze officiers tombent. Il pleut toujours, il fait plus sombre. Après chaque assaut, on voit quelques poupées de son de plus accrochées aux barbelés. Certains de ces hommes ne meurent pas instantanément, ils sont seulement blessés ; on les aperçoit qui pendant un moment essaient de se dépêtrer de là en laissant accrochés aux barbelés leur barda, une partie de leurs vêtements. Leurs gestes sont lents et gauches, cependant quelques-uns commencent à réussir à se dévêtir, on voit paraître leur claire chemise de coton. A ce moment, tacatacata. Alors ils se mettent à pendre comme les autres, à côté de leurs vêtements vides. Et il y en a ainsi quelques centaines et quelques milliers accrochés aux barbelés, d'une extrémité à l'autre du front de bataille. Tout au long des secondes positions allemandes qui nulle part n'ont été percées.

Le 29 septembre au soir Castelnau donne l'ordre de suspendre les attaques.

Robert Graves, officier britannique, a défini avec précision l'odeur familière des tranchées sur le front de la Somme en juillet 1916 : « Mixture de boue stagnante, de récipients de vidange, de chlorure de chaux, de corps non enterrés ou à moitié enterrés, de sacs de sable pourrissants, de vieille sueur humaine, de relents de cordite et de lydite. Quelquefois elle est adoucie par la fumée des cigarettes, la senteur du bacon en train de brûler sur des feux de bois ; parfois elle est rendue plus sinistre par l'odeur persistante des gaz empoisonnés. »

Le même parfum s'élève des tranchées françaises voisines, hormis la senteur du bacon. Les mêmes rats courent, la nuit, sur les hommes endormis qui, à cause d'eux, doivent garder leurs chaussures et se couvrir le visage. Plusieurs journaux, dont *l'Illustration,* ont publié des photos de fox-terriers des tranchées à côté de leur tableau de chasse ; pendant quelques semaines ces photos ont fait fureur, mais les rats les plus gros ne sont pas montrés, pour ne pas effrayer les civils. Il semble que le record ait été détenu par le rat tué à Ypres par le sergent britannique T. B. Clayton : un mètre vingt avec la queue. Bien entendu, ces rats se nourrissent de cadavres.

On écrirait un chapitre entier et même un volume sur la genèse de la bataille de la Somme. Au cours de cet enfantement, tous les grands chefs militaires français et britanniques ont exposé leur doctrine du moment sur l'offensive, sur les moyens de conjurer cette malédiction de la guerre immobile.

Les fronts français et anglais se joignaient non loin de Péronne, là où la Somme fait un coude. Les Anglais attaquèrent au nord de la rivière, les Français au sud, sur des terrains très différents. Sur la rive nord, l'horizon était barré par un demi-cercle de crêtes sur le versant et au sommet desquelles étaient installées les défenses allemandes. Les Français avaient devant eux le plateau de Santerre, terrain beaucoup plus favorable.

Comme il n'y avait pas eu de combats sérieux dans ce secteur depuis 1914, et le sol crayeux de la Somme s'y prêtant, les Allemands avaient édifié là un système de défense en quelque sorte résidentiel. Les hommes non de garde jouaient aux cartes dans des abris profonds de treize mètres sous le pire déluge d'artillerie lourde ; l'éclairage électrique était installé dans les tranchées profondes et les abris attenants ; les troupes de réserve cantonnaient dans des carrières à chaux aménagées, des passages souterrains conduisaient des abris aux postes de mitrailleuses installés sur les pentes des éperons.

Rien ne semblait avoir été négligé dans la préparation du côté allié. L'arrière était un immense chantier de route nouvelles, de voies de chemin de fer en construction ; dans les collines avaient été creusés des dépôts, des abris, des ambulances.

« Si l'artillerie accomplit bien sa tâche, avait dit le général Rawlison, commandant la IVe Armée britannique, le reste sera facile. » Le plan britannique prévoyait un bombardement préalable d'une durée de cinq jours — tir continuel de harcèlement et quatre-vingts minutes de tir concentré — avec émission de gaz toxiques, et ce programme fut exécuté presque intégralement. La préparation du côté français dura soixante-douze heures.

Les Britanniques sortirent de leurs tranchées le 1er juillet à 7 h 30 après une heure cinq minutes de superbombardement sur les premières positions allemandes. Il faisait soleil ; les hommes traversèrent le *no man's land* en marchant, certains le fusil sur l'épaule. Les mitrailleuses allemandes entrèrent en action dès qu'ils atteignirent les barbelés. Une fois de plus les mitrailleuses. « Bien avant 14 heures la bataille est perdue pour les Britanniques, a écrit Brian Gardner. Les survivants sont revenus à leurs tranchées de départ ; ou bien ils sont dans la première ligne allemande, mais coupés de ravitaillement, de renforts et d'ordres ; certains sont étendus dans le *no man's land.* Presque la moitié de ceux qui ont franchi le parapet sont tués ou blessés. »

Les Français par contre réussirent. A 9 h 30 le 1er juillet, les troupes coloniales et les réservistes bretons quittèrent les tranchées en chantant *La Marseillaise,* détail attesté par tous les narrateurs. Le soir la première position allemande, des abords de Frise aux lisières d'Estrée, était conquise ; le 2 juillet, Frise était débordé et conquis, les coloniaux emportaient la forteresse du bois de Mereaucourt et Herbecourt, le 3 ils poussaient jusqu'à Buscourt. Les prises s'élevaient à dix batteries et plus de huit mille prisonniers.

Pendant ce temps, les Anglais s'efforçaient vainement d'atteindre les lignes allemandes dominantes, qui leur envoyaient un déluge de feu. Dix-neuf mille tués le premier jour.

« Les chefs français et anglais, a écrit Winston Churchill, ont choisi pour attaquer la position la plus forte et la mieux défendue du monde. Cette position, d'après D. C. Somervell, surpasse en puissance tout ce qui a été vu jusqu'ici dans l'histoire militaire. La manière désinvolte, arbitraire, avec laquelle a été décidée cette bataille de la Somme où des milliers d'hommes étaient voués à perdre leur vie est un des aspects les plus horribles de la bataille. » Au cours d'une autre guerre, Winston Churchill devait prendre des décisions tout aussi arbitraires concernant la vie et la mort de centaines de milliers d'hommes, mais il ne risquait rien à condamner *a posteriori* la décision de combattre sur la Somme, car le massacre des premiers jours avait bouleversé l'opinion britannique. Douglas Haig voulait renoncer à l'offensive. Joffre dut se mettre en colère pour obtenir qu'il continue.

Le 4 juillet au matin, la progression française se ralentit, à la fois parce qu'un ordre de Foch fit infléchir vers le Sud l'axe d'attaque et parce qu'on arrivait sur des positions très solides. Le général Berdoulat, commandant le corps colonial, désigna l'objectif numéro un, réellement peu engageant, village mis en état de défense depuis des mois, au surplus isolé par un glacis de huit cents mètres : Belloy en Santerre.

Berdoulat désigna en même temps l'unité choisie pour ce morceau de choix : Régiment de marche de la Légion étrangère. Les régiments de marche du 1er et du 2e Étranger, ayant suffisamment fondu devant les mitrailleuses de la ferme de Navarin, avaient été fondus en un seul, plus de numéro. Régiment d'élite, disaient les grands chefs. « A peine créé, il est considéré comme l'une des unités de choc par excellence que le haut commandement conserve et entretient en vue des grandes offensives prochaines. » L'attaque-test était arrivée.

Il avait fait beau les trois premiers jours de l'offensive, mais maintenant il pleuvait, à peu près comme à Navarin. Le glacis entre Assevilliers et Belloy était vraiment un terrain sinistre, un de ces espaces devenus incultes à cause de la guerre ; plat, sans abris ni couverts ; défoncé par les obus, mais point pelé partout, en grande partie couvert de hautes herbes.

On apercevait les petits murs des jardins avant le village, là-bas, au diable, huit cents mètres. Un terrain de football mesure de quatre-vingt-dix à cent vingt mètres de long ; calculez. Tous les hommes de la première vague étirée le long de la lisière d'Assevilliers savaient qu'une bonne partie d'entre eux seraient morts bien avant d'avoir parcouru les huit cents mètres de glacis. En juillet 1916, un régiment de survivants, unité d'élite, ne pouvait guère ignorer qu'il était en partie un régiment de condamnés à mort. Cependant ces hommes ne paraissaient pas désespérés. Plutôt graves, oui, et les quelques plaisanteries échangées ressortaient plutôt de l'humour noir, mais pas désespérés ni révoltés. La discipline fit la force des armées et le fatalisme des soldats donne la puissance aux chefs.

— Allons !

Les hommes de la 9e compagnie s'alignèrent un peu, le clairon sonna la charge.

— En avant la Légion !

Une fois de plus, il n'était pas question de courir. Lever les pieds dans les hautes herbes incultes, tâcher de ne pas glisser dans les trous d'obus, et la pluie ne cessait pas. Pas de mitrailleuses, enfin pas encore. On allait toujours, des légionnaires se retournaient pour mesurer le chemin parcouru, c'était incroyable, déjà peut-être la moitié ; les maisons d'Assevilliers paraissaient maintenant aussi lointaines que celles de Belloy là-devant.

Le crépitement terrible qui éclata soudain ne venait pas d'en face, mais de la droite ; du chemin Estrée-Belloy, les officiers qui avaient regardé la carte le savaient, mais impossible de ne pas passer devant ce danger. Les mortels moulins à café devaient être nombreux dans le chemin, car un fleuve de balles balayait le glacis, juste par le travers.

Moins d'une minute et le glacis était jonché de corps dans toutes les positions, immobiles sous la pluie, aussi immobiles que s'ils étaient morts depuis des heures. D'autres bougeaient, rampaient lentement vers les trous d'obus. Un homme se relevait, tentant de faire quelques pas. Deux, trois fois au plus, et au tapis ! Ramper, telle était la seule solution. Vers l'avant ou vers un trou, selon votre personnel degré d'héroïsme. On n'entendait plus une voix d'officier. Un caporal commandait la 11e compagnie ; c'est-à-dire qu'il encourageait de temps en temps les copains qui rampaient auprès de lui. Ramper jusqu'aux petits murs des jardins de Belloy était peut-être la seule chance de survie. Ou alors se terrer dans un trou.

— En avant la Légion !

Il y avait encore quelques hommes qui parfois se soulevaient un peu, qui tentaient de trotter, courbés en deux. Non. L'infranchissable réseau de la mort était tendu à quarante centimètres du sol. La première vague d'assaut gisait maintenant presque entière éparse sur le glacis.

A la lisière d'Assevilliers, les hommes de la seconde vague se préparaient à s'élancer. Hommes et officiers avaient devant les yeux l'image de leur propre mort et cependant les officiers regardaient leur montre comme s'il s'était seulement agi de prendre un train et les hommes sans rien dire assuraient leur casque, leur barda.

— En avant la Légion !

La Légion rampait dans les hautes herbes glissantes et dans la boue. En ordre, en colonne ou en ligne d'escouades, obéissant aux ordres des officiers. « Par ici. Plus à gauche. Plus à droite. Serrez sur moi. » La deuxième vague rampait en contournant les trous d'obus pleins de blessés. D'autres blessés couchés dans les hautes herbes s'interpellaient, se rapprochaient, s'entraidaient pour se traîner vers les trous. Certains, trop atteints, immobiles, appelaient pitoyablement, mais on ne pouvait rien pour eux ; plus tard, peut-être. Oui, mon vieux, on va s'occuper de toi, et il fallait détacher, repousser avec force la main du copain qui tentait de vous saisir au passage, parfois il fallait entendre sa malédiction. Voilà le pire à supporter dans la guerre, la malédiction du copain pour qui on ne peut rien.

Des officiers et des hommes de cette seconde vague n'avaient pas encore assez compris, ou ils oubliaient deux secondes que la zone de survie s'arrêtait à quarante centimètres au-dessus du sol ; ils se relevaient tant soit peu pour s'élancer. Liquidés. Un blessé qui levait le bras voyait sa main éclater toute rouge. Les blessés dans les trous d'obus se réconfortaient mutuellement, s'aidaient, les moins gravement atteints tentaient de regarder au ras du sol la direction de Belloy, mais les herbes les gênaient.

— Fais pas la con, tu peux rien voir ! Reviens.

Il y en avait qui ouvraient la bouche pour boire la pluie, d'autres se couvraient le visage d'un plan de capote, et ils se mettaient à délirer dans une langue étrangère. Souvent, ces hommes étaient très serrés.

— Salaud, tu me pisses dessus !... Merde, il est mort.

Quelle heure était-il ? on questionnait ceux qui avaient une montre, on les questionnait cent fois, ce n'était pas possible qu'on soit là depuis seulement une demi-heure, où étaient maintenant ceux de la deuxième vague, on ne les voyait plus, on ne les entendait plus. Tous étendus, eux aussi ? Des brancardiers allaient tout de même venir, sacré bon Dieu !

— Des brancardiers, vous me faites marrer ! Personne peut venir, on crèvera ici.

De brèves et violentes disputes alors s'élevaient comme parfois dans les canots de sauvetage. Les chefs avaient été des salauds d'accepter d'attaquer sur ce glacis. Les chefs savent ce qu'ils font, c'est vous qui êtes des manches. On n'est pas des gonzesses ; et pourquoi croyez-vous êtes venus ici, etc.

— Vos gueules ! Écoutez...

Ce qu'on entendait était à peine croyable. Le clairon. La sonnerie de la charge. Non pas du côté d'Assevilliers, mais du côté de Belloy. Les blessés écoutaient, toujours sans lever la tête, l'instinct de conservation est un professeur extraordinaire. On entendait sonner la charge et aussi des mitrailleuses qui tiraient...

— Les grenades ! ça, c'est des grenades !

L'éclatement des grenades, mat, très reconnaissable, prouvait que les types de la seconde vague étaient au contact ; qu'ils se battaient devant Belloy ou dans Belloy, ils n'avaient pas tous été liquidés par les mitrailleuses.

— Encore la charge, les gars !

Encore plusieurs fois la charge, de loin c'était une sonnerie vraiment excitante, presque joyeuse, et elle continuait, sûrement ça bardait là-bas, oui ça devait marcher, sinon on n'aurait pas entendu sonner la charge. D'ailleurs, le tacata des mitrailleuses semblait maintenant moins fourni, et encore le clairon, sûrement la Légion l'emportait, la Légion prenait Belloy.

— Vive la Légion ! Vive la France !

Des blessés se dressèrent à demi, les mitrailleuses ne fauchaient plus, la Légion avait sûrement pris Belloy. Vive la Légion ! vive la France ! il est parfaitement vrai que les blessés, du moins ceux qui pouvaient, criaient ainsi sous la pluie dans leurs trous d'obus, quelques-uns d'une voix très faible, quelques-uns avaient seulement la force d'ouvrir la bouche. Ces hommes criaient ou tentaient de le faire pour saluer les copains, pour se saluer eux-mêmes, pour saluer la Légion légendaire qui venait de se montrer invincible, victorieuse de la mort, et beaucoup criaient aussi parce que maintenant ils pouvaient espérer qu'on ne les abandonnerait pas sur le glacis de la mort. Sûrement, on viendrait les chercher.

La seconde vague avait vraiment pris Belloy. Après avoir rampé dans la boue jusqu'aux petits murs des jardins, jusqu'aux entrées des rues, les hommes de la seconde vague s'étaient infiltrés en balançant leurs grenades. Leurs clairons sonnant la charge, ils avaient progressé par bonds, d'un mur à l'autre, d'une maison à l'autre, avec une compétence et une efficacité de vrais soldats et avec un courage sans limite. Quinze officiers allemands prisonniers regardaient avec quelque surprise les quelques officiers légionnaires survivants, élégants, désinvoltes, couverts de boue, l'un d'eux reconnaissant un autre habitué de chez Maxim, le lieutenant Mazare-Aga, fils de l'ambassadeur à Paris du shah de Perse.

Parmi les blessés gisant sur le glacis se trouvait le capitaine de l'armée suisse Albert de Taschner, et un autre blessé de qualité était le poète américain Alan Seeger, caporal dans la Légion.

Estimant infime le paiement de sa dette
Pour que son drapeau puisse, l'honneur intact,
Flotter sur les tours de la liberté,

De sa poitrine le soldat fit un rempart
Et de son sang combla le fossé...

Avait-il imaginé, le charmant poète, à quel point il était prophète de son propre destin ? Maintenant la nuit était venue et Alan Seeger gisait dans un trou sur le glacis avec les copains, comme eux attendant les brancardiers, ah ! que les secours sont toujours longs à venir ! Des blessés mouraient et d'autres gémissaient ou criaient et d'autres juraient et maudissaient, et lui, Alan Seeger, il chantait. Pour les copains et pour lui, pour passer le temps interminable, ou peut-être simplement parce qu'il était un poète, le caporal Alan Seeger chantait des refrains populaires français, merveilleusement teintés par son accent américain. Parfois une voix s'unissait un instant à la sienne, mais la sienne paraissait infatigable, encore d'autres chansons, comme une flamme d'espoir cette voix s'élevait dans la nuit pluvieuse. Hélas ! au petit jour, un refrain se brisa, la voix s'éteignit.

Le corps du poète fut mis en terre avec ceux des copains ; la Légion avait perdu ce jour-là 25 officiers, 844 hommes, le tiers de son effectif. Cimetière militaire. Or bien des cimetières militaires de cette guerre ont ensuite été, au cours même de cette guerre-là, d'affreux théâtres de combat, de tueries, les tués de l'instant mêlés aux morts déterrés, aux vestiges. Après la guerre, le père d'Alan Seeger, venu en France, ne put rien retrouver de son enfant. Alors, il offrit une cloche à l'église de Belloy, tout juste reconstruite. Une cloche qu'on baptisa Alan Seeger. Ainsi n'était pas morte la voix du poète. Trois fois par jour elle chantait l'Angélus.

« Onze villages reconquis, plus de 8 000 prisonniers, 52 pièces d'artillerie lourde. Les unités allemandes du secteur ont subi une telle usure que huit divisions fraîches ont été identifiées depuis le 1er juillet. » Les phrases du communiqué et les titres des journaux français étaient optimistes. On s'efforçait d'habituer le public à la notion de « guerre d'usure ». Certains commentateurs montraient même combien, pour cette première phase de la bataille de la Somme, l'usure avait été acceptable du côté français. « Les pertes ne dépassent pas 11 000 hommes. » On taisait les pertes des Anglais, 100 000 hommes. On ne parlait plus de percée, sinon pour faire remarquer qu'à Verdun, les Allemands n'avaient pas percé.

Apparaissait aussi une locution nouvelle, plutôt rassurante pour les familles : « bataille de matériel ». « Les opérations de la Somme ne sont plus maintenant qu'une bataille de matériel. » Toutes les phrases n'étaient que des masques pour la réalité décourageante : la malédiction continuait, la guerre-cancer immobile. L'automne était arrivé, transformant la zone de combat en marécage. Encore aujourd'hui les photographies de la boue de la Somme en novembre 1916 sont impressionnantes, elles égalent celles des enlisements de la Wehrmacht en Russie pendant la Seconde Guerre mondiale. Ainsi vint la fin de ces combats.

L'échec appelait un sacrifice, une victime, chacun sentait cela, les dieux l'exigeaient. La victime fut soudain et assez curieusement l'homme dont on avait fait un dieu : Joffre. Le nom d'un nouveau généralissime s'éleva comme un astre neuf à la course rapide : Nivelle.

Celui-là aussi avait sa doctrine. Plus de ces interminables préparations d'artillerie qui permettent à l'ennemi de prévoir l'attaque et de mettre en mouvement ses réserves. Réaliser la rupture d'un seul coup, en vingt-quatre ou quarante-huit heures, par surprise, et sur une partie du front moins « usée » que le champ de bataille de la Somme.

— Je prévois l'attaque de rupture dans la région de l'Aisne. Elle sera précédée d'une diversion au nord de l'Oise et immédiatement suivie d'une exploitation, confiée à une masse de manœuvre réservée à cet effet.

Or, ce programme subit un contretemps extraordinaire, le dernier qu'on eût pu imaginer. Bien avant l'offensive française, les Allemands se replièrent profondément de quinze à quarante kilomètres selon les endroits, pour raccourcir leur front et parce que Hindenburg et Ludendorff venaient de décider : « Pas d'offensive pour le moment, guerre d'attente. Pendant ce temps, nos sous-marins affament l'Angleterre. »

Ce repli rendait caduc l'aménagement du champ de bataille déjà réalisé par Nivelle. On avait rassemblé 850 000 hommes et une masse énorme de canons, de munitions et d'approvisionnements et maintenant il fallait, pour arriver au contact de l'ennemi, pousser d'abord cette masse à travers un terrain dévasté (en se repliant, les Allemands avaient coupé les routes, les voies ferrées, détruit les villages, scié les arbres fruitiers), où la vie même était devenue difficile. Cette progression préalable posait cent problèmes.

Au grand conseil de guerre du 6 avril, à Compiègne, nombre de chefs militaires furent d'avis de remettre l'offensive. Nivelle ayant offert de rendre sa lettre de commandement, les chefs politiques, présents aussi (y compris Poincaré), lui accordèrent tout, on attaquerait sans attendre. Toutefois, on utiliserait seulement la partie du front déjà préparée et qui n'avait pas été affectée par le repli allemand, et on ajouta un secteur de diversion, non plus au nord de l'Oise, mais en Champagne. Bref, les Allemands avaient attiré l'offensive française sur le terrain qui leur était le plus favorable : montueux, boisé, coupé de ravins — et solidement fortifié par eux.

La Division marocaine devait attaquer la Suippe et le mont Sans-Nom du massif de Moronvilliers, à l'est de Reims. A droite de cette division, la Légion avait mission de s'emparer du village d'Aubérive.

Le moral des combattants était bon à la veille de cette offensive. Avoir vu au passage les destructions opérées par les Allemands excitait leur colère. Ils n'avaient pas eu vent des hésitations stratégiques ni des changements de plans et une fois de plus, ils croyaient qu'ils allaient crever le front allemand, on le leur avait en quelque sorte promis.

Même le mauvais temps ne démoralisait pas. Pendant trois semaines il avait fait beau et juste comme on allait attaquer, changement. Non seulement il pleuvait, mais il neigeait, neige et pluie mêlées, poussées par des rafales de vent. Le 17 avril dans la nuit, les légionnaires quittèrent les tranchées où l'eau leur montait aux genoux, et sur le terrain marneux fantastiquement glissant, en files indiennes, chacun tâtant le dos du copain pour ne pas se perdre, gagnèrent les parallèles de départ, aussi inondées que les tranchées. Là, ils attendirent le petit jour. Les canons tonnaient dans la nuit, une fois de plus l'ébranlement du sol donnait une impression de bélier, de marteau-pilon écrasant tout. Et par instants, les rafales d'eau étaient si fortes qu'on se serait cru sur un navire au milieu de la tempête, on ne savait même plus si les obus tombaient devant ou derrière. Quand ce grondement cessa, il était temps d'attaquer dans la lumière blême.

Les hommes ne furent pas surpris d'entendre les mitrailleuses leur tirer dessus presque tout de suite. Ils savaient maintenant que la préparation d'artillerie ne les détruisait qu'en partie.

Sur ce terrain chaotique glissant, sous les rafales de pluie, épais rideaux liquides poussés par le vent, il n'était pas question de sonner la charge, d'attaquer en ligne. « Une tactique nouvelle s'impose ; le combat va changer d'aspect : la progression se fait par petits groupes, à la grenade. » Exact. Et en regardant les documents d'un peu près, on peut se faire une idée de cette forme de combat en quelque sorte artisanale.

Des hommes sont là, couchés sur le ventre sous la pluie, collés à la boue comme un groupe de blattes, tandis que les lueurs des mitrailleuses brillent par intervalles, presque au ras du sol, dans le matin jaunâtre. Les blattes rampent dans la boue. Soudain, vous voyez quelques bras qui bougent au-dessus du sol d'un mouvement assez vif, vous entendez des détonations mates : les grenades. Aux mains des légionnaires, les grenades vont être ici un outil de choix.

Vous arrivez assez près de la tranchée, du trou, du boyau, vous jetez, en soulevant tout juste le buste du sol. Vous entendez le maudit moulin à café qui s'enraye ; un bond, et vous voyez les servants le ventre ouvert, la figure arrachée, le casque de travers sur cette bouillie rougeâtre ; vous voyez les types morts sous la pluie diluvienne, tout à fait inutiles à côté de leur petit engin encore tout chaud, fumant sous la pluie, ou à côté de leur flingue encore accroché au créneau. Voilà ce que vous voyez, à condition que vous ne soyez pas déjà vous-même un macchabée ruisselant sous la pluie, dans la boue. Parfois, malgré les grenades, il n'y a pas que des morts là où vous arrivez, alors vous vous servez de votre baïonnette ou, de préférence, de votre couteau, et eux aussi. On se crève le ventre comme des Apaches, entre Européens.

Cinquante mille grenades, voilà le petit stock que la Légion va consommer dans sa progression vers Aubérive. Car le genre de combat évoqué ci-dessus, sous la pluie, d'un obstacle à l'autre, d'une tranchée à l'autre, d'un boyau à l'autre, ce combat va durer trois jours. Trois jours et deux nuits.

Des survivants ont raconté que pendant ces nuits-là ils avaient dormi. Une heure, ou une demi-heure, ou cinq minutes. La pluie les réveillait, ou la douleur d'une blessure, ou un coup de feu. Chaque aube était le recommencement de la tuerie, de groupe à groupe, d'homme à homme, la même opération répétée cent fois. Au début de la première nuit, une nouvelle avait parcouru le diluvien champ de bataille : le chef du régiment, lieutenant-colonel Duriez, venait d'être tué ; le commandant Derville le remplaçait.

Vous ne pouvez pas combattre ainsi trois jours de suite sans manger ni boire. Il n'était pas question, dans ce cauchemar, de roulantes, ni même de corvées de soupe. On bouffait ce qu'on avait sur soi, du pain, du chocolat, un morceau de charcuterie ; une moitié de boîte de singe, on gardait l'autre pour le lendemain, parfois tout simplement fourrée dans une poche, le singe directement dans la poche, on en tirait des bribes à la main quand on avait trop faim. On trouvait aussi de quoi manger sur les Allemands qu'on tuait ou qu'on trouvait morts. Mais toutes leurs provisions avaient un sale goût, comme une goût chimique, même les cigarettes.

Boire. On buvait aussi ce qu'on avait, un bidon de pinard, en général, mais un bidon de pinard ne dure pas trois jours. Le café infect des bidons allemands. A défaut, les hommes lapaient l'eau de pluie dans des flaques, dans des trous. Il y avait aussi quelques légionnaires extraordinaires, des génies : ces types-là au cours de ces combats ont trouvé le moyen de faire du café, de boire du café chaud. D'une certaine manière ils étaient l'orgueil de la Légion, car ailleurs vous auriez pu chercher.

Trois jours et deux nuits pour atteindre le village d'Aubérive. Il faut non seulement manger et boire, mais aussi faire ses besoins. Nous ne parlons pas de ces choses dans la vie civilisée, mais on était alors à mille lieues de cette vie, à cent millions d'années, et les hommes se soulageaient dans des conditions que des animaux eussent trouvées trop dangereuses et trop inconfortables ; des hommes ont été tués ainsi...

Au soir du 19, on avait enfin atteint Aubérive, village fortifié que le commandement allemand voulait à tout prix conserver. Un instant, les légionnaires craignirent de manquer de grenades, mais il en arriva. Le ravitaillement ne suivait pas, mais les grenades oui, bien des combattants l'ont remarqué. Les légionnaires aux yeux enfoncés dans des orbites presque aussi creuses que celles des morts continuaient à combattre et à tuer comme si c'eût été maintenant pour eux une nécessité vitale, une fonction. Les Allemands perdirent Aubérive, les Allemands perdirent le Grand Boyau, dit encore tranchée Bethmann-Holweg. Tout cela enlevé, nettoyé à la grenade et au couteau. Au soir du 20 avril, deux kilomètres carrés de terrain conquis ; mis bout à bout, sept kilomètres de tranchées et de boyaux. Les sections de pointe de la Légion avaient pénétré de trois kilomètres dans les lignes allemandes.

A l'aube du 21 avril, les légionnaires de la 6e compagnie, adjudant-chef Mader, se remettaient de leur fatigue dans la tranchée Bethmann-Holweg en compagnie d'un certain nombre de cadavres allemands peu agréables à regarder. Les guetteurs ne regardaient d'ailleurs pas les cadavres, mais le vallon au-dessous de la tranchée. Régnait un grand silence. Les contours du paysage émergeaient lentement d'un rêve brumeux et triste. Arbres déchiquetés, terre bouleversée, royaume d'une planète de mort, et l'on ne distinguait pas encore les morts étendus, les objets brisés répandus, la pouillerie de la bataille. L'un des guetteurs, cependant, avait de très bons yeux.

— Mon adjudant !...

— Bas si fort !

L'adjudant venait et regardait à son tour. Une petite masse bleuâtre bougeait dans le brouillard. Une section, deux sections d'infanterie. Ces hommes marchaient en silence dans l'étrange paysage, en silence, mais droit devant eux, sans se cacher, comme s'ils eussent été seuls, loin de tout ennemi. On voyait parfois des troupes ainsi dépêchées : « Gagnez tel point. Le secteur est nettoyé. »

Le secteur était nettoyé jusqu'à la tranchée Bethmann-Holweg. Mais le guetteur aux bons yeux voyait très bien, sur la droite, le plus proche nid de mitrailleuses non conquis. Probablement une seule mitrailleuse ; admirablement défilée, elle prenait en enfilade un pli du vallon, un pli vers lequel justement marchaient ces deux sections d'infanterie, on les voyait de plus en plus distinctement. Et maintenant le guetteur légionnaire apercevait aussi le guetteur allemand du poste de mitrailleuses. Il distinguait son casque et le profil de son visage, et ce profil ne bougeait pas. Le guetteur allemand immobile regardait, lui aussi, cette petite troupe bleu horizon qui s'avançait toujours en silence et régulièrement, comme une troupe de somnambules.

— Mon adjudant, ils vont se faire descendre.

— Adends un beu...

L'adjudant-chef affligé de cet accent, naturalisé français, déjà père d'un enfant français, était, fait assez exceptionnel sur ce front, un authentique Allemand d'origine.

Né en 1886 aux environs de Stuttgart, Mader, ouvrier maçon, avait été appelé au service dans un bataillon de pionniers wurtembourgeois. Pas de l'oie, discipline de fer. Mader avait eu en outre la malchance d'être pris en grippe par l'adjudant de sa section. Je vous dresserai, je vous ferai pisser le sang, ces locutions existaient aussi en allemand et dans d'autres langues. Mader était un grand diable à moustache, sec mais fort comme un Turc. Sous les brimades, il comprimait sa colère.

L'explosion eut lieu un soir, dans un quartier désert, éloigné de la caserne. Soudain face à face avec cet adjudant-bourreau.

— Ah, c'est vous, Mader. Mais qu'est-ce que vous voulez ? Mais...

Le cou serré un peu trop fort, le sous-officier gisait sur le trottoir. Mader courut chez son frère, qui lui donna des vêtements civils, brûla son uniforme et lui conseilla de filer au diable, autrement dit en Suisse, la frontière la plus proche. Là, Mader fut arrêté par une ronde de gendarmes alors qu'il fouillait dans une poubelle.

— Qu'est-ce que vous faites là ?

— Je cherche de quoi manger.

— Dans une boîte à ordures !

En Suisse ! Arrêté, menacé d'être refoulé, Mader fut sauvé par le Ciel qui lui envoya l'ange le plus utile en la circonstance : un ancien légionnaire, affranchi, au courant des passages pour les sans-papiers, au courant des filières. Quelques semaines plus tard, l'ex-victime d'un adjudant allemand (mort ou pas, Mader ne le sut jamais) signait sa feuille d'engagement à Montbéliard. Fort Saint-Jean, 2e Étranger à Saïda, fortins dans le Sud oranais. En 14 le sergent Mader avait été volontaire, et accepté, pour venir combattre en France. La cohorte disparate des nouveaux engagés manquait de sous-officiers.

Mader, combattant expérimenté, volontaire pour tous les coups durs, était maintenant adjudant-chef. Et ce matin du 21 avril 1917, il regardait cette compagnie d'infanterie française qui marchait, inconsciente, vers sa perte. Il se retourna vers ses hommes :

— Égoudez-moi.

« Une sorte de génie de l'organisation », a écrit Louis Garros. Quelques secondes, et Mader suivi de quatorze légionnaires trottait dans la boue vers la mitrailleuse menaçante, en ligne courbe pour arriver par-derrière. Les Allemands, eux, regardaient toujours cette proie qui s'offrait, ils la laissaient encore s'avancer. Le mitrailleur rentra sa tête dans les épaules pour viser, le canon de l'arme bougea un peu. Mader se mit à hurler. Les Allemands se retournèrent, voulurent retourner leur engin. Trop tard, des grenades pleuvaient sur eux.

Quand les fantassins arrivèrent, attirés par le bruit, Mader interrogeait les survivants du petit fortin. Il avait une manière énergique d'interroger, et des Allemands étaient en outre stupéfaits de s'entendre si bien injurier dans leur langue. L'un d'eux flancha :

— Une batterie de 105 est camouflée à moins de deux cents mètres d'ici.

— Où ?

— Par là.

« Un homme simple et qui ne s'embarrassait pas de philosophie », a-t-on encore écrit de Mader. En quelques minutes, l'adjudant-chef ex-ouvrier maçon imagina, mit en œuvre et réussit le coup de main qui aboutit à la capture de sept canons lourds allemands. La batterie, gardée par une compagnie de Saxons, était abritée dans une ancienne carrière. Mader descendit les sentinelles à la grenade en même temps qu'il faisait cerner la position, puis il se mit à crier en allemand :

— Vous êtes pris, rendez-vous ! Sortez un par un en jetant vos armes.

Sept canons lourds valaient bien une citation. Mader fut fait chevalier de la Légion d'honneur, sous-lieutenant à la fin de l'année. Les légionnaires sont contents de voir l'un d'eux sortir du rang, devenir socialement l'égal des officiers huppés dont le titre et l'allure flattent leur vanité. Mais en même temps, l'officier sorti du rang doit s'imposer par une supériorité évidente. Mader avait pour lui sa stature, son impavidité, son courage, sa connaissance sans défaut du métier d'officier de troupe, et parfois une désinvolture troupière à l'égard du commandement :

— Le golonel, tu lui tiras merte !

En juin 1918, une balle explosive lui ayant fracassé l'épaule droite, il s'évanouit dans l'auto qui le transportait vers Villers-Cotterets. Il revint à lui étendu sur le sol d'un préau d'école ; à sa droite et à sa gauche gisaient quelques douzaines de morts déjà rigides. Un aumônier allait et venait en lisant son bréviaire. Mader l'interpella, lui dit qu'il était « gadolique » et voulait se confesser. Confessé, puis amputé et pansé, on le transporta sous une tente-hôpital que des avions allemands vinrent aussitôt bombarder. Mader ne fut pas atteint.

Quelques visiteurs privilégiés du château de Versailles ont connu Mader, gardien-chef de ce monument. D'anciens légionnaires hantaient sa loge, conservatoire de récits épiques. Mader, veuf et remarié, n'avait rien perdu de son accent. Après l'armistice de 1940, il accepta, pour garder sa place, de jouer le sourd-muet, c'était plus prudent. Ce grand cheval de guerre mourut finalement dans son lit, de sa belle mort.

L'offensive Nivelle n'avait pas débouché. Une fois de plus la presse célébrait le succès tactique, une partie des premières positions ennemies enlevée, 25 000 prisonniers, 200 canons. Mais maintenant la masse des soldats se souciait peu de succès tactiques, elle se foutait pas mal de quelques kilomètres, des prisonniers et des canons. Les Français aussi avaient eu des leurs faits prisonniers, et perdu des canons. Et sur le champ de bataille, autant de morts en uniforme bleu horizon qu'en vert-de-gris ; cette fois-ci, la pilule ne passait pas. Elle passait d'autant moins que, de l'autre côté de l'Europe, commençait un mouvement que l'instinct populaire déjà devinait immense. A la fin d'avril, plus d'un million de soldats russes avaient mis crosse en l'air. Les soldats français qui alors « se mutinèrent » refusèrent de monter en ligne, constituèrent des Comités de soldats, n'en voulaient nullement, pour la plupart, à leurs chefs directs qui partageaient leurs dangers et leur affreuse misère ; ils en voulaient même à peine aux grands chefs que, dans l'ensemble, ils tenaient pour pas très forts et complètement dépassés par l'énormité de cette guerre. C'était au gouvernement qu'ils en avaient, au gouvernement selon eux incapable de trouver une issue et qui, cependant, continuait cette guerre.

La Légion ne fut à aucun degré atteinte par l'esprit de mutinerie parce que son armature était faite de combattants professionnels qui s'étaient engagés pour se battre. Quand ils cesseraient de se battre en France, ce serait ailleurs, pour ces hommes-là la crosse en l'air n'avait aucun sens. Et ces légionnaires venus de Bel-Abbès et de Saïda avaient tout naturellement fait partager aux autres leur façon de voir. La Légion était la Légion, ce que pensaient, disaient ou faisaient les combattants des autres corps n'avait aucune espèce d'intérêt. La puissance primitive et invincible de l'esprit de corps avait transformé la mixture du début en ce bloc pour qui la guerre affreuse était une fatalité honorable et un chapitre de la geste légionnaire.

En outre, le moral était bon à la Légion parce qu'on y mangeait et buvait bien, en tout cas mieux qu'ailleurs. Les légionnaires trouvaient normal de souffrir et d'endurer les pires privations pendant les coups durs, mais aussitôt en réserve ou au repos, il leur fallait une gamelle de seigneurs. Messieurs les officiers, débrouillez-vous. Les officiers connaissaient ce côté de la tradition, et ils tenaient à honneur de s'y conformer.

On sait que ce fut Pétain, le maniaque de l'économie des effectifs, le général le plus soucieux du bien-être du troupier qui, Nivelle écarté, hérita la corvée de liquider les mutineries nées de l'échec de l'offensive Nivelle. On sait aussi qu'il conjura assez habilement l'épidémie, vingt-trois exécutions en tout.

Pétain professait alors une grande idée simple : attendre les Américains. L'entrée en guerre des États-Unis était la contrepartie accordée par le Destin au coup dur de la défection russe. Pétain inaugura donc son règne en décidant qu'on n'entreprendrait, jusqu'à nouvel ordre, que deux offensives à objectif limité : la première au nord de Verdun, pour dégager cette place forte et sa voie ferrée ; l'autre (qu'on nomma bataille de la Malmaison) pour mettre fin à la guerre d'usure du Chemin des Dames. 80 000 tonnes de munitions, représentant 266 trains de 30 wagons, furent consommées pour la préparation d'artillerie (six jours) et le premier jour de la bataille de la Malmaison. Je n'ai malheureusement pas pu trouver les chiffres concernant l'attaque au nord de Verdun, à laquelle participa la Légion, mais tout laisse penser que là, aussi, Pétain fit prodiguer les obus ; c'était sa méthode.

La Division marocaine (général Degoutte) devait dégager la rive gauche de la Meuse en repoussant les Allemands au nord du ruisseau de Forges. L'artillerie ne cesserait pas son tir juste avant l'assaut, mais l'allongerait, les assaillants progressant derrière ce barrage, protégés par lui.

Le 20 août 1917, à 4 h 40, petit jour, les légionnaires foncèrent derrière le barrage. Cette fois réellement foncèrent car le terrain était sec et le pilonnage avait produit effet. L'ardeur des légionnaires était telle que les artilleurs n'avançaient pas leur barrage assez vite, les officiers devant retenir les hommes qui se jetaient jusque sous ce feu. Le planning de l'état-major prévoyait que les Ouvrages blancs, la partie est du bois de Cumières et le boyau de Forges pourraient être atteints vers la fin de la journée, et à ce moment la Légion serait relevée, une autre unité poursuivant l'attaque. Or à dix heures du matin, la Légion avait conquis ces objectifs. Le colonel qui maintenant la commandait s'appelait Rollet.

— Pas question de moisir ici, dit-il. Voici mes ordres.

Le colonel Rollet avait réalisé sa percée personnelle et il ne résistait pas au désir de l'exploiter. Ses troupes ne s'arrêtèrent ce jour-là qu'après avoir atteint l'ouvrage 265 sur la côte de l'Oie. Une dizaine d'artilleurs allemands au courage admirable gisaient, la gorge ouverte, à côté de leurs deux pièces de 77. Le lendemain, les légionnaires, descendant la côte de l'Oie en direction de la Meuse, prirent le village de Régnéville. A gauche s'ouvrait, le long de la rivière, la route de Forges. Deux heures plus tard, la Légion entrait à Forges. Le colonel Rollet avait reçu un éclat dans le bras gauche, mais personne autour de lui n'osait lui demander de passer son commandement. Un coureur lui apporta un message de la division : « Quelles sont vos positions exactes ? Vous semblez avoir dépassé vos objectifs. » Rollet dicta aussitôt la réponse : « On avait fixé à la Légion des objectifs trop rapprochés. Elle s'en est assigné d'autres. »

Attachant personnage. La photo de Rollet en général inspecteur de la Légion (titre créé pour lui) à la fin de sa carrière, avec, sous la courte barbe, cette carapace de décorations sur la poitrine entière n'est pas de celles qu'on oublie. Le regard bleu intense dans le visage maigre (grande ressemblance avec Gouraud) avait, m'a-t-on dit, quelque chose de magnétique, et même la photo laisse voir cela. « Heureux et vaillant profiteur de gloire », m'a écrit, non sans admiration, un ancien légionnaire. Il est vrai qu'on peut trouver une lueur de malice dans ce regard, mais cette malice aussi profitait à la Légion. C'est très simple : Rollet devenu illustre, devenu son propre monument, une sorte d'institution nationale, avait divisé le genre humain en trois parties : la Légion ; ceux qui admiraient et étaient utiles à la Légion, ou pouvaient le devenir ; le reste, un néant. On assure qu'il était difficile de l'approcher sans être atteint du « virus légionnaire », sans devenir admirateur, bienfaiteur et propagandiste.

Le « Père de la Légion » était né en 1875 à Auxerre, père capitaine, milieu militaire, la carrière des armes allait de soi. Cette longue carrière devait se dérouler tout entière à la Légion, sauf un intermède de 1914 à 1917, car dès la déclaration de guerre le chef de bataillon Rollet avait demandé à partir sur le front français « pour ne pas manquer ça ». Il avait alors servi dans l'infanterie. La Légion et lui s'étaient retrouvés avec un plaisir réciproque le 2 juin 1917, lorsqu'il avait succédé, à la tête du régiment, au commandant Derville.

— C'est le type des compagnies montées, disaient les anciens.

Grâce à Rollet, en effet, la Légion avait employé presque exclusivement ces compagnies dans le Sud oranais. Il ne s'agissait pas de cavalerie. Un mulet pour deux hommes, portant le barda et chevauché à tour de rôle. Les compagnies montées avaient sillonné le bled avec une rapidité qui surprenait l'indigène.

On vient de voir que Rollet, au combat, ne ménageait pas sa troupe. Il s'était cependant rendu extraordinairement populaire dès sa prise de commandement par une audacieuse réforme du « rapport du colonel ». Tout légionnaire puni et qui estimait l'être injustement, ou excessivement, pouvait désormais en appeler directement au colonel sans passer par la voie hiérarchique. Il fallait, pour appliquer ce système sans dommage pour la discipline, une autorité exceptionnelle. Rollet la possédait. Lorsque, au début de novembre 1917, les légionnaires arborèrent leur fourragère rouge toute neuve, insigne sans égal, encore jamais vu (« Vous ne vous arrêtez pas dans vos succès, leur avait dit le général Pétain, mais je ne m'arrêterai pas non plus, dussé-je inventer pour vous de nouvelles récompenses... »), la plupart de ces hommes pensaient qu'ils devaient en grande partie ce glorieux hochet au père Rollet, diable d'homme pétant le feu, rendeur de justice et qu'au surplus la baraka semblait suivre.

La voix énergique du colonel Rollet se brisa et se voila soudain, aux premiers jours de janvier 1918, dans le secteur de Flirey, où la Légion eut le temps, en quelques jours, de décrocher une nouvelle citation, pour une action « menée avec cette maîtrise qui fait de la Légion une troupe incomparable et sans équivalent dans aucune des armées actuellement en opération ». Cet air de gloire que les légionnaires respiraient sans déplaisir avait été malheureusement mêlé à Flirey de relents un peu trop copieux d'ypérite, d'où l'extinction de voix de Rollet et d'une partie de son régiment.

Le surprenant, en ce qui concerne Rollet, était qu'il n'eût pas encore succombé à quelque foudroyante congestion pulmonaire. Au cœur de l'hiver, par neige et glace, il arpentait les champs de bataille dans la même tenue de toile qu'il portait à Biskra en plein été ; là-dessous, caleçon court et tricot de coton, jamais de chemise. Pas de molletières ni de jambières : leggins de peau de suède et bottines à boutons. Des gants, mais jamais de manteau, jamais de casque, jamais de ceinturon. Des officiers d'autres armes et d'autres nations parfois commençaient par considérer avec quelque effarement cette tenue non conformiste. La fourragère rouge et le regard bleu d'acier stoppaient toute velléité de réflexion.

J'entends encore l'explosion sourde, différente du son sec, bien saccadé, de l'éclatement des bombes d'avions. C'était le 23 mars 1918 peu après 7 heures du matin. Pas d'alerte, pas d'avions dans le ciel.

— C'est un dépôt de grenades qui a sauté.

Dix minutes plus tard, même phénomène ; puis, de quart d'heure en quart d'heure. On sut par les journaux du soir qu'un canon à longue portée tirait sur Paris.

— Mais alors, ils sont tout près !

Tout le monde croyait que la portée maxima d'un canon était de trente kilomètres. En réalité la « Grosse Bertha » tirait sur Paris depuis le massif de Saint-Gobain, cent dix kilomètres.

L'avant-veille, 21 mars au matin, après cinq heures d'un bombardement intense, trois armées allemandes avaient attaqué les deux armées britanniques Byng et Gough sur un front de plus de 60 kilomètres, partout ce front était crevé. Les poilus d'unités au repos voyaient arriver de l'avant des soldats britanniques — de vrais et durs soldats, on le savait maintenant, ils avaient fait leurs preuves, donné leur mesure — on voyait arriver des cavaliers démontés, des artilleurs sans canon, des fantassins blessés sans arme, des artilleurs sans canon, des fantassins blessés sans arme, morts de fatigue, visage creusé ; les soldats les interrogeaient :

— D'où venez-vous ? C'est dur, là-bas ? Croyez-vous qu'ils enfoncent le front ?

— *It is broken.*

L'un d'eux ajoutait en français, avec un flegme effrayant :

— C'est fini... Ils vont à Paris.

On revoyait un exode comme au début de la guerre, de nouveau « les réfugiés », femmes, enfants, vieillards, à pied ou en voiture, en carrioles, en chars à bancs, en chars à bœufs, avec les matelas, les casseroles, les cages à oiseaux, poussant des brouettes, des voitures d'enfant, visages sillonnés de larmes silencieuses, le sombre troupeau de toujours...

Il avait fallu ce choc pour que la coalition occidentale si puissante et tellement menacée atteigne enfin le principe vital de toute efficacité militaire : commandement unique. On avait nommé Foch. Dans le laborieux remue-ménage qui jetait partout des troupes chargées d'arrêter la poussée, de briser l'élan ennemi, de colmater, la Légion fut engagée le 25 avril à l'aile droite de la Division marocaine ; toujours elle, mais le chef était changé : général Daugan.

— Objectif du régiment de marche : reprendre les bois de Hangard.

De nouveau, le crayeux plateau de Santerre, mais bien en arrière de ce Belloy dont la conquête avait coûté si cher en juillet 16. Le bois de Hangard venait d'être perdu, la Légion arrivait dans la nuit, en camions. L'officier de liaison de la division montrait une carte au général Rollet :

— Nous sommes ici, le bois est là. Attaque à 5 heures. Il fera assez jour pour que vous distinguiez l'objectif.

L'heure d'été n'avait pas encore été inventée : 5 heures, c'était 6 heures d'aujourd'hui. Les légionnaires buvant leur café fumant distinguaient très suffisamment le fameux bois, petite masse sombre sur le plateau crayeux, encore un de ces bois maudits de la guerre, arbres manchots, tout noirs, très pitoyables arbres-troncs et malgré tout la sève invincible, indécourageable force de vie, poussait ici et là quelques feuilles vertes au printemps.

Dans l'immense action défensive, la Légion qui depuis le début de la guerre n'avait fait qu'attaquer, cette fois-ci attaquait encore, sans préparation d'artillerie, on courait au plus pressé. Dès le début de l'assaut, le petit engin mortel roi de la guerre se fit entendre, des hommes tombèrent.

Mais voilà qu'il y avait tout de même quelque chose de changé.

Les hommes ne s'avançaient plus seuls contre les mitrailleuses. En même temps qu'eux, sur le crayeux plateau, entre leurs groupes, devant eux, s'avançaient les machines étranges, cliquetantes, lentes, lourdes, maladroites, invention géniale salvatrice qui allait bouleverser, qui déjà changeait l'allure de la guerre terrestre : les tanks.

Les tanks mis en ligne ce jour-là, pour attaquer le bois de Hangard en même temps que la Légion, étaient, autant que j'ai pu comprendre, peu nombreux (nombre indiqué nulle part) ; il s'agissait d'une unité britannique « rameutée » dans le désordre du repli, il s'agissait d'engins primitifs et lents dont l'allure aujourd'hui nous ferait rire et cependant grâce à eux cet assaut n'était pas semblable aux précédents. Une partie des hommes de la vague d'assaut pouvait marcher derrière les tanks, abritée par eux, et en outre les nids de mitrailleuses voyaient arriver sur eux la tortue d'acier crachant du feu. Les tanks ne furent pas assez nombreux ce jour-là pour rendre la tâche facile, il s'en fallait de beaucoup, et aussi point de liaison entre eux ni avec la troupe assaillante. Cette attaque avec les chars était encore de l'à-peu-près, du bricolage tactique, et pourtant on peut dire que ces chars anglais aidèrent beaucoup à la conquête du bois de Hangard et ensuite ils aidèrent la Légion à s'y maintenir. Entre les arbres noirs au milieu de ce bois estropié qui puait l'hypérite, les tanks étaient autant de petits fortins très redoublables aux fantassins allemands qui contre-attaquaient. Les contre-attaques s'espacèrent, puis cessèrent. 18 officiers et 833 légionnaires avaient été mis hors de combat, presque tous par les mitrailleuses. Le régiment reçut sa septième citation.

La dernière grande partie de poker à coups de masses humaines était commencée. User les réserves françaises, puis acculer les Anglais à la mer, Ludendorff croyait cette manœuvre possible. Le 27 mai 1918, à une heure du matin, les divisions françaises qui tenaient le Chemin des Dames furent écrasées par le plus formidable déluge d'obus à ypérite auquel on ait assisté depuis le début de la guerre. Selon l'expression officielle, ces divisions furent « volatilisées ». Les Allemands atteignirent et submergèrent la crête du Chemin des Dames à 11 heures du matin. L'attaque allemande débouchait si bien que le Kaiser en personne apparut alors au nord du plateau dit de Californie. De là il voyait, sur le ciel clair, progresser ses divisions victorieuses.

Les Allemands allaient atteindre la Marne le 30. Depuis le 29, la Légion était arrivée en camions dans la région de Saconin-Breuil.

— Votre mission est d'interdire à l'ennemi le débouché de Soissons.

— Ils sont à Soissons ?

— Oui.

— Ils ont dépassé Soissons ?

Ne pas poser trop de questions. Les officiers des 3es Bureaux, leur fusain à la main, s'efforçaient de tracer une ligne approximative du front à mesure que leur parvenaient les nouvelles.

— Les Allemands sont à Vauxbuin.

— Les Allemands ont pris pied sur la Montagne de Paris.

— Les Allemands s'infiltrent par le vallon de la Crise. Ils tentent de dépasser la forêt de Villers-Cotterets par le Sud.

Autant qu'on puisse comprendre, du 29 mai au 2 juin, la Division marocaine a tenu dans ce secteur un front de 40 kilomètres. Pendant ces quatre jours, « le front a été maintenu, la division reculant pas à pas ». Voici ce que signifie, au niveau du légionnaire, cette ligne de compte rendu officiel.

L'artillerie allemande bombarde. Se trouver, avec masque ou sans masque, sous le marmitage, est une des situations les plus inconfortables qui soient. Il peut même arriver que cette situation constitue tout simplement un sursis de quelques minutes ou de quelques secondes avant l'anéantissement, le mélange avec la terre. Il peut aussi y avoir des degrés dans cette misère. Au cours de cette offensive Ludendorff de mai 18, les canons allemands ont fort à faire. Ils crachent furieusement avant les attaques, puis se taisent. Leur soudain silence fait connaître aux légionnaires qu'ils vont voir arriver sur eux les *Stosstruppen* — les troupes d'assaut, le gratin ; on est surpris de voir encore en 18 des unités aussi solides — et en effet ces combattants d'élite apparaissent, les légionnaires les voient s'avancer entre les arbres de la forêt, ou sortir sans hâte d'une tranchée, ou surgir d'un pli de terrain, le lourd casque leur faisant une étrange tête d'insecte, et ils s'avancent en trottant, souvent tout simplement en marchant, un peu penchés en avant, tenant leur fusil et leurs grenades. Hormis la grosse tête d'insecte et la couleur de l'uniforme, les légionnaires ont devant eux leur propre image au cours de tous les assauts qu'ils ont livrés.

Les légionnaires aperçoivent derrière les lignes des grenadiers allemands des mitrailleurs, portant leurs engins. Mais les mitrailleuses légionnaires sont déjà postées, c'est à elles de dire leur mot, et de grands vides s'ouvrent dans les lignes des grenadiers...

Ludendorff a reconnu dans ses mémoires que la résistance pas à pas de la Division marocaine avait réellement gêné son majestueux mouvement, empêché le débouché vers Paris souhaité par son empereur. A partir du 5 juin, la Légion poursuivit exactement le même travail un peu plus à l'Est, sur la ligne Ambleny-Longpont. Les Allemands bombardaient furieusement dans ce secteur lorsque le caporal Bottone, sapeur, découvrit, dans un moulin aux trois quarts détruit, une douzaine de grands sacs de farine.

— Dans mon pays, j'était boulanger, dit-il.

Une heure plus tard, Bottone, au milieu des explosions d'obus, pétrissait dans une grande cuve à linge, tandis que des copains, le mot avait alors tout son sens, construisaient un four.

— Mon vieux, ils ont mangé du pain frais. Du pain tout chaud qu'ils venaient de cuire. A Saint-Baudry. Comme je te le dis.

— Merde, c'est tout de même des types.

Cet exploit enorgueillissait la Légion autant qu'une citation.

Les légionnaires qui depuis le 5 juillet 1918 se trouvaient dans la partie Est de la forêt de Villers-Cotterets s'estimaient au repos et en fait ils avaient peu connu de secteur plus calme. Quelques semaines plus tôt, on s'était battu là furieusement, et maintenant le silence.

Le silence régnait vers l'avant, les canons ennemis se taisaient, et à l'arrière de la Xe armée, la formidable consigne de silence donnée par Mangin était respectée. Le 17, un peu avant la nuit, les routes, les chemins, les champs furent envahis par une foule immense, mais silencieuse. Des fleuves d'hommes en marche sans bruit vers l'Est, et tous ces régiments-fantômes se fondaient dans l'épaisseur de la forêt. Silence tel que les officiers commandant les chars Renault (343 chars pour la Xe armée, 157 pour la VIe) se demandaient entre eux :

— Et nous ? Nos moteurs vont faire l'effet d'un tonnerre.

Le ciel était cette nuit-là pour Mangin. Un orage menaça, gronda, éclata. Sous les averses, dans l'obscurité impénétrable, les troupes peinaient vers leur rendez-vous en forêt. Mais le bruit du tonnerre couvrait celui des moteurs.

Lorsqu'ils virent arriver près d'eux les chars, puis une division d'Américains — ils les devinèrent, ils entendirent leur langue, sentirent l'odeur de leurs cigarettes — les légionnaires comprirent que le secteur n'allait pas demeurer longtemps aussi calme. Le colonel Rollet allait et venait, plus maigre que jamais, son uniforme ultra-mince trempé de pluie, collé aux os.

— Mes enfants, nous attaquons.

Le jour pointa, la forêt fut une mystérieuse féerie de brouillard et d'argent. A 4 h 45, les canons français tonnèrent.

— En avant !

On se mettait en marche à la voix des canons, derrière le barrage. Les hommes s'avançaient en marchant derrière les chars et entre les chars, les vagues de chars s'intercalaient avec les vagues humaines. Non seulement dans la forêt, mais de l'Aisne à la Marne la ligne française s'était ébranlée, accompagnée de ces chars encore lents et malhabiles, mais contre quoi les mitrailleuses ne pouvaient rien, mais qui franchissant les tranchées et s'avançant en cahotant sur les nids de mitrailleuses, leur crachaient du feu et les écrasaient. Les légionnaires voyaient des Allemands sortir de leurs tranchées en levant les bras, des mitrailleurs renverser leur engin et lever les bras aussi. Tous les Allemands ne se rendaient pas en voyant arriver les chars, des groupes se laissaient dépasser et ensuite combattaient farouchement, mais beaucoup se rendaient : 12 000 prisonniers, 250 canons pris à la fin de la journée. Les légionnaires trouvaient en avançant non seulement des Allemands qui levaient les bras devant les chars, mais aussi de très nombreux Allemands couchés sur le sol, cadavres au visage convulsé, cyanosé : l'artillerie française utilisait en masse les obus à ypérite.

La Légion avait progressé de neuf kilomètres. Elle aurait pu aller plus vite, mais il fallait laisser à l'artillerie le temps d'avancer. Les Xe, VIe, IXe, Ve et IVe armées françaises attaquant de l'Aisne à la Marne formaient une énorme machine tout entière en mouvement.

En deux jours, les Allemands perdirent 17 000 prisonniers, 300 canons.

La ligne Hindenburg s'étendait de l'Escaut à la Somme et à l'Oise, du nord-ouest au sud-est de Saint-Quentin. Ce n'était pas un système de tranchées parallèles et continues, mais une série de zones fortifiées très puissantes établies sur des crêtes et soutenues en arrière par des installations profondes, le tout parsemé de nids de mitrailleuses, réseaux de barbelés, de galeries bétonnées souterraines. Après le succès français de juillet 1918, Ludendorff commença à replier ses troupes sur cette ligne. La Division marocaine reçut l'ordre de les poursuivre.

— La Légion en tête, bien entendu. Ne cherchez pas, c'est encore un cadeau d'un de ces charmants produits de l'École de Guerre. L'École de Guerre mène parfois ses brevetés aux étoiles, mais elle conduit plus sûrement les combattants au tombeau.

L'homme qui tenait ces propos au début de septembre 1918 n'était pas un troupier écœuré, défaitiste, mais un officier à la poitrine couverte de décorations, chef de bataillon Maire. Quand la Légion n'était pas désignée pour foncer en tête dans un coup dur, cet officier accablait encore davantage l'École de Guerre de sarcasmes. « Superbe attitude au feu » était la phrase qu'on relevait le plus souvent dans ses citations. Ce reître à la taille imposante, alors âgé de quarante-deux ans, moustachu, réputation de bagarreur, ne cachait pas qu'il buvait ferme.

— Je ne vois pas pourquoi je m'en cacherais. Je me fous de tout hormis une seule chose, la Légion. J'ai horreur de l'intrigue. Je rouspète tout le temps. Je ne respecte que ma conscience. Celle des autres quand elle est propre. Je cède volontiers ma place, excepté au feu.

Son père avait combattu avec la Légion à Magenta et au Mexique. Au début de la guerre, le chef de bataillon Maire avait été muté au 2e tirailleurs.

— Sale moment. Bonne troupe, mais je ne pouvais pas m'habituer à la nouba. *Trabadja la moukère, Pan, Pan l'Arbi,* horreur de ça. De plus, c'est là que j'ai été accusé de désertion.

En fait, Maire, alors capitaine, avait été recherché à cor et à cri pendant une journée parce que, aventuré trop loin dans les lignes allemandes, il n'arrivait pas à rejoindre son corps. Mais il aimait rappeler cet épisode en disant qu'on l'avait traité de déserteur. Encore un coup de l'École de Guerre. Le commandant Maire avait retrouvé avec ivresse la Légion, où sa popularité était considérable. Ce genre de brave à trois poils, forte tête, grand buveur, systématiquement irrespectueux à l'égard des hautes sphères du commandement, plaisait fort aux légionnaires. Maire pouvait tout leur demander :

— Êtes-vous légionnaire, oui ou non ?

On comprend très bien, en lisant les comptes rendus de cette série de combats — treize jours ininterrompus — qui se termina par la rupture de la ligne Hindenburg, que les chefs de la Légion, Rollet au premier rang, obtinrent alors de leurs hommes un rendement extraordinaire. Ces actions se déroulèrent sur des terrains différents, contre des unités diverses et avec des moyens variés, chars, pas de chars, plus ou moins d'artillerie, le dénominateur commun étant une grande violence, des deux côtés une grande mobilité et une fatigue immense. Les légionnaires étaient eux-mêmes surpris par la quantité de cadavres allemands qu'ils découvraient en progressant, beaucoup de tués par les gaz. L'emploi massif des obus à ypérite a contribué beaucoup au succès des offensives françaises de 1918.

Comme toujours lorsqu'une grande construction est ébranlée, les poutres fortes et les poutres moins fortes de l'armée allemande se séparaient. Les légionnaires rencontraient des adversaires héroïques et redoutables luttant jusqu'à la mort, les blessés à terre tirant encore, et des unités épuisées complètement démoralisées qui levaient les bras après un simulacre de résistance. Au village d'Allemont, le bataillon Maire fit un nombre de prisonniers triple de son propre effectif. Il y a lieu d'ajouter que la moyenne des effectifs de chaque compagnie de la Légion était tombée à quarante hommes, ce qui écarte toute fausse image de marche triomphale et facile. Les visages des survivants étaient impressionnants de maigreur et de fixité tragique. La Légion fut relevée après cette sorte de raid sans précédent dans les annales de la guerre. Des hommes admis à l'infirmerie pour épuisement dormirent plusieurs jours de suite.

Le 26 octobre, la Légion était de nouveau en ligne, du côté de Champenoux, entre Nancy et Château-Salins, secteur alors absolument calme.

— Un secteur absolument calme, on a compris. Rappelez-vous Villers-Cotterets en juillet.

Quelques jours plus tard, en effet, des camions débarquaient là de l'infanterie, des dragons portés, des tirailleurs, encore de l'infanterie ; de l'artillerie tractée arrivait en cahotant.

— Trente divisions, les gars. Attaque de grand style.

En même temps circulaient des rumeurs de reddition allemande, d'armistice. Dans la plupart des corps, les hommes refusaient d'y croire. La mort et les malheurs les avaient accompagnés trop longtemps, ils ne pouvaient cesser de marcher au pas de ces compagnons funèbres. Leurs plaisanteries, lorsqu'on leur parlait d'armistice, étaient désabusées, macabres. A la Légion, on n'en parlait pas. Les engagés pour la durée de la guerre y pensaient sans doute, mais ne disaient rien devant les vrais légionnaires, pour qui le mot d'armistice avait à peu près la même signification que le mot entracte. Vers cette époque, justement, un général interrogea sur le front le capitaine Lafite, de la Légion, du type Maire en plus accentué, balafre rougeâtre, manières hautaines et agressives.

— Qu'avez-vous fait avant la guerre ?

— Me suis battu, mon général.

— Et que comptez-vous faire, après la guerre ?

— Me battre, mon général.

Et pourtant, le 11 novembre, il y eut cette sonnerie invraisemblable du « Cessez le feu ». Sur l'étendue jonchée de millions de morts, ces notes de clairon oubliées...

De nombreux régiments de l'armée française avaient été « renouvelés » jusqu'à huit et dix fois. Quant à la Légion, de 8 000 hommes en novembre 1914, l'effectif engagé s'était ensuite maintenu à 2 800. Cet effectif avait été dépensé trois fois. Seulement trois fois. Tel était le résultat du savoir-faire professionnel de cette troupe, et aussi du fait qu'elle était considérée comme une unité d'intervention, engagée au premier rang dans la plupart des coups durs (les pertes alors étaient énormes) et ensuite tenue en réserve. Dès cette époque, le « fer de lance ».

Des légionnaires combattirent aussi pendant la Grande Guerre aux Dardanelles, ainsi qu'en Serbie, face aux Bulgares. Et après l'armistice, un bataillon de la Légion rejoignit en Russie du Nord les « Royal Marines » du croiseur *Attentive* et les marsouins du 21e bataillon de marche de la Coloniale, qui barraient à l'armée rouge la route d'Arkhangelsk. Des combats par quarante degrés de froid furent atroces. Le bataillon dissous, la plupart des légionnaires s'engagèrent dans l'armée russe blanche de Boudenitch. Leurs cadavres en haillons jonchèrent la plaine devant Petrograd.

L'apothéose de la division marocaine à Château-Salins, le 17 novembre 1918, a été un spectacle peut-être sans précédent et en tout cas comme on n'en verra plus. La ville lorraine retrouvée intacte, épargnée par la guerre, une exaltation patriotique décuplée par quarante-sept ans de séparation, partout « Vive la France ! », les fenêtres tricolores, la troupe défilant sous les acclamations, les femmes agenouillées au passage du drapeau. Puis sur la place, au centre du carré, le drapeau de la Légion tenu par Rollet, squelettique et radieux, cuirassé de médailles, clairons sonnant le « Salut au Drapeau », et le général Daugan penché sur son cheval baisant la soie. Tous les assistants transportés voulaient imiter son geste, les anciens de 70 pleurant d'émotion, les mères tendant leurs bambins vers l'emblème surdécoré, surcravaté, maintenant titulaire de la distinction suprême des grands généraux, la médaille militaire : « Héroïque régiment que son amour pour la France et sa bravoure légendaire ont placé au premier rang... »

Le défilé du 14 juillet 1919 sur les Champs-Élysées était le « Défilé de la Victoire ». Des gens dormaient sur les trottoirs depuis la veille. J'avais douze ans, je me revois transporté de nuit en taxi avec mes parents ; je me rappelle une attente interminable, puis l'aurore sur les jardins, « Tiens, mange un biscuit ! », encore attendre et enfin tout le monde debout. « Les voilà ! », les cuivres et les tambours. Je ne voyais rien, du commencement à la fin je n'ai rien vu, trop grand pour être porté, trop petit derrière ce mur d'adultes en délire : « Les chasseurs alpins ! Les fusiliers-marins ! Les Turcos ! La Légion ! » Quelques secondes le son des fifres...

— Les poilus !

L'infanterie était plus acclamée que tout. J'ai vu quelques jours plus tard sur des photos le colonel Rollet défilant à la tête de la Légion, toujours aussi émacié au-dessus de sa fantastique batterie de cuisine, en *képi*. Seul chef de corps en képi ce jour inoubliable. Il ne pouvait pas supporter le casque. Une autre photo le montrait au cours d'une réception à l'Élysée, très digne au milieu de la foule chamarrée, très entouré. On pouvait croire que pour une fois il portait une chemise, mais non, quelques légionnaires connaissaient la vérité. Le plastron en celluloïd avec col tenait par des cordons, et les deux manchettes étaient reliées par une ficelle passant d'une manche dans l'autre par les épaules.

Sous l'Empire, ce brave des braves eût peut-être été maréchal. Rappelé à Bel Abbès, chargé de « continuer la Légion », de former de nouvelles couches, Rollet fut fait général de brigade, inspecteur général de la Légion, fonction créée exprès pour lui. Inspecteur et propagandiste. Aucun légionnaire aujourd'hui n'ignore la part prise par ce personnage sans cesse en mouvement dans la création et le développement des « œuvres » légionnaires, amicales, S.M.O.L. (Service du Moral et des Œuvres de la Légion), maisons de retraite, dont l'efficacité est absolument incomparable à celle de toutes les organisations du même genre. Une fois admis à la Légion, l'homme qui volontairement a tout quitté n'est plus jamais seul, plus jamais abandonné, même lorsqu'il a quitté la Légion. Où qu'il soit, dans n'importe quel pays, il trouve une porte où frapper, et ce qu'il recevra ne sera jamais un secours misérable, une aumône, une pitance. Sans exception, de quoi se remettre en selle.

L'âge de la retraite venu (1936), quitter l'uniforme fut un déchirement pour le « Père de la Légion » mais il poursuivit son apostolat avec le même zèle. Des escrocs, des arrivistes trompèrent parfois sa générosité ; tant pis, il haussait les épaules et continuait.

Le général Rollet qui intrépidement avait arpenté les champs de bataille, jamais sur lui une arme, même pas un étui à revolver, rien que sa voix pour commander, ce guerrier à la fois typique et si original est mort en 1942 dans son lit, à Paris, sous l'occupation allemande. Le jour de ses obsèques, on remarquait dans le cortège, marchant seul au milieu d'un vide, un général allemand en uniforme et en armes : von Stülpnagel, commandant du *Gross Paris*. Ce militaire antinazi, membre du complot contre Hitler (cette conjuration lui coûta la vie), avait demandé à suivre le cercueil du vieux chef de la Légion :

— Ce serait pour moi un honneur...

9

LES CAÏDS DE LYAUTEY

L'exposition universelle de 1900 à Paris fut un triomphe. Tout un pays et même tout un continent prenaient conscience de se trouver à la tête du progrès dans tous les domaines, et les bourgeoisies de l'Europe jouissaient d'une prospérité qu'on estimait ne pouvoir être dépassée de longtemps.

A la même époque, dans un pays séparé de l'Europe par un détroit large de moins de vingt kilomètres, des Européens travaillaient captifs et même esclaves dans les demeures et les jardins de riches propriétaires de Meknès, de Marrakech et d'autres villes. L'esclavage faisait partie de la structure économique et sociale du Maroc. Les mêmes richesses naturelles qu'aujourd'hui existaient dans ce pays et cependant y régnaient en permanence la famine ou l'extrême misère, la guerre intérieure et diverses épidémies ; la mortalité infantile y atteignit le même taux qu'aujourd'hui aux Indes.

Chaque semaine, en vue du rocher britannique truffé de canons, des paquebots passaient tranquillement le détroit de Gibraltar et cependant les pirates de Safi écumaient ce détroit : ils attaquaient de nuit ou à l'aube de petits navires, enlevant des hommes et des femmes destinés aux marchés d'esclaves.

Le souverain de ce pays, chef politique et religieux, régnait nominalement sur une poussière de tribus. Les montagnards berbères, musulmans, mais aussi animistes, nourris de superstitions magiques, défiaient son autorité. Moins occupés à furieusement s'entrebattre, ces guerriers-nés eussent soumis le Maroc entier. Ils se préféraient sur leurs montagnes élevées (des sommets marocains culminent à plus de 4 000 mètres), dans leurs villages entourés de cultures misérables. Leur seule activité pacifique : pasteurs. Leurs femmes, intelligentes, non voilées, aussi fanatiques que les hommes, accouchaient au bord de la piste pendant les transhumances et couraient aussitôt pour rattraper la caravane.

Ce n'est pas pour libérer les Européens travaillant comme esclaves au Maroc, ni pour y faire cesser les exactions des forts contre les faibles, ni pour améliorer l'hygiène que la France est intervenue dans ce pays. L'intervention a procuré au Maroc ces bienfaits et d'autres encore, mais le motif premier de l'intervention n'était point altruiste. (Quand l'est-il ?) Il s'agissait d'assurer la sécurité des oasis du Sud oranais. L'Algérie conquise et mise en valeur, la puissance conquérante ne pouvait tolérer les incursions, les razzias, les coups de main meurtriers perpétrés par les Berbères marocains, qui constamment franchissaient la frontière ; frontière invisible, imprécise, notion ridicule aux yeux de ces gaillards pour qui tout ce qui passait à côté de leur fusil était bon à prendre. « Un Berbère armé d'un fusil est un roi. »

Les débuts ont consisté en exploits physiques extraordinaires et en petites tueries d'une cruauté atroce. En 1900, le détachement du colonel Letulle, neuf officiers et quatre cents légionnaires, pour relier entre elles les oasis du Sud algérien, part d'El Goleah et accomplit le périple Ghardaia, Laghouat, Aflou, Timimoun, Geryville, 1 825 kilomètres en soixante-douze jours, soit vingt-cinq kilomètres par jour pendant plus de deux mois dans un pays de cailloux et de sable où un puits n'est souvent pas visible à plus de cent mètres. Ce qu'on appelle alors un puits est un trou dans le sable, cinquante centimètres à un mètre de diamètre, profondeur vingt centimètres à un mètre, au fond dix centimètres d'eau. Parfois on obtient davantage d'eau en creusant, parfois simplement les parois s'éboulent, et plus rien.

D'autres colonnes et des convois de ravitaillement prennent la suite, toujours en territoire algérien, et c'est alors que les Berbères marocains franchissent la frontière et interviennent. Le 2 septembre 1903, une compagnie du 2e Étranger, escortant vers Taghit un convoi de ravitaillement, est assaillie entre Moungar et Safrani, au lieu même où, trois ans plus tôt, elle a repoussé neuf cents guerriers marocains. Cette fois, tous les officiers sont tués, y compris le lieutenant Selchauhansen, jeune et beau Danois, œil bleu, fine moustache, cravache, chic suprême, idolâtré de ses hommes. Ils se font tuer pour défendre son corps, parce qu'ils voient, à cinquante mètres, les Berbères mutiler sous leurs yeux, exprès pour les horrifier, d'autres morts. Un carré de survivants s'est formé sur un mamelon ; il sera attaqué pendant huit heures avant d'être enfin secouru. Les cadavres servent à mesure pour constituer un parapet. Sous un ciel de feu, le sable boit le sang des blessés. Au milieu du carré, le vieux capitaine Vauchez agonise sans mot dire, entouré de ses officiers morts.

Entre-temps s'est produit un fait estimé plus grave que tout en haut lieu : le gouverneur général de l'Algérie Jonnart a failli être victime d'un guet-apens aux environs de Figuig. C'est pourquoi un colonel âgé de quarante-neuf ans, forte moustache, visage asymétrique, pas tellement bien vu à cause de ses opinions présumées peu républicaines, pourtant nommé, à cause de son expérience coloniale, commandant du territoire d'Aïn Sefra, est maintenant en train d'étudier le dossier des agressions de plus en plus nombreuses. Cet officier a reçu de Paris des instructions qui à la fois lui enjoignent de rétablir la sécurité des confins algéro-marocains, et lui ôtent, du moins officiellement, les moyens de le faire. L'Allemagne et l'Angleterre s'opposent formellement à toute violation, de la part de la France, « des frontières chérifiennes ». « Il vous est donc interdit, précisent les instructions, d'occuper les Ksour marocains de Bechar et de Ras el Raïn. »

— Très bien, dit Lyautey, pénétrons plus avant, là où aucun nom n'est marqué sur la carte.

Les postes de Berguent et celui de Colomb sont construits en un temps record par la Légion, le premier à 75 kilomètres au sud d'Oujda, à l'intérieur de la frontière marocaine. Mais qui saura, en Europe, que ce poste existe ? Lyautey trace sur la carte un trait au crayon joignant le poste le plus au nord, Berguent, à Forthassa (en territoire algérien) et de là le trait redescend sud-sud-ouest vers Colomb-Béchar.

— Voici notre ligne de sécurité. Les compagnies montées de la Légion seront basées sur ces postes et constamment patrouilleront vers le Sud et vers l'Ouest.

Les audacieuses compagnies montées. Les infatigables compagnies montées, multipliées dans le Sud oranais à l'instigation du capitaine Rollet. Les héroïques compagnies montées. Sans aucun doute. Je constate seulement avec surprise qu'aucun historien ne commence par dire que ces compagnies furent une véritable invention, simple et géniale, aussi intéressante dans l'histoire militaire que la phalange macédonienne, la selle à étriers, le char et même l'aviation tactique ; tellement irremplaçables sur le théâtre où elles opérèrent qu'elles y furent employées pendant soixante-cinq années.

Sur la terre d'Afrique, Bugeaud avait eu le premier l'idée de faire porter par des mulets le barda des hommes et les provisions de la colonne, mais la colonne montée est autre chose. Non pas tous les hommes ensemble et constamment à dos de mulet ; il faudrait trop de mulets, trop de picotin, et cette cavalerie muletière, en cas d'attaque brusquée, serait vulnérable. Un homme à pied, un homme à mulet, et toutes les heures « Chargez-montez », on change, la compagnie s'arrête à peine. L'homme à mulet est calé sur la selle entre les deux paquetages arrimés au pommeau et au troussequin. L'animal porte, outre le barda de ses deux légionnaires, de deux à quinze jours de vivres pour eux deux, leurs cartouches de réserve, des effets de rechange, la toile de tente, plus la provision d'orge qui lui est nécessaire, à lui, mulet.

— Effets de rechange, n'exagérons rien. Je n'ai pas connu l'époque héroïque que vous racontez, mais j'ai servi au Maroc de 1923 à 1935, plusieurs fois dans des compagnies montées. En marche, nous ne nous changions pas, nous ne nous lavions pas, nous étions en loques, pas rasés, nous avions l'air de bandits. Seule coquetterie : le képi blanc. Par des miracles d'ingéniosité, nous le gardions blanc, malgré la poussière. Les hommes à pied allaient devant, les mulets derrière. Nous ne disions pas les mulets mais les brêles, du mot arabe *bghel.* Les hommes à pied assuraient l'éclairage et la protection. Ils ouvraient l'œil, car aucune surprise n'était agréable. Nous parcourions ainsi de grandes distances.

— A quelle vitesse ?

— Cinq ou six kilomètres à l'heure. Les étapes étaient de trente à quarante kilomètres, mais on a vu des compagnies montées parcourir quatre-vingts et cent kilomètres d'affilée.

— Les officiers allaient aussi à mulet ?

— Non, à cheval.

— Jamais à pied ?

— Rarement et pas longtemps. Un officier ne doit pas aller à pied. La longue marche éreinte et abrutit, elle vide le cerveau. En cas d'attaque, l'officier ne doit pas avoir le cerveau vide. Il doit pouvoir prendre des décisions rapides et commander énergiquement.

— Quel était votre grade à l'époque dont vous parlez ?

— Sergent.

— Vous vous êtes trouvé là lors d'attaques de compagnies montées par des indigènes ?

— Naturellement. Tout à coup, toujours au moment où l'on s'y attendait le moins, on entendait des coups de feu, et c'était toujours au début qu'on avait des pertes. Il fallait entraver et protéger les mulets en même temps que les sections se déployaient pour riposter. Ça tiraillait un moment, puis presque toujours les salopards s'enfuyaient, ça ne durait pas longtemps. Mais souvent on avait des pertes au début.

— Vous dites : les salopards.

— Oui. Nous disions aussi les Chleuhs. Les Chleuhs sont des Berbères du Haut-Atlas et de l'Anti-Atlas, mais nous ne distinguions pas.

— Quel sentiment éprouviez-vous à leur égard ?

— Le sentiment qu'il fallait les descendre avant d'être descendus par eux. Les Berbères étaient des combattants de premier choix. D'une certaine manière ils étaient même meilleurs combattants que nous, à cause de leur frugalité. Voilà quelque chose qui a joué contre nous aussi chez les Viets, et en Algérie. Le Chleuh partait pour une randonnée de dix jours avec une musette et un fusil. Dans la musette, quelques livres de farine et une poignée de dattes. La nuit, ces types-là dorment contre un rocher, enroulés dans leur djellabah. Ils peuvent marcher pieds nus dans les cailloux. Leur vue est extraordinaire, ils voient à l'œil nu aussi bien que nous avec des jumelles, et c'est normal. Nous, nous vivons dans des maisons, nous lisons des journaux et des livres ; le soir, lumière électrique. Eux, toujours dehors à regarder au loin. Si les Chleuhs avaient pu s'entraîner au tir, ils auraient été fantastiques. Mais au Tafilalet une cartouche leur coûtait au moins cinq francs. Ils nous en ont fait voir, et pourtant contre des hommes armés seulement de fusils, nous avons employé des mitrailleuses, des canons et même des avions qui les bombardaient. Je parle de la fin de la pacification.

— Parlez-moi encore de votre vie dans les compagnies montées. La nourriture ?

— Nous mangions le soir en arrivant à l'étape. En arrivant, c'est façon de parler. Nous devions d'abord élever la murette. Le camp était toujours établi sur un petit piton, sur une éminence à proximité d'un point d'eau. Nous arrivions morts de fatigue, un seul désir, boire et s'étendre, mais non : d'abord la murette. En un sens, c'était un exercice de volonté. Les pierres, grosses et petites, ne manquent pas dans le bled marocain, et nous avions nos outils. Alors, au travail. Un mètre de haut, parfois un peu moins, cinquante centimètres d'épaisseur, voilà ce qu'était la murette. Notre protection pour la nuit.

— Un mètre de haut, c'était une protection ?

— Je vous ai dit qu'on établissait le camp sur une éminence. La murette protégeait les dormeurs contre les balles des rôdeurs. Elle décourageait le Chleuh, elle évitait la surprise. Souvent le pays paraissait si calme que les légionnaires rouspétaient en trimballant les grosses pierres. Ils trouvaient qu'ils s'esquintaient pour rien. Des officiers hésitaient même à donner l'ordre. Ceux qui ne l'ont pas fait s'en sont presque toujours repentis. La murette une fois construite, nous montions les tentes. Ensuite, corvée d'eau, corvée de bois. Et enfin la soupe. Potages Maggi et bouillon Kub. Tout très épicé, poivre, clou de girofle et caetera, pas de cuisine fade pour le légionnaire. Comme viande, en colonne, des conserves. Corned beef, poisson en conserve. Crabe, saumon. Légumes, du riz et des pâtes. Les autres légumes sont trop lourds, ou encombrants.

— Et la boisson ?

— D'abord l'eau du puits. Souvent elle était fraîche, parfois elle était claire. Mieux valait boire sans regarder dans son quart. Il y a beaucoup moins de dysenterie et de typhoïde qu'on imagine. L'organisme s'habitue à tout, se vaccine. Quant au vin, un demi-litre par jour et par homme. Un mulet, spécialement surveillé, transportait deux tonnelets de cinquante litres. Dès l'arrivée au camp, on mettait ces tonnelets à l'ombre et on les arrosait fréquemment.

— Un demi-litre de vin par jour et par légionnaire, cela me semble peu.

— Le légionnaire se rattrapait en fin de colonne, en rentrant au poste. Certains ne buvaient même pas leur vin en colonne, ils s'en servaient comme d'une monnaie d'échange. Une heure supplémentaire à dos de mulet se payait deux quarts.

— Parlez-moi encore de l'allure de la compagnie montée en marche.

— Je vous l'ai dit, nous avions l'air de bandits. De bandits plutôt harassés.

— Est-ce que vous chantiez ?

— Pas les hommes à pied. Les hommes sur les brêles parfois chantaient, plus souvent chantonnaient, fredonnaient parce que chanter vraiment donnait soif. Je me rappelle une chanson allemande qui faisait fureur de mon temps : *Ich habe mein Herz in Heidelberg verloren.* Ce qui veut dire : « J'ai perdu mon cœur à Heidelberg. » Ça en devenait une obsession.

— Et vous, Français, vous chantiez aussi des chansons allemandes ?

— Je me suis engagé comme Suisse. Oui, j'ai chanté des chansons allemandes. Les légionnaires de langue allemande étaient les meilleurs chanteurs.

— Jamais de chansons françaises ?

— Si, parfois. Des chansons de l'époque. *Ramona, Nuits de Chine.*

Les débuts de la conquête furent très durs en grande partie parce que, à cause de l'irritation de l'Allemagne et de l'Angleterre, cette guerre devait se faire en catimini. Peu d'argent, peu d'effectifs, faites parler de vous le moins possible. Les informations fragmentées et ouatées qu'on trouve en feuilletant les journaux de l'époque ne représentent pas un centième de la réalité. J'imagine quelques titres d'un tel feuilleton guerrier dans la presse d'aujourd'hui. *Casablanca : nos troupes débarquent et forcent la porte du Maroc. Trente mille guerriers féroces dévalent des contreforts de l'Atlas, attaquant la colonne mobile du colonel Pierron dans la cuvette de Menabha. Mort du lieutenant Jaeglé, de la Légion : « Ne me plaignez pas, mon général. Dites-moi seulement si vous êtes content de nous. » Bou Denib : de tels monceaux de cadavres pourrissent dans la ville, conquise par la Légion, que le camp doit être établi à distance. Un mois d'assauts marocains contre Bou Denib. Après deux mois, Bou Denib tient encore. La colonne Alix délivre Bou Denib. Le sultan Abd el Haziz renversé par son frère Moulay Hafid : que va faire la France ? Coup de théâtre : Moulay Hafid, assiégé dans Fès, appelle les Français à son secours. Tension diplomatique : Guillaume II exige un partage du Maroc. La canonnière allemande* Panther *mouille en rade d'Agadir.* Ce titre-là, qui parut réellement, secoua le public, jusque-là chloroformé.

En échange d'avantages ailleurs en Afrique, l'Allemagne reconnut le protectorat français sur le Maroc et le sultan signa la convention de Fès le 30 mars 1912. Quinze jours plus tard, soixante-huit Européens habitant la ville étaient massacrés, les Berbères dévalaient de tous leurs nids d'aigle en brandissant fusils et poignards ; bref, l'incendie. Le gouvernement français rappela au Maroc le général Lyautey, entre-temps envoyé à Rennes.

— J'installerai mon P.C. au centre même de Fès, dit Lyautey.

A la fin du mois, il avait réprimé les émeutes, dégagé la capitale, assuré les lignes de communication jusqu'à Meknès et Rabat. Nommé résident général le 23 avril 1913, il devait mettre en œuvre et réussir un plan de pénétration-pacification d'une originalité absolue, à l'aide de moyens aussi variés que l'action militaire très énergique, l'interdiction de toute réquisition (au contraire, achat au prix fort des denrées aux indigènes), la construction d'hôpitaux, et, à l'égard des notables, une forme très subtile de séduction : « Respecter les consciences, flatter les intérêts. »

J'ai sous les yeux la photo de Lyautey ornée de l'inscription mémorable : « La Légion a été dans tout mon commandement oranais et marocain, *ma* troupe, ma plus chère troupe. » *Ma* souligné. Deux légionnaires toujours gardaient sa tente. La réputation de la Légion grandissait en Europe, surtout en Allemagne, à l'irritation du gouvernement de ce pays, qui interdisait les engagements et brimait les anciens légionnaires — à moins qu'ils ne reprissent du service dans l'armée allemande. Là, on les appréciait tant que Guillaume II les autorisa à porter les décorations gagnées à la Légion. Ainsi vit-on, sur le front occidental, en 14-18, des combattants feldgrau, ex-légionnaires, arborant la croix de fer, la médaille militaire et la médaille des colonies.

En 1917, des journalistes américains visitant le « village nègre » de Bel Abbès s'arrêtèrent stupéfaits en entendant le chant qui sortait d'une taverne. « *Lieb Vaterland, magst ruhig sein* », *La Garde au Rhin.* Malgré le vin rouge et la fumée à couper au couteau, les belles voix portaient le poème nostalgique.

— Ce sont des prisonniers ?

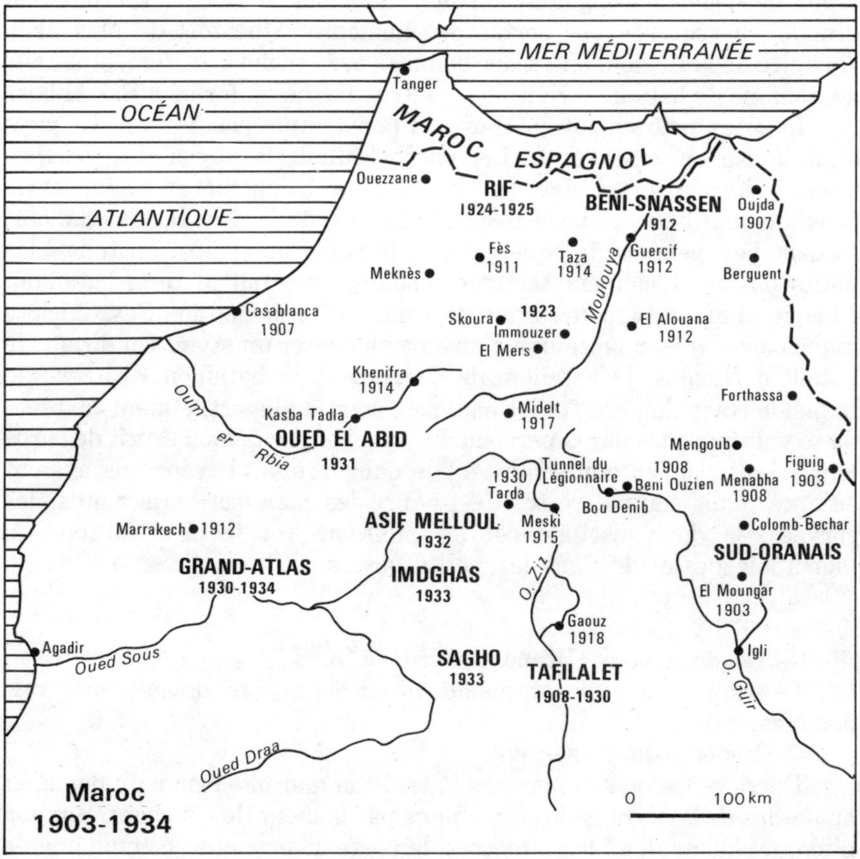

Maroc
1903-1934

— Non. Des légionnaires. Ils se battent pour la France. Ils peuvent bien chanter ce qu'ils veulent.

Ces hommes, deux fois par jour, rendaient les honneurs au drapeau tricolore dans la cour du Quartier Viénot, devant les pancartes « Honneur et fidélité ». Ensuite, en route vers le Maroc.

Voici la consigne que Lyautey avait reçue de Paris dès le début des hostilités : « Stoppez la pénétration. Repliez-vous sur la Chaouïa. » La Chaouïa était la plaine côtière, pacifiée dès le début. N'importe quel caporal se représentait parfaitement ce qu'eût signifié un tel repli : nouveau déferlement des tribus non soumises, massacre des ralliés, Européens égorgés ou jetés à la mer. Lyautey décida de se maintenir partout, de maintenir toutes les liaisons, de réprimer toute révolte, et de poursuivre les grands travaux. Pendant quatre années, la Légion, réduite à deux régiments de marche et à deux compagnies montées, trois quarts d'Austro-Allemands, participa à l'exécution de ce programme, encore moins célébré par la presse que le début de la conquête, les opérations d'Europe prenaient toute la place.

Quand sonna en France le clairon de l'armistice, la France tenait toujours le Maroc. Au vestige de Légion rentré de France s'ajouta un afflux de nouveaux engagés, surtout allemands et russes. La fin d'une grande guerre crée des sortes de chômeurs. Une fois de plus dans l'histoire de la Légion, on vit des hommes qui venaient de s'entretuer sur les champs de bataille d'Europe revêtir le même uniforme à Bel Abbès.

Lyautey poursuivait au Maroc sa pénétration-pacification. Le pays était divisé en zones et la Légion constituait le noyau des groupes mobiles chargés de protéger le « Maroc utile », déjà mis en valeur, et de constamment gagner sur le reste : la tache d'huile. Les bonds en avant avaient lieu pendant la belle saison ; le reste du temps, on tenait les petits postes. L'élément tactique fondamental était alors le bataillon. Chaque chef de bataillon était un caïd, un petit sultan. Ces officiers imprimaient à leur unité une allure particulière, un style. On disait : le bataillon Nicolas, le bataillon de Tscharner, le bataillon Kratzert, le bataillon Naegelin, etc., et les hommes, pour la plupart, étaient contents de se voir marqués par la personnalité du chef. Le démon esprit de corps leur faisait oublier non seulement le danger, que d'avance ils avaient accepté, mais tout le reste, c'est-à-dire les marches harassantes, les corvées, la dure discipline et les punitions, et le pire de tout, la monotonie de la vie dans les petits postes.

— Garde à vous ! Repos ! Garde à vous !

Le caporal se mit lui-même au garde-à-vous devant ses trois hommes, salua.

— Repos ! dit le sergent.

Derrière les quatre hommes s'élevait la muraille brune du poste, et au-dessus de la muraille le ciel, orangé par la lueur du couchant. Sur son piton, à plus de deux mille mètres, le poste avancé était comme une île flottant dans l'air. Un des quatre côtés du mur d'enceinte était remplacé par un pic vertigineux, aucune attaque à craindre de ce côté.

Les légionnaires avaient dîné, une douceur pacifique régnait. Dans une demi-heure, une demi-heure environ avant la nuit, le clairon sonnerait la retraite. Une corvée sortirait pour aller disposer les chevaux de frise obstruant les chicanes. Les sentinelles prendraient leur faction.

Les quatre hommes alignés près de la porte faisaient partie, eux aussi, du dispositif de sécurité : ils allaient occuper une tour de guet située à une cinquantaine de mètres de l'enceinte. De la terrasse de cet observatoire, dix mètres de hauteur, tout objet se déplaçant sur le sol à proximité du poste était visible, même de nuit — ou alors il fallait que la nuit fût bien obscure. Les quatre hommes attendaient l'inspection du commandant d'armes. Parfois elle avait lieu, parfois non, cela dépendait de l'humeur de cet officier.

Le caporal et les trois légionnaires restaient immobiles, au repos, dans une attitude souple, visages indifférents. Il y avait là deux Allemands, dont le caporal, plus un métis hispano-marocain et un Russe. Dans quelques heures, le caporal devait mourir égorgé et le Russe devenir fou, mais rien ne laissait présager ce drame. Le ciel orangé au-dessus des montagnes était de plus en plus beau. On entendait de temps en temps les voix et les rires des quatre Marocaines du B.M.C., des rires jeunes, presque enfantins. Le B.M.C. était là pour quelques jours encore. Ensuite, il irait vers un autre petit poste.

— Garde à vous ! cria le sergent.

L'officier qui s'avançait à grands pas lents, d'une allure plutôt lourde, le képi très incliné, était un colosse, un géant blond. La froideur de ses yeux bleu pâle contrastait avec son teint très coloré, vraiment brique. Le sergent marcha vers lui, s'arrêta à six pas, claquant des talons et criant des mots incompréhensibles pour une oreille non militaire, puis il accompagna l'officier vers les quatre hommes alignés.

Cette inspection de quatre hommes, qu'on faisait ou qu'on ne faisait pas, n'était pas obligatoire, ne signifiait pas grand-chose, mais sans doute fallait-il, pour la discipline, laisser planer la menace d'une irruption de l'autorité. Le caporal et les trois légionnaires, raidis dans un garde-à-vous de barres de fer, se nommaient à l'officier ou plutôt criaient leur nom — « Légionnaire Edouchenko, mon capitaine ! » — comme si l'officier avait été sourd, et comme s'il ne les avait jamais vus alors qu'il les voyait dix fois par jour et depuis longtemps, les connaissait par leur nom. Et ces hommes semblaient éprouver un étrange plaisir à se présenter ainsi comme des automates, à se sentir sous la domination de ce regard bleu pâle. Oui, il est probable que même les deux qui devaient cette nuit-là devenir des criminels — en vérité, il n'était pas dans leur intention de vraiment le devenir — il est probable que même ces deux-là éprouvaient cette sorte de plaisir, car autant que j'ai pu comprendre, cet officier avait conquis, fasciné même les forts cailloux, peut-être surtout ceux-là.

Charles Favrel, auteur de *Ci-devant légionnaire,* intéressant livre de souvenirs dans lequel tous les gradés de la Légion en prennent pour leur grade, ce dur censeur, ce révolté, a élevé une sorte de statue au géant blond. C'est lui qui a raconté comment cet officier, soupant en habit, entouré de jolies femmes, dans le restaurant le plus élégant d'Alger, avait renvoyé, comme on chasse une mouche, un autre soupeur qui s'était présenté, avocat, fils du député-maire de Constantine, en demandant qu'on fît un peu moins de bruit :

— Monsieur, mon pedigree est : commandant Aage, chef de bataillon à la Légion étrangère, prince de Danemark, fils, petit-fils, arrière-petit-fils de rois, et je n'en fais pas un plat.

Le prince Aage de Danemark, fils du prince Waldemar, amiral de la marine danoise, et de la princesse Marie d'Orléans, était en effet arrière-petit-fils de Louis-Philippe, roi des Français. Jeune homme, il avait été ébloui par l'étincelante personnalité du lieutenant Selchauhansen, le futur héros de Moungar, en visite chez ses parents. En 1922, après la faillite de la banque qui gérait sa fortune, il était allé trouver le ministre de la Guerre français, André Maginot :

— Je voudrais entrer dans la Légion.

— Altesse, ce sera un honneur pour elle.

Le prince Aage avait ensuite épousé une richissime Américaine. Aussitôt son unité au repos, il recevait au caviar et au champagne ; briseur de coupes, très prince russe de la Belle Époque. Or ce nabab, cet aristo, était adoré de la troupe, en grande partie à cause de son faste et de son rang princier, par une sorte de snobisme. Le légionnaire du rang se sentait par procuration un peu prince. Aage de Danemark était une enseigne que la Légion volontiers arborait, un propagandiste de choix, il recevait et allait voir les altesses et les majestés, tous plus ou moins ses cousins. Le légionnaire du rang l'admirait aussi parce qu'il buvait comme un trou — à l'époque, c'était un titre de gloire à la Légion — parce qu'il aimait faire le pitre et ne répugnait pas à se colleter. On a vu le prince Aage de Danemark, en uniforme, képi plus que jamais sur l'oreille, tenir la batterie dans l'orchestre du Café de France à Ksar Es Souk. On a vu, à la terrasse du même café, le prince boxant furieusement, pas du tout pour rire, avec un autre colosse, un légionnaire de la compagnie montée ; pour ce pugilat, il avait tombé la tunique, plus les galons. Comme une patrouille arrivait, le légionnaire s'enfuit, on voulait le poursuivre.

— Laissez, dit le prince, c'est une affaire d'hommes.

Un colonel de la Légion m'a raconté que, capitaine, il s'était entendu un jour annoncer par le prince qu'un haut personnage, mettons un ministre, arrivait impromptu.

— Votre compagnie rendra les honneurs.

— Mon commandant, c'est une catastrophe ! Hier était le jour du prêt. Mes hommes sont tous saouls.

— Je m'en fous. Votre compagnie rendra les honneurs.

Secoués, chapitrés, les légionnaires s'alignèrent peu brillamment. Le prince vint les inspecter.

— Pitoyable. Alors il paraît que vous êtes saouls, n'est-ce pas ? Eh bien, moi aussi, je le suis, ou je devrais l'être. J'ai bu six pernods, deux bouteilles de vin au déjeuner, trois fines. Et voilà comment je défile. Au pas de l'oie, si vous voulez.

Et il le fit, passant devant eux en levant les bottes à la prussienne. Subjugués, les légionnaires chassèrent leurs fumées, se raidirent, rendirent les honneurs honorablement.

Le soir d'un certain anniversaire de Camerone, toujours à Ksar Es Souk, la patrouille de police fit fermer le B.M.C. après avoir jeté dehors un groupe parvenu à un provisoire mais très haut degré d'éthylisme. Ces hommes zigzaguèrent en direction du Cercle des officiers et firent irruption dans la brillante salle de bal, réclamant le prince. Il entendit leur plainte et appela l'officier de semaine :

— Faites rouvrir le B.M.C. Tenez, mes enfants, partagez-vous ces cent francs.

Comment n'être pas populaire avec de tels atouts ? Les légionnaires se plaignent parfois de ce que des écrivains civils, voyant les choses du dehors, ont représenté une Légion de légende, imbibée d'alcool, follement colorée, invraisemblablement pittoresque. Je crois que la palme, dans cet ordre d'idées, revient aux *Mémoires du prince Aage*. Les histoires qu'il raconte, dont il affirme la véracité, ont sans doute toutes eu un point de départ dans la réalité, mais quelle puissance méridionale d'amplification chez ce Viking ! Voyez Hoberg, le vieux légionnaire, qui boit chaque soir un litre de vin blanc pour être capable de dire son *Pater* en suédois. « A sa décharge, écrit le prince, je dois mentionner ici que c'est le seul litre de vin blanc qu'il boit dans la journée, détail savoureux si l'on tient compte que, le reste du temps, il vide une bonne douzaine de bouteilles de vin rouge. » Voici le caporal Salaud, engagé sous ce nom, et qui se l'était fait tatouer dans la paume de la main droite, motif de punition aussi souvent qu'il saluait ; alcoolique, des milliers de jours de prison ; mort finalement en brave dans les bras de son lieutenant — et, chute admirable, cet officier était, sans le savoir, le fils du dévoyé, jadis désespéré par l'infidélité d'une femme !

Jean Vandenbrock, ex-comptable, lui aussi engagé par désespoir d'amour, vingt-cinq ans de Légion, tué à El Mers le 24 juin 1923 juste à côté de son lieutenant, tué lui aussi ; le capitaine fouille les deux portefeuilles et que trouve-t-il ? Deux photos de la même femme ; jeune dans le portefeuile de Vandenbrock, c'était sa maîtresse ; âgée dans le portefeuille de l'officier, c'était sa mère, encore un père et un fils !

Un légionnaire allemand, six ans de campagne, ancien professeur de grec au lycée de Francfort-sur-le-Main, boit pour oublier. Un jour, au « Chat Noir » de Bel Abbès, il devient fou d'une danseuse espagnole de vingt-trois ans, se bat pour elle, l'épouse ; dès lors sérieux et rangé, plus de boisson, plus de B.M.C. ; entre à l'école des sous-offs, devient sergent. Elle, tirée du ruisseau, est manucure ; amour parfait. Quand le sergent est tué en colonne, au Maroc, elle se tue d'un coup de poignard.

Le lieutenant Vinoir, officier à la force du poignet, sa mère faisant des ménages pour payer ses études, héros de la Grande Guerre, Légion d'honneur, croix de guerre de vingt centimètres ; saisi par la débauche après l'armistice, folles nuits à Lyon, des dettes, condamné pour avoir bazardé des armes de son régiment. Quinze jours plus tard, on le voit à Bel Abbès, soldat de deuxième classe. « Tu peux te racheter, lui dit le colonel. Pense à ta mère et à ta sœur. » Rien à faire, Vinoir se met à boire, et un jour on le trouve mort, coup de fusil dans la bouche ; sur sa poitrine, un billet : « Mon lieutenant, je vous adresse, au nom de Dieu, de ma mère et de ma sœur, une dernière prière. Cachez, je vous en prie, la vérité à ces deux pauvres femmes. Dites-leur que je suis mort pour la France. »

Dix autres histoires et davantage, toutes aussi feuilletonnesques sur la Légion de papa. J'ai trouvé, au terme de ces *Mémoires,* une page qui m'a touché ; un reproche adressé à la Légion par ce légionnaire hors série. Aux bureaux d'enrôlement, explique le prince, on promet aux étrangers expulsés de leur pays une amnistie pour la fin de leur temps de service. « Confiants, ils s'engagent. Confiants, ils reviennent, cinq ans après, dans la métropole... pour être rudement appréhendés, emprisonnés, puis boutés hors des frontières. » Suit l'exemple d'un Tchécoslovaque victime de cette déloyauté. Je n'ai pas eu le temps de vérifier, et les assertions du prince sont rarement claires comme de l'eau de roche. Je retiens son souci d'humanité. La campagne du Rif devait lui valoir la Légion d'honneur et son quatrième galon. Mort d'une crise cardiaque en mars 40, il voulut être enterré au cimetière de Bel Abbès, dans le carré des légionnaires. Son cercueil a été l'un des trois qui furent exhumés et ramenés en France (les autres : général Rollet, un légionnaire du rang, le dernier tué d'Algérie) après le départ de la Légion.

Tel était le personnage, alors seulement trois galons sur sa manche, qui, un soir de l'automne 1924, à la porte du poste de Tadout, regardait s'éloigner la petite garde de trois légionnaires et un caporal marchant vers la tour de guet.

— La vie dans les postes avancés était fantastiquement monotone. A l'aube, réveil au clairon. Les sentinelles de nuit étaient relevées par d'autres munies de jumelles. Une patrouille sortait avant la corvée d'eau pour reconnaître les alentours du point d'eau. Après la corvée d'eau...

— Un moment. Commençons par le commencement. Qui avait construit ce poste avancé ?

— La Légion, naturellement. Un détachement opérationnel comprenant une section de pionniers mettait en train la construction. Durée de son séjour, un mois. En un mois, tous les murs devaient être élevés et les toits de tôle ondulée posés. Pour aller plus vite, les murs étaient construits en pierre sèche et, une fois le détachement opérationnel parti, la garnison du poste fignolait l'ouvrage. On crépissait les bâtiments avec de l'argile. Si le point d'eau était éloigné et les alentours peu sûrs, on utilisait pour la maçonnerie tous les liquides résiduaires. Je pense que vous me comprenez. C'est ensuite que commençait la vie monotone.

— J'ai vu des photos de ces petits postes. Ils m'ont paru exigus.

— Leurs dimensions dépendaient de l'espace disponible. Mettons en moyenne deux cents mètres de côté. A dix ou vingt mètres des murs, à l'extérieur, on tendait un réseau de barbelés. Entre ces barbelés et le mur d'enceinte, les écuries et les étables pour les bœufs et les moutons sur pied. Parfois étables et écuries se trouvaient à l'intérieur. Les constructions pour le personnel s'élevaient au centre de l'enclos, ainsi que la cabine téléphonique.

— A qui téléphoniez-vous ?

— Au poste voisin, ou à un P.C., quand les lignes n'étaient pas coupées. On trouvait encore à l'intérieur de l'enceinte un magasin pour au moins six mois de vivres, des abris pour les munitions, le four à pain, la boutique du soukier, sorte de bazar-bistrot. Le soukier était juif ou grec, rarement arabe. Il y avait parfois aussi le B.M.C.

— Pas toujours un B.M.C. ?

— Non. Il y en avait un dans chaque poste de commandement, de même qu'en colonne. Les pensionnaires essaimaient dans les postes avancés selon les demandes. Elles arrivaient avec un convoi de vivres. Chacun pouvait accéder au B.M.C. selon ses moyens. Toutefois, en colonne, il fallait respecter l'horaire. De 18 à 20 heures, la troupe. De 20 à 22 heures, les sous-officiers. Après 22 heures, les officiers.

— Des officiers usaient du B.M.C. ?

— J'aurais voulu vous y voir ! Toutes les femmes étaient marocaines, il y en avait de jolies. L'une d'elles, la môme Zallumette, m'a demandé une fois soixante francs pour venir me rejoindre dans mon poste avancé. Je gagnais alors quatre cent soixante-huit francs par mois.

— Quelles distractions, à part le B.M.C. ?

— Nombreuses distractions. Aménagement des routes et pistes d'accès, fabrication de chaux, corvées d'eau, corvées de bois pour la provision d'hiver. Nous arrivions même à vendre du bois au soukier et au B.M.C. Deux fois par semaine, une demi-journée de manœuvres. On emportait les munitions de guerre, pour le cas où... Mercredi après-midi, bains ou lessive ; douche chaude hebdomadaire. Si le secteur était calme, baignade ou sport à l'extérieur, toujours avec des sentinelles à l'entour. Qu'est-ce que vous voulez savoir encore ?

— Le vin ?

— Les jours de prêt étaient le 16 et le 30 de chaque mois. Quand il n'y avait pas de B.M.C., tout l'argent des légionnaires, à de rares exceptions près, passait au pinard. Deux vraies cuites par mois, régime encouragé par le commandement. Moins dangereux pour la santé et pour la discipline, estimait-on, que l'alcool quotidien.

Telle était en effet la doctrine dans la Légion de papa. Elle s'accordait avec une tradition solide, un « panache » particulier à base de vin rouge. Un vrai légionnaire, pas d'erreur, devait boire comme un trou dès qu'il en avait les moyens. Noyer le cafard faisait partie de la légende sombrement romantique.

— La légion de papa était carrément alcoolique, m'a dit un officier légionnaire de haut grade. Elle ne l'était pas seule, mais elle l'était, y compris de nombreux officiers. Trois ou quatre apéritifs avant chaque repas, c'était un point d'honneur. J'ai vu de mes camarades, officiers brillants et héroïques, tués par l'alcool. Maintenant, c'est fini. La mutation s'est produite pendant la Seconde Guerre mondiale.

Le caporal et les trois légionnaires de garde dans la tour de guet gravirent l'échelle, puis ils la hissèrent jusqu'à eux et fermèrent la trappe. Ainsi, pas de surprise possible. La tour ne contenait qu'une grande pièce carrée sans fenêtre, éclairée par une lanterne. Au-dessus, la terrasse.

Aucun de ces hommes n'avait l'intention de commettre un véritable crime, mais deux voulaient déserter : le métis hispano-marocain, et le légionnaire allemand, convaincu par lui.

Les drapeaux de la Légion ne portent pas la devise : « Honneur et Patrie », mais « Honneur et Fidélité ». Le légionnaire qui déserte n'éprouve pas le sentiment de trahir sa patrie, mais celui de rompre — très peu honorablement, il est vrai — un contrat. Sentiment point toujours assez fort pour retenir des hommes qui parfois ont déjà tout quitté, rompu les liens affectifs les plus forts. Pour les instables aventuriers irréductibles, il y a aussi un mirage : celui d'une aventure plus excitante que celle de la Légion. Voici deux histoires de déserteurs.

Klems, ex-sous-officier allemand, s'était engagé à la Légion en 1920. Sergent en 1922, compagnie montée du 2e Étranger. Intelligent, mais une brute. Rétrogradé en 1923 pour « faute morale » (pas d'autre précision dans son dossier), il déserta et se réfugia au sein d'une tribu dissidente du Moyen Atlas, puis se rendit au Rif, où il offrit ses services à Abd el-Krim, qui guerroyait alors contre les Espagnols. Les artilleurs connaissant le maniement des Schneider, des Laffitte et des mitrailleuses de toutes marques foisonnaient si peu chez les Rifains que Klems se vit nommer grand-maître de l'artillerie d'Abd el-Krim. Par lui les Espagnols souffrirent, car c'était un homme hardi et rusé, il commandait en personne à des forces pillardes. Les Rifains l'appelaient el-Hadj-Aliman, le chef allemand. Lorsque Abd el-Krimn, en 1925, attaqua le Maroc français, Klems fut à son côté. Abd el-Krim se rendit en 1926, mais non cet Allemand. Caché pendant plusieurs mois dans les montagnes, il fut trahi pour de l'argent par une maîtresse indigène. Arrêté, emprisonné, jugé, il se vit condamné à mort en 1927. Le ministre allemand des Affaires étrangères intervint, demandant une commutation de peine qui fut accordée. Sept ans de bagne.

Un autre déserteur, un Allemand de Brunswick, passa à l'ennemi à Ouaouizert, en 1923. Les Berbères le prirent, le circoncirent et ils le réduisirent en esclavage, l'astreignant aux travaux les plus vils. Comme cette tribu sans cesse reculait devant l'armée française, s'appauvrissant de plus en plus, le sort du Brunswickois devenait de plus en plus misérable. Il disputait aux chiens des os rongés. Une femme indigène cependant eut pitié de lui et l'aima, et lui donna un fils. Selon cette femme, quand l'enfant eut cinq ans, il fut volé et mangé. C'était au plus fort de la famine. Le Brunswickois et sa compagne, celle-ci reniée par sa tribu, vivait dans un creux de rocher, mangeant de l'herbe et des écorces. Un jour retentirent non loin les clairons de la Légion. Le misérable vola un morceau de cuir à un indigène, écrivit dessus un message en allemand : « Je demande à me rendre », que sa femme alla porter aux avant-postes. Elle revint ensuite le chercher. Les légionnaires virent arriver deux squelettes. Lui avait trente-quatre ans et il en paraissait soixante-dix.

La morale de ces histoires est qu'il ne faisait pas bon déserter pour l'amour de l'art. Mieux valait être un spécialiste apprécié, ou apporter quelque chose avec soi. « Nous prendrons les quatre fusils et le plus de cartouches possible », avait dit le métis à son copain.

Deux hommes dormaient tandis que les deux autres montaient la garde, changement toutes les deux heures. A une heure du matin, le métis souffla : « Allons-y ! » Quitter la terrasse, ouvrir la trappe, disposer l'échelle, quitter la tour en emportant les armes, tous ces mouvements avaient été prévus et étudiés.

Tout aurait très bien marché sans ces sacrés fusils. Deux canons se heurtèrent, le caporal ouvrit les yeux. Instantanément, il comprit, voulut se lever mais les autres se jetèrent sur lui. Il se débattit furieusement pendant quelques secondes, renversant la lanterne qui fut écrasée et s'éteignit. Les deux déserteurs étranglèrent le caporal et le métis, pour plus de sûreté, lui trancha la gorge.

Le Russe, éveillé en pleine obscurité, entendit presque aussitôt le râle d'agonie du caporal et il comprit ce qui l'attendait. Se mettre à hurler pour attirer l'attention du poste était une solution, mais mauvaise : les assassins se jetteraient sur lui à coup sûr. Le Russe, qui avait ôté ses chaussures pour dormir, aima mieux se taire et tenter sa chance dans le noir opaque.

Retenant son souffle, il se glissait le long des murs. Il entendait le souffle furieux et les injures des deux assassins. Plusieurs fois, ils le frôlèrent, et il leur échappa. L'Allemand disait à l'autre : « Fichons le camp, laissons-le ! » mais le métis : « Il gueulera dès que nous serons partis ! » Sinistre partie de cache-cache, avec des intermèdes comiques : par deux fois les assassins s'empoignèrent furieusement dans l'obscurité, le Russe entendit l'Allemand dire : « Rentre ton couteau, con, tu vas me tuer ! » Lui continuait à glisser le long des murs, mais cette histoire durait un peu trop, il sentait que quelque chose semblait glisser aussi dans son cerveau. Il pensa soudain à une étagère fixée au mur : « Si je pouvais y grimper... »

Chaque jour au petit matin, la garde de la tour de guet hissait un pavillon pour demander au poste l'autorisation de rentrer. Ce matin-là, pas de signal.

— Ces salauds-là roupillent, dit le sergent de service. Clairon, sonnez l'appel.

Pas de réponse à la sonnerie. Plusieurs coups de feu, pas de réponse. La tour semblait abandonnée. Les coups de feu avaient éveillé le capitaine Aage. Le sergent vint lui rendre compte.

— Six hommes en armes avec moi, dit le prince.

L'aurore aux doigts de rose grandissait à l'Est, le sol de la hammada était encore d'or pâle ; un cheval hennissait à l'écurie. Les filles du B.M.C., sortant sur leur seuil, demandaient ce qui se passait.

Le prince Aage vit l'échelle, non seulement descendue mais jetée à terre, sous la trappe ouverte ; à côté, sur le sol, une flaque sombre. Le prince leva la tête. Du sang gouttait à travers le plancher disjoint.

— Remettez cette échelle en place.

Le capitaine Aage ignorait la peur autant que la tempérance. Revolver au poing, il monta le premier l'échelle qui ployait un peu sous son poids de géant. Son torse disparut dans le carré noir de la trappe ouverte.

— Qu'est-ce que c'est ?

Un rire idiot, voilà ce qu'on entendait. Puis le rire cessa et il y eut une bribe de chanson. D'une chanson russe que le prince connaissait.

— Passez-moi une lanterne.

Le Russe se tenait accroupi dans un coin, recroquevillé ; secouant stupidement la tête et reprenant sa chanson. A trois pas, le caporal, la gorge ouverte.

Traité à la morphine pendant quarante-huit heures, le Russe raconta tout. Les deux déserteurs avaient finalement renoncé à le saisir dans les ténèbres, ils s'étaient éloignés. De ces deux-là, on n'eut plus jamais de nouvelles.

Au printemps de 1924, des Juifs furent assommés et molestés dans les mellah de Fès et d'autres villes du Maroc septentrional : la nouvelle venait de parvenir qu'Abd el-Krim avait écrasé l'armée espagnole à Anoual, dans les montagnes du Rif. Assommer des Juifs faisait partie des réjouissances.

Lyautey, alerté, demanda aussitôt des renforts. Paris répondit non. Paris annonça l'envoi de renforts un an plus tard, alors que déferlait sur le protectorat français le flot des Rifains, fusil et poignard, djellabah courte et brune à pompons multicolores. Ces Berbères du Nord, agriculteurs sédentaires en temps normal, devenaient des guerriers plus cruels que tous les autres.

On voit la Légion au premier rang des troupes qui tentent d'endiguer le flot en attendant les renforts. Dix jours après le début de l'attaque, 21 avril 1925, Fès est directement menacée. Des tribus pacifiées, ralliées, passent à l'ennemi sous la menace ou par l'effet des massacres, de la torture et des razzias. Comme aux plus beaux jours de la conquête de l'Algérie, l'idée de faire des prisonniers ne vient à personne, et chaque légionnaire garde une cartouche pour soi. A Beni Derkoul, le lieutenant Pol Lapeyre, après une résistance de sept semaines, se fait sauter avec ses trente hommes à l'instant où le torrent des Rifains hurlant se rue par la porte défoncée. A Mediouna, un groupe franc de volontaires du bataillon Cazaban franchit, par nuit sombre, les lignes rifaines, pour aller délivrer les survivants, à bout de souffle, du poste assiégé. Il réussit, mais au retour les Rifains l'attaquent au poignard et à la grenade. Sur quatre officiers et soixante légionnaires, trois survivants. Le lendemain, Lyautey décore le fanion ainsi que plusieurs hommes du bataillon, dont le caporal Goulet, dix-neuf ans de Légion. Celui-ci, Lyautey le reçoit dans sa tente et, de sa main, lui sert le café. Geste demeuré légendaire, il faut, pour apprécier, avoir connu des hommes ayant approché ce vice-roi. Aucun chef militaire ne l'a dépassé en prestige.

Le système défensif-offensif qu'il avait implanté au Maroc tenait le coup magnifiquement. Et Paris avait tout de même compris que l'offensive Abd el-Krim n'était pas une plaisanterie. Le maréchal Pétain arrivait, avec les gros bataillons permettant de rétablir la situation. Le 8 mai 1926, commença une offensive d'écrasement, avec moyens modernes, à quoi nul chef de tribu ne pouvait résister. Abd el-Krim livra son baroud d'honneur à Targuist (23 mai) et il se rendit trois jours plus tard, avec les quelques dizaines de partisans armés qui lui restaient. Le colonel Corap le fit défiler devant les légionnaires. Vercingétorix avait aussi défilé devant les légionnaires romains, avant de subir un sort autrement cruel que celui de l'exilé Abd el-Krim.

La pacification n'était nullement terminée. Le soulèvement rifain avait ranimé la résistance jusque dans le Sud. Depuis des mois, de petits contingents de légionnaires et de troupes coloniales chargés de l'encerclement de la « Tache de Taza » menaient en haute montagne une vie inhumaine, à peine ravitaillés, faisant le guet l'hiver au milieu des tempêtes de neige, l'été risquant leur vie à chaque corvée d'eau ; hantés, obsédés par la crainte de la pire catastrophe qu'ils pouvaient imaginer : manquer de munitions. Une partie des troupes qui avaient liquidé Abd el-Krim redescendit vers la Tache de Taza, ou plutôt vers les deux taches, car il y avait deux foyers de résistance. Le premier était tenu par un vieux djicheur boiteux et rusé, Saïd-ou-Mohand, qui comprit de quoi il retournait et se soumit dès que ses espions lui eurent donné une idée des forces qui descendaient du Nord. Mais rien n'effrayait le chef de la Grande Tache, Sidi Raho, dont les hommes galvanisés se battirent comme des démons. Les légionnaires, constitués en unités de choc, conquirent un djebel après l'autre, au prix de difficultés inouïes, pratiquant un alpinisme sous les coups de feu qui préfigurait quelque peu la guerre dans les Aurès en 1955-1956 ; différence essentielle, les hélicoptères n'existaient pas. La grande Tache de Taza fut réduite en treize jours.

A la même époque, on pouvait voir, à l'éventaire de commerçants indigènes, sur des marchés du Centre et du Sud saharien, auprès des misérables petits tas de céréales et de la viande couverte de mouches qui constituaient l'offre ordinaire, des boîtes de conserves, des sacs de farine et de riz, et aussi des effets d'habillement et des décorations de militaires français. L'apparition de ces marchandises signifiait qu'un convoi avait été attaqué avec succès dans la région de Bou Denib. Les groupes mobiles du colonel Giraud furent désignés, après la réduction des taches de Taza, pour aller mettre à la raison les pillards assassins qui tenaient le Tafilalet, région de palmeraies bordant les derniers contreforts du Djebel Sargho, au sud d'Erfoud.

La pacification totale du Tafilet devait durer près de cinq ans. Parmi les troupes légionnaires qui y prirent part, figurent des unités de cavalerie. Non plus les hommes sur les mulets. Les infatigables, héroïques et irremplaçables compagnies montées, deux hommes pour un mulet, existaient toujours, mais on voyait aussi maintenant à la Légion de vrais chevaux et de vrais cavaliers, et quels cavaliers ! Des Cosaques avaient constitué le premier escadron.

Ces champions provenaient des divisions cosaques des armées blanches Wrangel et Denikine. Le 1er Étranger de Cavalerie avait été constitué en 1920 à Saïda par l'amalgame de ces Russes avec de jeunes légionnaires accourus au premier appel : « Qui a été cavalier ? » Et ce nouveau régiment fut un aimant pour nombre d'officiers français de cavalerie fascinés par la Légion et jusqu'alors désolés de n'y pouvoir entrer.

La conjonction de l'esprit cavalier, de l'esprit légionnaire et de l'esprit vieille Russie produisit, dans l'ordre du faste et de la fierté militaires, une sorte d'effet volcanique. Le 1er Étranger de cavalerie décida de s'appeler tout simplement Royal Étranger. La tenue n'était pas très différente de celle du légionnaire à pied, épaulettes vertes et vareuse kaki, mais des houseaux de cuir remplaçaient les molletières, et flottait au vent du galop une gandourah légère, aérienne ; chèche enroulé sur le képi avec une négligence de dandy, sabre porté « à la spahi ». L'orgueil collectif du régiment se matérialisa en une fanfare d'un luxe inouï, baudriers blancs croisés sur la poitrine, blasons, cuissières, tabliers timbrés de la grenade verte, grosse caisse à cheval. Le sommet fut atteint avec l'acquisition, conforme à la tradition de l'ancienne armée royale, d'un monumental timbalier noir du nom de Billy Pesa.

Fait paradoxal, les premiers lauriers du Royal Étranger ne furent pas cueillis au cours de charges à grande allure sous le soleil d'Afrique mais dans deux actions de guerre de rue où les malheureux chevaux ne tinrent qu'un rôle de victimes. Les ondes du soulèvement rifain s'étaient propagées jusque dans la Syrie sous mandat français, où les Druses, cousins des Berbères pour l'esprit guerrier et la férocité, attaquèrent les forces françaises.

Le 16 septembre 1925, le 4e escadron du 1er Étranger de cavalerie, escadron Landriau, se trouvait à Mousseifré, dans le sud du pays, avec le 5e Bataillon étranger du commandant Kratzert, lorsque cet officier fut averti par message optique que trois mille Druses devaient attaquer pendant la nuit. Imaginez un bourg moyenâgeux ceint de hautes murailles, ruelles tortueuses ; autour, des enclos et des masures écroulées.

— Les cavaliers pied à terre ! commanda Kratzert.

Les chevaux rassemblés au centre du bourg, le commandant disposa ses défenses, y compris un peloton d'automitrailleuses, à l'extérieur des inquiétants faubourgs. Mais les Druses étaient des chats-tigres. Rampant dans la nuit, ils pénétrèrent ; aidés de la population, ils assaillirent les gardes des chevaux et massacrèrent leurs bêtes, et ils attaquèrent à revers les légionnaires occupés à se défendre contre es assaillants arrivant de l'extérieur. Le guet-apens paraissait imparable, et peut-être le désastre eût-il été consommé sans les canons de 31 des automitrailleuses qui commencèrent à déchiqueter le minaret et les terrasses peuplés de canardeurs. Les occupants des petits « hérissons » se défendaient avec d'autant plus d'énergie que, le moindre relâchement, c'était la gorge tranchée. Au petit jour, au milieu des fumées, il y eut quelques secondes d'accalmie et les légionnaires entendirent avec ivresse les clairons d'une colonne de secours. Sauvés ! Mais il y avait de nombreux morts, plus les pauvres chevaux.

L'escadron Landriau prit part deux mois plus tard à une action presque identique, dans le Sud libanais où il tenait la vieille citadelle franque de Rachaya en compagnie d'un escadron de spahis tunisiens. Curieuse utilisation de la cavalerie, soit dit en passant.

Les Druses, cette fois, s'introduisirent d'une manière romanesque par d'antiques souterrains, ignorés de la garnison, et leur premier soin fut de trancher les jarrets de tous les chevaux. Le combat de maison à maison dura, cette fois, trois jours entiers ; les massacreurs surgissaient de toutes les ruelles, des portes, des fenêtres, ils semblaient surgir des murs. Le troisième jour au soir, le capitaine Landriau lâcha son dernier pigeon voyageur : « Je n'ai plus que quinze cartouches par cavalier. » Le secours vint encore à l'aube, cette fois sous la forme d'une escadrille qui, bombardant en rase-mottes, écrasa le camp druse établi hors de la ville forte.

Les centaures du Royal Étranger eurent tout le temps de montrer leurs talents pendant la laborieuse pacification du Sud marocain. Mais le culte du panache et de la tradition ne faisait pas oublier au commandement de la Légion son souci d'efficacité : le 2e Étranger de cavalerie, qui venait de naître et s'appelait tout naturellement « Dauphin Étranger », était motorisé.

J'ai sous les yeux des photos représentant la construction d'une route à Taguerrount, dans le sud du Tafilalet. On voit les légionnaires creuser le sable et la pierraille jusqu'à trouver le dur, et là-dessus, ils assemblent rigoureusement de gros blocs de pierre qui forment la chaussée, bien horizontale avec des dévers obliques. Un tel ouvrage est plus large et plus carrossable que la chaussée romaine et plus solide que la route moderne.

La construction de la route de Taguerrount date de 1937, après la pacification. Mais j'ai là une autre photo où l'on voit, à côté des terrassiers en képi, des mitrailleurs point du tout en train de somnoler auprès de leur engin. Il s'agit cette fois de la route du Tizi N'tchika, 220 kilomètres à partir de Marrakech. S'élevant et descendant en corniche, cette route atteint Ouarzazate après avoir franchi un col à 2 160 mètres. On voit des mitrailleurs auprès des terrassiers parce que l'ouvrage a été construit pendant que les deux colonnes mobiles du général Huré (le 1er, le 2e et le 3e Étranger participaient) réduisaient les derniers rebelles du Grand Atlas. Aucun des guides que j'ai consultés ne signale que cette route extraordinaire a été construite par la Légion et moi-même je l'ai suivie, voilà des années, sans le savoir.

Je trouve donc que la Légion a fort bien fait de signer un autre de ses grands travaux, le tunnel du Foum Zabel, sur la route du Ziz, entre Midelt et Erfould. Tunnel percé en plein roc, au pic et à la barre de mine, huit mètres de large, trois de hauteur, soixante de longueur. Voici la signature, gravée à l'entrée :

La montagne nous barrait la route.
Ordre fut donné de passer quand même.
La Légion l'exécuta.

Notre style administratif actuel gagnerait à se rapprocher de cette fermeté à la Tacite. A la sortie du tunnel, une autre inscription :

L'énergie de leurs muscles
Et leur indomptable volonté
Furent leurs seuls moyens

avec, c'est justice, les noms des sapeurs pionniers du 3e Étranger qui, pendant des mois, ont peiné là comme des bagnards, la gorge sèche, les yeux brûlés de poussière.

Depuis sa création, la Légion a construit des milliers de kilomètres de route, souvent dans des régions difficiles et parfois, on vient de le voir, sous la menace ennemie. La Légion a construit en dur d'innombrables postes et villages, sans compter les fontaines et les égouts d'Oran, les fortifications de plusieurs villes et bourgades et, naturellement, à Bel Abbès et ailleurs tous les bâtiments habités par la Légion. La tradition de Bel Abbès a été reprise intégralement à Aubagne, près de Marseille en 1962-1963 : on arrive, on loge d'abord sous les tentes, mais aussitôt que possible on construit. En Polynésie, les légionnaires sont arrivés sur un atoll aussi sauvage que l'île de Robinson Crusoë et ils ont entrepris la construction d'une base atomique.

Aucun corps de troupe au monde n'a construit autant que la Légion. Il est curieux que cette vocation de constructeurs de routes et d'édifices, la plus *sociale* qui soit, se soit emparée précisément d'une troupe formée d'asociaux, d'exilés volontaires, d'hommes qui, pour une raison ou pour une autre, ont rompu autant qu'il est possible, parfois jusqu'à changer de nom, leurs liens sociaux naturels. L'exemple romain n'explique pas tout, ni même, me semblait-il, les nécessités de la pacification. « Tout se passe, étais-je arrivé à me dire, comme si cette vocation de construire était une activité compensatrice, une sorte de nécessité psychique et même biologique pour ceux qui ont tout quitté. » Des sous-officiers et des légionnaires du rang à qui j'ai soumis cette théorie ont hoché dubitativement la tête :

— Il y a peut-être du vrai dans ce que vous dites, mais il ne faut pas généraliser. Vous avez des légionnaires qui sont assez fiers des constructions de la Légion, mais vous en avez qui s'en foutent complètement. Ils ont fait ça comme ils auraient fait autre chose, parce qu'ils avaient reçu l'ordre. Vous avez des agités, des instables qui préfèrent à tout le déplacement, la vadrouille, le baroud. Enfin, il y a un peu de tout...

Bref, ma religion n'est pas tout à fait éclairée. Mais les ouvrages de la Légion existent, nombreux, souvent remarquables. Au-delà du temps, rien ne témoigne mieux qu'un monument, même en ruine. Je ne renonce pas à mon idée d'une vocation collective, au besoin inconsciente chez beaucoup.

La pacification du Maroc se poursuivait et cependant les engagés continuaient d'arriver à Bel Abbès.

Au bureau de recrutement, à Paris ou ailleurs, ils avaient produit ou non des papiers d'identité, comme ils voulaient ; ils avaient dit leur vrai nom ou un nom d'emprunt ; et ensuite à Marseille, au fort Saint-Jean, ils avaient subi l'impitoyable interrogatoire du capitaine chargé du tri d'incorporation, chacun d'eux nu comme au jour de sa naissance devant cet officier assis derrière sa table de bois blanc, devant cet officier dont chaque question précise était comme un coup de canon de plein fouet faisant sauter un pan de mur, un peu de ce mur de faibles mensonges que certains avaient dressé devant leur passé. Tous comprenaient vite que vouloir cacher quoi que ce fût à cet officier était dérisoire, on était devant lui encore bien plus nu qu'on ne pensait. A la fin, il écrivait en face du nom, vrai ou d'emprunt, « Oui » ou « Refusé ». Les acceptés étaient moins d'un quart, ils pouvaient se tenir pour des privilégiés, des veinards, et en vérité, au moins à ce moment-là c'était pour beaucoup une sacrée chance d'entrer à la Légion, d'avoir accédé à ce refuge, à cet asile inviolable.

Ces hommes s'étaient engagés parce qu'ils étaient chômeurs, sans ressources, vagabonds, parfois presque à jeun depuis plusieurs jours, ou parce que brouillés à mort avec leur famille, ou abandonnés par une femme, ou poursuivis par une femme, ou poursuivis par la justice de leur pays, délit politique ou droit commun ; si on les avait acceptés, c'était que l'officier trieur avait jugé leur délit bénin ou du moins acceptable.

Ces hommes venaient de tous les pays, cinquante nations et plus, mais il y avait parmi eux une majorité de grands blonds aux yeux clairs, Allemands et Germaniques, parce que ceux-là ont de tout temps aimé le métier militaire et l'aventure, aimé plus que tout marcher au pas en chantant, vers un horizon grandiose et inconnaissable.

Ces hommes-là, après avoir mariné quelques jours ou quelques semaines au fort Saint-Jean (rien de l'hôtel de luxe et même à l'époque caserne rebutante propre à faire regretter l'engagement de cinq ans), après avoir franchi la mer à peu près dans des conditions de confort pour bestiaux, après avoir voyagé d'Oran à Bel Abbès dans les glorieux wagons de 14 — hommes 36/40, chevaux, en long, 8 — avaient fait leur entrée dans la légende en gare de Bel Abbès, reçus par la clique unique au monde ; ils avaient défilé au son du *Boudin* jusqu'au Quartier Viénot et là, aussitôt inspectés par le colonel, avaient chacun gueulé leur nom, « légionnaire Untel, mon colonel ! » comme on leur avait dit de le faire.

Légionnaires, ils savaient qu'ils ne l'étaient pas encore vraiment. Mais même ceux qui avaient lu et retenu la petite phrase du mémento remis aux recrues, « Les débuts de la formation sont rudes », même ceux-là n'avaient pas idée de la rudesse avec laquelle allaient les prendre en main ces champions de la pédagogie militaire, les sous-officiers instructeurs de la Légion. La vocation de ceux-ci, presque tous Allemands, pour l'autorité directe et sans réplique, trouvait un accomplissement parfait dans l'application *intégrale* du règlement, intégrale souligné. Dès cette époque, le légionnaire était soumis à une formation physique plus rigoureuse que dans les autres corps — à un entraînement de para avant la lettre — et à une formation morale allant du repassage fignolé de la chemise (très important, pour beaucoup première reconquête de l'ordre et de l'estime de soi) au catéchisme historique sur les exploits de la Légion ; mais, alors comme aujourd'hui, la première recette pour obtenir le légionnaire bien à point consistait dans l'application intégrale du règlement.

Quant aux brutalités des inspecteurs, tous les officiers à qui j'en ai parlé m'ont dit qu'il n'y en avait jamais eu, je m'y attendais. Quelques sous-officiers m'ont avoué que le coup de pied aux fesses et autres menus horions n'étaient pas absolument inconnus dans la Légion de papa, « Nous n'avions pas affaire qu'à des enfants de chœur ». Dans cet ordre d'idées, la Légion d'aujourd'hui diffère beaucoup de la Légion de papa, nous le verrons, d'abord par un sensible rapprochement officiers-hommes de troupe, dû à diverses raisons, et qui s'est produit dans toutes les armées du monde au cours de la Seconde Guerre mondiale ; et, par ailleurs, le sous-off' d'aujourd'hui, plus encore à la Légion qu'ailleurs, tourne au technicien.

Mais à l'époque, à la Belle Époque de « Mon Légionnaire » sentant bon le sable chaud, le sous-off' instructeur était avant tout un dresseur. Garde à vous, repos, garde à vous, pas gymnastique, couchez-vous, rampez, marche en canard. Rien que des journées bien remplies propres à ôter de la cervelle du nouveau légionnaire l'idée qu'un ordre peut être exécuté autrement qu'immédiatement et sans délai. « Propre à lui ôter de la cervelle toute idée et même à lui ôter la cervelle de la tête », ont dit et écrit des contempteurs, auteurs de livres du type *Légion des Damnés, Marche ou crève,* etc. Selon eux, cette formation, lorsqu'elle ne faisait pas des révoltés, fabriquait des robots. Charles Favrel, dont le témoignage est à la fois très intéressant, parce que celui d'un intellectuel entré à la Légion « pour voir », et discutable, exactement pour la même raison, Charles Favrel va loin dans cette accusation de « robotiser » ; jusqu'à dire que l'héroïsme légionnaire au combat s'expliquerait comme le seul moyen que trouve le robot de retrouver une condition humaine. Considérant les choses de l'extérieur, mais avec une information consciencieuse, j'ai peine à croire que l'efficacité militaire de la Légion puisse s'accorder avec une pareille théorie.

N'importe quelle troupe dite d'élite, c'est-à-dire exceptionnellement efficace, est faite d'hommes qui, pour commencer et dans une certaine mesure, ont été « brisés ». Cela est vrai aussi de l'efficacité spirituelle et même, si l'on va au fond des choses, de toute efficacité : « Si le grain ne meurt... » Mais briser n'est qu'un départ. Ensuite, si un souffle n'anime pas, on n'obtient rien. En ce qui concerne la Légion, il est bien évident que le souffle existe. Appelons-le, pour la commodité, esprit de corps, ou une sorte d'orgueil professionnel, d'honneur particulier, et il y a autre chose, comme une possession de ces hommes par leur légende. Mon rôle à moi est de montrer, si possible, à partir de quels événements se sont créés l'esprit, l'orgueil, la légende.

Une faible partie de ces hommes confiés aux sous-officiers instructeurs avant d'être dirigés sur le bled marocain ne supportaient pas le dur dressage ; ils se révoltaient et devenaient des réprouvés. On rencontre de ces êtres qui ne s'accommodent d'aucune règle, d'aucune loi, même naturelle. « Enfant du malheur », j'ai vu, non à la Légion, cette inscription tatouée sur un front, et le regard et l'expression du visage la justifiaient. Ce type-là, entré en religion, aurait fait un défroqué ; né dans une bonne famille, un voyou ; dans un milieu sain, une santé pourrie ; rien à faire, une malédiction. Peut-être faudrait-il faire exorciser ces prédestinés. Les manières des sous-officiers de Bel-Abbès tendaient plutôt à faire surgir, à exaspérer le démon, et dans ce cas-là, l'issue était claire : Colomb-Béchar, la compagnie disciplinaire.

Il fallait avoir pas mal tiré sur la corde, avoir collectionné les jours de tombeau (petite tente individuelle entre des barbelés ; l'homme n'y peut tenir que couché, la tête dépasse), les « quinze dont huit » (quinze jours de prison dont huit de cellule) et même les « trente dont quinze » pour s'offrir une villégiature à Colomb-Béchar. Mais, dans l'amoncellement des punitions, la malchance jouait aussi ; les enfants du malheur glissaient comme sur une pente.

La compagnie disciplinaire de Colomb-Béchar a été la source inépuisable des pires horreurs répandues naguère sur la Légion, oralement ou par écrit, presque toujours par des déserteurs point repris, les uns délibérément menteurs, les autres au quart ou à demi sincères, amplificateurs, affabulateurs, artistes en confusions volontaires. Le plus troublant est qu'aucun de ces récits ne constitue un témoignage véritablement personnel et direct, jamais le narrateur ne dit : « J'étais disciplinaire, voici ce que j'ai supporté », toujours il s'agit de faits observés ou appris, des choses arrivées à d'autres. Il n'est bien entendu pas question de prétendre que la Disciplinaire de Colomb-Béchard était autre chose qu'un bagne. Mais connaître la réalité de ce bagne n'était pas facile, au point que même à Bel-Abbès, 95 % des gradés ne savaient pas ce qui s'y passait et croyaient plus ou moins à des légendes. Questionnés sur le sujet, ils éludaient. Ne parlons pas de quelques prétendus reportages. Il existe sur la planète plus de lieux qu'on ne croit où jamais un reporter n'a pu ni ne pourra jamais mettre le pied. Tout cela dit, j'incline, pour différentes raisons, à penser que le témoignage direct que j'ai finalement recueilli sur Colomb-Béchar est valable. Il rend un son de vérité et ce qu'il découvre et permet d'imaginer n'est point rose.

— J'ai servi cinq mois à Colomb-Béchar en 1932 en qualité de sous-officier d'encadrement. J'en ai gardé le plus mauvais souvenir de ma carrière. N'étant pas de caractère garde-chiourme, je n'ai pas sympathisé avec mes collègues, encore moins avec mes supérieurs, si bien que j'ai tiré là-bas soixante-quinze jours d'arrêt de rigueur.

En 1932, il y avait à Colomb-Béchar 310 disciplinaires, répartis en quatre sections : section d'arrivée ; section normale ; section de répression ; prison. La prison, toujours pleine, contenait cinquante hommes.

Le séjour à Colomb-Béchar était fixé à quatre mois mais attention : la répression et la prison ne comptaient pas, et faisaient repartir à zéro. Ce n'était donc qu'après quatre mois *consécutifs* en section normale que le disciplinaire pouvait être libéré et renvoyé dans une unité régulière. Pour certains, cela n'arrivait jamais.

« Le disciplinaire, disait le règlement, est astreint aux plus durs travaux. » Dans tous les bagnes, on casse des cailloux. La besogne a consisté un temps, à Colomb-Béchar, à fabriquer avec de la glaise et de la paille des « plots », ou briques cuites au soleil, tout à fait semblables à celles que fabriquaient les Hébreux lors de leur captivité en Égypte. Des légionnaires fabriquaient de ces briques ailleurs qu'à Colomb-Béchar, partout où la Légion en avait besoin, mais, à la Disciplinaire, un rendement exceptionnel était exigé : mille plots par jour et par équipe de cinq hommes ; faute de quoi, privation de nourriture.

En 1932, il s'agissait d'extraire de la pierre dans une carrière des environs. Ce matériau servait à des constructions militaires et aussi à des constructions civiles, et dans ce cas, la compagnie percevait de l'argent, en partie consacré à l'amélioration de l'ordinaire.

— Il s'agissait donc d'un travail forcé, exécuté même l'été au plus fort de la chaleur. Le disciplinaire fournissait un rendement au moins trois fois supérieur à celui d'un travailleur ordinaire. Un capitaine commandait la compagnie disciplinaire, où l'on voyait aussi quelques officiers, sous-officiers et légionnaires de 1re classe. Nous étions tous employés à des travaux administratifs et n'avions pas de rapports directs avec les disciplinaires. Ceux-ci étaient gardés par des tirailleurs. Ces tirailleurs, constamment armés, ne devaient sous aucun prétexte approcher un disciplinaire à moins de dix pas. Ils avaient le droit de tirer s'ils étaient attaqués ou constataient une tentative d'évasion.

Je pense qu'il n'est nul besoin de faire un dessin. Voici quel était le détail du service journalier ordinaire. Réveil au sifflet, avant le jour. Corvée de tinette jusqu'à six cents mètres du camp, retour au pas gymnastique. Café, rassemblement. Mouvements d'exercice, bien entendu exécutés sans armes, et commandés au sifflet. Couchez-vous, debout, à genoux, debout, etc. Puis, départ pour la carrière et travail. 9 heures, casse-croûte, 12 heures, retour au camp, soupe. 13 heures, retour au chantier. A 15 heures, dix minutes de repos, puis reprise du travail jusqu'à la nuit en hiver, jusqu'à 19 h 30 l'été.

Hors du camp, le disciplinaire était chaussé de vieux brodequins, sans lacets ni chaussettes ; les brodequins étaient ôtés à la porte du camp, on les tenait à la main gauche. A l'intérieur du camp, les disciplinaires ne circulaient qu'au pas gymnastique, et toujours la main droite levée, comme pour saluer. Le dimanche, douches, travaux de propreté et de couture, revues diverses. Pas de repos. Ni vin ni tabac. Un bagne est un bagne.

Le dernier acte de la pacification du Maroc se joua dans le Haut-Atlas pendant l'été de 1933.

Vu d'avion en été, l'Atlas est un farouche dédale chocolat clair, un chaos de pics dénudés, arides, creusés de gorges vertigineuses ; au fond de celles qu'atteignent les rayons solaires, on aperçoit des rubans d'argent, et la verdure des palmeraies.

En six cents heures de vol, les aviateurs français avaient levé la carte de ce stupéfiant champ de bataille. Leurs appareils Potez 25 et Henrio à faible puissance décollaient péniblement à cause de l'altitude, et ensuite les courants ascendants et descendants les secouaient. Deux de ces avions s'abattirent. Les membres de leurs équipages qui ne furent pas tués sur le coup périrent en se défendant contre les Berbères.

Les Berbères du Haut-Atlas observaient longuement ces avions volant au-dessus d'eux, mais la plupart n'avaient jamais vu une auto. Certains n'avaient jamais vu un Blanc d'Europe. Leurs marabouts leur disaient que les roumis avaient un œil au milieu du front et mangeaient les petits enfants, et ils le croyaient.

Les unités de la Légion — bataillons, compagnies montées, escadrons motorisés — étaient répartis dans les quatre grandes colonnes qui débouchèrent des massifs du Dadès, du Todra et du Ghéris, et de l'Assif Melloul. Ces forces convergèrent sur l'Imedghas pour le dernier baroud. Là se trouvaient rassemblés non seulement les habitants de ce massif, mais les résistants réfugiés d'ailleurs. Cette zone était maintenant cernée de toutes parts.

Chaque colonne comptait de sept à dix bataillons, deux ou trois escadrons, des compagnies montées, de trois à six batteries de montagne, plus, généralement, quatre goums de chacun deux cents hommes et environ douze cents partisans. Le simple déplacement d'une telle armada sur les pistes du Haut-Atlas n'était pas une sinécure, premièrement à cause du poids du ravitaillement quotidien. Quarante-trois tonnes, réparties comme suit : munitions, 17 tonnes ; vivres pour les troupes régulières, 10,5 tonnes ; vivres pour les troupes indigènes, 1,25 tonne ; fourrage, 10,25 tonnes ; matériel divers, 4 tonnes.

La colonne était une longue procession pittoresque environnée d'une nuée de mouches. En tête, parfois loin devant, allaient les partisans, puis venaient les goumiers ; au milieu de chaque goum, flottait le fanion, véritable étendard barbare orné d'une queue de cheval teinte en rouge ; venaient ensuite la Légion et les troupes régulières à pied, à cheval, en camions et en autos, et derrière, dans le nuage de poussière, le train interminable du matériel, plus les antiques et cahotants camions des soukiers, sans oublier les deux ou trois camions du plaisir et du rêve, l'inévitable B.M.C. Les Marocaines du B.M.C., quelques filles de quinze à dix-huit ans, au milieu de ces milliers d'hommes, montraient des visages rieurs. Elles transportaient avec elles, dans des caisses fermées d'énormes cadenas, leurs lourds bijoux d'argent, leurs instruments à cordes et les chatoyantes robes de soie qu'à l'étape elles revêtiraient. L'expédition leur était une distraction, une partie de plaisir. Tandis que l'anxiété toujours habitait l'œil huileux des soukiers, esclaves du bénéfice énorme et menacé. La nuit, ces hommes veillaient à tour de rôle, assis sur des piles de sacs.

Les partisans marchaient devant selon la tactique adoptée par le commandement. Leur mission était de provoquer au tir les Berbères cachés, de les faire se démasquer ; ensuite ils se repliaient sur le goum, et celui-ci empêchait que l'attaque n'atteignît la colonne avant que celle-ci ne fût organisée. Comme les légions romaines, la Légion étrangère s'avançait derrière cette nuée d'auxiliaires indigènes, cherchant à se faire attaquer sur le terrain choisi par elle.

Les partisans étaient peu sûrs. Amoureux de la guerre, certes, avec toujours l'espoir de s'emparer des troupeaux des tribus rivales, mais tentés par les offres des rebelles, qui leur offraient de cinq à dix francs pour une cartouche. Ils vendaient aussi de l'eau à l'adversaire assoiffé. On prenait contact à la voix, d'un roc à l'autre, à trois cents mètres ou davantage, car le rauque langage berbère, pour une oreille berbère, s'entend de loin. Puis le dissident s'approchait et déposait l'argent convenu. Le partisan venait le prendre et laissait une bouteille, ou une outre.

La colonne de temps à autre croisait une caravane de Berbères soumis, en marche vers un camp. On voyait surtout des femmes, des enfants, des vieillards, plus quelques ex-combattants, blessés, au visage aquilin, sauvage. Aucun de ces visages n'était vulgaire.

Les femmes portaient des charges énormes, ballots faits d'étoffes grossières, misérables ustensiles de cuisine, souvent un gosse juché sur le tout. Les plus âgées haletaient en se lamentant sur le mode aigu. Les enfants pleuraient de fatigue et de soif. Quelques jeunes filles, trois traits bleus tatoués sur le menton, avaient un charme étrange.

Pas un homme ne portait le moindre fardeau. Ils conduisaient, tiraient, poussaient à coups de bâton des chameaux galeux, des ânes, des vaches minuscules. Tous ces animaux, même les vaches, étaient follement chargés ; entre leurs jambes des chiens ressemblant à des chacals, squelettiques.

Ces hommes, ces femmes, ces enfants et ces animaux avaient passé des jours et des jours dans des grottes, assiégés, secoués par les explosions des obus et des bombes. Ils marchaient maintenant depuis une journée ou deux, encore une journée ou deux à marcher. Au camp du grand tri, on les épouillerait, on les vaccinerait, puis, en route vers une région de résidence désignée. Là on leur distribuerait des instruments agricoles et des semences. La vue de cette colonne de soumis était un grand spectacle historique.

Au centre de l'Atlas, le Djebel Baddou s'élève comme une forteresse au-dessus des sommets voisins. L'hiver la neige le couvre ; l'été ses pentes sont balayées par les orages. Les officiers français apercevaient à la jumelle sur les flancs de cet impressionnant château fort naturel, auprès des grottes et des crevasses qui leur servaient de refuges, les derniers rebelles. D'après les rapports des espions, ils devaient être là deux à trois mille guerriers avec leurs familles, plus environ quinze mille chèvres et moutons.

De leur repaire à plus de deux mille mètres d'altitude, ces gens voyaient distinctement les tentes, les camions, les autos et la multitude colorée des uniformes de l'armée moderne qui les assiégeait, et cependant ils ne se rendaient pas encore. Ils ne se rendaient pas parce qu'ils ne voulaient pas croire qu'Allah permît la victoire des roumis, ou par obéissance et fidélité au dernier chef rebelle, Ouskounti ; ou parce qu'ils savaient qu'ils risquaient gros s'ils tentaient de se rendre. Les irréductibles avaient massacré des villages entiers — jusqu'aux enfants au sein de leur mère — seulement soupçonnés d'avoir envoyé aux Français des émissaires de reddition.

C'était maintenant la lutte à mort. L'assaut contre le Baddou, en admettant qu'on puisse appeler ainsi le siège-bataille-escalade jusqu'à plus de deux mille mètres, commença le 5 août. Il devait durer jusqu'au 23.

Les guerriers berbères cernés canardaient leurs assaillants alpinistes, et ils dévalaient les pentes incroyablement abruptes pour contre-attaquer au poignard. Pressés, ils se retranchaient dans leurs grottes, élevant des parapets de pierre à l'entrée. A cause du relief, l'artillerie pouvait bien rarement atteindre ces grottes de plein fouet. Alors les avions lançaient des bombes de cent kilos près des ouvertures. Les explosions produisaient des remous d'air et les voûtes des grottes s'effondraient sur la tête des défenseurs. Les avions n'avaient à craindre ni D.C.A. ni mitrailleuses, mais leurs missions étaient périlleuses et acrobatiques. Ils rasaient les flancs de la montagne, entraient dans les crevasses et ils plongeaient dans les gorges pour bombarder les troupeaux que les Berbères poussaient vers les points d'eau. Les sources au fond des ravins étaient battues jour et nuit par les mitrailleuses ; auprès de chacune d'elles gisaient des animaux et des êtres humains morts ou moribonds.

Il y avait parmi les Berbères une femme-chef nommée Tazibout, plus intelligente que les hommes.

— Il serait stupide de se laisser assiéger sur le Baddou, avait-elle dit à Ouskounti. Nous devons tenir non seulement le Baddou, mais les crêtes voisines, d'où l'on peut commander les points d'eau.

— Non, cela ferait trop de front à défendre.

Maintenant les résistants étaient cloués sur le Baddou, crevant de soif. Une nuit, Tazibout rassembla son clan en secret et descendit faire sa soumission. Les officiers du Bureau arabe regardaient avec un intérêt passionné cette femme donti ils avaient tant entendu parler. Agée de quarante ans, elle en paraissait soixante. Ses vêtements étaient en loques. Mais son regard noir était impérial, ainsi que son attitude.

A la requête de ces officiers, Tazibout accepta de repartir vers Ouskounti pour lui représenter l'inutilité d'une plus longue résistance. Elle mangea et but, puis, au crépuscule, elle se dirigea, seule, vers le Baddou.

Ouskounti refusa de la voir, et pourtant elle le convainquit. Elle parla de telle sorte à ses lieutenants que ceux-ci convainquirent Ouskounti. Il envoya des émissaires au colonel Suffren, commandant l'avant-garde de la division Giraud : « Je me rendrai dans cinq jours. » Deux nuits plus tard, il tenta une sortie désespérée, poussant ses guerriers de pointe jusqu'aux positions principales des Français. Mais, à l'aube, les batteries françaises ouvrirent le feu et l'attaque fut repoussée.

Il n'y avait plus rien à tenter. Le Djebel Baddou était une tour immense de souffrance inutile et de cruel courage. Une population entière suçait des cailloux pour tromper sa soif. Au fond des cavernes secouées par les explosions, les femmes berbères qui toujours avaient suivi leurs hommes à la guerre, qui les excitaient au combat, dont certaines avaient, en hurlant hystériquement, mutilé des cadavres de soldats français, ces femmes maintenant, leurs lèvres aussi grises exactement que la peau de leur visage, serraient contre leurs corps maigres le corps de leurs enfants morts déshydratés.

Les clairons de la Légion sonnèrent et les défenseurs des grottes les plus élevées se précipitèrent pour tuer ces soldats alpinistes arrivés jusque-là par une sorte de miracle, deux ou trois tout juste, les autres atteints par les balles ou par les poignards, ayant basculé dans le vide, leurs corps écrasés cinq cents ou mille mètres plus bas. Une résolution aussi farouche que celle des Berbères animait les survivants de l'escalade, ils voulaient en finir. De furieux combats corps à corps se déroulèrent jusqu'au seuil des cavernes, et enfin les légionnaires durent balancer des grenades dans ces cavernes de la mort, jusqu'à ce que plus un coup de feu n'en sortît, rien que des gémissements et des plaintes. Le 23 août dans la soirée, quand les clairons sonnèrent le cessez-le-feu, Ouskounti s'était enfin rendu, les parois rocheuses autour de toutes les cavernes étaient tachées de sang.

Un interdit fut levé aussitôt. Des messagers partisans furent dépêchés dans toute la montagne : « Vous pouvez aller aux sources. » Ce qu'on vit ensuite n'avait sans doute jamais été vu.

Le jour du 24 pointait à peine et, venant de la vallée, montait comme une vibration ou un étrange bruit de mer. C'était le bêlement de milliers de moutons et de chèvres dévalant vers les sources. Échappées aux bergers, follement dégringolant, ces bêtes se jetaient vers l'eau, poussées par une force plus impérieuse que l'instinct de conservation. Entrées dans l'eau, les premières buvaient à en crever, et parfois crevaient là sur place, tandis que les suivantes se poussaient en une excitation démente, se montaient les unes sur les autres.

Et les humains alors arrivèrent à leur tour et se jetèrent sur l'eau avec une pareille folie, écartant les bêtes à coups de bâton et de pierres pour pouvoir se mettre à plat ventre et laper. Les points d'eau devenaient inabordables, les assoiffés se battaient, des enfants étaient écrasés. L'armée intervint. Exécutant les ordres des gradés, les partisans groupaient les Berbères par familles, et vers l'eau une famille après l'autre, gens et bêtes. Ensuite, provisoirement désaltérée, une procession douloureuse marcha vers les camps où il y avait à manger et à boire.

Toute reddition n'était définitive, n'avait force de loi, n'avait de valeur aux yeux d'Allah, que lorsque s'était déroulée la cérémonie en quelque sorte sacramentelle, la *targuiba.* Et celle qui suivit la reddition des derniers défenseurs du Baddou fut une des plus solennelles.

Les Berbères avaient passé la nuit à la belle étoile, serrés les uns contre les autres dans leurs pauvres haillons. Quand le jour fut levé, des légionnaires et des spahis passèrent parmi eux, distribuant une fois de plus des tranches de pain et des quarts d'eau. Les mains brunes décharnées se tendaient vers le pain et vers l'eau. Il n'y avait plus maintenant ni désordre ni confusion. L'ordre qui régnait, point perceptible pour n'importe quel regard européen, était cependant rigoureux ; de petits espaces séparaient les clans et, à l'intérieur de chaque clan, les familles.

Les unités de l'armée française désignées pour la revue avaient passé l'après-midi de la veille et une partie de la nuit à laver leurs tenues sales et fripées et à fourbir leurs armes. Non loin des moghazenis en burnous bleus se tenait le détachement de la Légion étrangère. La veille, ces légionnaires étaient dégoûtants, ni lavés ni rasés, mis comme des vagabonds. Maintenant leur chic s'égalait à celui de n'importe quelle garde royale. Les ceintures bleues se détachaient sur les tenues kaki impeccables, les baïonnettes étincelaient. Les détachements de tous les corps de l'expédition formaient un grand rectangle, ouvert du côté des Berbères.

Les guerriers berbères avaient été invités à s'avancer un peu à l'intérieur du rectangle. Ils se tenaient debout ou accroupis, chacun ayant en main le fusil dont il allait se séparer. Cette perspective était déchirante, mais les durs visages de ces hommes demeuraient immobiles et inexpressifs ; ils échangeaient à peine quelques mots.

Le général Huré arriva à cheval, derrière lui une brillante escorte de cavaliers et de porte-fanions. Une sonnerie de trompettes retentit, le général passa sur le front des troupes, puis il vint s'arrêter face aux Berbères. Un officier interprète des Bureaux arabes se mit à parler d'une voix forte. Entendre le rauque langage dans la bouche d'un officier français produisait une impression étrange. Les Berbères observaient un silence total. Quand l'officier eut prononcé quelques phrases, ils commencèrent à s'avancer pour déposer leurs armes.

Ils les jetaient en tas les unes sur les autres. On voyait là des Lebel modernes, des carabines de cavalerie, des Martini de gros calibre, et aussi de longs fusils indigènes datant d'un siècle. Les guerriers étaient, eux aussi, de tous les âges : vieillards au nez en bec d'aigle, à la peau parcheminée, aux cheveux blancs ; hommes forts et robustes ; hommes jeunes et jusqu'à des adolescents, quinze ans tout juste, certains avec encore un regard de gazelle. Quelques guerriers au dernier instant hésitaient ; les moghazenis en burnous bleus alors leur arrachaient le fusil et le jetaient sur le tas.

Le dernier fusil jeté, le général prononça sa harangue. Les guerriers immobiles comme des statues regardaient impassiblement cet homme à cheval qui s'adressait à eux dans une langue incompréhensible. Ils restèrent tout aussi immobiles quand l'officier des Bureaux arabes commença à traduire, mais leurs visages étaient attentifs.

— Le général vous parle au nom du Maghzen. Au nom du gouvernement du Sultan. Vous avez défié l'autorité du Sultan, mais le Sultan est grand, généreux et magnanime. Si vous demandez pardon et jurez de servir, vous ne serez pas châtiés. Vos crimes seront à jamais oubliés. Vous jouirez de la paix et le Sultan vous rendra heureux et prospères.

Après une très courte pause, l'officier ajouta :

— Vous devez maintenant faire votre soumission.

Alors, d'un seul mouvement, tous ces guerriers se prosternèrent. Ils s'allongèrent sur le sol la face contre terre, leurs mains jointes sur la nuque. Chacun d'eux était prosterné comme, devant l'autel, le religieux prononçant son vœu solennel, et ils étaient ainsi des centaines et des centaines, leurs maigres mains brunes jointes sur la nuque, et ils devaient rester ainsi une minute. Minute interminable de silence humain et d'immobilité. Un charme avait pétrifié non seulement ces hommes prosternés, mais tout à l'entour ; l'armée en uniformes colorés, les grises familles accroupies. Seules, quelques brebis bêlaient.

L'officier interprète dit un mot et les prosternés se relevèrent. Et il monta de toute l'assemblée comme un grand soupir.

La targuiba n'était pas encore terminée. Accomplie par les Berbères, acceptée par les Français, la soumission ne compterait aux yeux d'Allah qu'après le sacrifice. Ainsi Yaweh voulait-il, avant toute parole, une immolation.

Le taurillon et les six agneaux étaient là tout prêts au milieu de la foule berbère, mais celle-ci les entourait, on ne les voyait pas. On les vit lorsque plusieurs jeunes hommes les poussèrent vers le milieu du rectangle, là où les guerriers s'étaient prosternés. Le taurillon avançait de mauvaise grâce, en ruant et en secouant à droite et à gauche sa tête courte déjà puissante. Il fut saisi brusquement par les pattes, et jeté sur le flanc.

Le sacrificateur s'avança, c'était un homme âgé. On vit soudain dans sa main la lame longue et recourbée, d'une couleur d'argent mat. De sa main gauche, il saisit la peau du cou du taurillon sous la gorge. Il avança sa main droite et se mit à trancher, d'un mouvement de scie pénible à regarder. Le taurillon meuglait et se débattait, difficilement contenu par les aides ; son sang coulait dans la poussière. Sa plainte irritée s'élevait au milieu du silence et de l'immobilité de la foule et de l'armée. Le sacrificateur tranchait toujours, maintenant la tête était presque détachée du tronc. La plainte du taurillon cessa. Le sacrifice des moutons ne fut rien, moins de trois minutes. La targuiba était consommée.

Les soumis devaient encore assister au triomphe. Les guerriers avaient rejoint leurs familles et, devant cette foule accroupie, l'armée défilait. La Coloniale, les spahis, les tirailleurs, la Légion. Les vieux chefs au nez en bec d'aigle regardaient, impénétrables, passer les soldats en képi blanc, les descendants des « Grandes Capotes », leurs plus anciens adversaires, peut-être les plus braves. Être vaincus par eux ne déshonorait pas.

Ensuite eut lieu la fantasia des partisans, certes plus difficile à supporter. Ces faux frères, eux, avaient leurs fusils, ils gambadaient, ils se grisaient avec insolence de mille détonations. Les guerriers cependant ne cillaient pas. Allah avait permis, avait voulu qu'ils fussent vaincus et que les autres jouent la bonne carte. Un jour peut-être tout cela changerait, mais maintenant il n'y avait qu'à accepter. « La volonté d'Allah est semblable à la pointe d'un poignard bien aiguisé. Il faut l'accomplir. »

10

DE NARVIK AU DANUBE

En septembre 39, les mobilisés ne faisaient pas voler en éclats les verrières des gares sous la vibration de *Marseillaises* délirantes. Pour différentes raisons, la fleur au fusil de 14 refusait obstinément de repousser. Parmi les visages les plus mornes se trouvaient ceux d'anciens légionnaires qui avaient reçu leur feuille de route pour le camp de la Valbonne, près de Lyon. Réincorporés dans la Légion pour la durée des hostilités. Honneur insigne, qui ne réjouissait pas du tout.

La Légion n'abandonne jamais les siens. « A moi la Légion ! » est un cri de ralliement que vous pouvez pousser efficacement vingt ans après avoir quitté le képi blanc. Ancien légionnaire, vous trouvez toujours une porte où frapper ; le S.M.O.L. (Service du Moral et des Œuvres de la Légion) s'occupera de vous et, si vous n'êtes pas complètement clochard, vous trouverez mieux qu'un emploi de veilleur de nuit. Légionnaire *in aeternum*, et le virus légionnaire pénètre une fois pour toutes dans votre organisme. Tout cela est bien entendu. Il n'empêche que le virus légionnaire avait terriblement perdu de sa virulence chez les commerçants, garagistes, employés, cultivateurs, notaires, qui recevaient leur feuille de route pour Valbonne. Une situation, un compte en banque, mariés, des enfants. Sur ceux-là aussi le climat de bien-être des années trente avait produit effet. Certains même, entrés dans une bonne famille, évitaient de parler de leurs cinq années de Légion. Il y avait encore des gens pour confondre : « La Légion ? Ah, oui, les Joyeux... » Merci bien. Joignez à cela le souvenir du dressage de Bel-Abbès et la quasi-certitude que la Légion serait aux places de choix si la vraie riflette se déclenchait. Les pères de famille n'étaient pas chauds.

Par contre, à la même époque, la Légion voyait accourir vers elle des milliers de volontaires enthousiastes. Non pas à la Valbonne : au camp de Barcarès, dans les Pyrénées-Orientales.

Les hommes qui faisaient queue à la porte de ce camp appartenaient à de nombreuses nationalités, cent nationalités ont écrit certains, cinquante et une d'après des estimations plus rigoureuses. Dire que tous ces gens-là étaient beaux et biens vêtus et qu'on aurait sans hésitation confié son portefeuille à n'importe lequel d'entre eux serait trahir la vérité. Il y avait là une honnête proportion de valises de carton consolidées de ficelles, de fringues malodorantes, de tignasses en friche ou au contraire trop brillantinées, de regards fuyants, de mains trop agiles. Mais aussi beaucoup de braves types d'hommes inspirant confiance. Bref, comme en 14, le troupeau hétérogène pour qui déclaration de guerre signifiait chômage, suspicion, enquête de gendarmerie, risque d'envoi en camp de concentration. Et une fois de plus la Légion étrangère ou ce qui y ressemblait de près ou de loin apparaissait comme un refuge. Des commerçants, des artisans installés depuis longtemps en France, mais non naturalisés, trouvaient normal de combattre pour la France, le désiraient. De nombreux juifs de toutes nationalités s'engageaient parce que l'ennemi était l'Allemagne hitlérienne.

L'autorité militaire ne se précipita pas pour armer ce contingent bigarré et l'envoyer dans la zone des armées. Il fallait trier, mettre à l'épreuve, instruire. Les 21ᵉ, 22ᵉ et 23ᵉ régiments de marche de Volontaires Étrangers, résultat de cette formation, se comportèrent au feu avec des fortunes diverses, comme on verra.

La Légion comptait davantage sur les deux véritables régiments légionnaires qui devaient être formés à la Valbonne, réservistes rappelés et légionnaires venus d'Afrique du Nord, en principe pas d'Allemands parmi ceux-ci.

Le premier contact entre les deux éléments ne fut pas chaleureux. Les légionnaires de l'active regardaient de travers les réservistes embourgeoisés qui ne pensaient qu'à leur famille, qui recevaient des colis, qui ne sacrifiaient guère au vin rouge ; qui, lorsqu'un gradé leur demandait : « Êtes-vous légionnaire, oui ou non ? » répondaient entre leurs dents : « Je n'ai pas demandé à l'être. » Le sous-off entendait ou n'entendait pas, et entre ses dents, lui aussi : « Je vous dresserai, mes salauds ! »

Et pourtant l'amalgame se fit. Contrairement à certaines allégations, il fut même réalisé avant le début de la vraie guerre. Il est impossible de dire ce qui serait advenu des réservistes des deux régiments formés à la Valbonne (11ᵉ et 12ᵉ Régiments étrangers d'infanterie) si les Stukas et les chars allemands s'étaient rués vers l'Ouest avant l'hiver. Mais cela n'arriva pas, et la drôle de guerre, qui fut pour les neuf dixièmes de l'armée française un engourdissement, permit au contraire à ces deux régiments de devenir disciplinés et efficaces.

Il ne faut pas se leurrer. L'instruction tactique alors prodiguée à la Légion ne différait pas de celle que recevait le reste de l'armée française : elle datait de la guerre précédente, et même du début de cette guerre-là. Ainsi les légionnaires d'active envoyés en France, s'ils savaient se servir des chenillettes et des engins d'accompagnement, ignoraient tous des chars — qu'il s'agisse d'accompagner les chars français ou d'arrêter les chars ennemis. Les seuls un peu calés là-dessus, instruits ailleurs qu'à la Légion, étaient les Espagnols antifascistes, pour l'instant laissés à Bel-Abbès. Quant aux bombardements en piqué, ils devaient être pour les légionnaires comme pour tous une très désagréable initiation. Cependant, la Légion, petite armée de métier insensible à tout climat politique, autonome, point gênée aux entournures par les attaches familiales, habituée à l'inconfort, était demeurée cette efficace machine à fabriquer du troupier bon tireur, apte à utiliser le terrain et obéissant sans hésitation ni murmure.

En outre, un phénomène un peu inattendu se produisit : les réservistes, d'abord plus que réticents, furent repris par l'esprit de corps. Ces pères de famille embourgeoisés, peu à peu éprouvèrent vanité à voir leurs soutaches et leurs grenades vertes remarquées ; à faire figure de durs, d'aventuriers. On les vit « cravater » dans les cafés, ils se mirent à regarder avec dédain le troufion du commun.

— Êtes-vous légionnaires, oui ou non ?

Ils ne répondaient plus, et marchaient.

A la mi-décembre, le 11e Étranger partit pour la Lorraine, région de Sierck, aux avant-postes de la ligne Maginot.

— Nous ne sommes pas ici pour roupiller, déclara le colonel.

Il s'agissait du colonel Maire, « le vieux Maire », héros de 14-18, l'un des chefs de bataillon caïds de la pacification du Maroc : fort en gueule, solide buveur, typique figure de la Légion de la Belle Époque, toujours grand et sec, moustachu comme un tigre. Rappelé de la retraite pour prendre ce commandement.

L'armée française et l'armée allemande immobilisées dans la ligne Maginot et dans la ligne Siegfried se livraient, entre ces deux taupinières bétonnées, à une guerre « phonique » à l'aide de haut-parleurs et à une guerre miniature de groupes francs, de petits postes et de patrouilles, point du tout sans danger.

— Guerre pourrie ! grommelait le colonel Maire.

Hanté par l'idée que l'inaction liquéfiait la meilleure troupe, Maire ne pouvait voir la sienne inoccupée cinq minutes. Dès qu'on lâchait le fusil, la pelle et la pioche ! Les légionnaires grognaient, mais se surpassaient en terrassement. « Le Génie s'avisa de la perfection de nos positions, a écrit Georges Manue, et le reconnut dans un ordre du jour que nous affections de mépriser. Nous en étions pourtant secrètement fiers. » Remplacé par le colonel Robert, le vieux Maire partit à la fin décembre, le cœur gros, mordillant sa moustache.

Le colonel Robert, pourtant en provenance directe de Bel-Abbès, n'était nullement de la « Légion de papa ». Ennemi de la légende des *desperados*, carrément anti-alcoolique malgré son visage sanguin, il fut sans doute l'un des chef qui commencèrent l'évolution dans le sens jeune Légion. Sous son commandement, le dressage s'accompagna d'un rapprochement officiers-légionnaires du rang et d'une amélioration des conditions matérielles et morales. Les « œuvres » de la Légion furent mises à contribution pour que les sans-famille, il n'en manquait pas, ne se sentissent pas des pauvres, des abandonnés dans un environnement de troupes chouchoutées, comblées de douceurs.

Au début de mai 1940, le 11e Étranger faisait partie de la 6e division nord-africaine, qui comprenait aussi le 9e régiment de tirailleurs marocains et le 21e de tirailleurs algériens. Cette division était rattachée à la IIe armée. L'offensive allemande commença à l'aube du 10 mai par un bombardement intense des aérodromes alliés et neutres. L'offensive allemande continua par des bombardements intenses.

Suivre dans le détail le déroulement des événements militaires de mai-juin 40 est très intéressant d'un point de vue stratégique. On lit les ordres d'opérations des chefs d'unité, on voit sur la carte les flèches figurant le mouvement des armées, etc. On arriverait à se représenter une sorte de grande bataille de mouvement de style napoléonien. Or n'importe quel ancien combattant de cette époque se rappelle comment les choses se sont passées dans son secteur, et c'était partout et toujours la même chose.

D'abord, dans le ciel, un très haut ronronnement qui s'approchait, s'approchait, s'étendait, vous dépassait, et vous entendiez des explosions, parfois la terre frémissait, parfois c'était très loin. Ensuite, arrivait une nouvelle nappe sonore, plus basse, la D.C.A. tirait, mais le grondement s'approchait, s'approchait, et de cette masse sonore se détachaient les feulements crescendo des piqués et cette fois les explosions vous secouaient. Vous voyiez s'élever la terre, les débris et les flammes. Ensuite arrivaient les obus de l'artillerie et au besoin les chars, mais presque sans exception, le premier tonnerre tombait du ciel. Sous ce tonnerre, sous les feulements nerveusement intolérables des piqués, n'importe quelle troupe commençait par s'aplatir et ensuite il y avait des troupes qui restaient là et d'autres qui fichaient le camp — parfois l'état-major en tête, à fond de train, cela s'est vu.

En simplifiant un peu, on peut dire qu'après la percée allemande à Sedan, la IIe Armée devint comme un pivot, d'autres armées reculant sur sa gauche. Le 11e Étranger, qui faisait partie de cette armée, avait reçu pour mission d'occuper et de défendre le bois d'Inor, entre la Meuse et la Chiers, dans la région de Stenay.

Défendre le bois d'Inor signifiait d'abord entendre jour et nuit dans les hauteurs du ciel le ronronnement obsédant, ponctué par les explosions sourdes, répétées, parfois un quart d'heure ininterrompu de ce tonnerre plus ou moins lointain : « C'est du côté de Beaumont. Non c'est du côté de Vouziers. » Puis nul besoin de se demander de quel côté c'était : arrivait très vite et très fort le second plafond sonore, plus bas que le premier, et commençait le feulement intolérable des piqués. L'explosion assourdissante qui secouait le sol, qui vous secouait, les éclats, la terre, les pierres, les morceaux d'arbres qui retombaient, ce véritable danger de mort était presque un soulagement après le piqué qui vous vrillait le ventre ; en tout cas, on aimait mieux ça.

Les légionnaires s'aplatissaient, se terraient dans leurs trous sous les bombardements en piqué, mais, la vague partie, ne décampaient pas. Ils reprenaient leur faction et réparaient en vitesse leurs positions. Évacuer les blessés, enlever les morts. Le bois d'Inor était comme une propriété bien tenue de la Légion. Les Stukas vinrent d'abord et ils continuèrent à venir tous les jours et, à partir du 27 mai, il y eut aussi le canon et les attaques des blindés et de l'infanterie. Par instants, le volume et l'intensité du feu à faible distance étaient extraordinaires, le bois se trouvait pris comme dans une grande pince rougie dont les branches venant du Nord-Est et du Nord-Ouest tendaient à se rapprocher. Des bouquets d'arbres flambaient en ronflant au milieu des geysers de terre soulevée. Puis un calme relatif revenait. Un calme relatif revenait parce que, devant une position qui tient, nulle attaque ne garde constamment son intensité maxima.

Pour un temps, l'ennemi diminuait sa pression sur cette charnière tenue par la gauche de la IIe Armée, charnière que pourtant il voulait furieusement démolir, puisqu'un peu plus tard, il reprenait son attaque. Les légionnaires tenaient dans le bois d'Inor, non seulement parce que c'étaient des hommes courageux — il y en avait dans des unités qui ne tenaient pas — mais aussi parce que leurs officiers donnaient constamment des ordres très précis et parce que ces légionnaires, ceux de l'active et les rappelés remis dans le bain, étaient des soldats de cinq années de service. Ils avaient, ou ils avaient retrouvé, les réflexes inculqués par cinq années d'instruction, d'entraînement ou de combat (au Maroc) et ils n'étaient nullement ignorants de cette science si importante pour le fantassin : utilisation du terrain, réparation des positions après chaque coup dur. Malgré la nouveauté presque irrésistible constituée par l'ensemble aviation-chars, la technique terre à terre mais solide de l'infanterie légionnaire l'aidait grandement à tenir.

Le tonnerre des bombardements venait de plus en plus loin sur l'arrière et sur la gauche. Le flot allemand s'engouffrait dans une énorme brèche, et c'était plus qu'une brèche, tout un pan de l'immense front écroulé. Les défenseurs du bois d'Inor commençaient à comprendre qu'ils allaient être encerclés.

Une unité entièrement composée de légionnaires d'active avait été lancée dans la bagarre de mai, c'était le Groupe 97. Groupe de reconnaissance divisionnaire 97, ou G.R.D. 97 en style administratif, tout simplement issu du 1er Étranger de cavalerie, dit « Royal Étranger ». Ces cavaliers-là ne galopaient pas à cheval et ne brandissaient pas de sabres. Ils étaient motorisés. Mais les informations que j'ai pu recueillir sur leur matériel m'ont laissé perplexe. Des expressions comme « armement léger » revenant à plusieurs reprises dans les comptes rendus officiels m'ont laissé comprendre que leurs engins les moins inférieurs à ceux des Allemands étaient des motocyclettes. Ils avaient aussi des automitrailleuses de modèle ancien. Le groupe de reconnaissance 97 prit contact avec l'ennemi le 18 mai, et quelques jours plus tard ses missions de reconnaissance étaient terminées. Mais non son activité. Couvrir des arrière-gardes, exécuter des missions de retardement, tel était le travail. Il arrive un moment où ce genre de travail change de nom : mission de sacrifice. Pour le groupe 97, ce moment arriva le 9 juin, lorsqu'aux trousses de l'armée en retraite arrivèrent non plus les motocyclistes allemands, mais les chars. L'attaque du Groupe 97 aux bois de Noroy et de Ravenel — ce furent en effet les légionnaires qui attaquèrent, lançant leurs vieux petits engins contre les chars — ressembla quelque peu à une attaque-suicide : 23 officiers et 650 gradés et légionnaires au début de la campagne, et après cette attaque, 12 officiers et 250 hommes.

Juste avant d'être encerclés, les défenseurs du bois d'Inor avaient reçu l'ordre de décrocher. Ces hommes étaient pâles de colère en quittant les positions qu'ils avaient tenues. Ils commencèrent à comprendre la situation en se trouvant mêlés au grand gâchis qui prenait par instants des allures de sauve-qui-peut. Le 17 juin au soir, le 11e Étranger se trouva à Saint-Germain-sur-Meuse, vraiment encerclé cette fois. Tout ce qui, depuis plusieurs jours, n'avait pas filé à la vitesse maxima vers le Sud était encerclé.

— Nous devons tenter de nous dégager, dit le colonel..

Le 2e bataillon, commandant d'Alégron, fut désigné pour attaquer en vue d'ouvrir un passage, le 18 juin au matin. Le 18 juin. Les rumeurs d'armistice partout circulaient. Le villageois le plus arriéré savait que tout était fini, perdu, révolu. Une armée de héros conduite par Napoléon n'aurait pu maintenant rien changer. Les légionnaires du 2e bataillon n'étaient pas stupides, ils comprenaient eux aussi de quoi il retournait. Quant au commandant d'Alégron, il fixa même l'heure à laquelle son bataillon serait anéanti, au matin du 18 juin. Mais une unité encerclée n'ayant pas reçu l'ordre de déposer les armes doit tenter de se dégager. Le commandant d'Alégron et ses légionnaires attaquèrent avec le même soin et la même énergie que si leur action avait dû transformer en victoire l'immense déroute.

Ils attaquèrent une division allemande toute fraîche, en pleine forme, pourvue d'artillerie, de chars et de blindés et soutenue par de l'aviation tactique. Le bataillon ne fut pas anéanti comme l'avait prévu son chef : 75 % de pertes. Ce pourcentage de 75 % de pertes fut d'ailleurs finalement celui de tout le régiment.

Les légionnaires enfermés au camp de prisonniers de Verdun le 22 juin ne récriminaient pas, ne se plaignaient nullement d'avoir combattu pour rien. Le seul reproche qu'ils adressaient à leurs officiers était de ne pas leur avoir rendu la liberté dès l'armistice proclamé. Liberté de s'évader. Quatre cents kilomètres à parcourir pour échapper aux Allemands, ils trouvaient que c'était peu. D'ailleurs, quatre mois plus tard, plus de la moitié de ces captifs, évadés, avait rejoint Bel-Abbès.

Telle fut la geste du 11e Étranger. L'autre régiment formé à la Valbonne, 12e Étranger d'infanterie, reçut un baptême du feu qui ressembla plutôt à un enterrement. « Incorporé au dispositif de la défense de Soissons », son rôle consista, pendant deux jours (6 et 7 juin), à recevoir sur la tête des bombes de Stukas et des obus, on pourrait presque dire jusqu'à ce que mort s'ensuive, puisque en ces deux journées le régiment fondit des deux tiers. On constate avec stupéfaction, en consultant les documents que les survivants de ce massacre, non seulement réussirent à franchir les lignes ennemies, mais qu'ils livrèrent des combats d'arrière-garde sur la Marne, sur la Seine, plus bas encore, jusqu'à Limoges, où l'armistice les arrêta.

Les bataillons de ce régiment, réduits à deux cents hommes, regardaient, impassibles, s'écrouler le fleuve de la débâcle, militaires et civils mêlés ; parfois ils le remontaient sur ses bords pour aller surprendre les Allemands. Les motocyclistes allemands de pointe, superbes garçons aux manches relevées ou au torse nu, hâlés par le sport et pour qui la guerre avait été jusque-là un sport, se heurtaient avec surprise à ces non-conformistes de la défaite, et plus d'un voltigea, sa moto explosée, son corps troué par les rafales des légionnaires des dernières cartouches.

L'expression officielle relative à la marche au Rhin des trois régiments de marche de volontaires étrangers (ceux formés au camp de Barcarès) serre un peu le cœur. « A peine armés et démunis de matériel », voilà comment ils y allèrent. L'un d'eux s'éparpilla sous les piqués des Stukas, les autres succombèrent bravement. Les derniers mots qu'on lit à propos de l'action du 22e de marche des volontaires étrangers à Villers-Carbonnel sont ceux-ci : « ... écrasés par les chars ».

Alors même que se déroulaient ces drames, une autre unité de la Légion faisait dans l'histoire militaire une entrée en fanfare. Mais nous devons maintenant revenir de quelques mois en arrière.

Le 1er décembre 1939, la nouvelle se répandit en France que les Russes attaquaient la Finlande. L'ours qui venait de dévorer les Pays baltes jetait sa grosse patte sur ce petit pays qui, fièrement, refusait une rectification de frontière. Et, à la stupéfaction générale, l'ours recevait une bonne tape sur le nez. L'armée finlandaise lançait des contre-attaques victorieuses.

Stupéfaction enthousiaste. Depuis les exploits du coureur à pied Nurmi aux Jeux Olympiques de Paris en 1924, le nom Finlande était pour les Français synonyme de sérieux et de courage sans limite. Voir le David des neiges tenir tête au Goliath rouge exaltait ; donnait, au milieu de l'immobilité tout de même un peu inquiétante de la drôle de guerre, l'impression qu'aucun jeu n'était fait, que les soi-disant colosses de l'Est étaient peut-être tout à fait vulnérables ; qu'on assisterait peut-être à des événements surprenants, à des victoires inespérées. L'enthousiasme s'accrut lorsque les journaux publièrent des photos de *lottas*, jeunes filles ravissantes, auxiliaires dans l'armée finlandaise ; leur sourire brillait sur la neige. Des comités se formèrent à Paris et ailleurs pour recueillir les « dons pour la Finlande » ; on acceptait tout, les lainages, les chocolats, les conserves, les jeux de cartes, tout ce qui pouvait servir au confort et à la distraction des soldats finlandais. Une jeune fille que je connaissais alla porter son accordéon, instrument superbe pour lequel elle s'était ruinée.

Hélas ! l'ours n'avait pas dit son dernier mot. Gêné au début par le terrain, la saison, et surtout n'ayant engagé pour commencer que 300 000 hommes et point ses nouveaux modèles de chars et d'avions, voilà qu'il se renforçait (600 000 hommes) et, au début de février, enfonçait la ligne Mannerheim, fortification de l'isthme de Carélie. La courageuse Finlande, ployant sous le poids, avait fait appel à la Société des Nations. Le 5 février, la France et la Grande-Bretagne décidèrent d'envoyer à son secours un corps expéditionnaire de 100 000 hommes.

L'annonce « On demande des volontaires pour la Finlande » secoua d'abord les dépôts de Bel-Abbès et de Saïda d'une puissante hilarité. La légion au Pôle, c'était drôle. Mais pour ainsi dire un instant plus tard, avec une versatilité d'enfants, les légionnaires s'enthousiasmèrent. « On imagine leur exaltation à l'idée d'aller renforcer une nation de héros. » Sans doute, mais la fièvre naissait surtout de l'imprévu soudain, du paradoxe, du parfum d'aventure tout à fait nouveau. Le Grand Nord. La Finlande, c'était d'abord un voyage. Et tout valait mieux que la perspective pour l'instant offerte à ceux qui ne resteraient pas en Afrique : la drôle de guerre dans le nord-est de la France, avec les ruisseaux gelés, les factions, les corvées, la terrasse. En Finlande aussi, il gelait, « mais tout était fait pour ». Bref, il y eut pléthore de volontaires. « J'ai fait du ski, du patin à glace. » Même le patin à roulettes était un atout. Les élus rayonnaient de béatitude.

Dès leur admission, les volontaires du Grand Nord — du « renfort Finlande », comme on disait — furent des héros fêtés. Le 1er bataillon du renfort fut formé à Fès, le 2e à Bel Abbès. Même dans les bistrots de Fès et de Bel Abbès, saturés de légionnaires, fatigués d'en voir, même là les « Finlandais » étaient des caïds. Officiellement, *top secret* sur l'opération, mais on ne parlait que d'elle, et les élus étaient reconnaissables à leur tenue de campagne avec chèche et capote à volets de col rabattus.

Une ombre à l'enthousiasme, du moins en ce qui concernait le 1er bataillon : son chef, le prince Aage de Danemark, ne faisait pas partie de l'expédition. Raison officielle : ses origines nordiques. L'état-major du bataillon comptait pourtant un Russe, capitaine Nazaroff. Quoi qu'il en fût, le chef de bataillon-prince dut faire ses adieux à ses hommes. Il les passa en revue, chacun d'eux lui criant son nom : « Légionnaire Untel, mon commandant ! » Ses yeux étaient humides, et non seulement les siens. Ce personnage hors série avait su toucher les rudes cœurs.

Le lieutenant-colonel Magrin-Verneret commandait le renfort Finlande, deux mille hommes environ, officiellement baptisé 13e demi-brigade de la Légion étrangère. Sa première décision fut de donner à son unité une devise latine : *More majorum*, « A la manière des Anciens » ; il voulait dire évidemment : dignes d'eux par le courage. Ses dix-sept blessures et ses citations plus nombreuses l'autorisaient tout à fait à parler de la sorte. Nombre de légionnaires le tenaient en outre pour un pas-commode-du-tout, service-service, à admirer plutôt de loin que de près. Le colonel Magrin-Verneret devait s'appeler plus tard général Monclar.

Le 1er bataillon quitta Fès à la fin de février 1940. Comme un long arrêt avait lieu en gare de Taza, avec abondante distribution de douceurs et de pinard aux héros, une rumeur soudain circula le long du train : « Le prince Aage est mort ! » Personne n'y voulait encore croire quand se fit entendre le clairon : indicatif du prince, suivi de la sonnerie aux morts. Les longues notes passèrent au-dessus des hommes consternés figés au garde-à-vous. Un peu plus tard, le prince, mort d'une crise cardiaque, entrait dans la légende légionnaire, un peu comme le premier tué de l'expédition. Les hommes aimaient mieux cela, au fond, que le savoir comme captif en Afrique.

La 13e Demi-brigade franchit la Méditerranée à bord des croiseurs *Marseillaise* et *Jean de Vienne*. Le bagage inséparable de la Légion à l'époque comportait un certain nombre de mulets, plus un B.M.C., où l'on voyait cette fois, non seulement des Nord-Africaines, mais aussi quelques Européennes, sans doute embarquées par piston. Hélas, dès l'arrivée à Marseille, toutes ces filles allaient souffrir de se voir délaissées : l'accueil réservé au légionnaire par une partie de la population féminine était trop chaleureux, point besoin d'étreintes mercenaires.

Malgré le triste exemple de la Pologne, les gouvernements et les hautes autorités militaires alliés n'avaient encore aucune idée de ce qu'était une guerre éclair, ni même une affaire menée rondement. La malheureuse Finlande suffoquait sous l'étreinte de l'ours soviétique alors que Londres et Paris discutaient sur la meilleure manière d'acheminer le corps expédionnaire. Le seul port finlandais sur l'océan Glacial, Petsamo, était tombé aux mains des Russes. Les sous-marins allemands interdisaient la Baltique. Comment donc atteindre la Finlande sans traverser la Norvège et la Suède ? Or celles-ci demeuraient tout à fait sur la réserve. Cependant, les légionnaires de la 13e Demi-Brigade touchaient, au camp de Lanzac, Aveyron, leur équipement circumpolaire : souliers de skis, canadiennes, knickerbockers, chaussettes roulées, béret, cape ; ils s'entraînaient au tir avec leur nouvelle arme individuelle, le fusil modèle 36 ; ils roulaient vers le Jura rejoindre les six bataillons de chasseurs pour former avec eux la fameuse B.H.M., Brigade de haute montagne, commandée par le colonel Béthouart, skieur émérite. Déjà presque un mois depuis l'appel au secours. Le 3 mars, la Suède et la Norvège firent définitivement savoir qu'elles refusaient le passage à toute espèce de corps expéditionnaire. Le 7, la Finlande, à bout de souffle, demanda à négocier, le 14 elle signait le traité de Moscou — moins dur qu'on aurait pu craindre, car le gros ours ne se voulait pas d'ennemis irrémédiables sur ses frontières du Nord.

Mais qui restait en carafe ? La Brigade de haute montagne. Les chasseurs et les légionnaires allèrent cantonner dans l'Ain. On sait déjà que cet entracte ne devait pas être long. La seule décision définitive prise alors, en ce qui concerne la Légion, fut le renvoi en Algérie du B.M.C., accompagnement jugé inutile, ou peu compatible avec les conditions de la guerre en Europe.

J'entends encore les voix ardentes des officiers de marine français commentant, le 8 avril 1940 au soir, la décision, annoncée par radio, des gouvernements anglais et français de mouiller des mines le long de la côte de Norvège. Churchill avait donné son coup de boutoir. Heureusement que nous avions des alliés plus dynamiques que nous-mêmes ! Enfin, quelque chose bougeait, ce n'était pas trop tôt.

Cela bougeait si bien que le lendemain les Allemands annonçaient qu'ils étaient en train, non pas d'établir un blocus, mais d'envahir le Danemark et la Norvège, par air et par mer. Le communiqué de l'Amirauté britannique de ce jour-là n'était même pas tellement rassurant : « Des forces britanniques ont attaqué des forces ennemies à Narvik aujourd'hui à l'aube et rencontré une vive opposition. H.M.S. *Hunter* a été coulé et H.M.S. *Hardy* a été à la côte. Les autres se sont retirés, etc. » L'impression fâcheuse fut en grande partie dissipée le surlendemain par les déclarations de Churchill. Le bouledogue au réel talent de conteur décrivait avec pittoresque l'action des destroyers britanniques, l'audace de leur manœuvre et de leur combat dans les grandes vagues, au milieu des tempêtes de neige. Et sur la rade de Brest fumaient les cheminées des transports et des escorteurs qui allaient emmener en Norvège le premier échelon du Corps expéditionnaire. La brigade Béthouart, prévue pour la Finlande, n'était pas mise au rancart, n'était pas inutile ; au contraire, elle arrivait merveilleusement à point.

Marin, je me trouvais à Brest à l'époque. En voyant des chasseurs-skieurs défiler rue de Siam entre deux haies de foule électrisée, me revenaient en mémoire des souvenirs d'enfance, l'enthousiasme des foules de 14. Mais quelle différence esthétique ! La *feria* militaire dans cette vieille ville au ciel de printemps incomparable, ouverte sur la mer, baignée de poésie marine, animée, follement animée, pleine à craquer de marins et de femmes de marins, de Bretonnes en coiffe, de ces chasseurs en uniformes d'un chic jamais vu dans notre armée, cette fête a sans doute été la dernière du genre et elle allait durer une semaine. A l'éclat des clairons qui secouaient les cœurs répondaient les longs sifflets des navires sur la rade, appels, doux mugissements toujours un peu tristes. Le cidre et le vin rouge coulaient à pleins bords dans les crêperies surpeuplées.

Les nouvelles de Norvège étaient confuses. L'armée norvégienne se battait, un sous-marin anglais coulait le croiseur allemand *Karlsruhe*, le *Renown* avait mis en fuite le *Scharnhorst* et le *Gneisenau*, les troupes anglaises débarquaient à Harstad, au nord de Narvik, tout allait bien. Cependant les Allemands tenaient Narvik, débarquaient à Trondhjem, débarquaient à Bergen, occupaient Stavanger, Egersund, Kristiansand ; avaient pris Oslo, avaient failli s'emparer de la personne du roi Haakon. Les nouvelles n'arrivaient que filtrées, retardées, le présent parfois connu avant le passé, et je me rappelle que, dans le petit état-major où je servais alors, les officiers des 2e et 3e Bureaux, dépêches en main, les yeux sur la carte, s'efforçaient vainement, à partir de ce puzzle, de reconstituer une réalité cohérente. Nous ne savions rien.

Nous ne savions pas qu'en fait, cette affaire de Norvège était un échec, que les Britanniques déjà envisageaient de tout rembarquer, alors qu'à Brest troupes et matériel continuaient à embarquer ; alors que Brest au ciel lumineux vibrait toujours, et je me demande si cette vibration n'atteignit pas son maximum le jour où défila rue de Siam le troisième échelon du Corps expéditionnaire, brigade polonaise du général Bohusz et la 13ᵉ Demi-brigade de la Légion étrangère.

La Légion défile comme aucune troupe au monde. Qui n'a pas vu ce bloc, ce parallélépipède humain, douze hommes de rang au coude à coude, lentement descendre, au son du *Boudin* obsédant, l'étroite rue de Siam aussi légendaire que la Légion, qui n'a pas vu cela a manqué un spectacle historique. Derrière la musique marchaient les légionnaires skieurs en cape blanche immaculée, l'arme en bandoulière, les skis sur l'épaule, étranges chevaliers polaires. Derrière eux les voltigeurs, béret kaki, un pan de pèlerine jeté sur l'épaule, baïonnette au canon. Je revois les visages de ces hommes, de ces aventuriers, de ces durs ; l'émotion crispait ces visages tannés.

Une foule sur les quais assistait aux embarquements, s'émerveillait du matériel, touchait les autos neuves, caressait les mulets que les grues ensuite enlevaient dans les airs, redescendant au fond des cales. Une foule assista au dernier appareillage, celui du « convoi FP 3 », paquebots *Général-Metzinger, Providence, Chenonceaux, Mexique, Colombie.* Tandis que défilaient ces navires, la musique des Équipages de la flotte jouait sur le quai. A *la Marseillaise* répondait, venant des transports, *le Boudin* de la clique fameuse ; la musique des marins joua encore, puis elle se tut, les navires étaient déjà loin. Alors nous arriva, par-dessus la mer, un bruit étrange, à distance faible et doux comme une bêlement d'agneau, comme un appel de bébé. C'était l'au revoir des légionnaires, cri poussé par deux mille mâles et fortes poitrines. Deux mille hommes sur la grande mer ne sont rien.

L'anniversaire de l'exploit de Camerone, le 30 avril, est la grande fête de la Légion. A la lecture solennelle du récit de l'exploit, à la prise d'armes, à la revue, succède ce jour-là, pour le légionnaire, un quartier libre où pratiquement tout est permis, pas de sanctions. Dans le voisinage, le civil apeuré enferme sa femme et ses filles, se barricade. La guerre, les déplacements, les circonstances ne permettent pas toujours que la *fiesta* prenne toute son ampleur, mais toujours elle est célébrée, au besoin brièvement, mais généreusement ; et, dans le souvenir des légionnaires, les « Camerone » se superposent pour former un « Camerone » immense, légendaire, surhumain, comme tout ce qu'amplifie l'imagination enfantine du troupier. Celui auquel j'ai assisté à Aubagne, en 1963, m'a paru franchement joyeux, mais raisonnable auprès de l'explosion que j'avais attendue. Je crois volontiers qu'on en vit d'extraordinaires. Mais je crois aussi que le Camerone de 1940 en rade de Greenock fut aussi mélancolique que le rapportèrent les légionnaires arrivés là à bord des bâtiments du convoi FP 3, en provenance de Brest.

La beauté de cette rade, le matin, à la fin du printemps, est ineffable. Les hauteurs escarpées qui bordent les *firth* restent violettes longtemps après le lever du soleil, à cause de la légère brume ; puis le ciel devient rose, et la rade est un miroir changeant. Mais ni la marin ni le troupier ne se repaissent longtemps de poésie. Votre navire est mouillé là au diable, loin de la terre, loin de la terre où sont les boissons et les filles.

La raison pour laquelle le convoi poireautait sur la rade de Greenock mérite d'être rappelée. L'un des transports, la *Providence*, avait besoin de charbonner. Des himalayas de charbon s'élevaient, juste en face, dans les chantiers de la Clyde ; mais on était arrivé là un vendredi soir, et ensuite c'était le week-end : chantiers fermés, même pour les navires transportant des troupes vers la Norvège. Le week-end était le week-end. La Grande-Bretagne, qui devait par la suite serrer les dents et se mobiliser comme peu de nations au monde, la Grande-Bretagne alors entrait dans la guerre avec la lenteur solennelle du *God save the King*, bien décidée, eût-on pu croire, à ne rien changer au *british way of life.*

Les légionnaires se morfondaient sur la rade, trouvant encore plus interminables les interminables journées de la fin du printemps à 56° de latitude Nord. Pour gagner du temps, les passagers de la *Providence* furent transbordés sur le paquebot anglais *Monarch of Bermuda.* Intermède, distraction, mais quel morne Camerone ! L'odeur des navires anglais a quelque chose de maussade ; rien que des conserves au menu, et le pinard était rationné. Suprême contrainte, les légionnaires avaient ordre de ne point quitter, même ce jour-là, la brassière de sauvetage capelée dès la sortie de la rade de Brest. La rade de Greenock, cette merveille de perle et d'opale, fut quittée sans regret.

Calme traversée. Le gros cœur des machines des transports battait régulièrement au milieu du silence, sur une mer plate comme un lac. Une traversée de temps de paix, n'eût été la présence de six destroyers d'escorte. De temps en temps, on apercevait de blanches îles posées sur la mer et, lorsque le convoi s'approchait, ces îles quittaient la mer, s'éparpillaient, montant vers le ciel en flocons : elles étaient faites de petits canards. Des séances de tir furent organisées pour entraîner les légionnaires au maniement de leur nouveau fusil modèle 36, une merveille de légèreté et de robustesse. Les petits canards aussi étaient des merveilles. Touchés, ils tombaient en tachant de rouge la mer d'argent presque blanche.

Les légionnaires ne connaissaient pas leur destination exacte, ni même les officiers. Mais, le 4 mai vers le soir, le convoi se scinda en deux ; la *Colombie,* le *Chenonceaux* et le *Mexique* firent route plus au Nord. Alors, les officiers dirent :

— Nous allons donc à Narvik.

Même les cartes détaillées ne donnent pas idée de ce qu'est le dédale des fjords, parce que les différences de niveau n'y sont que des chiffres, et parce que la lumière n'y joue point. La côte de Norvège, atteinte le

5 mai, fut d'abord un royaume de rêve, montagnes blanches flottant sur l'eau, îles flottant dans l'air (un banc de brume coupait leur base). On voyait ici et là sur les pentes comme une hermine un peu moins blanche, c'était une petite forêt de bouleaux dénudés.

Posées juste au bord de la mer, juste au bord de la neige, les maisons, couleur de bois verni, ou bien vertes, crème, ocre, noires, rouges, au milieu d'elles un petit clocher, coloré aussi. Le soleil frappait les montagnes d'une douce lueur étrange, horizontale. Quelle image de paix ! On ne voyait pas Narvik. Trois torpilleurs en peinture de camouflage s'avançaient en ligne de file sur l'eau plate comme un miroir, suivis du *Monarch of Bermuda*, d'un autre paquebot britannique et de la *Ville d'Alger*. Le convoi évoluait, et les légionnaires massés sur les ponts voyaient tourner, et se masquer et reparaître, les montagnes de neige et les grands panneaux du paysage, c'était comme un doux étourdissement dans la blancheur.

Un sifflement pénétra dans les oreilles et dans les cœurs, vrille tournant à une vitesse folle, c'était la guerre. L'avion aux croix noires déjà remontait après avoir lâché sa bombe en demi-piqué, salué par un tacata infernal de D.C.A. Mais il était arrivé dans le soleil, personne ne l'avait vu, et maintenant il volait haut et loin. Les deux mille légionnaires, gradés et officiers de la 13e Demi-Brigade, qui d'un seul mouvement s'étaient jetés à plat ventre sur les ponts des navires se relevèrent, pas mal d'entre eux très confus. Ils ignoraient encore la force impérative et humiliante de la soudaine sifflante menace de mort venue du ciel.

— Tout le monde en bas ! commandaient les officiers.

Pas un homme ne devait rester sur les ponts. Si le navire était touché, attendre les ordres. En cas d'évacuation, abandonner le barda, ne prendre que les armes et les munitions.

Un seul avion, une seule bombe, les marins des torpilleurs d'escorte savaient déjà que c'était l'habituel prélude. L'avion observateur était allé chercher la meute. Les premiers Messerschmitt surgirent au-dessus de la montagne rectiligne juste comme les légionnaires étaient en train de débarquer au fond du fjord de Skannland. Encombrés, gauches comme n'importe quels troupiers à bord d'un navire, empêtrés dans leur barda, ils étaient en train de transborder sur le pont des torpilleurs britanniques accostés là, afin de passer à terre, lorsque les bombes tombèrent, cette fois en chapelets. Au milieu du tonnerre de la D.C.A., les explosions semblaient secouer les montagnes, soulever la mer. Des geysers jaillissaient à côté des navires entrechoqués, l'eau froide salée retombait en paquets sur les hommes aplatis sur les ponts, serrés, tassés les uns contre les autres, recroquevillés contre les blindages des tourelles. Officiers, gradés et légionnaires, comme précédemment.

Des officiers devaient, dans les jours suivants, s'irriter — y compris contre eux-mêmes — de ce plat ventre collectif.

— Éducation à refaire, mauvais règlement. Le règlement dit aux hommes de se cacher, de se coucher, alors ils ne regardent pas l'avion, ne raisonnent pas sur sa direction, sur sa vitesse, et ils tremblent.

A bord de navires et à terre, cette année-là, je me suis couché sur le ventre en vitesse en entendant le feulement d'un piqué, le sifflet des bombes. J'ai vu agir de même à mes côtés des hommes qui avaient été des braves, cités, décorés ; de ces capitaines marins qui, à Dunkerque et ailleurs, étaient revenus plusieurs fois, au milieu des incendies, des bombardements aériens et terrestres, accoster à des jetées en feu pour embarquer des troupes. Ils avaient conduit leur navire et manœuvré sans faillir au milieu de l'infernal déluge. Et cependant, ces marins surpris par l'attaque aérienne (je parle du bombardement en piqué ou en semi-piqué) ailleurs que sur leur passerelle de commandement, du même mouvement se jetaient à plat ventre. Je ne suis pas du tout certain que ce *diktat* de l'instinct de conservation, humiliant pour la dignité, soit tellement stupide. Debout, le moindre éclat vous entre dans le corps. Couché, vous l'évitez. Un certain nombre de légionnaires auraient certainement été liquidés sans profit lors de ce débarquement à Skannland si tous ne s'étaient pas aplatis avec ensemble. Et le cri magnifique « Debout les morts ! » n'a jamais fait relever personne.

Du fjord de Sjannland où avaient débarqué les légionnaires, on ne voyait pas Narvik. Le fjord de Narvik s'ouvrait plus au sud. Le 10 et le 13 avril, les bâtiments de Sa Majesté y avaient coulé plusieurs bâtiments de guerre et navires allemands, mais six mille Allemands tenaient le port et la ville. Aux Anglais la maîtrise de la mer, aux Allemands celle de l'air.

Les légionnaires prirent leurs quartiers dans quelques villages. L'armée norvégienne combattait aux côtés des troupes alliées mais ce serait une erreur de croire que les civils norvégiens, qui plus tard devaient tant détester les Allemands, souriaient aux légionnaires comme à des libérateurs chéris. Ayant vu arriver en même temps les transports alliés et les bombes, ils se doutaient de ce qui les attendait.

L'objectif allié dans le secteur était de s'emparer de Narvik. Le 7 mai, le général Béthouart (il venait de recevoir le message lui conférant les étoiles) et le colonel Magrin-Verneret, commandant la 13e Demi-Brigade de la Légion, prirent passage à bord du torpilleur polonais *Burza* pour aller explorer le fjord de Narvik. La ville s'élevait à l'extrémité Est, sur un promontoire rocheux entre deux fjords secondaires. Le port s'étendait le long d'un de ces fjords. Derrière la ville la montagne se dressait abruptement. Sur une presqu'île (presqu'île d'Ojord) au nord de Narvik, une brigade de chasseurs français et plusieurs bataillons norvégiens se trouvaient bloqués par des chasseurs-skieurs allemands qui ne faisaient nullement figure de débutants dans le paysage accidenté enneigé. Le général Dietz, commandant supérieur allemand à Narvik, avait été l'organisateur des Jeux Olympiques d'hiver de Garmisch.

Le général Béthouart, de retour de sa brève croisière de reconnaissance, posa son doigt sur la carte :

— Une opération préliminaire est nécessaire pour dégager les chasseurs. Nous débarquerons ici et là.

Ici et là, c'était un bourg, Bjervik, et, quinze cents mètres plus à l'Est, un autre bourg, Meby. « La Légion s'empara de vive force du camp de Bjervik, solidement tenu par les Allemands... » « La Légion détruisit le camp allemand de Bjervik... » Non. Il y avait des Allemands installés autour de Bjervik et même dans Bjervik, mais Bjervik n'était pas un camp allemand. C'était un bourg, une localité, avec des maisons pleines de civils, hommes, femmes et enfants. Je ne me sens pas capable de dire si débarquer à Bjervik même était une absolue nécessité militaire, peut-être en était-ce une, mais baptiser Bjervik camp allemand n'est pas correct historiquement.

L'opération contre Bjervik et Meby, une première fois fixée à la nuit du 10 au 11 mai, fut pour diverses raisons reportée à la nuit du 12 au 13, heure H zéro heure. L'heure H était celle à laquelle tous les canons des navires de guerre devaient commencer le bombardement préalable sur les lieux de débarquement. Cinq chars légers, transportés par le cuirassé *Resolution,* devaient être mis à terre au moyen d'engins de débarquement A.L.C. *(assault landing craft)* et M.L.C. *(mechanized landing*

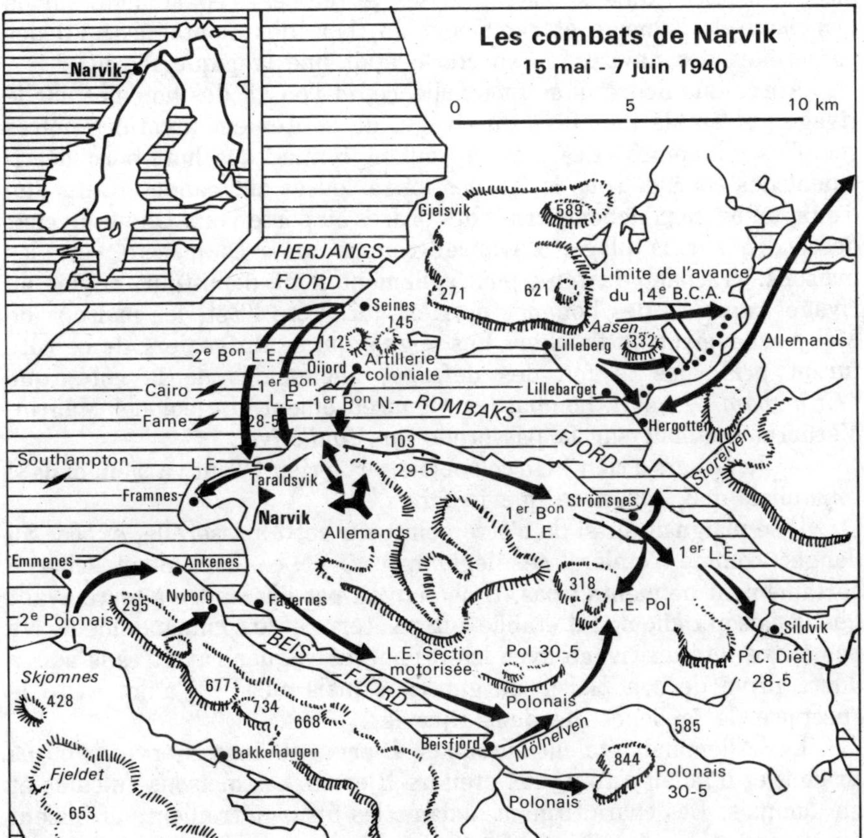

Les combats de Narvik
15 mai - 7 juin 1940

craft). Le premier échelon d'assaut devait faire route vers la terre à bord des mêmes engins. Le *Resolution* et d'autres navires transporteraient les hommes des vagues suivantes.

La petite armada fit route vers le fjord de Narvik le 12 à 22 h 30, par ciel couvert, faible brise. Il ne faisait pas nuit et il ne devait pas y avoir de nuit complète, malgré le plafond bas. L'amiral britannique Cork, commandant les forces navales britanniques, ainsi que le général Béthouart, avaient pris place à bord du croiseur *Effingham.* Le colonel Magrin-Verneret se trouvait sur la passerelle du croiseur *Vindictive.*

A minuit moins quelques secondes, un pavillon, qui dans la pénombre circumpolaire paraissait noir, monta à la drisse de signaux de l'*Effingham.* A minuit, exactement, d'une secousse il commença à descendre. Le hurlement et le tonnerre de tous les canons des bâtiments de guerre emplirent le fjord.

Les hautes montagnes couvertes de neige se dressaient comme un mur vers le ciel sombre. Le village de Bjervik s'étalait à leur pied. Plus à l'Est, les maisons de Meby, plus clairsemées. Les mignonnes maisons de bois de Bjervik et de Meby déjà flambaient comme des torches. Dans les intervalles des salves, on entendait des navires le ronflement des incendies. Les fumées noires, grises et jaunes s'épandaient sur la blancheur de la neige et rampaient au flanc des montagnes. Vu des passerelles des navires, le spectacle était une tragique féerie.

Après une heure, il se fit un silence, et l'on vit des hommes sur le rivage ; et sur la mer près du rivage, de petites embarcations noires remplies d'hommes. Les *puffers* roulant comme des hors-bord décrivaient des courbes sous le feu des mitrailleuses allemandes. Dans l'un d'eux, un officier, debout, criait des ordres au porte-voix. On vit un char descendre sur la plage, s'avancer comme un gros insecte vers les maisons, crachant du feu ; puis agilement il fit demi-tour, revint au rivage, repartit, des hommes derrière lui. Vers l'Est, les maisons de Meby achevaient de flamber. Les engins qui se dirigeaient de ce côté furent pris sous le feu des défenses allemandes de la côte, que l'*Effingham* se mit à bombarder vigoureusement. Le colonel Magrin-Verneret bouillait sur la passerelle du *Vindictive :*

— Je ne sers à rien ! Un colonel ne sert à rien ! Tout va bien, mais si tout allait mal, qu'est-ce que je ferais ?

Il se plaignait aussi de n'être point, sur cette passerelle, exposé au danger comme l'étaient ses légionnaires, et ce baroudeur acharné certainement ne mentait pas. Il ne pouvait pas descendre à terre avant que la liaison radio ne fût établie entre la terre et le commandement. Ne pas s'être jeté au rivage avec les premières vagues l'avait sans aucun doute privé de son plaisir de guerrier, mais aussi lui avait évité le spectacle de la boucherie dans Bjervik.

Les Allemands étaient autour de Bjervik et dans Bjervik, d'où ils tiraient et il fallait à tout prix prendre Bjervik, ces maisons en ruine et en flammes. Les chars tiraient dedans, les fusils-mitrailleurs criblaient les portes et les fenêtres et, de ces maisons en ruine et en flammes sortaient des hommes, des femmes et des enfants ensanglantés hurlant de terreur ; et cent cadavres et davantage de civils déjà grillaient dans les flammes. Infortunée petite humanité, surprise dans son sommeil par le monstre Guerre. Les survivants provisoires fuyaient éperdus de tous les côtés, tandis que progressait lentement l'assaut des légionnaires. Les Allemands se repliaient en défendant rue après rue.

Les Allemands se défendaient avec d'autant plus d'acharnement à Bjervik et à Meby que les canons des navires embossés sur le fjord leur interdisaient toute retraite par la route le long du rivage. Ils ne pouvaient reculer qu'en gravissant l'abrupte paroi de la montagne, dans la neige épaisse. Lorsqu'ils durent s'y résoudre, beaucoup se perdirent dans les crevasses et les précipices.

L'assaut proprement dit contre Bjervik dura cinq heures. Quand le colonel put descendre à terre, le premier bataillon de la Légion, commandant Boyer-Resses, avait dépassé Bjervik et, plus à l'Est, le 2e bataillon avait conquis la cote 98, hauteur qui défendait un camp allemand. Un prince géorgien d'une bravoure inouïe, le capitaine Amilakvari, commandait ce 2e bataillon.

Parmi les légionnaires qui combattaient à Narvik contre les Allemands se trouvaient un certain nombre d'Allemands, acceptés comme volontaires dans la 13e Demi-Brigade d'abord destinée à défendre les Finlandais contre les Russes, et ensuite on les avait gardés. Tirer sur leurs compatriotes ne semblait pas les accabler. Il y avait aussi, nouveauté à la Légion, un fort contingent d'Espagnols exilés politiques. Selon certains témoignages, leur irruption avait nuancé le climat légionnaire. Disciplinés, endurants, acceptant le dur dressage de Bel Abbès, les Espagnols avaient cependant, en se tenant les coudes dans une solidarité exceptionnelle, fait comprendre à quelques sous-officiers un peu trop ancien régime que le temps des brimades gratuites était révolu. Nombre d'officiers s'étaient méfiés d'eux, les appelant « les communistes », et regrettant même qu'on les eût pris en Norvège. Or, héritiers des vertus militaires de leur race, ces Rouges, ou ex-Rouges, se battirent comme des lions dans les sierras enneigées de la Norvège. Eux et leurs copains, après avoir enlevé Bjervik, pillèrent les ruines. Le sang sur la neige, la vue des cadavres noircis, n'exaltent pas que les sentiments les plus nobles.

— Nous devons poursuivre l'avantage, dit le colonel Magrin-Verneret.

Un peloton de légionnaires motocyclistes, commandé par le capitaine Lefort, atteignit un peu plus tard, à l'ouest de Bjervik, l'extrémité de la presqu'île d'Ojord. De là, on découvrait magnifiquement Narvik, l'objectif principal.

Il était entendu que la Légion et les chasseurs alpins, aidés des Norvégiens, s'empareraient de Narvik. Mais les Français et les Polonais se trouvaient en Norvège sous la dépendance britannique. Les armes et le matériel qu'ils avaient amenés avec eux étaient grandement insuffisants. Les Britanniques fournissaient les engins de débarquement, la plus grande partie de la nourriture, les médicaments, les navires de liaison. De plus il était prévu qu'une escadrille de Hurricanes, provisoirement basée à Bardufoss, prendrait l'air au moment de l'opération. Celle-ci avait été fixée au 28 mai, zéro heure.

Or, le 24 mai, l'amiral Cork, commandant en chef naval britannique à Narvik, reçut de l'Amirauté de Londres un long télégramme qui commençait par ces mots : « Le gouvernement de Sa Majesté a décidé que vos forces devront évacuer la Norvège septentrionale le plus rapidement possible. La raison en est que les troupes, les navires, les canons et différents matériels sont impérieusement réclamés pour la défense du Royaume-Uni. » Le télégramme se terminait ainsi : « Le gouvernement norvégien n'a pas encore été informé. »

L'amiral Cork fit connaître au général Béthouart cette décision deux jours plus tard, le 26 mai. « Cette nouvelle, a rapporté l'amiral anglais, fut accueillie avec un calme remarquable, mais le général fut extrêmement ferme sur le point que, pour des raisons d'honneur national, il ne pouvait abandonner l'armée norvégienne, avec laquelle il avait combattu, aux hasards du champ de bataille. » Béthouart obtint des Anglais que l'attaque sur Narvik fût maintenue, et il rendit compte à Paris qu'il préparait en même temps l'évacuation de ses troupes et de son matériel et la prise de Narvik. Il précisait qu'il rembarquerait seulement après la réaction allemande qui suivrait l'attaque de Narvik, et après que les Norvégiens auraient été avisés. Mais, dès le 27, l'amiral Cork avait déjà convenu avec l'Amirauté britannique d'une date limite pour l'évacuation du secteur de Narvik : nuit du 1er au 2 juin.

Les secrets d'état-major n'existent pas. Les légionnaires de la 13e Demi-Brigade apprirent à peu près en même temps que la Légion se voyait attribuer le premier rôle dans l'attaque de Narvik (l'assaut de face de vive force, tandis que les chasseurs, quelques unités norvégiennes et une brigade polonaise exécuteraient un mouvement d'encerclement par l'arrière) et que Narvik prise, on rembarquerait. Baroud d'honneur à grande échelle, les légionnaires ne discutaient pas. Mais ils désiraient ne pas faire figure de dupes. En buvant au goulot les bidons de rhum qu'ils venaient de recevoir en tant que troupes de choc, ils disaient : « Aux étoiles de Béthouart ! »

Vu de la presqu'île d'Osjord, Narvik apparaissait comme un Gibraltar de neige et de glace, quinze cents mètres de hauteur, dressé au-dessus d'une falaise abrupte. Au flanc de la paroi, une voie ferrée : la fameuse « route du fer ». La lueur du soleil de minuit caché derrière les montagnes éclairait toute l'étendue du fjord. Les légionnaires de la première vague d'assaut se tenaient dans des champs à proximité des appontements des petits ports de Seines et d'Osjord, où devaient les prendre les *puffers* qui leur feraient traverser le fjord. Si tout allait bien, dix minutes de traversée. On entendait dans les hauteurs le ronronnement de la chasse anglaise.

Comme devant Bjervik, les canons des navires britanniques soudain grondèrent, les montagnes répercutant le fracas. Mais cette fois il y eut une réaction immédiate de l'artillerie allemande. Les obus de 77 commencèrent à exploser à Seines et à Osjord au milieu des légionnaires qui se préparaient à embarquer. Des appontements volaient en éclats, prenaient feu, des embarcations coulaient.

— Allez, allez ! En vitesse !

Un lieutenant de la Royal Navy s'efforçait d'éviter la pire pagaille au sein de la petite flottille. L'un après l'autre les *puffers* s'éloignaient en vibrant. Un quart d'heure plus tard, les légionnaires qui n'avaient point encore été embarqués entendirent les rafales de l'autre côté du fjord. Le combat pour Narvik était commencé.

La première vague prit pied sans trop de difficulté. Les mitrailleuses allemandes tiraient, mais les plages voisines de Narvik n'étaient que peu défendues ; les hommes de la première vague y prirent pied. Ils gagnèrent vite l'abri d'un bois de bouleaux et, de là, ils s'élancèrent à l'assaut de la butte d'Orneset, à l'est de la ville. Une tête de pont était conquise. La suite allait être plus difficile.

La chasse britannique tenait l'air depuis le 27 mai à 19 h 15. A 3 heures, le 28, on ne la vit plus parce que le brouillard empêchait les avions de décoller de Bardufoss. Le brouillard n'atteignait sans doute pas les autres aérodromes, car les formations triangulaires d'avions à croix noire débouchèrent une fois de plus au-dessus des crêtes.

Les légionnaires de la seconde vague, en train d'escalader en transpirant, malgré le froid et la neige, l'abrupte paroi de Narvik avec, comme seul espoir immédiat, celui d'atteindre la plate-forme de la voie ferrée avant d'être descendus par les mitrailleuses allemandes, ces douloureux ascensionnistes plongeaient les mains dans la neige pour s'agripper aux racines, aux buissons, aux rochers. Secoués par les explosions des bombes, ils s'arrêtaient, repartaient, progressaient de deux mètres, s'arrêtaient encore. On en voyait qui soudain lâchaient prise et glissaient, tournant sur eux-mêmes, pauvres pantins disloqués.

Ceux qui regardaient du côté du fjord voyaient les avions à croix noires plongeant par formations entières presque jusqu'au ras de l'eau, et les navires de Sa Majesté, chacun surmonté du feu d'artifice de sa D.C.A., sinuaient à toute vitesse entre les gerbes. De petits chalutiers peu rapides déjà flambaient et coulaient. Une noire fumée s'élevait du croiseur *Cairo,* cachant par instants la marque de l'amiral Cork qui battait à son mât. La scène de bataille était grandiose et terrible.

Les Allemands, comprenant parfaitement qu'il n'était plus question pour aucun de ces navires d'appuyer de son tir les forces débarquées, contre-attaquaient avec furie. Courageux comme des lions et agiles comme des tigres, ces chasseurs de montagne postaient leurs armes automatiques sur des aspérités affolantes, ils bondissaient d'un roc à l'autre. Une de leurs compagnies avait déjà rejeté les Norvégiens sur les plages d'Orneset.

Ce fut alors, en cet instant, que la Légion donna sa mesure. Bien peu des hommes qui se trouvaient là avaient participé à la lutte farouche dans les djebels lors de la pacification du Maroc, mais des gradés l'avaient fait et c'était un genre de combat dont la Légion gardait la tradition. Le colonel Magrin-Verneret, cette fois, était là au milieu de ses hommes, à trente mètres des Allemands, commandant de la voix et du geste, et on le vit même tendre sa canne à un légionnaire en lui prenant son fusil-mitrailleur des mains pour lui montrer comment s'en servir efficacement.

La conviction des légionnaires l'emporta, les Allemands reculèrent dans la montagne et autour de Narvik. La conviction des légionnaires l'emporta non seulement sur l'adversaire qu'ils combattaient presque au corps à corps mais aussi, eût-on dit, sur le destin contraire. Les Hurricanes soudain reparurent dans le ciel, les avions allemands s'éloignèrent ; les bâtiments de guerre, libérés, purent reprendre leur tir. Les renforts arrivaient. Avant dix-huit heures, toute attaque allemande avait cessé contre la tête de pont. Des patrouilles se jetèrent dans Narvik. Le port et la ville étaient vides d'Allemands, abandonnés.

La population civile de Narvik se voyait libérée sans trop de dommage, et elle prenait gaiement son parti du nouvel état de choses. Au lendemain de la bataille, on apprit que les femmes de Narvik commençaient à broder un fanion pour la 13e Demi-Brigade. Le pillage avait été infiniment moins intense qu'à Bjervik et énergiquement réprimé, y compris une balle dans la tête à un explorateur de bijouteries.

Les dirigeants norvégiens ne savaient toujours rien de l'imminence du rembarquement allié. L'évacuation de Bodö, au sud de Narvik, les avait un peu inquiétés, mais une explication avait aussitôt été donnée :

— Nous organisons une nouvelle base à Tromsö.

Les troupes du général norvégien Fleischer continuaient à combattre énergiquement dans le massif du Kobberfjeld, progressant vers la frontière suédoise.

La 13e Demi-Brigade fut envoyée, elle aussi, dans la montagne à la poursuite des Allemands, pour couvrir le début du rembarquement et surtout pour donner le change. A six cents mètres d'altitude, il faisait moins 30. Pas de vivres frais, aucun cantonnement, il fallait poursuivre et camper sur la neige ou sur la moraine glaciaire. Les Allemands reculaient méthodiquement le long de la voie ferrée en faisant sauter tous les tunnels et ouvrages d'art. Les Polonais avançaient aussi. L'avance générale n'était freinée que par les terribles tempêtes de neige qui maintenant se succédaient presque sans interruption.

Les légionnaires comprirent que leur « offensive bidon » allait bientôt cesser lorsqu'ils reçurent l'ordre de fabriquer des mannequins « pour tromper l'ennemi ». Ils se mirent à ce travail sans rechigner, avec des ricanements sarcastiques. L'inconfort était total, le climat détestable, mais le vin ne manquait pas et l'annonce d'un prochain demi-tour autorisait la liquidation des stocks. L'euphorie fut accrue par un autre pillage, légitime et autorisé, cette fois, celui de dépôts d'équipements abandonnés par l'ennemi en retraite. Les bottes, les blousons, les dolmans d'officiers servaient à la fois au confort et au déguisement, une sorte de sombre carnaval avant la retraite en pleine victoire.

Le 2 juin, le gouvernement norvégien fut avisé qu'en raison des événements de Belgique et de France il n'était plus possible de poursuivre la campagne de Norvège. Le roi, son gouvernement et toutes les forces norvégiennes qui désiraient continuer la lutte seraient accueillis avec joie en Angleterre. Le roi et son gouvernement demandèrent vingt-quatre heures de délai. Ils désiraient tenter de négocier avec l'Allemagne par l'intermédiaire du gouvernement suédois. Mais cette démarche même informait Berlin du prochain rembarquement allié, donc, de l'inutilité de s'engager à quoi que ce fût à l'égard des Norvégiens. Ceux-ci ne reçurent aucune réponse.

Le 6 juin au soir, alors que deux bataillons de chasseurs alpins avaient déjà rembarqué, alors que des sapeurs de la Légion préparaient tout pour détruire tout ce qui pouvait être détruit du port de Narvik, un officier norvégien envoyé par le général Fleischer demanda à voir le général Béthouart :

— Nous avons trouvé dans un wagon allemand abandonné des rapports signalant de multiples cas de défaillance, de désertion et d'insubordination. Les troupes de Dietz, épuisées par la dure campagne dans notre pays, sont à bout. Si vous restez quelques jours de plus, si vous laissez seulement deux de vos bataillons combattre avec nous pendant quarante-huit heures, nous repousserons les derniers Allemands jusqu'en Suède, et la Norvège sera délivrée. N'avez-vous pas voulu prendre Narvik pour nous venir en aide ?

Béthouart consterné dut expliquer lui-même à cet officier qu'une fois la flotte britannique éloignée, la situation de n'importe quelle troupe prétendant défendre l'indépendance de la Norvège deviendrait intenable.

— Les ordres que j'ai reçus sont formels. Je dois partir.

Le lendemain matin, les légionnaires qui poursuivaient les chasseurs allemands se trouvaient à quatorze kilomètres de la frontière suédoise lorsque parvint l'ordre de faire demi-tour. L'opération fut couverte par une attaque simulée contre un tunnel avec un matraquage d'artillerie sur les lignes allemandes. Les mannequins — en bois et en osier, très réussis, très bien vêtus, mais culs-de-jatte, c'était suffisant — furent alors mis en place, et laissés là comme seuls défenseurs. Narvik se trouvait à quinze kilomètres, en suivant la voie du chemin de fer.

Une atmosphère tragique, plus déprimante que celle de la bataille, régnait dans le port. L'air de l'abandon. Le même air moralement empoisonné qu'on respirait la même semaine dans les ports français de la Manche. La plupart des grands convois de troupes, d'armes et de matériel avaient quitté Narvik, c'était maintenant l'arrière-garde, la Légion, qui embarquait. Sur les visages de ces hommes, une expression d'indifférence méprisante. Mais quelques-uns faisaient exception, c'étaient les muletiers, des Espagnols, pour la plupart. Les Britanniques refusaient de rembarquer les mulets : pas le temps, pas la place. Les muletiers navrés prenaient leurs animaux par le cou, ils les embrassaient, leur disaient des paroles douces. Eux qui avaient impitoyablement progressé à la grenade dans la boucherie de Bjervik. Certains pleuraient en abandonnant leur bête. Puis les transports de troupes et les bâtiments de guerre s'éloignèrent.

Détruire ou immerger tout ce qui ne peut être emporté, telle était la consigne britannique. On voyait jeter à la mer des motocyclettes, des machines à écrire. Des civils de Narvik venaient assister à l'étrange spectacle. La police militaire s'efforçait de les maintenir loin des quais, les officiers leur disaient :

Nous allons ailleurs. Ailleurs en Norvège.

Puis des sous-officiers de l'intendance britannique distribuèrent à ces gens une partie des stocks de vivres entreposés dans le port : biscuits, conserves, boîtes de confitures. Les Norvégiens acceptaient ces dons du départ, mais avec un visage sombre. Ils comprirent tout à fait lorsque les quais du port commencèrent à sauter et lorsqu'un des derniers destroyers britanniques se mit à aller et venir dans le fjord en coulant à coups de canon tous les bâtiments de pêche et toutes les embarcations. L'idéal eût été de détruire jusqu'au moindre objet pouvant être utile aux Allemands qui allaient revenir le lendemain.

Le dernier destroyer britannique embarqua les derniers légionnaires de retour du front et un peu plus tard ils furent transbordés sur la *Duchess of York,* à destination de Brest. Aller ici ou là, peu importait aux légionnaires, ils s'étaient engagés pour faire la guerre. Dans les cales où on les avait entassés, ils jouaient aux cartes en buvant du vin rouge.

Il ne m'est pas permis d'écrire une histoire de la Légion en quatre mille pages. Je dois choisir. Comme je l'ai dit au début de ce livre, je choisis et je développe les épisodes les plus importants, les plus révélateurs du caractère de la Légion. Bir-Hakeim en est un et j'ai hâte d'arriver à Bir-Hakeim. Il me faut cependant donner un aperçu du périple qui conduisit la 13e Demi-Brigade de Norvège à Bir-Hakeim en passant par le cap de Bonne-Espérance.

14 juin 1940. La Légion, de retour de Norvège, débarque à Brest. Il fait encore un temps magnifique, une féerie de lumière sur la rade, mais cette beauté maintenant serre le cœur : les Allemands viennent d'entrer à Paris. La Légion est dirigée avec d'autres troupes du côté de Rennes pour défendre un fantôme stratégique, l'ombre d'une illusion : le « réduit breton ». Les légionnaires n'ont pas quitté leurs wagons que déjà arrivent les motocyclistes allemands, précédant les chars. Machine arrière jusqu'à Brest où, dans le tumulte du bombardement et les fumées des incendies, spectacle répété tout au long de la côte française depuis Dunkerque, la Légion se rembarque vers l'Angleterre.

30 juin. Près de Stoke-on-Trent, dans un parc ombragé d'arbres somptueux, le général de Gaulle vient haranguer les légionnaires. Après son discours, libre choix : ceux qui acceptent de combattre aux côtés des

Britanniques seront accueillis avec joie ; les autres, rapatriés au Maroc. Le colonel et la moitié de l'effectif disent : « Nous restons », et les autres : « Le Maroc ». Kœnig marche déjà avec le général de Gaulle. Et c'est la moitié de demi-brigade restée en Angleterre qui gardera la dénomination illustre : 13e Demi-Brigade.

Les Anglais entraînent cette unité au camp d'Aldershot ; l'embarquent le 30 août pour Douala, Cameroun ; la rembarquent le 24 décembre, lui font contourner et remonter l'Afrique jusqu'à Port-Soudan, Soudan. Là, accueil glacial :

— Qu'est-ce que c'est que ces gens-là ? Pourquoi Londres nous les envoie-t-il ? La guerre en Afrique orientale est une affaire britannique.

Le Soudan, l'Égypte et tous ces parages : chasse gardée. S'il y a quelque profit territorial ou autre à recueillir, par exemple du côté de la Somalie, encore tenue par les « Vichystes », l'Angleterre est là. Pour l'instant, il s'agit de prendre l'Érythrée aux Italiens. Comme on n'ose pas renvoyer la Légion, on lui confie un rôle encore jamais tenu par elle : à l'arrière-garde dans l'offensive en direction de Kassala.

Mais tout de même, cette manière de faire est trop contraire à la tradition anglaise d'utiliser au maximum les alliés dans le combat terrestre. Le 28 mars, en voyant, à Cheren, la Légion balayer les Italiens « comme un balai balaie la poussière », les généraux britanniques comprennent qu'ils vont stupidement se priver d'un instrument exceptionnel. Le 7 avril, lors de l'attaque de Massaouah, capitale et forteresse de l'Érythrée, le général Monclar, ex-colonel Magrin-Verneret, s'entend dire : « A vous l'honneur, Sir. Il s'agit de prendre le fort de Montecullo, clé de la position. »

A midi, le fort est pris. Du même élan, les légionnaires déferlent sur le port, prennent l'amirauté, et l'amiral commandant la Flotte italienne de la mer Rouge se rend au général Monclar. Magnifique, peut-être un peu trop magnifique au gré du chef des Forces britanniques au Soudan, et la Légion sera envoyée ailleurs. Au cours de cette brève campagne d'Érythrée, la 13e Demi-Brigade a fait 4 000 prisonniers en combat et reçu à Massaouah la reddition de 10 000 autres, dont une bonne douzaine de généraux et d'amiraux. Pertes presque nulles. Tous les légionnaires que vous questionnez sur cette campagne disent : « Le pire, ç'a été la chaleur. »

Après l'Érythrée, la Syrie. La plupart des légionnaires ne parlent pas volontiers de ces combats de Syrie, où s'opposèrent en frères ennemis le 6e Étranger, qui faisait partie des troupes du général Dentz, et cette 13e Demi-Brigade, venue d'Angleterre.

— C'est près de Damas que nous nous sommes trouvés face à face, dans les collines. Nous nous observions, nul n'osait tirer le premier coup de feu. Sans qu'un coup de feu ait été tiré, une patrouille de la 13e Demi-Brigade a été faite prisonnière dans un poste avancé du 6e Étranger. On parlementait, en quelque sorte. La bataille s'est tout de même déclenchée, une vraie bataille, avec des morts et des blessés. Non, ce n'est pas un souvenir agréable.

L'armistice de Saint-Jean-d'Acre mit fin à ce drame. C'est ensuite que la 13e Demi-Brigade fut envoyée en Libye, sous le commandement du lieutenant-colonel Amilakvari. Le général Monclar était resté en Syrie.

L'homme que je veux maintenant interroger est assis derrière un bureau parsemé de téléphones. La force de l'âge, vêtu comme un chef d'entreprise. J'essaie d'imaginer, au-delà de ce personnage si correct, le légionnaire en chemise déchirée, au bras blessé en écharpe, aux lèvres décolorées par la soif, aux yeux rougis par le sable et l'insomnie.

— J'étais aspirant à l'époque. Je ne désire pas que vous me nommiez. Je me découvrirai si quelqu'un contestait un détail, sinon c'est inutile. J'étais ce qu'on appelle un légionnaire en chocolat, non un vrai légionnaire comme Kœnig ou Amilakvari. Je me suis engagé alors que j'étais à Londres, pour ne pas rester derrière un bureau, et j'ai été envoyé directement en Libye.

— Voici ma première question. Est-ce que vous écrivez Bir-Hakeim, comme la station de métro, ou Bir-Hakim, comme j'ai lu ailleurs, ou Bir-Hacheim, comme a écrit Jacques Mordal, le premier et le meilleur historien de la guerre de Libye ? J'ai entendu des gens poser la question. Le plus grand fanatisme des Français est orthographique.

— J'écris Bir Hakeim, mais sans aucun fanatisme. Bir Hakeim, ou Hakim, signifierait « le puits du vieillard » et Bir Hacheim « le puits du chien ». Comme nous n'avons trouvé là ni puits, ni vieillard, ni chien, la question reste pendante. Un puits a existé, mais quand ? Nous avons découvert le néant. « Un désert dans le désert » a écrit Mordal et on ne peut pas mieux dire. Un néant de sable avec des cailloux. Voici un caillou de Bir Hakeim.

Je le prends dans ma main. Gris-jaune, gros comme un petit œuf. Mon interlocuteur me le reprend vite, le remet dans son tiroir.

— Le sol n'est pas rigoureusement horizontal. Sous l'effet du vent, il ondule en dunes très peu élevées. Bir Hakeim est à la latitude de Port Saïd. Quand je pense à cet endroit, je ne pense pas d'abord à la bataille. Les deux mots qui me viennent tout de suite à l'esprit sont : chaleur, soif. Je crois que c'est le point extrême du désert où la vie humaine est possible. C'est là que, le 14 février 1942, nous avons pris la relève de la 150e brigade anglaise.

Il n'est pas interdit de comprendre pourquoi des soldats avaient été envoyés dans ce lieu intégralement déshérité.

Construire un front continu dans le désert de Libye est impossible. Une ligne de défense, pour n'être pas tournée par le Sud, devrait s'enfoncer jusqu'au cœur de l'Afrique. L'étendue de sable est favorable à la guerre de mouvement des blindés, ils sont là comme des navires sur la mer. Mais, dans ce pays, tout — hommes, armes, munitions, vivres — doit venir de l'extérieur, par air ou par mer, et la seule grande artère est la route côtière. Les blindés ne peuvent donc trop ou trop longtemps

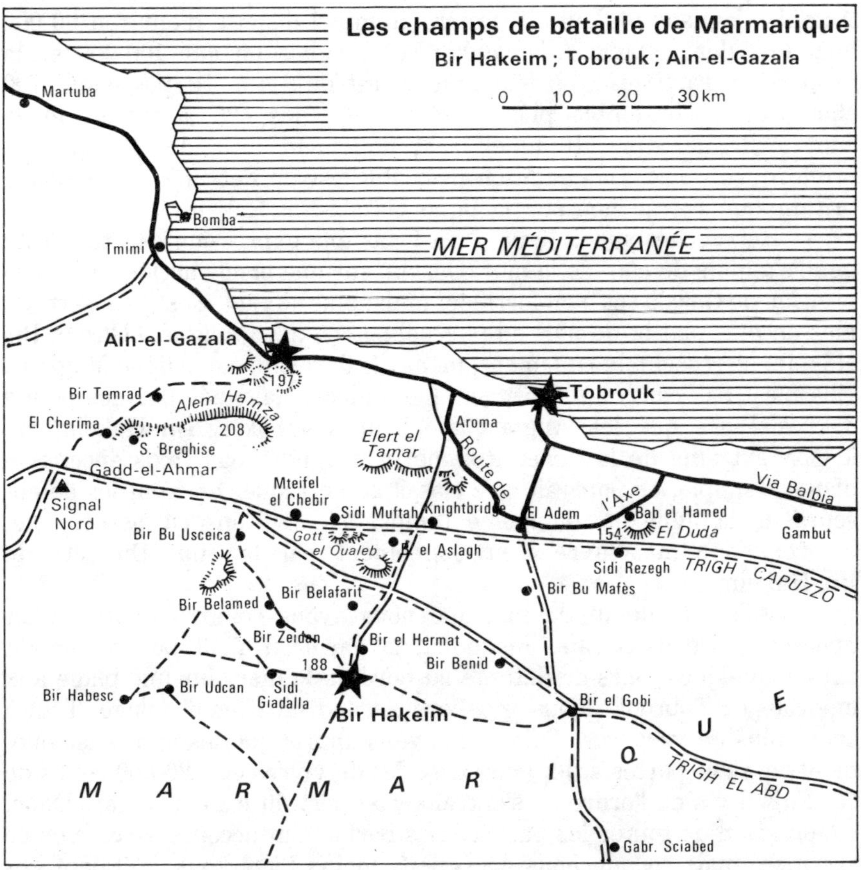

s'éloigner de la côte. C'est le long de la côte que, depuis septembre 1940, la guerre s'est poursuivie sur un rythme oscillatoire, chaque adversaire avançant et reculant tour à tour. Se rappeler que les Germano-Italiens viennent de l'Ouest et les Anglais de l'Est (Égypte).

En septembre 1940, les troupes du maréchal Graziani, très supérieures en nombre, bousculent les Anglais et foncent jusqu'à Sidi Barani, Égypte, à 250 kilomètres à l'ouest d'Alexandrie. Deux mois plus tard, les Britanniques se reprennent et arrivent à repousser les Italiens jusqu'à Benghazi (7 février 1941). Les Allemands comprennent alors que leurs alliés ont besoin d'aide et Rommel apparaît avec son Afrika Korps. Il repousse jusqu'à Solloum (13 avril 1941) les Anglais qui réussissent cependant à garder, sur la côte, Tobrouk. En novembre, ils contre-attaquent, mais Rommel riposte aussitôt. Furieuses batailles non loin de la mer. Du 8 au 31 décembre 1941, les Allemands retraitent jusqu'à El Agheila, au fond du golfe de la Grande-Syrte.

Nous approchons de l'épisode qui nous intéresse. En janvier 1942 Rommel une fois de plus attaque, et il repousse les Britanniques jusqu'à une ligne Gazala-Bir Hakeim. Gazala est à l'ouest de Tobrouk, mais les

Anglais tiennent toujours Tobrouk. Rommel dispose d'environ 90 000 hommes, dont 50 000 Allemands. Les Anglais en ont 100 000 et la proportion d'artillerie, en leur faveur, est de 8 à 5. Ils possèdent 700 chars, dans l'ensemble plus puissants que les 525 adverses, et la supériorité aérienne. Rommel n'est nullement intimidé. Il veut reprendre Tobrouk. La condition préalable est de détruire cette armée britannique retranchée sur la ligne Gazala-Bir Hakeim.

« Retranchée sur la ligne » n'est pas une expression exacte. Cette ligne s'appuie du côté de la mer (Gazala) sur une bande accidentée, et la position de Gazala est bien fortifiée. Mais, plus au Sud, c'est le désert, de plus en plus plat et de plus en plus sablonneux. La « ligne » Gazala-Bir Hakeim ne ressemble nullement, même de très loin, à une ligne Maginot. Elle n'est pas continue. C'est une ligne idéale, jalonnée par des points de résistance que les Anglais appellent des *boxes.* Bir-Hakeim est le *box* extrême de la ligne. Rommel n'en ignore pas l'existence. Son plan est simple, on pourrait dire classique : attaquer de front les défenseurs de la ligne et, en même temps, les divisions cuirassées exécuteront une manœuvre d'enveloppement par le Sud. Du côté de Bir-Hakeim.

— C'est le début de mai que nous avons compris qu'il y avait quelque chose dans l'air. Jusque-là, la garnison allait par roulement passer quelques jours de détente au bord de la mer, sur une plage aux environs de Tobrouk. Nous appelions cet endroit Kœnig's plage. Tout à coup, plus de vacances. Puis nous avons appris que les approvisionnements étaient portés à dix jours d'eau et de vivres et à 20 000 coups de 75. Puis il y a eu l'ordre de s'entraîner au port du masque à gaz. Donc, suppression de toutes les barbes. Les barbus ont accepté assez bien ce sacrifice, mais ce que nous acceptions moins bien, tous, c'étaient ces heures de mascarade. Là-bas, c'étaient des heures d'enfer. Non, je ne peux pas vous dire combien de degrés nous avions, je l'ai oublié, ou peut-être ne l'ai-je jamais su, mais ce que je me rappelle c'est qu'en moins d'une heure n'importe quelle chemise était cuite par la transpiration. Un mouvement des bras, crac, elle se fendait dans le dos. Toutes les chemises ayant été portées à Bir-Hakeim étaient reconnaissables à cela : fendues dans le dos. Pour compenser notre formidable déshydratation, nous aurions dû boire au minimum quatre litres d'eau par jour. A partir du 27 mai, nous avons été rationnés à un litre et demi. Et, quarante-huit heures avant la sortie, nous n'avions plus rien à boire. Strictement rien.

Nous n'en sommes pas encore là. L'attaque de Rommel commence le 26 mai à l'aube par un bombardement surprise sur les aérodromes de Gambut et de El Arid, où vingt-quatre chasseurs anglais sont détruits au sol. A 14 heures, le même jour, après une préparation d'artillerie appuyée par d'autres bombardements aériens, l'infanterie italienne attaque le nord de la ligne, du côté de Gazala. Mais la garnison de Bir-Hakeim n'en sait rien. La journée commence par les corvées habituelles. La garnison de Bir-Hakeim n'est pas faite que de légionnaires. Elle compte 3 500 combattants, sous les ordres du général Kœnig. Voici les unités qui la composent :

13e Demi-Brigade de la Légion étrangère (deux bataillons) sous les ordres du lieutenant-colonel Amilakvari ; 2e demi-brigade coloniale (qui comprend : 2e bataillon de marche de l'Oubanghi et le 1er bataillon du Pacifique) ; 1er bataillon d'infanterie coloniale ; 1er bataillon de la demi-brigade de fusiliers-marins ; 1er régiment d'artillerie coloniale ; 22e compagnie nord-africaine ; une compagnie d'antichars, une de génie, une de transmissions ; service de santé ; détachement britannique de liaison et de D.C.A. sous les ordres du capitaine Tomkins.

L'ensemble s'appelle 1re Brigade française libre. Je pense que l'énumération ci-dessus donne une idée de son caractère hétérogène. Ciano écrira un peu plus tard que la garnison de Bir-Hakeim « a résisté avec une grande ténacité parce qu'elle était composée de nombreux Français, Italiens, Allemands et Juifs persuadés qu'ils ne trouveraient pas de quartier ».

— Nous avions en effet à la Légion des Allemands, des Italiens et des Espagnols antifascistes et des Juifs. Ils ont résisté non pas parce qu'ils pensaient être massacrés en cas de capture, l'allégation était stupide et d'ailleurs aucun prisonnier n'a été massacré. Les hommes de la garnison de Bir-Hakeim se sont battus parce qu'ils étaient là pour ça. Parce que c'était leur métier, ou par patriotisme, ou par conviction politique, ou tout simplement parce qu'ils avaient un tempérament de baroudeur, ou plus simplement encore parce qu'ils suivaient leurs chefs sans se poser la moindre question, comme les tirailleurs de l'Oubanghi.

Bir-Hakeim se trouve à un croisement de pistes, à soixante kilomètres de la mer. Les pistes, il faut être dessus pour les voir. Il y a là une vieille petite ruine, vestige d'un fortin arabe. A trois kilomètres au Nord, deux faibles éminences, « les Mamelles », qui sont d'anciennes citernes recouvertes par le sable. La position militaire de Bir-Hakeim s'étend entre ces Mamelles et la petite ruine. Elle affecte une forme triangulaire arrondie d'environ quatre kilomètres de diamètre. A quelques centaines de mètres, vous n'apercevez pas grand-chose, car presque tout est enterré.

Au centre, le P.C. du général Kœnig : une grande tente basse ; juste devant, un véhicule aux trois quarts enterré, seuls dépassent le toit et le haut des portières. C'est de là que Kœnig va commander, lançant ses ordres par coureurs, ou par phonie en clair, ou par phonie codée selon l'éloignement.

Les limites de la position sont constituées par des tranchées de faible profondeur consolidées de sacs de terre, au-delà desquelles existent des barbelés et, véritable défense du désert remplaçant des fortifications, les champs de mines. Mines antichars (explosant seulement sous une pression de 200 kilos) et mines antipersonnel. Ces champs de mines s'étendent sur plusieurs centaines de mètres et au-delà d'eux, vers le Nord, sont posés d'autres champs de mines affectant dans l'ensemble une forme de V, chaque branche de ce V mesurant une quinzaine de kilomètres de long et environ cinq de large.

Si vous ne surveillez pas votre champ de mines, les démineurs ennemis viennent se livrer à leur petit bricolage, et plus de protection. Un détachement du 3e bataillon de la Légion, capitaine de Lamaze, est chargé de cette surveillance. Il comprend trois sections de *bren-carriers,* trois canons de 75 portés, une équipe téléphonique, des radios et des sapeurs-mineurs. Les bren-carriers sont des véhicules blindés armés d'un canon de 45 ou d'une mitrailleuse. La colonne de Lamaze n'était pas basée à Bir-Hakeim, mais à quinze kilomètres plus au Nord.

Les 3 500 combattants occupant la position de Bir-Hakeim s'en partageaient ainsi la défense : le secteur Nord-Ouest est tenu par le bataillon de marche de l'Oubanghi ; le secteur Sud-Ouest, par le bataillon du Pacifique ; le secteur Est par le 2e bataillon de la Légion. Le 3e bataillon, « réserve de brigade », fournit la colonne de Lamaze et toutes les patrouilles. L'armement non individuel comprend 24 canons de 75, 85 canons antichars (calibres 75, 47 et 25), 44 mortiers, 72 mitrailleuses Hotchkiss, 18 canons Bofors de D.C.A., 8 mitrailleuses de D.C.A. Toutes ces armes sont réparties dans les trois secteurs.

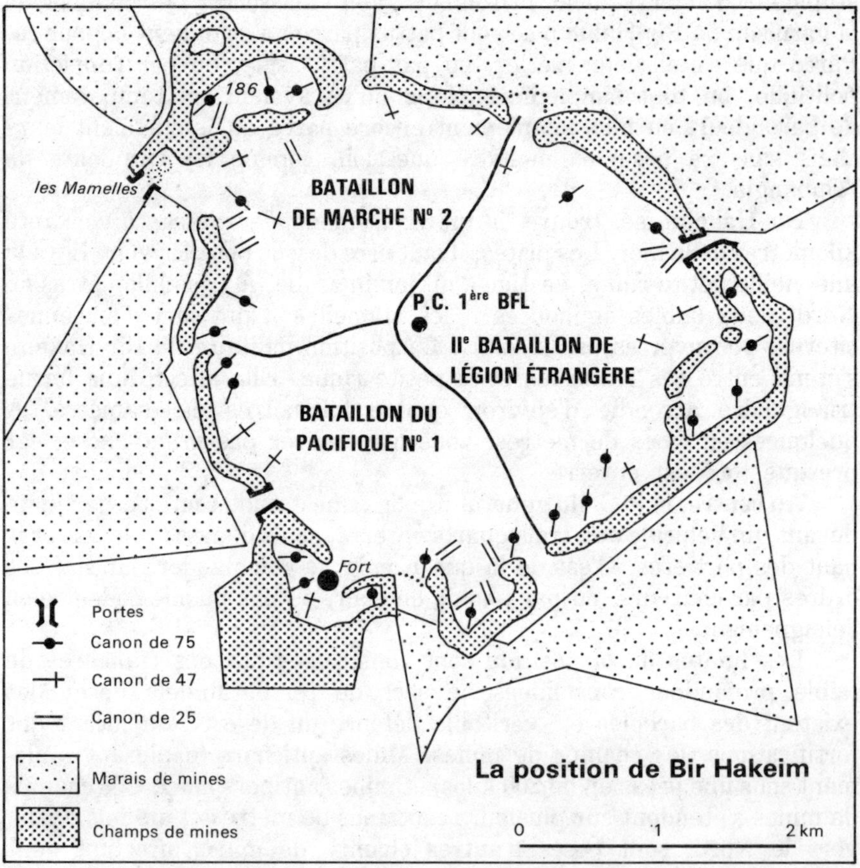

— Il y a une chose que je me représente mal, dis-je à mon ex-aspirant. C'est votre habitat. Vous viviez dans des trous ?

— Oui.

— Recouverts ou non ?

— Les uns oui, les autres non. D'autres tantôt oui, tantôt non. Nous couvrions nos trous de toiles de tente ou de vrais toits. Nous les consolidions de sacs de terre. Les trous étaient plus ou moins profonds, et plus ou moins confortables selon les architectes. Ceux de la Légion n'étaient pas mal. Enterrés, nous étions protégés des projectiles et du vent de sable. L'ambulance, les postes de secours, les dépôts de vivres, d'eau, d'essence, étaient enterrés. Nos soixante-trois bren-carriers étaient enterrés. Sur les canons, filets de camouflage.

27 mai, 7 h 30. — Radio : le commandant de la 7e D.B. britannique annonce que l'ennemi a attaqué en force. La contre-attaque va être déclenchée incessamment.

8 heures. — Chars et véhicules en vue vers le Sud-Est et le Sud. Ils soulèvent des nuages de sable. Ennemis ou amis, on ne sait pas encore. Ce pourraient être des forces britanniques contre-attaquant.

9 heures. — L'incertitude est levée depuis un moment. Les chars italiens se portent à l'attaque en tirant. Cinquante chars, et il y en a une trentaine d'autres, plus loin derrière, qui attendent. Les chars s'avancent en canonnant, et les 75 de la position leur répondent. Des chars commencent à sauter sur les mines. On en voit qui explosent, et d'autres simplement s'arrêtent, comme touchés d'un coup de massue ; ensuite souvent une fumée s'élève.

Il y a aussi des chars qui ne sautent pas et qui ne sont pas détruits par les obus, et ceux-là continuent à avancer, on les voit de plus en plus gros, de plus en plus redoutables. Les 75 et les Bofors de la D.C.A. (pas d'avion dans le ciel) tirent sur ces chars de plein fouet. Le gros de l'attaque s'est porté sur le secteur tenu par la Légion. On voit que la deuxième vague se met à son tour en mouvement, trente chars. Six chars de la première vague ont pénétré à l'intérieur de la position.

— Oui, cela commençait vraiment à chauffer. Les canons des chars et les nôtres se tiraient dessus presque à bout portant. Les chars tournaient sur place, allant et venant, écrasant tout ce qu'ils pouvaient. Nos Espagnols se sont mis à crier, je les entends encore : « Vamos como a Madrid ! » Ils ont commencé à balancer des bouteilles d'essence sur ces chars, et à grimper dessus pour tirer à coups de revolver par les ouvertures. Les occupants ouvraient les tourelles et se rendaient. A 10 heures, tous les chars italiens qui n'avaient pas atteint Bir-Hakeim commencèrent à faire demi-tour, l'attaque était repoussée. Trente-deux carcasses jonchaient le terrain. La Légion avait fait près de cent prisonniers, dont un colonel.

« Nous étions un peu surpris de n'avoir pas vu paraître l'aviation ennemie. Les Italiens avaient abandonné de nombreux camions et autres véhicules venus avec les chars. Quel butin ! Des camions étaient pleins de boustifaille, boîte de conserves, jambons. La soirée a été joyeuse.

Oui, ce soir-là, nous avions une impression de victoire. Le général Kœnig a félicité la garnison. « Nous devons tenir encore deux jours », a-t-il ajouté.

31 mai. — Visite du général de Larminat, qui annonce : 1° que l'ennemi est maintenant en pleine retraite ; 2° que la Brigade française libre (autrement dit la garnison de Bir-Hakeim) participera à la poursuite qui va commencer incessamment contre l'Afrika Korps ; un régiment britannique la remplacera à Bir-Hakeim.

Après cette visite le général, commandant la 7e D.B. britannique, demande par radio au général Kœnig de porter le plus tôt possible la Brigade française libre à la poursuite de l'ennemi. Réponse de Kœnig, en substance : « C'est mon plus vif désir. Mais mes camions se trouvent quelque part entre Bardia et Bir bu Magès (35 km au nord-est de Bir-Hakeim). En attendant qu'ils m'aient rallié, je prends mes dispositions pour faire partir dès demain au jour le bataillon du Pacifique avec de l'artillerie et une section de fusiliers-marins.

1er juin. — Le bataillon du Pacifique n'est prêt à partir qu'à 9 heures du matin. Le vent de sable s'est levé.

— Aujourd'hui encore, quand je prononce ces mots : le vent de sable, il me semble que mon visage se met à cuire. Ce vent suffocant incrustait dans notre peau dix mille aiguilles, et nous éprouvions l'impression que nos poumons se remplissaient de sable. Les légionnaires le redoutaient davantage encore pour leurs armes. Ils nettoyaient leurs armes, un lambeau de chemise en main, sans cesse eût-on dit, presque tous leurs loisirs y passaient. Cela, je l'ai vu. On aurait dit que ces hommes pensaient à leurs armes plus qu'à eux-mêmes.

Toujours le 1er juin, voici une nouvelle visite du général de Larminat, suivi du lieutenant-colonel du *King's Royal Rifles.* Le *King's Royal Rifles* est le régiment qui doit remplacer à Bir-Hakeim la Brigade française libre aussitôt celle-ci partie pour l'offensive. A 17 heures, le général Kœnig signe l'ordre d'opérations concernant ce départ.

A 18 heures, du nouveau. Un message de la 7e D.B. britannique avertit qu'« il faut se tenir prêt à arrêter tout mouvement vers l'avant ». A 19 h 20, nouveau message : « Pas d'ordres de mouvement cette nuit. »

La nouvelle des contrordres circule. La plupart des troupiers pensent que les Britanniques ont raté leur contre-offensive et que ça pourrait bien barder d'ici peu à Bir-Hakeim. Mais ni eux ni leurs officiers n'imaginent exactement le désastre qui vient de se produire à seulement vingt kilomètres plus au Nord. Dans la nuit du 31 au 1er, les Germano-Italiens, conduits par Rommel en personne, ont enlevé de vive force la position de Gott-el-Oualeb, tenue par la 150e brigade britannique. Ils ont fait 3 000 prisonniers et pris 124 canons et 100 véhicules. Donc, plus de contre-offensive pour le moment.

20 heures, toujours le 1er juin. — Message du bataillon du Pacifique qui a quitté Bir-Hakeim le matin. La marche vers l'Ouest de cette unité a été très pénible et très lente à cause de la chaleur, du vent de sable et des attaques par avions. Pertes de la journée : trois tués, plusieurs blessés,

plus une dizaine de véhicules dont un camion d'essence et une citerne à eau. La colonne a détruit un char allemand et abattu trois avions.

2 juin, 8 heures. — Message de guetteurs, transmis au P.C. : « Forte concentration suspecte à une dizaine de kilomètres dans l'Ouest. » A 8 h 15, message radio d'une patrouille extérieure : « Cinquante chars et une centaine de véhicules, venant du Nord, se dirigent vers Bir-Hakeim. » A 8 h 20, nouveau message de la patrouille : « Nous sommes attaqués. » Kœnig fait prendre toutes les dispositions de combat et lance l'ordre de rallier Bir-Hakeim à la division du Pacifique ainsi qu'au détachement du King's Royal Rifles qui bivouaque à quelques kilomètres dans le désert, attendant toujours l'ordre de venir remplacer la garnison française. La chaleur est accablante, le vent de sable souffle avec violence.

— C'est un peu avant 10 h et demie que nous avons vu sortir d'un épais nuage de sable une voiture qui venait droit sur la porte Est, celle qui s'ouvrait sur le secteur tenu par la Légion. Nous n'avons pas tiré dessus parce qu'elle arborait un grand carré blanc, un pavillon de parlementaire. L'auto roulait doucement. Nous étions surpris, nous ne comprenions pas ce que ça voulait dire. Deux officiers italiens sont descendus, et ils ont fait comprendre qu'ils demandaient à être conduits au général. Je les revois encore, très corrects, coiffés de leur casque africain ; ils avaient l'air ému. On leur a bandé les yeux pour les conduire en voiture jusqu'au P.C. Avant de les recevoir le général leur a fait demander ce qu'ils voulaient, et vous savez quoi : ils venaient demander, de la part de Rommel, la reddition de la place, « pour éviter une effusion de sang inutile ». Kœnig a dit : « Nous allons leur dire merde, mais dans les formes. » Il les a fait entrer et il leur a dit très poliment, en français, qu'il n'était nullement dans ses intentions de rendre la place. Les Italiens ont répondu : « Nous vous comprenons. » Puis ils se sont mis au garde-à-vous et ont salué. Avant de sortir, ils ont dit encore : « Grandi soldati. » Tout cela très militaire, très digne. Reconduits à la porte Est, les deux Italiens sont remontés dans leur voiture, qui s'est enfoncée dans le nuage de sable. Toutes les unités ont reçu peu après un message du P.C. : « Le général Rommel nous a demandé de capituler en nous menaçant d'extermination. Le général Kœnig a refusé. Faites votre devoir. » Vers midi, nous avons commencé à encaisser des obus de 105. Nous avons très bien senti que l'attaque contre Bir-Hakeim changeait de main et que Rommel était décidé à mettre le paquet.

Rommel était venu en personne diriger l'attaque, comme à Gott-el-Oualeb. « Rarement, sur le champ de bataille d'Afrique, n'avait été livré un combat aussi dur », devait-il écrire. Ce dur combat allait durer une semaine.

— Vous pouvez maintenant raconter ce combat jour après jour et presque heure par heure, et le raconter dans son ensemble, avec exactitude, parce que vous avez consulté des documents et des récits. J'ai fait comme vous, j'ai reconstitué cette bataille par la suite, mais, sur le moment, ce que j'en savais était incroyablement fragmentaire.

Bir-Hakeim était comme une couronne de petits groupes juxtaposés, plus ou moins enterrés, qui recevaient leurs ordres du P.C. placé au centre, presque sans rien savoir les uns des autres. De la position de ma section au P.C. il y avait environ deux kilomètres, mais je n'ai jamais parcouru ces deux kilomètres. Aucun de mes déplacements pendant la bataille n'a dépassé quarante mètres. Si j'essaie de me rappeler la bataille d'après mes impressions d'alors, voici : une longue souffrance de soif et de chaleur, coupée d'instants de violence. Je répète que la soif était le pire ; nous sucions des cailloux pour la tromper. Avant de mettre le caillou dans la bouche, nous disions : « Vive Démosthène ! » Plaisanter, c'est survivre. Vous savez, naturellement, que le 3 juin Rommel a envoyé un prisonnier anglais porteur d'un message, signé de lui, cette fois...

Je recopie ce texte historique : « Aux troupes de Bir-Hakeim. Toute résistance ultérieure conduirait à une effusion de sang inutile. Elle vous vaudrait le même sort que celui des deux brigades anglaises de Gott El-Oualeb qui ont été anéanties avant-hier. Nous suspendrons le combat dès que vous hisserez le drapeau blanc et viendrez à nous sans armes. Rommel, Général-Oberst. » Texte griffonné en gothique, sur une feuille de bloc. Il n'y fut pas répondu, et voici le message envoyé aussitôt après par le général Kœnig à toutes les unités de Bir-Hakeim : « Nous devons nous attendre désormais à une attaque sérieuse par tous les moyens combinés (aviation, chars, artillerie, infanterie). Elle sera puissante. Je renouvelle mes ordres, et ma certitude que chacun fera son devoir sans faillir, à sa place, coupé ou non des autres. Notre mission est de tenir coûte que coûte, jusqu'à ce que la victoire soit définitive. Bien expliquer cela à tous, gradés et hommes. Et bonne chance à tous. Kœnig. »

— Nous avons alors été bombardés presque continuellement, par canons et par avions. Dans la seule journée du 3, douze attaques par avions. Notre D.C.A. en descendait, ainsi que la chasse anglaise. Nous assistions plusieurs fois par jour à des combats aériens, parfois juste au-dessus de nos têtes. A partir du 3 juin, à la souffrance de la chaleur et de la soif, s'est ajoutée celle des yeux. Nous vivions dans la fumée. Dans une nuée épaisse formée du vent de sable et de la fumée des explosions. Nous étions abrutis par le bruit. Notre langue énorme dans une bouche sèche comme du buvard, nous assistions avec désenchantement aux vaines tentatives des Anglais pour nous parachuter de l'eau et des vivres. Nous voyions arriver les avions, nous voyions les parachutes blancs commencer à descendre juste au-dessus de nous, bien verticalement. Arrivé à deux cents mètres du sol, flouf, le parachute était pris dans le vent de sable, nous le voyions dériver à toute vitesse, presque horizontalement, et les vivres et la flotte tant désirés s'en allaient chez les Fritz. Plusieurs fois par jour, plusieurs jours de suite. Nous n'étions pas contents non plus de voir les obus et les bombes faire sauter nos mines. Nos chères mines, c'était notre rempart, notre seule protection. La nuit sortaient nos poseurs de mines, ainsi que des patrouilles qui pourchassaient les démineurs ennemis.

Le 5 juin, plus d'attaques aériennes, mais le bulletin de santé n'est pas meilleur car ce sont maintenant des obus de 155 et de 210 qui tombent sur la position. Rien à faire contre des canons lourds qui vous bombardent hors de la portée de vos propres canons. Le quartier du 2e bataillon de la Légion est particulièrement arrosé. Les hommes se terrent. Les guetteurs veillent. Et les guetteurs assistent dans l'après-midi à un mouvement révélateur : l'infanterie ennemie entre en scène. On aperçoit les fantassins ennemis qui, par petits paquets, s'avancent sur la platitude de sable. Lentement, disparaissant parfois dans les nuées soulevées par le vent de sable, puis reparaissant. Rommel pense-t-il que la position de Bir-Hakeim est mûre pour le dernier acte, pour l'estocade ? Le toro Bir-Hakeim réagit avec vigueur. Malgré les geysers de sable toujours soulevés par les gros obus, les canons de 75 du secteur Légion et du secteur Pacifique se mettent à cracher le feu, stoppant cette infanterie. A quinze cents mètres, les fantassins s'arrêtent, puis on les voit se retirer.

Voici ce qu'a écrit Rommel sur les journées du 6 et du 7 : « Le 6 juin à 11 heures, la 90e division légère fut de nouveau lancée à l'attaque des troupes du général Kœnig. La pointe de l'attaque poussa jusqu'à 800 mètres de la redoute. Mais une fois de plus elle se trouva stoppée. Sur ce bout de terrain caillouteux totalement dépourvu d'abri, les Français combattaient furieusement. Au soir, il fallut interrompre l'assaut, mais l'investissement continua en se resserrant... Profitant de l'obscurité, les groupes d'assaut gagnèrent leurs positions de départ. La forteresse fut prise sous le feu de l'artillerie et sévèrement bombardée par la Luftwaffe. Enfin, le 7 juin au matin, l'infanterie repartit à l'attaque. En vain. Malgré toute sa vigueur, cet assaut se brisa encore sous le feu concentré de la défense. Remarquable résistance d'une place coupée du reste du monde ! »

Rommel est là au premier rang, debout dans sa voiture ouverte ; il s'adresse sans cesse à ses hommes, il crie aux Italiens : « Avanti ! Avanti ! » L'assaut du 6 juin a été dirigé une fois de plus contre le secteur Légion et, outre les bombes et les obus allemands, la garnison a reçu ce jour-là plusieurs bombes d'avions anglais. Du 6 au 8 juin, les mitrailleuses allemandes tirent sans arrêt, même la nuit.

Le 8 au matin, un brouillard épais voile le désert. Les défenseurs de Bir-Hakeim sont aussi aveugles que les matelots d'un navire dans la brume.

— Nous n'étions pas à la noce, car à travers le brouillard nous entendions de tous côtés des bruits de moteur, nous avions l'impression d'être entourés par des milliers de chars. Le brouillard à peine dissipé, vers 8 heures, les Allemands ont attaqué : chars, mortiers, infanterie. L'infanterie s'avançait avec ses canons de 50 à tir rapide. C'était cette fois la face Nord qui écopait, nous ne voyions rien, nous entendions seulement les explosions, les détonations et le roulement des chars qui se rapprochaient. Ce jour-là les Allemands ont ouvert une brèche dans la défense de Bir-Hakeim, ils se sont installés sur l'observatoire d'artillerie des Mamelles. En cas d'irruption des chars, la consigne était : « Rester dans les trous. » Des Junkers nous ont attaqués aussi, par vagues de cinquante appareils. Les bombes tombaient, de grandes torches jaunes s'élevaient dans l'enceinte de Bir-Hakeim, c'étaient nos véhicules qui brûlaient. Mais des flammes et des fumées s'élevaient aussi en face, car la R.A.F. bombardait et mitraillait l'ennemi. Nous pensions que les Anglais ne pouvaient rien faire de plus puisque nous ne voyions pas leurs blindés intervenir. Nous pensions qu'ils étaient dans le trente-sixième dessous et que nous allions être abandonnés même par leurs avions. C'est à ce moment-là qu'a commencé à circuler d'un groupe à l'autre l'expression « faire Camerone ». Nous pensions que nous étions fichus et que nous n'avions plus qu'à vendre chèrement notre vie. Nous n'étions pas exaltés, la fatigue nous interdisait un tel sentiment, et ce n'était pas non plus de la résignation que nous éprouvions. Un fatalisme, plutôt, avec l'idée que nous entrerions sans doute dans l'histoire de la Légion. Je ne sais pas ce que pensaient les troupes des autres secteurs, mais voilà ce qu'il en était dans notre coin. Nous savions qu'il y avait des tués et des blessés, mais nous ne savions pas combien. Chaque groupe ignorait ce qui se passait à seulement cent mètres de lui. Une section a ignoré jusqu'à la sortie que son lieutenant était blessé, à l'ambulance. Trente-quatre tués et soixante-sept blessés ce jour-là, c'était peu, eu égard au pilonnement. Grâce à nos trous.

« La situation a encore empiré le 9 juin. Des chars et des fantassins sautaient sur nos mines, mais le bombardement détruisait notre champ de mines. Les Allemands ont avancé ce jour-là si près que nous étions au contact à la grenade. Ils creusaient en vitesse de petites tranchées semblables aux nôtres. Derrière nous, à l'Ouest, ils menaçaient de percer entre deux compagnies du Bataillon de marche de l'Oubanghi. Nos *bren-carriers* ont chargé pour les repousser. Maintenant, nous n'avions plus rien à boire. J'ai lu ici et là que la ration quotidienne était alors d'un litre et demi, mais dans mon coin, nous n'avions plus rien, et nous n'avons rien touché. On disait que le peu d'eau qui restait était réservé aux blessés. Le séjour à l'infirmerie était si inconfortable que tous les légionnaires qui n'étaient pas gravement blessés aimaient mieux revenir à leur poste de combat. C'était mon cas.

« Nous pensions toujours qu'il n'y avait pas d'autre issue pour nous que " faire Camerone ", mais nous avons tout de même été rudement contents quand nous avons appris qu'il était question de sortir. »

C'est le 9 juin à 17 heures que le général Kœnig est informé par le 7e D.B. britannique que « la position de Bir-Hakeim n'est plus essentielle » et qu'on le prie de faire savoir comment il envisage d'organiser l'évacuation.

Évacuation est alors un euphémisme sombrement ironique. Les Allemands assiègent toujours Bir-Hakeim, ils veulent l'écraser, détruire sa garnison. Il s'agit de s'ouvrir de vive force un passage à travers leurs lignes. Une telle opération, si on ne désire pas qu'elle tourne au désastre, ne peut être préparée en une demi-heure, ni même en une demi-journée. Kœnig choisit pour la sortie la nuit du 10 au 11. Dans la journée du 10, les chefs d'unités reçoivent l'ordre très secret. « La brigade sortira de vive force cette nuit de la position. Elle s'ouvrira un passage vers le Sud-Ouest les armes à la main. Un faible détachement sera laissé pour tromper l'ennemi jusqu'à 2 heures du matin. Point de première destination : B P 837 du carroyage britannique, marqué par trois lampes à feux rouges. Azimut magnétique 213° 30". »

L'ordre précise tout sur l'évacuation des blessés, sur les destructions (silencieuses et sans feu) à opérer avant le départ, sur la formation des colonnes de sortie. Tout est prévu, jusqu'au sort de ceux que la malchance atteindra avant l'heure H : « Enterrement sur place des morts avec croix. Quelques pierres dessinant la tombe et le nom lisiblement écrit sur la croix. » Les sapeurs ouvriront à travers le champ de mines un passage de deux cents mètres de largeur. Ensuite, honneur à la Légion ! Ses deux bataillons sortiront en tête pour engager l'ennemi et tenir un front de chaque côté du passage, pendant tout le temps que le reste de la garnison défilera.

— Magnifique programme, il fallait bien en établir un. Mais je puis vous dire que la réalité a tenu en deux mots : tragique pagaille.

« D'abord le Génie n'avait pu déminer qu'un étroit couloir. A minuit 15, par nuit noire, la Légion s'y est engagée. A peine commencions-nous à nous déployer conformément aux ordres que des fusées éclairantes ont commencé à lentement descendre du ciel. En même temps, les mitrailleuses ennemies tiraient avec des balles traçantes un vrai feu d'artifice. Les légionnaires marchaient sur ces mitrailleuses et les attaquaient, tandis que derrière eux, dans l'étroit couloir, s'agglomérait le plus fantastique embouteillage qu'on ait jamais vu au désert. Les Allemands tiraient aussi au canon. Des véhicules quittaient la piste, sautaient, flambaient. Des Tahitiens refluaient vers la position, disant que tout le monde allait se faire massacrer. Le temps s'écoulait et le magma d'hommes et de véhicules restait là comme englué sur le désert parsemé d'incendies, dans un désordre de cauchemar, au milieu des ordres criés, des détonations, des explosions, des plaintes de blessés, des appels. A deux heures du matin, j'eus pour ma part l'impression que la sortie était ratée. Le jour viendrait et alors les avions allemands écraseraient de bombes ce chaos humain et mécanique.

« Il fallait à tout prix ouvrir un passage et foncer à travers l'ennemi qui nous pressait. La lune se levait, la nuit n'était plus sombre. Le général Kœnig a demandé au capitaine de Lamaze de charger avec les *bren-carriers.* Il y avait trois lignes de résistance. J'ai assisté à cette charge des *bren-carriers* dans la nuit trouée de lueurs d'incendies, spectacle comme le cinéma n'en a jamais montré. J'ai vu le lieutenant Devé foncer avec son *bren-carrier,* à toute vitesse, sur un nid de mitrailleuses qui tirait sur lui, il l'a littéralement écrasé ; et ensuite il a continué à foncer, il s'est jeté sur une autre position, il a encore tout écrasé, et il a encore continué, il s'est jeté sur une troisième position, mais là il est tombé sur un canon. Son véhicule a été canonné presque à bout portant et, naturellement, Devé a été tué. Le général Kœnig a foncé derrière lui sur sa jeep. Le chauffeur du général était une femme, une Anglaise, conductrice d'ambulance, miss Susan Travers. La seule femme qui se soit trouvée à Bir-Hakeim. Du moins, je le croyais. Par la suite, j'ai entendu dire qu'il y avait eu d'autres femmes à l'ambulance. Je n'ai jamais pu le vérifier. Voyez comme on sait peu de choses sur une bataille que soi-même on a vécue !

« La charge des *bren-carriers* avait ouvert un passage et la sortie a continué. Des véhicules bondés roulaient, à des vitesses différentes, perdant la direction, la retrouvant ou ne la retrouvant pas. Des troupes à pied se battaient, d'autres marchaient. Des isolés tombaient au milieu de groupes d'Allemands et se faisaient tuer à bout portant, ou capturer. D'autres avaient le temps ou la présence d'esprit de réagir. Le conducteur d'un camion s'est arrêté net devant quatre guitounes, il a vu des hommes en sortir, c'étaient des Allemands. Il en a abattu deux aussitôt, les autres ont levé les bras en l'air. Ils étaient médusés, ils ignoraient tout de la sortie, ils croyaient Bir-Hakeim encore assiégée. La confusion était si grande que des Français et des Allemands parfois marchaient un bon moment côte à côte dans la nuit sans s'en apercevoir. Des hommes ou des officiers égarés marchaient seuls dans la nuit. Le capitaine Messmer ainsi perdu entendit derrière lui un bruit de moteur et il se vit dépassé par un *bren-carrier* surchargé, or il reconnut un véhicule de sa compagnie. Il se mit à courir pour le rattraper et soudain il vit des hommes qui couraient à côté de lui, pour rattraper, eux aussi, le *bren-carrier*. Il les entendit parler allemand. C'étaient des Allemands qui fuyaient, qui se repliaient ! Le capitaine Messmer réussit à se hisser sur le véhicule, les autres non, ils s'éloignèrent dans la nuit. On entendait de tous côtés des coups de feu, des rafales de mitrailleuses, des explosions.

« Au jour, le brouillard s'est levé. Des véhicules et des hommes ayant complètement perdu la direction se sont retrouvés dans les lignes allemandes. Le commandant Masson, chef d'état-major de Kœnig, était arrivé au rendez-vous avec les Anglais, mais personne ne savait ce qu'était devenu le général, ni le lieutenant-colonel Amilakvari. On les croyait tués, ou capturés. Ce n'est qu'à midi qu'on a su qu'après avoir failli se faire prendre ils étaient arrivés à Gasr el Abid, à quatre-vingt-dix kilomètres au nord-est du point de rendez-vous.

« Les hommes et les véhicules qui avaient forcé le passage étaient éparpillés sur peut-être huit mille kilomètres carrés de désert. La plus grande partie a rallié le point de rendez-vous dans la journée du 11, mais il en est encore arrivé le lendemain, et même le surlendemain. Des isolés qui avaient erré dans le désert. Certains avaient bien supporté l'épreuve, d'autres étaient de pauvres spectres complètement déshydratés. Des patrouilles ont recueilli des blessés. Mais beaucoup sont morts sur le sable avant d'avoir vu arriver la patrouille. La perte de sang, la soif, le soleil. Même un homme bien portant, laissez-le sous le soleil de Libye sans protection, il ne passera pas la journée.

« D'autres encore sont morts à Bir-Hakeim même, le 11, au petit jour. Des hommes qui avaient été blessés sur place au moment de la sortie. Et aussi des hommes qui étaient sortis, puis qui, perdus, avaient pris le parti de retourner, de rentrer dans la position, pensant que peut-être ils trouveraient des officiers, quelqu'un pour les guider, pour leur donner des ordres. Pauvres bougres. Au jour les Allemands ont envoyé deux cents Stukas. Tout a été écrasé.

« Tout de suite, dans les jours qui ont suivi, la radio britannique a déliré sur Bir-Hakeim. On en parlait comme d'une grande victoire, on prononçait le nom de Verdun. C'était ridicule. C'était sans rapport avec l'importance de l'affaire. Enfin, je crois que vous voyez maintenant à peu près comment tout cela s'est passé. Par instants, ça a été très dur, naturellement. Mais le pire, comme je vous ai dit, cela a été la chaleur et la soif. »

En 1942, la propagande britannique avait besoin d'aliments, et la propagande allemande n'était pas en reste à l'égard des défenseurs de Bir-Hakeim, parce que, les célébrer, c'était grandir Rommel. Il reste que contre les troupes de Rommel, le *box* britannique de Goot el-Oualeb avait tenu deux jours, et Bir-Hakeim quinze. Après la retraite de Bir-Hakeim, Rommel a pris Tobrouk, mais les quinze jours de résistance de Bir-Hakeim, stratégiquement, ont compté. La VIIIe armée britannique a eu le temps de se ressaisir et Rommel a été finalement stoppé à El-Alamein. *Quid* s'il avait atteint Suez ?

Ce n'est pas pour arriver à ces considérations stratégiques (discutables, après tout) que je me suis lancé dans un récit de Bir-Hakeim avec interview d'un acteur. C'est à cause du caractère très particulier de cette bataille et parce que la Légion y a brillé.

Bir-Hakeim comporte une sorte de post-scriptum africain auquel je ferai allusion à cause du chef remarquable qui y perdit la vie.

Après l'échec allemand de septembre 1942 contre El-Alamein, alors que Rommel, physiquement épuisé, se soignait en Autriche, la VIIIe armée britannique reprit l'offensive le 23 octobre 1942. Montgomery, depuis toujours partisan de la supériorité écrasante des moyens, avait rassemblé mille chars, douze cents canons, dix divisions, une masse d'aviation. Les deux brigades françaises libres participaient à l'opération. En parentes pauvres. L'une d'elles ne disposait d'aucun véhicule et, quant à l'autre, celle que nous connaissons, elle avait vainement réclamé qu'on lui remplaçât le matériel perdu à Bir-Hakeim.

Cette indifférence britannique, succédant aux éloges dithyrambiques de la radio, prenait sa source à de grandes hauteurs : refroidissement des relations entre Winston Churchill et le général de Gaulle. Le résultat au niveau des états-majors fut que le général Kœnig se vit chargé d'une de ces missions qu'on réserve rarement à ses meilleurs amis. « Vous attaquerez sur El-Himeimat, à l'extrême sud du secteur d'El-Alamein. » Il s'agissait d'une attaque de diversion destinée à concentrer sur l'assaillant la réaction adverse, ensuite Montgomery ferait fonctionner son marteau-pilon.

Le premier objectif se présentait sous la forme d'un piton aux pentes abruptes et escarpées, entouré de champs de mines et défendu par de l'infanterie, des chars, des canons et des mortiers. Le général Kœnig avait désigné l'unité, celle dont on pouvait penser qu'elle avait peut-être une petite chance d'enlever ce dur morceau : la 13e Demi-Brigade de la Légion. Il eût fallu des chars. Le 24 octobre à une heure du matin, le 1er bataillon tenta vainement d'escalader les falaises à pic que battaient des mitrailleuses camouflées dans le rocher. A l'aube, le 2e bataillon marcha à son tour vers le piton. Les chars allemands le prirent à revers tandis que la position faisait feu de ses canons et mortiers. L'assaut ne réussit pas et une salve de quatre obus éclata autour du lieutenant-colonel Amilakvari, qui fut tué.

Amilakvari avait commandé la 13e Demi-Brigade à Bir-Hakeim. Rationné en eau comme tout le monde et cependant toujours impeccable, rasé de frais, et ceux qui le relevèrent à El-Himeimat ne le virent pas autrement. Le matin même on lui avait entendu dire : « Quand on risque de paraître devant Dieu, il convient de se mettre dans une tenue convenable. » J'ai déjà montré un instant à Narvik cet ex-prince géorgien, homme grand et superbe, venu en France en 1917, sorti de Saint-Cyr en 1924, affecté à la Légion sur sa demande. Toutes ses citations font état d'une bravoure qui laissait pensifs les baroudeurs les plus acharnés. Or la seule bravoure du chef ne suffit pas à attacher profondément les hommes. Amilakvari, du type chef-drapeau, si insouciant de sa propre sécurité, pensait à celle de ses hommes ; ceux-ci le savaient compétent et intelligent autant que brave, d'où leur confiance illimitée. D'où leur profonde tristesse quand il mourut.

Les militaires qui au cours de la Seconde Guerre mondiale n'eurent qu'à se conformer à des ordres clairs et précis ne connaissaient pas leur bonheur. D'autres se trouvèrent très péniblement placés devant des options pour lesquelles les éléments étaient, dans l'instant, discutables, confus ou inconnus. L'hésitation des légionnaires d'Afrique du Nord — ceux qui y étaient rentrés après la campagne de France de 40, ceux qui y étaient rentrés après la Finlande, ceux qui ne l'avaient pas quittée — lors des débarquements américains à Casablanca et à Port-Lyautey le 8 novembre 1942 ne dura pas longtemps, mais elle exista, et il y eut vingt-quatre heures d'ordres et de contrordres et de profond mécontentement.

Les légionnaires avait d'abord cru que c'étaient les Allemands qui attaquaient : pas de problème, ils étaient là pour défendre des positions françaises. Quand ils surent que « c'étaient les Américains », leur problème fut de savoir s'ils ne devaient pas combattre farouchement l'assaillant quel qu'il fût. Le ralliement général résolut tout.

Cette partie de la Légion restée en Algérie et au Maroc ne s'était pas endormie depuis l'armistice franco-allemand. Elle avait continué à s'entraîner et à s'instruire, à s'entraîner et à construire selon la tradition légionnaire. Elle était la plus en forme des forces françaises maintenues en réserve en Afrique. Ce qui lui manquait cruellement, c'étaient des armes et du matériel modernes. Or les Alliés qui déchargeaient sur le sol d'Afrique la masse d'armes et de matériel la plus formidable qu'on ait vue dans l'histoire, produit de la gigantesque industrie américaine, eurent pour premier soin de ne pas fournir même un revolver à la Légion. Par méfiance. Cette méfiance s'appliquait non seulement à la Légion, ce corps où l'on entendait parler allemand, mais aussi aux zouaves et aux tirailleurs qui furent envoyés en Tunisie avec la Légion pour contenir la poussée allemande (Rommel, rejeté de Libye, y était revenu) en attendant la majestueuse mise en train de l'énorme machine militaire américaine.

Deux régiments étrangers d'infanterie de marche et un groupe autonome issu du 1er Régiment étranger de cavalerie furent formés. Armés de leurs fusils, fusils-mitrailleurs et petits canons d'accompagnement, ils allèrent attaquer les Allemands. De l'autre côté, la 13e Demi-Brigade attaquait les Allemands d'Est en Ouest avec la VIIIe armée britannique. Rommel, durement pressé, avait encore des chars, et il savait encore s'en servir. Il s'en servit notamment pour faire contre-attaquer dans le Djebel Mansour le 3e Régiment de marche qui prétendait arrêter ses blindés. Les Américains se décidèrent *in extremis* à envoyer leurs bombardiers secourir l'unité légionnaire encerclée.

A partir de ce moment, toutefois, leur attitude changea. Ils commencèrent à fournir des armes. Puis, en avril, le bulldozer américain se mit en mouvement précédé de ses centaines de bombardiers. En mai, la Tunisie était liquidée.

La légion n'était pas liquidée, mais les pertes subies au cours de la campagne tunisienne avaient amené ses effectifs à l'étiage le plus bas observé depuis longtemps. Les dénominations de régiment, bataillon, compagnie n'avaient plus leur vrai sens. Il fallut racler les tiroirs pour constituer le régiment de cavalerie (motorisé) et le régiment de marche destinés à être incorporés à la 5e division blindée américaine en formation, et qui devait combattre en Europe. Le régiment de marche fut constitué en réunissant le 1er de marche, le 2e de marche et les rescapés des 11e et 12e de marche de la campagne de France.

Les Alliés avaient maintenant compris que la Légion était un instrument de combat peu ordinaire et les armes et le matériel modernes arrivaient comme des petits pains. Fidèle à sa méthode de tout faire avec soin (si vous recevez un paquet, ou une publication de la Légion, l'emballage est parfait), la Légion se mit à instruire méticuleusement ses hommes de l'usage de ce matériel. Ici se place pour la Légion de Bel-Abbès le virage technique qui métamorphose le troupier encore un peu « Légion de papa » en un guerrier moderne motorisé et technicien, vêtu d'une manière commode et confortable. Ne cherchez pas à quoi ressemblait son uniforme, c'était celui de l'armée américaine. De son côté, la 13e Demi-brigade portait l'uniforme britannique, mais un peu plus tard elle devait venir, elle aussi, à l'uniforme américain. Il faut en prendre notre parti, ce ne sont pas les habilleurs de l'armée française qui ont eu l'idée de nouveautés aussi fonctionnelles que le battle-dress, le tropical-dress, l'imperméable de troupe et la chemise-sans-rien-par-dessus. Ces nouveautés eussent été utiles dès 1914.

Le régiment de marche et le 1er Étranger de cavalerie s'embarquèrent à Oran dans la deuxième quinzaine de septembre 1944, destination Marseille.

La 13e Demi-Brigade se trouvait alors déjà en France. Elle faisait même déjà figure d'acteur chevronné du théâtre militaire européen. Après avoir attaqué Rommel par l'Est en Tunisie, après avoir reçu du matériel américain et s'être appliquée, elle aussi, à s'instruire à fond de son usage, la glorieuse rescapée de Bir-Hakeim avait été embarquée le 13 avril 1944 pour l'Italie.

L'Italie. Ma conviction est qu'il faudrait plusieurs volumes, et préalablement une enquête historique immense et infiniment patiente, pour reconstituer l'aventure militaire et humaine peut-être sans précédent qu'a été la conquête de cette péninsule par les Alliés. Les bombardements aériens dévastateurs, les orphelins errant dans les ruines, puis recueillis, soignés et nourris par les envahisseurs. L'imbroglio politique, le vide militaire italien, l'acharnée et efficace résistance allemande. Les combats dans les montagnes, la *démotorisation* de deux divisions américaines et le recours aux mulets, la création, dans cette armée supertechnique, d'une spécialité nouvelle : muletier. Les déserteurs allemands et les déserteurs alliés installés dans des villages perdus, parfois y vivant des semaines côte à côte. Le front stabilisé et le forcement de la ligne « Gustave » et de la ligne « Hitler » après une action à base d'artillerie du plus pur style 1917-18. Rome ville ouverte et l'avance au-delà vers le Nord avec tout le contexte de pillage, de viols, de prostitution, de marché noir à une échelle jamais vue, Noirs de l'armée américaine fauchant et bazardant par camions entiers, réserves de femmes captives ou consentantes dans des *off limits* où la Military Police n'osait même pas s'aventurer. L'Italie a été alors la plus grande jungle morale du monde et les légionnaires ont traversé cette jungle, et certains s'en souviennent encore avec nostalgie.

A peu près au terme de l'effarante remontée, un épisode à la Dumas. A Radicofani, en Toscane, sur un piton, un château Renaissance aux murs épais, occupé par une compagnie allemande ; à son pied, trois chars Panther. Tandis qu'un parti de légionnaires attaque les chars, un sous-lieutenant et six légionnaires, grimpeurs d'élite, escaladent le rocher par derrière, attaquant les défenseurs à revers à la grenade ; la garnison se rend.

Incorporée, à la 1re armée française avec le corps expéditionnaire d'Italie, la 13e Demi-Brigade avait ensuite débarqué, le 13 août 1944 à Cavalaire, retrouvant le sol français après quatre ans de combats sur trois continents. La progression — Toulon, Avignon, les Cévennes, Lyon, Autun — avait été plus laborieuse à mesure qu'on s'élevait en latitude. Et soudain, à Gray, Haute-Saône, imprévu : un bataillon allemand qui tout entier parlait russe. Ses officiers disaient : « Nous avons réussi à échapper aux Allemands ». A l'époque on rencontrait ici et là en France de ces unités exotiques, ex-enrôlés de force, vestiges du Grand Reich. Jusqu'à des Mongols qui erraient lamentablement dans les campagnes, cherchant à qui se rendre. Le bataillon ukrainien fut enrôlé en bloc et séance tenante dans la 13e Demi-Brigade — formée, tout à fait à l'origine, pour aller combattre les Russes ! La 13e Demi-Brigade ainsi grossie devait un peu plus tard rejoindre, du côté de Belfort, le régiment de marche venu de Bel-Abbès.

Les légionnaires de ce régiment, accueillis sur la côte libérée avec d'autant plus de chaleur que c'en était fini des bombardements, des combats, avaient d'abord été en quelque sorte aspirés dans le sillage des libérateurs. Des cimetières de blindés allemands jalonnaient le parcours ; aux étapes, des prisonniers pour toutes les corvées. « C'est du gâteau. » L'air changea du côté de Belfort. Le Régiment de marche reçut son baptême du feu à Cens-la-Ville, premier village où il se heurta aux Allemands, et qu'il libéra.

Les légionnaires du Régiment de marche ainsi que ceux de la 13e Demi-Brigade, ainsi que ceux du 1er Étranger de cavalerie portaient maintenant les tenues de l'armée des États-Unis et, en opération, le casque. Il fallait de bons yeux pour repérer l'écusson distinctif cousu sur la manche gauche « entre le coude et l'épaule ». La Légion était numériquement minuscule dans l'énorme machine qui progressait irrésistiblement vers l'Est et que seule la contre-offensive de von Rundstedt dans les Ardennes (15-24 décembre 1944) devait arrêter un instant. On cherche, dans ce grand mouvement, dans cette marée, à voir jusqu'à quel point la petite armée de métier venue de Bel-Abbès, si longtemps éloignée de la guerre motorisée, s'y est adaptée. Et l'on constate que non seulement elle est à la hauteur, mais qu'elle se distingue. La libération de Montbéliard par un temps affreux, dans la boue, sous la pluie glaciale, est un modèle de progression tactique. « Le rougeoiement des chars achevant de brûler, a écrit le général de Lattre, éclaire les silhouettes des légionnaires qui, méthodiques, avancent irrésistiblement, entre les rafales ennemies, et, à coups de grenades, conquièrent une à une, avec le calme des soldats connaissant leur métier, les maisons de la grand-rue... » Dix jours plus tard, au Puix-Delle, la surprise ayant joué, c'est à bord de véhicules lancés à pleine vitesse et tirant en marche que la Légion attaque ; les chars Panther n'ont même pas le temps de démarrer. On trouve vingt exemples d'actions variées avec la même opportunité au cours de la campagne de libération de l'Alsace. Quand le général de Lattre entreprit de liquider « la poche de Colmar », dont l'existence agaçait tant Eisenhower, le Régiment de marche et la 13e Demi-Brigade combattirent ensemble, la Légion était réunie. Les hommes qui avaient dit oui au général de Gaulle après la Finlande, en 1940, et ceux qui avaient voulu rentrer au Maroc, ceux qui n'avaient pas quitté l'Afrique, ceux qui avaient été un instant, malgré eux, des frères ennemis en Syrie, tous ces légionnaires maintenant combattaient côte à côte, fondus dans le creuset le plus puissant du monde, la Légion.

L'attaque commença le 20 janvier entre Thann et Mulhouse, par très mauvais temps, froid glacial. Pendant une semaine, les troupes françaises progressèrent avec difficulté sur un terrain tout à fait incommode de forêts, de cités ouvrières et de mines de potasse. Les Alliés n'avaient pas prêté un seul avion. Les combats ressemblaient davantage à ceux de 14-18 qu'aux opérations super-motorisés anglo-américaines.

— Nous sommes passés quelques jours plus tard dans le secteur où s'était battue la Légion, m'a dit un officier de réserve mobilisé à cette époque dans un état-major. Nous avons trouvé des groupes de cadavres hallucinants. Gelés, crispés sur leurs armes, figés dans un combat qui semblait se poursuivre dans l'au-delà.

Colmar libérée se tapissa de drapeaux — une fois relevés les blessés et les morts. Le premier char entrant dans la ville avait été un char de la Légion ; sur sa plage arrière, les quatre hommes de protection, tués. Sept cents légionnaires en tout étaient capables de se tenir debout pour participer aux festivités.

La 13e Demi-Brigade tirait là ses dernières cartouches, terminait sa geste, tandis que le Régiment de marche allait pénétrer en Allemagne, jusqu'au Danube et au-delà. Le franchissement de la ligne Siegfried (général de Vernejoul : « Si les chars ne peuvent plus avancer, envoyez la Légion ! »), la traversée de la Forêt Noire, la prise de Stuttgart, celle de Weil im Schönbuch ne ressemblèrent en rien aux étapes d'un voyage touristique et coûtèrent encore des vies humaines. La suite non plus n'était pas touristique, à cause des ruines épouvantables, des cadavres dans les ruines, des vivants terrifiés. Mais il n'y avait plus de front, plus de résistance véritable. Du 1er au 20 avril, les Alliés avaient fait 900 000 prisonniers dont 40 généraux. L'avance était un raid. Le 1er bataillon du Régiment de marche s'arrêta au col de l'Arlberg, en Autriche, le 6 mai, au soir, à la veille de la cessation des hostilités.

Revoyant encore une fois en esprit ce film des combats de la Légion en Europe pendant la Seconde Guerre mondiale, j'arrête un instant son déroulement, quelques mois avant le cessez-le-feu. Pour choisir une image qui n'est pas une image de bataille, mais qui appartient en propre à la Légion et qui l'honore, qui fait un instant oublier la dégradation essentielle inhérente à la guerre.

C'est en novembre 1945, sur une route alsacienne, près de Soppe-le-Haut, Haut-Rhin. A droite et à gauche de la route, une bande de tissu blanc : elle indique que la route vient d'être déminée, mais elle seule, et qu'il y a danger de mort à franchir la bande blanche. Au-delà d'elle, à dix mètres, autour d'une petite charrette en morceaux, gisent plusieurs cadavres allemands. Ces hommes ont été pris sous le feu alors qu'ils posaient des mines, ils ont tous sauté.

Arrive un *half-track* sanitaire, roulant très lentement. Au soir d'un combat, la Légion relève ses blessés et ses morts. Coup d'œil au passage sur les cadavres allemands.

— Sergent, il y en a un qui vit ! s'écrie le légionnaire Vanost. Il bouge.

— Et après ? C'est miné. Interdiction de franchir.

Déjà Vanost a sauté, il bondit par-dessus la bande blanche. Du *half-track*, le sergent et les autres lui crient de revenir, lui crient qu'il est fou, le traitent de con. Puis, silence de mort. Vanost marche jusqu'au groupe macabre, en tire le blessé, revient. Repasse la ligne blanche. Tous — le sergent, Vanost, les autres — ont le visage plutôt pâle et transpirent, malgré le froid. Le sergent hausse les épaules.

— Et alors ? demande Vanost. C'est un homme, non ?

11

CRUEL ADIEU

En 1948, la 13e Demi-Brigade de la Légion étrangère tenait un grand nombre de petits postes dans la plaine des Joncs. La plaine des Joncs, qui s'étend au sud-ouest de Saïgon, est un immense marécage très pittoresque où la végétation prolifère et où l'organisme européen dépérit. On découvre à perte de vue les arbres amphibies luxuriants et les diguettes des rizières.

A quelques détails près, les petits postes se ressemblaient tous. Non loin d'un arroyo, une enceinte de rondins, au milieu le mirador, surmonté d'un drapeau français. Aux angles, les blockhaus de pierres et de bambous contenant les mitrailleuses. Pas de ciment ni de barbelés, le commandement du Corps expéditionnaire se disait trop pauvre pour doter les petits postes de ces matériaux de luxe. Des bambous durcis au feu remplaçaient les barbelés. Dans cette région, de 1946 à 1951, les Viets n'avaient pas d'armes lourdes et les rondins suffisaient pour encaisser les coups de bazookas.

Chaque poste tenu par la Légion était commandé par un lieutenant ou par un sergent. La routine légionnaire — 6 heures réveil, 6 h 45, rassemblement, etc. ; instruction tactique, cours de français, entretien du matériel, patrouilles à l'extérieur — s'y déroulait de l'aube à la nuit, avec les aménagements imposés par le pays et les circonstances. Le bruit courait à Bel-Abbès et même à Hanoï que ces aménagements allaient souvent très loin ; que les types des petits postes étaient des planqués, des satrapes qui se tapaient la cloche et se farcissaient les congaïs. Des officiers disaient que les légionnaires revenaient pourris, paresseux et alcooliques des petits postes. Cela avait été vrai en partie et un temps, entre l'évacuation des Japs et le début de la guérilla viet, mais depuis le tableau avait changé. Il devenait chaque jour moins édénique, surtout en Cochinchine, surtout dans cette plaine des Joncs imbibée, saturée, où le degré hygrométrique était tel que l'humidité de l'air et la transpiration se mêlaient sur les torses nus.

La bière et l'apéro il est vrai jamais ne manquaient, ni la nourriture abondante et bien préparée, ainsi le voulait la tradition de la Légion. La tradition de cette petite armée de métier jamais rebutée par aucune difficulté, acceptant quand il le fallait l'inconfort le plus épuisant, acceptant sans murmure les pires missions de sacrifice, mais exigeante sur la table et le confort dès que s'apercevait la moindre possibilité, pour le commandement, de satisfaire cette exigence.

Des officiers d'autres armes m'ont dit avoir remarqué avec surprise, voire avec indignation, en Indochine, dans le chargement de camions en partance vers des postes quasi encerclés, des objets apparemment aussi peu indispensables que des tables de nuit.

— C'est pour tel poste, tenu par la Légion, disait imperturbablement le conducteur.

Le camion était un camion de la Légion, les tables de nuit avaient été payées par la Légion, la Légion accordait ce qu'elle jugeait bon à ses légionnaires et nul n'avait rien à y voir.

Non loin du petit poste sur la plaine des Joncs, toujours au bord d'un arroyo, lui aussi, s'étendait le village « rallié », protégé par le poste, protégé contre quoi, on aurait pu se le demander, tant tout paraissait paisible. Un joli décor pour un film exotique, voilà ce qu'on aurait dit. Les aériennes passerelles de bambous s'élançaient au-dessus des sampans, des palmes ombrageaient les paillotes. Autour, les rizières. Les villageois n'avaient pas l'air triste. Cependant, ils ne pouvaient ignorer ce qui s'était déjà produit dans d'autres villages qui avaient accepté la protection d'un poste français. Du bruit dans la nuit, quelques cris qu'on entendait sans oser bouger, le cœur battant, parfois même on n'entendait rien du tout ; et, au matin, plantés au milieu du village, une douzaine de pieux portant des têtes coupées. Ou bien toute une famille, hommes, femmes et enfants trouvés éventrés dans une paillote, ouverts comme des poissons qu'on vient de vider. Ou encore un notable du village découpé en morceaux très petits. La cruauté des Viets s'exerçait à l'égard des indigènes ralliés aussi méticuleusement que contre les Blancs. Puis, plus rien pendant des semaines.

La guerre d'Indo-Chine n'avait pas commencé par les petits postes. Le Corps expéditionnaire de la fin de 45 et du début de 46, celui du général Leclerc, avait conquis toutes les villes, grandes et moyennes. De là, chaque colonel lançait ses colonnes, comme au bon vieux temps. Les troupes partaient en camion, revenaient quelques jours plus tard. Résultat de cette stratégie, zéro. On croyait situer l'ennemi, on bombardait la zone où on l'imaginait, on donnait l'assaut : personne, l'ennemi s'était évaporé. Le lendemain, on apprenait que des exactions avaient été commises à quelques kilomètres de là.

C'était l'époque où se poursuivaient, puis échouaient, à Fontainebleau, les négociations avec Ho Chi Minh. Comme elles avaient échoué et que la guerre coloniale classique échouait aussi, il avait fallu trouver autre chose : les petits postes. Il s'agissait de protéger le pays conquis et ses habitants, les nha-qués (en langue militaire les *nyacks*), cultivateurs de la rizière contre les méchants résistants.

Les résistants de la première heure en Cochinchine n'avaient rien qui ressemblât à une armée. C'étaient des commandos, des bandes qui disposaient de réseaux d'espionnage, une Résistance, semblable dans sa structure à celles qu'on avait vu naître dans les pays d'Europe occupés par l'armée allemande au cours de la Seconde Guerre mondiale ; semblable à celle qu'on devait voir se constituer en Algérie.

Le chef et le héros de la Résistance Viet en Cochinchine était un nommé Nguyen Binh. Il avait été délégué dans le Sud par Ho Chi Minh.

On regrette de ne pouvoir s'arrêter longtemps sur un personnage comme Nguyen Binh, dont la personnalité et les aventures sont cent fois plus extraordinaires que celles de nombre de personnages célébrés dans les manuels d'Histoire. Ho Chi Minh lui-même auprès de lui paraît pâle.

S'il avait été communiste, Nguyen Binh (tel était en réalité le nom de son lieu de naissance ; son vrai nom est demeuré à jamais inconnu) serait peut-être devenu un autre Mao Tsé Tung. Or cet homme qui en Cochinchine joua la partie des Rouges avec une mæstria sans égale, jusqu'à la fin, refusa l'enrégimentement dans le Parti.

Ce personnage au corps trapu, à la tête carrée, prototype de l'Indo-Chinois moyen, d'une banalité physique absolue et dont la carrière avait été une carrière-type de révolutionnaire asiatique — blanchisseur à bord d'un paquebot des Messageries Maritimes, agitateur nationaliste à Saïgon et comme tel condamné, envoyé au bagne de Poulo-Condore, dès sa libération élève politique du Kuomintang à Canton, puis à Moscou ; instruit de toutes les méthodes et de tous les secrets de l'efficacité marxiste, soumis pendant des années au lavage de cerveau le plus constant et le plus perfectionné — ce Nguyen Binh avait été préservé du virus communiste par un autre virus chez lui invincible : le nationalisme. Quand il écrivait aux bourgeois et aux intellectuels de Saïgon : « Rejoignez-moi dans la Résistance. Je ne suis d'aucun parti, je suis au-dessus des partis, je me bats pour la Patrie », quand il écrivait cela, il était sincère.

Ho Chi Minh savait que Nguyen Binh n'était pas communiste, et c'était précisément pour cette raison qu'il l'avait envoyé en Cochinchine, où un communiste orthodoxe n'aurait peut-être pas réussi. Nguyen Binh, non communiste, allait donc mettre en œuvre en Cochinchine, finalement avec succès, toutes les méthodes de l'efficacité marxiste, y compris les plus inhumaines comme la liquidation immédiate de ses propres partisans, ou lieutenants, ou amis, devenus une seule minute coupables de moins de fanatisme, ou suspects du moindre doute sur l'issue de la lutte contre les Blancs. Nguyen Binh devait être l'un des chefs les plus brillants, les plus braves et les plus intelligents de la conquête rouge en Asie. Mais, non communiste, il ne pouvait être qu'un instrument ; son rôle terminé, il fut liquidé impitoyablement.

Nguyen Binh avait installé son P.C. dans la plaine des Joncs. Installé c'était beaucoup dire, et même ce mot ne convenait pas car il s'agissait à peine d'un campement. Une semaine ici, une semaine là, ou moins d'une semaine, d'une île à l'autre sur l'immense et spongieux marais, sur ces îles de terre ferme qui s'élevaient de quelques centimètres à peine au-dessus de l'étendue liquide ou fluide.

Le P.C. de Nguyen Binh ne consistait pas en deux ou trois cabanes, c'était un grand centre militaire et révolutionnaire comportant des camps d'instruction, des dépôts d'armes, des émetteurs de radio, des écoles. Toutes les constructions étaient en bambou, légères, démontables en mille petits morceaux et alors transportables sous le bras ou sur l'épaule. S'il le fallait, ce P.C. parfaitement organisé, centre de la toile d'araignée viet tendue sur la Cochinchine, s'il le fallait, cet organisme en quelques heures disparaissait, démonté, embarqué par deux ou trois mille fourmis jaunes à bord des sampans qui constamment glissaient sur la plaine aquatique ; et quelques heures ou un jour plus tard il était remonté un peu plus loin sur une autre île, et aussitôt recommençait à tisser sa toile.

En 1948, la Cochinchine était devenue, dans l'esprit des Français, l'enjeu principal de la guerre, parce qu'ils pensaient que sans ce grenier d'abondance, sans le riz et les piastres, Ho Chi Minh, tapi dans la jungle du Haut-Tonkin, ne pourrait survivre. En réalité, Ho Chi Minh recevait du riz et des piastres du delta tonkinois, à moins de cent kilomètres de son « quadrilatère ». Au cœur même des villes tenues par les Français le racket de la Résistance ramassait les piastres de tous les Indo-Chinois, complices terrifiés ; et, du delta tonkinois, montaient vers Ho Chi Minh, par les sentiers de jungle, les nha-qués destinés à devenir des soldats, l'argent, le ravitaillement.

La Cochinchine constituait cependant un véritable et considérable enjeu. C'était maintenant là, sur ce théâtre fertile et imbibé, que se produisait la confrontation essentielle de cette guerre, la concurrence entre ce qu'offrait la France — la paix, la prospérité, l'abondance à l'ombre d'un protectorat — et ce que voulait imposer Ho Chi Minh : d'abord l'indépendance, fût-ce au prix de terribles malheurs. Les Français reprenaient un vieux mot de la conquête coloniale : pacifier. Il s'agissait de convaincre les laborieux nha-qués que, miser sur les Français, c'était jouer la bonne carte. Et de les convaincre vite, avant que la propagande, la peur et la contrainte ne fissent basculer les populations du mauvais côté.

La Légion avait coopéré ou coopérait à cet effort de pacification en Cochinchine ; le 3e Étranger, qui ensuite monta au Tonkin ; la 13e Demi-Brigade ; deux escadrons du 1er Étranger de cavalerie.

— La Légion était par tradition le corps le mieux préparé à ce genre de travail, m'a dit un officier légionnaire. C'était du même ordre que la « tache d'huile » de Lyautey au Maroc. Se montrer juste sans défaillance avec les ralliés et les partisans, séduire les populations autour du poste, leur inspirer confiance et respect. Tenir de grands espaces avec des effectifs minimes, presque uniquement composés de supplétifs. Un tour de force, quand on y réfléchit.

« Un poste s'installait, c'était toujours au milieu d'une zone de méfiance, pour le moins. Le chef de poste, souvent un sergent, allait voir les notables du village. Des gens âgés auprès de qui le sergent était un galopin, des gens qui n'étaient nullement des primitifs, au contraire socialement plutôt trop civilisés, ligotés de mille conventions, s'exprimant par proverbes vieux de trois mille ans, pesant cent fois le pour et le contre. Et c'était ces gens-là qu'il fallait convaincre alors qu'en se déclarant pour les Français, en acceptant de fournir des supplétifs, ils jouaient leur tête et celle de leurs administrés. Certains ont joué le double jeu et ont trahi, surtout à partir d'un certain moment, mais il est stupéfiant que tant aient marché avec nous... »

La vérité oblige à dire que des sous-officiers non légionnaires montrèrent le même génie diplomatique. Des caporaux de vingt-deux ans, chefs de poste investis d'une autorité qui devait ressembler à celle de certains petits barons de notre Moyen Age, réussirent d'une manière surprenante ; manifestèrent une psychologie jamais atteinte par nombre d'officiers supérieurs (on n'ose pas dire : d'officiers généraux) blanchis dans le vieux cadre des règlements et des choses prévues. Des possibilités immenses existent chez beaucoup. Je ne crois pas, comme Quinton, que la guerre toujours fait épanouir les meilleures, mais là, dans cette forme de conquête, au début du moins, c'était le cas.

Les chefs des postes de la plaine des Joncs régnaient sur un paysage de mensonge, que les Viets chaque jour truquaient un peu plus, piégeaient, infestaient. Ces héritiers d'une ancienne civilisation n'avaient pas oublié, ou avaient vite réappris, le mimétisme, les ruses et la patience des primitifs et des animaux de proie. Même hors de la dense végétation, nulle patrouille n'était jamais en sécurité. De la boue d'une rizière, de la surface morte d'un étang fusaient soudain des rafales. A l'extrémité d'une très longue ficelle, le doigt d'un homme aplati à terre immobile depuis des heures bougeait d'un centimètre : une mine sautait. Au milieu du chemin le moins inquiétant, déjà cent fois parcouru, un homme soudain mettait le pied dans un trou invisible, se crevait le pied ou s'empalait sur des bambous, sur des couteaux.

Qu'eussent fait des recrues du contingent contre ce génie du meurtre, quel pourcentage de pertes ? Des soldats envoyés là-bas, les légionnaires s'en tirèrent le mieux, non seulement à cause de leur expérience « coloniale », d'autres corps la possédaient aussi, mais parce que la Légion est, depuis la Seconde Guerre mondiale, la troupe terrestre où la formation tactique est la plus poussée. Même sur un théâtre aussi particulier et aussi piégé que l'Indochine, le légionnaire ayant assimilé son instruction devait très vite s'adapter et former son expérience. Cela n'empêchera pas de terribles surprises. Mais les légionnaires surent aussi attaquer et détruire dans cette guerre de Peaux-Rouges. Eux aussi surent nager sous l'eau, une main seule émergeant pour tenir la mitraillette ou la pièce de mortier. La 13e Demi-Brigade ayant su qu'un meeting viet devait se tenir au bord de la rivière de Saïgon, les légionnaires s'enfoncèrent dans la jungle, souples et silencieux comme des tigres, et se ruèrent soudain : trois cents Viets liquidés d'un coup, au fusil et à la grenade.

Des officiers ou des gradés légionnaires du Renseignement, prenant des risques énormes, préparèrent des opérations en pénétrant jusqu'au milieu de camps militaires ennemis, cachés sous des légumes, dans des charrettes ou dans des sampans conduits par des partisans qui jouaient les pauvres nha-qués inoffensifs. Ils furent rarement trahis.

A trois kilomètres de Hoc Mon (4 km au nord-ouest de Saïgon) s'élevait une surprenante construction, non point en bambou, mais un château de briques, un véritable quartier qu'auraient envié bien des unités britanniques de l'armée des Indes : le quartier de la 13e Demi-Brigade. Entièrement construit et aménagé par la Légion, murs, plomberie, meubles. Le château de briques de la Légion était une centrale d'où partaient vers les petits postes les ordres, les effectifs de relève, les armes, les approvisionnements.

Juste en face ou en tout cas tout près, dans les mêmes environs d'Huc Mon existait la réplique viet de cette centrale : le *chidoï* 12. A l'époque, chaque, poste militaire français grand ou petit avait ainsi en face de lui ou à côté de lui, comme une ombre ennemie, un chidoï, plus ou moins important. Non pas construit en dur ni même en rondins, mais un rassemblement camouflé de constructions de bambous, légères, démontables, escamotables comme le P.C. de Nguyen Binh déjà évoqué, et tout aussi mobile.

Le Chidoï 12 qui doublait le quartier de la 13e Demi-Brigade rassemblait un effectif de deux mille personnes, et, toutes les quatre ou cinq nuits, il changeait de place. Invisible de jour même à qui passait en son plein milieu car, de jour, tout son effectif était transformé en paisibles nha-qués vaquant aux travaux champêtres. La nuit, le chidoï, armé, devenait « opérationnel ».

Le Chidoï 12, le plus important de la région, tirait en outre sa notoriété du fait qu'une femme le commandait : By-Ho-Thi-Hao, dite Thibé, trente ans, petite et grasse, ex-domestique devenue une championne du fanatisme marxiste. De son chidoï, Thibé avait fait un séminaire en même temps qu'un centre de guérilla. Les nha-qués enrégimentés dans ses troupes, lorsqu'ils ne combattaient pas, lorsqu'ils ne s'entraînaient pas, lorsqu'ils n'espionnaient pas, lorsqu'ils ne se livraient pas aux visibles travaux agricoles qui constituaient leur alibi, apprenaient par cœur une sorte de catéchisme communiste et suivaient des cours d'autocritique. Aux combattants légionnaires expérimentés, difficiles à surprendre, Thibé entendait opposer une petite masse d'hommes absolument conditionnés pour qui la vie ne comptait pas. Article 1er du règlement, la tête coupée à tout nha-qué qui n'avait pas appris à lire en six mois. La tête coupée était en fait la seule punition, pour le moindre manquement.

Les notables des villages qui avaient reçu ou qui allaient recevoir la visite des chefs de poste pacificateurs recevaient aussi celle de Thibé ou de ses émissaires, dont l'argumentation était simple : le moindre soupçon de collaboration avec les Français condamnait à mort.

Thibé, toujours vêtue de l'uniforme des guérilleros viets, ne se déplaçait qu'entourée d'une garde personnelle composée, non de Jaunes, mais de Blancs. Des légionnaires déserteurs. J'ai déjà dit, non pour excuser, mais pour expliquer, que la désertion n'avait pas, aux yeux de nombre de légionnaires, le même caractère que pour un militaire de l'armée régulière française. Le légionnaire déserteur avait conscience de rompre unilatéralement un contrat, mais non de trahir une patrie.

Les officiers de Renseignements de la 13e Demi-Brigade savaient qu'une quinzaine de déserteurs, Français ou Allemands, servaient au Chidoï 12. Quelques-uns s'étaient décidés par conviction politique, les autres pour de l'argent, les autres pour une femme, d'autres encore par une sorte de dévoiement de l'esprit d'aventure ; ils se voyaient devenir des grands chefs, des satrapes et c'était bien là ce que leur représentaient leurs tentateurs ou tentatrices. En réalité, tous finissaient misérablement, épuisés par l'épouvantable *way of life* des Viets pour qui le matériel humain comptait moins que, par exemple, les armes, car c'était avant tout pour obtenir des armes que s'exerçait la séduction.

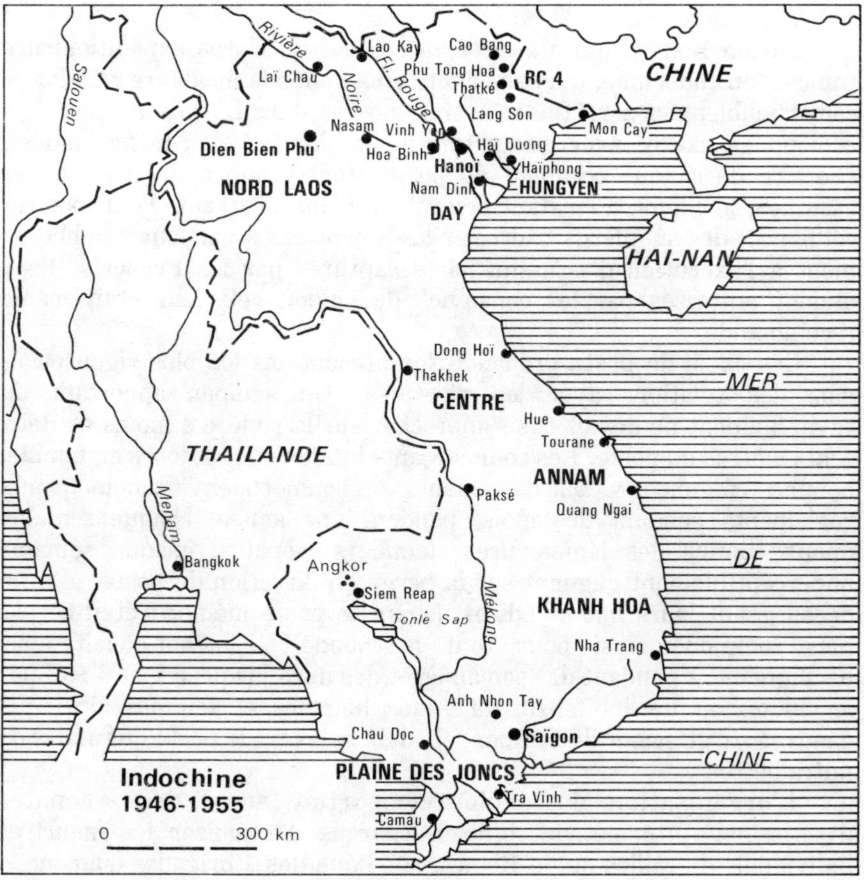

Indochine
1946-1955

Nombre de légionnaires déserteurs périssaient tués par leurs ex-copains, qui ne pardonnaient pas. Ceux-ci ne les condamnaient point au nom d'une morale patriotique, mais parce que, trahissant la Légion, les déserteurs devenaient des ennemis mortels et personnels à abattre dans le plus bref délai. Tout était mis en œuvre pour s'emparer d'eux et la chasse aux déserteurs devint de plus en plus féroce, pour une raison très simple : la pacification ne réussissait pas. Les pacificateurs n'étaient pas assez nombreux, le terrorisme fanatique des Viets courbait les nha-qués.

Chaque petit poste devint comme une île assiégée. De jour, l'assiégeant demeurait invisible, on aurait dit que rien n'était changé, que simplement s'écoulait l'interminable durée asiatique, dans le lent rythme des saisons et des travaux agricoles. Mais chaque chef de poste savait maintenant que chacun des événements du poste, chacun de ses gestes personnels étaient observés, rapportés, notés au chidoï. Les yeux et les oreilles espions pouvaient être à l'extérieur, cachés dans la végétation, dans les branches d'un arbre, ou se trouver dans le poste même. L'espion était peut-être l'interprète, ou la congaï, ou l'un des supplétifs, ou le grand-père nha-qué marchand de légumes, courbé par les ans.

Lucien Bodard qui a assisté au combat du Corps expéditionnaire français en Indochine, qui sans doute en a donné la meilleure relation, a remarquablement parlé (entre autres choses), dans *L'Enlisement*, de cet espionnage exercé avec une patience sans limite et au terme duquel, l'horaire de chaque occupant du poste étant connu et les complicités assurées, le chidoï, à l'instant favorable, donnait l'assaut. Pour inspirer confiance, des supplétifs traîtres n'hésitaient pas à participer publiquement à l'exécution d'assassins viets capturés par les Français. Ils y étaient autorisés par les consignes du chidoï, cela leur était même recommandé.

Les chefs de poste prenaient les précautions les plus rigoureuses dans les relations avec les nha-qués. Un sampan apportant du ravitaillement ne devait pas s'approcher sur la rivière à moins de deux cents mètres du poste. Les commerçants inoffensifs, toujours en famille, hommes, femmes, vieillards, enfants, se soumettaient docilement aux règlements pendant des mois, pendant une année, chaque semaine mieux connus des légionnaires, familiers, copains, chaque semaine imperceptiblement gagnant sur la berge en direction du poste, à la fin déchargeant leurs marchandises devant le poste même, n'était-ce pas plus commode ainsi pour tout le monde ? Et tout allait ainsi pacifiquement pendant des semaines et des mois jusqu'au jour J fixé par le chidoï, où les inoffensifs nha-qués hommes et femmes ainsi que d'autres surgissaient du sampan, soudain balayant le poste de rafales de mitraillettes.

L'organisation du chidoï comportait aussi des « comités d'assassinat », terme viet officiel, chargés d'organiser les meurtres individuels de ralliés ou de Blancs, ainsi que des « brigades d'amour », terme viet officiel, qui recrutaient et instruisaient les sirènes chargées d'attirer l'ennemi vers la trahison ou vers la mort, depuis l'humble congaï destinée au caporal-chef de poste jusqu'à la fleur de beauté et de distinction qu'on jetterait au visage d'un officier supérieur. On imagine mal quelle forme de guerre eût été efficace contre une mobilisation aussi totale. La plaine des Joncs devint un immense piège où chaque pas d'homme à pied, chaque tour de roue de véhicule était une sorte de pile ou face avec la mort. Le colonel de Sairigné fut tué dans sa jeep à la tête d'un convoi sur la route de Saïgon à Dalat le 14 mars 1948. Cité trois fois à l'ordre de l'armée, Sairigné était comme un astre brillant au sein de la 13e Demi-brigade avec laquelle il avait combattu à Narvik, en Érythrée, à Bir-Hakeim, en Tunisie, en Alsace. La balle qui l'abattit avait peut-être été tirée par un de ces combattants-robots formés dans les chidoïs.

Le poste de la dernière chance, en Cochinchine, a été le poste légionnaire de Camau, tout à fait dans la pointe Sud, à l'extrémité de la route coloniale 16, ou R.C. 16, à 500 kilomètres de Saïgon.

Au-delà de Soc Trang, la R.C. 16 s'enfonçait dans un univers de cauchemar. A la sylve tropicale inondée, obscure, succédait une immensité spongieuse d'une désolation inhumaine. Sur plus d'un kilomètre de chaque côté de la route, tout avait été rasé, toute vie animale ou végétale absolument détruite, rendue impossible. Ce ravage, œuvre des Français, avait été le seul moyen de réduire les risques d'embuscade. La route, misérable piste de terre, traversait interminablement cette désolation d'arbres abattus, de plaques de végétation calcinée. Les villages, le long de la route, avaient été démontés, transportés hors de cette zone de destruction — et ensuite souvent détruits par les Viets, qui reprochaient aux habitants de s'être prêtés à ce transfert. Les seuls objets s'offrant au regard étaient les petits postes militaires et les blockhaus jalonnant la route.

Au-delà de Bac Lieu (50 kilomètres au sud de Soc Trang), le paysage devenait presque irréel, de chaque côté de la route une étendue clapotante d'eau rougeâtre. Camau s'élevait à l'extrémité de ce tronçon, au-delà d'une autre étendue de forêt inondée sombre comme un tunnel. Camau avait été une jolie et prospère petite ville coloniale de la Cochinchine, mais les légionnaires du poste n'avaient jamais connu cet aspect. En arrivant ils n'avaient trouvé que ruines et deuil, tout sauvagement détruit par les Viets, et une puanteur de cadavres. Les légionnaires ne s'étaient pas demandé quel était l'intérêt stratégique de cette ruine du bout du monde, ils avaient exécuté les ordres.

Les Viets étaient là à l'entour, bombardant avec des mortiers, canardant du haut des arbres, livrant chaque nuit des assauts. Les légionnaires, retranchés dans un quadrilatère délimité par des canaux, avaient construit un poste en dur, une espèce de citadelle. Il avait fallu organiser des commandos pour aller chercher des pierres dans les ruines ; il avait fallu, pour obtenir de l'eau potable, déboucher un puits artésien que les Viets avaient rempli de terre, de cailloux et de mines.

Ensuite, la R.C. 16 avait été coupée. Les légionnaires de Camau avaient appris la nouvelle par la radio, puis la radio leur apprenait chaque jour que les Viets tenaient encore tel et tel point, les convois ne passaient pas. Et la route était restée coupée six mois.

Le commandement du Corps expéditionnaire savait par radio que Camau tenait toujours, que les légionnaires n'étaient pas tous morts. La nourriture avait été réduite à un bol de riz par jour. De temps en temps, des commandos de ravitaillement, ou plutôt de chasse, étaient organisés, mais quel gibier atteindre sur le marécage immense ? Les oiseaux s'envolaient loin, et les Viets, eux, n'étaient jamais loin. Naufragés sur une île entourée de requins, telle était la situation des légionnaires. Une fois, un buffle fut tué, quelle ripaille ! Mais l'exploit ne put être recommencé, les Viets pressant de plus en plus fort. Ils prenaient leur temps, assurés de voir tomber leur proie. Dans leur citadelle, au milieu des ruines, les légionnaires avaient des visages de spectres. L'infirmerie était pleine de blessés et de paludéens, et plus de médicaments.

Jour et nuit, à intervalles, la voix des haut-parleurs viets se faisait entendre : « Rendez-vous ! Vous ne serez pas secourus. Vous aurez la vie sauve si vous vous rendez.» Les assiégés répondaient en tirant dans la direction des voix. Mais ils n'avaient plus aucun espoir. Ils faisaient « Camerone », un Camerone interminable et comme fatal.

Puis, un jour, la radio de Saïgon annonça que la route était rouverte. Une colonne de dégagement allait arriver, et du ravitaillement. Lucien Bodard a vu ces hommes, il a raconté leur calvaire et leur joie après la délivrance et — j'avoue que c'est peut-être ce que je trouve le plus extraordinaire dans cet épisode du poste de la dernière chance — il a dit avec quelle égalité d'humeur ces hommes avaient ensuite continué à monter leur faction dans leur ruine du bout du monde.

Les Viets étaient toujours là tout autour dans le désespérant paysage, tirant, tiraillant, bombardant, de temps en temps livrant assaut. Les légionnaires trouvaient que le pire était passé et que tout n'allait pas si mal. Ils recevaient du ravitaillement, de la bière. « Un poste comme les autres » disaient-ils. On pouvait déjà deviner que, comme les autres, vestige héroïque, il ne servirait à rien. Tous les postes français de Cochinchine allaient être de plus en plus isolés au milieu d'un Viet Minh de plus en plus puissant en hommes et en armes lourdes.

— Il y a tout de même encore eu de bons moments en Cochinchine, m'a dit un sergent du 1er Étranger de cavalerie. Moi, je suis arrivé en Indo en 47 et j'ai fait partie d'un des deux escadrons affectés à la Cochinchine, justement. Nous avons briqué la plaine des Joncs dans tous les sens. L'escorte des convois, les ouvertures de route, ce n'était pas du gâteau, surtout à cause des mines, et surtout c'était monotone. Mais en 49, nous avons reçu des Crabes et des Alligators et j'ai été versé dans le 1er Groupement amphibie. Alors là il y a eu du sport. Les Nyacks ont commencé à voltiger. Nous n'étions plus obligés de quitter nos véhicules pour surprendre les Nyacks ou pour les poursuivre, nous foncions dans le marécage, nous filions sur les arroyos et dans les canaux de drainage, des fois c'était une espèce de chasse à courre...

Les Crabes et les Alligators étaient des engins de débarquement américains, armés de mitrailleuses et de mortiers. Les Alligators étaient blindés ; les Crabes, plus petits, ne l'étaient pas. On pouvait transporter les Crabes sur des camions, ce qui permettait de déclencher des opérations rapides.

En remontant la rivière de Saïgon, on atteint la forêt d'An Hoa, autre jungle spongieuse traversée de canaux, de fossés d'eau innombrables, de ruisseaux. Un chidoï y trouvait refuge, ne prenant même pas la peine de se déplacer. Des guetteurs surveillaient la rivière, seule voie d'accès et, aussi souvent que les légionnaires avaient atteint le camp, ils l'avaient trouvé vide. Les Viets s'étaient fondus dans le labyrinthe de la sylve.

— Il faut y aller autrement que par la rivière, déclara l'officier de Renseignement du 1er bataillon de la 13e Demi-Brigade. Il faut y aller par la forêt. Je ne prendrai que dix hommes avec moi. Plus nombreux, nous serions vus.

L'officier et les dix hommes, déguisés en nha-qués, pénétrèrent dans la forêt de nuit et ils marchèrent toute la nuit, portant leurs armes automatiques camouflées en fardeaux de paysans. La forêt était piégée et l'entreprise ne pouvait réussir qu'avec un minimum de chance. Ces dix hommes et cet officier eurent cette chance.

Au jour, ils eurent devant les yeux le spectacle si rarement observé par des soldats européens : les paillotes du camp viet. Tout dormait encore, hormis quelques sentinelles, minces et sombres silhouettes qui semblaient flotter dans le brouillard. Le camp était installé sur une sorte de presqu'île délimitée par des bras d'eau. Avec des précautions infinies, un centimètre après l'autre, les hommes du commando disposèrent leurs armes, puis ils attendirent. Ils s'étaient postés du côté opposé à la rivière, non loin de la sortie vers la forêt.

La lumière de l'aurore pénétrait lentement sous les arbres. Le camp commença à s'animer, d'autres silhouettes sortirent des paillotes, allant et venant, mais toujours dans un silence extraordinaire ; on aurait dit un camp de fantômes.

Soudain, des soldats viets s'immobilisèrent, il y eut quelques cris brefs. Puis les hommes du commando entendirent, eux aussi, le bruit de moteurs venant de la rivière. Les engins transportant le reste du bataillon arrivaient.

Les Viets crurent certainement qu'ils avaient, une fois de plus, le temps de filer assez tranquillement par la forêt. Sans précipitation, avec une grande précision de mouvement, ils rassemblèrent des armes, des objets qui devaient être précieux. Les hommes du commando, toujours tapis immobiles, virent arriver les premiers Viets chargés de ballots, droit sur eux. Ils lâchèrent leurs premières rafales à vingt mètres. Les rafales suivantes abattirent des rangées entières de Viets pétrifiés de stupéfaction. Pas un homme du chidoï n'avait imaginé que des Blancs pouvaient pénétrer dans la forêt d'An Hoa autrement que par la rivière.

Bloqués du côté de la forêt, les Viets refluèrent en désordre vers la rivière et se jetèrent sur les sections qui débarquaient. Le combat fut rude et dura plusieurs heures, chaque Viet luttant jusqu'à la mort sous les objurgations hurlées des commissaires politiques. Bien peu réussirent à filer par la forêt.

Deux cents très minces cadavres gisaient sur le sol spongieux, au milieu des paillotes incendiées, ainsi que toutes les armes et tout le matériel du chidoï. L'officier de renseignement du 1er bataillon de la 13e Demi-Brigade reçut la Légion d'honneur des mains du général commandant en chef. Ce fait d'armes s'était déroulé en janvier 1959. Au cours de cette année, deux bataillons de la 13e Demi-Brigade allaient monter au Tonkin rejoindre les unités de la Légion qui s'y trouvaient déjà. Depuis 1950, le Tonkin était devenu l'enjeu principal de la guerre. Changeons de décor.

D'un peu loin, on ne comprend pas comment les véhicules tiennent au flanc de la falaise, comment ils roulent sans dégringoler la pente fantastiquement abrupte, presque verticale. La route est une entaille minuscule, une rayure d'ongle dans l'immense falaise calcaire. En contrebas, au diable, au fond du gouffre, la rivière grondante aux eaux marron. Par instants les véhicules se suivent en procession, à un mètre l'un de l'autre : jeeps, automitrailleuses, half-tracks, camions militaires, camions civils de commerçants chinois et annamites. Certains de ces camions chinois sont indescriptibles, couverts de bambous comme des paillotes, décolorés, en loques, on dirait qu'ils ont mille ans.

Par instants, la route quitte la falaise, descend vers une cuvette. Au loin, à travers le moutonnement de la jungle parsemée de mamelons blanchâtres, on aperçoit des rizières. C'est de ces mamelons — blanchâtres ou non, certains sont boisés — que les Viets, de préférence, attaquent la route. C'est donc là qu'il a fallu construire des fortins. Les constructeurs sont les légionnaires du 3e Étranger d'Infanterie, montés au Tonkin en mars 47. Il y a plusieurs sortes de fortins, ou plutôt plusieurs séries de fortins identiques. La construction est différente de celle des postes de Cochinchine. Ici, pas de rondins, mais du béton, car les Viets disposent dans le secteur d'armes lourdes. Les parois des fortins sont percées d'étroites meurtrières.

Les légionnaires constructeurs, torse nu, travaillent méthodiquement, avec le minimum de paroles. De temps en temps un ordre aux manœuvres jaunes qui les aident, ce sont des « Pims », des prisonniers viets. Rien à craindre d'eux, d'abord parce qu'ils sont sans armes et surveillés, et ensuite parce que la plupart sont dévoués et loyaux, trouvant leur condition de prisonniers des Français cent fois préférable à celle de combattants viets. N'être pas exécutés sur place après leur capture leur a déjà paru un miracle. Ensuite, manger. Ne pas travailler au-delà de leurs forces.

A côté des légionnaires qui construisent le fortin, d'autres légionnaires, fusil-mitrailleur prêt à tirer, montent la garde. Ils tournent le dos à l'ouvrage, ou à la route, et regardent le paysage. Leur regard n'est pas celui de touristes, ou de flâneurs. Ces hommes silencieux scrutent. Leurs visages sont tannés comme ceux des vieux marins ; au coin des yeux, la même patte d'oie. Depuis des mois, tandis qu'ils montent la garde, ils entendent à longueur de journée le grondement des moteurs, ou les rares paroles de leurs copains constructeurs.

— Parpaings.

— Planches.

— Mortier.

— Barbelés.

— Plus de barbelés.

— Merde ! Merde ! Merde !

Plus de barbelés signifie qu'il va falloir tailler des bambous, constituer des obstacles avec des matériaux primitifs comme en Cochinchine. Alors que les ouvrages de la R.C. 4 sont en principe prioritaires. La route qui vient d'être sommairement décrite est la Route coloniale numéro quatre, autrement dit R.C. 4, déjà tristement célèbre.

La R.C. 4 a déjà coûté non seulement des dizaines de milliards et une quantité inestimable d'énergie mécanique et humaine, mais aussi des milliers de vies humaines. La R.C. 4 est le théâtre où se déroule le spectacle permanent embuscade-attaque de convoi-riposte-contre-attaque-attaque de fortin-colonne de secours-passage de convoi de vive force-période de calme-embuscade-attaque de convoi, etc. La R.C. 4 est un bagne de 250 kilomètres de long tenue par la troupe que le commandement supérieur estime la plus solide, la plus apte à n'importe quelle besogne et la moins capable de récriminer : la Légion.

Le 3e Étranger d'Infanterie a quitté en mars 1947 la plaine des Joncs, ses rizières, ses cocoteries, ses pêcheries, ses fleuves et ses rivières pour monter au Tonkin. Pour construire des postes. Poste du col des Ananas, au premier point vraiment dangereux de la route. Poste de That Ké, dans la cuvette après le col des Ananas. Poste de Dong Khé. Tous les fortins le long de la route. Du travail, de la dépense, du danger, des morts. De la sueur et du sang, comme dirait Churchill. Et le plus fort est que tout cela ne sert à rien. La R.C. 4 et tout ce qui l'entoure et la défend, tout cela, dès 1948, est inutile, monstrueusement déficitaire.

On voudrait éviter ici de raconter la guerre d'Indochine, tenter d'expliquer d'une manière simple. A la vérité, un coup d'œil sur une carte suffit. D'ailleurs, c'est en promenant son crayon sur la carte qu'un officier ancien combattant d'Indochine m'a expliqué.

— Voyez. La R.C. 4 partait d'ici, au nord de la baie d'Along. Non pas d'un point contrôlé par les Français, mais de Moncay, tout contre la frontière chinoise et où il fallait tout amener par mer à travers les rochers de la baie. Ensuite, la route longeait la frontière chinoise en traversant l'énorme morceau de jungle que tenait Ho Chi Minh. Et elle aboutissait à Cao Bang. Le commandement du Corps expéditionnaire défendait au prix fort la R.C. 4 à cause de Cao Bang. Cao Bang était, prétendait-on, un verrou, et qui le tenait empêchait la Chine de ravitailler Ho Chi Minh. Assertion ridicule. Le fameux verrou ne fermait rien. La Chine communiste, ou, à l'époque, en train de le devenir, offrait aux Viets, sur sa frontière, une zone-refuge analogue à ce que devaient être pour l'A.L.N. les zones frontières du Maroc et de l'Algérie.

« Vous vous rappelez peut-être que Cao Bang avait été conquise en 47, au terme de l'opération Léa, qui avait eu pour but de capturer Ho Chi Minh. Un raid de parachutistes avait été lancé sur Bac Kan, là, vous voyez, à l'Ouest de la R.C. 4, à soixante kilomètres au sud-ouest de Cao Bang. Une misérable bourgade de la brousse. L'oncle Ho s'y cachait, c'était vrai, le renseignement était bon, malheureusement les parachutistes sont arrivés une heure trop tard, il avait fichu le camp. A partir de ce moment, d'ailleurs, et presque jusqu'à Dien Bien Phu, il a pris des précautions extraordinaires, changeant de gîte chaque nuit, protégé par un bataillon entier. Plus question de le capturer. Le commandement a cependant considéré que l'opération Léa avait été un succès, parce que toutes les villes du Haut Tonkin, Lang Son, That Khé, Bac Kan, et surtout Cao Bang étaient tombées entre nos mains. De Cao Bang, les Viets n'avaient laissé qu'une ruine, des décombres fumants, pas une âme, pas un chat, l'endroit était sinistre. Le 3e Étranger a été chargé de reconstruire. Vous savez ce qu'il a fait ? »

Oui. Un an plus tard, à la place des ruines, il y avait une ville en dur, abritant vingt mille habitants, dont trois mille militaires. Tous ceux qui y ont vécu avant l'évacuation dramatique en ont gardé un souvenir inoubliable. Il y avait à Cao Bang des légionnaires, des tirailleurs, un tabor marocain, des supplétifs tonkinois. Plus la population civile qui vivait de cette garnison, de l'argent que ces militaires bien payés et sur qui pesait la perpétuelle menace de mort claquaient en quelques jours, parfois en une soirée. Il y avait des boutiques, des restaurants, des bistrots, des dancings, plusieurs bordels.

J'ai connu un gérant de station-service, ancien combattant d'Indochine, qui avait gardé de cette « sale guerre » un souvenir enivré. « C'était le bon temps », il me l'a dit en propres termes. Le sommet, ç'avait été Cao Bang. Les virées dans les bordels, les cuites, les bagarres. Nul alors ne songeait à un désastre ou n'y voulait songer. Tous les convois étaient attaqués sur la R.C. 4, beaucoup arrivaient à une extrémité ou à l'autre avec des blessés et des morts, mais Cao Bang, follement animée, tumultueuse, vivait intensément chaque minute de sa vie brûlante. Des militaires « protégeaient » des filles ou trafiquaient, faisant venir clandestinement des marchandises par les convois. Le soir, le champagne, du vrai champagne de grandes marques, coulait à flot dans le bistrot annamite de la mère Casse-Croûte. D'agiles mains jaunes ramassaient des fortunes.

Dans son P.C. mobile au milieu de la jungle, Ho Chi Minh buvait de l'eau et mangeait du riz. Donnait ses instructions aux techniciens, chaque jour plus nombreux, que lui envoyait Mao Tsé Tung. Entendait les rapports des émissaires arrivés du Delta tonkinois à travers la jungle : ils avaient cette semaine obtenu tant de sacs de riz, tant de piastres, enrôlé tant de nha-qués. L'oncle Ho écoutait impassiblement les chefs d'unités qui, après chaque opération un peu importante, venaient lui rendre compte. Tout compte rendu comportait une autocritique, c'était la règle.

De Cao Bang, une route s'éloigne vers l'Ouest en direction de Nguyen Binh, puis s'infléchit vers le Sud, c'est la R.C. 3. Le premier nom marqué sur la carte après celui de Nguyen Binh est celui de Phu Tong Hoa, à cent kilomètres de Cao Bang. Dans un paysage de collines boisées, au pied d'un mamelon, un pauvre village. Au sommet, un poste français, enceinte de madriers et de terre battue, un bastion à chaque angle ; autour des hérissons de barbelés affûtés. Quand on n'aperçoit pas l'antenne de radio à l'intérieur du poste, l'ensemble fait très archaïque, on pourrait se croire au temps de la Conquête. Nous sommes le dimanche 25 juillet 1948.

Sombre dimanche. Depuis le matin, il pleut sans cesse, et une brume d'humidité monte de la terre. Les sentinelles du poste observent les alentours à travers les meurtrières des bastions. On n'aperçoit personne, le village même paraît désert. Les cultures sont en friche car la peur règne.

C'est la Légion qui a construit le poste, c'est elle qui l'occupe : 3 officiers, 104 hommes et gradés.

Ni le capitaine Cardinal, ni ses officiers, ni ses légionnaires ne peuvent imaginer qu'une division entière viet, cinq mille hommes, se prépare à attaquer Phu Tong Hoa. Et surtout, personne au monde n'est alors capable d'imaginer ce qu'on apprendra plus tard, les conditions dans lesquelles a été préparée cette attaque.

Dans un coin de jungle inviolée du « quadrilatère », le commandement viet, informé par ses espions, a fait reconstituer le poste de Phu Tong Hoa *grandeur nature*. Et depuis des mois, la division désignée est entraînée à l'assaut. Les hommes de la première vague, ceux de la seconde, ceux de la troisième et ainsi de suite. Le commandement viet a prévu le pourcentage de morts et les futurs assaillants savent qu'ils ne doivent pas accorder la moindre attention à leurs morts et à leurs blessés, ils doivent passer dessus et chacun doit courir sur l'objectif qui lui a été attribué, courir tant qu'il ne tombe pas mort ou blessé. Il y a eu au moins cinquante répétitions, peut-être cent.

19 h 30. Le jour baisse, il pleut toujours. 19 h 31, plusieurs explosions.

— Aux postes de combat.

Quelques projectiles de mortier ont donné une sorte de coup d'envoi. Mais aussitôt, c'est tout autre chose, une canonnade furieuse et ininterrompue. Du 37 et du 75, les connaisseurs ne s'y trompent pas. Il est clair que, pour la première fois, les Viets disposent d'une véritable artillerie. Déjà les obus éventrent la muraille ouest et la porte du fort, les flammes et la fumée s'élèvent dans la grisaille pluvieuse. Au canon s'ajoutent les rafales d'armes automatiques.

La garnison riposte avec le sang-froid des vieilles troupes. On tire dans la direction des lueurs de départ des coups, sans gaspiller les munitions. A 19 h 45, le capitaine Cardinal tombe, atteint par un éclat. Le commandement passe au lieutenant Charlotton, une demi-heure de commandement : à 20 h 15, cet officier s'écroule à son tour. Le commandement passe au sous-lieutenant Bevalot, arrivé de France depuis quinze jours.

La cour du poste commence à offrir un spectacle aussi peu réconfortant que possible. Trente obus y sont tombés, creusant de grands trous, démolissant en partie les bâtiments. Un des bastions d'angle, atteint par plusieurs obus, s'est écroulé. Il pleut toujours.

Comme la nuit tombe, le tir cesse. D'abord se taisent les canons, puis les armes automatiques. Étrange silence. On entend seulement le grand murmure de cette lourde pluie sur la campagne et le clapotis de l'averse dans les trous et les flaques de la cour. On entend les voix des gradés donnant des ordres, les pas et les voix des hommes qui passent, portant des brancards. Le brouillard monte, et toujours la pluie. Le poste est plongé dans une extraordinaire densité humide, on dirait une épave abandonnée au bout du monde.

Et voici que dans la nuit, dans la pluie et le brouillard s'élève un mugissement plaintif, puis un autre, sur une autre note, puis d'autres. Les trompes. Certains légionnaires ont déjà entendu ces trompes d'Asie, d'autres non. Le sous-lieutenant Bévalot ne les a jamais entendues, mais il sait ce qu'elles ont signifié, soixante-quatre ans plus tôt, dans un paysage semblable du Tonkin, au cours de semblables nuits gorgées d'humidité. Les défenseurs de Tuyen Quang ont plusieurs fois entendu ces trompes. Chaque fois avant un assaut.

Encore une salve d'artillerie, tirée cette fois un peu au hasard dans la nuit, les projectiles s'éparpillent à l'entour du poste. Une seule salve. Et les légionnaires entendent ensuite un bruit de marée qui monte de tous les côtés du mamelon. Les Viets crient et hurlent. Mais ils ne crient pas n'importe quoi, ils ne hurlent pas instinctivement. Leurs cris et hurlements sont réglementaires : « Tiên-Lên, Anh Hai ! Doc Lap ! Di, di, Maulen ! » (« En avant, frère aîné ! Allez, vite, vite ! »), et des slogans mille fois répétés : « Dix mille ans de vie à l'oncle Ho ! » Cette répétition immense par les voix d'Asie, ces notes inégales criées-chantées produisent le bruit de mer, de ressac contre des rochers dans une faille de falaise.

Un massacre. C'est le massacre des premières vagues, prévu et accepté par le commandement viet. L'important est que le massacre n'arrête pas la ruée, et conformément aux prévisions, il ne l'arrête pas. Les légionnaires tirant sans interruption voient sans cesse des rangées noires sortir de la brume et de la pluie et passer par-dessus les corps amoncelés sur le glacis ; marcher sur eux. Les vagues humaines montent toujours.

Le combat corps à corps qui s'engage est indescriptible, et même ceux qui y ont survécu sont incapables de fournir un récit un peu cohérent. On tire à bout portant, on se bat à la baïonnette et au couteau, et au coupe-coupe. Des légionnaires ont en main des coupe-coupe ramassés à terre. Le premier souci, dans l'obscurité, est de ne pas ouvrir le ventre d'un copain, de ne pas lui brûler la gueule. On ne combat pas contre un ennemi identifié, mais contre une pression venue de l'extérieur.

Après un moment, on se bat aussi à l'intérieur du poste. Les assaillants entraînés à l'assaut sur la reproduction grandeur nature de Phu Tong Hoa poussent vers le centre, vers les bâtiments, mais dans l'obscur tumulte, leur leçon leur échappe un peu.

Massez mille hommes derrière une porte, tous ne peuvent pas entrer ensemble. Ici il y a plusieurs brèches, les Viets se sont déjà emparés de trois « blocs » des bâtiments centraux, mais en moins d'une demi-heure, ces conquêtes deviennent pour eux des pièges mortels où ils sont déchiquetés à coups de grenades.

22 heures. La pluie cesse, le vent se lève, chassant les nuages. Clair de lune. Les légionnaires, qui ont déjà reconquis un premier bâtiment, attaquent sans désemparer.

Les Viets ont attaqué à cinq mille, leurs pertes sont déjà énormes. Les légionnaires ont deux officiers mortellement blessés (Charlotton mourra à une heure du matin, Cardinal à quatre heures), 21 tués, 34 blessés. Restent cinquante valides. Si le commandement de l'attaque viet connaissait ce chiffre, sans doute donnerait-il l'ordre de poursuivre l'attaque, de la reprendre, de l'intensifier. Or que voit-on, à la clarté de cette lune tonkinoise de temps en temps occultée par un nuage ? Un désordre viet, une incertitude. Des groupes continuent à franchir les brèches, à attaquer, tandis que d'autres se retirent. Quand vous assistez à une pagaille de ce genre, soyez certain que le mouvement de retraite va bientôt l'emporter.

23 heures. Les plaintives trompes d'Asie de nouveau se font entendre dans la nuit. Les groupes de silhouettes noires qui tenaient encore ici et là près des brèches, ces groupes se défont et les hommes s'enfuient, chacun pour soi, et sur les flancs du mamelon, c'est aussi une débandade, une dégringolade en désordre, que les légionnaires très activement mitraillent. Revirement à peine croyable. Qu'est devenu le fanatisme robotique, la détermination de cette masse conditionnée qui courait vers la mort en hurlant les slogans ? Un rouage s'est-il brisé dans le mécanisme ? Ou les officiers viets veulent-ils simplement regrouper leurs hommes, les reformer pour un nouvel assaut, au besoin après une nouvelle canonnade ? A l'heure où nous voilà maintenant, 26 juillet zéro heure, les chances de salut des cinquante survivants du poste ne valent pas cher.

Le premier poste à réagir au message de Phu Tong Hoa annonçant l'attaque viet fut naturellement le plus proche, celui de Bac Kan. Une colonne de secours partit la nuit même. C'était bien ce qu'avait prévu le commandement viet.

La campagne boisée accidentée était détrempée, imbibée comme une éponge. Les véhicules roulaient très lentement sur la route boueuse. Les premiers stoppèrent brusquement devant un fossé transversal, et à l'instant même les coups de feu éclatèrent de tous côtés. En une minute, la forêt devint comme une cage de feu. Le demi-tour (rien autre à faire) exécuté dans ces conditions ne dut pas être une partie de plaisir. Je n'ai pas eu grands détails sur l'opération. Le médecin-commandant Grauwin qui se trouvait alors à Bac Kan a simplement dit qu'il vit rentrer la colonne « avec une horde de blessés ».

Le colonel Simon prit lui-même le commandement de la seconde colonne de secours, celle qui partit de Cao Bang dès que fut connu l'échec de la première. Cette seconde colonne, plus puissante, mit deux jours pour parcourir les 100 kilomètres séparant Cao Bang de Phu Tong Hoa. Lorsque le tir des Viets se déclenchait, s'il n'y avait pas d'obstacle sur la route, la consigne était de foncer à la vitesse maxima. Mais il y avait parfois des obstacles, ou bien un véhicule atteint bloquait le passage. La consigne était alors de descendre en vitesse pour engager le combat, avant que les Viets ne donnent l'assaut, car se défendre d'un véhicule est impossible.

La colonne Simon arriva vers la fin de l'après-midi du 28 dans les parages de Phu Tong Hoa. Depuis la veille, elle lançait des messages radio pour annoncer son arrivée. Pas de réponse. Selon un renseignement de partisan, le poste avait été encore attaqué le 28 dans la matinée. Rien sur la route, pas de patrouille envoyée au devant de la colonne. Le poste devait être encore bloqué, ou peut-être complètement détruit, tout le monde mort. Les derniers kilomètres de la progression furent sinistres.

Pas une âme dans le village. Le poste apparut au-dessus des arbres, au sommet de son mamelon. Les traces de la bataille étaient visibles : deux bastions d'angle écroulés ; sur la muraille qu'on apercevait, des traces d'incendie et des brèches hâtivement réparées. Mais le drapeau français flottait sur un fortin intact.

Quand le colonel Simon arriva devant l'entrée, la sonnerie « Au caïd ! » retentit, réglementaire. Puis l'aboiement du sergent de garde :

— Présentez... armes !

Les dix hommes du poste de police étaient en grande tenue, képi blanc, ceinture bleue, épaulettes. Armes nickel, uniformes aussi impeccables qu'à Bel Abbès un jour d'inspection.

Le colonel salua, pénétra dans le poste. La cour était trouée de cratères, des bâtiments en partie démolis. Mais toutes les brèches étaient obstruées, et sur le sol bouleversé, les débris assemblés en tas, sol aussi net que si on venait de balayer. Au milieu de la cour, rigidement alignés derrière le sous-lieutenant Bévalot, les trente-neuf autres survivants.

— Deuxième compagnie, présentez... armes !

Un peu plus tard :

— Mon colonel, nous avions entendu votre radio, mais notre émetteur n'était pas en état de répondre. Veuillez nous excuser.

Ces hommes alignés au présentez-armes dans la cour dévastée du poste de Phu Tong Hoa étaient de diverses origines, l'habituel cocktail de la Légion, avec une majorité relative de Germaniques. La guerre avait donné à tous leurs visages une sorte de semblable patine, de tannage durci. A regarder de bien près, l'un de ces légionnaires paraissait peut-être un peu plus âgé que ses camarades. Le médecin-commandant Grauwin a raconté dans quelles circonstances peu banales il avait rencontré ce légionnaire, bien avant l'assaut du poste, au début de la guérilla.

Un chef de province vietnamien pro-français avait invité, à l'occasion de la fête du Têt, les officiers commandant les unités de son secteur. Attention assez fine, il avait demandé à chacun d'amener un de ses simples soldats. Ceux-ci s'étaient présentés, tenue numéro un, astiqués à mort, moins empruntés qu'on ne pourrait croire, la guerre au loin apprend beaucoup. Un de ces soldats, un légionnaire, se nommait Murati.

Dîner raffiné, conversation exceptionnellement intéressante, en partie grâce à l'hôte, grand admirateur de toutes les formes de l'art occidental, en tout cas les connaissant bien. Plusieurs des officiers lui donnaient la réplique, les représentants de la troupe écoutaient.

Il y a plusieurs manières d'écouter. Le haut fonctionnaire annamite fut peut-être le premier à remarquer que le légionnaire Murati prenait sur lui pour ne pas se mêler à la conversation. Il lui demanda quelle était sa patrie d'origine. L'Allemagne, ah, très bien. S'intéressait-on en Allemagne aux arts vietnamiens ? Aux laques, par exemple ?

L'officier du 2e Étranger regarda son légionnaire, se demandant s'il savait seulement ce que c'était qu'un laque. Oui, le légionnaire savait. Et, à partir de ce moment, la surprise de l'officier et celle de tous les présents se mit à croître très rapidement et à se transformer, pour la plupart, en un intérêt tout à fait admiratif, car le légionnaire Murati non seulement savait ce qu'était un laque, mais il découvrait, à mesure que l'Annamite poursuivait la conversation avec lui, une culture artistique supérieure à celle de tous les autres Occidentaux présents. Le médecin-commandant Grauwin assure, peut-être avec quelque malice, que l'officier légionnaire qui avait choisi Murati cachait mal son irritation, on se demande pourquoi. Murati, en tout cas, était lancé. Stimulé par l'intérêt et la sympathie, il parlait encore à la fin du dîner.

Cet homme s'était tu trop longtemps. Engagé dans la Légion après la Seconde Guerre mondiale, il avait fait ses classes, assimilé avec docilité toute l'instruction du légionnaire du rang, y compris les marques extérieures du respect. Avant d'être envoyé en Indo-Chine, il avait salué les gradés deux cents fois par jour dans la cour du Quartier Viénot à Bel Abbès ; avait fait la tournée des beuglants avec les copains, bu avec eux, chanté avec eux ; s'était montré le prototype du parfait et anonyme légionnaire. Pendant des années. Et la question du chef de province annamite sur les laques brusquement lui avait rappelé ce que peut-être depuis des années il avait, pour une raison connue de lui seul, désiré oublier : qu'il était en réalité le Kapitän zur See Horst von Murati, ex-commandant de sous-marin.

Les pertes des unités de la Légion en Indochine étaient comblées pour ainsi dire à mesure. L'usine à troupes de Bel Abbès continuait à fonctionner. Pendant la Seconde Guerre mondiale, les sources de recrutement de la Légion s'étaient taries, mais ensuite, comme après chaque grande guerre ou convulsion politique, les volontaires avaient afflué.

En outre, la Légion avait recruté en Allemagne dans la zone française d'occupation, parmi les prisonniers allemands. Les autorités militaires britanniques et américaines protestaient contre ce recrutement, mais jamais une protestation n'a intimidé la Légion. Je connais un ancien combattant de la Ire Armée française qui a visité à l'époque plusieurs camps de prisonniers allemands en zone française :

— Le recrutement pour la Légion s'y faisait ouvertement. Tout prisonnier désireux de s'engager était immédiatement séparé des autres. On avait organisé au milieu du camp un petit camp intérieur où étaient rassemblés ces engagés, qui jouissaient d'un traitement spécial : châlits, même nourriture que celle des troupes françaises, c'est-à-dire extraordinairement copieuse, alors que celle des prisonniers allemands était au-dessous du médiocre. Le commandant du camp et d'autres officiers venaient bavarder familièrement avec les engagés, leur tapaient sur l'épaule. Ce système vitrine-exposition donnait des résultats. Il faut se rappeler le climat de l'époque, où les Allemands étaient tenus sans distinction pour des salauds et où les Allemands eux-mêmes, voyant fondre sur eux la haine du monde, se demandaient ce qui allait leur arriver.

Les Britanniques et les Américains protestaient parce que, selon eux, la Légion enrôlait nécessairement des Nazis et même des S.S. C'était méconnaître la qualité du service Renseignement légionnaire, qui a toujours été, en raison même du recrutement de ce corps, l'un des meilleurs de toutes les armées. La Légion n'aurait pas commis la sottise d'encourir la réprobation mondiale, et les S.S. étaient aisément identifiables grâce à leurs tatouages. Le nombre de ceux qui réussirent à passer à travers le filtrage fut insignifiant.

La Légion avait recruté aussi en Italie, amalgamant sans effort quelques ex-fascistes aux Italiens antifascistes qu'elle possédait déjà. Une de ses recrues de l'époque fut Giuseppe Bottaï, ancien ministre de l'Éducation nationale sous Mussolini.

Afin d'éviter tout oubli, je vais nommer ici les unités qui, après la Seconde Guerre mondiale, ont quitté l'Algérie en direction de l'Indochine.

En janvier 1946, le 2e Étranger d'infanterie. En février 1946, la 13e Demi-Brigade reconstituée. En juin 1946, le 3e Étranger, nouvellement créé. En janvier 1947, le 1er Étranger de Cavalerie (Royal Étranger). En octobre 1948, le 1er Bataillon étranger de parachutistes. En novembre 1949, le 5e Étranger. Le 5e Étranger était ce régiment qui, victime de la sauvage agression japonaise en mars 1945, en partie massacré par surprise à coups de sabre, à coups de baïonnette, à coups de pioche, s'était retiré en combattant jusqu'au-delà de la frontière chinoise, treize cents kilomètres à pied à travers jungles, rivières et montagnes escarpées, sans compter d'innombrables embuscades japonaises, trois cents morts ou disparus durant cette marche de la mort. En 1946, après le retour des Français en Indochine, le 5e Étranger était redescendu, toujours à pied, sur Haïphong. Renvoyé à Bel Abbès pour reconstitution ; puis, de nouveau l'Indochine. Le 2e Bataillon étranger de parachutistes, créé au Maroc en mars 1948, partit pour l'Indochine le 13 janvier 1949.

L'énumération ci-dessus comporte par deux fois un mot nouveau dans l'histoire de la Légion : parachutiste.

Il a été reconnu officiellement que « l'idée de constituer des unités de parachutistes légionnaires rencontra une opposition ». Des officiers de ce corps craignaient d'introduire un élément qui peut-être ne se fondrait pas absolument dans le creuset. Une caste risquait de se créer. Le para, par nature combattant hors série, se veut souvent une sorte de surhomme ne connaissant que les lois et la morale de sa spécialité. Cependant, la Légion, depuis toujours conservatoire de l'efficacité militaire, devait en venir un jour ou l'autre à fabriquer de ces combattants exceptionnellement efficaces que sont les paras. Le pas fut franchi le 1er avril 1948, le jour où le colonel commandant le 3e Étranger alors en Indochine publia une note de service demandant cinquante volontaires pour constituer une compagnie parachutiste adjointe au régiment. Quatre-vingts légionnaires ayant servi comme paras dans les armées étrangères se présentèrent, il fallut refuser du monde, faute de matériel. L'un des élus, jusque-là caporal infirmier, était un ex-lieutenant parachutiste de l'armée allemande. Il avait sauté dans les Abruzzes avec le commando chargé de l'enlèvement-libération de Mussolini. Un peu plus tard, le 1er Bataillon étranger, 1er B.E.P., fut formé en Algérie, le 2e B.E.P. au Maroc. Les légionnaires à tenue léopard n'avaient pas fini de faire parler d'eux.

On comprend à travers les comptes rendus d'opérations que le commandement de la Légion en Indochine trouva un moyen simple d'éviter à ses paras, au moins pour un temps, la tentation de se considérer comme une caste : les mettre à toutes les sauces.

Bien entendu, ces hommes sautaient ; souvent, presque toujours dans des conditions difficiles. De vieux Junkers sans guidage les transportaient au-dessus de régions accidentées, boisées, dont la cartographie était incertaine. Les paras mettaient en œuvre au cours des opérations aéroportées leur technique polyvalente qui exige des talents d'acrobate, d'explorateur, de judoka et de combattant toutes armes.

D'autres fois, les « légionnaires du ciel » se voyaient transportés en camions comme la plupart des troupes de cette guerre, et non moins souvent ils se payaient des étapes à pied de cinquante kilomètres ou davantage, tout comme leurs grands ancêtres des colonnes « Marche ou Crève ».

Ouvertures de routes, patrouilles, embuscades, attaques de places fortes. Les Viets qui tenaient la citadelle de Tuyen Quang, archaïque et illustre dans sa dépression boisée au milieu de la jungle, furent liquidés comme des enfants de troupe par les combattants en tenue léopard soudain surgis de la lisière des arbres et qui menèrent leur attaque sans bavure. La Légion avait jugé qu'elle ne pouvait absolument pas se permettre un échec en ce haut lieu de son histoire. On était au 12 mai 1949. De cette date jusqu'à septembre 1950, le 1er B.E.P. n'essuya aucun échec dans aucune opération, au point d'inspirer au commandement une confiance quasi magique. « Un bataillon aguerri, dont la présence est une garantie de succès », lit-on dans une des citations de l'unité. L'évacuation de Cao Bang, en septembre 1950, devait mettre fin provisoirement à la carrière du 1er B.E.P. Par un anéantissement quasi total.

La R.C. 4, terminus Cao Bang, poursuivait tranquillement sa carrière de vampire. Le fait que la R.C. 4 ne servait stratégiquement à rien devenait de plus en plus évident. Les Services de renseignements savaient qu'à travers la frontière chinoise voisine passaient quotidiennement, déversés directement dans le quadrilatère d'Ho Chi Minh, les hommes, les armes, le ravitaillement. La R.C. 4 aurait pu peut-être interdire ce mouvement si elle avait été une ligne Maginot. Elle n'était qu'une route vulnérable dont les Viets contrôlaient les abords jusqu'aux talus ; une longue tige aventurée hors du dispositif français, au sein de la zone ennemie la plus infestée.

En février 1949, les Viets montèrent sur la R.C. 4, contre un convoi escorté par des forces du 3e Étranger, une embuscade techniquement parfaite. La route était minée. Les mines explosèrent juste après le passage des automitrailleuses de tête, les séparant du reste. Des mitrailleuses viets, postées dans les anfractuosités du rocher, ouvrirent le feu. La masse jaune, plusieurs milliers d'hommes, livra alors son assaut classique en hurlant.

Le chef de la force de protection était le colonel Simon, commandant le 3e Étranger. L'homme qui vivait depuis des années avec une balle dans la tête, héros célèbre et incroyablement populaire de la Légion. Cet officier réussit à former un carré d'une centaine de légionnaires, qui se défendirent de près à la grenade. Grâce à son intelligence et à son énergie, l'effectif du convoi ne fut pas entièrement massacré. Mais des combats impitoyables se déroulèrent sur la route maudite. Les Viets achevaient les blessés au coupe-coupe. Des légionnaires, sur le point d'être capturés, se firent sauter la cervelle.

Ces suicides ne doivent pas être vus comme un détail. Ils n'étaient pas les premiers ni les derniers de la guerre d'Indochine. Toute guerre où l'on voit des combattants se donner la mort pour ne pas tomber aux mains de l'ennemi peut être qualifiée d'un mot : inexpiable. La cruauté de l'Asie est millénaire. Les hommes du corps expéditionnaire connaissaient tous des histoires — vraies — à faire dresser les cheveux sur la tête : prisonniers blancs promenés mutilés au milieu de camps viets, attachés à des roues de charrettes, conduits comme des chevaux, en guise de mors des crochets plantés dans la chair, etc. Certains cadavres qu'on trouvait horrifiaient. Que des Blancs soient devenus tortionnaires ne peut être excusé, mais peut-être expliqué par certaines images.

La résistance du carré Simon sur la R.C. 4 lors de cette embuscade de février 1949 se prolongea plusieurs heures, jusqu'à l'arrivée d'une colonne blindée de secours. Les Viets alors disparurent dans la jungle. Je n'ai trouvé nulle part le chiffre des pertes de cette embuscade-massacre.

Ce fut le général Revers qui finalement rédigea un rapport recommandant l'évacuation de Cao Bang, qui fut décidée et fixée au 1er octobre. Le plan prévoyait qu'une colonne partie du Sud irait attendre à That Khé (sur la R.C. 4, à 70 kilomètres de Cao Bang) la garnison évacuée venant du Nord. « L'ennemi était aux aguets » lit-on dans les historiques officiels. Deux faits laissent penser que le rapport du général Revers et le plan d'évacuation furent connus des Viets : 1° la concentration ordonnée par Giap dans le secteur de Cao Bang ; 2° l'attaque en force, dès le 16 septembre, du poste de Dong Khé, toujours sur la R.C. 4, entre Cao Bang et That Khé. Le poste de Dong Khé était tenu par les 5e et 6e compagnies du 3e Étranger.

Giap avait tiré la leçon de l'échec viet de Phu Tong Hua. L'attaque de Dong Khé commença par un bombardement d'une journée entière, qui réduisit à rien les défenses du poste. L'assaut par la masse au coude à coude, déferlante et hurlante, eut lieu le lendemain matin. Vingt-quatre heures plus tard, vingt survivants tenaient encore dans un petit blockhaus au milieu de l'espace dévasté jonché de cadavres, et l'artillerie viet pilonnait ce dernier réduit. Quand il prit feu, les légionnaires se partagèrent les trois cents cartouches qui leur restaient, quinze par tête de pipe, et ce fut la sortie désespérée, en avant vers la jungle, tant pis pour qui tombe ! Deux jours plus tard, le poste de That Khé vit surgir de la brousse « quelques hommes harassés, les vêtements en lambeaux ». Les survivants des survivants de Dong Khé. Nombre exact non mentionné.

Les unités viets cachées dans la jungle n'étaient plus isolées, elles pouvaient maintenant correspondre entre elles et avec leur commandement, autrement que par des coureurs. Grâce au matériel venu de Chine, les ondes viets traversaient la jungle, franchissant les ravins et les cols. Pour attaquer les forces françaises évacuant Cao Bang et celles montant du Sud à leur rencontre, Giap avait appelé la Division 308, la Brigade 209, onze autres bataillons d'infanterie et plusieurs bataillons d'artillerie. Une partie de ces forces arrivait directement de Chine.

Ce serait une erreur de croire qu'on peut aisément reconstituer avec la plus grande précision une affaire comme celle de Cao Bang. Sur n'importe quel désastre militaire, les récits et les commentaires officiels demeurent, quant à certains détails, abstraits et enveloppés, voire muets. Et aucun survivant n'a tout vu et tout su.

La garnison de Cao Bang, placée sous les ordres du colonel Charton, comprenait le 3e bataillon du 3e Étranger (commandant Forget ; chef du 3e Étranger déjà nommé : colonel Simon), plus un tabor marocain et des supplétifs locaux, au total 1 600 hommes. L'ordre d'évacuation adressé au colonel Charton prévoyait explicitement que l'artillerie et les camions devaient être détruits et que la garnison se dirigeait vers le Sud à pied, munie seulement de ses armes légères. Le colonel Charton, jugeant cet ordre inadéquat, refusa de se séparer de son matériel automobile. La garnison quitta Cao Bang le 1er octobre 1950.

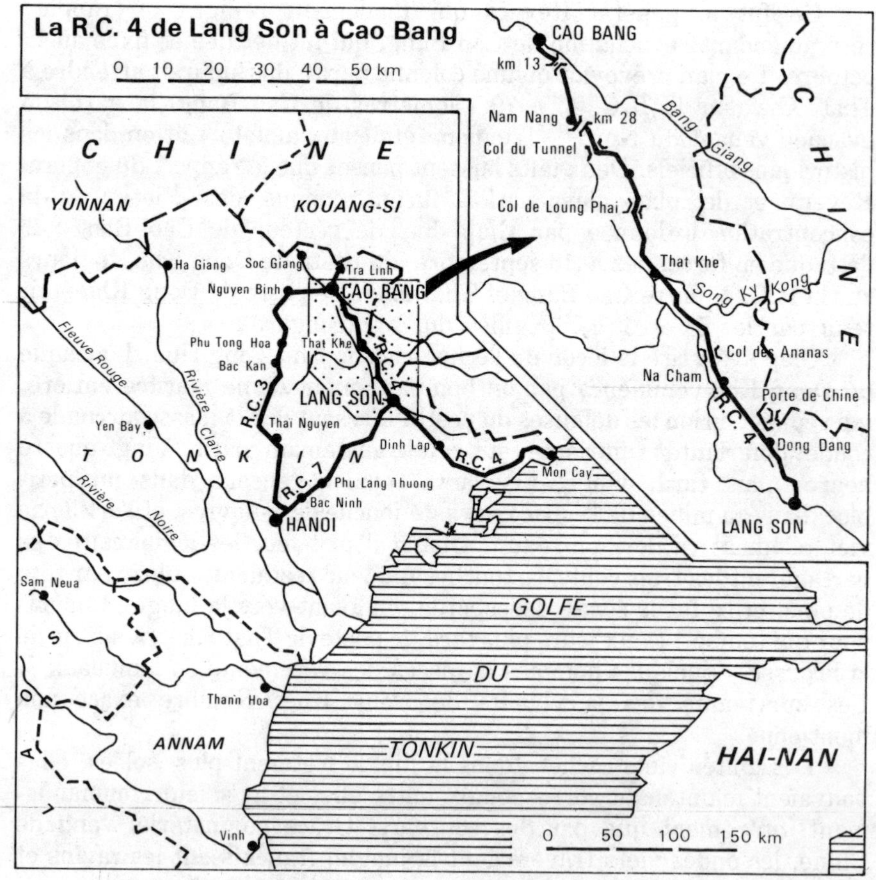

Les Viets ne se montrèrent pas au cours de la première journée. Ils avaient détruit presque tous les ponts et miné la route. Les légionnaires savaient déminer ainsi que réparer provisoirement un pont ; tous les véhicules passèrent. Mais la colonne réalisa la plus faible moyenne enregistrée dans la progression d'un groupe motorisé : 13 kilomètres la première journée. Une troupe à pied aurait progressé au moins deux fois plus vite.

Le lendemain, alors que la colonne se trouvait encore à 20 kilomètres du point de rendez-vous, les rafales viets commencèrent à gicler des crêtes calcaires surmontant la R.C. 4 et l'abandon des véhicules fut réalisé par force en moins de deux minutes. La colonne eut encore cette chance, relative et provisoire, de n'être point immédiatement attaquée sur le ruban mortel et de pouvoir se défiler dans les rochers calcaires. Mais, repérée, elle allait être traquée comme une proie.

Le retard pris le premier et le second jour était désastreux non seulement pour cette colonne descendante, mais aussi pour celle qui montait, harcelée presque depuis son départ par les attaques viets. On ne peut assurer que tout aurait été rose si les deux colonnes s'étaient jointes au lieu et à l'heure convenus, mais devoir combattre chacune pour son compte en s'efforçant très péniblement de se rejoindre l'une l'autre aggravait la situation. Le 6 au soir, la colonne montante était encerclée dans le massif calcaire de Coc-Xa par la plus grande partie des forces viets énumérées plus haut. Elle comprenait deux bataillons de tirailleurs marocains, plusieurs tabors, plus le 1er Bataillon étranger de parachutistes, largué à That Khé en renfort dès que le commandement français avait compris que les Viets attaquaient en force. En tout 3 200 hommes. Son chef, le commandant Lepage, ayant apprécié la situation, fit venir l'officier qui avait tout juste pris le commandement du 1er B.E.P. en remplacement du commandant Segrétain, fondateur du bataillon, tombé la veille :

— Votre unité doit percer coûte que coûte. Le sort du groupement est entre vos mains.

Les paras de la Légion se doutaient bien qu'on ne les avait pas fait sauter pour une promenade. Le 7 octobre à l'aube, on vit ces hommes prendre leurs formations de combat sans parler, acquiesçant d'un simple mouvement de tête aux ordres des gradés, le visage empreint d'une indifférence orgueilleuse.

Un dernier ordre et ils s'élançaient avec une accélération surprenante. Ils s'aplatissaient, repartaient, utilisant le terrain de telle manière et si vite qu'on ne pouvait pas ne pas penser à des fauves lâchés sur une proie. Mais cette fois, le morceau était terriblement dur. En fait, la proie, c'était eux.

Les Viets tenaient en face du groupement sud un long seuil truffé de mitrailleuses. La 2e compagnie des paras avait attaqué la première, sur la gauche. On voyait les hommes en tenue léopard courir sur le rocher calcaire, se plaquer, courir encore. Ils avançaient, mais on voyait aussi dans le petit jour, sous le ciel bas, les lueurs ininterrompues des mitrailleuses viets. Plusieurs paras gisaient sur les rochers dans des attitudes étrangement abandonnées, ils étaient morts. Et le feu viet d'une violence inouïe clouait sur place le reste de la compagnie.

Deux autres compagnies alors attaquèrent ensemble, la 3e au centre, la 1re sur la droite. Le scénario était exactement le même. On voyait les uniformes tachetés progresser par bonds, s'arrêter, repartir. Des corps inertes glissaient sur les rochers. Puis la progression était stoppée.

On pouvait se demander ce que pensaient les survivants ainsi cloués à côté des cadavres de leurs copains, dans une situation apparemment sans espoir. Il est très difficile d'interroger des paras, ils n'aiment pas parler de leur métier mortel, qui ne regarde qu'eux. Tout le contexte permet de penser que ces hommes ne réfléchissaient pas à leur situation présente d'un point de vue humain. Pour l'instant ils ne regardaient pas les cadavres de leurs copains, ce qui d'ailleurs n'aurait servi à rien. Défilés selon les règles derrière les obstacles, les seuls regards qu'ils jetaient étaient pour examiner l'ennemi avec une acuité extrême. Un mitrailleur viet qui montrait quatre centimètres de sa physionomie, sa cervelle sautait. D'autres tireurs effritaient, démolissaient avec une adresse incroyable des morceaux de falaise calcaire ; derrière deux Viets apparaissaient comme des guignols. Descendus.

Un nouvel ordre, les tachetés de la 2e compagnie se jetèrent encore en avant. Puis ceux de la 1re. Ceux de la 3e. Et encore une fois, en changeant l'ordre des attaques. Et encore d'autres fois. Chaque fois des corps tachetés roulaient sur le calcaire blanchâtre ou restaient là immobiles dans des attitudes abandonnées. Mais chaque fois le mouvement en avant s'exécutait au départ avec la même accélération. Ce manège durait maintenant depuis des heures, le grand jour était venu, si l'on peut dire. Un couvercle de ciel bas, une moiteur d'orage. Si l'on tentait de mesurer le terrain gagné depuis le début, il n'y avait pas de quoi pavoiser. Mais au-delà de la ligne atteinte gisaient de nombreux cadavres de mitrailleurs viets et les lueurs des engins viets étaient moins nourries et moins continues, surtout au centre.

Il ne semble pas que l'heure exacte de l'ultime effort du 1er B.E.P. — de ce qui en restait — ait été notée. Les survivants du 1er B.E.P. ouvrirent le passage au centre et ils prirent position pour le maintenir le temps que fonçaient les tabors et les tirailleurs chargés de rejoindre au plus tôt — maintenant c'était peut-être enfin possible — la colonne Charton. A peine ceux-ci avaient-ils passé que l'assaut viet hurlant se ruait sur les survivants du 1er B.E.P...

La colonne Charton était engagée de son côté à peu près dans les mêmes conditions que le groupement Sud. Il fallait franchir un escarpement. Les Viets tenaient un piton d'où leurs rafales interdisaient tout. Le 3e bataillon du 3e Étranger avait reçu une mission aussi simple que celle assignée aux paras du 1er B.E.P. : « Ouvrez le passage. »

Un piton est une position terriblement impressionnante vue d'en bas, mais parfois plus vulnérable qu'on ne croit : on peut l'assaillir, ou tenter de l'assaillir, de plusieurs côtés ; on peut feinter, surprendre. Hélas, les défenseurs viets étaient infiniment plus nombreux que les assaillants légionnaires. Les officiers des tabors observaient la progression ingénieuse et follement courageuse des légionnaires au flanc du piton, ils s'écriaient soudain : « Ils y sont, ils le tiennent ! » et en effet on n'apercevait plus les lueurs des mitrailleuses, les Viets avaient disparu de l'autre côté. Ce piton de malheur nettoyé, on allait pouvoir passer. Non. Quelques minutes, et on voyait de nouveau son sommet couronné d'uniformes viets, et de nouveau les rafales des mitrailleuses viets.

Les légionnaires attaquaient de nouveau. Le sommet changeait de mains deux fois, trois, quatre, on ne se rappelait plus combien de fois. Le sommet et les pentes se couvraient de cadavres, le sommet était un horrible sommet de fixation dévoreur de vies humaines. Le commandant Forget, ramené à dos d'homme après une charge à l'arme blanche, blessé à la cuisse, au bassin, à la poitrine et à la tête, agonisait :

— Je meurs fier de mon bataillon.

Le bataillon n'existait pratiquement plus. Les vestiges de la colonne Charton, accrochés ici et là, îlots d'hommes défendant leur peau, attendaient la nuit pour tenter leur chance. De même que les vestiges du 1er B.E.P., un peu plus tard au Sud. Les paras s'étaient défendus toute la journée contre le flot viet hurlant sans cesse renouvelé. Les Viets achevaient des hommes déjà presque morts d'épuisement.

Les légionnaires du poste de That Khé, qui avaient déjà vu surgir de la jungle les survivants en loques du siège de Dong Khé, virent arriver le 8 octobre les survivants de la colonne venue de Cao Bang et ceux du groupement Sud. C'est à ce moment que furent évaluées les pertes du 1er B.E.P. : 90 %.

Il n'était pas question pour les rescapés de s'endormir à That Khé ni même de s'y reposer. Le repli continuait tout au long de la R.C. 4, repli trop tardif sous les attaques des Viets maintenant fous d'orgueil et de mieux en mieux armés et organisés. On devinait l'intelligence agile et efficace du petit Jaune de culture française, ancien professeur d'histoire devenu communiste, le général Giap.

That Khé évacuée à son tour, les légionnaires du 3e Étranger livraient des combats d'arrière-garde pour que le repli ne se transformât pas en déroute. Allait-on garder Lang Son ? Non, Lang Son (au confluent de la R.C. 4 et de la R.C. 1) était évacuée aussi. Et en vitesse. Lang Son, non pas un poste, non pas une ville champignon comme Cao Bang, mais une vraie ville de cent mille habitants, avec de grandes avenues, des immeubles superbes, des monuments, la statue de Gallieni, la cathédrale. Une réussite de la colonisation.

Un siècle de présence française, avec un achèvement tragique. Au cimetière de Lang Son reposaient, reposent encore sous des tombes de pierre, les glorieux morts de la conquête et, sous des croix de bois peintes en blanc, les morts de la défaite. Plus, dans un ossuaire, les débris qu'on a pu retrouver des morts de 1945, massacrés par les Japs, avec une sauvagerie abominable.

Les légionnaires qui avaient retraité en combattant le long de la R.C. 4 juraient en laissant derrière eux ces tombes de leurs copains dans le cimetière de Lang Son. L'armée française avait perdu plus de 4 000 hommes au cours de l'évacuation de Cao Bang. Tant au cours des combats que dans Lang Son évacuée en catastrophe, elle avait perdu 13 canons, 125 mortiers, 450 véhicules, 3 pelotons blindés, 940 mitrailleuses, 1 200 fusils-mitrailleurs, 8 000 fusils. Les Viets trouvèrent à Lang Son de quoi rééquiper cinq de leurs régiments.

Les légionnaires parachutistes (2e B.E.P.) étaient assis tout harnachés face à face sur le plancher de l'avion. Le vieux Junker toussait comme un asthmatique, tombait brutalement dans un trou d'air, reprenait du poil de la bête, remontait en grondant et alors on avait l'impression que sa carcasse vétuste allait craquer de toutes parts, éclater ; puis il se calmait, volait tranquille un instant, comme un avion normal ; puis de nouveau le trou d'air et on recommençait. Pas de tempête, la turbulence était due uniquement au relief.

Des montagnes du pays thaï culminent à plus de 3 000 mètres. Quel paysage grandiose ! Des gorges fantastiquement profondes, aux parois abruptes, coupent les massifs boisés. Au fond, les rubans d'argent des rivières. Pendant des millénaires, une civilisation préservée, finalement heureuse, s'était élaborée là dans ce pays quasi inaccessible, à des semaines et des semaines de marche du Delta tonkinois ou de la frontière de Chine. Maintenant, les fourmis communistes s'étaient introduites, cheminaient avec une patience infinie depuis le quadrilatère d'Ho Chi Minh. Les Blancs, eux, venaient du Delta par avion.

Les passagers du vieux Junker ne voyaient presque rien du paysage grandiose parce que le temps était bouché. Pas complètement, une éclaircie de loin en loin. Mais on volait dans le coton depuis un long moment. A l'inclinaison du plancher de l'appareil et au changement de l'éclairage, les paras comprenaient que l'avion décrivait des cercles. Pas de guidage, des cartes approximatives. De temps en temps un de ces vieux Junkers s'écrasait contre une paroi, plus de nouvelles. Une chapelle funèbre avait été installée dans un hangar de l'aérodrome de Bac Mai pour commémorer ces tués de la montagne.

Le 2e Bataillon étranger de parachutistes avait été créé au Maroc en mars 1948 et il était arrivé en Indochine dix mois plus tard. « Solide, cohérent, homogène, disait sa première citation. Faisant preuve en toutes circonstances d'audace, de ténacité, d'ardeur... » D'autres citations avaient suivi. Comme les copains du 1er B.E.P., les paras du 2e B.E.P. avaient déjà tâté un peu de tout en Indochine. Maintenant (4 octobre 1951) il s'agissait d'aller au secours de Nghia-Lo, « position-clé » française en pays thaï. Cette position-clé était assiégée par la Division viet 312.

Trois bataillons parachutistes (2 coloniaux et le 2e B.E.P.) s'étaient envolés de Bac Mai, minable, miteux aérodrome d'Hanoï. Les vieux

Junkers volaient maintenant au milieu d'un immense et majestueux couloir. Le 2e B.E.P. ne devait pas être largué directement sur Nghia-Lo. Il fallait sauter à Giaï-Hoï et, de là, marcher sur l'objectif pour prendre l'ennemi à revers. Les paras virent s'allumer la lampe rouge indiquant qu'il fallait se préparer à sauter.

Le paysage qui apparaissait par la porte ouverte avait de quoi donner à réfléchir. Chaque para dans son uniforme camouflé, avec ses armes tenues par des courroies, ses couteaux dans les guêtres, ses poches extérieures bourrées de munitions, était un petit arsenal humain. Mais qu'était un corps humain qu'on allait balancer au sein de ce chaos boisé, hérissé, immense, qui défilait sous l'avion ? Moins qu'une tête d'épingle, un grain de poussière !

La carte indiquait le moyen le plus simple et le plus court pour aller de Giaï-Ho à Nghia-Lo : suivre la vallée. Le chef de l'expédition 2e B.E.P. — capitaine Cabiro, vingt-sept ans, officier de la Légion d'honneur, il devait être gravement blessé à Dien Bien Phu — savait parfaitement que ce qu'il fallait surtout ne pas faire, c'était suivre ce chemin le plus court. Toutes les vallées convergeant vers Nghia-Lo étaient à coup sûr truffées de Viets et pourries de pièges. Itinéraire le moins dangereux : les crêtes.

— Les légionnaires ont forcé mon admiration par leurs parcours en montagne en Indochine et en Algérie, m'a dit le général inspecteur de la Légion. Ils sont venus à bout de distances et de dénivellations dans des temps records.

Ces alpinistes d'un genre spécial devaient : se passer de guide en pays inconnu ; grimper et descendre lourdement chargés ; éviter de se faire voir ou entendre. Ajoutez ceci en ce qui concerne l'expédition vers Nghia-Lo : quand vous suivez les crêtes, pas d'eau ; les sources sont plus bas.

4 octobre au soir. La nuit vient, le 2e B.E.P. fait halte et s'installe en point d'appui fermé. Sentinelles, et l'on ne montre aucune lumière. Les hommes dorment sur le sol à tour de rôle. Au matin, la fraîcheur fait grelotter. Deux heures plus tard, on transpire. Marche en silence toute la journée du 5, plusieurs escalades, rien à signaler.

6 octobre, rien à signaler hormis la soif. L'alpinisme en pays tropical (latitude : 22° Nord) déshydrate autrement que l'ascension du mont Blanc. Et l'eau est rationnée.

7 octobre. Plus rien à manger. L'ordre de nécessité des poids à transporter en opération est : 1° armes, matériel, munitions ; 2° boisson ; 3° aliments solides. Ceux-ci font défaut en premier lieu lorsqu'une expédition dure plus longtemps que prévu, ce qui est le cas. On pensait arriver à pied d'œuvre le 6 au soir ou dans la journée du 7, or il n'en est pas question. Cette montagne thaï est terrible. De temps en temps la crête s'élève presque à la verticale. Escalader ou contourner, qu'est-ce qui prendra le moins de temps, voilà chaque fois le problème. Quoi qu'on décide, on va lentement.

Pendant le jour, la jungle est presque silencieuse, juste un cri d'oiseau de temps en temps. Or, des paras ont trouvé que quelques-uns de ces cris sonnaient bizarrement. On a aussi entendu des pierres rouler sur des rochers. Du Viet dans les parages ? Malgré toutes les précautions, une troupe européenne peut difficilement demeurer invisible plusieurs jours, et surtout son passage laisse des traces. On va lentement, en silence, les sens en alerte.

Minuit. La jungle bavarde. Plusieurs espèces d'oiseaux tropicaux font entendre leurs bruits étranges, ridicules ou inquiétants. La main sur leur arme, les factionnaires veillent, si près les uns des autres qu'on a l'impression qu'un serpent ne franchirait pas la défense du camp.

Minuit cinq, c'est l'attaque. Soudain les lueurs, le claquement de plusieurs fusils-mitrailleurs, et des ombres noires se jettent en avant entre les rafales. Mais une demi-seconde ne s'est pas écoulée entre la première lueur aperçue et la riposte des paras. Les ombres assaillantes s'écroulent, d'autres se dressent, quelques-unes follement arrivent tout près en criant, et soudain leur cri s'arrête net. Pendant un bon moment on n'entend que les coups de feu et les rafales qui se répondent. Après la dernière rafale, l'écho longuement répercute. Puis, silence.

— J'en ai pris, dit une voix calme. Dans l'épaule.

La difficulté, c'est qu'il faut tout faire en quelque sorte à tâtons. Montrer une lumière, c'est indiquer une cible aux tireurs viets et surtout gêner beaucoup les défenseurs aux yeux de lynx qui scrutent la nuit. On donne les ordres à mi-voix. Un infirmier se glisse vers le blessé.

2 heures, deuxième attaque. 3 heures, troisième attaque. Chaque fois d'un côté différent : le catéchisme tactique est suivi à la lettre par les bons élèves du marxisme. On a l'impression que le bruit du combat, répercuté par les montagnes, doit s'entendre à vingt kilomètres. Le dispositif du 2e B.E.P. ne se laisse pas entamer, pas un Viet ne franchit le mur de feu. Mais l'expédition compte maintenant trois morts et une dizaine de blessés.

La question est de savoir si l'on pourra, au jour, reprendre la direction de Nghia-Lo ou si d'importantes forces viets seront alors arrivées. Dans ce cas, les annales de la Légion s'enrichiront tout simplement d'un petit Camerone en haute montagne. En attendant, on donne aux blessés l'eau qui reste.

4 heures, quatrième attaque, plutôt moins poussée que les précédentes, mais ce n'est pas nécessairement un bon signe : si d'importantes forces viets doivent arriver bientôt, les assaillants peuvent se contenter de maintenir le contact, de fixer leurs adversaires.

L'aube vient cependant sans autre attaque, et les légionnaires s'apprêtent à lever le camp. On distingue dans le petit jour des hommes occupés à confectionner quelque chose avec des branches d'arbre : des brancards. Onze blessés, on les transportera, quelle que soit la difficulté. Et trois morts. On les brancardera aussi.

Les montagnes boisées du pays thaï baignent dans une mer laiteuse de brouillard. Mais au-dessus le ciel est bleu, le soleil levant frappe les crêtes escarpées. Le 2e B.E.P. s'est remis en marche, toutes armes prêtes à faire feu, au centre les onze blessés et les trois morts sur leurs brancards, les porteurs se relaieront. Les paras n'ont pas mangé depuis vingt-quatre heures, pas bu depuis la veille au soir. La mission est toujours la même : attaquer à revers les forces viets qui assiègent Nghia-Lo.

Les autres bataillons de parachutistes avaient atterri autour de Nghia-Lo, et pu emprunter des itinéraires moins difficiles. Depuis le 6, la bataille était engagée. La garnison assiégée y participait. Deux divisions viets bien armées livraient assaut sur assaut pour détruire les forces de secours et faire sauter le verrou du pays thaï. Les Français tenaient bon et même prenaient peu à peu l'avantage. Tous pensaient que les avions transportant le 2e B.E.P. s'étaient brisés contre la montagne, ou que le bataillon avait été surpris et exterminé sur son parcours.

Le 8 octobre à midi, des paras coloniaux engagés à proximité immédiate de Nghia-Lo entendirent des coups de feu sur le flanc de leur adversaire et celui-ci, déjà mal en point, soudain se débanda et se retira en désordre. Le 2e B.E.P. arrivait et attaquait conformément à sa mission. Le 2e B.E.P. arrivait numériquement au complet, ses onze blessés et ses trois morts portés à tour de rôle par les copains, ayant battu le record du brancardage en haute montagne.

A la même époque un jeune homme qui devait devenir légionnaire et combattre en Indochine achevait de purger une peine de cinq ans dans une maison de redressement en Roumanie. Il était juif et se nommait Eliahu Itzkovitz. Son cas est unique dans les annales de la Légion.

Pendant la Seconde Guerre mondiale, Eliahu Itzkovitz avait été interné dans un camp en Roumanie avec ses parents et trois de ses frères. Quand les Russes arrivèrent, en 1944, il était le seul survivant de sa famille. Le geôlier qu'Eliahu tenait pour responsable de la mort des siens — il en avait tué deux ou trois de ses mains — était un Roumain nommé Stanescu, originaire d'une ville voisine.

Dès qu'il eut repris un peu de vigueur, Eliahu se mit à la tâche à laquelle il avait décidé de consacrer le temps nécessaire, au besoin toute sa vie : la vengeance.

Stanescu n'était évidemment pas revenu dans sa ville d'origine, il avait disparu dans le grand désordre de l'invasion russe. Mais Eliahu trouva son fils et, d'un grand coup de couteau de boucher, l'envoya *ad patres.* Comme il avait agi absolument sans se cacher, comme il ne niait absolument rien, invoquant la légitimité de sa vengeance, le tribunal roumain devant lequel il comparut, un tribunal « populaire », pourtant, ne se décida point à l'acquitter : cinq ans de maison de redressement.

— Je désire émigrer en Israël, déclara Eliahu à la fin de sa peine. Je veux servir dans l'armée de ce pays.

Accordé. Tout à fait remis physiquement et même devenu un adulte robuste, Eliahu put s'enrôler dans les parachutistes israéliens. La vie pleine et active qu'il menait aurait pu le distraire de son vœu, mais le survivant des Itzkovitz n'était pas en Israël le seul militaire ayant gardé un mauvais souvenir d'un camp de concentration. Au cours d'une conversation, le nom de Stanescu fut prononcé :

— Il a réussi à quitter la Roumanie avant d'être pris par les Russes. On croit qu'il est passé en Allemagne occidentale. Sa trace est perdue.

— Je la retrouverai, dit Eliahu.

Ayant consacré tous ses instants de loisir à rechercher et à interroger d'anciens compatriotes, il sut, après quelques mois, que Stanescu s'était engagé, sous une fausse identité, à la Légion étrangère. Très probablement, comme la plupart des légionnaires, il se trouvait maintenant en Indochine. Ayant réfléchi, Eliahu demanda à voir son chef de bataillon :

— Mon Commandant, je voudrais être muté dans la Marine. Rien ne me plaît autant que la mer.

Le para Itzkovitz était bien noté, et la marine israélienne n'avait pas tellement de bons sujets. Mutation accordée. Le nouveau marin savait qu'il devait être patient, mais qui ne perd jamais un instant son objectif de vue et guette toutes les occasions, attend moins que les autres. Quelques mois, et Eliahu fut embarqué à bord d'un bâtiment de guerre israélien en partance pour Gênes, où il allait chercher du matériel. A Gênes, Eliahu, dès sa première descente à terre, déserta, prit le train pour Bordighera, franchit la frontière, gagna Marseille. Sa bonne apparence et l'histoire qu'il raconta à l'officier de recrutement du Fort Saint-Jean (nul n'a jamais su exactement ce qu'il dit alors, ni ce qui fut connu) plurent, et l'officier inscrivit « Accepté » sur sa demande d'engagement à la Légion. En route vers Bel Abbès. Trois mois plus tard, Haï Phong.

Comme déjà dit, Stanescu avait changé de nom, et les questionneurs sont assez mal vus à la Légion. Mais Eliahu était le contraire d'un imbécile, et il avait sans cesse perfectionné sa technique de recherche. Encore quelques semaines, et il se trouva incorporé au 3e Étranger, dans la même compagnie que l'ancien tortionnaire. Celui-ci ne songea pas une seconde à identifier l'athlétique et bronzé gaillard qu'il avait devant lui, avec le malingre petit Juif de treize ans dont il avait liquidé la famille.

Encore un peu de patience et d'habileté, et Eliahu Itzkovitz (lui aussi, est-il besoin de le dire, avait changé de nom) fit partie de l'escouade même de celui qu'il avait tant recherché.

Eliahu décida que le moment était venu le jour où, au cours d'une patrouille, il se trouva seul avec Stanescu en train de ramper dans la brousse à côté de la Route 18 entre Bac Ninh et les Sept Pagodes. L'ex-geôlier allait le premier, à trois pas devant Eliahu. Celui-ci l'appela :

— Stanescu !

L'autre se retourna, interdit. Eliahu ne lui laissa pas le temps de réfléchir. Il parla en roumain :

— Tu es bien Stanescu, n'est-ce pas ?

— Oui, mais...

— Stanescu, je suis l'un des Juifs de Chisinau.

Le caporal ouvrit la bouche. Mais déjà il recevait en pleine poitrine le contenu du chargeur de la mitraillette.

Eliahu avait accompli sa vengeance avec un calme admirable. Avec le même calme et selon la tradition légionnaire, il ramena le corps de sa victime sur la route.

— Ah, dit un copain, les Viets l'ont eu, les vaches ! C'était un Roumain comme toi, hein ?

— Oui. Un Roumain comme moi.

La suite n'est pas sans intérêt. Eliahu survécut à la guerre d'Indochine, acheva ses cinq années de Légion,.fut libéré avec un certificat de bonne conduite. Le jour même, il se rendit à l'ambassade d'Israël à Paris, réussit à se faire recevoir par l'attaché militaire.

— Je suis un déserteur de la Marine israélienne. Voici mon histoire.

L'attaché militaire crut d'abord avoir affaire à un fou mythomane, cependant la précision et les détails le troublèrent.

— La Légion connaît une partie de mon histoire, dit Eliahu. Vous pouvez vous informer.

L'histoire se termina dans la salle austère du Tribunal militaire de Tel Aviv. Les juges étaient trois officiers de Marine. ils se levèrent tous les trois lorsque le président lut la sentence :

— En raison des circonstances, un tribunal de l'État d'Israël ne saurait imposer une peine trop lourde.

Un an de prison.

Les fêtes sont une nécessité biologique. Toute communauté a la sienne ou les siennes, et si elle cesse de les célébrer, elle est vouée à se défaire, à disparaître.

Le 1er janvier, les sous-officiers de la Légion présentent leurs vœux aux officiers et ils les reçoivent à leur cantine. Le jour de l'Épiphanie, fête des Rois, les officiers, rendant l'invitation du 1er janvier, invitent les sous-officiers à tirer les rois. Le 30 avril, c'est Camerone, commémoration et exaltation suivies du grand débridement. Noël est aussi une grande fête pour la Légion. D'un autre caractère.

Repensant à tout ce que j'ai raconté sur la Légion, je me dis tout à coup que j'ai peut-être montré un peu trop ces hommes engagés constamment dans leur action. Dans leurs combats et leurs travaux, dans leurs beuveries et leurs rudes plaisirs de soldats. Il n'y a pas que ça. Il n'y a jamais que ça, ou alors c'est qu'on ne sait ni voir ni entendre.

J'ai causé avec deux aumôniers de la Légion, un protestant et un catholique. Le pasteur était en uniforme, béret de parachutiste, visiblement tempérament de baroudeur. J'ai aperçu aussi des aumôniers catholiques de cet acabit. Celui que j'ai interrogé était ce jour-là en soutane, parce qu'il avait quitté la Légion depuis un an. Je ne me rappelle pas tout ce que je lui ai demandé, ni toutes ses réponses, je n'ai pas pris de notes, mais je me rappelle très bien que ce prêtre, maintenant responsable d'une brave paroisse civile, ne se consolait pas d'avoir quitté la Légion.

— Pourquoi, mon Père ? Je n'ai pas l'impression que, dans l'ensemble, les légionnaires soient de petits saints ?

— Qui est saint ici-bas ? Les légionnaires se cachent moins que les autres, voilà tout, ou plus maladroitement. Un jour, un type me fait tout un baratin, il est fauché, il veut envoyer un cadeau à sa vieille mère, bref il me tape, et le lendemain il me dit : « Mon Père, j'aime mieux vous dire que c'était pour aller au bordel. » Naturellement, je l'engueule. Voyez-vous, on ne peut pas leur appliquer tout à fait les règles communes, pensez à la vie qu'ils mènent. Je ne me console pas de les avoir quittés, parce que j'ai trouvé en eux une générosité à nulle autre pareille. On peut tout reprocher aux légionnaires sauf d'être intéressés. Le plus fruste ou le plus brutal est soudain capable de tout donner, tout ce qu'il a, à la minute même : son argent jusqu'au dernier centime, son sang et sa vie. La Légion, voyez-vous, c'est le détachement. Quel souffle dans notre civilisation utilitaire ! Ce souffle vient d'en haut.

— Vous pensez que beaucoup de légionnaires sont croyants ?

— Je ne le pense pas, je le sais.

— Aviez-vous parmi vos légionnaires de véritables pratiquants ? Je veux dire des hommes se confessant et communiant ?

— Mais bien sûr ! Que croyez-vous que fait un aumônier à la Légion ?

— On m'a dit que pour Noël, les légionnaires confectionnent des crèches.

— De magnifiques crèches, et la messe de minuit est toujours célébrée. Lorsque rien ne s'y oppose, elle est très belle.

La messe de minuit de la Noël 1953 à Dien Bien Phu était le même sacrifice divin qui se célébrait dans toute la chrétienté et cependant elle était unique par le cadre et par l'assistance. On n'aurait pas facilement trouvé sur le globe une telle réunion de fidèles : rescapés de tant d'aventures terribles et promis ensemble à un drame encore plus sombre. L'autel était dressé dehors sous de grandes voilures de parachutes, autour la nuit pâlie par le lever de la lune, plus loin autour l'ennemi tapi invisible. Au premier rang, le général Navarre, venu spécialement d'Hanoï, à ses côtés le colonel Revol, son chef d'état-major, et bien entendu le colonel de Castries, commandant du camp.

L'assistance comptait près de la moitié de légionnaires. Il y avait là des hommes du 1er Bataillon étranger de Parachutistes, de ce 1er B.E.P. saigné à blanc en octobre 1950 sur la route-vampire R.C. 4, puis reconstitué, survivants et nouveaux venus mêlés. Parmi ces nouveaux venus, une compagnie jaune. On mourait beaucoup en Indochine et les machines à fabriquer du combattant, celle de la Légion et celle de la Coloniale, avaient beau tourner à plein, boucher constamment les vides était un problème puisqu'il n'était pas question d'envoyer le contingent français en Indochine. D'où le « jaunissement » de nombre d'unités. Des nuances existaient dans le recrutement des auxiliaires ou supplétifs mais les volontaires de la compagnie vietnamienne du 1er B.E.P. n'étaient pas des auxiliaires et ils se vexaient si on les appelait supplétifs, d'ailleurs ils n'étaient pas cela non plus : légionnaires, traités comme tels par les copains de race blanche, vivant et combattant avec eux, et ce titre de légionnaire était leur fierté. Ils devaient tous se comporter très courageusement, jusqu'à la fin.

Assistaient aussi à cette messe de minuit les légionnaires (3e bataillon de la 13e D.B.) qui tenaient Béatrice, point d'appui extérieur à 1 km au nord de l'enceinte ; ceux (3e bataillon du 3e Étranger) qui tenaient Isabelle, à 7 km au Sud ; ceux (1er bataillon du 2e Étranger, 1er bataillon de la 13e D.B.) dont les domaines s'appelaient les Huguettes (sept « Huguettes », ouvrages de l'Ouest) et les cinq Claudines, au Sud-Ouest. Charmants prénoms féminins qu'une lueur terrible allait éclairer.

On n'en était pas encore au drame, tous ces hommes fêtaient Noël avec espoir. Pour ce qui est des légionnaires, chacun d'eux venait de recevoir de son chef d'unité son cadeau, le cadeau de Noël de la Légion. Or la Légion ne fait rien mesquinement. Il ne s'agissait pas de cadeaux symboliques, d'une babiole pour marquer le coup. Dans un cadeau de légionnaire il y avait par exemple — en même temps, dans le même colis — six chemises, un Leica, quatre livres, une boîte de vrais havanes. Des cadeaux qui faisaient boum.

Quelques colis étaient restés au magasin parce que leurs destinataires étaient pour le moment absents de Dien Bien Phu : les légionnaires du détachement du colonel Langlais (3e Étranger) envoyés le 12 décembre en expédition du côté de Sop Nao ; ils n'étaient pas encore rentrés, on les attendait. Il y avait eu aussi des colis en surnombre, dont on avait réparti le contenu : ceux destinés aux membres d'une expédition partie quelques jours plus tôt, trois bataillons de paras, envoyés ceux-là en direction du poste de Muong Pong. Mauvaise affaire. Les quatre-vingts blessés étaient revenus, transportés en hélicoptère, mais les morts avaient été enterrés sur place dans la terre rouge, près du ravin encaissé que suivait la piste Pavie.

La messe de minuit se poursuivait. Des officiers, des gradés, des légionnaires, des paras en tenue léopard s'approchaient de la table de communion. Des chants s'élevaient dans la nuit froide : *Stille Nacht, heilige Nacht, O Tannenbaum.*

Après la messe, le réveillon. Les officiers sablaient le champagne, avec la discrétion imposée par les circonstances : une bouteille pour quatre. Le ravitaillement par avion interdisait les folies. Les légionnaires réveillonnaient au *vinogel,* invention géniale de l'Intendance quant à l'économie de poids. D'un demi-litre de cette gelée, vous obteniez, en ajoutant de l'eau, deux litres de vin. Deux litres de saloperie, il n'était pas question d'en boire dans des endroits civilisés.

Les guetteurs viets tapis dans les collines avaient observé en silence les lueurs de la messe de minuit et maintenant le camp entier s'offrait à leurs regards sous la clarté lunaire. Une longue dépression en forme de feuille de chêne, traversée dans sa longueur par la rivière Nam Youn. Au

Nord, au Sud, sur les côtés, les éminences des points d'appui. La piste d'aviation entre les ouvrages rapprochés : petit cœur précieux entre les poumons. La piste d'aviation, clé de la pensée des grands chefs blancs : « Grâce à l'aviation, le camp sera constamment ravitaillé en tout, et imprenable. Les Viets, eux, n'ont pas d'aviation. »

L'atmosphère du réveillon chez les chefs blancs était réchauffée surtout par la présence des officiers légionnaires, car ni Navarre ni Castries n'étaient de joyeux drilles, surtout pas Navarre. Toujours le stick, un air froid. Il venait cependant de prononcer une phrase qui faisait plaisir : « Si le gouvernement français tient ses promesses, la guerre pourrait finir bientôt. » Tout n'allait pas si mal. Deux chars allaient être largués sur Dien Bien Phu dès le 25 au matin, information officielle. Dix chars en tout promis pour la fin du mois.

Navarre et Castries gardent pour eux une autre information : la Division 308 de Giap venait d'arriver, elle se déployait dans le sud de la cuvette de Dien Bien Phu. Bonne, ou mauvaise nouvelle ? Puisqu'on avait choisi Dien Bien Phu comme lieu d'explication avec les Viets, puisque c'était là qu'on devait leur donner une leçon, leur montrer qu'ils

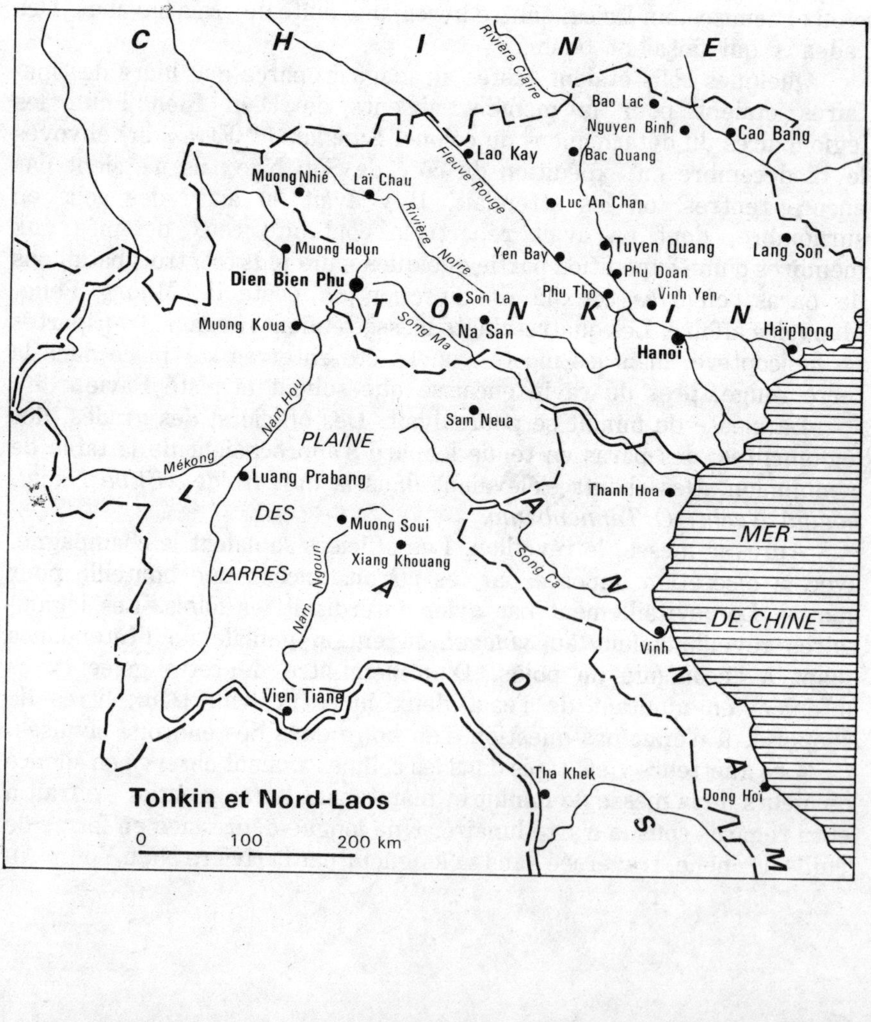

n'étaient pas de taille, qu'ils feraient mieux de renoncer, de demander à traiter, puisquel tel était le schéma, ne fallait-il pas se féliciter de voir arriver les Viets ? Il eût fallu pouvoir régler aussi le programme de leurs mouvements. L'arrivée impromptue de cette 308e Division posait, dans l'immédiat, un problème : l'expédition de Sop Nao allait-elle pouvoir rentrer ?

Liaison vers le Sud-Ouest avec le Laos, pays allié, telle avait été l'idée du général Bodet, l'adjoint de Navarre. On installerait un groupe de partisans dans la région de Sop Nao (40 km de Dien Bien Phu) et d'autres à mi-chemin dans les calcaires de Ban Na Ti. Dien Bien Phu ne devait pas être seulement un appât, un lieu de rencontre choisi : il serait aussi un « hérisson offensif » lançant des pointes dans diverses directions, bloquant ici et là les liaisons viets. Un cauchemar permanent pour les Viets, voilà ce que devait être Dien Bien Phu. Un cauchemar, voilà ce qu'avait été l'expédition vers Sop Nao. On s'était aperçu que les Viets contrôlant les routes, il valait mieux entrer dans la jungle ; il avait fallu progresser à deux kilomètres à l'heure, ou moins, au milieu des hautes herbes, floc-floc dans la boue ; traverser des torrents avec l'eau jusqu'au ventre. Et finalement il avait fallu renoncer. En cette nuit de Noël, le détachement du colonel Langlais s'efforçait péniblement de rallier Dien Bien Phu. Il devait rentrer dans la matinée du 25, ayant échappé aux Viets de justesse...

Le 28 décembre, le lieutenant-colonel Guth, chef d'état-major de Castries, fut abattu d'un coup de feu au cours d'une reconnaissance, tout près du point d'appui Isabelle, à 8 kilomètres du P.C. Les défenseurs d'Isabelle, de Béatrice et de Gabrielle essuyèrent, eux aussi, des coups de feu tout près de leurs bases. Des patrouilles marchant vers la rivière Nam Noua et le hameau de Na Loï durent faire demi-tour. On comprenait que les Viets avaient avancé de tous côtés. Dien Bien Phu était encerclé. Ceux des soldats, légionnaires et autres, qui eurent conscience de cette situation la découvrirent sans plaisir ni crainte, avec fatalisme. On ferait ce qu'il faudrait, une fois de plus.

Le choix de Dien Bien Phu a fait couler des barils d'encre. Le général Giap a donné, lui aussi, son avis :

— Ceux qui l'ont fait ont bien pesé le pour et le contre. Ils ont eu raison.

Mais la langue de cet Asiatique avait fourché, il s'est repris aussitôt :

— Ils ont eu des raisons. Ils se sont dit : « Dien Bien Phu est très loin de nos arrières, seulement, nous, Français, nous résoudrons le problème par notre aviation, tandis que les Viets, eux, ne pourront pas s'approvisionner... Le raisonnement n'a pas été valable : tout un peuple a trouvé une solution à ce problème de logistique.

Voici quelle réalité recouvrait cette dernière phrase un peu abstraite.

Soixante mille porteurs au moins, hommes, femmes et enfants —

plus de femmes que d'hommes, car un homme peut combattre — cheminaient de la frontière de Chine et du quadrilatère d'Ho Chi Minh en direction de Dien Bien Phu. Cheminaient sans cesse, cheminaient jour et nuit en files interminables de fourmis sur les sentiers de la jungle, ou sur pas de sentier du tout, sur le sol mou, sur le sol dur, à travers les plaines, les forêts, les marais, les collines, les hautes montagnes, transportant des vivres, des munitions, du matériel, tout ce qui est nécessaire à une armée nombreuse, tout cela sous forme de caisses, de rouleaux, de couffins, de ballots informes, peu importait, l'Asie populaire n'a pas de religion de l'emballage. Ce qui importait, c'était de transporter le maximum d'objets dans le minimum de temps, c'est pourquoi on voyait chaque porteur, chaque porteuse, chargé ou chargée au-delà de ses forces, ployant, marchant interminablement au-delà de ses forces, à pieds nus, à pieds chaussés de sandales taillées dans de vieux pneus. L'Asie populaire n'a pas la religion de l'élégance ni du confort, ni de la santé, ni de la survie, un bon quart de ces humaines bêtes de somme sous-alimentées depuis des années étaient déjà phtisiques ou promis à la phtisie, tant pis pour qui tomberait en route ou au terme du voyage. Les remplaçants ne manquaient pas.

Les porteurs humains ont toujours été en Asie le véhicule le moins cher et le plus nombreux, mais les autres moyens de transport étaient utilisés aussi : des milliers de chevaux, des centaines de sampans, de camions. Plus cet objet occidental auquel les Occidentaux n'avaient jamais pensé comme à un véhicule gros porteur : le vélo. Trois cents kilos sur une bicyclette Peugeot poussée à bras d'homme, et il y en avait des milliers.

Les divisions de Giap convergeaient, elles aussi, dans la bonne direction. Je regarde une photo montrant une de ces colonnes viets, sur une route. Les soldats sont lourdement chargés, eux aussi. Le boudin de riz (quinze kilos au départ), l'arme individuelle, plus une mitrailleuse ou un morceau de canon, un trépied.

Les combattants de Giap marchaient de l'aube à la nuit, ou toute la nuit, selon le terrain et la proximité de l'ennemi. Pas de galons pour les officiers, d'ailleurs il n'existait pas d'officiers dans cette armée, seulement des « cadres » chargés de fonctions, toujours destituables, susceptibles à chaque instant de dégringoler du grade de chef de bataillon au rang de simple soldat s'ils se montraient inférieurs. L'autorité permanente était détenue par les commissaires politiques chargés du permanent bourrage de cerveau, de l'école du soir jamais terminée qui occupe dans les armées marxistes la majeure partie du temps non prise par le combat, les marches, les exercices, l'instruction proprement militaire, l'entretien des armes.

Lueur d'humanité dans cette armée viet, on y chantait. Pas de chansons de route, car on suivait bien rarement une route et le trottinement dans la jungle interdit n'importe quel rythme. Mais à l'étape, le soir, si l'ennemi était loin, quelques chansons pour oublier la fatigue. De vieilles chansons sur la nature, sur la lune, sur la pluie, sur la nuit, sur le vent, les roseaux. La gaudriole était absolument honnie.

L'un des meilleurs témoignages sur cette guerre vue du côté viet, le *Journal d'un combattant viet*, de Ngo Ban Chieu, m'a frappé par le côté patronnage de cette armée, capable de tant de cruauté au combat. Voici la seule gauloiserie, oh si discrète, que j'ai relevée.

Dans un village, on donne une représentation au cours de la lutte contre l'analphabétisme (une hantise chez les Viets). Thème de la pièce : un ménage, la femme sait lire, le mari non. Un galant fait passer des billets doux ; l'épouse, d'abord pour ne pas troubler la paix du ménage, dit que ce sont des lettres de fournisseurs. Puis elle est séduite et finalement c'est le mari, pauvre niais, qui porte lui-même les lettres de sa femme au galant. Grands rires dans l'assistance.

Plus tard, je l'ai dit, dans les chidoïs, on décapitera les analphabètes obstinés. Et le durcissement ira de pair avec un moralisme de plus en plus exigeant. Et avec une vertu réelle au sein de cette armée populaire, tous les témoignages occidentaux s'accordent avec ceux d'en face. Jules Roy a montré une division viet dépassant, au cours de sa marche vers Dien Bien Phu, une colonne de porteuses indigènes. Plaisanteries au passage, le contraire serait inhumain, anti-biologique, mais quelle discrétion ! Entre ces soldats et ces femmes, le sentiment patriotique abolit presque la différence des sexes. Cela dans un pays où les femmes sont expertes en amour, où l'érotisme comptait beaucoup.

Et l'on voit partout les soldats de Giap accueillis par leurs compatriotes comme des libérateurs et comme des frères. Considérant, dans la perspective de l'histoire de l'Asie, cette vertu, et cette popularité des soldats, vous pouvez inscrire en face, en lettres énormes, le mot NOUVEAU. Pendant des millénaires, toutes les armées jaunes ont été, dans leur propre pays, subies et détestées. Le même mot signifiait brigand et soldat. Les chefs corrompus et cupides trahissaient sans cesse pour de l'argent. Or voici soudain l'unité patriotique dans la vertu et l'abnégation. Quel a été l'agent de la métamorphose, le ciment ? Ne cherchez pas, c'est le marxisme.

Le sentiment nationaliste a de tout temps existé en Asie mais il animait *des* nationalismes, au besoin des nationalismes provinciaux minuscules, pas d'unité possible contre le Blanc. Le marxisme a changé tout cela. L'Asie a trouvé sa première grande religion commune.

Les divisions de Giap en marche vers Dien Bien Phu, pourvues des armes et du matériel fournis par la Chine, possédaient aussi cette foi nouvelle qui leur abaissait les montagnes, leur comblait les précipices et rendait légers leurs fardeaux.

N'avoir pu imaginer le mouvement immense dont l'image vient d'être esquissée a constitué la première et sans doute la plus excusable des erreurs d'appréciation du commandement français en Indochine. La seconde erreur d'appréciation concernait les possibilités de l'artillerie viet. Le général Navarre s'en est fort bien expliqué dans *l'Agonie de l'Indochine.* Cette explication constitue même la clé d'or de l'affaire de Dien Bien Phu :

« Les grandes crêtes qui dominent la cuvette sont à une distance de 10 à 12 kilomètres du terrain d'aviation, autour duquel sera établi le camp retranché. Cette distance est supérieure à la portée utile d'une éventuelle artillerie adverse. Celle-ci ne pourrait prendre position que sur les pentes descendant vers l'intérieur de la cuvette. Il en serait de même d'une D.C.A. qui voudrait interdire l'espace aérien au-dessus du terrain d'aviation. De l'avis de tous les artilleurs, c'est impossible, car les batteries seraient vues des observateurs placés dans la cuvette soit pendant leur mise en place, soit quand elles tireraient. Elles seraient donc " muselées " par notre artillerie de contre-batterie et par notre aviation de bombardement. »

Les premiers obus viets tombèrent sur la piste le 3 février, jour de la fête du Têt, le Nouvel An indochinois. Les trois 75 qui ouvrirent le feu ce jour-là ne tiraient pas des crêtes à 12 kilomètres, ils étaient installés sur les pentes à 4 kilomètres du camp, dans des tranchées aménagées. Ces tranchées n'avaient pas été vues. « Mon artillerie, a expliqué Giap, était : 1°, enterrée ; 2°, mobile ; 3°, camouflée. »

Lorsque ces trois 75 tirèrent, l'artillerie française aussitôt riposta, visant les lueurs de départ des coups. 1 650 obus de 105, plus les bombes et les roquettes de l'aviation. Au P.C. du camp retranché, on avait le sourire :

— Ils n'ont rien perdu pour attendre. Ils auront compris.

Les Viets avaient déjà compris plus qu'on ne croyait. Leurs trois canons ne reçurent pas le dixième des projectiles de réponse parce qu'en même temps qu'ils tiraient, des Viets faisaient sauter *ailleurs*, dans les collines, des charges d'explosif pour simuler de faux départs de coups. Giap n'était pas Napoléon, ni ses officiers omniscients. Mais leur imagination travaillait sans cesse.

La garnison de Dien Bien Phu comptait un total de 12 000 hommes, dont 40 % de légionnaires. Les unités non légionnaires étaient : quatre bataillons de parachutistes français, un bataillon de tirailleurs algériens, un bataillon de tirailleurs marocains, un bataillon de parachutistes vietnamiens, deux bataillons thaïs, plus les artilleurs et les quelques blindés français.

La bataille de Dien Bien Phu a été racontée, commentée, discutée, au point de devenir une autre furieuse bataille, sur le papier. On désire montrer ici surtout les légionnaires, dans les épisodes les plus caractéristiques.

Il avait fallu tout construire. Logements, magasins, ambulances, l'« antenne » chirurgicale. Fortifications : casemates, tranchées, trous individuels. Les légionnaires étaient à leur affaire. Chaque matin, les travailleurs de service de chaque unité se dirigeaient vers leur chantier, où ils retrouvaient leurs manœuvres indigènes, des centaines de coolies, pour la plupart des prisonniers, pleins de bonne volonté. Les quatre bulldozers du camp servaient aux gros déblaiements. Ils arrivaient en grondant, soulevant la poussière. Les jeeps circulant sans cesse soulevaient aussi la poussière. Entouré de ses collines, gradins d'où les Viets cachés observaient, le camp de Dien Bien Phu était comme un grand stade surmonté de cette poussière ocre.

Après Noël, le rythme s'était ralenti. Il s'agissait surtout de renforcer des positions de combat, et l'on édifiait un point d'appui supplémentaire au nord du camp : Gabrielle. La qualité des matériaux employés a été critiquée par la suite :

— Voyez, ils n'ont pas résisté aux obus de 105.

Or, à l'époque, il n'était pas question que les Viets tirent avec du 105. Ni avec quelque calibre que ce fût, ou alors, vraiment à la sauvette et pas longtemps. Leurs canons devaient être muselés. La solidité des abris et fortifications n'avait donc qu'une importance relative. Les pierres manquant dans la vallée, on les remplaçait par ce qu'on avait sous la main : fascines, morceaux de brique, bois, grilles d'aérodrome.

Chaque jour à 18 heures, débrayage. Les travailleurs de Dien Bien Phu rangeaient leurs outils, laissant chaque chantier bien en ordre. Puis on allait se baigner dans la rivière, on jouait au volley-ball. On lisait les

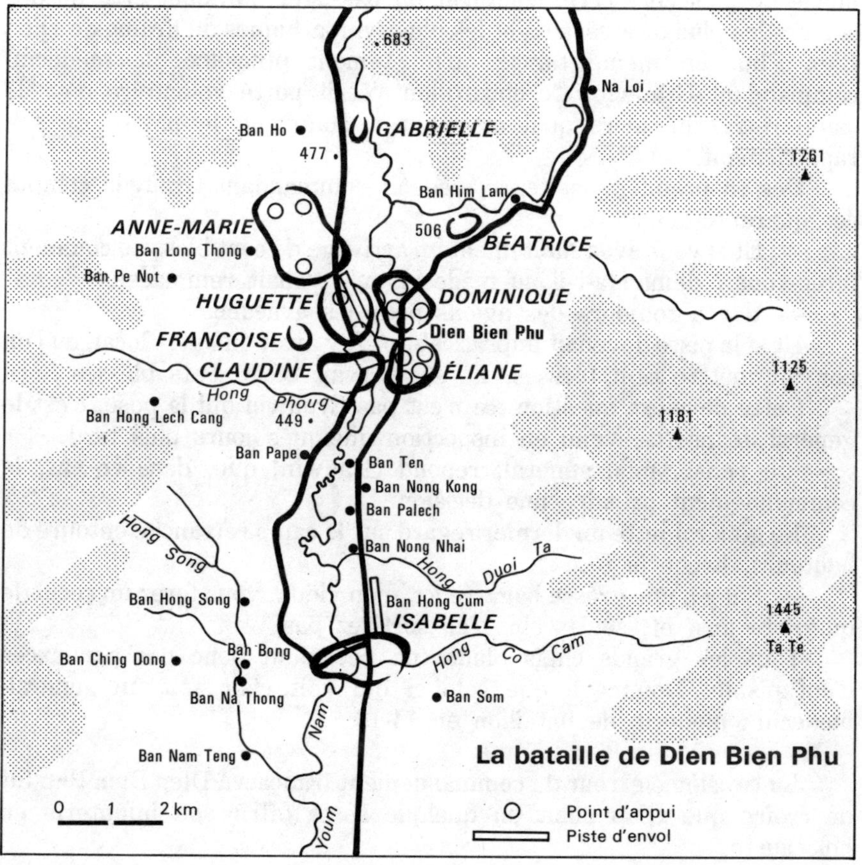

La bataille de Dien Bien Phu

journaux envoyés d'Hanoï, on buvait le coup à la cantine, on jouait aux cartes, on discutait. Certains disaient :

— Vivement qu'on se tabasse et qu'on mette les bouts.

D'autres se dirigeaient sans rien dire vers l'un des deux B.M.C. La nuit venait. On entendait dans le ciel le bruit rassurant des patrouilles de Dakotas.

Les obus viets du 3 février changèrent brusquement le climat. Le tir reprit sur la piste les jours suivants. Les Viets tiraient avec des canons et des mortiers, preuve qu'ils n'étaient pas trop loin. Une autre preuve de leur proximité fut administrée dans la nuit du 13 au 14 février ; une patrouille du 1er B.E.P., à peine sorti du camp, rencontra une patrouille viet. Cinq légionnaires tués, trente blessés. Les Dakotas tournaient lentement autour du camp, essayant de découvrir dans le moutonnement des arbres les batteries viets, ainsi que les colonnes de cette armée d'investissement, qu'on devinait chaque jour plus nombreuse et plus proche. Rien. Les avions lâchaient leur napalm un peu au hasard. Les incendies n'empêchaient pas les obus viets d'arriver. Les avions se posaient et décollaient en vitesse.

Le Stratoliner qui atterrit sur la piste le 17 février, soulevant un nuage de poussière ocre, contenait un passager qui allait être un des acteurs les plus intéressants et les plus sympathiques du drame de Dien Bien Phu, en même temps qu'un témoin précieux : le médecin-commandant Grauwin. Ce chirurgien s'était porté volontaire pour le camp retranché alors qu'il attendait à Haïphong le navire de son rapatriement.

Dès sa première visite, le médecin-commandant Grauwin compta ses quarante-deux lits.

— Et si vous avez subitement un arrivage de cent blessés, comment ferez-vous ? demanda-t-il au médecin qu'il venait remplacer.

— Il y a toujours des avions pour les évacuer.

Et si la piste devenait impraticable ? Il y avait un autre local, où l'on pouvait mettre cent blessés. Et s'il y avait trois cents blessés ?

Cette dernière question, ce n'est pas Grauwin qui la pose, c'est le général Jeansotte, venu en inspection quelques jours plus tard.

— Je pense, mon général, répond Grauwin, que, dans ce cas, le commandement prendre une décision.

Le général jette un dernier regard sur le camp retranché entouré de hauteurs, hoche la tête :

— S'il y a une grosse bagarre ici, mon vieux, vous ferez un recul de quarante ans, et, seul, vous n'en sortirez pas.

Tous les grands chefs blancs ne péchaient donc pas par excès d'optimisme. Dommage que celui-ci qui voit clair soit un général-médecin ; médecin de bataillon en 14-18.

La troisième erreur du commandement français à Dien Bien Phu fut de croire que Giap allait en quelque sorte offrir son infanterie en holocauste.

— On cassera le Viet quand il descendra des collines.

On comprend mal que des militaires de haut rang d'habitude si férus de méthode historique n'aient pas fait le simple effort de consulter pendant dix minutes les archives de la Légion, au chapitre de Tuyen Quang. Tuyen Quang se trouve au Tonkin, à 150 kilomètres à vol d'oiseau de Dien Bien Phu. Le site est tout à fait comparable, une cuvette au milieu des hauteurs. Pour décrire l'approche des troupes de Giap sur Dien Bien Phu, je pourrais reprendre mot pour mot mon exposé de l'investissement de Tuyen Quang par les Pavillons Noirs en 1886.

Un matin on s'aperçoit que les Jaunes se sont mis à creuser. Ils creusent du plus loin qu'il faut une ligne de tranchées d'investissement et de là lancent des tranchées en ligne brisée vers le centre. Deuxième investissement, plus proche, et on recommence. A toute vitesse, à toute vitesse comme des taupes fouisseuses. Les Viets sont aussi des champions du camouflage, ils recouvrent à mesure leurs tranchées de fibres de latanier de la couleur du sol. La photo aérienne décèle ensuite leurs galeries, qui sont bombardées, mais ils recommencent. Ils creusent de jour et de nuit, obstinément, fanatiquement, insensibles aux pertes, aux éboulements, aux ensevelissements. Comme à Tuyen Quang. L'armée viet ne descend pas des collines pour livrer une bataille rangée, elle creuse. Vous ne pouvez pratiquement rien contre des milliers de taupes frénétiques qui nuit après nuit s'avancent vers vous en creusant. D'autant que l'artillerie viet, de jour en jour plus puissante, protège efficacement cette armée de taupes ; jour après jour cloue davantage les défenseurs à l'intérieur de leurs retranchements. Comme à Tuyen Quang. Comme à Tuyen Quang, l'investissement sera de plus en plus rapproché, le bombardement de plus en plus paralysant, et à la fin, ce sera contre chaque ouvrage, un après l'autre, l'attaque-suicide de la masse hurlante. Différence : à Tuyen Quang, la submersion a été évitée de justesse et la colonne de secours est arrivée.

Le 11 mars dans l'après-midi, les légionnaires du point d'appui Béatrice (au N.-E. du camp ; garnison : 3e bataillon de la 13e D.B.) aperçurent les Viets creusant des tranchées en plein jour, aux avancées de l'ouvrage. L'artillerie française ouvrit le feu. On vit les Viets s'éparpiller un instant sous les explosions, puis ceux qui n'avaient pas été tués revinrent et recommencèrent à creuser, malgré le tir français. Un détachement (paras du 1er B.E.P., et du 8e Choc) de la réserve opérationnelle intervint et liquida la situation en quarante minutes : plus de Viets. Le soir, l'optimisme régna dans les popotes :

— S'ils veulent la bagarre, ils l'auront. Au vrai combat, ils ne seront pas de taille, etc.

Le lendemain, gros bombardement de la piste. Les travailleurs (il fallait sans cesse réparer cette piste) trouvaient que ça secouait plus que d'habitude.

— Mon vieux, cette fois, c'est du 105.

C'en était. Pour la première fois un avion flambait sur la piste. L'artillerie française répondait, des chasseurs mitraillaient et bombardaient les pentes à l'entour. Une demi-heure de canonnade de grand style, puis silence.

La matinée du 13 mars offrit un étrange spectacle. Le soleil brillait dans le ciel bleu, mais cette gaieté, cette splendeur n'atteignaient pas la terre. Les pentes boisées autour de la cuvette n'étaient pas vertes, mais vert-de-gris, à cause de la poussière. Cette poussière montait continuellement de la cuvette, soulevée par les véhicules qui roulaient en tous sens, par les avions qui atterrissaient et par les obus viets qui tombaient sans cesse sur la piste et sur toute l'étendue du camp. On comprenait que le bombardement de la veille n'avait été qu'une sorte de coup d'envoi. A la poussière soulevée par les véhicules, les avions et les obus se mêlait une fumée épaisse de camouflage, émise par des pots fumigènes. La piste était parsemée de trous, grêlée comme un visage de varioleux. Deux Dakotas y avaient déjà été pulvérisés, un « Curtiss Commando » flambait, grande lueur orange au milieu de la poussière. A 11 heures un troisième Dakota fut gravement endommagé ; à 15 heures un autre réussit à atterrir, débarquant un renfort : vingt-trois hommes, avec eux deux photographes. Une heure plus tard, l'un de ces deux reporters était tué sur la piste même ; l'autre, un pied arraché.

De l'entrée de son antenne chirurgicale, le médecin-commandant Grauwin observait le spectacle : « L'infernal bombardement s'accroît de minute en minute. J'ai l'impression que les obus de 105 arrivent par paquets de douze. Ils tombent partout, sur le P.C., sur le 8e Choc, sur le G.M. 9, devant nous sur le pont. On distingue nettement les éclatements plus brefs des 75... Du côté de Béatrice, c'est un embrasement, une lueur rouge continuelle... C'est la préparation classique d'artillerie avant l'attaque. Je n'avais encore jamais vu cela depuis 1944. »

18 heures. Dans son P.C., le colonel de Castries attend à côté de ses téléphones. Est-ce la grande attaque ? Les Viets vont-ils descendre des collines ?

18 h 30. Le bombardement s'intensifie avec une violence inouïe sur Béatrice et sur Isabelle. Le lieutenant-colonel Gaucher, chef de la 13e Demi-Brigade, la commande en personne à Béatrice. Ancien du Maroc, quinze ans d'Indochine. Ici même à Dien Bien Phu, il s'est battu contre les Japs ; il a fait avec le 5e Étranger la retraite de la mort vers la Chine. A 19 heures le 13 mars 1954, il appelle le P.C. au téléphone :

— A moi l'honneur ! Les Viets rampent à 20 mètres de mes barbelés. On les attend.

Vingt minutes plus tard, second coup de téléphone :

— Des régiments d'infanterie viet ont attaqué. Plus on en tue, plus il en vient. Je demande l'appui de l'artillerie.

Castries reçoit en même temps un coup de téléphone du colonel Lalande, qui commande Isabelle. Là les légionnaires (3e bataillon du 3e Étranger), entre deux explosions d'obus, entendent les pelles et les pioches des Viets en train de creuser. Les taupes vont-elles s'avancer en fouissant jusqu'à l'intérieur même de l'ouvrage ?

Le bombardement viet s'intensifie encore sur Béatrice et *en même temps*, l'infanterie viet livre l'assaut. Les minces silhouettes surgissent devant les tranchées en rangs serrés, au coude à coude, elles tombent sous les rafales des défenseurs et sous les obus viets, et d'autres sans cesse les remplacent, montant sur les rangées qui sont tombées. Gaucher se ronge dans son abri. C'est là sa place de combattant, un chef doit se tenir là où on sait le trouver, là où sans cesse il peut être informé et donner ses ordres. Mais soudain Gaucher n'y peut plus tenir, il sort, il gagne les tranchées, suivi d'un officier. Voir le feu, parler aux hommes, s'exposer comme eux. Sous les fusées éclairantes, on découvre la surface bombée de Béatrice, déjà lunaire comme le sol de Verdun. On dirait que maintenant l'infanterie viet diminue un peu sa pression, mais le pilonnage viet ne cesse pas, partout des éclats tintent.

— Mon colonel...

L'officier qui accompagne Gaucher s'inquiète : les choses n'iront pas mieux si le chef de Béatrice est atteint. A contrecœur, Gaucher regagne son abri. Il consulte la carte, indifférent aux explosions voisines. Le toit du P.C. est fait de rondins et de sacs de sable, il n'y a pas un seul abri bétonné dans le camp retranché.

Les heures passent, Béatrice se défend toujours. Les messages que reçoit Gaucher dans son trou, les coups de téléphone qu'il adresse au P.C. de Castries font clairement comprendre que l'attaque a repris avec la même violence qu'au début, et comment ce paroxysme peut-il ainsi durer ? Combien de milliers sont les Viets, quelle masse énorme de munitions Giap a-t-il fait transporter ?

Un choc terrible, trois secondes, un autre choc. Gaucher a pour ainsi dire tout entendu en même temps : la première explosion, l'éclatement des poutres, la dégringolade des gravats, l'explosion du second obus, cette fois à l'intérieur du trou. Maintenant, ses quatre membres sont fracassés, son thorax ouvert. Couvert de sang, il parle encore. A son ordonnance :

— Essuie-moi la figure et donne-moi à boire.

Par l'embrasure éclatée de l'abri entrent la poussière et l'odeur de la poudre. On entend dans la nuit les hurlements des Viets qui attaquent et attaquent, marchant sur des piles de cadavres de leurs copains...

Submersion, le mot dit bien ce qu'il veut dire. Vous venez de voir tomber Béatrice (le colonel Gaucher est mort quelques minutes après son transfert à l'antenne chirurgicale), vous pouvez reprendre le même schéma pour vous représenter la submersion, après pilonnage de toutes les défenses de Dien Bien Phu, à deux exceptions près : Anne-Marie, abandonnée sans combat par sa garnison thaï, et Huguette 6, investie complètement et de très près par les tranchées viets, et qu'on évacuera.

L'attaque viet du 13 mars n'a pas été poussée à fond contre Isabelle, qui a tenu. Une contre-attaque lancée pour reprendre Béatrice a avorté : nuit noire, pagaille noire, ni les hommes ni les chars n'avaient parcouru de nuit le chemin vers Béatrice, et le bombardement viet continuait.

Le 14, c'est Gabrielle (ouvrage Nord) qui va tomber après trois assauts lancés à partir de 13 h 30. Toujours les mêmes messages : « Les Viets sont contre nos barbelés. Sont contre nos parapets. Entament l'enceinte du point d'appui. » La première vague saute sur une mine, les petits cadavres en loques voltigent, la deuxième vague est fauchée par les rafales, il en vient une troisième, une quatrième, autant qu'il faudra, et vous imaginez la suite.

La contre-attaque (15 mars à 5 h 30. Colonel Langlais, un bataillon réduit du 1er B.E.P., quelques chars) cette fois atteint l'objectif, mais ne peut s'y maintenir parce que, sous le pilonnement de style occidental, Gabrielle, ses tranchées, ses défenses, ses abris, tout cela est devenu littéralement un tas de poussière où les seuls objets un peu solides sont les cadavres. Dans l'herbe, dans la terre, dans la boue pas trop liquide, vous pouvez tenter de creuser une tranchée ou quelque chose qui y ressemble, un abri précaire. Dans la poussière, vous ne pouvez pas : vous pouvez aussi peu vous retrancher dans la poussière que dans la mer. Finalement, les paras reçoivent du P.C. l'ordre de décrocher, ils le font en évacuant les survivants d'Isabelle.

Coût de cette contre-attaque pour le détachement du 1er B.E.P. : 50 % de pertes, dont 2 officiers. Coût de la défense désespérée de la veille sur Béatrice : 6 officiers tués, 1 officier blessé, 325 gradés et légionnaires tués, disparus ou grièvement blessés.

Le trépas à mon avis le plus dramatique de toute la bataille de Dien Bien Phu est celui d'un homme qui n'a été atteint ni par une balle ni par un éclat ni par aucune arme ennemie : suicide. Suicide d'un officier. Le 14 mars. Le commandant Piroth, chef de l'artillerie, s'est donné la mort parce que ses canons ne pouvaient pas « museler » les canons viets comme prévu. Aux dernières conférences du P.C. central, il s'est accusé publiquement, prenant sur lui la faute, et la responsabilité du désastre qui déjà se dessine — comme si quelques douzaines d'étoiles et de galons n'avaient pas communié dans la même erreur. L'autocritique que d'autres repousseront, obstinément refouleront, publiquement refuseront, a choisi comme victime expiatoire cet officier. Le malheureux s'est fait sauter dans son abri en dégoupillant une grenade. Le shakespearien fantôme du commandant Piroth flotte à jamais au-dessus de l'absurde cuvette de Dien Bien Phu.

Giap tient les hauteurs dominantes toutes proches du camp. La bataille est perdue. Non pas probablement perdue, virtuellement perdue : perdue. Lisez tous les récits, reportages, témoignages, vous serez frappés par le caractère inexorable du déroulement de l'interminable dernier acte. Une logique mortelle tire les conséquences, écrasant sans pitié le courage des combattants, dont tous les gestes, y compris la mort héroïque, n'ont qu'une valeur morale.

« Mon univers de chairs broyées », écrira le médecin-chef Grauwin. Dans son « antenne » souterraine où, assisté du médecin-lieutenant Gindrey, il va courir le marathon chirurgical le plus extraordinaire de tous les temps, Grauwin est au cœur du drame, au véritable P.C. humain où nulle abstraction, nulle illusion ne peut subsister. Heure après heure il voit arriver les brancards brunis de sang, des officiers qui ont été ses amis, des soldats qui lui disent : « Mon Commandant, vous m'avez déjà tiré d'affaire, regardez ma belle cicatrice. » Un Dakota sanitaire vient chaque jour chercher les opérés et les pansés, qu'on évacuera vers l'hôpital d'Hanoï. A son bord, une infirmière hautement qualifiée, qu'on appelle convoyeuse.

Les Viets canonnent systématiquement la piste, les autos-ambulances, dont les pilotes sont des légionnaires ; ceux-ci ne vivent pas vieux. Les dégâts sont tels qu'on renonce aux évacuations par avions, des hélicoptères prennent la relève. Quelques jours plus tard, on renonce aux hélicoptères, ils écopent trop, eux aussi. « Les avions sanitaires reprendront leur service. Mais dorénavant, décollages et atterrissages auront lieu uniquement de nuit. » Le 28 mai, à 13 h 45, le Dakota sanitaire n° 434, salué au passage par la D.C.A. viet, se pose à Dien Bien Phu. Il ne repartira jamais : une avarie de moteur, il faut attendre le lendemain au jour pour réparer ; le lendemain au jour, quelques obus viets et le Dakota flambe. Aucun avion jamais ne se posera plus sur la piste ni ailleurs. Plus d'évacuations. La convoyeuse du Dakota n° 434, bloquée à Dien Bien Phu, ne sait pas encore que son dévouement et son courage la rendront célèbre. Elle se nomme Geneviève de Galard.

L'île Dien Bien Phu ne recevra plus aucun secours que par parachutages. Et en même temps, cette île va devenir de jour en jour moins étendue, plus bombardée, plus brûlante. Les Viets creusent toujours frénétiquement, enserrent, se rapprochent, attaquent. La marée viet sans cesse monte de tous côtés. Les défenseurs se fatiguent bien davantage que les assaillants, qui ont pour eux le nombre. Giap lançant une attaque peut relever trois fois les compagnies qu'il engage ; autrement dit dans un combat de vingt-quatre heures, les unités françaises engagées combattent vingt-quatre heures, les Viets huit heures.

Le flot viet ne monte pas uniformément comme une marée, les défenseurs donnent de furieux coups de boutoir qui sur certains points stoppent les Viets, les font même reculer pour plusieurs jours. Un des plus furieux engagements de la longue bataille est celui des 4-5 avril, pour la conservation du bastion Huguette 6 qui commande la zone de réception des parachutages.

De jour, pour ne pas être atteints par la D.C.A. viet, les avions larguent de 3 000 mètres les armes, les munitions, le matériel. Hélas, comme à Bir Hakeim, le vent pousse les parachutes chez l'ennemi : moitié de pertes. Les renforts humains, eux, sont parachutés de nuit : 5ᵉ bataillon de parachutistes vietnamiens, un bataillon de paras coloniaux, le 2ᵉ B.E.P. (nuit du 11 au 12 avril), le 1ᵉʳ Bataillon de paras coloniaux. La D.C.A. viet tire, les pilotes tournent parfois pendant des heures pour lâcher avec le moins de pertes possible leur précieuse cargaison. Les paras professionnels, sportifs costauds entraînés, trou vent là, dans ce saut dans les ténèbres sous le feu viet, un exploit exactement à leur mesure. Des assiégés les accueillent en leur disant : « Vous êtes des potes », d'autres : « Vous êtes des cons » mais tous leur tapent cordialement sur l'épaule à cause des trésors contenus dans les immenses poches de ces envoyés du ciel : cigarettes, chocolat, journaux du jour, alcool. L'un d'eux pourtant reçoit un accueil tout différent. Dans l'obscurité totale, il se pose sur quelque chose de mou, se relève, s'avance à tâtons et sa main touche une joue, un nez, une bouche ouverte sur des dents, visage complètement glacé et à côté un autre ; encore un autre, des corps froids côte à côte. Le malheureux vient de tomber sur la morgue de l'hôpital, des minutes et des minutes pour en sortir, quel cauchemar !

La performance de ces paras professionnels pâlirait auprès de ce qui va suivre. Comme la fournaise Dien Bien Phu dévore et comme il n'y a plus une seule unité para en Indochine, le commandement fait appel à des volontaires non paras, pour être largués sur Dien Bien Phu. « Après un entraînement sommaire », diront quelques historiens officiels. Non. Sans entraînement préalable, sans avoir jamais sauté. On n'a pas le temps d'apprendre à ces hommes à sauter, et surtout il ne faut pas commencer à leur apprendre, car ces volontaires, qui sont nombreux, qui se proposent par unités entières, si seulement ils sautaient une fois à l'entraînement, soudain mesureraient leur folie, renonceraient peut-être. Ce saut dans les pires conditions, dans le noir nocturne ou apparaît tout en bas, au fond de la cuvette, la minuscule cible qu'il s'agit d'atteindre, illuminée de fusées et d'obus, bosses et cratères sous le feu d'artifice, ce saut vers la fournaise doit absolument être le premier saut, la folie qu'on commet sans comprendre.

Les parachutistes qui touchent terre à l'intérieur des lignes sans se briser un membre (la plupart), sans trop s'empêtrer dans les barbelés, sans être alors liquidés par les mitrailleuses et par les obus, rampent un peu au hasard dans le chaos, vers une petite lumière, ou guidés par la voix des spécialistes des équipes de recueil : « Par ici, mon vieux. Non, non, par ici sur ta droite… Attends-moi, je viens. »

Quelques minutes plus tard, l'abri, quelques heures plus tard la tranchée. Une tranchée parfois reprise aux Viets le jour même et qui dans vingt-quatre ou quarante-huit heures sera de nouveau leur. Nous arrivons à l'époque (à partir de la mi-avril) où seules quelques actions distinctes (reprise d'Éliane 1 avec le concours du 1er B.E.P. ; évacuation de Huguette 6, investie entièrement et de près par les tranchées viets ; chute de Huguette 1 et vaine contre-attaque, avec grosses pertes pour le 2e B.E.P.) se détachent sur un chaos dont aucune reconstitution historique jamais ne rendra compte exactement. « Dans des conditions semblables, m'a écrit un ancien d'Indochine, les journaux de marche de nombreuses unités sont rédigés après coup, et plusieurs de ces journaux ont été perdus ou détruits lors des soubresauts des derniers jours ou pendant la captivité, et reconstitués ensuite de mémoire. Exiger de la précision serait illusoire. Entre la mi-avril et la capitulation, la plus grande partie de la surface du camp retranché est devenue une juxtaposition de charniers affreux qui ont plusieurs fois changé de mains. »

Les deux adversaires profitent des accalmies pour enterrer leurs morts en vitesse, souvent là sur place dans des tranchées que l'on comble. Mais les accalmies ne sont pas assez nombreuses ni assez longues, les défenseurs luttent contre l'épuisement autant que contre l'ennemi, des centaines et des centaines de cadavres « en attente » commencent à répandre sur tout le camp une odeur qui doit ressembler à celle des grands champs de bataille de 14-18.

La garnison de Dien Bien Phu comptait au début de mars, à la veille de la bataille, 11 000 hommes. Quatre bataillons ont été largués. Or le 15 avril, le colonel Langlais dénombre environ 3 500 hommes en état de combattre, dont 2 500 paras, légionnaires ou non, et 814 légionnaires non paras. Le reste comprend la garnison d'Isabelle (3e bataillon du 3e Étranger, colonel Lalande) investie, isolée ; les Nord-Africains, les Vietnamiens et les Thaïs qui ont fait défection ; plus les morts, les disparus, les prisonniers, les blessés.

Souveraine de l'immense Asie chaotique, la mousson arrive exactement au rendez-vous depuis des millénaires. A partir du 20 avril, il pleut sur Dien Bien Phu. Dien Bien Phu est une cuvette, et les constructions édifiées sur cette cuvette, les abris creusés dans le sol, pas un seul bétonné, sont couverts d'amas de sacs de terre, de branches, de morceaux de grille, même pas la tôle ondulée des bidonvilles. Si vous avez vu et entendu même une seule fois, même au cinéma, tomber la pluie tropicale, vous vous représenterez le désastre climatique s'ajoutant au reste.

— Les infiltrations, on avait à peine le temps de les voir : elles devenaient aussitôt des inondations. Dix, vingt centimètres d'eau dans les tranchées encombrées de macchabées. Dans les abris, dix centimètres de boue. Plus jamais rien de sec, ni la nourriture, ni les vêtements. Ne plus jamais se dévêtir ni se déchausser, la peau des pieds pourrie. Et l'horreur des latrines, dégoulinantes, répandant leurs ruisseaux atroces...

Les obus viets tombaient toujours aussi nombreux, leurs explosions projetaient des giclées de boue infecte, redoutables pour la moindre blessure. L'antenne chirurgicale était un purgatoire. « L'eau s'égouttait sur les lits, sur les tables couvertes d'ampoules et d'instruments, coulait sournoisement dans les angles ; tombait en gouttes pressées sur les blessés étendus sur la table, mouillait les bandes plâtrées et les paquets de coton ; et finalement elle apparut dans tous les abris et tout le long de notre boyau central. Le Génie vint creuser des puisards... Sur les murs s'étalèrent de grandes plaques humides où les champignons se mirent à croître avec une exubérance bien tropicale. » Quelle force mystérieuse tenait debout vingt heures par jour Grauwin, son adjoint et ses aides ? Non seulement debout, mais actifs, lucides, capables. Était-ce leur fluide mental qui se communiquait aux blessés, ou le courage de ceux-ci aidait-il les opérateurs ? Grauwin a cité vingt exemples de courage illimité d'hommes qui savaient que, leur ou leurs membres amputés, leurs yeux perdus, il leur faudrait maintenant attendre là sans espoir d'évacuation, dans ce tombeau puant, boueux, secoué par les explosions, jusqu'à la fin, jusqu'à quelle fin ? Peut-être l'irruption de la horde viet armée des coupe-coupe ? La convoyeuse Geneviève de Galard dans son costume de soldat, infatigable ou du moins se disant telle, méritait à coup sûr, méritait largement les décorations et les honneurs qu'un peu plus tard elle allait recevoir.

Le 30 avril, jour du 91e anniversaire de Camerone, elle fut nommée légionnaire honoraire de 1re classe. Ce jour-là, dans le P.C. de Castries (général depuis le 15 avril) le colonel Bigeard fut lui aussi nommé légionnaire d'honneur de 1re classe ; Castries et Langlais caporaux d'honneur. Les nouveaux légionnaires trinquèrent avec des quarts remplis de vinogel, mixture déjà décrite. Au même instant, dans tous les postes de la Légion, le légionnaire le moins ancien dans le grade le moins élevé lisait le récit du combat fameux, le plus souvent avec un accent qui ne rappelait ni celui de Belleville ni celui de la Canebière. Ces étrangers (un soldat français sur cinq à Dien Bien Phu), ces mercenaires en tout cas, eux, ne faisaient pas défaut. Le plus indiscutable Camerone de la fidélité fut bien celui-là, commémoré sous le déluge d'obus, menu spartiate (riz et bœuf en conserve, vinogel) avec, comme luxe, deux cigarettes Lucky par légionnaire. Mais le grand luxe de la Légion, justement, c'était cette fidélité.

Un entracte dans le déluge permit ce jour-là aux avions de larguer sur la cuvette 233 tonnes de ravitaillement, dont la moitié tomba chez l'ennemi. Le lendemain, le déluge reprit de plus belle, de véritables trombes d'eau. Météo mortelle pour les avions. De monstrueux cumulo-nimbus tropicaux, chargés de grêle et d'électricité s'élevaient jusqu'à 10 000 mètres. Un Dakota fut littéralement brisé en l'air par la grêle, d'autres se virent en perdition, leurs prises d'air obstruées. Des grêlons énormes, brisant le plexiglas d'un poste de pilotage, tuèrent pilote et copilote.

Malgré ce ciel ennemi, chaque jour des avions venaient tourner au-dessus de la boueuse, sanglante, sanieuse cuvette, larguant des volontaires. Les frénétiques taupes viets creusaient toujours, creusaient dans la boue, dans les cadavres, dans la merde, investissant de plus en plus près. La cuvette entourée de collines pouvait aussi bien être comparée à un amphithéâtre antique plein de martyrs promis à la mort, amphithéâtre chaque matin plus exigu et plus mortel, il y avait encore des volontaires pour être parachutés. Des soldats et des gradés parvenus au terme de leur engagement, des plantons, des secrétaires, des planqués. L'amphithéâtre mortel attirait, exerçait comme une fascination. Sautaient aussi des officiers : le chef d'état-major du général Navarre, son aide de camp. Question d'honneur, après tout.

On vit les derniers jours marcher au combat, prendre position dans les tranchées pourries, avec les renforts parachutés, d'étranges renforts surgis du purgatoire : homme affublés de pansements, borgnes à bandeau de pirate, manchots et même unijambistes. Ces hommes répondaient à un appel du colonel Langlais adressé *aux blessés légers.* Tous les blessés capables de quitter leur lit ou leur brancard, au besoin aidés par les copains, avaient envahi la salle de réanimation, Grauwin avait dû se fâcher :

— Non, pas tous !

— Les copains nous attendent ! S'ils doivent crever, on veut crever avec eux.

Tous les recoupements prouvent que Grauwin, narrateur scrupuleux, n'a jamais rien inventé ni amplifié. L'épisode ci-dessus est exact. On vit réellement cette cour des miracles, moins ceux qui avaient été retenus, sortir de l'hôpital souterrain, marcher par les boyaux à demi éboulés vers la première ligne, maintenant si proche. Et les recalés de cet effarant conseil de révision protestaient.

J'aperçois maintenant dans le souterrain médico-dantesque dégoulinant d'infiltrations et de condensation quelques formes petites et minces, furtives entre les lits, on dirait presque des ombres, or ce sont des femmes. Ce sont les pensionnaires du dernier B.M.C. de Dien Bien Phu, une douzaine d'Ouled Naïls. Elles sont demeurées prisonnières sur l'île assiégée, elles aussi, après l'incendie du dernier Dakota.

— Elles ont changé de métier. On avait déjà vu, dans l'histoire de la Légion, les filles du B.M.C. faire le coup de feu avec les défenseurs d'un poste. Celles de Dien Bien Phu sont devenues aides-infirmières. Elles n'étaient plus des prostituées. Elles étaient de braves petites filles pleines de courage, elles se crevaient aux dégoûtantes besognes. Moi, je vous le dis, chacune d'elles aurait mérité une citation, ou enfin un témoignage de satisfaction, quelque chose...

Elles ont eu l'oubli. Un souvenir dans quelques cœurs d'hommes, mais le silence officiel, absolu. Les filles d'un B.M.C., même devenues des anges de dévouement, n'ont pas droit à l'existence historique. Le désastre va maintenant s'accomplir, les survivants de Dien Bien Phu partiront bientôt pour leur marche de la mort vers les camps viets, et les petites Naïls feront partie du triste cortège. Promises à quel sort ? On n'a plus jamais entendu parler d'elles. Il me semble qu'à l'instant où elles vont ainsi disparaître, une pensée de gratitude ne doit choquer personne.

7 mai 1954. Une fois de plus, la Légion va conclure, va mener le dernier baroud, sonner le dernier coup de clairon. Et pourtant quelle tristesse ! L'historien le moins cocardier éprouve ici une amertume, une lassitude.

Même à la jumelle et bien qu'il ne pleuve plus, le chef du point d'appui Isabelle ne distingue pas grand-chose de ce qui se passe dans les parages du P.C. de Castries, à 5 kilomètres de lui. Les pilotes des avions de chasse qui tournent et tournent, dangereusement bas, mitraillant les tranchées viets, voient sous eux un cercle minuscule et fumant. Moins d'un kilomètre de diamètre, entouré de feu, toujours pilonné d'obus.

Le coup de massue a été assené la veille. Le bombardement déclenché le 6 mai à partir de 17 h 30 a atteint une intensité encore jamais observée. On a vu littéralement s'aplatir les blockhaus et les abris déjà à demi ruinés par la pluie. Trois canons français répondaient à quatre cents canons viets.

L'assaut a eu lieu à partir de 19 h 30. On peut éprouver une admiration pour la stratégie de Giap, mais cette fidélité à la conclusion par l'assaut barbare, sans égard pour les pertes, tout de même, confond. Toujours et toujours ces premières vagues à coup sûr sacrifiées, ces milliers d'hommes qui doivent savoir que leurs derniers cris seront : « Dix mille ans à l'oncle Ho ! En avant ! Vite ! Vite ! Vite ! » Ce vite-vite vers la mort, et ces morts chaque fois piétinés par les vagues qui suivent, quelle dégoûtation, quel répugnant sacrifice au dieu Nombre !

Les défenseurs morts de fatigue ont fait front à cette marée horrible, la lutte sous les obus pour les ouvrages Éliane a été jusqu'au milieu de la nuit un carnage à coups de feu, à la grenade, à la baïonnette, au couteau, à coups de crosse. Les défenseurs d'Éliane 2 ont été jetés en l'air par une mine creusée jusque sous leurs pieds, comme à Tuyen Quang. Comme à Tuyen Quang, les défenseurs d'un autre ouvrage, Éliane 4, ont vu soudain au milieu d'eux des Viets surgis d'un souterrain. Éliane 4 a résisté toute la nuit, mais maintenant, 8 mai 9 heures du matin, Éliane 4 est en train de succomber. La nappe grouillante serrée des uniformes verts et des casques ronds tressés de lianes monte irrésistiblement sur les flancs d'Éliane ; au sommet, les dernières lueurs. Plusieurs ouvrages ont déjà cessé le combat faute de munitions.

Isabelle est une autre île assiégée, bombardée. Les légionnaires voient très bien tout autour d'eux le lacis des tranchées viets sans cesse allumées de lueurs. La surface du point d'appui est un chaos boueux, bosselé, troué, parsemé de fer tordu. Les explosions, le tintement des éclats, se détachent sur un fond de grand silence humain. Instinctivement, les légionnaires d'Isabelle économisent leur salive et d'ailleurs ils n'ont plus rien à dire. Ce soir, ou peut-être avant, le flot viet déferlera. Plusieurs de ces légionnaires ont livré de durs combats, ont déjà vu arriver sur eux ce flot hurlant, et pourtant ils sont encore là, vivants. Mais maintenant nul n'imagine plus de secours possible.

A 16 heures, téléphone. Le P.C. de Dien Bien Phu offre un choix à Lalande : baroud d'honneur, ou tentative de sortie ? Répondre immédiatement.

— Je tenterai la sortie, dit Lalande.

Est-ce donc la fin ? Lalande ignore que six heures plus tôt, à 10 heures, au terme d'une interminable conversation radio Coigny-Castries, Coigny a donné son accord pour que Castries « fasse filer le maximum de moyens vers le Sud. » Lui-même, Castries, tiendra à Dien Bien Phu « le plus longtemps possible avec ce qui restera ». Lalande ignore aussi qu'à 10 h 20, des légionnaires bloqués au sud de Claudine et à la limite d'Éliane, point encore attaqués, ont reçu du P.C. l'ordre de détruire leurs munitions.

17 h 55. Lalande reçoit un radio direct de Coigny : « Quelle décision avez-vous prise ? » Comment se fait-il que Coigny n'ait pas été informé par Castries ?

Lalande ne peut pas savoir que toute résistance a cédé à Dien Bien Phu. Autre chose commence. Le drapeau blanc a été hissé sur le P.C. de Castries, puis amené, et Castries est parti, captif entre deux Viets mitraillette au poing, et les autres chefs aussi sont prisonniers, emmenés par ces petits Jaunes qu'ils dépassent de deux têtes, triste spectacle, très dur symbole. Lalande a la chance de ne pas voir le nouveau mouvement qui anime le camp, ce pullulement des Viets sortis de leurs tranchées, ce grouillement de petits hommes au corps plat, au casque plat, au visage plat, qui maintenant sont des vainqueurs. Tout leur appartient, ils ramassent les fusils, les postes de radio, les pneus, les hauts parleurs, les caisses de conserves. Ils touchent et touchent tous les objets en parlant-chantant dans leur langue étrange, vite, toujours vite, vite, vite, vite, comme quand ils se ruaient à la mort.

Déjà des files de captifs s'éloignent, marchant vers les camps viets. Les Blancs, les légionnaires vietnamiens et des tirailleurs sénégalais ont combattu jusqu'au bout. Les Jaunes non légionnaires et les Nord-Africains étaient depuis des semaines sortis du camp, planqués dans des trous de l'autre côté de la rivière ; déserteurs incapables d'aller plus loin, voleurs de vivres parachutés.

A 18 h 30, le déluge de feu s'abat sur Isabelle. Le dépôt de munitions explose, secouant la boueuse carcasse, projetant en l'air des corps déchiquetés.

— Alors quoi, on va crever ici ?

A 19 heures, Lalande entend sur sa propre longueur d'onde la radio viet, en français : « Inutile de continuer à combattre. La garnison de Dien Bien Phu est prisonnière. Rendez-vous. »

— Troisième bataillon, en avant ! dit Lalande.

Dites à six cents légionnaires : « Allez-y ! » S'ils savent en outre que leur dernière chance est entre leurs mains, vous jetez en avant un fameux bélier. Vous le jetez dans la nuit noire opaque, puis vous ne voyez rien parce que ce soir-là, à cette heure-là, on ne voit pas à dix mètres. Quelques minutes plus tard, on entend. On entend les coups de feu, les grenades, les rafales. Puis les canons viets qui tirent furieusement dans le tas, de plein fouet.

Les lignes viets ont été crevées, cent légionnaires ont passé. Ces cent-là se ruent comme des fous dans la nuit, sautant les tranchées, tombant, se relevant, poignardant dans l'ombre quelques Viets surpris, stupéfaits ; se heurtant à d'autres Viets aux aguets qui les fusillent, les grenadent, et les survivants continuent, courant encore, courant à perdre le souffle, le long de la rivière, haletants sous les premiers couverts de la jungle.

— Vite, vite, vite, disent les guides.

Les guides sont des supplétifs thaïs, ils ont promis aux légionnaires de les guider à travers les montagnes, par les pistes, jusqu'au Laos. Les légionnaires savent bien que ces Jaunes ne les guideront pas jusque-là, qu'ils n'ont qu'une idée : se perdre dans la nature, se faire oublier jusqu'à ce qu'on ait oublié qu'ils ont combattu avec les Blancs.

J'ai vu la photo de trois rescapés de cette équipée, ceux-là avaient finalement atteint le Laos. Combien réussirent, cela n'est dit nulle part. « Quelques isolés dont le courage fut servi par la chance. » La jungle et la montagne savent ce que sont devenus les autres.

Quant aux légionnaires d'Isabelle qui ne purent percer les lignes viets, vous avez entendu les rafales et les canons, la dernière tuerie de Dien Bien Phu. Les canons viets tiraient dans le tas, de peur de voir leur échapper ces hommes qui refusaient de se rendre. Le milieu de la colonne fut volatilisé, l'arrière dut faire demi-tour, regagner le point d'appui — dans la nuit traversée de fusées, sous les lueurs des canons, cette ruine informe nommée Isabelle. Le colonel Lalande donna l'ordre de cesser le combat lorsque, le 8 mai vers une heure du matin, des parlementaires viets se présentèrent, agitant un grand drapeau blanc.

— Vite, vite, crient les guides.

Les guides sont en même temps les gardiens. Ils trottinent sur les deux flancs de la colonne, pressant les prisonniers plus grands qu'eux mais désarmés, au besoin un coup de crosse ici et là.

— Vous êtes des prisonniers de guerre, vous devez obéir tout de suite et sans répondre. Plus que 200 kilomètres à parcourir pour arriver au camp. Nous aussi, nous marchons. Nous suivons les pistes sous les arbres pour n'être pas vus de votre aviation, n'oubliez pas que la guerre n'est pas finie. Cette guerre a été voulue par les impérialistes colonialistes. Allons, vite, vite. Ceux qui brancardent les blessés ne doivent pas ralentir l'allure, ils n'ont qu'à se relayer plus souvent. Vous devez marcher en ordre et sans parler. Officiers, ôtez vos galons, il n'y a pas de galons dans notre armée populaire. Nous allons traverser un village, vous ne devez pas parler aux habitants. Le village est pavoisé de banderoles, voici leur signification : « Vive le parti des travailleurs vietnamiens ! » « Vive le président Ho ! » « Vive le président Malenkov ! » Vous devez oublier les idées capitalistes qui vous ont corrompus afin de devenir plus tard des amis du peuple vietnamien. Encore 20 kilomètres aujourd'hui avant l'étape, vite, vite. Vous recevrez une boule de riz ce soir. Vous n'aimez pas ce riz rouge, mais vous devrez vous y habituer, nous le mangeons bien, et vous n'aurez rien d'autre. Vous devez apprendre à laver vous-même ce riz. Pour le faire cuire, débrouillez-vous, on peut très bien faire cuire le riz dans un casque. Mais vous devez éviter de faire de grands feux, car vos aviateurs bombardent les grands feux. Vite, vite. Ceux qui disent qu'ils ont la dysenterie, qu'ils ne peuvent plus marcher, leurs camarades n'ont qu'à les brancarder, les branches ne manquent pas pour construire des brancards. Vous le ferez ce soir à l'étape, nous n'avons pas le temps de nous arrêter maintenant. Ici à l'étape, vous ne devez vous éloigner sous aucun prétexte, même pour faire vos besoins. Il y a des morts, leurs camarades doivent les enterrer sans tarder, les gardiens vous prêteront des pelles. Nous repartons, allons, vite, vite. Pour des raisons de sécurité, nous marcherons dorénavant de nuit, l'étape qui commence sera de 150 kilomètres. Vous parlez trop, vous avez insulté vos gardiens et plusieurs d'entre vous ont tenté de s'évader. Le convoi est donc dorénavant transformé en convoi disciplinaire. La marche se fera d'une seule étape. Tout prisonnier qui tentera de quitter la colonne sera abattu. Il sera interdit de parler pendant les étapes. Enfin le ravitaillement en riz sera retardé de quatre jours. Allez, vite, vite. Nous voici maintenant arrivés au camp 42. Les blessés et les malades seront soignés selon les possibilités locales. Non, il n'y a pas de baraques. Nos soldats sont trop occupés à se battre contre les impérialistes pour avoir le temps de construire des baraques pour les prisonniers. Vous, prisonniers, vous avez tout le temps, et vous devez vous racheter par le travail. D'ailleurs, vous n'aurez de baraques que si vous les construisez. »

Les camps d'étape et les camps de concentration n'étaient pas entourés de barbelés, à quoi bon ? Des hommes qui tentèrent l'évasion, sans provisions, sans boussole à travers la brousse, la plupart revinrent d'eux-mêmes. D'autres, à bout de force, atteignaient des villages où on les capturait, où on les battait et où on les exposait, en attendant que des gardiens vinssent les reprendre. Le nombre de ceux qui réussirent à s'enfuir est infime. La seule évasion réussie en grand nombre fut l'évasion dans la mort. Trois mille décès pour les prisonniers de Dien Bien Phu, selon certains journaux étrangers. Le chiffre n'est pas vérifiable parce que les officiers furent séparés des hommes, les unités morcelées et ensuite libérées et rapatriées par fragments. Le bilan macabre de la bataille est beaucoup plus précis, surtout en ce qui concerne la Légion.

Dien Bien Phu coûtait à la Légion 1 500 tués et 4 000 blessés. Le 1er B.E.P., saigné autant qu'à Cao Bang, comptait 576 tués ou disparus ; les 100 survivants étaient presque tous blessés. Du 2e B.E.P., il restait moins de deux compagnies.

Au cours de la Grande Guerre 1914-1918, la Légion avait eu un peu plus de 4 000 tués. Un peu plus de 9 000 au cours de la Seconde Guerre mondiale. Légionnaires tués pendant cette guerre d'Indochine : 10 382.

Le 8 mai 1954, le colonel commandant la Légion à Bel Abbès lut un ordre du jour devant le front des troupes : « Nous sommes rassemblés pour commémorer l'héroïque sacrifice de ceux qui sont tombés au cours de cette lutte épique. Nous allons présenter les armes aux drapeaux des unités qui ont disparu dans la bataille... » Les clairons sonnèrent « Aux morts ». Le colonel s'appelait Gardy. Une toute autre aventure commençait.

12

VAINCRE ET PARTIR

Le panneau routier indiquait : Laghouat, 5 kilomètres. Le pompiste, un jeune Arabe, était assis à terre, à l'ombre, le dos appuyé au mur blanc de la station-service. Il sauta sur ses pieds dès que la Peugeot stoppa devant la pompe. Il y avait deux hommes dans la voiture, l'un d'eux descendit :

— Le plein.

Il marcha lentement vers le magasin en regardant tout avec attention. Avant qu'il n'ait atteint la porte, le patron sortit et vint à sa rencontre. Le patron était un homme encore jeune, la quarantaine, grand et robuste, le visage tanné. On comprenait à ses yeux bleus et à ses cheveux blonds qu'il n'était pas né dans le quartier.

— Je vois que vous avez des lunettes de soleil, dit le touriste. J'ai cassé les miennes.

Le patron le fit entrer dans le magasin, prit dans la vitrine une paire de lunettes vertes enveloppées de cellophane, se retourna, les posa sur la table.

— Nous sommes seuls, mon capitaine, dit-il. Asseyez-vous. Voulez-vous boire quelque chose ?

— Merci, Marsal. Moins je resterai, mieux ça vaudra. Quand penses-tu recevoir les plans ?

— D'ici une semaine si tout va bien. Je les apporterai moi-même.

— A Oran ?

— Non, à Alger. Un copain me remplacera ici pour vingt-quatre heures.

Le touriste-capitaine regarda au-dehors. Son compagnon de voiture avait payé l'essence, le jeune Arabe essuyait les glaces.

— Tu ne crains aucune indiscrétion ?

Le patron secoua la tête en souriant :

— Mon capitaine, j'ai déjà fait ce métier-là.

Le visiteur se leva, lui serra la main.

— Au revoir, Marsal.

Le patron l'arrêta à l'instant où il franchissait la porte :

— Prenez les lunettes, mon capitaine, j'aime mieux que le gosse vous ait vu acheter quelque chose. Non, merci, c'est un cadeau. Je peux bien faire ça pour la Légion.

L'origine de cette conversation remontait à quelques mois. Une compagnie du 1er Étranger était alors en manœuvres aux environs de Saïda, à la frontière algéro-marocaine. Un soir, le capitaine avait vu venir vers lui un adjudant, l'air quelque peu mystérieux, tenant deux fusils.

— Qu'est-ce que c'est que ça ? Mais... ils sont italiens !

— Des *Statti*, mon capitaine. Comme neufs. Enterrés sous deux mètres de sable, mais enveloppés et graissés par quelqu'un qui connaît la musique.

— Quand les avez-vous trouvés ?

— Ce n'est pas moi, ce sont des sapeurs de la troisième section. Il y a une heure. Je leur ai dit de la boucler.

L'officier, pensif, examinait les fusils.

— Mon capitaine, il y en a cinquante comme ça.

L'Italie a vécu sa dernière aventure africaine en Libye. Les armées vaincues ne remettent jamais tout à fait toutes leurs armes. On en trouve toujours plus tard, cachées, enfouies, enterrées ici ou là. L'extraordinaire était d'avoir trouvé des fusils italiens aux environs de Saïda, à plus de deux mille kilomètres de la Libye. Les fusils n'ont pas l'habitude de cheminer sous terre.

L'extraordinaire est *a priori* toujours intéressant pour un Service de Renseignements ; il n'y a même en fait que cela qui l'intéresse, ou alors ce qui peut paraître trop normal. Les cerveaux du S.R. de la Légion à Bel-Abbès, ayant réfléchi à propos de ces fusils italiens, ayant longuement étudié les cartes des routes et des pistes de toute l'Afrique du Nord ainsi que les itinéraires de plusieurs compagnies de transports par camions, firent comparaître un légionnaire dont le nom importe peu, il n'en portait depuis longtemps que de faux. Il y a de tout dans la Légion. Ce légionnaire-là, maintenant sur le point de terminer son engagement, avait tâté dans le civil de plusieurs métiers, dont le Renseignement — *Intelligence* dans son pays d'origine. Venu à la Légion pourquoi, allez le demander à l'officier d'incorporation de Bel-Abbès. Les cerveaux du S.R. légionnaire n'ignoraient rien de ces antécédents.

— Qu'est-ce que tu comptes faire après ta libération ?

L'homme n'était pas fixé. Quelques économies, il pouvait voir venir un peu.

— Qu'est-ce que tu dirais d'une jolie petite station-service ? Pour ce qui est de la caution et du démarrage, tu n'auras à t'inquiéter de rien. Écoute un peu. Naturellement, si la combinaison ne te plaît pas, tu auras intérêt à tout oublier, absolument tout. Tu comprends ça ?

Le moins fûté aurait compris l'avertissement, surtout une fois les explications données. L'Anglais accepta la proposition, reçut des papiers au nom de Marsal et commença à gérer très activement sa petite station-service, toujours tout bien astiqué, bien en ordre, style légionnaire. Et, un peu plus tard, il ne se montra pas ingrat : ses bienfaiteurs connurent tout de la compagnie de camionnage qui faisait voyager d'Est en Ouest les armes italiennes cachées en Libye. Un peu plus tard encore, il leur apprit un fait que les S.R. français d'Alger ignoraient : des postes de radio clandestins installés au Fezzan émettaient à l'intention de révolutionnaires nationalistes algériens, ceux-là mêmes qui se montraient tellement amateurs d'armes.

Quelques jours après la vente fictive d'une paire de lunettes de soleil, Marsal remit lui-même au S.R. de la Légion un plan très précis indiquant l'emplacement au Fezzan de deux caches contenant chacune une grande quantité d'armes. Deux officiers-touristes quittèrent de nouveau la maison mère, et ils roulèrent cette fois jusqu'au Fezzan. Le plan de Marsal était très exact et ses renseignements véridiques. A ce détail près qu'une des deux caches ne contenait plus rien. Tous les indices laissaient comprendre qu'elle venait d'être vidée précipitamment.

Ce fut ainsi que les autorités françaises connurent, avant les coups de feu du lever de rideau, l'existence d'une organisation clandestine armée en Algérie. On peut même dire que l'étrange guerre d'Algérie venait de commencer. Elle ne devait pas durer longtemps pour tout le monde. Peu après ce qui vient d'être rapporté, une drague du port d'Alger remonta du fond le corps d'un homme aux cheveux blonds et aux yeux bleus, lardé de coups de couteau. La police d'Alger établit qu'il s'agissait d'un nommé Marsal, gérant de station-service à Laghouat. Rien de plus.

Le 1er novembre 1954, le général Cherrière, commandant en chef en Algérie depuis le mois d'août, fut réveillé peu avant deux heures du matin par un coup de téléphone du gouverneur Léonard. Plusieurs attentats venaient d'avoir lieu dans les Aurès : une gendarmerie attaquée, un sous-lieutenant et plusieurs soldats tués, plusieurs agents de police prisonniers des rebelles. Une commune mixte de la région, Arris, était complètement isolée. La première pensée du général fut : « Nous y voilà », et la seconde : « Ce n'est pas fini ». Le lendemain matin, en effet, d'autres informations arrivaient. Le car M'Chounech-Arris avait été arrêté dans les gorges de Tighanimine, deux passagers tués : le caïd Hadj Saddock, officier de réserve, et un jeune instituteur nommé Monnerot. Les assassins n'avaient même pas épargné la femme de l'instituteur, grièvement blessée.

L'histoire des fusils italiens venus de Libye n'était qu'un des fils de la trame de renseignements qui peu à peu, au cours des semaines précédentes, avait formé un tableau encore incomplet, mais déjà inquiétant. Le premier signe visible avait peut-être été, le 14 octobre, l'enlèvement de ce caïd que l'on avait ensuire retrouvé roué de coups. Le général en chef savait qu'il y avait des armes en Algérie : entre six mille et dix mille fusils. Les informations du S.R. sur le nombre des rebelles étaient encore très prudentes : « Au moins trois bandes de chacune 25 à

50 hommes, tous armés. Ils portent un uniforme et disent appartenir à l'*Armée révolutionnaire algérienne.* »

Ce noyau d'armée rebelle qui n'opérait encore que dans les Aurès comprenait alors, en réalité, de 400 à 600 hommes. Numériquement, rien. Et cependant, les chefs de la rébellion, parmi lesquels Ben Bella et Belkacem Krim, se comportaient déjà, d'une certaine manière, en vainqueurs : pour eux les trois départements français d'Algérie n'existaient plus. Ces chefs révolutionnaires avaient divisé l'Algérie en *wilayas* numérotées. Les *wilayas* étaient *leurs* provinces.

En additionnant toutes les troupes françaises disponibles en Algérie, y compris les gendarmes, le général Cherrière obtenait, lui, un total de 50 000 hommes. Mais il n'avait pas besoin d'examiner la carte d'Algérie pendant une heure pour comprendre que les rebelles avaient choisi sans erreur leur premier terrain d'action, les Aurès. Voici quel était l'effectif des forces de l'ordre dans cette région accidentée, grande comme quatre départements français : 7 gendarmes. Et où se trouvait la seule réelle force d'intervention disponible, la Légion ? A l'autre extrémité de l'Algérie.

En fait, la Légion était absente. Ne se trouvait à Bel-Abbès qu'une armature, les cadres d'instruction du 1er Étranger. On pouvait évidemment faire venir cette élite, qui savait tout faire, y compris se battre. Faire venir du Maroc le 4e Étranger, le 2e Étranger de cavalerie et les cinq compagnies portées qui s'y trouvaient n'était pas recommandé, car le Maroc, lui aussi, bougeait. Pas question non plus de distraire de leur tâche les trois compagnies sahariennes de la Légion, infatigables navigatrices des sables, gérantes de territoires immenses, grâce à qui la Libye (sous-mandat français jusqu'en 1956) et toute la région des oasis du Sud algérien demeuraient en paix.

Tout le reste de la Légion était encore en Indochine : 2e, 3e, 5e Étranger d'Infanterie, 13e Demi-Brigade, 1er Étranger de cavalerie, 1er et 2e Bataillons Étrangers de Parachutistes. Tout le corps expéditionnaire français, appauvri de ses morts, de ses prisonniers, de ses disparus, se regroupait dans le Sud-Vietnam. Le premier paradoxe de cette guerre qui commençait — elle devait en comporter beaucoup d'autres — apparaissait dans sa grandeur : la Légion, arme d'intervention par excellence, née et grandie en Algérie, était absente d'Algérie à l'instant du péril.

Cherrière avait apprécié cette situation et prévenu Paris, à plusieurs reprises. Une idée apparemment paradoxale, en réalité pleine de bon sens, lui était venue : ressusciter les anciennes compagnies montées, deux hommes pour un mulet. Rien de plus pratique ni de plus économique pour pourchasser les rebelles se déplaçant sur de grands espaces.

Il est impossible de savoir si, employées dès le début, des compagnies montées eussent réussi en Algérie en 1954 comme elles avaient réussi au Maroc de la conquête. Mais « rien n'arrête le progrès » et voici quelle avait été la réponse de l'administration militaire à la proposition du général Cherrière :

— Les bâts de mulets sont en cuir. Ceux que nous possédons, stockés depuis huit ans, sont racornis et inutilisables. Les selliers de l'armée ont été licenciés. Il existe en France une seule entreprise de sellerie capable de fabriquer des bâts. Elle ne pourrait en livrer que 500 par an. En outre, aucun crédit n'est prévu pour cette fabrication.

Aucun crédit n'était prévu pour quoi que ce fût qui sortait de la routine. Et quelques douzaines de règlements administratifs étaient pour l'instant aussi malfaisants pour un général en chef que les cinq ou six cents rebelles répandus dans les Aurès. Aux yeux du pouvoir central, l'état de paix régnait en Algérie. Si quelques bandits se manifestaient ici ou là, les gendarmes intervenaient. L'autorisation du préfet était nécessaire pour déplacer seulement une compagnie sur le territoire algérien et, avant de donner cette autorisation, le préfet prenait des ordres à Paris. Si une opération militaire était en fin de compte décidée, les troupes devaient, avant toute action, adresser les sommations d'usage, comme devant une manifestation de grévistes ; autrement dit, interdiction de tirer les premiers. Mieux : des gendarmes devaient accompagner les commandos pour, après chaque opération, dresser procès-verbal des décès éventuellement survenus du côté des rebelles. L'aviation devait se borner à un rôle d'observation. Toutes ces dispositions devaient demeurer, au moins théoriquement, en vigueur jusqu'à la promulgation de la loi sur les pouvoirs spéciaux, en mai 1956.

La Légion revint d'Indochine. Les unités du Corps expéditionnaire se regroupèrent dans le Sud-Vietnam et les transports vinrent les prendre devant le cap Saint-Jacques. Une évacuation prend rarement un air de fête, mais celle-là fut vraiment aussi peu glorieuse que possible.

La France abandonnait à cette pointe de l'Asie une population non communiste, en partie catholique, et qui se voyait déjà submergée par la vague rouge. A chaque appareillage, la foule était massée sur le rivage, terriblement silencieuse. Des femmes indigènes agitaient des foulards. D'autres n'agitaient pas de foulard parce qu'elles tenaient à la main ou dans les bras de mignons petits enfants métis — les enfants de ces militaires, légionnaires ou non, qui quittaient le pays, laissant là congaï et descendance. Des navires, on ne voyait pas les larmes sur les joues de cette foule, mais les soldats serraient les poings, juraient, disaient : « Nous sommes des salauds. » Descendaient vite dans les cales pour ne plus voir ce spectacle.

Des embarcations pleines d'abandonnés tentaient d'accoster les navires sur le point d'appareiller. Des hommes et des femmes se jetaient à l'eau, nageaient vers les échelles, on les repoussait, les rejetait à la mer. Les hélices tournaient déjà et ils ne renonçaient pas encore. On en voyait qui disparaissaient, noyés dans le remous.

Ces images obsédèrent les hommes pendant des jours et des jours.

Ils ne pensaient pas encore à l'Algérie vers laquelle les emmenaient les navires, ils étaient pleins de leur amertume, l'Algérie ils s'en foutaient. On leur avait dit que des révoltes avaient eu lieu, des massacres. Ils pensaient : « Des querelles de Bouniouls. » Tout ça n'existait pas auprès de ce qu'ils avaient passé. L'arrivée en face des côtes d'Afrique les fit sortir d'une espèce de songe. Certains de ces légionnaires n'avaient jamais vu l'Algérie.

L'art de la reprise en main n'a depuis longtemps plus de secret pour le commandement de la Légion. A Bizerte, à Bône, à Alger, à Oran, partout où accostaient les transports, le drapeau et la clique du 1er Étranger étaient là. *Le Boudin* éclatant, irrésistible, que recevaient en pleine face, en pleine poitrine, ces hommes encore moralement blessés, produisait l'effet d'un électro choc, et suivaient les cérémonies, les défilés. Les légionnaires retrouvaient ou découvraient leur tribu, leur clan, cette entité collective qui faisait d'eux des militaires différents des autres, supérieurs à tous, on avait le soin de le leur répéter.

— Vous pourriez raconter la guerre de la Légion en Algérie, m'a dit un officier légionnaire, d'un point de vue psychologique, comme une série d'ébranlements nerveux, jusqu'à la secousse de la fin. Il y a d'abord eu ce choc dont vous parlez, cette reprise en main. Non seulement par l'émotion, car des unités ont été envoyées à Bel Abbès, confiées aux cadres instructeurs. Mais la plupart ont été dès leur débarquement dépêchées là où cela chauffait, comme on avait fait pour les parachutistes du colonel Ducourneau et pour ceux du colonel Gilles, arrivés en premier renfort. Vous vous rappelez peut-être qu'on a appelé cela la technique du piquet d'incendie. Les hommes s'y épuisaient, pour un rendement très faible.

Le premier choc psychologique éprouvant fut pour les légionnaires de découvrir le caractère étrange de la guerre d'Algérie. Tout était différent de ce qu'ils avaient imaginé. Les survivants de Cao Bang et de Dien Bien Phu, ces hommes qui avaient soutenu les attaques-suicides en masse des Jaunes, pensaient qu'une rébellion disposant d'effectifs aussi ridicules que ceux de la rébellion algérienne devait être liquidée en quelques mois, sinon en quelques semaines. Avant la fin de 1955, 120 000 hommes du contingent étaient arrivés en Algérie. Il devait y en avoir 400 000 au milieu de 1956.

— Vous pouvez dire que notre première déconvenue fut de constater que le contingent n'était pas très chaud. Il avait ses raisons, il arrivait d'un climat moral bien différent du nôtre. Et certains colons et Pieds Noirs se montrèrent très maladroits, traitant ces jeunes gens comme des sortes de gardiens à leur service, pour tout le temps qu'il faudrait, au besoin pour toujours. Bref le contingent n'était pas chaud et nous pensâmes que son nombre ne nous aiderait guère.

« Nous avions cru, d'autre part, que le commandement avait un plan, que nous allions recevoir des directives précises. Or nous recevions au jour le jour des ordres reflétant l'indécision, l'hésitation. Nous sentions le pouvoir civil réticent. La présence de gendarmes verbalisateurs surveillant en quelque sorte nos commandos lors des premières opérations apparaissait aux légionnaires comme une brimade. Bref, dès la fin de 1955, une certaine amertume était revenue. Nous pensions : “ Tout va recommencer comme en Indochine : l'isolement des troupes de combat, l'insuffisance du haut commandement, l'indifférence de la métropole. ” Or, précisément, tout n'a pas recommencé comme en Indochine, sur le plan militaire, tout au moins.

— Restons encore sur le plan psychologique. Ne pensez-vous pas qu'il a été néfaste, pour certaines unités de la Légion, de se voir lancées dans des opérations de police ? Je dis opérations pour ne pas dire besognes.

— Ce ne sont pas les légionnaires qui ont demandé à être employés à ce genre de travail, ni aucune des troupes qui y ont été employées. Il faut voir comment on en est arrivé là. Les chefs rebelles n'étaient pas fous. Plutôt que de continuer à attaquer l'armée, ils ont joué à fond une autre carte : le terrorisme. Même si l'on pense que ces gens-là avaient raison de vouloir conquérir leur indépendance par tous les moyens, on est bien obligé de dire : le terrorisme. Il n'y a pas d'autre mot. Les assassinats, les exactions et les sabotages se sont multipliés d'abord dans les campagnes. Les rebelles tuaient des Musulmans francophiles, détruisaient leurs biens. Il s'agissait, pour le F.L.N., de faire basculer la population du bon côté : “ Voyez ce que risquent les collaborateurs. ” Des présidents de djemaas, des agents commerciaux, des chefs de fractions, tous Musulmans, ont été mutilés aux ciseaux ou au rasoir. Les résultats paraissant insuffisants, les terroristes ont égorgé de ces Musulmans francophiles, ou simplement employés de l'administration, ils les ont égorgés rituellement comme des animaux sacrifiés, en présence de leurs femmes et de leurs enfants. Ces faits sont aussi connus, aussi prouvés, aussi irréfutables que les tortures de Musulmans par des militaires. Comme en Indochine, la cruauté appelait la cruauté.

« Le terrorisme urbain n'était pas moins bien organisé, d'un point de vue psychologique. Là il s'agissait d'impressionner et d'exaspérer les Européens en les poussant à des représailles. De creuser irrémédiablement le fossé entre les deux communautés. Vous savez comment ça s'est passé... »

Je le sais. Nous le savons tous. A Philippeville, à Constantine, et surtout à Alger en 1956-1957.

Je revois Alger. Cette ville sans doute au monde à nulle autre pareille, ce bouillonnement d'activité, de fièvre, de richesse, d'ambition, de travail, d'orgueil, de vanité, d'intelligence, d'aveuglement, de gentillesse, d'égoïsme affolant. Cette ville hors de toute logique, avec ses lois à elle, sa sociologie propre. Cette cohabitation de deux mondes, l'un plus ou moins exploité par l'autre et cependant vivant de lui, parfois d'une certaine manière heureux grâce à lui. Cette imbrication sociale unique, unique à notre époque en tout cas, avec le tutoiement paradoxal qui faisait par instant oublier l'inégalité des conditions. Et là-dedans, dans ce microcosme remuant toujours comme saturé de tension électrique, les bombes. Bombe au Milk-bar en face des bureaux de l'état-major, un mort, trente blessés. Bombe à la Cafeteria, deux tués, seize blessés. Bombes fabriquées dans la Casbah, impossible de l'ignorer. Les Arabes qui les fabriquaient se faisaient de temps en temps sauter la tête.

— Aucune autorité dans aucun pays ne peut rester sans réaction contre des terroristes qui jettent des bombes. D'autant que le F.L.N. décrétait une grève générale pour montrer « l'adhésion totale de tout le peuple algérien au F.L.N., son unique représentant ». La police d'Alger à elle seule n'était pas de taille. C'est alors que Lacoste, en vertu de ses pouvoirs de ministre résident, a nommé le général Massu responsable du maintien de l'ordre à Alger à partir de janvier 1957, à la place des services civils. Massu commandait la 10e Division Parachutiste, dont faisait partie le 1er Régiment Étranger de Parachutistes. Massu n'était pas du tout enthousiaste. « Vous me foutez un sacré truc sur mes paras, a-t-il dit à Salan, qui l'avait convoqué. La police n'est pas mon métier. » Naturellement, il a ajouté : « A vos ordres, mon général. » C'est ainsi que les paras du 1er R.E.P. ont été amenés à faire un métier de policiers.

« Briser la grève en allant chercher les ouvriers musulmans à leur domicile, et même les gosses musulmans pour les amener à l'école, ce n'était pas difficile. La grève a été brisée. C'est ensuite que le difficile travail a commencé. Les bombes continuaient à exploser. 27 janvier 1957, trois bombes. 10 février, bombes dans deux grands stades de la ville, dix morts, quarante-cinq blessés. Ça ne pouvait pas durer. Il fallait démanteler le réseau terroriste installé dans la Casbah. »

Je revois aussi la Casbah. Maintenant que tout le monde voyage, tout le monde a vu des quartiers arabes. Fouillis de ruelles, vestiges d'un autre âge. La Casbah d'Alger était un monde dédaléen, une fourmilière, un univers pratiquement inexplorable. Rationnellement, pour y « maintenir l'ordre », il eût fallu commencer par tout raser.

Les zouaves avaient déjà entouré la Casbah d'un réseau de barbelés, on ne pénétrait que par quelques portes. Les paras instituèrent un système de contrôle permanent des personnes. Un membre désigné de chaque famille devait savoir constamment, vingt-quatre heures par jour, où se trouvait chacun des autres membres de la famille. Dans chaque maison, un responsable devait savoir où trouver à chaque instant les responsables de chaque famille. Dans chaque rue, un responsable des responsables des immeubles, dans chaque quartier un responsable des rues. Ainsi, en principe, chaque unité de la fourmilière était constamment localisée.

Les paras, en constante liaison radio avec leur P.C., patrouillaient. A n'importe quelle heure du jour et de la nuit pénétraient dans les maisons. « Vérification d'identité. » La vérification d'identité est la base de toute police. Plus vous vérifiez, plus vous découvrez de choses inattendues, étranges, bizarres, suspectes, criminelles. Rarement du premier coup, directement, mais parce que soudain vous vous apercevez que quelqu'un ment. Sur son nom, sur son adresse, sur sa profession, sur la raison de sa présence à tel endroit. C'était toujours à partir d'un mensonge sur un point de détail que les paras devenus limiers découvraient une filière, remontaient jusqu'à un dépôt d'armes ; jusqu'à un ou plusieurs terroristes catalogués et recherchés ; jusqu'à des suspects fichés par la police ; jusqu'à un réseau européen d'aide à la rébellion.

Les paras avaient accepté sans aucun enthousiasme ce travail si différent de leurs activités normales. Mais ce travail presque obligatoirement fait naître une sorte d'instinct de chasseur. Quand vous lisez un roman policier, vous sentez naître en vous cet instinct et vous le libérez par procuration. Les recherches de terroristes dans la Casbah, vues dans le détail, contiennent vingt scénarios de films policiers à suspense.

Au cours des enquêtes, la police interroge. Plus la piste est brûlante et le gibier important, plus sont poussés les interrogatoires de suspects, ou de personnes simplement soupçonnées de savoir quelque chose. Et il arrive un moment où l'interrogatoire devient torture.

Les tortionnaires de vocation se recrutent surtout chez les introvertis, il y en a très peu parmi les hommes d'action, et les paras, légionnaires ou non, étaient avant tout des hommes d'action. Ceux qui ont dû exécuter de ces basses œuvres de police n'ont pas aimé cela, il y a eu des refus, des drames à jamais tus. Un capitaine a affirmé à la barre d'un tribunal militaire qu'une centaine d'officiers avaient reçu des ordres de torture. Ceux qui donnaient ces ordres n'entendaient pas les cris des victimes, ne voyaient rien. Leurs ordres étaient émis discrètement, dans une sorte de brume d'anonymat...

Le quadrillage de la Casbah donna de très bons résultats en février et mars 1957, puis il y eut encore deux gros attentats. Trois bombes dans les lampadaires-arrêts des trolleybus le 3 juin 1957, 9 morts, 89 blessés. Et surtout, une bombe en pleine salle de bal au Casino de la Corniche. Dramatique carnage prolongé par les « ratonnades » de représailles, non moins dramatiques. L'opposition entre les deux communautés prenait par instants des aspects de lutte à mort. Le lendemain, les femmes de ménage arabes revenaient chez leur patronne, on se tutoyait. Alger toujours aussi insaisissable.

Le dédale de la Casbah n'était pas encore assez dédaléen pour les terroristes. Pour se dérober aux visites domiciliaires, ils faisaient construire des caches dans les maisons. Les paras le savaient, pistaient et pourchassaient les maçons. Un sac de plâtre trouvé quelque part était aussi compromettant qu'un revolver.

Le 24 septembre 1957, à la suite d'une filature, le repaire de Yacef Saadi, le chef de la zone autonome d'Alger, fut localisé. Le colonel Jeanpierre, du 1er R.E.P., dirigea lui-même le siège d'un pâté de maisons. Un légionnaire, en sondant, découvrit un faux plafond, donna l'alerte. Yacef Saadi lança une grenade qui blessa le colonel Jeanpierre, mais ensuite, après avoir parlementé, il accepta de se rendre. Une fois en prison, il désigna la retraite de son adjoint, Ali-la-Pointe. Celui-ci, assiégé à son tour, ne se rendit pas. Les paras disposèrent une charge de plastic. Tout le pâté de maisons sauta, avec Ali-la-Pointe et ses séides, plus quelques voisins malchanceux. Le terrorisme était définitivement décapité à Alger.

Les paras du colonel Jeanpierre avaient été à plusieurs reprises distraits de leur besogne policière et envoyés en opérations contre les rebelles dans les régions de Medéah et du Tablat. Ils quittèrent la Casbah d'Alger en octobre 1957.

La revue *Camerone* a publié des photos de la guerre d'Algérie montrant des légionnaires en train de reconstruire des habitations démolies, de soigner de petits Arabes, de leur apprendre à lire, d'aider des vieillards à porter des fardeaux, etc., et d'autres publications ont publié aussi de ces images. Il ne s'agissait pas de « photos bidon ».

En 1957, les populations musulmanes des régions touchées par la rébellion, en particulier le Constantinois, la Kabylie et l'Oranais, étaient dans une situation lamentable. Tous les chefs musulmans, caïds, gardes champêtres, soupçonnés de collaborer avec les Français, avaient été assassinés ou étaient en fuite. Plus d'administration, les petites et

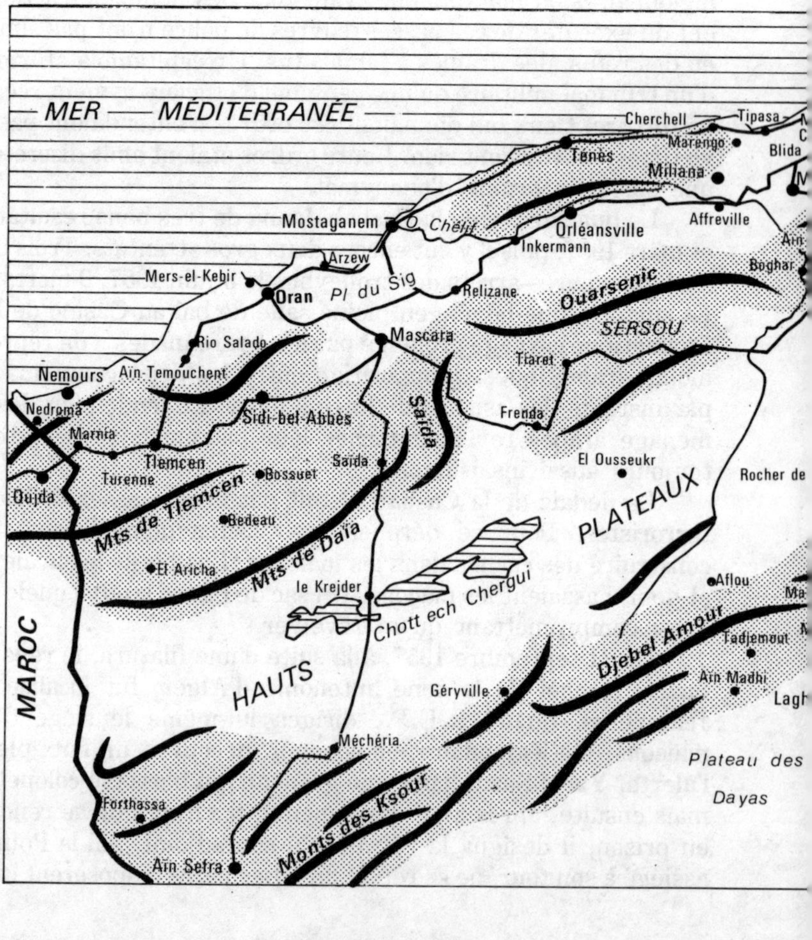

moyennes localités rurales étaient à l'abandon, les récoltes détruites, les terres laissées en friche.

La loi sur les pouvoirs spéciaux (accordés au Ministre-Résident) permit de concevoir, conjuguée avec les opérations militaires, une vaste action politique, psychologique et sociale dont l'Armée devait être le principal instrument. C'est ce qu'on appela le « plan de pacification ».

— L'armée rouvrira les écoles, les bureaux de poste, les centres administratifs. Les officiers doivent devenir les chefs respectés des villages. Des médecins militaires soigneront les indigènes dans des dispensaires. Puis seront ouverts des chantiers pour occuper les jeunes gens ayant dépassé l'âge scolaire, et maintenant oisifs et à l'abandon. L'Armée sortira le peuple algérien de la misère.

Programme ambitieux qui allait être mis en œuvre sous la pression d'une nécessité évidente : l'administration française effondrée, si l'Armée ne prenait pas la relève, c'était le F.L.N.

— Le territoire algérien sera divisé en petites régions que l'Armée pourra théoriquement contrôler militairement et administrativement.

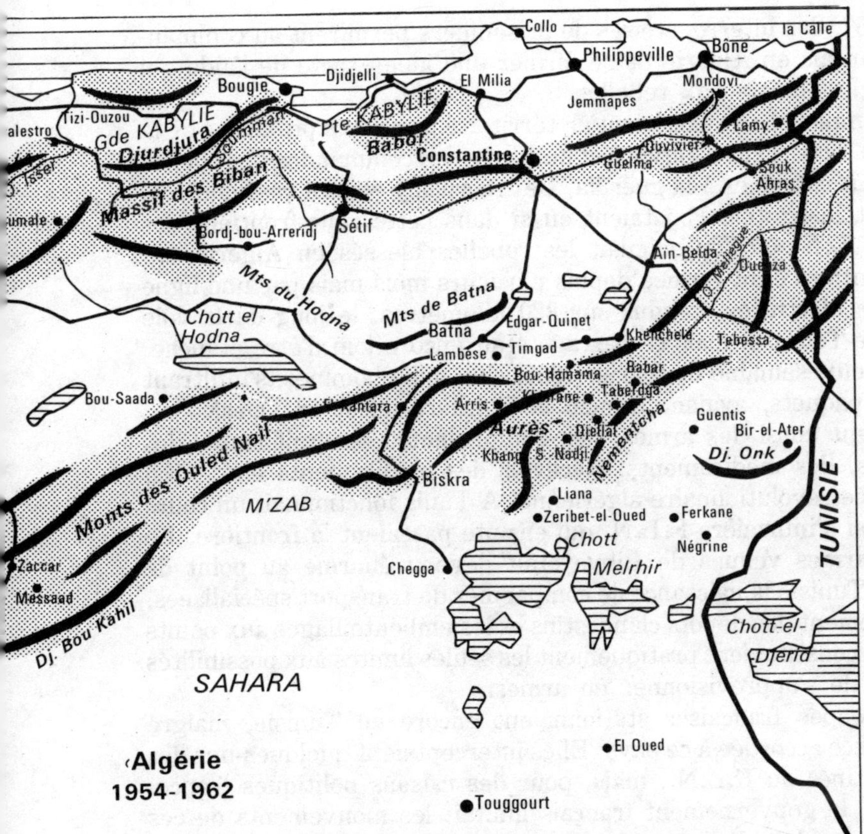

Algérie
1954-1962

La présence des 400 000 soldats du contingent rendra possible ce quadrillage.

Quelques photos aériennes de l'Algérie suffisaient à faire comprendre que le quadrillage ne pouvait être total : trop d'étendue, trop de relief. Il fallut laisser de côté des zones non quadrillées. Elles devinrent instantanément des zones-refuges pour le F.L.N.

Le quadrillage n'était cependant pas complètement une illusion. Les troupes du contingent protégeaient les villages, les fermes, les récoltes. De nombreux jeunes officiers d'active se lancèrent avec enthousiasme dans cette pacification à la Lyautey, dans cette politique de promotion musulmane. Ils y croyaient. La Légion, officiers, gradés et légionnaires, prit part à cette vaste entreprise, et elle y croyait aussi. La Légion fait tout avec conviction. La Légion trouvait là une occasion de redécouvrir que l'Afrique du Nord était sa patrie.

Mais le commandement militaire ne perdait pas de vue que la Légion était avant tout une force d'intervention efficace. On avait besoin d'elle aux frontières tunisiennes et marocaines.

En 1957, des interrogatoires de prisonniers permirent au commandement français en Algérie de se former une idée exacte de l'aide qui parvenait de Tunisie aux rebelles.

Des camps F.L.N. existaient en territoire tunisien à proximité de la frontière. Y arrivaient d'Égypte et de Libye des commandos de rebelles spécialement entraînés à la guérilla. Des recrues y étaient rassemblées, habillées et instruites. Existaient aussi dans cette zone-frontière des hôpitaux F.L.N. où l'on soignait les rebelles blessés en Algérie.

La frontière était fermée depuis plusieurs mois mais par une ligne de barbelés électrifiés étendus sur 320 kilomètres, le long de la voie ferrée Bone-Tebessa, mais ce barrage était encore loin d'être étanche. Dans une seule semaine de février 1957, cinq mille hommes, s'infiltrant par petits paquets, avaient franchi la frontière d'Est en Ouest.

Passaient aussi des armes, des équipements, des uniformes, des couvertures, des médicaments. Recevoir des médicaments était vital pour l'Armée révolutionnaire algérienne. A Tunis fonctionnait un cours de formation d'infirmiers F.L.N. qui ensuite passaient la frontière. Le trafic des armes venues de Libye était devenu énorme au point de susciter en Tunisie la naissance de compagnies de transport spécialisées. L'encombrement des dépôts clandestins et les embouteillages aux points de livraison constituaient pratiquement les seules limites aux possibilités du F.L.N. de s'approvisionner en armes.

Des troupes françaises stationnaient encore en Tunisie, malgré l'indépendance accordée à ce pays. Elles interceptaient quelques-uns des convois destinés au F.L.N., mais, pour des raisons politiques franco-tunisiennes, le gouvernement français limitait les mouvements de ces troupes. On parlait d'ailleurs de les éloigner de la Tunisie.

Les Katibas (compagnies, environ 120 hommes) de rebelles qui franchissaient le barrage ensuite marchaient sous les couverts, le plus souvent de nuit, s'efforçant de gagner au plus vite la montagne et les bois. La plupart d'entre elles devaient passer à proximité d'une ville, qui, par sa situation géographique, commandait les chemins menant de la Tunisie au maquis : Guelma. Plusieurs opérations héliportées très violentes se déroulèrent dans ces parages au début du printemps de 1958.

Les camions transportant le 1er R.E.P. roulaient sur la route de Guelma à Duvivier. Il était 6 heures et demie du matin, temps couvert, bruineux. Mais souvent, en cette fin de février, le ciel se découvrait dans la matinée et ensuite le soleil tapait dur. Dans les camions, les paras faisaient une gueule plutôt morne. Réveillés en sursaut, pressés, expédiés, ils n'avaient même pas eu le temps de boire le jus. N'importe quel troupier privé de ce viatique se sent lésé.

Une bande de Fells avait franchi le barrage, du côté de Barral, selon les premières informations. Il ne s'agissait évidemment pas d'aller en camions jusqu'à Barral, 70 kilomètres. Les camions stoppèrent à quelques kilomètres de Guelma, au bord de l'aire d'enlèvement où attendaient les hélicoptères. Toujours de mauvais poil, les paras se transbordèrent avec leurs sacs, leurs armes, leurs postes de radio portatifs. Les tireurs au canon de 57 millimètres portaient sur l'épaule leur tube de 2 mètres de long.

Les « bananes » s'élevèrent comme de gros insectes au-dessus du relief accidenté, en direction générale du Nord-Est. Le colonel Jeanpierre, commandant le 1er R.E.P., dirigeait l'opération de son hélico de commandement. Les compagnies en opération étaient désignées par des couleurs : Verte, Rouge, Blanche, etc. Ce système évitait les erreurs dans les communications radio. Ce matin-là Verte se posa sur un piton aplati au sommet, cote 350, au sud-ouest de Barral. Déjà il ne bruinait plus. Le ciel se découvrait. Le sol était couvert de bruyères.

Les chefs de section connurent la mission quelques minutes plus tard : attendre. Attendre que les Fells se manifestent d'une manière ou d'une autre, ou du moins se laissent voir. Naturellement, scruter les alentours, comme toujours. Guetter. Une grande partie de cette guerre consistait à guetter. Les Fells guettaient, eux aussi. Des milliers et des milliers d'yeux humains sans cesse scrutaient le relief accidenté de l'Algérie. Sans compter les yeux des rapaces en quête de macchabées.

Autorisation de faire chauffer le jus, la bonne humeur était revenue. Naturellement il fallait faire des feux minuscules, bien camouflés. Mais le café brûlant ensuite était un bonheur, tout pouvait commencer. Les paras légionnaires, toujours parmi eux une majorité de blonds aux yeux bleus, commençaient une journée pour eux normale : ici comme ailleurs, ils faisaient leur métier de combattants. Ils se plaisaient mieux là que dans le fouillis plâtreux de la Casbah.

Ces Fells qui avaient franchi le barrage du côté de Barral ne se montraient pas. Rien ne disait qu'ils n'avaient pas déjà, comme tant d'autres, filé vers le maquis.

Mais non. Vers midi, la nouvelle circula qu'un de ces Fells avait été capturé. Les pisteurs aidés de chiens policiers l'avaient eu en suivant une piste à partir de l'endroit où le barrage avait été franchi. Un peu plus tard, un autre message fit savoir que tout le groupe fellagha était accroché. Le chef de la compagnie donna l'ordre à ses paras : « Sac au dos. » La manœuvre d'enveloppement et de capture allait se développer.

Des bananes, une dizaine en tout, transportaient d'autres compagnies, mais Verte allait gagner à pied son emplacement de combat. Dans certaines circonstances, on gagnait du temps ainsi, à cause des délais d'embarquement. Les légionnaires du ciel commencèrent à arpenter les bruyères comme des fantassins très ordinaires. Maintenant le ciel était bleu, le soleil tapait.

— Halte ! C'est ici.

Verte se déploya au bord d'un plateau, en face d'un grand mamelon rocheux embroussaillé. A voir le mouvement des hélicoptères qui déposaient les troupes à l'entour, on comprenait que les Fells se trouvaient maintenant sur ce mamelon. D'ailleurs, quelques minutes plus tard, on entendit quelques rafales. Les éclaireurs d'une autre compagnie tâtaient l'ennemi, qui répondait. Les paras de Verte prirent leurs positions de combat. Ceux du premier groupe d'assaut se postaient derrière des buissons, un genou en terre. Les gestes de tous ces hommes étaient calmes, sans la moindre hâte, comme ceux de professionnels prenant leur temps. Visiblement, ils savaient que ce n'était pas encore leur tour.

Un grondement vint de l'Ouest, grandit, remplit le ciel, et les avions furent là. Ils tournaient dans le ciel et l'un après l'autre piquaient sur le mamelon rocheux en projetant leurs roquettes et en mitraillant. Les roquettes jaillissaient comme des animaux furieux. Ce petit cirque dura quelques minutes, puis les avions filèrent, on ne les vit plus. Leur grondement dura encore une minute dans le ciel. De hautes broussailles et des lentisques brûlaient aux flancs du mamelon rocheux.

Le bruit sec des rafales succéda à celui des moteurs. Les mitrailleuses de plusieurs compagnies arrosaient ensemble le mamelon. Maintenant les paras regardaient le mamelon avec une attention extrême. Dès que les rafales se turent, sur un ordre, ils s'élancèrent. On vit ces grands diables courir agilement dans les buissons, dans les rochers ; disparaître, reparaître, disparaître. On vit leurs bérets verts reparaître encore, au sommet du mamelon. Ils y étaient ! Réussite incroyablement facile, semblait-il.

Conquérir le terrain n'était rien, il fallait s'emparer des Fells. La radio nasilla le compte rendu du chef de la section d'assaut : « Ils se sont laissés glisser dans le bas-fond. J'ai un mort, un blessé. » De leur bas-fond, les Fells maintenant arrosaient dur. Les mitrailleuses de toutes les compagnies leur répondaient. Des balles ricochaient sur les rochers, un réseau mortel se tissait.

Les compagnies descendaient lentement vers leur proie encerclée. Après l'assaut rapide du début, cette étreinte paraissait interminable. Le soleil touchait l'horizon de montagnes, le jour baissait. Les légionnaires progressaient méthodiquement vers le bas-fond, se couvrant les uns les autres. On en voyait qui rampaient dans les broussailles. Le feu des fellaghas était de moins en moins nourri. Ceux qui réussissaient à se glisser entre les mailles du filet cessaient de tirer. D'autres, traqués, se défendaient courageusement, laissant venir et tirant de près. L'opération était dangereuse jusqu'au bout.

Les légionnaires prirent de grands risques pour dégager leurs morts et leurs blessés avant la nuit. Les blessés étaient brancardés vers des endroits où les hélicoptères pouvaient se poser. Il fallait remonter du creux à travers les rochers et les broussailles, dans l'obscurité, à la petite lueur de lampes électriques. Devant chaque brancard, deux hommes pour écraser les buissons, frayer la voie.

Un hélicoptère se pose presque n'importe où, il suffisait de déblayer un peu le terrain, aplatir les plus gros buissons. Comme balisage, une croix de lumière dessinée avec quatre lampes de poche. Les blessés entendaient avec soulagement le bruit du gros insecte qui s'approchait dans la nuit. Le bruit grandissait, puis, merveille, un faisceau lumineux tombait d'en haut, trouant la nuit, touchant l'aire comme un doigt ; il s'immobilisait et la « banane » doucement se posait. Ce mouvement doux de l'hélicoptère faisait déjà penser à une main d'infirmière.

Les légionnaires non blessés n'avaient plus qu'à s'installer tant bien que mal pour la nuit. Le danger n'était plus bien grand, mais généralement ces mots-là signifiaient : souffrir du froid, et avoir soif. Bien rares étaient ceux qui avaient encore quelque chose dans leur bidon. Les hélicos arrivaient au jour et un peu plus tard on retrouvait les camions. On apprenait à Guelma le bilan de l'opération. Cadavres de fellaghas, 122. Légionnaires tués, 12. Deux blessés graves.

— Le barrage tunisien n'est pas étanche parce que c'est un barrage au rabais, disaient à l'époque des officiers. Paris lésine sur les crédits.

Le barrage électrifié de 320 kilomètres de long coûtait 2 250 000 francs le kilomètre. Et il était difficile qu'il n'y eût jamais aucun trou tout au long de ces 320 kilomètres. Des agents F.L.N. relevaient constamment la carte du barrage, étudiaient ses imperfections, préparaient les sabotages.

Le plus irritant pour les militaires français : l'action quasi impunissable des bandes F.L.N. installées en territoire tunisien dans les camps proches de la frontière. Ces bandes franchissaient la frontière, venaient harceler les défenseurs du barrage, puis repassaient en hâte la frontière et revenaient tranquillement à leurs camps. Les troupes françaises n'avaient pas le droit de les poursuivre sur le territoire tunisien. Cette interdiction de franchir la frontière était pour les bandes

F.L.N. une protection bien plus efficace que n'importe quel barrage électrifié.

Ce qui vient d'être dit de la frontière algéro-tunisienne était vrai aussi de la frontière marocaine : réseau électrifié, incursions de troupes de harcèlement qui ensuite repassaient la ligne inviolable, infiltration de renforts, introduction d'armes et de matériel, en quantités toutefois un peu moins importantes que du côté tunisien. Mais existaient aussi au Maroc des camps F.L.N. d'entraînement, des centres de repos. Des hôpitaux F.L.N. fonctionnaient à Oujda et à Figuig.

Le barrage tunisien fut considérablement renforcé et perfectionné dans le courant de 1958 : double, triplé dans les zones les plus menacées, et des postes de protection (coût : 15 millions chacun) étaient installés. Le 3e Étranger anéantissait des commandos F.L.N. dans la région de Guelma, le 4e Étranger liquidait les bandes qui tentaient de tourner le barrage par le Sud. Des radars furent installés de place en place le long de l'interminable ligne de barbelés. La plus mince silhouette, une ombre apparaissant auprès du barrage, faisait osciller l'aiguille des ampèremètres devant lesquels veillaient les techniciens et une minute plus tard les patrouilles sortaient, la « herse » intervenait. Voici ce qu'était la herse.

Entre le barrage et la frontière tunisienne, d'une extrémité à l'autre courait une piste, parcourue nuit et jour par les automitrailleuses du 1er Étranger de Cavalerie. Les chevauchées fastueuses de ce Royal Étranger étaient loin. Les cavaliers cahotés dans leurs véhicules, roulant la nuit tous feux éteints, scrutaient l'obscurité, d'autres étaient à l'écoute des signaux radar, des appels des postes de surveillance. Les faisceaux des phares soudain jaillis aveuglaient un groupe de cisailleurs, une bande armée franchissant une brèche, les rafales éclataient dans la nuit.

En 1958, la herse fonctionna pendant deux cent cinquante nuits consécutives le long du barrage tunisien. Besogne harassante. Les légionnaires durent aménager eux-mêmes, rendre habitables les misérables avant-postes le long du barrage. Rendre ces postes habitables ne suffisait pas aux légionnaires obstinément architectes, constructeurs, soucieux de leur confort dès qu'on leur laisse cinq minutes entre deux tueries. Plusieurs de ces postes devinrent des objets de curiosité. L'un d'eux était un ranch style Colorado, l'autre une petite forteresse à la Vauban, un autre un cocasse village de dessin animé avec une plage et plusieurs rues. Ainsi se manifestait l'invincible vitalité de la Légion.

Le 5e Étranger fournissait les unités de garde et d'intervention à la frontière marocaine. Des avions « Piper » survolaient le maquis à basse altitude. Aussi bien à l'Ouest qu'à l'Est, la Légion disposait de véhicules modernes de premier choix. Mais les combattants F.L.N. formés dans les camps marocains se manifestaient très bons tireurs et habiles techniciens. Ils opposaient aux groupes motorisés leur dispersion et leur parfaite connaissance du secteur. Des mines furent ajoutées au dispositif de défense des barrages, en énorme quantité : il dut y en avoir finalement 900 000 du côté tunisien. Ces barrages défendus par la Légion finirent par représenter une réalisation technique et militaire de premier ordre, une fortification moderne parfaitement adaptée à son objet, et remarquablement efficace. A la fin, les infiltrations étaient bloquées dans la proportion de 95 %. Seules opéraient encore, au-delà des barrages, entre les barrages et les frontières inviolables à nos troupes, les bandes qui ensuite regagnaient leurs camps tunisiens ou marocains.

En mai 1958, le 1er R.E.P. s'employa à pourchasser dans la région de Guelma quelques groupes rebelles, infiltrés là avant l'imperméabilisation du barrage, et qui n'en bougeaient guère. Le 29 mai au début de l'après-midi, deux compagnies héliportées attaquèrent, sur le versant sud du djebel Mermera, un fort groupe de fellaghas qui, traqués, s'accrochaient au terrain. Comme à son habitude, le colonel Jeanpierre suivait l'opération à bord de son *Alouette,* ou plutôt y participait. Servi par un pilote d'une habileté inouïe, il approchait son appareil des rochers presque à les toucher pour découvrir les nids adverses et les signaler à ses hommes.

Ce jour-là, les paras virent soudain l'Alouette glisser sur le côté, puis s'abattre. Une balle avait sectionné le circuit d'alimentation du moteur, et l'appareil était trop bas pour se mettre en auto-giration. Le colonel était mort, son pilote et son mécanicien ne lui survécurent que quelques jours. Cette mort accabla le régiment, parce que Jeanpierre était un chef non seulement intrépide, mais intelligent, plein d'imagination, toujours à la recherche de méthodes de combat plus efficaces, et nullement gaspilleur de la vie de ses hommes. Plus tard, lorsque les légionnaires du 1er R.E.P. élevèrent une chapelle dans un de leurs camps, ils la dédièrent à saint Jean et à saint Pierre en souvenir du colonel Jeanpierre. Ce camp était situé à Zeralda, près d'Alger.

Au-delà du grand rêve d'indépendance des chefs nationalistes algériens et colorant ce rêve, lui donnant une couleur dorée, s'étendait le Sahara, huit fois l'étendue de la France. L'étendue désertique promue au rang d'Eldorado par les recherches pétrolières. Peut-être la plus grande richesse de cet État qui naîtrait pauvre. Sur cet espace régnait la Légion.

« La fantaisie vestimentaire du soldat, a écrit Georges Manue, est une réaction instinctive contre l'inélégance des tenues. Il n'y a pas de fantaisie chez les marins, les spahis et les tirailleurs en tenue d'Afrique parce qu'ils portent des vêtements seyants qui satisfont leur vanité. » A la liste des vêtements seyants, on pouvait ajouter l'uniforme des quatre compagnies sahariennes portées de la Légion. Les pantalons blancs extraordinairement amples (sarrouels), le burnous bleu doublé de blanc, le chèche formaient avec le képi blanc une tenue exotique presque aussi fonctionnelle et aussi chic que celle des Touareg. Cette tenue donnait aux légionnaires du Grand Désert le sentiment d'être, dans la Légion, comme une chevalerie un peu à part. Compagnies montées, mais les mulets étaient loin. Les véhicules des légionnaires des sables — E.B.R., Dodge 6 × 6, camions Berliet-Diesel — dernier cri de la technique étaient aptes, comme l'uniforme, à satisfaire la fierté. Cependant ces automobilistes ne paradaient pas comme les propriétaires de Jaguar sur la Croisette. Ces belles bagnoles, dans la fournaise d'été, devenaient des rôtissoires. L'itinéraire des grandes oasis — Inifel, El Goléa, Ghardahia — comportait des escales de rêve, des paradis d'orangers, de pêchers, d'amandiers et de fleurs, des jardins et des palais des mille et une nuits, naguère émerveillement du touriste — et soudain ici et là, à l'entrée ou à la sortie d'un ksar, les grenades, les rafales, l'éparpillement des indigènes hurlant — et deux Dodge qui brûlaient, avec des cadavres dedans.

Toujours rejointes, traquées, les katibas du désert risquaient gros. L'hiver 1958, la 3e Saharienne assura la protection des recherches pétrolières dans la Daya, pistes pour ainsi dire inexistantes, nuits glacées. La 4e Saharienne, basée à Colomb-Béchar, ouvrait des carrières de pierre et construisait en dur un camp plus moderne et pourvu de plus de commodités que la plupart des bourgades françaises. Dans le même temps, ses véhicules contrôlaient *trente mille* kilomètres de pistes, des djebels algéro-marocains aux parages d'In Salah, descendant des montagnes et des plateaux vers les steppes, vers une immensité de hammada craquelée. Dans la hammada du Guir, coupée de coulées de pierre, les voitures roulaient à huit à l'heure, moteur fumant. Pour fouiller le Grand Erg où se cachaient des bandes rebelles, les légionnaires de la 4e Saharienne, quittant leurs véhicules, parcoururent à pied, en faisant le coup de feu, une fois 135 kilomètres en cinq jours et une autre fois 280 kilomètres en quinze jours.

Le 1er Étranger de Cavalerie protégeait les forages de Hassi Falh et de Noumerate, des détachements du 1er R.E.P. ceux de la région de Hassi Messaoud. Des cortèges de camions escortés chargés d'explosifs roulaient doucement vers ces zones, observés de loin par des bandes F.L.N. Les centres de prospection pétrolière ne furent jamais assaillis en force par les rebelles. Les chefs de la révolution ne tenaient évidemment pas à massacrer ces poules dont ils espéraient bien recueillir un jour quelques œufs d'or, et rien n'interdit de penser que des conventions plus ou moins tacites existaient à ce sujet.

Autre chose était la surveillance des palmeraies voisines. Une palmeraie bien vivante est, au milieu de la stérilité du désert, un bijou végétal. La verdure des palmiers-dattiers atteste la présence de l'eau, c'est-à-dire de la vie. Les fruits, lorsqu'ils sont mûrs, brillent comme des gemmes. Le village n'a l'air de rien, d'un peu loin quelques cubes de sable. Mais chaque palmier-dattier rapporte chaque année au moins 3 000 anciens francs. La palmeraie, bijou et trésor. Ces trésors n'étaient pas passés inaperçus aux yeux des *racketers* du F.L.N. : « Votre obole pour l'armée de libération, s'il vous plaît. » Le montant de l'obole était fixé, et mieux valait casquer si l'on tenait tant soit peu à la vie.

Le détachement de paras arrivait impromptu, cernait la palmeraie et, aussitôt, vérification d'identité. Bien des rebelles furent ainsi capturés. Quelques incidents étranges, au cours de ces inspections. Un légionnaire un jour remarque un Arabe d'environ dix-huit ans à la poitrine bizarrement opulente.

— Viens un peu par ici. Qu'est-ce que tu caches là-dedans ? Laisse-moi voir... Merde, c'est une gonzesse !

Le contraire — un fellagha déguisé en femme — eût moins surpris. On fit venir le père qui donna des explications fumeuses :

— Elle est drôle. Elle veut travailler à la palmeraie, alors elle s'est habillée en garçon. Elle a toujours été drôle.

Allez comprendre. L'insolite existe partout.

Sept généraux en chef se succédèrent pendant la guerre d'Algérie. Cherrière, d'août 1954 à juin 1955 ; puis Lorillot, jusqu'à novembre 1956 ; puis Salan, jusqu'à décembre 1958 ; Challe, jusqu'à mars 1960 ; Crépin, jusqu'à février 1961 ; Gambiez, jusqu'à juin 1961, enfin Ailleret, jusqu'à l'indépendance.

L'opération Jumelles fut mise au point au cours de plusieurs conversations qui se déroulèrent en mai 1959 entre le général Challe et le colonel Jacquin. Ce Jacquin, homme de stature peu impressionnante, grisonnant, n'était pas n'importe qui. Ayant obtenu la Légion en sortant de Saint-Cyr, il y avait accompli une partie de sa carrière, où l'on pouvait remarquer quelques épisodes peu ordinaires, dont une guerre d'Espagne dans les rangs des républicains, motif : mission pour le 2e Bureau de la Légion. Plus tard, il fut l'un des rescapés de la marche de la mort de la Légion vers la Chine, après l'agression japonaise. Puis un autre 2e Bureau, celui de l'état-major du Corps expéditionnaire en Indochine, avait eu recours à ses services, à son intelligence profonde et rapide qui, ce n'est pas toujours le cas, faisait bon ménage avec un tempérament de baroudeur.

En Algérie, Salan, puis Challe se l'étaient attaché. Sous Challe, Jacquin dirigeait le B.E.L., « Bureau Études et Liaisons », dont il avait fait une sorte de cerveau électronique de l'état-major, qu'on pouvait utilement consulter sur tout à tout instant. Fait remarquable, Jacquin n'était cependant pas détesté des autres officiers gravitant autour de Challe ; au contraire, ils ne pouvaient se passer de lui. Une fois, il tomba malade et dut être hospitalisé. Sa chambre ne désemplissait pas de colonels, porteurs de dossiers et solliciteurs d'avis. Une des plus remarquables créations de Jacquin était son équipe de *missi dominici,* officiers de toutes armes munis de grands pouvoirs qui sans cesse visitaient les chefs militaires locaux sur tout le territoire algérien ; point accueillis partout avec le sourire, mais s'informant sur tout et réglant sur place pas mal de problèmes réputés insolubles.

La conversation rapportée ci-dessous n'est pas une invention, mais une synthèse, rédigée sous cette forme pour la commodité et la clarté.

Elle résume la substance de nombreuses conférences qui réunirent Challe, Jacquin et leurs collaborateurs.

Jacquin. — Je fais le point en quelques mots sur la situation générale. L'armée française a maintenant l'initiative en Algérie. Nous sommes arrivés à rendre les barrages pratiquement étanches. En février dernier, une katiba a été détruite à 95 % à Morsott. Le 1er mars une autre katiba a été détruite à 100 %, dans la journée. Sur 1 200 fellaghas franchissant la frontière, 950 sont contraints à faire demi-tour avant même d'avoir atteint le barrage. Le pourcentage de ceux qui réussissent à franchir le barrage sans être presque aussitôt anéantis est minime. D'autre part, les progrès de la pacification ont obligé les rebelles à se réfugier dans les zones non contrôlées.

Challe. — Reprenant une idée de mon prédécesseur, je veux m'occuper de ces zones-refuges. Je veux y réduire les rebelles.

Jacquin. — Une telle action, mon général, nous permettra de reprendre ascendant sur les populations musulmanes de ces zones, où certains villageois n'ont pas vu un seul soldat français depuis trois ans.

Challe. — Les troupes du quadrillage sont un peu trop statiques. Mon idée est de les animer en les faisant coopérer avec les troupes de réserve opérationnelle, paras et légionnaires, qui sont maintenant rendues disponibles par les progrès de la pacification. Je veux créer avec les troupes du quadrillage et les troupes d'intervention des commandos qui traqueront les rebelles. Ces commandos seront placés sous l'autorité des chefs militaires locaux, mais ils devront être très actifs. Hommes et officiers mèneront au besoin une vie aussi rude que celle des fellaghas. On ne peut espérer réduire ceux-ci autrement.

L'un des missi dominici *de Jacquin.* — Mon général, je rentre de Kabylie où je suis allé exposer les grandes lignes de votre plan aux chefs des secteurs. Les colonels sont d'accord pour voir arriver des troupes de la réserve opérationnelle. Ils sont flattés de savoir que ces troupes d'élite seront placées sous leurs ordres. Mais ils voudraient bien ne pas lancer leurs propres troupes dans la bagarre. Ils voudraient les garder comme un luxe personnel.

Challe. — Cette mentalité devra changer.

L'officier émissaire. — Mon général, le cas de la Kabylie est particulier. Cette région dépend à la fois du Corps d'armée de Constantine et de celui d'Alger. Deux commandements se chevauchent, les frictions sont constantes. Cette situation rend les chefs de secteur encore plus pointilleux sur leurs attributions et sur les limites de leur territoire.

Challe. — Eh bien, je m'assoirai sur toutes ces limites. J'irai diriger moi-même l'opération Jumelles au col de Chellata. A 1 726 mètres d'altitude, je serai au-dessus de la mêlée. Je passerai une nuit à Alger, une nuit sur mon pic. Ce sera claquant, mais tant pis.

Jacquin avait raison de parler des progrès de la pacification. Dans l'Oranais, notamment, l'opération « Couronne », couronnée de succès, avait détruit, parmi les indigènes, le mythe de l'invulnérabilité de l'A.L.N. Les marchés étaient rouverts, la vie renaissait. Plus de trente douars avaient déjà accepté de constituer une autodéfense et reçu des fusils, et leur nombre augmentait sans cesse, il atteindrait cent trois mois plus tard.

Cette pacification dans une grande mesure réussie s'accompagnait cependant d'une ombre, d'un grand drame humain : les déplacements de population.

La population de nombreux villages avait été déplacée, parfois sur la demande même des indigènes qui se trouvaient trop près de zones d'opérations, constamment menacés, rançonnés, molestés par les fellaghas, les autres fois sur décision de l'autorité militaire, parce que ces villages étaient pour les wilayas des points de ravitaillement, d'espionnage et même de recrutement. Les indigènes déplacés étaient regroupés dans de grands centres, qui étaient des camps. Un général avait été nommé Inspecteur général des regroupements et les autorités civiles s'occupaient aussi de la question. Il serait très injuste de dire que ces opérations ne furent pas entreprises avec le souci de réduire au minimum les inconvénients et les souffrances. Mais l'expérience historique prouve que ces bonnes intentions, en pareil cas, n'aboutissent jamais, nulle part. Pour cent raisons, physiques et morales, les déplacements de populations sont intrinsèquement des opérations déchirantes et inhumaines. Les plus grands moyens, la meilleure volonté ne peuvent empêcher, au terme de ces exodes, l'avènement de petits univers concentrationnaires où règnent la misère et la coercition. La description des centres de regroupement devait alimenter très largement la propagande F.L.N.

Un coup de feu claqua, un seul longuement répercuté dans la montagne. Fusil de chasse, impossible de s'y tromper. On vit s'arrêter le premier des paras qui escaladaient lentement, collés au rocher. Il glissa sur une petite pente, tomba de trois mètres sur une autre pente, glissa encore, tomba encore, cette fois sur une corniche étroite légèrement en surplomb. On crut qu'il allait continuer à glisser, dégringoler jusqu'en bas, s'écraser. Non. Il resta là accroché sur cette étroite corniche. Il n'avait pas lâché son arme ; pas encore. Mais son attitude laissait comprendre qu'il était gravement touché. Sa tête penchée en avant semblait comme enfouie dans la terre de la petite corniche. Le soleil faisait briller un grand tatouage bleu qui couvrait presque tout son dos.

Les autres paras s'étaient arrêtés. Tous étaient en short, torse nu. Nombre de ces torses athlétiques portaient des tatouages. Les paras regardaient au-dessus d'eux à droite et à gauche. Le coup de feu avait certainement été tiré d'une grotte, d'une de ces grottes qu'il s'agissait, sur chaque paroi de l'immense Kabylie, de découvrir et de nettoyer. Mais sur cette paroi-ci, qui se trouvait dans les parages du mont Azerou N'Thonor, on n'apercevait rien.

L'opération s'appelait « Jumelles » parce qu'il fallait constamment scruter aux jumelles les parois de ces montagnes de Kabylie. On scrutait et on ne voyait pas grand-chose. Le relief de cette région est un des plus tourmentés du monde.

Le para blessé agrippé sur sa petite corniche n'était pas inconscient car lorsqu'un copain placé juste au-dessous lui cria de lâcher son F.M., il le fit. Le copain attrapa l'arme au passage. Le blessé avait ainsi deux mains pour s'agripper. La corniche où il se trouvait était inaccessible à partir du bas. L'opération de sauvetage s'annonçait très difficile. Tout dans cette opération « Jumelles » était difficile, lent, compliqué, dangereux. La progression du commando sur la paroi était maintenant arrêtée. Un opérateur radio parlait dans son émetteur portatif.

Challe avait comme prévu installé son P.C., le P.C. « Artois » au col de Chellata, altitude 1 726 mètres. De nombreuses tentes vertes contenaient les dortoirs et les bureaux ; à côté, les camions de l'intendance et du service de santé. Au-dessus de l'étrange village, un réseau de fils et d'antennes. De la grande tente opérationnelle ou de son appartement — une petite chambre et un bureau dans un camion aménagé — le général Challe pouvait obtenir Alger ou Paris au téléphone en deux minutes et joindre constamment par radio tous les groupes en opération.

Les troupes engagées dans l'opération « Jumelles » comprenaient, outre le 3e Étranger d'Infanterie et le 1er R.E.P., d'autres paras, des tirailleurs, des dragons, des artilleurs et naturellement des chasseurs alpins, parmi ceux-ci des alpinistes-spéléologues. Plus le secours aérien des hélicoptères.

L'armée avait pendant un temps tâtonné dans cette guerre d'Algérie hérissée de problèmes, mais peu à peu elle avait adapté ses moyens et ses méthodes à toutes les situations. Jusqu'à l'opération « Jumelles », des chaînes montagneuses et de longues et profondes vallées de la Kabylie, décourageant chaos, avaient été laissées de côté, délibérément abandonnées aux rebelles. Maintenant le nettoyage était commencé. Il s'agissait de pénétrer les massifs kabyles sous tous les angles, jusqu'aux endroits les plus inaccessibles, de fouiller les endroits les plus touffus. Les paras avaient déjà nettoyé la mystérieuse forêt de Mizrana, depuis des millénaires refuge réputé inviolable. A l'aide de coupe-feux ils l'avaient découpée en carrés de cent mètres de côté.

Les chefs du F.L.N. n'avaient jamais imaginé que leurs katibas pussent être traquées au cœur même de la Kabylie. Ils n'avaient pas imaginé que des commandos d'Européens pussent mener une vie aussi rude que celle de leurs combattants. Des commandos du 1er R.E.P. se nourrirent pendant des périodes de cinq à six semaines de rations de combat, pas un repas chaud, et autant de nuits à la belle étoile. La Kabylie était inlassablement pénétrée de tous côtés, comme une meule de paille lardée de coups de baïonnette. Les fellaghas traqués hantaient les derniers refuges, les plus inaccessibles : ces grottes au flanc des parois rocheuses. Ils connaissaient depuis des générations les itinéraires permettant d'atteindre ces grottes avec le moins de risques de se tuer. Et depuis des générations, leur race de fer était entraînée aux escalades les plus difficiles, sans piolet, sans corde, sans crochets de rappel.

Le para du 1er R.E.P. gisant sur le ventre sur une étroite corniche dans les parages de l'Azerou N'Thonor avait reçu en pleine face une décharge de fusil de chasse. L'entrée de la grotte de ses tueurs était maintenant découverte. Plusieurs paras s'étaient déplacés latéralement le long de la falaise qui, dans son ensemble, était légèrement concave, comme la paroi intérieure d'un cylindre, et ce mouvement leur avait permis d'apercevoir, à vingt mètres environ au-dessus du blessé, l'ouverture de la grotte, en partie obstruée de broussailles. Au-dessus, cinquante mètres de falaise verticale.

Plusieurs paras s'approchaient lentement de leur camarade blessé. Ils se trouvaient à une altitude légèrement supérieure à la sienne, mais ils ne pouvaient atteindre sa corniche parce qu'un gros bloc de rocher leur obstruait la voie. L'un d'eux lança une corde, le blessé la saisit. Mais il ne pouvait rien de plus. Il était visiblement incapable de s'encorder lui-même.

La seule solution était évidente : qu'un sauveteur descende jusqu'au blessé, en rappel de corde, du haut de la falaise. Opération parfaitement réalisable pour un alpiniste exercé, avec un seul inconvénient : il faudrait passer à peu près à l'endroit où le blessé avait été atteint.

Un jeune sergent-chef du Génie, chef d'une « équipe de grottes », était déjà en train de descendre en rappel du haut de la falaise. On le voyait glisser sur la paroi avec une rapidité et une sûreté extraordinaires. Il ne descendait pas exactement à la verticale de l'endroit où se trouvait le blessé, mais un peu à droite. Les fellaghas de la grotte commencèrent à tirer dans sa direction, bien avant qu'il n'eût atteint leur hauteur, mais la falaise n'était pas assez concave pour qu'ils pussent l'atteindre et les paras couvraient le sergent-chef en arrosant de copieuses rafales l'ouverture de la grotte. Spectacle surprenant, en tout cas exceptionnel à la guerre qu'un tel baroud pour tenter de sauver une vie déjà peut-être en train de s'éteindre.

Le sergent-chef descendait toujours, s'arrêtait de temps en temps pour fixer ses crochets. On le vit se déplacer un peu obliquement, puis soudain s'élancer, décrire un grand mouvement de pendule à l'extrémité de sa corde, et voilà, d'un coup il était juste à côté du blessé sur la petite corniche, hors d'atteinte du feu des fellaghas. On le vit qui commençait à encorder le malheureux au torse tatoué. Celui-ci certainement vivait, il n'était pas inerte, on devinait qu'il faisait de son mieux pour se prêter aux efforts de son sauveteur, mais ses mouvements très lents et maladroits ressemblaient à ceux d'un homme pris de boisson. Un peu plus tard, il commença à descendre lentement à bout de corde, assuré par le sergent-chef.

Les autres paras avaient repris l'attaque de la grotte. Parvenus à sa hauteur, ils ne cessaient de s'approcher de l'ouverture. De leur trou, les fellaghas ne pouvaient tirer que sous certains angles, mais les approches que leur feu n'interdisait pas nécessitaient des qualités d'acrobate. Un autre sous-officier cependant s'y risquait, encore un spécialiste de l'équipe des grottes. Ceux qui regardaient à la jumelle du bas de la falaise retinrent leur souffle lorsqu'ils le virent qui atteignait l'entrée de la caverne. A ses mouvements, ils comprirent qu'il disposait une « chandelle » lacrymogène. Les Fells allaient être enfumés comme des renards.

D'abord rien, pas un bruit. Puis les légionnaires arrivés près de la grotte entendirent tousser et cracher. Une première forme apparut dans la fumée, à l'entrée du trou, levant les bras. Une autre, encore une autre. Les fellaghas, toussant et crachant, arrivaient au bord du trou, s'asseyaient, se laissant glisser, se retournaient, se mettant à descendre comme des alpinistes chevronnés, tous à l'aide des mêmes prises, d'un rocher à l'autre, par l'itinéraire qu'ils connaissaient depuis si longtemps. Toussant à faire pitié et gémissant, mais pas un ne se cassait la figure. Comme toujours il y avait parmi eux des hommes de tous les âges, jeunots de seize ans jusqu'à des hommes de cinquante-cinq ans, profil en bec d'aigle, maigres mais muscles de fer. A peine arrivaient-ils en bas, les légionnaires infirmiers leur donnaient un tampon d'ouate imbibé d'antidote aux gaz. Nul besoin de leur en expliquer l'usage, ils le respiraient aussitôt.

Les jeunes paraissaient plutôt soulagés d'être prisonniers, point maltraités. Les gradés interprètes interrogeaient : « Reste-t-il encore des hommes dans la grotte ? Des armes ? Combien ? » Les réponses étaient volubiles, pleines de contradictions, d'invraisemblances. Une douzaine d'hommes étaient descendus, mais à les entendre, il n'y avait là-haut qu'un fusil de chasse, un seul.

— Tu ferais mieux de ne pas te foutre de nous, c'est ton intérêt.

Les captifs commencèrent à avouer qu'il y avait peut-être encore quelques hommes dans la caverne ; quelques armes aussi, peut-être. Là-haut, un autre para atteignait l'entrée, juste à côté du sergent-chef. Les deux hommes tenaient des grenades. D'autres paras, sur le point de les rejoindre, prenaient, eux aussi, leurs grenades. Le chef du commando parla dans sa radio : « Attention à tous… » Trop tard. Deux coups de feu claquèrent et l'on vit deux corps se détacher de la paroi, glisser, tomber, rebondir disloqués d'un rocher à l'autre.

Le chef du commando parla encore dans sa radio. Ordre de rester en place. Une minute plus tard, ordre de redescendre. Il y eut une hésitation de quelques secondes. Puis les torses nus collés au rocher commencèrent à se mouvoir lentement vers le bas.

Les paras arrivèrent au pied de la falaise et ils restèrent là, regardant sans rien dire cette paroi grise un peu concave. Il y avait encore des fellaghas dans la grotte, ils venaient de tuer deux copains. Chaque para regardait intensément la paroi en s'efforçant de distinguer un itinéraire pour remonter vers cette grotte. Apparemment, rien ne les empêcherait de tenter de nouveau l'escalade.

Ces hommes engagés depuis plusieurs mois dans l'opération « Jumelles » étaient pris, étaient envoûtés par cette grande battue parce qu'elle comportait pour eux des dangers mortels et presque chaque jour il y avait des copains à venger. Mais un autre sentiment encore les habitait. A ces guerriers professionnels, à qui en principe peu importait de combattre ici ou là, contre tel ou tel, après une guerre une autre, à ces mercenaires on avait inculqué d'autres sentiments, on avait compliqué leur psychologie de combattants. En leur faisant faire par instants d'autres métiers que le métier de soldat, et cela plus encore qu'en Indochine, en les embarquant dans la pacification, on les avait peu à peu convaincus, au moins pour un temps, que cette guerre d'Algérie était en fait une action de justiciers contre les rebelles bourreaux de la population. D'autre part, la victoire sur le plan militaire était maintenant en vue. Tous les paras pensaient que l'opération « Jumelles » serait, sinon le dernier nettoyage, l'un des derniers. Ces rebelles résistant dans les grottes étaient le dernier obstacle avant la victoire, et en même temps les paras les tenaient pour de vrais salauds, des criminels assassins, pas autre chose.

Les officiers du commando avaient communiqué par radio avec le P.C. du général Challe et peu après arriva l'ordre de dégager les lieux.

Fer de lance, a-t-on dit mille et mille fois du 1er R.E.P. Une lance, la même main la jette en avant et la retient. Les paras se rassemblèrent, s'alignèrent sans dire un mot. La petite colonne commença à s'éloigner de la falaise. L'obéissance était rendue moins pénible aux paras parce qu'ils devinaient ce qui allait maintenant se passer.

On entendit dans le ciel un bruit de géante Deux-Chevaux aérienne, le caractéristique moulin de l'hélicoptère Alouette. Les Alouettes pouvaient lancer des fusées téléguidées SS 11. Les fellaghas de la grotte devaient avoir, eux aussi, quelque idée de ce qui allait se passer, car ils se mirent à tirer comme des fous, probablement en direction de l'Alouette. Mais le bruit de leurs salves fut couvert par celui du moteur de l'hélicoptère, que répercutait la falaise. Le gros insecte se tenait presque immobile dans l'air comme savent faire les libellules et les frelons. D'un coup il s'éleva, comme s'il renonçait, ou voulait échapper à quelque péril, puis il tourna, redescendit, revint et la fusée fulgurante jaillit de son ventre ; elle percuta la montagne avec un bruit terrible.

L'orifice n'avait pas été atteint de plein fouet, mais juste au-dessus un pan de rocher s'était détaché, augmentant l'ouverture en hauteur. L'hélico recommença sa manœuvre, relança cette fois en plein dans le trou. Les hommes du commando poussèrent quelques hourras. L'Alouette fit encore deux passes, et deux lancers. Il était difficile de se défendre d'une satisfaction sauvage primitive et en même temps d'un sentiment d'admiration technique au spectacle de cette destruction, fulgurante et précise. Le trou de la grotte cessait d'exister. Il se refermait sous les éboulements, il disparaissait. Il faisait place, dans la falaise, à une concavité ouverte d'où dégringolaient des blocs de rochers, des dizaines de tonnes de pierrailles — et sans doute, mêlés à et écroulement, imperceptibles, quelques vestiges humains.

Cette attaque d'un commando contre les grottes dans les parages de l'Azerou N'Thonor était l'une des innombrables opérations d'importances diverses qui constituaient la grande opération « Jumelles », l'une des plus pittoresques et, à l'échelon des exécutants, l'une des plus difficiles de celles qui ont suivi la Seconde Guerre mondiale.

L'opération « Jumelles » devait se prolonger jusqu'au début d'avril 1960. Les hommes qui avaient combattu en escalade, torse nu, sous le soleil brûlant, poursuivirent sous les rafales de pluie glacée leur fouille minutieuse du géant chaos kabyle. Depuis bien longtemps, nul Européen n'avait tâté de l'hiver dans ces régions, il fallait les nécessités de la guerre. Les premières tourmentes de neige balayèrent les crêtes avec un accompagnement de tonnerre et d'éclairs. Les paras au visage cuit ressemblaient à de vieux trappeurs des Rocheuses. Les camions de ravitaillement, impatiemment attendus par des postes coupés de tout, patinaient sur les pentes verglacées, plusieurs tombèrent dans des ravins. Le nombre de tués par accident s'accrut, à cause de ces terribles difficultés de circulation, et aussi à cause du temps bouché. On tirait parfois au jugé, sur des silhouettes à peine visibles, ou vers des bruits. La neige étendit son domaine, on la vit épaisse d'un mètre autour des tentes. Seule compensation, parfois, la chasse aux perdrix. Ces oiseaux enneigés, plumes collées, se laissaient approcher. Cependant, les chasseurs d'hommes et de perdrix entendaient à la radio des nouvelles qui souvent leur étaient incompréhensibles.

En 1959, Richard Neville avait écrit dans le *Sunday Times :* « Pour la première fois, une victoire militaire en Algérie est à la portée de l'armée française. »

De son côté, l'envoyé spécial de la revue américaine *Time* se déclarait surpris des grands progrès du « dégel » des Musulmans et de l'amélioration de la situation.

Et cependant, la réalité — pour les militaires l'amère réalité — était là : le F.L.N., vaincu sur le plan militaire, était en train de vaincre à l'extérieur.

Tout a été dit, écrit, commenté. On désire seulement rappeler ici quelques grandes lignes pour l'intelligence de ce qui suivra concernant la Légion.

Le général de Gaulle, à qui l'explosion du 13 mai avait donné le pouvoir, fit ensuite apparaître, dans son discours du 16 septembre 1959, plusieurs perspectives possibles concernant l'avenir de l'Algérie : sécession, francisation complète, ou bien « gouvernement des Algériens par des Algériens, appuyé sur l'aide de la France et en union étroite avec elle » ; il fit apparaître un peu plus tard dans un autre discours (14 novembre 1960) l'expression « République algérienne », et plaça l'évolution politique de l'Algérie sous l'égide du gouvernement extérieur, le G.P.R.A.

Le sort de l'Algérie commença à se régler, non sur les théâtres d'opérations militaires, mais à l'O.N.U., mais dans toutes les capitales d'Europe et du monde, où le G.P.R.A. envoyait des ministres, des émissaires propagandistes connaissant parfaitement leur métier et armés de quelques mots plus puissants à long ou à moyen terme que n'importe quel régiment de parachutistes ou division blindée : indépendance ; fin du colonialisme.

L'armée voyait la « victoire pour la première fois à sa portée » aboutir à un renoncement sur le plan militaire, à l'abandon des tâches extra-militaires (administration, assistance sociale) que, sans qu'elle l'eût demandé, on lui avait confiées et elle entrevoyait le probable abandon de populations et de combattants ayant pratiquement, au cours de cette guerre, opté pour la France.

Avec courage, avec un grand sens de l'adaptation, ayant fait preuve de bien plus d'imagination qu'elle n'en avait montré depuis très longtemps, l'armée avait conduit et en grande partie gagné la guerre d'Algérie, sans se soucier du contexte international. Combattre et vaincre, puis s'incliner, évacuer, rude épreuve. D'autres armées peuvent avoir à l'endurer.

Le général Crépin avait succédé à Challe (mars 1960-février 1961), Gambiez à Crépin. Le 22 avril à 0 h 30, le général Gambiez reçut un coup de téléphone du général Vézinet, commandant le corps d'armée à Alger : la gendarmerie signalait de nombreux mouvements de camions du Groupe de transports 507 dans les parages de Zeralda. Zeralda, 30 kilomètres à l'ouest d'Alger, petit centre de culture de primeurs. Depuis le retour de la Légion d'Indochine, Zeralda était aussi l'emplacement du camp du 1er Régiment étranger de parachutistes. Et le Groupe 507 groupait les camions et autres véhicules de transport de cette unité.

Le général Gambiez demanda aussitôt à Zeralda le colonel Guiraud, commandant le 1er R.E.P.

— Ici le chef de bataillon de Saint-Marc, commandant adjoint. Mes respects, mon général. Le colonel Guiraud est en permission, je le remplace. Non, il n'y a aucun mouvement dans le secteur. Tout est absolument tranquille.

Pour plus de sûreté, Gambiez appela le commandant du Groupe de transport 507. Cette unité était stationnée à La Trappe de Staoueli à quelques kilomètres de Zeralda.

— Le Groupe 507 ne répond pas, mon général. Oui, je le rappellerai. A vos ordres, mon général.

Malgré la réponse rassurante du commandant de Saint-Marc, le général Gambiez avait plusieurs raisons de trouver bizarre le silence téléphonique du Groupe 507.

A la fin de l'après-midi du 21 avril, un renseignement en provenance de Tizi-Ouzou avait fait savoir qu'un coup de force militaire « en liaison avec des civils » devait avoir lieu le soir même à Alger. Origine du renseignement : un officier sollicité par les conjurés. Hésitant, tenté, il avait finalement rendu compte à ses chefs. La Sécurité Militaire avait aussitôt alerté Paris et Alger et le grand mécanisme de sécurité s'était mis en mouvement, au nord et au sud de la Méditerranée. En Algérie : dispositif de sécurité autour des bâtiments publics et des centres de communications ; barrages de gendarmes sur les principales routes autour d'Alger.

Le Groupe 507 ne répondait toujours pas au téléphone. Le général Gambiez appela le colonel Moullet, commandant d'Alger-Sahel. Celui-ci confirma les précédents renseignements de gendarmerie : des camions convergeaient de plusieurs directions vers Alger et vers Zeralda.

Le Groupe de transport 507, rappelé encore une fois, répondit enfin. Un officier. Il dit que les camions étaient partis dans la matinée, « pour une mission ». Depuis, rien à signaler. A ce moment, Gambiez fut appelé sur une autre ligne par le général Saint-Hillier, commandant la 10e Division parachutiste (qui comprenait le 1er R.E.P.) :

— Je viens d'essayer d'avoir Saint-Marc au téléphone. J'ai eu sa femme, qui m'a d'abord dit qu'il était malade, ensuite qu'il était parti. Je pense que la situation est sérieuse. Je prends deux voitures et je file sur Zeralda.

— Moi aussi, dit Gambiez. Attendez-moi.

Élie Denoix de Saint-Marc, fils d'une « bonne famille » bordelaise, entré dans la Résistance à dix-huit ans, entré comme déporté à Buchenwald à dix-neuf, entré dans l'armée après la Libération, ancien combattant d'Indochine, rescapé de plusieurs coups durs en Algérie, avait marché dans le complot à cause de sa grande admiration pour Challe, qu'il estimait capable de réaliser ce qu'il promettait : reprendre la guerre, la terminer vite et victorieusement et offrir ensuite à la France cette victoire comme sur un plateau. Saint-Marc a dit quelle avait été sa plus rude épreuve avant, pendant et après le putsch : être invité à dîner le 21 au soir chez le général Saint-Hillier qui, selon le plan des conjurés, devait être neutralisé au cours de la nuit. Le chef de bataillon de Saint-Marc jouissait d'un grand prestige auprès des paras légionnaires, et non seulement auprès d'eux. Lors de son procès, son avocat produisit des lettres de personnalités de toutes les opinions politiques.

Le général Gambiez était un homme petit, d'un courage à toute épreuve et d'une énergie invincible. Il a raconté lui-même, le 29 mai 1961, en déposant devant le Haut Tribunal militaire, son équipée nocturne sur la route de Zeralda, en compagnie du général Saint-Hillier. Excellent fragment de scénario, tout écrit, avec suspense et poursuite.

L'idée de Gambiez et de Saint-Hillier est évidemment d'étouffer dans l'œuf ce coup de force. De convaincre les paras de Zeralda, officiers, gradés et légionnaires, qu'ils vont faire une bêtise, que leur tentative est sans espoir. Or, c'est trop tard. Depuis une heure du matin, les camions pleins de paras légionnaires roulent à fond de train sur la route d'Alger.

Les barrages de gendarmes tentent vainement de les arrêter. « Où allez-vous ? — A Alger. — Quelle mission ? — Ça me regarde. — Vous ne passerez pas. — Je passerai. » Au terme des objurgations, des sommations, les gendarmes n'osent pas faire feu. Tirer sur des uniformes français, c'est grave. Tirer sur des paras, c'est risqué. Ces gars-là réagissent vivement.

Les paras dans leurs camions, que disent-ils, que pensent-ils ?

D'abord, l'idée d'être arrêtés par un barrage de troupes non paras leur paraît tout simplement comique. Quelle que soit la mission. Et la mission, beaucoup n'en ont qu'une vague idée. Certains comprennent bien qu'il s'agit d'une sorte de coup d'État militaire, aventure assez excitante. D'autres ont entendu : « Mission de police à Alger. » Ce n'est pas la première. D'autres croient tout simplement qu'il s'agit d'une nouvelle opération contre les Fells. Ces camions de la Légion contiennent, comme toujours, une bonne proportion de Germaniques. Germaniques ou non, les hommes du 1er R.E.P. obéissent à leurs officiers. « Direction Alger ! » Ils y vont. Direction Pékin, ils iraient. Et rien ne les arrêterait.

— J'ai eu une réaction de soldat, a dit Gambiez en parlant de son départ vers Zeralda.

C'est vrai, ce petit homme n'hésite jamais. Un trou apparaît dans la colonne grondante des camions. Gambiez lance un ordre à son chauffeur. Quatre secondes plus tard, les quatre voitures barrent la route. Gambiez descend, se place au milieu de la chaussée, dans la lumière des phares. La suite du convoi arrive à toute allure. Le premier camion, freins bloqués, s'arrête dans un crissement de pneus, à 5 centimètres de la poitrine du général. Les étoiles du képi brillent sous les phares ; juste derrière, le fanion de la voiture est bien visible. Gambiez entend une voix furieuse sortant de la cabine :

— Fonce, écrase ce vieux cinglé !

Écraser délibérément un général, on hésite. Mais, manque de chance, Gambiez a barré la route juste devant une station-service ; et les camions commencent à passer par la dérivation. Le général va se placer devant une voiture de commandement. Un lieutenant se penche :

— Allez-vous-en, vous n'êtes pas dans la course ! Challe et Zeller sont arrivés.

— Les avez-vous vus ?

— Pas moi, mais d'autres.

— Je vous mets aux arrêts.

— Je les ferai dans ma voiture ! Allez, vous autres, passez !

Le chauffeur d'une des quatre voitures des généraux tente de barrer avec sa jeep la piste de la station-service.

— Foutez-moi cette jeep en l'air ! crie le lieutenant.

Le premier camion pousse la jeep de côté, le torrent passe. Gambiez est déjà remonté dans sa voiture :

— Suivez-les, doublez-les !

A toute vitesse sur la gauche de la route, risquant cent fois la collision, Gambiez réussit à atteindre la Délégation générale juste comme les paras descendent de leurs camions. Les C.R.S. de garde paraissent indécis.

— Ces hommes-là sont en état d'insurrection, leur crie Gambiez. Faites votre devoir.

Pas de réponse, pas un mouvement. Si : des C.R.S. ôtent le chargeur de leurs mitraillettes. Eux non plus n'ont pas envie d'engager le combat contre les paras. Obstiné, Gambiez se place devant une des grilles de la Délégation générale. Un sous-officier le bouscule, passe, suivi d'un commando de paras. Un instant plus tard, le général Gambiez sera emmené en auto à la base aéroportée. Prisonnier.

Le lendemain matin, le coup de force avait réussi. Coup de force modèle et « propre », un seul mort au bilan. Les paras occupaient, à Alger, les édifices publics, les centres de communications, les points stratégiques. Le 23 avril au matin, Challe annonçait à Radio-Alger : « Nous tenons la plus grande partie de l'Algérie avec les aérodromes. »

Et trois jours plus tard, le 25 à l'aube, Challe montait à bord d'un avion militaire à l'aérodrome de Maison Blanche, à destination de Paris. Prisonnier. Le coup de force avait échoué.

Malgré les obscurités qui subsistent et subsisteront à jamais sur des points de détail de ce putsch, objet de vingt récits, une évidence apparaît lumineusement : au sommet de l'insurrection, tout n'avait été qu'erreur d'estimation, méconnaissance de la réalité, division, illusion. La liste des unités putschistes diffusée par Radio-Alger le 23 avril était fausse, follement optimiste, non seulement dans une intention de propagande (intoxication) mais par illusion. L'un des ralliements triomphalement annoncés était celui de l'illustre 13e Demi-Brigade de la Légion, or voici ce qu'avait répondu son chef, le colonel Vaillant, à ceux de ses officiers tentés par l'insurrection :

— Si la demi-brigade veut passer à la sédition, il lui faudra d'abord se débarrasser de son colonel.

Voici ce qu'avait répondu le colonel Brothier, commandant le 1er Étranger à Bel-Abbès, au coup de téléphone des généraux insurgés :

— La Légion, étant, par définition, étrangère, n'interviendra pas dans une affaire purement française.

La Marine n'avait pas marché, ni l'aviation dans son ensemble. La plus grande erreur des généraux insurgés avait été de s'imaginer que les soldats du contingent accepteraient d'être embarqués dans une aventure qui risquait de les séparer pour longtemps de leurs familles. La « victoire des transistors » a été contée. Les soldats du contingent entendaient dans leurs petites boîtes la voix de la métropole et ensuite disaient à leurs officiers : « Nous ne marchons pas ! »

Il n'y avait pas de discussions entre les légionnaires et leurs officiers. L'idée même de telles discussions était inimaginable à la Légion. Une lance ne discute pas avec la main qui la tient. Les tentations, les hésitations, les drames de conscience ne se passaient à la Légion que sous les képis galonnés. Or, la maison mère n'ayant pas bronché, la Légion dans son ensemble refusa l'insurrection. La presse française d'extrême gauche qui, au lendemain du putsch, réclamait la dissolution de la Légion, ne voyait pas clair. Il est probable, il est certain, à cause de la réaction de la masse de la population en métropole et à cause du contexte international, que le putsch aurait finalement échoué même si la Légion tout entière avait « marché ». Mais l'affaire aurait été beaucoup plus longue, et tout autre le bilan en vies humaines et dégâts divers. Malgré quelques mouvements d'humeur du 1er Étranger de cavalerie et malgré la conquête d'Alger par le 1er R.E.P., le « non » de la Légion à l'insurrection a pesé d'un grand poids. Que ce non n'ait pas été prononcé avec une unanimité impressionnante, ni de gaieté de cœur, ni sans hésitation, c'est certain. Je pense que les pages qui précèdent, non seulement ce chapitre sur l'Algérie, mais toute l'histoire de la Légion, permettent de comprendre pourquoi il en fut ainsi.

« Dans toute la ville, les paras du 1er R.E.P. s'en vont. Ils montent dans leurs camions et retournent vers Zeralda. »

On lit cette phrase toute simple dans tous les récits sur le putsch à la date du mardi 25 avril au soir. Elle se détache sur un fond de stupeur. Toute une partie de la population européenne qui croyait que « c'était fait », pour qui la présence des paras était le signe même de la victoire de l'insurrection, devenait muette et consternée en voyant partir les paras du 1er R.E.P. Ces hommes arrivés en trombe dans Alger, décidés, c'était visible, à faire voltiger tout ce qui serait tenté de leur résister, maintenant remontaient docilement dans leurs camions. Obéissant aux ordres. Challe, jugeant la partie perdue, abandonnait ; ses trois co-listiers étaient bien obligés d'en faire autant, à contrecœur. Élie Denoix de Saint-Marc, commandant intérimaire du 1er R.E.P., avait pris sa décision : « J'ai réglé mes affaires. Je vais pouvoir me présenter à la justice militaire. » Régler ses affaires, c'était d'abord ramener son régiment bien en ordre à Zeralda. Quatre jours plus tôt : « Direction Alger », maintenant : « Direction Zeralda ». Les paras obéissaient sans hésitation ni murmure, comme des militaires du bon vieux temps. Manquaient seulement à l'appel une cinquantaine de déserteurs, peu, pour la Légion, dans un tel remous, dans un tel climat d'aventure.

L'un des camions en partance pour Zeralda embarquait Salan, Jouhaud, Challe et Saint-Marc. Zeller s'était déjà échappé, en civil. Salan et Jouhaud allaient en faire autant sur le parcours. Challe prendrait le lendemain à l'aube son avion pour Paris. Saint-Marc allait attendre à Zeralda le retour de Paris du colonel Guiraud pour lui remettre le régiment, avant d'aller se constituer prisonnier.

Les paras du 1er R.E.P. rentraient à Zeralda sans répugnance. Zeralda, c'était chez eux. Dans la pinède au bord de la mer bleue, c'était le camp modèle que, selon la tradition légionnaire, ils avaient construit de leurs mains, aménagé, orné, fleuri. Des rosiers magnifiques bordaient l'allée principale.

Les paras comprenaient bien que l'intermède algérois s'était terminé par un échec ; mais ils ne s'en sentaient pas tellement concernés. Eux avaient fait leur boulot sans erreur ni bavure. Ils rentraient chez eux sur leur quant-à-soi, un peu comme des hobereaux de retour d'une partie de chasse manquée.

C'est le lendemain 26 avril dans la journée que les paras légionnaires comprirent qu'ils étaient à Zeralda comme prisonniers.

Les routes fermées autour de l'agglomération de Zeralda, bloquées par les automitrailleuses de la gendarmerie appuyées, cette fois, de chars Sherman. Dans le ciel, quatre hélicoptères tournoyant. Sur la mer bleue, à quelques milles au large de la pinède, le porte-avions *Arromanches* allait et venait comme un gros chien de garde. A l'intérieur du blocus, le régiment le plus décoré du monde : rien que pour la guerre d'Algérie, trois mille citations collectionnées par les gradés et légionnaires ; fourragère et cinq palmes au drapeau. Le régiment avait été reconstitué trois fois en douze ans d'existence, uniquement à cause de ses pertes au combat.

Les officiers, dans leur mess, dans leur cercle, disaient : « C'est impossible. » Allaient et venaient, tendus, discutant pendant des heures, agitant vingt projets divers. Résister à tout jusqu'au bout, quoi qu'il arrive. Se soumettre. Tenter une sortie, au contraire, foncer sur Alger, reprendre le putsch, mais un vrai putsch, en faisant parler la poudre. Non, voyons, c'était impossible. Un lieutenant émit une idée :

— Les officiers se constituent prisonniers après avoir mis tout le régiment en permission.

Les idées tournaient et retournaient comme les hélicoptères là-haut dans le ciel. Le lendemain matin, les barrages de la route d'Alger s'ouvrirent pour laisser passer une auto roulant à toute vitesse en direction de Zeralda. Elle contenait le colonel Guiraud, commandant le 1er R.E.P., de retour de permission. Arrivé le matin même de Paris par avion avec, dans sa poche, une lettre signée Messmer.

Ni grisé ni blessé par le climat du putsch, psychologiquement indemne, le colonel Guiraud voyait ce qui était possible et ce qui ne l'était pas. Dès son arrivée, il conféra avec son adjoint, l'accord fut rapide ; puis il parla à tous les officiers, ce fut plus long. Le 1er R.E.P. allait être renvoyé à Bel-Abbès et dissous, telle était la décision de Messmer. Les officiers devaient dès maintenant se constituer prisonniers.

Pilule amère, mais quelle autre perspective ? Une tentative désespérée du 1er R.E.P. aurait été insensée, ou plutôt elle aurait pu revêtir un sens tragique : dissolution de toute la Légion.

A dix heures, le colonel Guiraud put téléphoner à Messmer que les officiers du 1er R.E.P. se constituaient prisonniers. Un officier par compagnie serait laissé en liberté provisoire pour la conduite du régiment à Bel-Abbès. Non pas exactement à Bel-Abbès, un tel retour eût peut-être pris quelque apparence de triomphe. On irait au camp d'aviation de Thiersville, à 75 kilomètres à l'est de Bel-Abbès. Restait à organiser le départ des légionnaires de Zeralda.

Le camp fut d'abord un domaine de silence, les paras dans leurs chambrées faisaient leurs paquetages. Ceux qu'on apercevait circulant entre les bâtisses passaient sans un mot, l'air sombre, le bord des yeux rougi : plusieurs nuits sans sommeil. On a dit aussi à l'époque que certains de ces hommes rudes avaient pleuré.

A l'entrée du camp, derrière les grilles, une foule se massait. Des familles de paras, parents, femmes et enfants, des amis, des amies. Ces jeunes filles, ces femmes en robes claires de toutes les fantasias, de toutes les folies, de toutes les passions de l'Algérie française. Et aussi la population de Zeralda, Européens et Musulmans, commerçants dont depuis cinq années, les légionnaires du 1er R.E.P. étaient la clientèle. Allons, ces légionnaires n'étaient pas seulement une clientèle, mais aussi un panache, un moment inoubliable dans l'histoire de le petite ville de maraîchers. Zeralda, sans la Légion, qui connaîtrait ton nom ?

L'heure approchait, les quarante camions couleur de sable arrivaient, le premier stoppait devant la grille. La grille s'ouvrit, le convoi pénétra, la porte ne se referma pas derrière les camions. Le peuple de Zeralda avait le droit de venir saluer ses paras. Des hommes et des femmes portaient des cadeaux, des bouteilles ; des femmes et des fillettes tenaient des fleurs. Et soudain les femmes qui n'avaient pas de fleurs voulurent aussi en avoir. En trois minutes, les rosiers de l'allée centrale devinrent tous verts, dépouillés de toutes leurs roses. Toutes les femmes tenaient des roses dans leurs mains.

Étaient entrés aussi les journalistes, des photographes, y compris des photographes de l'Armée.

Quand la foule arriva sur la place centrale du camp, des fumées montaient vers le ciel, tas de papiers achevant de se consumer. Les gens disaient : « Les archives du régiment. Ils les ont brûlées. » N'importe quelle unité quittant sa demeure contre son gré a quelque chose à brûler. Les photographes photographiaient avidement ces piètres incendies.

Maintenant les paras, quittant leurs chambres, arrivaient par petits groupes, l'air plutôt mauvais. Quitter ce camp fait de leurs mains, où ils étaient chez eux, pour le laisser à qui ? On entendait dans les bâtiments des coups sourds, des ébranlements. Quand les nerfs sont trop tendus, mieux vaut casser quelque chose, foutre une cloison en bas.

Les photographes photographiaient, mitraillaient frénétiquement. Groupe de légionnaires du 1er R.E.P. s'apprêtant à quitter le camp de Zeralda. Paras légionnaires faisant leurs adieux à leurs amies. Paras impassibles dans l'adversité. Les paras se voulaient impassibles, mais il ne faut pas exagérer, arrive un moment où n'importe quelle ménagerie, assiégée de trop près par les badauds, se met en colère. « Alors, vous venez voir la curée ? » criaient des officiers. Des paras levaient leur mitraillette ; quelques coups en l'air au-dessus des mitrailleurs d'images.

Une explosion stoppa les déclics, fit serrer les enfants contre leurs mères. Une autre explosion, une autre. Les légionnaires du 1er R.E.P. faisaient sauter leurs dépôts de munitions. Au loin, sous les pins, la mer bleue, le ciel bleu au-dessus de cette foule où toutes les femmes tenaient des roses. Ces explosions étaient les coups d'un Destin étranger, incompréhensible.

Suivit un grand silence, une immobilité. Les légionnaires du 1er R.E.P. étaient rassemblés sur la place, paquetage à leurs pieds, arme sur l'épaule. Dans le silence et l'immobilité, une sonnerie de clairon. Pour la dernière fois, avec une lenteur voulue, excessive, une lenteur théâtrale qui convenait à ce départ, les couleurs montèrent au mât du camp de Zeralda, hissées par un légionnaire.

Le chef de bataillon Élie Denoix de Saint-Marc était là debout devant les légionnaires, auprès du colonel Guiraud. Sans son béret vert, tête nue, comme déjà volontairement démis, et d'une voix sèche il alignait le régiment, le remettait à son commandant en titre. Le rituel militaire, bien organisé, permet de se tirer dignement de n'importe quelle situation.

Les rangs allaient être rompus, les paras allaient monter dans les camions. Mais non, pas encore. Ce qui arriva était surprenant, inattendu au milieu de la tension, de la violence contenue. Une petite fille. Minuscule, elle s'avançait vers le mur des paras athlétiques. En robe blanche amidonnée, pomponnée comme une petite fille de Fête-Dieu. Dans ses petites mains, elle tenait une feuille dactylographiée, elle lisait quelque chose. Un compliment, sans doute, un adieu de la population. Sa voix était si faible qu'on ne comprenait rien. On s'aperçut qu'elle avait fini parce qu'elle lâcha le papier de la main droite. Hésitante, elle esquissa un petit geste qui devait être un baiser envoyé aux légionnaires, on eut juste le temps de voir sa petite main s'élever vers sa bouche. Les applaudissements crépitèrent, et il y eut les cris et la pluie de pétales de rose.

Spectacle étrange. Les femmes s'avançaient vers les paras, leur jetant presque les pétales au visage. « Vive la Légion, Algérie française ! »

Ces hommes n'étaient pas des rebelles. Exécutant les ordres de leurs officiers du début à la fin, ils s'étaient rassemblés docilement pour partir vers la dissolution. Quelques dégâts intérieurs aux bâtiments n'étaient rien dans le climat dramatique de ces derniers jours ; se détendre les nerfs, voilà tout. Ces hommes étaient décidés à partir sans autre drame, beaucoup maintenant résignés ou indifférents, d'autant qu'ils savaient que, le régiment dissous, son effectif serait « ventilé » dans d'autres unités de la Légion.

Mais il y avait devant ces hommes cette foule, ces femmes qui leur jetaient des fleurs ; ces femmes aux robes claires, aux bras nus et aux bouches rouges qui jetaient des pétales de roses et qui criaient ; il émanait d'elles une sorte d'électricité, d'ailleurs certaines en étaient elles-mêmes secouées, on voyait des larmes sur leur visage.

On vit quelques paras sortir des rangs, muets, le visage tendu, qu'allaient-ils faire ? Ces hommes ôtaient les décorations de leur poitrine. Ils arrachaient des décorations couvertes d'étoiles et de palmes et ils les jetaient à terre devant eux. Les femmes, les petites filles aux mains encore pleines de fleurs regardaient avec une sorte d'effroi ces décorations jetées à terre. Des femmes se baissaient et les ramassaient et les embrassaient, les rendant aux paras : « Si, si, reprenez-les ! » Des officiers pleuraient.

Les femmes et les enfants une nouvelle fois sursautèrent, au bruit de coups de feu et de rafales. Des paras tiraient en l'air, comme dans les fantasias, une espèce de défi sur leurs visages. Mais ces pétarades ne durèrent qu'un instant, l'embarquement était commencé. La foule applaudissait, criant encore : « Vive la Légion ! », jetant encore des fleurs, ou tendant aux paras déjà dans leurs véhicules le seul vrai viatique du troupier : bouteilles de vin, bouteilles de cognac. Des paras étreignaient une femme avant de grimper dans le camion, étreinte de guerrier forte et rapide, et aussitôt les mains tendues des copains pour aider à monter, pour prendre les armes, le paquetage. Encore des fleurs, encore des bouteilles. Les camions descendaient lentement vers la porte, au milieu du fleuve de la foule. La porte franchie, ils accéléraient. Quelques légionnaires entonnèrent la chanson d'Édith Piaf : « Je ne regrette rien. » Pas tellement nombreux et on avait à peine le temps de les entendre, les camions s'éloignaient, survolés par des hélicoptères. Comme les derniers quittaient le camp, un nuage de fumée verte jaillit derrière eux. Les paras lançaient quelques bombes fumigènes — une sorte de voile, de rideau tiré sur le passé.

J'ai sous les yeux la dernière image. Au bord de la route où s'éloignent les camions, une petite auto sport bien serrée sur le côté. A côté, une jeune femme. Celle-ci peut-être n'aurait pas supporté l'adieu collectif, les cris, la foule. Elle est là, au bord de la route, une main posée sur le toit de sa petite auto, et regarde avidement chaque camion qui passe. Les légionnaires lui crient un adieu au passage, lui crient des mots qu'elle ne comprend pas, lui font des signes. Elle, un petit geste de la main, oui, au revoir, mais son regard cherche toujours ; et enfin elle voit ce qu'elle attendait. A l'arrière d'un camion à remorque, seul debout, tenu d'une main à la bâche, un grand para en léopard qui agite un bras. Son légionnaire. Le grand bras d'homme et le bras de femme longtemps s'agitent et se répondent, longtemps, longtemps, jusqu'à l'éloignement là-bas dans la poussière, plus rien, c'est fini. Fini pour celui-là et pour celle-là.

Les officiers qui vont s'embarquer, maintenant c'est leur tour, ont la part la plus dure comme il convient en la circonstance à des officiers. Non seulement parce qu'eux ne s'embarquent pas pour Bel-Abbès. La vue du camp déserté est poignante. C'est l'image même de l'absence, du départ à jamais. Ces officiers à cet instant éprouvent terriblement ce que depuis toujours ils savaient, mais savoir et sentir font deux : les légionnaires partis, tout leur manque. Cette petite armée, cette tribu rude et complexe, aux défauts attachants et aux qualités déconcertantes, brutale et capable de tout donner, et qu'ils ont eue dans leur main, eux, les officiers de la Légion, comme on n'a en main aucune autre troupe au monde.

Dans moins d'une heure, les portes de la caserne Milbert, qui est la caserne de la gendarmerie d'Alger, se refermeront sur ces officiers. Rappelons qu'un seul sera frappé, le chef intérimaire qui prit sa responsabilité : Saint-Marc.

Un dernier peloton de paras est resté tout exprès pour rendre les honneurs, avant de s'embarquer, comme les copains, pour Bel-Abbès.

Les officiers sont dans un autocar. Devant, une 203 noire. Au moment où elle passe devant le poste, le peloton présente les armes. Le chef de bataillon Élie Denoix de Saint-Marc rend le salut. La porte franchie, il allume une cigarette, et c'est cette image-là que prendront les photographes aux aguets : une cigarette, un grand visage infiniment triste. Dans le car, quelques officiers vont, comme certains légionnaires, chanter un instant « Je ne regrette rien ».

La 203 et l'autocar roulent vers Alger dans le crépuscule. En direction opposée, roulent les camions des légionnaires, toujours survolés par quatre grands insectes. Les hélicoptères ont allumé leurs feux. A l'intérieur des camions, les paras, enfin vaincus par la fatigue, commencent à somnoler. Quelques-uns fument encore, chantonnent *Anne-Marie,* en allemand.

13

AUX QUATRE COINS DU MONDE

— La Légion est à Aubagne. Ça ne sonne tout de même pas comme Bel Abbès.

J'ai entendu cela. Les lecteurs de ce récit ont pu le constater, l'histoire de la Légion étrangère s'est longtemps confondue avec une suite d'événements désignée, dans un langage aujourd'hui dépassé, sous le nom d'épopée coloniale française. L'Algérie a été le berceau de la Légion. Toujours, après ses combats aux quatre coins du monde, la Légion y revenait. L'Algérie était pour elle comme une patrie. Plus aujourd'hui. Il lui faut remettre en honneur une devise ancienne : *Ubi Legio, ubi patria.*

Après l'Algérie, la Légion a « éclaté », on l'a vue un peu partout sur le globe : à Djibouti, à Madagascar, au Sahara, à Mers-el-Kébir, à Tahiti et ailleurs, en Polynésie, en Guyane. J'ai entendu cette question : « Combien de temps se sentiront-ils légionnaires, ces quelques milliers d'hommes éparpillés aux quatre coins du monde ? » J'ai aussitôt vu en imagination les navires de guerre battant pavillon français, dispersés, eux aussi, sur le globe, depuis des siècles. Et pourtant la Marine est Une, et même elle est une caste. Et les communautés religieuses missionnaires ? Ne serait-ce pas à elles que le commandement de la Légion a pensé en organisant les périodiques retours de ses effectifs à la maison mère d'Aubagne, et toute cette exaltation de la tradition ? Les archives historiques transportées de Bel-Abbès d'abord à Puyloubier, puis à Aubagne, sont devenues comme une Bible ; le musée est une sorte de sanctuaire ; l'enseignement de l'histoire de la Légion étrangère est encore davantage en honneur à Aubagne qu'à Bel-Abbès. A la dispersion géographique, la Légion étrangère a opposé un renforcement doctrinal et en même temps elle s'enracinait dans son passé. L'ex-pouilleux village de Camerone, au Mexique, s'est transformé et s'est enrichi d'une construction nouvelle de la Légion, ensemble d'architecture, de végétation et d'eau d'une beauté grandiose qui donne à l'exploit de soixante hommes une dimension immense à travers le temps.

— Oui, une sorte de repliement sur le passé. D'immobilisme, en tout cas.

On a pu le penser un instant. « Dans la phase de sa vie où elle vient d'entrer, écrivait en 1963 le général Olié, la Légion affronte des tâches qui ne peuvent guère la surprendre... A Aubagne, bâtir une demeure digne de sa maison mère ; dans ses garnisons insulaires et ultra-marines, prendre pied et là encore, bâtir, travailler, faire de la vie. On ne lui demandera plus comme autrefois de bricoler, la pelle et la pioche étant ses seuls outils. On lui donnera, je l'espère, les moyens à tous égards nécessaires d'accomplir une grande œuvre dans la nouvelle armée française où elle a sa place. A la différence des autres corps qui ne disposent de leurs hommes que durant une période assez brève, elle aura le temps pour elle ; c'est-à-dire la faculté d'être une manière d'élément pilote dans la mise au point des techniques et procédés de la guerre future. » Bref, un laboratoire. Mais le vent de l'histoire a soufflé. Les événements ont fait que la Légion s'est trouvée de nouveau aux postes de combat.

Il est vrai qu'elle a d'abord retroussé ses manches. Disons, pour n'avoir pas à y revenir, quelques mots de cette nouvelle « reconversion pelle et pioche ». Ces outils modestes ont été ici et là encore employés mais, le plus souvent, on a vu les légionnaires aux leviers de ces monstres bruyants avec lesquels l'homme aujourd'hui violente et domestique la nature et élève ses édifices. A Aubagne, sur ce qu'on appelait le Camp de la Demande, est sorti de terre le nouveau Quartier Viénot, vaste et harmonieuse cité-jardin. La Légion a construit à Calvi le vaste Camp Raffalli ; elle a créé en pleine brousse malgache, à Andrakaka, un aérodrome accessible aux plus gros avions ; elle a transformé, dans l'ex-côte française des Somalis, d'anciens pénitenciers, de sinistres espaces de sable et de pierre en sites accueillants parsemés de piscines et de terrains de sport. Mururoa, la base nucléaire française du Pacifique, était depuis toujours un atoll oublié sur la mer, inhabité. Les légionnaires y sont venus les premiers, ils ont tout commencé à partir de zéro, comme des Robinsons. Ensuite ont débarqué les bulldozers ; la piste d'un aérodrome s'est déroulée, les constructions ont surgi. A Tahiti, le Régiment Mixte du Pacifique a travaillé à l'agrandissement spectaculaire du port de Papeete (il retardait d'un siècle), a lancé, à l'extrémité de la presqu'île de Fare-Ute, près de ce port, un pont flottant de cent quatorze mètres de long pouvant porter quatre-vingts tonnes ; a construit des habitations et des laboratoires (destinés aux techniciens du Centre d'Études du Pacifique et du Commissariat à l'Énergie atomique) sur les atolls de Rarola, Matorai-Vavao, Puka-Puka, Reao, Mangareva. Les Polynésiens franchissent les barrières coraliennes sur leurs pirogues et débarquent acrobatiquement sur les atolls. Les légionnaires ont dû apprendre, non sans peine, à y débarquer du matériel parfois lourd ; et ne perdons pas de vue, si nous voulons nous former une idée de l'importance de ces travaux, que ces archipels de la Polynésie française s'étendent sur une superficie comparable à celle de l'Europe.

Terrassiers, cimentiers, maçons, conducteurs de bulldozers, de tracteurs-niveleurs, de tracto-pelles, de tous engins de levage ; grutiers, soudeurs, réparateurs de diesels, tous les métiers, tout ce qu'on voudra ; et l'on a vu aussi, en Guyane, le 3e Régiment Étranger d'Infanterie s'enfoncer mètre par mètre dans la forêt vierge pour construire la fameuse route de l'Est en direction du Brésil. Deux morts, plusieurs blessés. Et, en 1979, ce régiment a reçu un autre ordre : « Vous devez dégager les abords du site de lancement de la fusée " Ariane ". » Il s'agissait d'abattre des arbres de quarante mètres de haut ; dans des marécages, dans des terrains inondés. Les hommes travaillaient dans l'eau jusqu'à la ceinture. Soixante-dix blessés. Oui, vraiment tous les métiers.

— Et le métier militaire ? Le baroud ?

Nous y arrivons. Si vous cherchez sur un planisphère tous ces lieux où l'on a vu la Légion après son éclatement — et je n'ai pas encore nommé le Tchad, ni le Zaïre — vous verrez que ce sont de ces endroits qu'on appelle des points névralgiques. Pourquoi les légionnaires y sont-ils allés ? Demandez-le aux dirigeants de notre pays.

Voyez l'Afrique. C'est un gâteau fantastiquement tentateur, un vol-au-vent plein de cuivre, d'uranium, de phosphate, de diamant, d'or, d'argent, de manganèse, de cobalt, d'étain, de charbon, de pétrole, de wolfram, et j'en oublie. L'Afrique a été décolonisée en principe pour être rendue à ses habitants, mais il est évident que les Africains ne sont pas outillés, instruits, informés pour exploiter à eux seuls ces richesses ; ils ont besoin de concours extérieurs, de techniciens. Voyons les choses sans hypocrisie : l'Afrique est un théâtre où maintenant l'Occident et l'Est soviétique s'affrontent en une concurrence sans merci ; et chacun des concurrents pense, peut-être à raison, que celui des deux qui laissera l'autre manger le gâteau sera ensuite lui-même dévoré.

L'affrontement ne se déroule pas directement en batailles rangées, mais par alliés interposés, ou en incursions de déstabilisation par combattants et « conseillers » interposés, auxquelles répliquent des « interventions » de pays alliés, dont la France. L'historien de la Légion étrangère n'a pas à creuser davantage ces problèmes de haute politique. La Légion n'a pas à en connaître — pas plus que n'importe quel corps militaire aux ordres du gouvernement. La Légion ne se pose pas de questions ; elle va où le gouvernement lui dit d'aller et elle revient quand on le lui dit. Les légionnaires ont été en Algérie, puis ils n'ont plus été qu'à Bou-Sfer (base stratégique de Mers-el-Kébir) ; puis ils ont quitté l'Algérie ; ils ont été au Sahara, puis ils en sont repartis. Ils ont été à Madagascar et ils en sont repartis. Ils sont allés et ont combattu au Tchad et au Zaïre et ils ont ensuite regagné la France. Toujours obéissant sans hésitation ni murmure. Il était convenu naguère que la discipline était la force principale des armées.

En 1966, Djibouti était une petite sous-préfecture de ce qu'on appelait encore la Côte française des Somalis. De mai à septembre, on y crevait de chaleur humide (moyenne 40° à l'ombre, humidité 100 %) sous le soleil le plus aveuglant du monde. Quelques années plus tôt, un couple de corbeaux s'y était installé, venu on ne sait comment. Les corbeaux s'y étaient multipliés et avaient chassé tous les autres oiseaux. Leurs croassements ininterrompus de l'aube à la nuit constituaient le fond sonore de la vie à Djibouti. A l'heure sacrée de l'apéritif, des militaires sortaient de leur caserne, mais eux avaient déjà dîné. Képi blanc, c'étaient des légionnaires. Ils se baladaient dans la poussière, regrettant Aubagne, regrettant Bel-Abbès. Mais Djibouti est un point névralgique ; il faut y être.

C'est sûrement ce que pensait le général de Gaulle, lorsque, président de la République française, il décida de visiter la Côte française des Somalis. Il arriva à Djibouti le 25 août 1966. Tandis qu'une compagnie de la 13e Demi-Brigade de la Légion étrangère lui rendait les honneurs, il rendait le salut avec un visage sévère. On ne trahit aucun secret en rappelant que ce général n'avait pas un faible particulier pour la Légion depuis la guerre d'Algérie. Pour qui d'ailleurs en avait-il ? Il garda le même visage sévère et impassible lorsque les cris hostiles s'élevèrent au passage du cortège présidentiel. Les officiels pouvaient

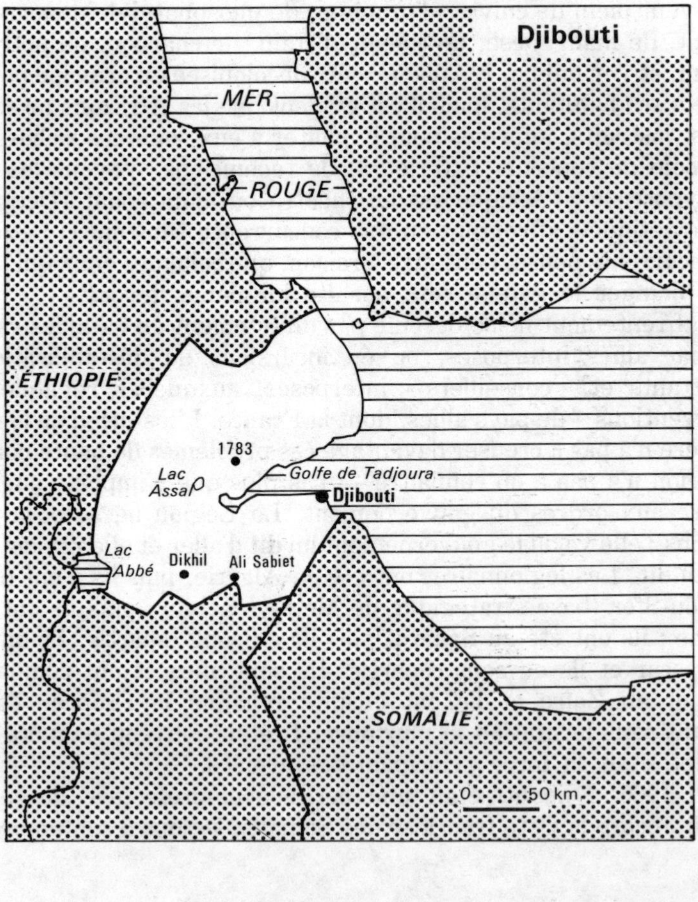

apercevoir, au-delà de la haie d'honneur, des légionnaires en grande tenue occupés à disperser les manifestants. Les médias se montrèrent discrets sur ces incidents, qui pourtant ne prirent pas fin ce jour-là. J'ai sous les yeux une photo montrant quelques-uns des manifestants — ils étaient officiellement plusieurs milliers — qui, le lendemain, s'étaient rassemblés sur la place Lagarde. Je vois des gaillards maigres et noirs au visage farouche, tenant de longs bâtons. D'autres avaient des planches à clous, des poignards. Trois compagnies de la 13e Demi-Brigade les dispersèrent. Le sol était jonché de sandales et d'armes diverses ; on trouva même des paquets d'explosifs. Quelques jours plus tard, au retour de son voyage dans le Sud-Est asiatique, le général de Gaulle fut pareillement protégé par la Légion — aussi impavide que lui-même.

L'année suivante, les autochtones furent invités à opter par référendum entre l'autonomie interne de leur pays dans un cadre français et l'indépendance totale sans l'aide de la France. 60 % pour la première solution. La Côte française des Somalis prit le nom, « plus adapté aux deux ethnies », disait-on, de Territoire français des Afars et des Issas. La 13e Demi-Brigade eut plusieurs fois à s'interposer entre Afars et Issas qui ne s'entendaient pas tellement bien et qui s'entretuèrent un peu : 18 morts, 200 blessés en mai 1975. Malgré ces dissensions, l'idée d'indépendance totale faisait son chemin, et un nouveau référendum aboutit à la proclamation (27 juin 1977) de la République de Djibouti. Entre-temps avait eu lieu l'affaire de Loyada.

Le 3 février 1976 à 7 h 15, un car militaire de ramassage scolaire contenant 31 enfants de militaires de la Base aérienne 188, plus une assistante sociale et le chauffeur, est capturé dans le quartier d'Ambouli par quatre membres armés du F.N.L.C., Front National de Libération de la Côte des Somalis. A quoi ressemblent-ils, je ne sais pas, les comptes rendus les ont simplement qualifiés de terroristes. « Après diverses péripéties » le car se trouve bloqué à environ dix mètres de la frontière somalienne (au S.-E. de Djibouti) en territoire français, tout près du village somalien de Loyada. Les ravisseurs exigent évidemment l'indépendance totale de ce qui s'appelle encore le Territoire français des Afars et des Issas. Quelles menaces ont été faites à l'égard des enfants si leur ultimatum n'est pas accepté, des pourparlers ont-ils été engagés, les comptes rendus militaires ne l'ont pas dit. Ce qui est aisé à comprendre, c'est que ces combattants pour l'indépendance ont emprunté à l'Europe la méthode réputée souvent la plus efficace pour obtenir quelque chose, savoir la prise d'otages ; et les meilleurs otages, ceux dont la prise donne le plus à réfléchir à l'interlocuteur, ne sont-ce pas les enfants ? Mais les ravisseurs ont ici affaire à l'autorité militaire.

Au début de l'après-midi, le car se trouve toujours à environ dix mètres avant le poste frontière somalien. Les quatre ravisseurs ont été renforcés par des Somaliens en armes. La Somalie, ancienne colonie italienne, ancienne possession britannique, est aujourd'hui une « république démocratique », le Parti socialiste révolutionnaire somalien gouverne le pays, où ont été installées des bases militaires soviétiques.

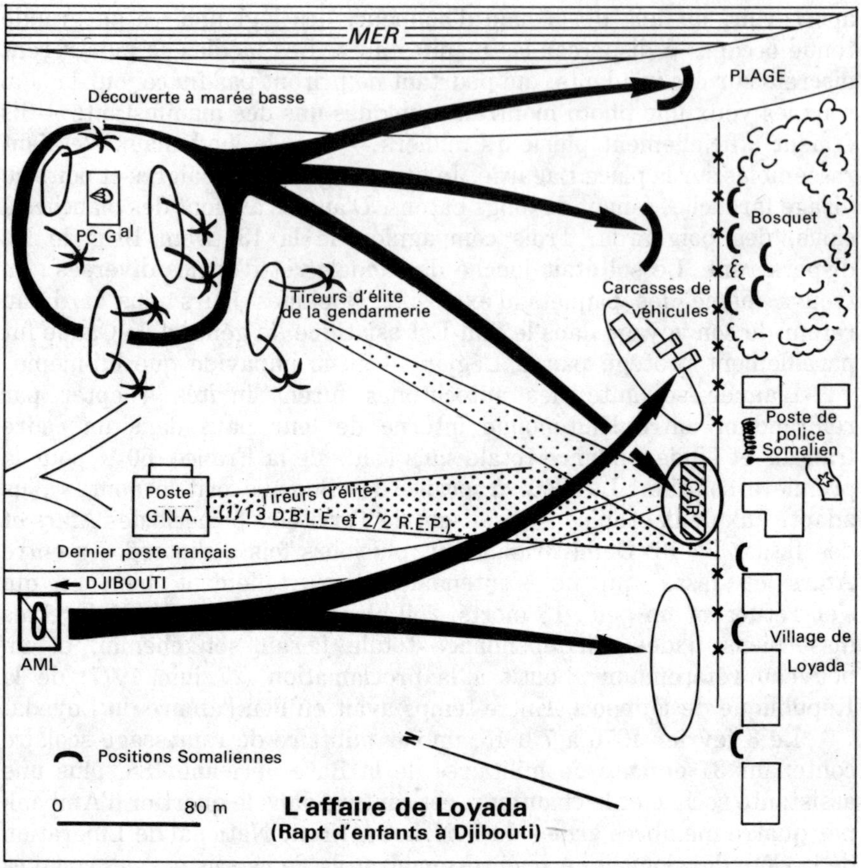

L'affaire de Loyada
(Rapt d'enfants à Djibouti)

Les ravisseurs du car d'enfants ont donc des appuis de ce côté, mais leur car est bloqué en deçà de la frontière somalienne parce que, depuis le rapt, le général, commandant supérieur des Forces militaires à Djibouti, a donné des ordres et il est lui-même venu sur place. Il a installé son P.C. dans une petite palmeraie qui se trouve à environ 300 mètres de la frontière, donc du car. Juste devant lui est posté un groupe de tireurs d'élite de la Gendarmerie ; à sa droite, des tireurs d'élite de la 13e Demi-Brigade de la Légion étrangère ; autour de la palmeraie, la 2e Compagnie du 2e R.E.P., prête à bondir. C'est une « compagnie tournante » : dans chaque régiment, à tour de rôle, les compagnies sont envoyées dans tous les lieux d'implantation lointaine de la Légion, afin de les familiariser avec tous les climats, toutes les situations, toutes les missions.

Ce 3 février 1976, la 2e Compagnie du 2e R.E.P. est la première unité légionnaire ayant mission de délivrer des otages. Des otages enfants. Un escadron (mitrailleuses lourdes) de la 13e Demi-Brigade et un escadron de gendarmerie mobile sont en réserve à 500 mètres derrière le dispositif avancé.

Il est maintenant plus de 15 heures. Les enfants doivent souffrir dans leur car immobile à dix mètres de la frontière, juste devant le poste de police somalien. Leurs ravisseurs et d'autres terroristes du F.L.C.S. sont avec eux dans le car, d'autres vont et viennent autour du véhicule et ils vont parler avec les gardes-frontière somaliens. Naturellement, tous ces hommes voient assez bien les légionnaires et les gendarmes postés autour de la palmeraie à environ 300 mètres. Ils savent que si leur car démarre, les armes parleront. Rendre les enfants ? Ils ne peuvent s'y décider. L'attente se prolonge.

15 h 45, feu. Ce sont les tireurs d'élite de la Gendarmerie (fusils à lunette) qui ont tiré. Dans le même temps s'élancent les légionnaires de la 13e Demi-Brigade et du 2e R.E.P. Tout va être rapide. Des Somaliens postés de part et d'autres du poste-frontière ouvrent le feu sur les légionnaires du 2e R.E.P. Les mitrailleuses lourdes de la 13e Demi-Brigade ripostent, l'échange ne dure que quelques minutes. Déjà des parachutistes pénètrent dans le car, en tirent les enfants, l'assistante sociale et le chauffeur, qui sont aussitôt évacués. Les mitrailleuses lourdes couvrent de leurs rafales l'évacuation et le repli... A 16 h 05, tout est terminé, et voici le bilan : deux enfants tués, sept blessés dont cinq enfants, l'assistante sociale et le chauffeur ; vingt-quatre enfants libérés indemnes. Sept terroristes ont été tués dans le car et à l'entour, plus un nombre indéterminé de Somaliens. Un lieutenant du 2e R.E.P. a été blessé.

Deux enfants tués, pauvres innocents, victimes de la géopolitique. Si Djibouti n'était pas un point névralgique, vous vivriez sans doute encore.

La Légion étrangère est intervenue au Tchad à deux reprises, en 1969-1970 et en 1978-1979. A l'instant où j'écris, il semble difficile de parler encore du Tchad en tant qu'État indépendant. Il est trois fois étendu comme la France avec seulement 4 300 000 habitants parlant cent soixante-neuf langues et plusieurs dialectes, les langues officielles étant le français et l'arabe. Ex-colonie française, devenue république indépendante en 1960. La guerre civile y a commencé presque aussitôt et n'a presque jamais cessé. Le Tchad produit du coton, de l'arachide, du miel, du riz, du tabac mais le plus intéressant est qu'on y trouve (surtout au Tibesti, dans le nord du pays) du pétrole, de l'uranium, du wolfram, de la bauxite, du fer. Donc région « névralgique ».

Comme on sait, des « accords bilatéraux de défense » ont été conclus entre la France et certains États africains. C'est en vertu de ces accords que, le 15 avril 1969, deux compagnies du 2e Régiment étranger de parachutistes ont été envoyées au secours du gouvernement alors légal du Tchad, attaqué par des rebelles affamés de pouvoir. « Dans cette campagne, ont écrit des exégètes militaires, il faut distinguer trois périodes. » Sans doute le faudrait-il. Mais prétendre reconstituer précisément la réalité des centaines d'actions grandes, petites ou minuscules accomplies par la Légion étrangère au Tchad est illusoire.

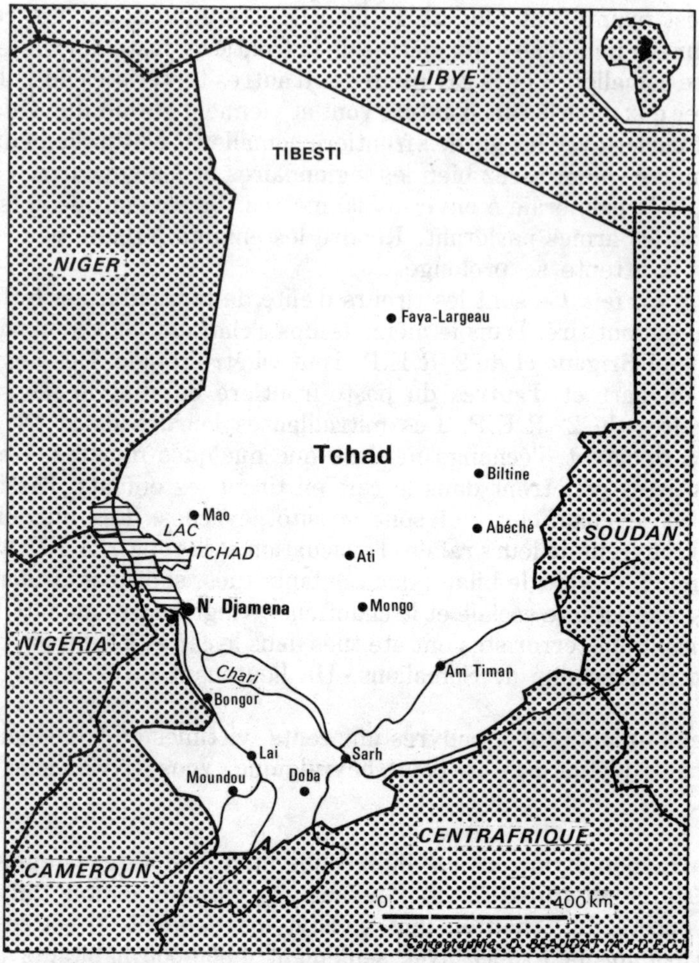

Les comptes rendus et rapports sont presque tous rédigés dans le style militaire le plus abstrait (pour des raisons diverses, les militaires ont souvent été, la plume à la main, des champions de l'abstraction). En outre, ces actions se sont déroulées dans un contexte politique tchadien d'une complication et d'une fluidité insensées. Tout au plus peut-on, en se donnant beaucoup de mal, se représenter quelques-uns des aspects de cette guerre de Peaux-Rouges. Une compagnie progresse dans la brousse en observant des traces, découvre un foyer tout juste éteint. « Ce sont eux, ils ne peuvent pas être loin. » Eux, ce sont les ennemis du gouvernement momentanément légal, les « rebelles » que l'on poursuit, on dit aussi et officiellement les hors-la-loi et, pour plus de commodité, on les désigne dans les rapports par des initiales : les H.L.L. La première différence avec les Peaux-Rouges, c'est que les H.L.L. ne sont pas armés d'arcs et de flèches, mais le plus souvent d'armes très modernes — venues de loin, arrivées par quelles filières, au terme de quel trafic ? Les H.L.L. bien armés se glissent dans la brousse « très à l'aise dans un cadre naturel hostile à l'étranger ». Les légionnaires sont en chapeau de brousse, lunettes de sable, tantôt se glissant, eux aussi, comme des serpents, tantôt dans leurs véhicules variés adaptés aux terrains, aux embuscades ; parfois héliportés, parfois aéroportés, parfois à cheval. Des rafales sont tirées sur un convoi qui file à la vitesse maxima, en cahotant. Pied à terre, la chasse aussitôt s'organise. On rentre au cantonnement avec des armes récupérées.

24 décembre 1969. Des feux de camp tout près des cases coniques du village de Haryzé, dans le sud du Tchad, c'est la 3ᵉ Compagnie du 2ᵉ R.E.P. qui commence sa veillée de Noël. La messe est célébrée dans la lueur des phares de quelques jeeps ; les chants traditionnels s'élèvent, ensuite le repas-réveillon. Le colonel Lacaze commandant le régiment est venu présider cette fête. Des sentinelles sont postées non loin. La veille, des rebelles ont attaqué, ils ont incendié plusieurs cases. A peine un « accrochage ». Dans les rapports militaires, tous les combats peu ou moyennement importants sont appelés accrochages ; au-dessus, on dit combat. « Le 6 mars 1970, la 1ʳᵉ Compagnie du 2ᵉ R.E.P. accroche une forte bande de H.L.L. dans la région de Safay, à 80 kilomètres au S.-O. d'Addre (Ouaddai). L'adjudant tchadien, commandant la garde nomade, qui participe à l'opération, est blessé presque aussitôt. Le capitaine de Larre de la Dorie, médecin de la 1ʳᵉ Compagnie, se porte immédiatement au secours du blessé. Il est lui-même grièvement atteint par balle et meurt des suites de sa blessure quelques heures plus tard. » Voilà comment on meurt au Tchad. Pendant cette première campagne, trente-neuf militaires français, deux cents militaires et civils tchadiens, deux mille rebelles (H.L.L.) ont trouvé la mort. Heureusement, ce n'est pas Verdun. La France est alors présente au Tchad pour empêcher la déstabilisation de ce pays.

Des années passent pendant lesquelles les forces françaises apparemment n'interviennent pas. Non que rien n'arrive dans ce pays. Un simple aperçu de ce qui s'y passe donne une idée du contexte politique et moral dans lequel se fera la prochaine intervention.

21 avril 1974, enlèvement de l'ethnologue française Françoise Claustre, du Dr Steawens (Allemand ; il sera libéré le 11 juin contre 4 milliards de francs), de sa femme (elle mourra de ses blessures), de Marc Combe (il s'évadera un an plus tard) par les rebelles Toubous, dont le chef est Hissène Habré. Les Libyens occupent le Nord du Tibesti (province déjà nommée, riche en uranium). Le 12 avril 1975, le commandant Galopin, négociateur français, est exécuté par les rebelles. Le lendemain, coup d'État tchadien. Le président Tombalbaye est tué, le général Félix Haloum le remplace et veut pratiquer une « politique d'ouverture » vis-à-vis des rebelles. En septembre de la même année, la France accepte de verser 10 millions de francs pour la libération de Françoise Claustre ; le gouvernement tchadien proteste ; le 25 septembre, une partie de la rançon est remise à Hissène Habré, mais il exige des armes. Le 27, le Tchad demande le départ des troupes françaises et elles évacuent (symboliquement) Sahr dans le sud du pays.

6 mars 1976, visite de Jacques Chirac, accords de réconciliation entre la France et le Tchad. 18 octobre, Hissène Habré s'enfuit dans sa tribu, son adjoint Goukouni Oueddei le remplace. En 1977, le Frolinat (Front de libération nationale) exerce son autorité sur le centre et l'est du pays. Goukouni, soutenu par la Libye, tient le Tibesti. Hissène Habré, dans l'est, garde quelques hommes (et la rançon de Françoise Claustre). Le 30 janvier, Françoise et Pierre Claustre sont libérés. Le 1er avril, une tentative de coup d'État échoue, mais les rebelles contrôlent une partie du Tchad. Je pense que la plupart des lecteurs de ce livre ont connu, par la presse ou les autres médias, la succession d'événements surprenants (pour un Occidental) qui ont abouti, en décembre 1980, à l'intervention libyenne dans la guerre civile qui opposait, depuis mars de la même année, les forces coalisées du président Goukouni Oueddei aux forces armées du Nord de Hissène Habré.

Je désire donner une idée de l'action de la Légion étrangère dans cette guerre civile, en revenant à février 1978, époque à laquelle le Frolinat, passant soudain à l'attaque contre les forces gouvernementales, s'empare des villes de Fada et de Faya-Largeau et, en quelques semaines, s'assure le contrôle de toute la moitié nord du pays. C'est alors que la France décide d'apporter son aide à l'armée nationale tchadienne.

Les débuts paraissent très modestes. De petits détachements d'instructeurs sont mis en place dans les principaux centres militaires. Le 5 mars s'installe à Mongo (300 km à l'est de N'Djamena) une équipe venue du 2e R.E.P., comprenant sept officiers, neuf sous-officiers, six caporaux-chefs et caporaux. Il s'agit premièrement de réorganiser la fraction de l'armée tchadienne stationnée à Mongo. « L'instruction démarre immédiatement sous un soleil de plomb. Nous sommes en pleine saison chaude et la température atteint fréquemment 50° à l'ombre. Tirs, formation technique, instructions-mortiers sont menés à un rythme élevé. » On imagine l'effarement des soldats tchadiens, en grande partie de jeunes recrues tout juste tirées de leur village.

Heureusement, jusqu'à la mi-avril, le calme va régner dans le pays. Un accord de cessez-le-feu a été signé à Benghazi entre le gouvernement et le Frolinat, une « procédure de réconciliation nationale » est en cours. Espoir déçu, car à la mi-avril le Frolinat reprend l'offensive. On comprend que l'armée tchadienne seule, même encadrée de ses instructeurs, résisterait mal, et cela est sans doute très bien compris en haut lieu car on voit apparaître successivement sur le théâtre tchadien, et combattre ensemble et se remplacer à tour de rôle, les escadrons (motorisés) du 1er Régiment Étranger de Cavalerie et les compagnies (motorisées) du 2e Régiment Étranger d'Infanterie.

La guerre qui recommence n'est plus du tout une guerre de Peaux-Rouges. Les rencontres, que l'on continue d'appeler accrochages, sont de plus en plus sévères. A Ati, préfecture du Batha, au centre du pays, trente heures de combat, cent morts chez les rebelles, et les armes récupérées témoignent qu'ils combattent de moins en moins à l'arme blanche : parmi elles trois mortiers, des canons de 105 et de 75, des mitrailleuses lourdes et des lance-roquettes antichars. Butin du même ordre à Djedda, après un combat d'une nuit, et encore ailleurs. « Au fil des mois, les sections de mortiers lourds et la 5e Compagnie du 2e Étranger, la 4e Compagnie du 2e R.E.P., les escadrons du 1er R.E.C. viennent se relayer. Pour tous, la vie opérationnelle, avec les responsabilités qu'elle entraîne à tous les niveaux, est un facteur d'enthousiasme. L'ambiance guerrière, les reconnaissances, les escortes et les poursuites stimulent les hommes. Ils découvrent une population sympathique, mais marquée par une lassitude générale. Puis, le 25 août commencent les préparatifs de départ. » En effet, à la suite des accords de Lagos (21 août 1979), les troupes françaises doivent s'éloigner.

Plus que les déchirements entre les dirigeants tchadiens, ce sont les légionnaires qui m'intéressent. Sous le style technico-militaire dont je viens de donner un échantillon, je cherche à voir une réalité humaine. Je ne puis certes pas imaginer que les légionnaires qui ont combattu si courageusement et si efficacement au Tchad étaient motivés par une idéologie quelconque, ou par un sentiment patriotique. Que pouvait bien leur importer que ce soient les partisans de Goukouni Oueddei ou ceux d'Hissène Habré qui l'emportent ? Et haïssaient-ils vraiment ces hommes farouches qu'ils pourchassaient ; qui, de leur côté, ne cherchaient que l'occasion de les canarder, de les poignarder ? Je ne le crois pas. Étaient-ils des robots programmés à l'avance pour les gestes de mort ? Je ne le crois pas : ils n'auraient pas combattu avec tant de cœur et d'intelligence. Alors ? Il me semble que cette guerre devait être pour eux une sorte de jeu terrible qu'ils jouaient au péril de leur vie, et que ce péril accepté leur était une justification ; leur permettait même d'assister sans mauvaise conscience à la messe de Noël dans la clairière, auprès des petites cases. Le Christ n'a pas maudit les soldats et je vois à ceux-ci le cœur plus pur qu'à ceux qui se ruent enflammés de haine idéologique. Je me demande si cette guerre du Tchad ne montrait pas le légionnaire à l'état pur.

Quant à la lassitude des populations évoquée dans notre brève citation militaire, comment n'y pas croire ? Les richesses minérales tant convoitées ne sont rien pour ces pauvres cultivateurs de mil ou d'arachide, pour ces pasteurs de brebis et de chèvres, pour ces chameliers. Jamais, jamais ils n'y auront part. Même point conquises, même laissées à un chef de leur pays, il n'est que trop certain qu'elles seront transformées en luxe pour son plaisir, ou en chars et avions et engins nucléaires pour son ambition.

Nous allons maintenant assister à une autre opération légionnaire, bien différente des interventions au Tchad, exemplaire en son genre, et moralement justifiée de la manière la plus évidente.

La citadelle de Calvi, ou ville haute, entourée de murailles, sillonnée de rues étroites, est construite sur un promontoire rocheux au pied duquel se trouve le port. On voit aussi dans la plaine le camp Raffalli, qui est la base du 2e Régiment Étranger Parachutiste. Le camp Raffalli est fait de bâtiments bas, de parterres plantés d'arbres, de larges routes rectilignes. Au centre de l'esplanade, le monument aux morts porte une inscription. Une inscription latine que bien des bacheliers d'aujourd'hui seraient incapables de traduire et, d'ailleurs, s'ils la comprenaient, elle les laisserait perplexes, tant elle va à l'encontre de ce qu'on tente de leur enseigner : *More Majorum :* « Selon la coutume des Anciens. » Des Anciens. Et cependant le camp Raffalli est un des lieux où sont formés et entraînés des militaires d'un corps qui compte parmi les plus modernes, les plus rapides et les plus efficaces du monde.

Les légionnaires du 2e R.E.P. connaissent toutes les techniques du combat antichar, du combat de nuit, du combat dans les localités ; une section dont chaque homme pratique la varappe et le ski est spécialisée dans la guerre de montagne, une autre possède des nageurs de combat et du matériel pour opérations amphibies, et toutes comprennent des as du sabotage et des champions de tir ; ces *snipers,* armés du fusil à lunette, atteignent à 300 mètres une cible pas plus grande que celle des tirs forains. Pour tous les légionnaires du 2e R.E.P., la routine de la journée comporte des exercices qui, en fait, sont autant de compétitions sportives. Ils aiment ça. Ils ont fait des pieds et des mains pour, au terme de la sélection la plus sévère, être admis dans cette unité. Le régiment fait partie de la 11e Division parachutiste, dont l'état-major se tient à Toulouse.

Le mercredi 17 mai 1978, le soleil brillait dans le ciel bleu au-dessus du camp Raffalli. Des légionnaires et des gradés allaient et venaient, isolés ou par groupes ; deux camions et une jeep roulaient à l'allure prescrite sur une des routes bordant l'esplanade.

Le 2e R.E.P. n'était pas au complet ce matin-là au camp Raffalli, voici pourquoi : une compagnie s'entraînait dans la montagne corse, une autre était à Bastia, un détachement se trouvait à Corte. Soixante-dix hommes, gradés et légionnaires, étaient sur le continent, soit à Castelnaudary, soit à Montlouis-Collioure, dans les Pyrénées-Orientales, dans des centres d'entraînement de commandos ou de nageurs de combat.

Il est 9 heures ce 17 mai 1978 lorsque la sirène du camp ulule. Un instant plus tôt, le colonel Philippe Érulin, commandant le 2e R.E.P., a reçu un coup de téléphone de Toulouse :

— Ici le général Libon. Votre régiment passe en alerte à six heures.

Alerte à six heures signifie que, six heures après un ordre de départ, le régiment doit être prêt à rejoindre son lieu d'embarquement — en l'occurrence l'aérodrome militaire de Solenzare, sur la côte sud-est de la Corse. J'ai dit pourquoi le 2e R.E.P. n'était pas au complet à Calvi ce jour-là, et le colonel le dit au général. Réponse : « Nous allons faire récupérer et vous envoyer par avion vos gens qui sont sur le continent. Faites rallier les autres. L'alerte est maintenue. » Avec l'ensemble du matériel et des véhicules. Le colonel se dit qu'il ne s'agit probablement pas d'un exercice.

La succession des événements de cette opération exemplaire peut être reconstituée très précisément, grâce au rapport du général Lacaze, commandant alors la 11e Division parachutiste et au livre circonstancié et remarquable de Pierre Sergent : *La Légion saute sur Kolwezi* (1).

A 16 heures exactement, le colonel Érulin rend compte par téléphone à l'état-major de la division que son régiment est paré. Des messagers en jeep et des gendarmes ont rameuté les détachements à l'entraînement sur l'île, certains à 1 500 mètres d'altitude. Des camions et des hélicoptères ont rassemblé à Francazal (aérodrome de Toulouse) les isolés et les groupes qui se trouvaient sur le continent ; de là, des avions les ont transportés directement à Calvi. Solenzara se trouve à 160 kilomètres, à vol d'oiseau de Calvi ; par les routes de montagnes, environ trois heures pour un convoi motorisé.

Chaque légionnaire du camp Raffalli sait exactement ce qu'il doit prendre avec lui au moment du départ : équipement, armes, ravitaillement. Mais personne ne sait encore à bord de combien d'avions de tel ou tel type embarquera le régiment à Solenzara, et pourtant il faut avoir prévu toutes les éventualités car il n'y aura alors pas un instant à perdre. Les officiers d'embarquement doivent tout calculer : le poids des hommes, des bagages et armes individuels, du matériel collectif, de l'armement léger et des armes lourdes, des munitions et des véhicules ; et ils doivent tout prévoir en fonction des avions qui seront attribués.

Au coup de téléphone du colonel Érulin annonçant que le régiment était paré, l'officier d'état-major de la 11e Division parachutiste n'a répondu que quelques mots : « Bien reçu. Attendez les ordres. » La consigne a été aussitôt répercutée du haut en bas de la hiérarchie au camp Raffalli. Attendez les ordres. Ordre d'attente les ordres, tous les militaires connaissent, et souvent l'ordre qui arrive est un contrordre.

Le temps passe. L'heure de la soupe du soir arrive, rien. Les parachutistes du 2e R.E.P. regagnent leurs chambres, beaucoup vont se coucher. « Le légionnaire mange et dort quand il le peut. » Car nul ne sait jamais ce que sera l'instant d'après. La plupart de ces hommes n'ont fait que s'étendre dans leur tenue de combat vert olive, ôtant seulement leurs bottes. Cela ne les empêche pas de dormir.

Jeudi 18 mai, 2 h 20. La sirène. Tout en se dirigeant vers leurs points de rassemblement, les légionnaires échangent des phrases brèves. Destination Liban ; non, le Tchad ; non, la Mauritanie. Le colonel Érulin n'en sait guère plus qu'eux, la division lui a seulement téléphoné que son régiment est maintenant en alerte aéroportée à trois heures ; ce qui signifie que dans ce délai l'unité doit quitter le camp, direction Solenzara. Trois heures, c'est trop. Le mécanisme est si bien huilé qu'à 4 h 30 le premier véhicule du convoi, c'est une jeep de commandement, franchit le portail du camp.

Le long serpent motorisé n'est pas laissé à lui-même. Pendant tout le trajet par les routes en lacet, le colonel Érulin va recevoir des

(1) Presses de la Cité.

messages-radio dont la substance peut se résumer ainsi : « Le régiment s'embarquera en deux échelons. Le premier comprendra les hommes (650 environ) et leur matériel. Le second, qui décollera à un délai encore indéterminé, sera composé des véhicules. Destination lointaine encore tenue secrète. »

Alors que le jour se lève, des parachutistes continuent à dormir dans les véhicules, pourquoi pas, c'est autant de pris, la suite est imprévisible. D'autres messages atteignent les jeeps de commandement. Le 2e R.E.P. décollera de Solenzara à bord de cinq D.C. 8, décollage prévu 9 h 30. Un peu plus tard, changement : il n'y aura plus que trois D.C. 8, appartenant à la compagnie aérienne UTA, plus un D.C. 8 militaire, plus un Boeing 707 d'Air France. Dans leurs véhicules qui cahotent sur les routes de montagne, les trois officiers d'embarquement refont leurs plans.

8 h 15, Solenzara. Les parachutistes quittent leurs camions et se rangent devant les hangars. Pas de précipitation, on a plus d'une heure avant le décollage, et d'ailleurs, aucun avion n'est encore là, ni en vue. Du temps passe, et rien, sauf que des légionnaires dévorent leur casse-croûte.

11 h 30. Apparaissent et se posent presque ensemble le premier des D.C. 8 transporteurs (sur sa coque, UTA, en grosses lettres noires) et un petit avion militaire, d'où descendent un général et deux officiers. Le général Lacaze est le commandant de la 11e Division parachutiste ; il a voulu dire lui-même au commandant du 2e R.E.P. l'objet de la mission, voici. Des rebelles katangais ont massacré des Européens et des Noirs à Kolwezi, cité minière du Zaïre. Il s'agit d'aller sauter sur la ville pour délivrer les otages et empêcher de nouveaux massacres. Le général a ajouté que c'est le président de la République française en personne qui confie cette mission au 2e R.E.P. Les commandants de compagnie mettent leurs hommes au courant. Pas de commentaires. Les légionnaires ont cependant le droit de penser que sauter *sur une ville* pour délivrer des otages aux mains de rebelles déjà massacreurs ne sera pas, techniquement parlant, une tâche de tout repos.

Zaïre est le nom d'une tragédie de Voltaire, c'est l'ancien et nouveau nom du fleuve Congo, et aussi le nom d'un actuel État africain, ex-République Démocratique du Congo, ex-Congo belge. Ce pays, traversé par l'équateur et grand comme cinq fois la France, possède une population d'environ 25 millions d'habitants qui sont des Bantous et des Soudanais Nilotiques, plus cent mille Pygmées. Les ethnologues y distinguent soixante groupes ethniques, quatre langues véhiculaires, plus de quatre cents dialectes. L'énoncé des déboires de ce pays depuis l'indépendance (1960) donne le vertige. Le premier Premier ministre, Patrice Lumumba, a été destitué et assassiné un peu plus tard. Moïse Tchombé, président du Katanga, province méridionale aux énormes richesses minières (grâce à elle, le Zaïre est le premier producteur de diamants du monde, le 6e pour le cuivre ; en outre, or, argent, cobalt, uranium), s'est vainement proclamé indépendant ; non reconnu par les autres États, il a été finalement kidnappé dans un avion privé, puis incarcéré en Algérie, où il est mort. En mai 1978, le président du Zaïre est le général Mobutu dont le nom entier s'écrit Mobutu Sese Slevio Kuku Nbgandu Wa Zabanga, ce qui signifie : le coq qui chante victoire, le guerrier qui va de conquête en conquête sans qu'on puisse l'arrêter. Mobutu est officiellement « citoyen-président-fondateur du Mouvement populaire de la Révolution, président de la République et commandant suprême des Forces armées zaïriennes. » Ce potentat qui va de conquête en conquête a dû cependant faire face à quelques difficultés, extérieures et intérieures. Après les malheureux essais de sécession de Moïse Tchombé, plusieurs milliers d'ex-gendarmes katangais se sont expatriés en Zambie et plus encore en Angola, où ils ont été pris en main par le F.N.L.C., Front National de Libération du Congo, organisme truffé de mercenaires cubains et de conseillers soviétiques ; son chef est Nathanaël Mbumba. En 1978, quelques milliers de combattants de ce F.N.L.C. ont tenté d'envahir le Katanga, que Mobutu avait entre-temps rebaptisé Shaba — on dira : la guerre du Shaba. Ces hommes, très bien armés, portaient, cousu sur leur uniforme, un écusson représentant un tigre, objet de terreur dans toutes les tribus noires. « Les Tigres sont arrivés ! » Cette fois-là, l'armée zaïroise, aidée d'éléments marocains, a repoussé ces envahisseurs. Depuis, rien.

Les difficultés intérieures ont été, c'est souvent le lot des pays indépendants depuis peu, économiques et monétaires. Malgré les nationalisations, les firmes étrangères ont été invitées à reprendre en partie la gestion de leurs sociétés. Or le Zaïre vit pratiquement tout entier de l'exploitation des richesses minières du Shaba, ex-Katanga. Le centre principal de cette exploitation — diamants et cuivre — est Kolwezi, siège de la Gecamines, ex-Union minière du Haut-Katanga. Il est à peine exagéré de dire que sans la Gecamines, le Zaïre, économiquement parlant, n'est rien.

Kolwezi, où naturellement tout le monde vit de la Gecamines, est une ville agréable, larges avenues plantées de flamboyants, villas coquettes séparées par des haies vives ou des massifs fleuris. Ciel pratiquement toujours bleu (on dit que les montagnes arrêtent les nuages), climat égal, chaleur très supportable à cause de l'altitude (1 500 m). On voit de nombreuses piscines devant les villas. Ceux qui n'en ont pas vont presque chaque dimanche au bord du lac de Grand Katébé, voisin. Bref, une vie coloniale (comme on disait jadis) plus que supportable. Salaires élevés.

La capitale du Zaïre, située sur le fleuve Congo, à 1 500 kilomètres de Kolwezi, s'appelle Kinshasa. C'est un mélange chaotique de constructions modernes et même futuristes et de cases misérables, où grouille une pouillerie humaine et animale. Des avenues à six voies débouchent sur des fossés fangeux ; quelques grosses voitures climatisées croisent des camions à l'agonie, surchargés de haillonneux hilares ; un petit train brinquebalant — quelques plates-formes nues — transporte ses voyageurs jusqu'aux banlieues jonchées de détritus, de vestiges rouillés

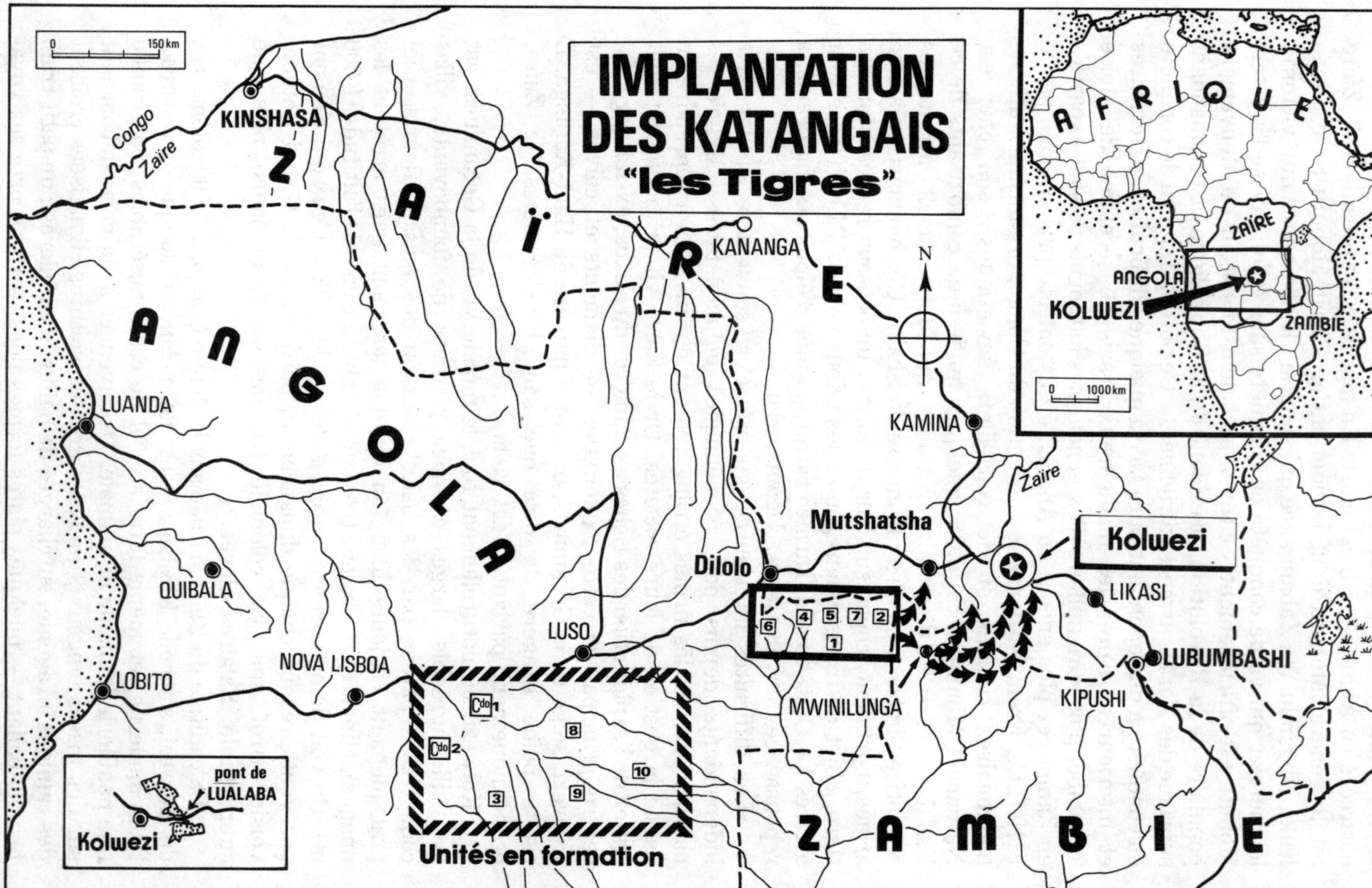
IMPLANTATION
DES KATANGAIS
"les Tigres"
0 150 km
Congo
Zaïre
KINSHASA
ZAÏRE
KANANGA
N
KAMINA
Zaïre
ANGOLA
LUANDA
QUIBALA
LOBITO
NOVA LISBOA
LUSO
Dilolo
Mutshatsha
Kolwezi
LIKASI
LUBUMBASHI
KIPUSHI
MWINILUNGA
ZAMBIE
6 4 5 7 2
1
Cdo 1
Cdo 2
8
10
3
9
Unités en formation
pont de
LUALABA
Kolwezi
AFRIQUE
ZAÏRE
ANGOLA
KOLWEZI
ZAMBIE
0 1000 km

d'autos et de réfrigérateurs. Les personnes de quelque importance ont leur résidence suffisamment loin de ce pittoresque misérabiliste. Le palais du président de la République, fondateur du Mouvement populaire de la Révolution, s'élève au sommet d'une colline dont les flancs fignolés par des architectes-paysagistes contiennent un zoo ultra-moderne entouré de grilles de fer forgé. Les citoyens zaïrois du commun ne s'arrêtent guère dans ces parages parce que les gardes de la présidence, superbes gaillards coiffés d'un shako vert garni de peau de panthère, ont la réputation de tirer sans avertissement sur tout ce qui leur apparaît tant soit peu suspect.

Le samedi 13 mai 1978, le président a fait savoir à tous les représentants diplomatiques présents à Kinshasa qu'il les recevrait dans le courant de l'après-midi. Ces personnages se sont rendus d'autant plus volontiers à la convocation que plusieurs d'entre eux, dont M. André Rossi, ambassadeur de France, ont déjà appris que la ville de Kolwezi a été attaquée à l'aube par des forces armées d'une importance encore inconnue. L'aérodrome serait déjà aux mains des attaquants.

A 16 heures, le général Mobutu — uniforme tapissé de décorations, grande allure, geste ample, parole aisée — reçoit les diplomates et s'adresse à eux en français. Voici la substance de son allocution. La seconde guerre du Shaba a commencé. Des unités de rebelles katangais ont attaqué Kolwezi. Cette offensive ne surprend pas le président qui, dit-il, connaissait depuis quelques semaines le plan mis au point en Angola par les conseillers cubains de Nathanaël M'Bumba, qui se dit « commandant en chef des forces armées populaires du Congo ». Le président laisse entendre que les forces armées zaïroises de la région de Kolwezi font face à la tentative d'invasion et qu'il n'a besoin d'aucune aide extérieure. Fin de l'allocution. A l'ambassadeur de France qui se retire le dernier, le président serre longuement la main en ajoutant quelques mots :

— Voici quarante-huit heures, j'ai averti l'ambassadeur soviétique que j'étais au courant de tout ce qui se tramait contre mon pays et contre moi. « Si vous ne mettez pas obstacle à ce projet, ai-je dit, je vous tiendrai pour responsable de ce qui pourra advenir. »

A 5 h 30 du matin ce jour-là — les rayons du soleil filtraient à travers les persiennes — les Européens de Kolwezi ont entendu les premières rafales de fusil-mitrailleur, dans la direction de l'est. Aux enfants que ce bruit avait réveillés, on disait des phrases rassurantes : « Tu sais bien que les soldats zaïrois s'amusent souvent à tirer. » C'était surtout vrai les jours de paye, mais justement, tout le monde à Kolwezi était toujours payé le lundi, par prudence. Alors ? Tandis que les rafales continuaient, les Européens regardaient par leurs fenêtres donnant sur le jardin, et ce qu'ils virent les angoissa. Des soldats sautaient par-dessus les haies des jardins. Certains étaient sans armes, sans casque, et tous couraient sans rien dire, bouche ouverte, l'air hagard. Et tous portaient le même uniforme moucheté vert et marron : celui des F.A.Z., Forces Armées Zaïroises. Le président Mobutu avait au moins édulcoré la vérité en disant aux diplomates que ses troupes faisaient face à la tentative d'invasion. Les Européens de Kolwezi commencèrent à faire allonger leurs enfants derrière des matelas posés contre les murs.

Après de nombreuses rafales, il y eut un long silence, puis apparurent d'autres soldats, ceux-ci ne fuyaient pas. Ils étaient vêtus de tenues disparates mais portaient tous le petit écusson bleu sur lequel était brodé sommairement un tigre d'argent. Les Européens savaient maintenant à quoi s'en tenir.

Les « Tigres » faisaient ouvrir les maisons, perquisitionnaient, demandant si l'on ne cachait pas de soldats zaïrois. Quelques-uns parlaient français parce qu'ils avaient été ouvriers ou domestiques chez des Blancs avant de devenir combattants révolutionnaires. Tous très jeunes, quinze à dix-huit ans, arrogants ou inquiets, mais tous le doigt sur la détente.

La nouvelle de la déroute des forces armées régulières parvint à Kinshasa le lendemain 14 mai, qui était le dimanche de la Pentecôte. « Les rebelles vont être chassés, assuraient les autorités zaïroises. Jusqu'ici ils ne se sont livrés à aucune exaction. » A la même heure, de nombreuses maisons de Kolwezi étaient déjà pillées et les perquisitions étaient de plus en plus brutales : « Tu caches sûrement ici des soldats des F.A.Z. ! Où sont-ils ? » Sur les larges avenues passaient des groupes de « suspects », Européens ou Noirs, entraînés par des Tigres. Le lendemain lundi 15 mai, un tribunal révolutionnaire s'installa à la Poste centrale. L'accusation était presque toujours la même : « collaboration économique avec les exploiteurs des richesses volées au peuple katangais ». Seule sanction, la mort. Un mur voisin était déjà taché du sang de plusieurs fusillés.

La ville n'était pas entièrement occupée. Par le téléphone de la Gecamines, des nouvelles de Kolwezi parvenaient sans cesse à Kinshasa. Dès le samedi, l'ambassadeur de France avait alerté Paris, et le lendemain, le colonel Gras, attaché militaire, avait demandé l'envoi d'urgence de 300 parachutistes. Le président de la République s'informait davantage et réfléchissait : l'envoi d'une force armée d'intervention ne va pas sans conséquences internationales.

La partie diplomatique qui a précédé l'envoi du 2e R.E.P. au Zaïre ne fait pas vraiment partie de l'histoire de la Légion étrangère, mais on ne peut pas la taire absolument. Elle s'est jouée les 14, 15 et 16 mai par téléphone entre Kinshasa, Paris et Bruxelles. Paris, constamment informé des massacres de Kolwezi, désirait que la décision d'intervenir fût prise en accord avec Bruxelles, qui temporisait : « On exagère toujours. Mieux vaudrait en tout cas obtenir un accord de Tschombé pour l'évacuation de nos ressortissants... » Mobutu, après avoir soutenu que ses troupes reprenaient la situation en main, se décida à « demander une aide extérieure » et il allait se montrer grandement soulagé en apprenant, dans la nuit du 17 au 18 mai, que la France envoyait des parachutistes. Auparavant, le 16 au lever du jour, il avait fait sauter sur Kolwezi une compagnie de parachutistes zaïrois : tous abattus avant d'avoir touché le sol ou dans l'heure qui avait suivi.

Le même jour dans l'après-midi, une autre compagnie de la même unité zaïroise, envoyée par voie de terre et combattant courageusement, réussit à reprendre l'aérodrome de Kolwezi. Mais ce n'était pas sur cet aérodrome que les hommes du 2e R.E.P. devaient sauter, c'était sur la ville elle-même. Car, tandis que le téléphone fonctionnait entre Kinshasa, Paris et Bruxelles, des Tigres de plus en plus nombreux brisaient les portes et les fenêtres des maisons de Kolwezi, envahissaient les bureaux d'une société commerciale où quelques dizaines d'Européens s'étaient réfugiés et là, tiraient dans le tas. Les enfants hurlaient, les femmes suppliaient, mais les jeunes envahisseurs, crispés sur leurs armes, continuaient. On retrouvera des cadavres dans des postures de mannequins disloqués, la bouche ouverte, le crâne fracassé ; dans certains couloirs, des débris humains entassés jusqu'à un mètre de hauteur.

Le premier des cinq D.C. 8 transportant des légionnaires du 2e R.E.P. décolla de l'aérodrome de Solenzara le jeudi 18 mai à 13 h 45, direction Kinshasa. Le colonel Érulin était à bord avec son P.C. Kinshasa se trouve à 500 kilomètres au sud de l'équateur, à peu près à la longitude de Berlin, soit à environ 6 000 kilomètres de Solenzara. Le premier D.C. 8, ayant reçu un complément de carburant pour effectuer un vol direct, se posa à Kinshasa à 23 h 30. En attendant les autres appareils, le colonel Érulin et ses adjoints conféraient avec le colonel Gras, parfaitement informé de la situation sur place et qui avait déjà prévu un plan d'opérations. Les liaisons radio des rebelles ayant été interceptées, on savait qu'ils savaient que des parachutistes français allaient intervenir. Ils venaient de donner l'ordre à leurs troupes occupant Kolwezi de se replier, mais en sabotant au maximum les installations minières et en emmenant le plus possible d'otages, ou en les exécutant au besoin. Il fallait donc intervenir le plus vite possible, dès le lendemain 19 mai.

On n'allait cependant pas sauter sur Kolwezi comme on chargeait à la baïonnette en 14. Les impératifs tactiques étaient les suivants : 1. Sauter le plus près possible de l'objectif, c'est-à-dire sur les quartiers européens afin de contraindre les rebelles à penser à leur propre sécurité sans leur laisser le temps de se venger sur leurs otages. 2. Créer dans les minutes suivant le saut une insécurité généralisée dans la ville, pour priver les rebelles de toute marge d'initiative, sans pour autant les obliger à se battre sur place au milieu des otages. Rien n'était simple.

Le colonel Érulin et ses adjoints écoutaient le colonel Gras qui leur montrait sur un plan de la ville de Kolwezi épinglé au mur les quartiers résidentiels ; ils dessinaient en hâte sur leurs carnets l'emplacement de la zone de saut ; ils notaient la succession des largages prévus. Ces officiers n'avaient pas dormi depuis trente heures.

Les légionnaires n'allaient pas voler vers Kolwezi à bord des D.C. 8

qui les avaient amenés de France. Le largage aurait lieu à partir de cinq avions Hercules zaïrois et de deux Transall français. Déjà trop chargés au départ pour emporter leurs propres parachutes, les légionnaires utiliseraient ceux de l'armée zaïroise, des T.10 de fabrication américaine.

C'est alors que survint le premier grain de sable dans le mécanisme. Les parachutes américains n'ont pas de harnais pour arrimer le matériel individuel (les parachutistes américains sautent sans, ils reçoivent ensuite ce matériel par largage spécial), il fallut improviser les harnais à l'aide de bouts de ficelle et de fil de fer. Le légionnaire est un bricoleur hors ligne. Deuxième grain de sable. C'est plutôt un caillou : alors que les légionnaires commencent à s'embarquer, un des avions Hercules tombe en panne, puis c'est au tour d'un Transall. Restent cinq avions sur sept ; dans chacun d'eux il faut entasser quatre-vingts parachutistes au lieu des soixante-quatre prévus.

Le largage doit se faire en deux vagues aussi rapprochées que possible. Finalement, la première vague décolle de Kinshasa à 11 heures. Kinshasa se trouve à 1 500 kilomètres de Kolwezi, la distance de Paris à Varsovie. Cinq heures de vol (les Hercules ne sont pas des champions de

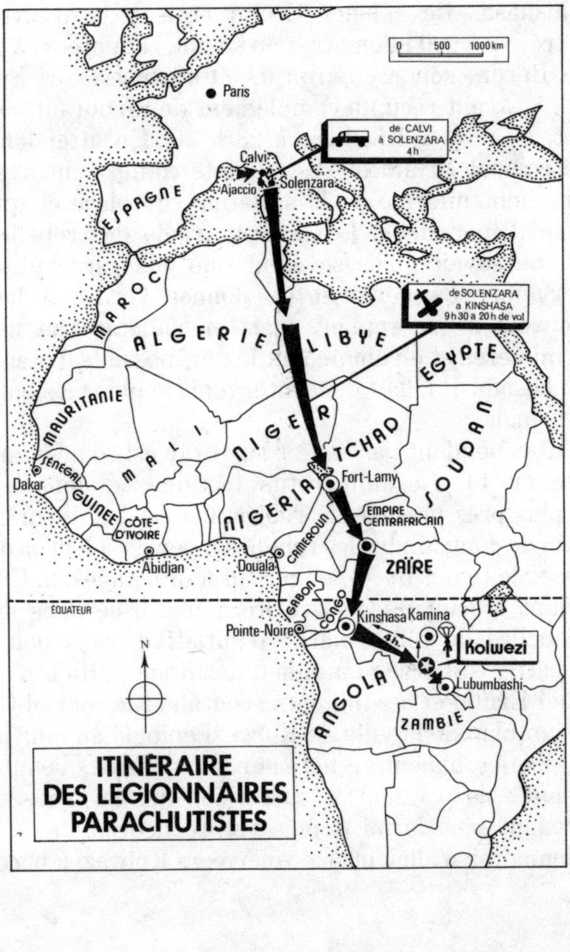

ITINÉRAIRE
DES LEGIONNAIRES
PARACHUTISTES

vitesse) dans des conditions d'entassement qui interdisent de bouger « même pour des besoins élémentaires », dans un froid polaire au début parce que les équipages zaïrois ont oublié de débrancher les climatiseurs, la condensation forme des stalactites au plafond ; et ensuite, lorsque l'oubli a été réparé, les glaçons fondent. Les légionnaires arriveront trempés.

Soudain, les oreilles bourdonnent, elles sifflent, preuve que les avions descendent.

— Debout !

Les minutes précédant le saut sont d'autant plus éprouvantes que les hommes sont ici encaqués comme des harengs, chacun d'eux hanté par la crainte de s'accrocher à un autre en s'approchant de l'ouverture. Qu'on leur tire dessus pendant la descente ou à l'arrivée, ce risque-là est normal, habituel, ce sont les aléas techniques qui les préoccupent. Ils vont sauter avec des parachutes qui ne sont pas les leurs. La plupart savent que Kolwezi se trouve à 1 500 mètres et qu'à cette altitude l'air est moins porteur. Les portes ont maintenant été enlevées. Les avions volent à près de 400 kilomètres à l'heure. A 300 mètres au-dessous, le sol défile. Le passage sur la ligne de saut durera à peine douze secondes.

— Go !

Les légionnaires se ruent sur la porte, se jettent dans le vide avec une sorte de furie.

Le saut, dans l'ensemble, s'est bien passé. Le colonel Érulin a atterri sur une termitière de trois mètres de haut, d'où il est dégringolé rapidement, mais rien de cassé ; quelques légionnaires se sont accrochés dans les arbres et ont réussi à en descendre, un autre est tombé sur les caténaires de la ligne de chemin de fer, heureusement le courant était coupé. Un autre encore, la première chose qu'il a vue en arrivant au sol, c'étaient des mains, tranchées au ras du poignet. Des mains blanches. Il les a comptées : il y en avait vingt-quatre. Il est 4 heures de l'après-midi, ce vendredi 19 mai.

Les trois compagnies qui constituaient la première vague se dirigent vers leurs objectifs. Une section de la troisième compagnie a reçu mission de s'emparer de l'hôtel Impala, signalé comme un des P.C. des rebelles. Aucun chef de section légionnaire, ici c'est un lieutenant, n'ignore la technique d'approche d'un objectif occupé par des ennemis armés. Or ici l'ennemi qui se porte à la rencontre des assaillants n'est pas un ennemi humain, c'est une odeur, la même que vont rencontrer partout les légionnaires largués sur Kolwezi. C'est l'odeur atroce de la décomposition de cadavres. Dans cet hôtel Impala, il faut avancer le doigt sur la détente au milieu des gravats, des meubles brisés et des débris humains — et dans l'odeur méphitique de la pourriture.

Toute la journée, les chefs de section ou de groupe progressant vers l'objectif assigné vont, à mesure, rendre compte par talkie-walkie à l'échelon immédiatement supérieur.

— Ici Noir. J'ai découvert une vingtaine de cadavres. Mais l'hôtel est vide. Je continue la progression.

Je l'ai dit, l'état-major des Forces populaires de libération du Congo a donné l'ordre à ses troupes de Kolwezi de se replier « en sabotant au maximum les installations minières ». L'hôtel Impala a été dévasté avec une frénésie sauvage, tout a été cassé, pulvérisé. Tous les cadavres découverts ici sont des cadavres de Noirs. De « collaborateurs ». Et certaine haine tribale s'est déchaînée aussi.

Repli des forces rebelles ? L'information est peut-être prématurée : deux automitrailleuses venant de l'est attaquent à la mitrailleuse et au canon un pont que les légionnaires viennent d'occuper. La section possède un lance-roquettes antichars. Le tireur pointe son engin tandis que l'automitrailleuse continue à s'avancer en tirant. Cent cinquante mètres, cent mètres, cinquante mètres. Immobile sous le feu, le tireur vise toujours. Trente mètres. Une pression de l'index, une flamme, une explosion, plus d'automitrailleuse.

Tout ne sera pas toujours aussi facile — si l'on peut dire. Des rebelles sont postés dans les parties hautes de la ville et dans les immeubles. Les légionnaires s'avançant vers les objectifs sont eux-mêmes des cibles ; par endroits, la progression est très lente. Les groupes se parlent constamment par radio, se disant où ils sont, ce qu'ils font. Devant l'École technique officielle, solidement tenue par les Katangais, il faut s'arrêter, manœuvrer, mettre en œuvre une tactique de débordement, suivie d'un assaut frontal, en tout petit le schéma favori de Napoléon. Les tireurs d'élite entrent en action, dix rebelles sont tués de la même manière : une balle dans la tête à trois cents mètres. Les Katangais décrochent, se replient, mais en combattant avec courage. Sur les morts on récupère des fusils automatiques soviétiques.

A la prison, ont été entassés depuis plusieurs jours des otages Européens et Zaïrois mêlés. Chaque jour, on en extrayait quelques-uns pour les fusiller. Ici, l'annonce de l'arrivée des parachutistes a failli être fatale aux otages, que leurs gardiens ont voulu massacrer ; ils se sont barricadés dans leurs cellules avec l'énergie du désespoir. Et enfin les légionnaires ! Ces libérés les pressaient dans leurs bras, il y avait là vingt-six Blancs et neuf Noirs, hommes, femmes et enfants ; Belges, Français, Américains. Des enfants ont vu leurs parents massacrés à la grenade, sous leurs yeux.

Au lycée Jean-XXIII, les rebelles étaient partis en hâte, sans avoir le temps de massacrer la centaine d'Européens enfermés dans les caves. Les rues du quartier étaient parsemées de débris humains couverts de mouches bleues. Le plus terrible dans cette progression, c'était toujours l'odeur. Parfois, un légionnaire s'arrêtait quelques secondes pour vomir, puis repartait. Partout ces hommes progressaient méthodiquement, leurs voltigeurs couverts par les fusiliers ; ils sautaient les murs et jardins des villas. Partout les Katangais décrochaient malgré leur énorme supériorité numérique. Des documents saisis à leur P.C. du sud de la ville permettaient de savoir que l'opération contre Kolwezi avait été menée par onze bataillons de trois cents hommes.

La seconde vague des parachutistes allait maintenant arriver. Elle comprenait six sous-officiers et une vingtaine de légionnaires possédant le brevet de « chuteur opérationnel », des super-parachutistes, en quelque sorte, capables d'être largués à très haute altitude, de se diriger en l'air, au besoin de se regrouper en l'air et de se poser sur les arrières ennemis, pour y mener des opérations de sabotage, des coups de main et de regroupement. Ces spécialistes possédaient un matériel très sophistiqué. Ils arrivèrent au-dessus de Kolwezi à la nuit faite, et leur saut fut annulé. Leurs avions se reposèrent à Lubumbashi à 100 kilomètres au sud-est de Kolwezi, la mission devant reprendre le lendemain.

Au cours de la journée du vendredi 19 mai, une centaine de rebelles avaient été abattus, deux automitrailleuses ennemies détruites, de nombreuses armes récupérées. Du côté légionnaire, trois ou quatre blessés et cinq absents. Maintenant la clarté pâle de la pleine lune éclairait la dévastation de Kolwezi où les légionnaires de la première vague continuaient à progresser, toujours dans l'odeur atroce. La consigne du colonel Érulin était de tendre des embuscades à la périphérie de la ville afin d'empêcher les rebelles de revenir vers le centre à la faveur de la nuit. En outre, le colonel avait appris qu'un charnier d'une quarantaine de Blancs devait se trouver dans les bureaux de la Société Baron-Levêque. Ordre de rechercher ce charnier.

Les maisons projetaient sur les rues des rectangles d'ombre, les légionnaires butaient encore sur des cadavres. Des chiens étaient en train de les déchiqueter, ils s'éloignaient hurlant — pas loin, prêts à revenir, hurlant toujours lugubrement. Un bruit de moteur, une auto arrivait, tous feux éteints, des coups de feu en partaient, les fusils lance-grenades des légionnaires répondaient, plus d'auto.

Le samedi 20 mai au matin, les Européens survivants de Kolwezi entendirent le vrombissement des avions apportant la deuxième vague de parachutistes. Ce fut un officier de ce second contingent (4e compagnie) qui pénétra le premier dans les bureaux de la Société Baron-Levêque. Il dut maîtriser sa voix pour s'adresser par radio au colonel Érulin :

— J'ai découvert le charnier. Impossible de dénombrer les corps. Sûrement plus de quarante.

Impossible de dénombrer les corps parce qu'il s'agissait d'un fouillis déchiqueté. Une femme qui respirait encore fut découverte sous cet amas ; et un peu plus tard furent délivrés deux hommes qui avaient réussi, au début du massacre, à se cacher sous le plafond.

— Nous n'aurions pas tenu un jour de plus. Nous avions décidé de sortir, quel que soit le risque.

Les combats n'étaient pas finis. Des tireurs rebelles isolés canardaient dans les ruelles tortueuses de Manika, au sud de la ville. Progresser dans ce quartier-médina était laborieux : deux heures pour parcourir deux cents mètres.

Au cours de cette opération, les légionnaires rencontrèrent comme par hasard des soldats en tenue sombre, béret amarante.

— Des Belges ! Qu'est-ce que vous foutez ici ?

Ces militaires avaient été débarqués le matin même à l'aérodrome de Kaminia, reconquis, le 16 mai, je l'ai dit, par les parachutistes zaïrois du major Mohele. « Notre mission est d'évacuer les Européens de Kolwezi. » Sans l'intervention du 2e R.E.P., il n'aurait évidemment pas été question d'évacuer les Européens — les survivants du massacre. Les soldats belges n'avaient aucun ordre concernant les Katangais. Seulement évacuer les civils, les Belges d'abord, et cette discrimination allait être rigoureusement observée. Le bilan de l'« Opération Léopard » — ainsi avait été baptisé le saut du 2e R.E.P. sur Kolwezi — s'établissait ainsi au soir de cette journée. Massacrés : environ 60 Européens plus au moins autant de Noirs ; pertes ennemies : 200 tués, un millier d'armes lourdes et légères récupérées ; pertes amies : 1 tué, 12 disparus, 11 blessés. Ce bilan n'était que provisoire.

Kolwezi était reconquis mais pourquoi des Katangais en repli ne tenteraient-ils pas de se regrouper à l'entour pour tenter de contre-attaquer ? A 15 h 30, le 20 mai, le lieutenant-colonel commandant la deuxième vague donne l'ordre de reconnaître offensivement la gare de Metal-Shaba à 3 kilomètres au N.-E. près de la cité-usine du même nom. Rien à la gare. Deux cents mètres plus loin, sur la route longeant la voie ferrée, une centaine d'hommes en uniforme, nullement l'air de fuyards ; rassemblés, au contraire, comme à l'exercice. Une minute plus tard, ces hommes ouvrent le feu et commencent une habile manœuvre d'encerclement de la section de pointe. Plusieurs compagnies de rebelles étaient retranchées là, et bien armées. Le combat de Metal-Shaba fut aussi rude que les engagements dans Kolwezi, l'assaut ne put être donné qu'après de violents tirs de mortiers. Quand le silence revint, soixante cadavres katangais furent comptés ; les survivants étaient en fuite.

La nuit tombe très vite au voisinage de l'équateur. A 18 heures, entre chien et loup, une automobile tous feux éteints fait irruption dans le dispositif de sécurité. Des canons d'armes sont braqués par les portières. Une grenade antichar bien ajustée met fin à la course du commando-suicide. Puis le silence.

Assez loin à l'entour, le silence était par instants brisé par des rafales, par des coups de feu isolés. « Afin de garantir la sécurité dans Kolwezi, a écrit le colonel Érulin, les opérations se succèdent du 22 au 27 mai dans la région des cités de Liulu, Kamoto et Karat. De nombreuses résistances isolées sont réduites, quelques Européens sont encore libérés, beaucoup d'Africains secourus. » Ce laconisme militaire recouvre un certain nombre d'actions, de séquences d'une rapidité dramatique et spectaculaire. Le 22 mai, une section roule en direction du village de Kapata, en tête le lieutenant et son chauffeur, dans une Mercédès bleue. Deux coups de feu, en voiture, vous pouvez très bien ne pas les entendre. Mais si vous voyez deux impacts étoiler le pare-brise, vous comprenez de quoi il s'agit. « Accélère ! » dit le lieutenant. Devant la Mercédès, en plein milieu de la piste, deux rebelles ; ils ont à peine le temps d'ouvrir la bouche. Fauchés. Mais des deux côtés de la piste la fusillade jaillit des hautes herbes. La section s'est arrêtée, les rafales se répondent, le dialogue impitoyable se poursuit entre les hommes invisibles dans la végétation tropicale. C'est la guerre. Mais le cauchemar dans l'odeur atroce est terminé.

L'« Opération Léopard » a coûté au 2ᵉ R.E.P. cinq tués et vingt-cinq blessés. Plus de 2 000 Européens et autant d'Africains ont été sauvés d'une mort plus que probable. Le 6 juin, à Lubumbashi (150 kilomètres au sud-est de Kolwezi) où le 2ᵉ R.E.P. a été regroupé en attendant son rapatriement (le 16 juin) à Calvi, sous un soleil vertical, le président Mobutu est venu assister à la remise des décorations, suivie du défilé des légionnaires. Son secrétaire d'État à la défense et à la sécurité du territoire a remercié en son nom, dans un discours aussi chaleureux que l'ambiance, « la France et ses vaillants légionnaires ». Ce discours était assez long et circonstancié, faisant allusion aux « forces rebelles venues d'Angola via la Zambie, entraînées et encadrées par des Cubains, équipées par la Russie et l'Allemagne de l'Est ».

Le 23 novembre 1979, un groupe de l'Assemblée Nationale a déposé une proposition de loi tendant à la dissolution de la Légion étrangère. Un des motifs invoqués était qu'au Zaïre les unités du 2ᵉ R.E.P. « avaient assuré la survie du régime corrompu et discrédité de Kinshasa en menant des actions offensives contre le Front national de libération du Congo. Le gouvernement français fait ainsi jouer à notre pays le rôle de gendarme en Afrique pour le compte de ses alliés de l'O.T.A.N. ». Tout serait évidemment beaucoup plus simple pour tout le monde si l'Afrique n'était pas l'énorme gâteau d'uranium, de cuivre, de diamant, de phosphate et autres richesses, trésor âprement disputé. « Il suffirait que nous ayons l'Afrique, a écrit Lénine, pour que nous ayons sûrement l'Europe, et, partant, le monde. » La proposition de loi tendant à la dissolution de la Légion étrangère a été rejetée par la Commission de la Défense Nationale. Aucun commentaire n'est venu de la Légion. Pas plus qu'il n'en était venu lorsque la Légion, jamais vaincue en Algérie, avait dû quitter Bel-Abbès après les accords d'Évian. J'entends encore cet officier légionnaire, de qui j'ai cité quelques phrases au début de ce livre : « La Légion garde pour elle ses sentiments, elle se met un bœuf sur la langue, elle s'interdit de juger, d'apprécier les nécessités politiques. » Qui aujourd'hui garde ses sentiments pour soi, qui ne crie pas sur les toits son avis sur tout et le reste ? La réserve de la Légion étrangère, alliée à son exceptionnelle efficacité, fait d'elle un groupe humain peut-être unique au monde. En cela, bien qu'elle ait ouvert toutes ses portes, elle nous reste, d'une certaine manière, mystérieuse. Dans cette longue aventure qu'est son histoire, ce qui m'a le plus intéressé, ce sont les hommes. J'espère ne les avoir ni déifiés ni trahis.

ACHEVÉ D'IMPRIMER LE 19 NOVEMBRE 1981
SUR LES PRESSES DE L'IMPRIMERIE HÉRISSEY
POUR LE COMPTE DE FRANCE LOISIRS
123, BOULEVARD DE GRENELLE, PARIS.

Dépôt légal : 4e trimestre 1981
No d'éditeur : 6391 — No d'imprimeur : 28949
Imprimé en France